2019

中国企业集团财务公司年鉴

ZHONGGUO QIYE JITUAN
CAIWU GONGSI NIANJIAN

中国财务公司协会　编

中国金融出版社

责任编辑：张 铁
责任校对：潘 洁
责任印制：程 颖

图书在版编目（CIP）数据

中国企业集团财务公司年鉴.2019/中国财务公司协会编.—北京：中国金融出版社，2019.11
ISBN 978-7-5220-0314-6

Ⅰ.①中… Ⅱ.①中… Ⅲ.①企业集团—金融公司—中国—2019—年鉴 Ⅳ.①F279.244-54

中国版本图书馆CIP数据核字（2019）第232839号

中国企业集团财务公司年鉴.2019
Zhongguo Qiye Jituan Caiwu Gongsi Nianjian.2019
出版发行 中国金融出版社
社址 北京市丰台区益泽路2号
市场开发部 (010)63266347，63805472，63439533（传真）
网上书店 http://www.chinafph.com (010)63286832，63365686（传真）
读者服务部 (010)66070833，62568380
邮编 100071
经销 新华书店
印刷 北京市松源印刷有限公司
尺寸 210毫米×279毫米
印张 31.25
插页 28
字数 755千
版次 2019年11月第1版
印次 2019年11月第1次印刷
定价 398.00元
ISBN 978-7-5220-0314-6
如出现印装错误本社负责调换 联系电话(010)63263947

《中国企业集团财务公司年鉴》编辑委员会

陈庆锴　陈丽娜　陈茂义　陈　林　陈虎城　陈　波　陈敏宏　陈景东
苗润生　林　鑫　罗体承　罗振文　金　辉　周亚栋　周伟忠　周志坚
周茂华　周俊淑　周　健　周　竞　周　涛　周　骏　周雪松　庞　勇
郑　进　郑　波　郑留强　单光辉　屈燕南　封　光　赵　立　赵育民
赵　蓉　郝力平　郝　彬　侯云辉　侯文捷　施云峰　姜在国　姜建平
洪志斌　洪毅俊　胥勋畅　姚卫东　姚向明　姚淑瑜　秦　伟　秦　怿
秦　琰　秦雅娟　袁楚云　顾日滇　顾凯丝　柴国志　钱文海　倪云山
徐小萍　徐立波　徐亚莉　徐光超　徐　春　徐振声　高军玲　高　欣
高金山　郭如东　郭　轩　郭学军　郭　涌　唐　捷　陶明辉　黄天珊
黄　丹　黄文阁　黄必烈　黄美智　常守军　崔　鸥　银　虹　阎向阳
梁开卷　梁庆云　梁　荣　彭　松　彭　科　彭逢春　董养利　董绪章
蒋　宁　蒋奕斌　韩文杰　韩　军　韩维平　覃　虹　棘　军　程　岚
傅志芳　曾　杰　曾健飞　游　华　谢美玲　雷晓阳　蔡才河　蔡怀宇
蔡　勇　裴建光　管见礼　樊明海　黎　健　冀　涛

《中国企业集团财务公司年鉴》编辑部

张梦瑶　张清翠　张　琦　张皓博　张　腾　张　潇　陈光龙　陈廷俊
陈运腾　陈学武　陈萧寒　陈　雯　陈　锐　陈　鹏　陈　瑶　陈曜华
邵明哲　武丽霞　武秋雯　武　莉　范思爽　林　盈　罗佳忆　罗晓枫
季　麟　金可昊　金星燕　金峰逸　周光宗　周　茜　周　洁　周　莉
周　璐　周曦义　赵宇星　赵　欢　赵红岩　赵　妍　赵　威　赵　奕
赵峻毅　赵　菲　赵　瑞　郝　佳　郝梦元　胡　帅　胡　杰　施　暄
施　旗　姜　旭　姜　勇　胥　娜　胥　鹏　袁　媛　聂添一　莫晨栋
贾　峥　钱　荣　钱　程　徐　玲　徐　寰　高玉臣　高　贞　高昆冲
高佳文　高　珊　高瑞卿　高　颖[①]　高　颖[②]　高　静　郭文惠　郭振华
席　樱　唐要斌　涂　华　黄书寒　黄美善　梅　艳　曹　阳　曹　薇
曹巍巍　崔玉峰　彭晓晨　葛星莹　葛真权　董玉倩　董尧琰　董学嘉
董鸿翔　韩美琴　韩莉莉　程　璐　童　伟　曾文忠　曾　涛　曾家和
谢　安　谢　放　赖礼强　赖星长　阚　侃　樊海刚　潘　丽　潘建荣
薛金花　戴加兴　戴凌青　魏　茵　魏俊彪

① 北京金融街财务公司。
② 忠旺财务公司。

编辑说明

一、本卷主要收录2018年度财务公司行业发展情况、各财务公司的经营管理状况、重要法律法规以及行业和机构统计数据等内容。

二、本卷“2018年企业集团财务公司行业情况”部分的内容由中国财务公司协会提供；“机构概览”和“统计资料”部分的内容由各财务公司提供；“大事记”和“附录”部分的内容由中国财务公司协会收集整理。

三、本卷“机构概览”部分各财务公司是按照财务公司名称汉语拼音字母顺序进行排列；“文件与规章名录”部分是按照各发文机关公布的日期进行排列，机构名录是按照财务公司获得监管部门开业批准时间顺序进行排列。

四、本卷“机构概览”部分收录中国境内的依《企业集团财务公司管理办法》设立的正常经营的企业集团财务公司情况。电信财务公司和特变电工财务公司未提供相关资料。

五、本卷各部分的行业整体数据因统计机构和统计口径不同，会出现不一致，请使用时注意甄别；“统计资料”篇中由于四舍五入，总计数据与分项、不同表格的数据也可能存在误差。统计表格中，“空格”表示该项统计指标数据不详；“—”表示无该项数据。

六、本卷照片部分除“共谋发展”部分之外，其他是以事件发生时间进行排序。

七、本卷“附录”部分的行业受表彰情况收录了财务公司的“集体荣誉”“部门荣誉”及“个人荣誉”，“个人荣誉”部分未出现具体人名，行业社会公益情况单独列示，部分公司提供的资料未能采用，敬请谅解。

八、本卷在编纂过程中得到有关领导的关心和指导，得到全国各财务公司的大力支持，参加组稿的财务公司253家。各位组稿编辑、编写人员为本卷年鉴的出版付出了辛勤的劳动，各财务公司的其他工作人员也给予了大力协助，在此一并表示衷心的感谢！

九、本卷在编纂过程中难免存在错漏之处，敬请广大读者批评指正。

《中国企业集团财务公司年鉴》编辑部
二〇一九年六月

目　　录

机构概览

统计资料

大事记

附　录

2018 年企业集团财务公司行业情况

2018 年是全面贯彻党的十九大精神开局之年，是改革开放四十周年，供给侧结构性改革继续深化，实体经济活力不断释放。财务公司行业继续坚持立足集团主业发展，服务集团成员企业的基本定位，不断提升服务能力，努力实现由高速增长向高质量发展的转变，行业整体运行平稳，展现出良好的发展态势。

一、机构情况

（一）机构数量

2018 年，行业机构数量继续增加，但受财务公司新设机构减少及机构重组合并的因素影响，结束了过去连续 9 年新设机构以两位数增加的趋势，增速有所放缓。截至 2018 年末，全行业法人机构数量 253 家，较 2017 年末增加 6 家，其中，新设财务公司 8 家，重组合并减少财务公司 2 家。2018 年重组合并的财务公司分别是三峡财务公司吸收合并湖北能源财务公司，以及中海财务公司和中远财务公司重组为中远海运集团财务有限公司。

（二）机构分布

截至 2018 年末，全国共有企业集团财务公司 253 家，除西藏外，其他省份均设立财务公司。其中，北京、广东（含深圳市）、上海三个省市的财务公司数量较多，分别为 73 家、23 家、22 家，机构数占行业比例依次为 28.85%、9.09%、8.70%，总计 46.64%，基本与上年持平，财务公司地区分布依然比较集中。

二、财务情况

（一）资产状况

2018 年，财务公司的行业资产增速放缓。2018 年末，全行业表内外资产总额 9.50 万亿元，同比增加 8082.30 亿元，增速为 9.30%。表内资产总额 6.33 万亿元，同比增加 6105.74 亿元，增速达 10.68%。2018 年末，全行业资产总额占银行业资产总额的比重为 2.36%，较 2017 年提升 0.09 个百分点，自 2012 年以来连续第 6 年占银行业的比重提升。

从资产结构看，2018 年末，各项贷款占总资产的比重为 45.97%，同比提高 1.94 个百分点；存放同业和存放央行的比重分别为 38.84%和 5.67%，同比分别下降 0.60 个和 0.46 个百分点；投资占比为 5.07%，同比下降 0.68 个百分点。

（二）负债状况

2018 年末，财务公司全行业负债规模为 5.43 万亿元，较上年末增加 5060.14 亿元，增速 10.28%，同比下降 10.13 个百分点。尽管财务公司行业负债增速有所放缓，但仍高于银行业平均增速 4.39 个百分点。财务公司负债规模占银行业的比重达到 2.20%，较 2017 年上升 0.09 个百分点。

从负债结构看，存款是财务公司最主要的负债业务类型。2018 年末，各项存款占负债的比重为 94.26%，较 2017 年下降 0.12 个百分点；同业拆入和应付债券占比与上年持平，分别为 2.23%和 1.03%；卖出回购占比 1.06%，较 2017 年上升 0.14 个百分点。

（三）权益状况

2018 年末，全行业净资产总额 9013.46 亿元，较上年末增加 1045.60 万元，同比增长 13.12%。实收资本 5656.12 亿元，较上年末增加 511.32 亿元，同比增长 9.94%。2018 年，有 31 家财务公司增资，增资金额合计 440.32 亿元。

从实收资本规模分布看，2018 年末，有 32 家财务公司实收资本超过 50 亿元（含），较

2017 年增加 4 家；163 家财务公司实收资本在 10 亿元（含）至 50 亿元之间，占总家数的65.20%。

（四）盈利情况

2018 年，全行业实现营业净收入 1413.00 亿元，同比增加 192.65 亿元，增速为 15.79%，较 2017 年下降 10.77 个百分点，增速有所放缓。其中，利息净收入 1248.48 亿元，增速为 17.90%，占营业净收入的比重为 88.36%，较 2017 年提升 1.58 个百分点；投资收益 120.78 亿元，降幅为 7.48%，占营业净收入的比重为 8.55%，较 2017 年下降 2.15 个百分点。

2018 年，全行业营业支出 122.04 亿元，同比增加 9.82 亿元，增速 8.75%。其中，业务及管理费 110.06 亿元，增速 8.82%；营业税金及附加 11.05 亿元，增速 9.15%。

2018 年，全行业实现净利润 790.34 亿元，同比增加 37.09 亿元，增速为 4.92%，较上年同期下降 16.59 个百分点。行业盈利增长明显放缓的原因主要是行业内两家机构发生较大风险事件，出现较大亏损，剔除这两家机构数据之后，行业净利润增速为 13.71%。

三、业务情况

（一）资产业务

财务公司行业信贷资产占比明显提升，投资占比下降。2018 年末，信贷资产占比 46%，较 2017 年占比提升 2 个百分点，信贷资产占比最高，是财务公司行业的核心资产，说明财务公司行业在服务实体经济、助推集团产业发展方面发挥的作用日益显著。头寸资金占比 39%，与 2017 年占比持平，低收益、低风险的头寸资金占比基本不变，低于信贷资产占比，说明财务公司行业资金配置在满足日常支付需求的同时，资金计划管理维持精细化管理水平，更多资金用于保障集团产业融资需求、服务实体经济等，财务公司行业功能作用得到显著发挥。投资占比 5%，较 2017 年占比下降 1 个百分点，由于资本市场不容乐观、不确定性较大，财务公司行业投资偏好较为稳健审慎，为控制投资风险，减少资本市场投资规模。

（二）负债业务

财务公司行业各项存款是财务公司最重要的负债来源，占比保持稳定。2018 年，各项存款占负债总额 94.26%，同比仅下降 0.12 个百分点；同业负债占负债总额 3.57%，同比增加 0.14 个百分点；财务公司债券占负债总额 1.03%，同比降低 0.02 个百分点；应付款项占负债总额 1.02%，同比降低 0.02 个百分点；其他负债占负债总额 0.11%，同比保持稳定。各项存款占比最高，说明企业集团加强资金集中管理和财务公司提升资金归集能力是财务公司行业不断发展壮大的决定性因素。但从另一方面来看，财务公司资金来源较为单一，也需要加强负债端管理，加大主动负债力度，不断拓展资金来源，强化资金实力。

（三）同业业务

1. 增长态势良好，同业金融资源得以有效利用

2018 年财务公司行业同业业务总体保持稳定增长态势。截至 2018 年末，财务公司行业存放同业余额 24578.55 亿元，同比增长 8.98%；同业拆入余额 1208.57 亿元，同比增长 10.15%；拆放同业余额 561.01 亿元，同比增长 31.58%；买入返售余额 899.89 亿元，同比降低 25.33%；卖出回购余额 574.24 亿元，同比增长 27.71%。继续为财务公司在所属集团外部配置资金、获取收入、拓展资金来源、提高资金使用效率方面提供了多样化渠道，为财务公司配合头寸管理、补充临时性资金需求、依托自身优势整合金融资源、助力所属集团主业发展发挥了重要作用。

2. 结构适度调整，积极顺应同业市场政策及行情变化

币种结构方面，2018 年财务公司行业存放同业、拆放同业及同业拆入等同业资金运用及来源方向的外币占比均呈现一定程度的下降趋势。主要因为 2018 年美元加息进程持续推进，美元同业市场融入成本走高，引导财务公司行

业减少外币资金来源，降低整体资金成本。

期限结构方面，2018 年财务公司行业剩余期限较长的存放同业、拆放同业资金运用方向的同业余额占比呈现一定增长趋势，反映出人民币市场利率下行趋势下财务公司行业提前锁定收益的意愿。

交易对手结构方面，2018 年财务公司行业同业拆入、卖出回购等同业资金来源方向以境内商业银行、中央银行等机构为交易对手的余额大幅上升；拆放同业、买入返售等同业资金运用方向以境内商业银行为交易对手的余额显著下降，以境内其他银行业金融机构、境内证券业金融机构为交易对手的余额呈增长态势。随着我国金融去杠杆进程的不断推进，2018 年末部分银行业非银行金融机构及证券业金融机构资金缺口较大，财务公司充分利用市场行情适时调整同业资金融入与配置策略。

行业结构方面，2018 年主要同业业务余额的行业结构特点显著，各行业的同业业务开展情况差异较大。从同业资金来源角度看，同业拆入主要集中于石油化工等行业，卖出回购主要集中于石油化工、有色金属等行业；从同业资金运用角度看，存放同业主要集中于军工、建筑建材、石油化工、电力等行业，拆放同业主要集中于石油化工、电力等行业，买入返售主要集中于电力、石油化工、电子电器、机械制造等行业。可以看出，2018 年石油化工、电力、机械制造等行业同业业务开展较为活跃。

3. 同业往来利息收入显著增长，继续保持重要地位

2018 年度财务公司行业来源于同业往来的利息收入 761.64 亿元，同比增长 23.51%；占行业总收入的比重为 37.85%，较上年末提升 1.49 个百分点。2018 年以来我国货币政策呈现相对宽松趋势，同业市场利率持续下降，导致同业往来利息收入增幅下降，但依然是财务公司行业收入的重要组成部分。

（四）中间业务

1. 大多数业务规模持续提升，业务短板较为突出

随着财务公司行业金融信用水平和市场认可度的不断提升，财务公司行业基于自身资信能力为实体经济发展提供多方面的金融支持，财务公司行业中间业务取得长足发展。2018 年度财务公司行业结算业务发生额 433.17 万亿元，同比增长 23.22%；承诺类余额 5064.30 亿元，同比增长 6.33%；担保业务发生额 1031.55 亿元，同比下降 19.05%，主要受融资性担保大幅下降所致；票据承兑业务发生额 8460.34 亿元，同比增长 22%；委托贷款业务余额 19274.54 亿元，同比增长 1.83%；委托投资业务余额 1074.96 亿元，同比下降 2.69%；保险代理发生额 14.20 亿元，同比下降 61.96%。

随着我国金融市场的逐渐深化、实体经济发展日趋多元化与国际化，产融结合、以融促产已成为许多跨国企业集团实现业务转型、创新发展的重要模式。财务公司作为企业集团内部银行，其承担的为集团主业发展提供各项金融服务的基本职能发挥越来越重要的作用。但与此同时，财务公司行业部分中间业务仍没有得到较好发展，比如委托投资、保险代理、债券承销等。

2. 业务范围逐渐丰富，助推司库职能得以不断完善

随着国际司库管理与财资管理理念在我国各领域逐渐深化，财务公司作为依托产业、服务实体经济的金融机构，与其他金融机构相比，具有非常明显的产融特征。在实体经济转型发展新时代，在产融结合深化发展新时期，财务公司国际司库管理职能在实体经济发展中发挥的作用日益凸显，为财务公司中间业务的快速发展带来新的机遇。2018 年财务公司行业在开展基础中间业务的同时，充分利用财务公司金融资源及专业能力，积极探索拓展金融咨询服务，在企业集团融资支持、外汇风险管理、信息决策支撑等领域的作用日益突出，金融服务能力持续提升。

3. 中间业务收入大幅下降，结算收入降额较大

中间业务收入方面，2018 年度财务公司行业来自中间业务的收入为 40.32 亿元，同比大幅降低 39.88%，主要是结算业务收入、债券承销业务收入、财务顾问收入大幅下降所致；2018 年中间业务收入占当年度总收入的比重为 2.97%，较上年下降 2.83 个百分点。

收入结构方面，2018 年财务公司行业中间业务收入主要来源于结算业务、委托贷款业务及其他业务，收入占比分别为 9.42%、23.54%、48.66%。

（五）国际业务

1. 2018 年概况

2018 年，我国国际收支继续呈现自主平衡格局，外汇储备资产稳定在 3 万亿美元以上。2018 年人民币汇率在全球货币中表现相对稳健，年初强势升值，第二季度开始走贬，年底收官呈现反弹升值态势，整体仍可称为双向波动。在此背景下，外汇管理稳中求进，财务公司国际业务资质申办与业务拓展比上年活跃。同时，2018 年有 21 家财务公司接受过外汇监管部门的现场检查，外汇管理部门对财务公司国际业务重视程度日益增强。

2018 年财务公司行业的外汇交易金额是 14137.43 亿元。截至 2018 年末，持有人民币外汇即期、人民币外汇衍生品、外币对和外币拆借交易会员资格的财务公司分别为 83 家、16 家、13 家和 65 家，分别较上年末增加 8 家、2 家、1 家和 12 家。截至 2018 年末，分别有 85 家、86 家财务公司作为主办企业获得跨国公司外汇资金集中运营管理、跨境人民币资金集中运营业务的资质，分别较上年末增加 2 家、1 家。2018 年财务公司开展的跨境本外币资金池的净流入金额超过 200 亿元。在 2018 年 6 月海南设立自贸区后，我国从内陆到沿海已设立了 12 个自贸区，至少有 41 家财务公司的注册地址在自贸区管辖范围内。上海自贸区金融改革最核心的内容自由贸易账户已经获批复制推广到海南自贸区。

截至 2018 年末，财务公司行业外币资产余额 3218.91 亿元，占全部资产比例为 5.09%，外币负债余额 2990.19 亿元，占全部负债比例为 5.51%。外币资产主要是存放同业（63.36%）、发放外汇贷款（28.41%）及外汇投资（6.57%）。外币负债主要是吸收外汇存款（57.11%）、同业拆入（25.15%）及应付债券（16.21%）。

近五年，外币业务净利润呈现一定的上升趋势，2018 年达到新高 48.88 亿元，占比 6.21%，或与会计报表折算汇率同比增长而形成的汇兑收益有一定的关系，但外币业务创造价值的潜力逐年彰显。

目前，持有至少一项国际业务资质的财务公司超过 120 家，其中 36 家财务公司已成立独立的国际/外汇业务部，比上年新增 4 家。重汽财务公司、中广核财务公司均已设立独立的国际/外汇业务部，进行专业化运营。2018 年两家公司国际业务的创新实践荣获国家级、地区级奖项。可见，财务公司国际业务创造的价值逐渐被社会认可，并为企业赢得嘉荣。

2. 国际业务和服务类型

迎着改革开放的浪潮，财务公司于 20 世纪 90 年代从探索和实践外汇贷款业务开始，不断开拓外汇交易、跨境本外币资金池和跨境人民币等各项业务和服务，并且积极参与集团境外财资管理活动。根据财务公司具有独立金融机构与集团内部企业的双重属性，财务公司国际业务和服务可归纳为国际业务和国际财资服务。

国际业务，主要发挥财务公司作为金融市场的主体功能，兼具盈利性与服务性双重特点，包括外汇交易、外汇资金池、跨境人民币资金集中运营管理、自贸区业务、外汇投资、外币同业等业务。

国际财资服务，主要发挥财务公司作为集团内部企业的管理职能，以服务性为主，盈利性偏弱，包括集团全球资金管理、集团金融风险管理、集团境外投融资管理等服务。

四、发展特点

（一）资金集中再创新高，资金管控能力加强

2018 年，财务公司坚持服务集团资金集中

管理的基本定位，进一步加强资金归集能力，充分发挥集团资金管控功能。截至2018年末，行业各项存款余额为5.12万亿元，同比增长10.14%，年末全行业平均资金集中度达到49.48%，较2017年上升1.57个百分点。2018年，行业结算业务规模433.17万亿元，同比增长23.22%。

（二）经营效益保持稳定，利润增速同比放缓

2018年，全行业实现利润总额1036.46亿元，同比增长6.30%，实现净利润790.34亿元，同比增长4.92%，高于同期商业银行净利润增速0.2个百分点，但较2017年增速下降16.59个百分点，这主要是受个别财务公司亏损的影响。剔除两家风险暴露机构影响后，行业净利润增速为13.71%，同比依然有所放缓。

2018年，全行业总资产收益率1.31%，净资产收益率9.31%，分别较2017年降低0.13个和0.94个百分点；全行业平均净息差和净利差分别为2.13%和1.94%，分别较2017年提升0.05个和0.04个百分点。

（三）风险监控指标良好，行业风险整体可控

2018年末，财务公司行业不良资产余额316.00亿元，无不良资产财务公司达214家，占全行业的比例达到85.60%。行业平均不良资产率0.46%，不良贷款率0.96%，主要受个别财务公司风险事件影响，较2017年末分别上升0.43个和0.90个百分点。行业平均资本充足率20.48%，核心一级资本充足率19.49%，拨备覆盖率292.85%，平均流动性比例62.34%，均处于较好水平。

（四）信贷支持力度加大，服务实体成效显著

2018年，财务公司紧扣集团需求，加大对集团和成员单位的信贷支持力度，支持实体产业发展成效显著。全年累计发放贷款4.55万亿元，同比增长13.03%，年末各项贷款余额2.91万亿元，较上年增加3918.65亿元，同比增长15.56%。

强化金融服务实体经济，须增加中小金融机构数量和业务比重，改进民营企业和小微企业的金融服务。对于财务公司行业来说，财务公司对集团和成员单位的信贷支持，是对民营经济、小微企业最直接有效的金融服务。2018年，民营企业集团财务公司各项贷款余额3504.32亿元，同比增长28.71%，高于全行业平均贷款增速11.33个百分点。2018年末，财务公司行业小微企业贷款余额3021.71亿元，同比增长19.15%，分别高于大型企业和中型企业贷款增速1.24个和7.92个百分点。

（五）立足服务集团主业，产业链金融快速发展

2018年，有37家财务公司向产业链下游开展消费信贷、买方信贷和集团产品融资租赁业务，全年累计发生额3666.01亿元，涉及中小微企业4756家；有54家财务公司向产业链上游开展延伸产业链业务，全年累计发生额1318.00亿元，累计发生笔数83954笔，涉及中小微企业5287家。产业链金融业务为财务公司更好地服务集团主业、改善产业链上下游企业融资难融资贵的现状、促进产业链整体健康发展发挥了重要的作用。

机构概览

TCL 集团财务有限公司

【集团概况】 TCL 集团股份有限公司（以下简称“集团”）创立于 1981 年，业务覆盖金融服务、互联网应用服务、销售及物流服务和投资与创投领域。集团作为国内最早开始全球化发展的企业之一，全球范围内有 7.5 万名员工，28 个研发机构，10 余家联合实验室，22 个制造加工基地，在 80 多个国家和地区设有销售机构，业务遍及 160 多个国家和地区。2018 年，实现营业收入 1133.6 亿元，净利润 40.7 亿元。其中，归属于母公司净利润 34.7 亿元，同比增长 30.2%。

【经营概况】 截至 2018 年末，TCL 集团财务有限公司（以下简称“公司”）资产总额 265.02 亿元，负债总额 245.70 亿元，实现净利润 2250.32 万元。公司始终立足于集团“金融秩序维护者、金融资源整合者、产融价值创造者”角色定位，围绕“增值、突破、提速”的主题，发挥对集团实体经济发展的支持作用，合规及风险管控能力、服务集团及成员企业能力、持续发展能力稳步增强，各项监管指标符合要求，业务发展稳中有进。

【信贷业务】 公司利用信贷、票据等多种手段，支持集团整体运营发展，保障成员企业发展需求。一是扶优限劣，为优质企业发展提供足额金融保障。二是发挥财务顾问优势，牵头集团大型项目融资，保证项目建设的顺利进行。三是管控集团整体财务费用，降低成员企业融资成本，提升融资业务效率，实现财企双赢。截至 2018 年末，公司向成员企业投放信贷余额 121 亿元，年末信贷资产分类全部为正常，并已足额提取贷款损失准备。

【产品销售信贷业务】 公司依托集团核心产业，主要通过代理开证、代开商票、流动资金贷款等信贷品种，结合企业实际需求，为成员企业提供多样的金融产品服务，有效满足企业运营资金需求；积极开展买方信贷产品，有效促进成员企业产品销售。

【资金业务】 2018 年，公司严格规范集团及成员企业资金业务，进一步提升信息化水平，强化对集团资金安全性、流动性的管理。为有效应对市场剧烈变化，公司着力打造灵活高效的资产负债管理、资产配置机制，在动态分析资金成本收益的基础上，构建自身特色的差异化定价模式，结合市场变化及时调整内部利率定价。通过精细化经营，使各项资源得到充分利用，创造最大价值。

【投资业务】 公司利用非银行金融机构平台，积极参与金融市场，在同业定存、货币基金等传统业务的基础上，拓展并导入了同业存单、大额美元定存、金融债券等产品，在确保流动性的基础上，有效提升了资金效益。

【票据业务】 2018 年，公司再贴现业务再创新高，全年共办理大中型成员企业票据再贴现 9.24 亿元，再贴票据总张数 3282 张，平均期限 106 天，为企业节约财务费用约 565.90 万元，有效盘活了企业的应收票据，降低了集团和企业的融资成本。

【外汇业务】 公司通过跨境资金池集中管理，有效归集境内外、本外币资金，通过办理成员企业代客外汇交易，有效对冲集团内部敞口，争取市场更优价格。通过管理集团成员企业外汇风险，有效减少集团业务、经营利润等受汇率波动影响。通过各类外汇业务的开展，帮助集团降低财务成本，提高资金效益，控制资金风险，为集团国际化发展提供了重要支持。

【**资金集中**】2018 年，公司一是建立集团全球账户信息库，将集团企业银行账户可视度从 54% 提升至 77%；清理冗余账户 164 个，降低账户管理成本；为企业提供全球账户信息服务，助力企业实现在全球各银行账户的统一管理。二是实现两家上市公司海外资金自动归集，并建立了全球现金管理实施方案试点，实现试点企业全球账户 90% 可视，资金 75% 归集，境外结算手续费降低 60%。

【**业务创新**】2018 年，公司一是成功完成首笔同业存单业务。1 月 5 日，公司通过银行间市场本币交易系统成功完成首笔同业存单交易，并于 1 月 8 日足额缴款，登记托管。二是创新开立海关关税保函，成为深圳海关认可的首家财务公司保函开立企业。截至 2018 年末，累计为成员企业开立关税保函 1.37 亿元，有效为成员企业节省通关时间、提升通关效率、降低企业保函财务费用。三是实现财务机器人技术应用。大幅提高对账效率，资金对账耗时从上线前每月 127 小时缩短到每月 33 小时，日对账率从上线前的 7% 提升到 61%。保障报表报送速度及质量，从约 150 小时每月缩短到 60 小时每月，有效避免人工报送中出现的取数错误。

【**风险管理和内部控制**】2018 年，公司一是进一步夯实内控合规基础，开展系列自查自纠、严格落实整改，实现外部监管零通报、零处罚；有序推进制度、流程建设，新发布制度 22 项、修订制度 29 项，梳理 6 个关键模块流程风险控制矩阵，开展流程自评工作，强化员工合规操作意识。二是操作风险精细化管理初见成效，修订及完善授权手册，排查并规范系统用户管理，全年未发生重大操作风险事件，资金损失为零。三是加强对授信客户的动态分析与跟踪管理，严防信用风险。

【**人力资源管理**】2018 年，公司从多渠道引入了中高端人才，充实人才队伍，打造有智慧、有创意、有活力的工作团队。组织实施管理赋能项目，提高公司中层管理者的综合能力，强化干部梯队建设。以符合自身、对比标杆、驱动业务的理念实现对薪酬激励多元化调整。

【**信息化建设**】2018 年，公司继续推进信息化建设，加大信息化建设投入，总计投入 2000 余万元。新建了全面预算、增值税发票信息化管理、管理驾驶舱、监管报送等系统；持续优化迭代核心账务、信贷、综合报表、反洗钱等系统，基本完成 3 年信息化建设规划。为公司经营管理实现了风险管理线上化、决策可视化、预算精细化、执行数据化。

【**企业文化建设**】2018 年，公司践行“简单温暖，专业坚韧”的团队文化，组织包括生日会、踏青、年会等内部活动 11 场，成立各类兴趣协会 7 个，营造“简单温暖”的团队氛围。组织实施 50 公里徒步挑战赛，打造“坚韧”的团队，增强凝聚力。强化横向联系，积极向银行、其他金融同业学习，通过组织论坛讨论、户外徒步等方式，强化业务交流，积极宣传公司理念及文化，提升公司影响力和知名度。

【**党建工作**】2018 年，公司党支部对上级组织的工作号召快速响应，及时传达贯彻各类文件与精神。党支部工作普及全体员工，切实发挥了先锋模范作用。2018 年，党支部举行了多次大型活动，包括参加惠州金融系统内青年联合会活动、观看宣传教育片以提高党性修养等。全年发展预备党员 5 人，预备党员转正 1 人，日常党务工作有序开展。

安徽省能源集团财务有限公司

【集团概况】 2018 年安徽省能源集团有限公司（以下简称“集团”）积极应对经济增速减缓、煤价持续高位运行等不利因素，深入开展对标管理，全力抓好生产经营，加快推进“两个转变”，提质增效成效显著，经济效益大幅攀升，党的建设进一步加强，安全形势总体平稳，环境治理初见成效，各项工作都取得了新的成绩。

【经营概况】 安徽省能源集团财务有限公司（以下简称“公司”）充分发挥金融功能，紧跟集团发展步伐，认真贯彻监管部门的各项政策要求，实现经营管理的全面进步。2018 年，公司实现营业收入同比增长 3.93%；利润总额同比增长 56.77%。截至 2018 年末，公司资产总额同比增长 29.32%，所有者权益同比增长 8.14%。管理创新与内部改革工作有显著成效，以开展双主题年活动为抓手，促进公司治理水平不断提升；深入开展中层管理人员及重要岗位交流轮岗工作，其中，中层人员轮岗覆盖率达 100%。

【信贷业务】 2018 年初，公司对中央银行货币政策和商业银行信贷政策进行了研判，积极鼓励成员单位融资需求，采取尽量先从外部商业银行贷款，后从财务公司贷款的方式，积极抢占商业银行信贷规模。在银行无法满足资金需求的状况下，公司主动利用自有资金，以低于市场的优惠利率为成员单位提供及时的贷款支持，降低了企业的融资成本，有力地支持了集团项目建设，有效解决了集团及成员单位融资难融资贵的问题。

【资金集中】 公司努力提升服务质量，做好资金结算工作，不断提高资金归集率。2018 年平均综合资金归集率较上年增加 5.17 个百分点；平均全口径资金归集率较上年增加 1.04 个百分点；为成员单位办理人民币资金结算业务量同比增长 175.56%；结算金额同比增长 214.88%。

【风险管理和内部控制】 2018 年，公司根据监管部门要求开展了“征信信息安全年”主题活动及“市场乱象”专项整治工作。在合规风险管理方面，开展了区域性风险、非法集资风险等专项检查；操作风险及案防管理方面，开展了存款准备金、员工行为等专项检查；信用风险管理方面，完成了 20 余户成员单位的评级授信，以及超过 70 亿元存量贷款的风险五级分类审查，并对公司信用风险管理进行专项排查；流动性管理方面，对 2017 年度同业业务风险进行评估，并修订相关制度。

【信息化建设】 2018 年，公司牵头构建的“皖财通”资金管理系统正式上线启用，为建成集团公司集中式一体化的资金监控平台迈出坚实一步。“皖财通”系统上线后，公司上下统一协调，对“皖财通”系统功能建设进行持续改进。一是通过系统问题排查与优化，保证系统平稳运行；二是改进完善系统功能，根据工作需求增加业务模块；三是积极推进与商业银行开展银企直联业务；四是通过对成员单位开展多次系统操作培训，使业务人员顺利掌握各项功能的操作。

【人力资源】 为逐步深化集团三项制度改革，并落实监管机构的监管意见。2018 年，公司对各部门 KPI 考核指标设置进行了进一步完善，增加考核风险合规类指标比重。经总办会讨论决定，风险合规类指标与经营业绩类指标分开设置，2018 年底部门及个人 KPI 考核指标中风险合规类指标权重已达到 40%。

【党建工作】 2018 年，公司党支部紧紧围绕集团工作部署和财务公司工作任务，深入宣传贯彻党的十九大精神，持续推进“两学一做”教育实践活动。一是以学习习近平总书记系列重要讲话精神为重点，增强“四个意识”，强化“两个维护”。把党的十九大精神贯彻落实到公司各项经营管理工作中，紧紧围绕打造“五个平台”，积极为集团发展提供金融服务。二是深入开展集中学习与自主学习，组织全体党员学习党规党章，特别是新修订的《中国共产党纪律处分条例》，全体职工积极参加线上测试，测试合格率100%。

【规范治理】为加强公司治理，结合监管要求，2018年在公司范围内推出“公司治理建设提高年”和“公司质量提升年”双主题年活动载体，在抓治理、防风险、提质量、促发展方面起到积极作用。一是继续开展“公司治理建设提高年”活动，组织开展治理建设工作自评自查自纠，对公司治理制度、治理运行、履职行为等开展专项检查；二是深入开展“公司质量提升年”活动，成立领导工作小组，制定活动方案，并以“合规政策大讲堂”形式开展合规政策宣传培训工作，增强全员风险和合规意识，提高对公司治理规范运作的认识，强化各治理主体履职能力。

A

安徽省皖北煤电集团财务有限公司

【集团概况】安徽省皖北煤电集团公司（以下简称“集团”）是安徽省属重点企业集团之一，集团紧紧围绕“规范运营、强基固本，稳内拓外、加快发展”的工作主题，着力打基础、增后劲、安全稳中向好、发展稳中有进。2018年生产煤炭1800万吨，实现营业收入358亿元，利润总额4.5亿元。集团主要业务为煤炭、电力、化工、物贸，产地跨全国七省十五市，是产物贸一体化、跨区域经营的综合性企业集团。在册员工3.7万人，资产总额448.7亿元。2018年排名中国企业500强第465位、2018年中国煤炭企业50强第21位。

【经营情况】安徽省皖北煤电集团财务有限公司（以下简称“公司”）经济运营稳中有进，盈利状况良好。2018年累计实现营业收入13396.22万元，实现利润总额7288.54万元，实现净利润5442.35万元。2018年末公司资产总额43.90亿元，比年初增加8.67亿元。负债总额37.58亿元，净资产6.32亿元。公司资本充足率为22%，流动性比例为48.24%，贷款拨备率为3.5%，不良贷款率为零，均符合监管要求。公司向成员单位发放流动资金贷款27笔，发放贷款余额25.15亿元，同比增加1.60亿元。截至2018年12月末，吸收存款37.43亿元，全口径资金归集度为45.63%，可归集口径资金归集度为96.18%。

【资金运作】2018年，公司资金业务的开展秉承规范经营降低风险的原则，实现收益最大化，存款规模稳中有升，资金收益稳步提高。公司成立资金管理小组，由计划财务部实时监控资金运行情况，在尽力满足成员单位资金需求的同时，调剂资金头寸。公司本着互惠互利的合作原则，实时关注货币政策及市场价格走向，加强与银行议价，合理地、最大限度地提高资金的使用效率。2018年实现存放同业收入2440.41万元，实现了存放同业资金的高效运营。

【信贷业务】2018年，集团到期债务159.30亿元，公司协助融入资金165.14亿元，净增加5.84亿元，确保了到期债务的有序接替。公司发放自营贷款27笔，发放贷款金额25.15亿元，各项贷款利息回收率为100%。公司继续代理集团与工行、农行、建行、徽行等多家金融机构合作开展票据池业务，实行票据集中管理，盘活票据资源。企业征信方面，2018年第一、第二季度公司上报的企业征信数据质量及时性得分均为满分，在安徽省排名第一。

【资金集中】2018年，公司按照集团资金归集的要求，以集团内上市公司为重点，积极推动成员单位加入资金池，同时开展各成员单位在外行开立账户的清查工作，加强对集团控制能力相对较弱的参股单位以及其他成员单位的存款营销工作，同时做好资金集中管理和调度工作。截至2018年底，有81家成员单位在公司开立账户近140户，办理结算14.91万笔，资金结算量约4296.84亿元。

【风险管理和内部控制】公司建立了完善的全面风险管理体系，将信用风险、市场风险、操作风险等不同类型风险管理纳入统一风险管理体系中，对各类风险进行集中控制和管理。通过加强内控、合规、案防、风险和反洗钱等风险排查工作，配合监管部门监管检查、评级，树立全员风险管理文化。2018年公司风险管理水平进一步提高，未发生一起风险事件，筑牢风险管理和内部控制的防控篱笆，有力地保障了公司的稳健运营。

【内部稽核】2018年，公司开展了“三三四十”、信用风险专项排查、“三会一层”风控责任落实等专项治理自查评估工作，按时按质完成安徽省国资委关于开展集中监督检查的自查工作。按照相关法律法规及监管部门的要求，2018年共开展内部稽核10次，实现重点业务全覆盖。针对稽核中发现的问题，提出整改意见，明确整改责任人和整改时间，并督促跟踪整改，有效化解公司运营风险，弥补监管短板，切实保障公司稳健运营。

【信息化建设】2018年，公司加快信息化建设的步伐，努力推进各项业务系统的发展建设，增补公司规章制度，加强日常管理工作，推进公司信息化建设。信息化建设项目包括电票系统、征信系统、反洗钱系统、票据交易系统、投资系统等。陆续通过了电子商业汇票、反洗钱和二代企业征信报送等系统的上线计划。不断优化系统资源配置，为业务的持续、不间断运行提供了有力的保障。

【人力资源管理】2018年末，公司共有在岗员工24人，具有本科以上学历23人。其中拥有高级专业技术职称8人，拥有中级专业技术职称13人。全体员工均具备9年以上金融或财务工作经验，均具有扎实的金融和财务管理基础及良好的专业知识技能。公司鼓励员工参加多种从业资格证书考试，取得证券从业资格证书5人。激励员工加强业务学习，设立专项奖励，对取得从业资格证书的个人，从物质和精神上予以褒奖，为各项业务的开展提供了可靠的人才保障。

【企业文化建设】明晰公司企业文化与具体经营政策，统筹做好“十三五”时期的战略起步和文化引领。坚持公司“依托集团，服务集团”的战略定位，以“规范经营，稳健发展”为使命，培育“诚信、协同、创新、稳健”的核心价值观。以“立足集团，服务集团”为宗旨，遵循“规范经营、稳健运作、优质服务、创新发展”十六字经营方针，持续改进内部管理与运营服务，不断开拓、创新业务经营，为实现“共建幸福家园、共享美好生活”的集团愿景而努力奋斗。

【党建工作】2018年10月公司完成了党支部换届选举工作。加强党的领导，把党组织建设纳入公司章程。通过党支部“三会一课”、经理层会议、公司网站等方式及时学习贯彻安徽省委、省国资委、省银保监局、集团等文件及领导讲话精神。组织开展了“讲忠诚、严纪律、立正德”组织生活会、三查三问对照检查会、“三个一”活动等，学习了《党章》、宪法、《中国共产党纪律处分条例》等。

鞍钢集团财务有限责任公司

A

【集团概况】鞍钢集团（以下简称“集团”）于2010年5月由鞍山钢铁集团公司和攀钢集团有限公司联合重组而成。鞍山钢铁集团公司是新中国第一个恢复建设的大型钢铁联合企业和最早建成的钢铁生产基地，为国家经济建设和钢铁事业的发展作出巨大贡献，被誉为“新中国钢铁工业的摇篮”“共和国钢铁工业的长子”；攀钢集团有限公司是世界最大的产钒企业，是我国最大的钛原料和重要的钛白粉生产基地。2018年，集团以2017年277.92亿美元的营业收入第五次进入世界500强企业，位列第428位，创历史新高。

【经营概况】鞍钢集团财务有限责任公司（以下简称“公司”）推进精益管理、加大创新力度、拓展服务职能、提升创效水平，经营业绩再创新高，实现利润总额9.52亿元，同比增长17.10%；实现外部创效2.67亿元，同比增长28%，外部创效占比28.05%。

【服务实体】实施组织机构改革与职能调整，增设客户服务部、国际业务部、信息技术部，转变组织平台和业务运作模式，构建“4+1体系”，建立前中后台定位明确、协同有序、制约有效、责权利相统一的运营模式和运作机制。

【信贷业务】2018年，金融服务总量612.63亿元，同比增长47.07%。其中，发放信贷资产321.34亿元，同比增长73.12%；发放委托贷款199.02亿元，同比增长21.96%；开立电子银行承兑汇票67.93亿元，同比增长22.06%。

【资金业务】公司积极关注商业银行金融产品利率走势，推进利率市场化进程，有效规避利率风险；积极与商业银行进行洽谈，提升同业存款利率，寻求兼顾期限、收益、安全的金融产品，促进集团资金的保值增值，2018年同业存款平均利率3.13%，较年初增长0.25个百分点。

【投资业务】开展委托投资业务。充分发挥金融牌照优势，积极与金融同业开展多渠道、多层次、多维度的沟通合作，综合考虑收益性、安全性和流动性三方面因素，为成员单位量身定制委托投资方案，与成员单位签订委托投资协议，累计金额74亿元，平均收益率为4.65%。

【票据业务】针对电票接收、到期托收回款、电票存量情况及成员单位业务需求等进行现场调研，牵头完成制度建设、方案设计、票据系统功能优化、系统测试、人员培训、协议签署等工作。

【外汇业务】紧跟集团国际化发展的步伐，搭建跨境双向外币资金池，打通境内外资金调度通道，为成员单位办理外债借入6笔，金额3.44亿美元；开展结售汇业务，为成员单位办理首笔代客结汇业务，金额135万美元。

【资金集中】充分利用资金集中管理平台，实现货币资金境内外、本外币集中管理。实施本外币优势互补，进一步优化资金结构。一是完善人民币资金集中管理系统，建立总分公司一体化资金运作机制，实施“月总结、周计划、日调度”的资金管理模式，根据区域资金市场走势、资金头寸及成员单位需求等情况跨区域调度资金，实现盘活存量、融通资金、加速流转、提高收益的目的。二是搭建境外外汇银企直联系统，提高外币资金使用效率。

【业务创新】全面开展产业链金融服务。依托产业链核心企业，开展产业链金融服务，为上游中小微企业办理“一头在外”票据贴现业务，有效整合资源、盘活资金，提升产业链企业黏性。2018 年办理产业链贴现 17.98 亿元，实现外部创效 4987 万元。

【风险管理和内部控制】一是下发《关于开展梳理优化业务流程的通知》，组织各部门开展了业务流程梳理优化工作。二是组织各部门对公司管理制度进行梳理，下发《2018 年公司规章制度修订计划》，新制定制度 12 项，修订制度 10 项。

【人力资源管理】充分发挥经济责任制的有效激励与刚性约束作用，签订绩效考核责任书，自上而下全面推行契约化管理。依据能力决定层级，实现薪酬管理的“六能”，即“岗位能上能下，薪酬能增能减，职工能进能出”；依据表现决定绩效，区分绩效管理的“六干”，即“干与不干、干多干少、干好干坏”，将“六能”和“六干”有机结合，最终实现“六同”，即“同工同酬、同岗同薪、同绩同奖”。

【信息化建设】一是实施核心业务系统升级改造。实现业务系统的电子化全覆盖，提升新增业务模块的实施效率。二是推进票交所系统直联工作。公司已完成核心业务系统与上海票交所系统的直联工作，实现集团票据在全国票据市场规范运作，为成员单位提供更加快捷、高效、安全的票据业务服务。三是加强监管报送系统与征信系统建设。配合开发商完善监管报送系统与征信系统，推动统计报表及征信体系的信息化、自动化、智能化建设，提高数据推送质量，增强风险监测能力。

【企业文化建设】开展知识问答活动，征集对公司发展的意见建议 72 条。持续推进“践行共享理念、关爱一线员工”专项服务行动，不断强化干部作风转变，以上率下，通过开展困难职工帮扶、爱心捐款、健康教育讲座、拓展训练、登山、长跑等活动，增强职工队伍凝聚力和企业归属感。

【党建工作】充分发挥党委的领导作用，按照前、中、后台的经营管理机制，重新调整党支部设置，实现党支部工作与经营管理有效融合。要求全体干部职工转变作风、转变观念，增强责任感，提升能力、素质、执行力。深入推进党风廉政建设，切实加强党风党纪教育。

百联集团财务有限责任公司

【集团概况】上海百联（集团）有限公司（以下简称“集团”）是中国规模最大的国有商贸流通产业集团，成立于 2003 年，注册资本为 10 亿元。十余年来，集团商贸产业发展遍布全国 20 多个省市，初步形成了全国拓展布局，并建成了线上线下联动的全渠道网络。

【经营概况】2018 年，公司顺利完成增资事项，并成功申请加入全国银行间债券市场。2018 年末，公司资产总额 109.24 亿元，实现营业收入 4.01 亿元，利润总额 8205.01 万元。在金融时报社主办的“2018 中国金融机构金牌榜·金龙奖”评选活动中，公司荣获“年度最佳资金管理财务公司”奖项。

【服务实体】公司积极落实政策要求，紧密做好服务集团成员单位，不断提升服务实体经济质效。一是进一步疏通货币政策传导机制，实施差别化信贷政策，在资金供给、贷款利率方面给予适当倾斜，支持企业创新转型。二是为整个供应链上的企业提供“一头在外”的应收账款保理业务和“一头在外”的票据贴现业务，切实缓解中小企业融资难、融资贵难题。三是不断创新，综合运用丰富的金融品种，搭建多层次的金融产品体系，满足集团与成员企业转型发展所需的金融支持。

【信贷业务】公司全力支持集团新零售商业模式的创新转型发展，贷款投向重点侧重于成员企业贷款结构调整、新业务拓展及新产品的推广以及符合集团要求的创新转型项目及统一结算所衍生的贷款需求。截至2018年末，公司累计发放各类贷款53.60亿元，各项贷款均为正常类，无逾期贷款，也无后四类贷款。

【投资业务】公司严格贯彻落实“资管新规”和投资新政的要求，及时修订与细化投资业务制度的内容，完善投前分析与投后管理，确保覆盖投资全流程。公司严格遴选金融产品，在深入穿透底层资产的基础上，在符合监管指标许可及董事会授权的范围内审慎地配置投资类资产。

【票据业务】2018年，公司紧跟票交所政策指导，顺利实现票交系统上线，助力集团票据中心建设实现新的突破。公司围绕成员企业的金融需求再分析再营销，深入推进财务公司电票承兑业务，进一步提升票据规模，同时通过推广国内信用证、票据贴现等金融产品，加大成员企业应收账款回笼管理，做深票据业务。另外，公司通过加强合作，将财务公司承兑电票拓展至集团汽车零售板块的供应商企业，逐步扩大了财务公司市场信用。

【资金集中】围绕资金集中管理的工作主线，进一步加强资金集中管理。公司紧盯集团重大项目推进情况及实施进程，推动新企业资金集中结算；同时，公司紧跟集团创新业态战略布局，精准分析集团成员单位需求制定符合新业态实际经营、融资特点的个性化方案，不断延伸资金归集范围。截至2018年12月末，公司平均全口径资金集中度为51.82%，可归集资金集中度达99.47%。

【业务创新】2018年，公司密切关注信贷政策，结合成员企业结算特点，创新信用证贴现金融服务产品。同时，公司成功加入全国银行间债券市场，并正式开展了同业存单业务，成为公司有效平衡流动性与收益性的绝佳资产配置工具。2018年末，公司积极探索票交所时代下的新的经营模式，通过票据交易所电票交易平台成功开展了票据转贴现业务。

【风险管理和内部控制】加强精细化管理，进一步补足短板，提升全面风险管理实效。一是结合监管重点，着力提高内部审计覆盖面与审计频度，完善重要制度的修订和更新，切实强化内控管理。二是组织开展信息系统的升级建设，充分应用系统刚性控制，提升公司内控管理质量，并为实时风险监测、防范操作风险和各项重要决策提供依据。三是加强内部自评估，构建内控管理长效机制。

【信息化建设】公司高度重视金融科技管理，一方面制定《数据治理实施细则》，从信息制度、信息基础设备保障和业务连续性管理等多个层次，构建稳定安全的公司业务开展环境；另一方面，推进金融信息化升级和信息科技管理。以优化EAST数据报送系统为契机，建立科学合理、规范高效的数据仓库，为经营分析决策提供依据；持续完善核心业务系统，搭建虚拟化架构平台，提升资金管控效率，为公司战略实施提供安全、稳定、高效的信息技术支撑。

【企业文化建设】以公司成立五周年巡礼活动为契机，创建积极阳光、创新进取的金融企业文化，进一步提升公司文化软实力。通过公司干部员工谈心声、谈改革、谈发展等主题论坛，共同回顾与公司一路成长的历程和成就，进一步增强了全体干部员工的凝聚力和归属感，激发全体干部员工勇当金融创新的实践者，并以更积极的姿态投入公司新一轮的发展建设中。公司组织拍摄的微电影《执着》荣获集团企业文化建设微电影大赛二等奖。

【党建工作】2018年，公司党支部以学习宣传贯彻党的十九大精神为主线，深刻领会习近平新时代中国特色社会主义思想，聚焦加强党的建设、加强队伍建设、加强基层组织建设，荣获“2016—2017年度百联集团先进基层党组织”称号。党支部将党建内容纳入公司章程，明确党组织的领导核心和政治核心地位，把方向、管大局、保落实；通过与党建共建单位签订《廉洁伙伴协议书》，持续推进党风廉政建设，推进党建联建活动方式创新；以党建带动工会、团支部建设，以丰富多样的活动为载体，增加企业的活力和向心力。

B

包钢集团财务有限责任公司

【集团概况】包头钢铁（集团）有限责任公司（以下简称“集团”）落实高质量发展要求，大力调整产品结构，钢材产品向高端化、高效益、高质量迈进，钢材出口同比增长25%，出口增幅稳居行业前列。全面提升两大主业和多元产业发展质量，落实稀土钢发展战略，打造稀土钢新材料产业基地。完善现代企业制度，深化“瘦身健体”改革，荣获“钢铁行业改革开放40周年功勋企业”称号，入选国企改革“双百行动”企业。2018年实现营业收入800亿元，同比增加117亿元；利润14亿元，同比增加7.7亿元。

【经营概况】2018年6月29日，包钢集团财务有限责任公司（以下简称“公司”）召开2017年度股东会会议暨三届一次董事会、监事会，换届选举产生新一届董事、监事。12月26日经中国银行保险监督管理委员会包头监管分局批复，以未分配利润转增注册资本金3亿元，注册资本金变更为13亿元。实现资产总额111.08亿元，经营业绩创历史新高。公司累计实现营业收入27744.90万元、实现利润21970.01万元，监控性指标及监测性指标均符合监管规定。

【服务实体】公司以“实体+金融”为主线，大力提升金融服务实体经济的能力，提升服务质量，强化产融结合。发挥代理结算职能，合理利用资金管理平台，完成成员单位代理结算95万余笔。代理保险业务实现集团在年度保额增加的情况下，保费支出下降，降幅达30%。切实开展代理融资工作，有效防范集团资金风险，保障资金链安全。发挥金融服务职能，调整集团融资结构、降低流动性风险。

【信贷业务】公司全力满足成员单位信贷需求，信贷规模年末保持在55亿元，紧跟集团战略转型，聚焦稀土产业，公司信贷业务为稀土产业创新驱动，提供了有力的资金支持。全部信贷产品符合监管要求，资产质量良好。

【资金业务】公司强化资金运营能力，科学头寸管理统筹进行资金短期、超短期同业操作，与各家银行签订同业活期资金存放协议，保证了同业存放资金整体收益，盘活闲置资金。公司实现同存收益983.91万元，同业拆借业务32.5亿元。

【票据业务】公司推广商票、电子承兑汇票业务，丰富支付手段，强化代理结算服务能力，票据直贴业务42.61亿元，电子票据直贴占票据贴现总量的98.97%。灵活运用贴现资产与金融机构开展转贴现业务，为集团缓解资金压力，转贴业务14.76亿元。为成员单位提供代签票服务以满足成员单位票据支付结算的需求。

【外汇业务】公司建立中国银行和兴业银行两家跨境资金池，运用跨境资金池合理、高效地归集运营外汇资金，顺利完成资金上收及下拨等业务。

【资金集中】公司积极履行集团资金集中管理功能，通过开展“定存”、网上结算等服务手段，吸引成员单位存款。开立账户增至108户。制定《包钢集团账户管理办法》，加强账户管理，年末全口径资金集中度45.79%。

【业务创新】2018年10月，公司首次向人民银行包头市中心支行办理票据再贴现业务，是包头地区近10年票据再贴现业务零的突破，为进一步扩大融资规模开辟了新的渠道。

【风险管理和内部控制】公司重点强化机构改革、流程再造，全面梳理风险管理制度，修订了《包钢集团财务有限责任公司授权管理办法》《包钢集团财务有限责任公司全面风险管理办法》等制度，明确董监高的责权，并进一步严格董事、监事及高管人员的选聘工作。审计部门建立审计问题台账，对操作流程实施定期、不定期的评价，及时发出预警信息，初步构建以客户为中心、以风险控制为主线的防控体系。

【人力资源管理】 实施厂处职副职干部公开竞聘与主要负责人主导选聘相结合的班子建设和干部选用新方式。系统实施全员素质提升工程，加大员工教育培训力度，建立健全分级分类培训体系，开展每周学习讲堂、青年研讨会等创新培训方式，提升培训效果。健全完善专业技术人才职业成长渠道。公司组队参加包头市银行业金融法律法规知识竞赛，获得包头市团体第二名、个人三等奖。

【信息化建设】 完成包钢股份 ERP 与公司资金管理平台的对接工作，联合开发了票据系统、预算系统、银企直联等应用系统，积极改进收付票据的系统环境，配合集团逐步完善集团公司预算管理体系，建立了产、供、销、运一体化的资金运营系统，集团支付结算体系基本建立。

【企业文化建设】 推进企业文化建设，大力弘扬时代新风，加强“包钢精神”宣贯，利用新媒体在线网页制作微信发布，进行微宣讲、微学习、微宣传。积极配合宣传部、铁花文化公司推进精准系列宣传活动，开展了反洗钱、防范非法集资等金融知识宣教活动。

【党建工作】 全面落实从严治党主体责任，将党建内容正式写入《公司章程》，制定《财务公司党支部议事规则和决策程序》，明确党支部重大事项决策前置；抓党员考评、部门廉政考评确保全方位压实党建工作各项责任。深入开展“保持工人阶级本色”专题教育活动。制定了《财务公司党风廉政约谈制度》等五项配套制度，以保证党风廉政建设工作规范运作。推进作风建设常态化、长效化，集中整治形式主义、官僚主义“十种表现”、排查整治办公用房问题，开展效能监察活动。

宝钢集团财务有限责任公司

【集团概况】 2018 年，中国宝武钢铁集团公司（以下简称“集团”）加大改革创新和转型发展力度，实现高质量发展。2018 年钢产量 6705 万吨，实现营业收入 4398 亿元，利润 338 亿元，经营利润创历史最优。列 2018 年《财富》世界 500 强企业第 162 位，在全球钢企中排名第二位，维持《财富》最受赞赏中国公司评价，并保持了全球综合类钢铁企业最高信用评级。

【经营概况】 宝钢集团财务有限责任公司（以下简称“公司”）顺应监管政策导向，紧跟集团发展战略，聚焦“司库管理服务”和“产业链金融”两大领域，积极开展服务与创新工作。实现税前利润 3.33 亿元，净资产收益率为 11.91%，获得“上海市五一劳动奖”“2018 年度上交所优秀参与机构”等荣誉。

【信贷及供应链业务】 根据人行货币信贷政策，以及金融服务实体经济，支持民营及小微企业融资的政策要求，配合集团去产能和两金压降，推进有保有压、有扶有控的差异化信贷策略，累计发放成员单位贷款 332 亿元，累计发放供应链融资金额 182 亿元，服务产业链客户 648 家，其中小微企业占比超过八成。

【资金业务】 自营投资坚持谨慎原则，主要投资于固定收益类品种，保障资产安全，保持盈利稳定。在流动性管理方面，利用交易所和银行间市场会员身份，扩大交易对手，提升交易能力，抓住关键时点灵活配置现金类管理品种，努力提升流动性管理效率。2018 年流动性管理交易量 1668 亿元，较上年增长 31%，被银行间同业拆借中心推荐成为X-Repo成员之一。

【票据业务】推出电票代理签收、代理提示付款等服务，提升成员单位电票处理效率；加大财票推广力度，累计开立财票32.4亿元，承兑业务量大幅增长；积极探索票据池服务，在动态质押票据和存放保证金形成的额度内，为成员单位总部及分公司办理银票承兑、贷款等池化融资服务，支持成员单位盘活存量票据资源。成员单位电票业务呈现爆发式增长，电票结算交易量26万笔，金额5300亿元，同比分别增长105%和26%。

【国际业务】积极拓展外汇交易对手行，将签订NAFMII协议的合作行拓展至12家，外汇交易量同比增长6倍。在人民币汇率双向波动加大的背景下，提供汇率走势市场分析，支持成员单位管理外汇风险。启动与SWIFT公司的对接工作，筹划以渣打银行为SWIFT项目合作试点行，为成员单位海外账户提供可视化服务，搭建全球资金可视化平台。

【结算和资金集中】2018年累计办理结算流量4.31万亿元，业务量133万笔。在资金集中管理方面，按照管办分离的原则，不断优化流程，完善平台运营服务。配合集团积极推进账户清理工作，对集团内440多家法人单位、4800多个账户进行分类梳理，利用财企直联技术实现账户可视化管理，协助集团加强资金风险管控，进一步提高资金集中度。

【风险管理和内部控制】在监管全面加强合规性管理的背景下，认真做好整治市场乱象、员工异常行为排查、数据治理、扫黑除恶、股东资质审查等多项检查报告工作。进一步完善制度建设，新增制度14项、修订制度54项。履行在线风控职责，积极探索实质性、差异化的风控策略。加强对风险合规指标的监控，将流动性指标、存贷比、资本充足率、投资类指标纳入动态跟踪与监控。针对监管机构强化问责机制的要求，完善公司问责体系，落实问责机制。

【信息化建设】完成票交所纸电融合二期项目，并成功与票交所实现直联接入。完成电票系统重构，全面实现分布式架构，前后台分离，支持大业务量吞吐，有效支撑未来票据业务的拓展。迭代开发“宝财GO”移动APP，与标财系统应付模块实现对接，构建供应商结算协同服务功能。推进电子回单接口建设，落实与6家结算合作行对接方案。为应对快速增长的信息系统运行负荷，兼顾未来发展空间，设计了硬件升级分布实施方案，并于2018年11月完成系统存储资源扩容，有效提升了业务连续性能力。

宝塔石化集团财务有限公司

【集团概况】宝塔石化集团有限公司（以下简称“集团”）成立于1997年，是一家以石油化工为主营业务，产学研一体化，产融结合协同发展的大型企业集团。集团拥有七大产业集团（石化产业集团、金控产业集团、商贸产业集团、工程科技产业集团、教育产业集团、投资控股产业集团、新能源产业集团），一家A股上市公司（宝塔实业：股票代码000595），旗下财务公司为宁夏获批成立的首家集团财务公司。2018年，集团及时进行了战略调整，进一步精干主业，收缩战线，凝聚力量，瘦身强体，引进战投重组新疆项目，持续开展技改升级、优化生产装置、重点推进拳头项目建设，全力以赴推动宝塔集团改革，剥离了与主业关联度不高的产业，把发展的重心集中到宁夏。

【经营概况】截至2018年末，宝塔石化集团财务有限公司（以下简称“公司”）资产总额126.62亿元，同比减少5.69亿元；所有者权益－13.2亿元，同比减少33.56亿元；营业收入3.21亿元，同比增加1.05亿元；净利润－33.56亿元；资本充足率为－310.94%。

【信贷业务】2018年，公司加强内部成员单位信贷业务风险控制管理机制。首先通过对集团成员单位经营情况进行全面梳理，分析讨论授信业务中存在的问题及对应的管理措施。2018年，公司累计发放贷款54.88亿元；年末贷款余额154.48亿元，同比增加32.1亿元。

【风险管理和内部控制】2018年，公司在风控管理方面，严格贯彻落实“贷审分离”制度，认真落实信贷业务审核，按时组织召开贷审会，对授信业务的审核进一步实现从形式到实质的审核观念的转变，做好贷前风险审核的同时，对贷中、贷后管理、合规管理也进一步强化。修订并审核了《宝塔石化集团财务有限公司反洗钱管理办法》《宝塔石化集团财务有限公司薪酬绩效与考核管理办法》《宝塔石化集团财务有限公司信贷审查委员会工作规程》三项与公司风险管理相关的规章制度，分别从紧密结合公司治理层面、各业务流程等工作领域分项逐一细化。随着业务扩展，公司加强了对操作风险、流动风险等前期风险的控制。公司在授信方面加强对成员单位资产与负债存量、期限的匹配分析，进行流动性风险压力测试，建立了流动性风险管理长效体系与风险应急处理机制，丰富了流动性管理工具。在操作风险管理方面，公司强化风险制度流程建设。

【人力资源管理】2018年，公司对部门架构及部分人员岗位进行调整，对前中后台及关键岗位人员做到分离。修订人事类规章制度11项，完善员工薪酬福利体系，优化绩效考核项目及分值占比，规范员工轮岗、亲属回避、强制调休等事项要求。根据公司发展需求，加大招聘力度，2018年累计招聘到岗人员12名，均为本科以上学历，具有多年金融从业经验。截至2018年末，公司在岗人员30人。公司积极创新培训方式，与沙钢集团财务有限公司、华西村集团财务有限公司等多家同业机构建立良好关系，以双方互换、面对面的交流方式，对关键岗位的重点工作内容进行学习交流。

【信息化建设】公司根据业务需求对信息系统进行功能更新，系统升级。一是保障核心业务系统和网银系统的正常运营；二是为成员单位的网银正常使用提供技术支持。完成上海票据交易所电子商业汇票系统ECDS直联接入工作，向汇票无纸化迈进。

【企业文化建设】根据集团品牌宣传部的部署要求，公司将形象墙、门窗标识、微信公众号、官网等LOGO标识统一进行了更换。2018年5月，公司微信公众号经过修整后正式启用，从党建工会活动、金融风险防范、员工风采展示等方面选材，积极宣传公司正能量，使单篇文章阅读量突破600余人次，关注人数达400余人次。为了加强职工关怀，2018年5月，宝塔石化集团财务有限公司工会委员会成立。公司秉承集团企业文化精神，切实履行企业社会责任，2018年6月公司同宁夏音乐广播台组织开展大型扶贫公益项目“点亮梦想音乐公益教室”，向平罗县陶乐镇庙庙湖留守儿童捐赠音乐器材。

【党建工作】2018年3月7日，中共宝塔石化集团财务有限公司委员会经上级党组织批复正式成立。党委积极组织召开党委会议，开展学习贯彻“传承延安精神，凝铸宝塔军魂”的主题培训，深刻认识集团“三大战役”战略转型对公司的指导意义。6月23日，为纪念中国共产党成立97周年，公司组织开展“不忘初心　砥砺前行”主题拓展活动，参观了国务院直属口五七干校，重温入党誓词，进一步激发党员的工作热情。

保利财务有限公司

【集团概况】2018 年，中国保利集团有限公司（以下简称“集团”）以提高质量效益和提升核心竞争力为中心，积极加快改革创新步伐，努力保持稳定健康发展，主要运营和财务指标均创历史最好纪录：集团 2018 年末总资产 1.09 万亿元，实现营业收入 3030.30 亿元，利润总额 435 亿元，净利润 312.40 亿元。

【经营概况】2018 年，保利财务有限公司（以下简称“公司”）以资金集中为核心开展各项工作，合规审慎开展业务，超额完成年度经营目标。截至 2018 年末，公司总资产达到 505.23 亿元，净资产 31.48 亿元，资本充足率为 18.38%。2018 年利润总额 5.07 亿元，净利润 3.90 亿元。

【服务实体】2018 年，公司通过多元化金融服务方案，为集团各业务板块提供有力的金融服务支持：采用银团贷款方式参与棚户区改造等民生工程；继续扩大“军工票据互认”范围，协助军贸板块拓宽结算渠道；为助力集团文化业务发展，向拍卖、影业等公司提供流动资金支持。

【信贷业务】截至 2018 年末，公司自营贷款余额 57.4 亿元，委托贷款余额 9.3 亿元，服务区域已覆盖全国 26 个省、自治区、直辖市。

【资金业务】2018 年，公司资金业务继续坚持“安全性、流动性、盈利性”的经营方针，通过加强对成员单位资金变动的监控，扩大合作银行范围等方式，在确保资金安全的前提下，合理配置资金期限和规模。公司重点关注存款占比较高的成员单位，提前对大额资金变动进行统计，特别是月末季末等关键时点，确保流动性安全。公司增加了 4 家综合实力较强的合作银行。此外，公司积极探索更为灵活的同业存放合作模式，进一步提高了资金收益。

【投资业务】公司始终坚持“严控风险、适度收益、与主业相契合”的投资原则，逐步扩大投资规模，稳健提高投资收益。一是继续以低风险的货币基金类作为流动性管理手段；二是针对监管新出台的政策及市场最新方向，为集团献计献策；三是将重点放在固定收益类投资研究上，撰写市场新品种的投资分析报告，同时积极与成员单位在债券一级市场融资方面进行更多品种的合作。2018 年日均投资规模 17 亿元，年度收益较上年增长 26%。

【票据业务】公司通过商业汇票承兑及贴现业务等方式，继续扩大票据业务规模。截至 2018 年底，票据承兑金额 28 亿元，票据贴现余额 26.3 亿元。

【外汇业务】由于成员企业主要以收汇为主，在美元、欧元走强的背景下，成员单位结汇意愿减小，2018 年办理结汇 1800 万欧元。公司根据跨境双向人民币资金池业务的最新政策，向人民银行申请获批净流出额 130 亿元。

【资金集中】2018 年，公司继续围绕资金集中开展各项工作，一方面积极争取集团支持，引导成员单位在财务公司归集资金。另一方面继续优化业务系统功能，提高支付结算效率；进一步提高存贷款利率优惠力度，创新业务产品。截至 2018 年末，公司吸收存款 472 亿元，同比提高 134.83 个百分点。

【风险管理和内部控制】公司内控体系执行情况良好，风险防控措施到位，未发生任何案件。2018 年，公司新增和修订五项规章制度；开展房地产贷款专项自查、市场乱象整治评估、案防工作评估、案件风险排查、服务实体经济等专项自查，查找内控隐患并制定整改方案，夯实公司稳健发展的基础；对公司即期结售汇业务进行专项稽核，针对薄弱环节提出改进意见。

【人力资源管理】公司2018年人力资源工作以“注入新鲜血液，增添公司活力，提升专业素养，助力公司发展再上新台阶”为工作目标，招聘4名应届毕业生，1名留学归国毕业生，开展新员工培训，征集专业课题研究报告，落实年度各项培训计划等工作，助力公司发展再上新台阶。

【信息化建设】2018年，公司信息化建设主要以“提高自动化处理效率，提升网银用户体验，保障系统运行安全”为工作重点：在硬件方面，加强安全巡检，排查核心硬件设备故障，扩容机房电路实现双路供电；拟定公司核心硬件设备升级方案，将采用虚拟化应用技术部署模式；在软件方面，建设监管报表数据平台，填报效率显著提高，实现业务和风险数据共享；开通上海票交所和清算所交易系统；优化结算及网银系统，结算端实现小额付款指令自动发送。

【企业文化建设】针对年轻员工多的特点，公司积极营造学习创新的环境，根据热点问题，结合工作实际，提出研究课题，鼓励员工写论文、出成果；不断扩充图书室，为员工提供经济、管理、政治和党建等类图书；开展健步走、歌咏比赛、知识竞赛以及乒乓球、羽毛球等文体活动。

【党建工作】公司党支部坚决贯彻落实集团党委要求，坚持加强党的领导和完善公司治理相统一，落实党支部研究讨论作为董事会、经理层决策重点问题前置程序要求。2018年党支部召开支委会共14次，审议通过公司经营重大事项38项。公司积极落实组织生活：一是按照集团公司党委统一部署，严格执行组织生活“三会一课”、民主生活会、民主评议制度，及时传达上级精神要求，宣传党的政策和规定，2018年召开10次相关会议，组织多次党性教育活动等；二是坚持党务政务公开，党务活动、党员发展、党费上缴等多方面实现全流程全透明。

北大方正集团财务有限公司

【集团概况】北大方正集团（以下简称“集团”）拥有方正信息产业集团、北大医疗产业集团、北大资源集团（管理）、北大方正物产集团等公司。集团定位为投资控股集团，重点关注投资组合的管理。集团在2016年至2020的五年中，将以IT、医疗、金融三大产业为核心支柱，并在地产、教育等产业形成特色优势，逐步形成多产业协同的发展格局。

【经营概况】截至2018年末，北大方正集团财务有限公司（以下简称“公司”）资产总额130.15亿元，各类资产质量良好。所有者权益总额55.14亿元，较上年减少8.47亿元，所有者权益总额下降主要是向股东分红所致。公司2018年实现主营业务收入4.08亿元，净利润1.53亿元。成员单位已开户116家，资金结算超过6111亿元。

【信贷业务】表内业务方面，2018年末公司各项贷款余额104.20亿元，其中，自营贷款余额97.32亿元，票据贴现余额6.88亿元。表外业务方面，公司为成员单位提供委托贷款、担保等业务服务。2018年末公司委托贷款余额3.7亿元，担保余额25.21亿元，承兑余额12.57亿元。

【资金集中】2018年，公司资金集中工作稳步推进。2018年末，全口径资金集中度达到17.01%，可归集口径资金集中度达到38.61%，日均存款超过42.78亿元。2018年，公司继续推行并优化成员单位非直联银行账户余额报送系统，同时，面向成员单位推出代理收款业务。公司在支付结算费用以及利率政策上最大限度地让利于成员单位，开户成员单位数量较上年有小幅度增加。

【票据业务】2018 年 10 月，公司配合上海票据交易所首批完成了二期纸、电票融合的系统上线工作，并在集团内部大力推广电票承兑、贴现业务。2018 年申请人民银行再贴现额度 7.79 亿元，年末余额 2.87 亿元。

【资金与投资业务】公司精细化头寸管理，不同的资金久期匹配不同的投资产品，进一步提高资金的使用效率和投资收益。2018 年重点投资于货币市场基金、短期理财型债券基金、同业存单等产品。2018 年上半年，随着业务发展，针对银行、基金公司、证券公司完善了交易对手统一授信管理体系，加强了信用风险管控。下半年，搭建了投资及同业业务系统，实现了自动记账、额度管控、台账管理等，通过电子化、信息化的手段，提高操作风险的管控。

【风险管理和内部控制】2018 年，公司未出现不良资产，按期末贷款余额的 1.5% 计提贷款损失一般准备，贷款减值准备充足率和资产减值准备充足率均为 100%。流动性风险方面，通过信息系统建设实现流动性指标的每日监控，保证所有时点流动性达标，年度平均流动性比率达 83%。系统建设方面，2018 年完成了监管报送系统升级。反洗钱系统实现每日可疑交易的系统过滤和预警，并生成标准化反洗钱报文。2018 年公司无重大法律风险事件发生。对公司制度进行全面梳理，修订制度 32 项，新增制度 9 项。修订完毕后，公司现行有效制度 115 项。2018 年，公司组织了 3 次专项合规培训，发表多篇专业研究论文及普法文章，同时编制了《银行间市场融资业务法规合集》《上交所发债业务法规合集》，为全员树立合规意识。

【人力资源管理】2018 年在人才引进方面，公司依然重点关注“双一流”院校、国际交往人才，公司核心岗位继任人才配比较 2017 年有所增加，达到 1:2.6，并制定了继任人才培养方案。公司 2018 年开展了十期《业务知识分享课堂》，在公司内部持续开展了读书、业务研讨等不同学习目标的《学习部落》活动项目，在集团内部兄弟公司之间开展了《三思部落》学习活动，另参加集团商学院组织的各类培训 22 次，参加中国财务公司协会、人行、上海票交所、税务局等机构的外部培训共计 28 次。

【信息化建设】2018 年，公司实现投资业务数据通过系统进行管理，自动生成凭证，并通过接口的方式向监管报送系统、报表平台推送数据，实现数据分析的自动化；完成了纸电融合二期改造。

【企业文化建设】2018 年，公司组织开展形式多样的文体活动，如篮球友谊赛、妇女节扎染活动、北戴河秋游活动等。

【党建工作】2018 年，公司在思想学习方面，集中学习上级印发的相关文件、规章、规定和制度，自主学习党支部微党课系列小课堂知识等。在党员发展方面，积极做好新党员的接收及预备党员转正等日常工作。在党建活动方面，结合重要节日、纪念日等开展各类有益的党员活动，如观影活动、狼牙山红色党建活动、八一建军节书法活动、徒步圆明园主题党日活动等，营造积极向上、团结进取、健康和谐的党支部。在党风廉政方面，开展“党风廉政建设宣传月”系列活动，在办公区设立“廉政建设教育宣传栏”、签订 2018 年度党风廉政建设责任书等。此外，2018 年，公司党支部获评为集团“先进基层党组织”。

北京金融街集团财务有限公司

【集团概况】北京金融街投资（集团）有限公司（以下简称“集团”）为北京金融街集团财务有限公司（以下简称“公司”）的母公司，集团成立于1992年，是一家中国500强多元化国有投资企业集团，业务覆盖北京、上海、天津、重庆等近20个省市。业务范围涵盖政府重点工程、房地产开发、金融、物业经营与管理、教育、医疗健康、文旅体育及新兴产业等产业。

【经营概况】2018年，公司继续坚持市场化运营，为成员单位提供优质金融服务，同时积极进行同业资金运用，提高资金集中管理效率，合理利用主动负债工具，开展同业拆借业务，满足了公司临时性的头寸管理需要，提高资金收益。

【信贷业务】2018年，公司集中集团内相对分散的资金，围绕集团“6+1”战略板块的成员单位，以市场化方式依法合规开展信贷业务，向集团内成员单位提供了及时的信贷业务支持；针对公司存在信贷业务需求的成员单位数量相对较少，存量信贷投放、到期相对集中的情况，制定了在发展中以增量信贷调整整体信贷投放、到期结构的信贷策略，既及时满足了有信贷需求成员单位的资金需求，也平滑了公司信贷资产集中到期的波动。公司2018年新增贷款2亿元，贷款余额13亿元，全部贷款利率均不高于同等条件的外部贷款利率，全部贷款五级分类正常。

【资金业务】截至2018年末，公司吸收存款余额46.76亿元，存放同业款项余额39.62亿元，累计发放贷款余额13亿元，资产总额55.55亿元，实现营业收入0.58亿元，净利润0.26亿元。

【资金集中】2018年，集团公司组织召开资金管理专题会议，加强集团内部资金管理，对成员单位资金集中提出明确要求，系统内各所属公司与公司合作进一步加强，存款规模迅速增长，存款结构逐步优化。2018年，公司吸收存款余额较2017年末有跨越式增长，集团非受限资金归集度进一步提升，结算量大幅提高，代理支付业务增长5倍多。同时，公司与成员单位已建立良好的资金调配日常沟通机制，实时掌握成员单位的资金使用情况及资金存放性质，加大与成员单位的业务黏合度，积极推进集团资金集中管理工作的有效开展。

【业务创新】2018年集团发行债券期间，公司指定专职人员派驻集团，协助集团财务部与主承销商、律师事务所、第三方信用评级机构开展密切合作，全程参与债券发行的具体流程制定、材料准备、债券要素设定等具体工作并提供一定的顾问建议。2018年是集团医疗板块的开局之年，公司积极上门服务，协同集团进行现场尽调，为投资项目量身设计个性化金融方案。持续跟踪医疗板块的投后业务发展情况，积极探讨向项目公司提供代理记账等财务顾问服务，针对投资公司现阶段面临的异地多门店财务管理难题协助制定解决方案。

【风险管理和内部控制】在内控体系建设方面，公司对现行的公司管理制度和授权手册进行了进一步修订和完善，2018年进行修订的制度共计17项，形成《北京金融街集团财务有限公司制度汇编（2018版）》，共形成各类管理制度125项。同时，结合公司现状对《授权手册》和《内控手册》进行了修订。在审计监督工作方面，以风险为导向，结合公司监管要求和风险管理重点，按季度开展常规审计和专项审计。2018年度公司共开展内审项目8个，其中常规审计项目3项，专项审计项目4项，内控评价1

项，做到了公司各职能部门全覆盖。按季度对相关审计问题的整改情况进行追踪，督促整改，提示相关领域风险。

【人力资源管理】2018 年，公司一是建立健全人力相关制度，加强对员工执业行为的约束，防范金融风险。二是继续加强员工业务培训，为公司业务开展提供支撑。三是落实强制休假及轮岗制度，对财务管理部、综合管理部、信贷业务部、审计稽核部、风险合规部等部门中层管理人员实行轮岗，为进一步提升员工综合素质以及业务能力创造机会。

【信息化建设】2018 年，公司围绕客户需求，共完成核心业务系统优化项目 3 项。2018 年成员单位开户数量较上年实现了翻倍增加，通过网银结算实现代理支付笔数同比增长 522%。公司进一步完善业务连续性及信息系统容灾管理应急预案，并联合业务部门进行相关演练。2018 年，公司核心业务系统未出现影响正常业务办理的重大故障，应用系统可用率接近 100%，无重大信息系统事故。

【企业文化建设】2018 年，公司努力提高领导干部的执行力和综合能力，安排相关人员参加理论学习，包括民主管理、组织建设、劳动关系协调、职工技术创新及素质工程等。

【党建工作】2018 年，公司党支部一直在集团党委的正确领导和大力支持下，紧紧“围绕中心抓党建、抓好党建促发展”开展工作，坚持党要管党、从严治党，坚持服务中心、强化核心、凝聚人心，坚持加强党的思想建设、组织建设、作风建设、反腐倡廉建设和制度建设，把方向、管大局、保落实，充分发挥党组织的领导核心和政治核心作用。

北京金隅财务有限公司

【集团概况】2018 年，北京金隅集团股份有限公司（以下简称“集团”）坚持稳中求进工作总基调，坚持新发展理念，砥砺奋进、真抓实干，在党的建设、改革创新、高质量发展等方面取得新的历史性成就。集团总资产达到 2730 亿元，同比增长 16.3%；统计口径营业收入首次突破千亿元大关，完成 1050 亿元，同比增长 35.7%；实现利润 64 亿元，同比增长 58.4%。提前两年全面超额实现“十三五”规划的经营目标，在中国企业 500 强中排名第 188 位。

【经营概况】2018 年，北京金隅财务有限公司（以下简称“公司”）全面超额完成 2018 年的各项工作任务，为助力集团持续增长，加快实现跨越式发展提供了有力支持。

截至 2018 年 12 月 31 日，公司资产总额 173.81 亿元，吸收存款余额 135.23 亿元，贷款余额 112.52 亿元，实现利润（拨备前）5.28 亿元，应归集资金归集率为 100%。在中国企业集团财务公司 2017 年度行业评级结果中再次被评为“创新型财务公司”，蝉联行业最高评级 A 级。

【服务实体】延伸产业链金融服务：集团核心主业清晰，产业链上企业众多，相关融资服务需求较大。公司在完成延伸产业链金融服务试点资格备案工作后，截至 2018 年末，共计为产业链上游客户提供金融支持 2770 万元。降低成员单位融资成本：公司根据央行基准利率，辅助成员单位评级、资金归集率等因素，计算得出成员单位的存款、贷款（含贴现）利率和票据承兑、保函开立等中间业务手续费价格，对符合定价管理办法优惠条件的企业给予价格优惠，2018 年为成员单位节约财务费用 1.6 亿元。

【信贷业务】公司本着服务成员单位的宗旨深耕金融服务，深挖业务潜能，从传统和创新业务两方面双管齐下，真正把服务企业落到实处。

综合授信业务：2018 年度，公司办理综合授信业务 52 笔，累计办理授信总额 249.11 亿元，为成员企业提供了优质可靠的金融服务。

信贷业务：2018 年全年累计发放贷款 148 笔，金额 145.76 亿元，年末贷款余额 112.52 亿元；办理电子商业汇票承兑 1093 张，票面金额合计 6.73 亿元；办理电子银行承兑汇票贴现 570 张，票面金额合计 2.85 亿元；成员单位在公司办理电票承兑业务达 25 户，同比增长 150%，覆盖供应商 373 户，同比增长 384.42%。

【资金业务】公司与合作的银行协商大额活期利率、每日及时将上划资金由利率较低的账户调往利率较高的账户；根据集团及成员单位的月度资金计划、融资台账，统计出当月主要的大额用款（拍地保证金、到期贷款、债券等）；根据各笔大额用款的时间节点，匹配定期资金（7 天、14 天、1 个月等，期限可与银行灵活商定）；在保证成员单位用款及各监管指标的前提下，在月末、季末等资金价格较高的时点，适当匹配期限较长的资金。

2018 年，公司资金日均规模 70.44 亿元，总存款加权利率为 3.01%（含准备金）；日均存放同业规模 59.79 亿元，存款加权利率为 3.26%。

【投资业务】公司 2018 年的投资以长期持有为主，并根据资金情况择机进行短期操作。2018 年公司主要在交易所和银行间两个线上市场开展有价证券投资，涉及的业务品种有交易所市场的货币市场基金、国债逆回购，银行间市场的同业存单、成员单位债券等。

2018 年公司累计持有货币市场基金 26 亿元，国债逆回购 33 亿元，同业存单和成员单位债券等共 55.53 亿元，合计 114.53 亿元，日均占款 14.11 亿元，实现 5917.21 万元的投资收益，年化收益率为 4.19%。

【资金集中】2018 年末，资金管理信息系统成员单位 369 户，日均吸收存款 156 亿元，应归集资金归集率达到 100%，期末综合归集率达到 51.4%。

根据集团《关于开展天津市建筑材料集团（控股）有限公司资金归集工作的通知》的部署安排，公司于 2018 年 9 月 25—28 日前往天津举办开户及银企直联专项培训，并办理完成 30 户成员单位的开户工作。截至 2018 年 12 月末，天津建材集团及所属子公司通过资金管理信息系统实现资金归集 294 笔，金额合计 20.8 亿元；完成银行付款、对私付款及内部转账业务 625 笔，金额合计 44.2 亿元，实现资金归集与代理支付，实现将天津建材集团纳入公司监控范围。

【业务创新】2018 年上半年，公司选择与浙商银行天津分行合作，搭建了集团层面的票据池。截至 2018 年末，已开通票据池企业 20 家，办理票据入池业务企业 15 家，累计入池票据 2581 张，票面金额合计 10.99 亿元，在一定程度上降低了成员单位的纸票保管风险。

公司不断丰富完善票据池业务功能以盘活用好成员单位的存量票据，为成员单位核定专项票据池额度，各单位在票据入池的同时可以开出公司承兑的电子银行承兑汇票，在不增加其流动性的基础上，实现集团纸票电子化，提高结算效率。

公司积极参与并保障了集团及其子公司的债券发行工作。公司于 2018 年 2 月参与认购了中国中投证券—金隅股份腾达大厦资产支持专项计划次级资产支持证券 100 万元；于 2018 年 11 月参与认购了平安金隅建达大厦信托受益权资产支持专项计划次级资产支持证券 1000 万元等。

【风险管理和内部控制】2018 年，公司风险管理部全年共计为 157.48 亿元的信贷业务及 106.35 亿元的投资业务出具风险审查意见，提出合规性审查建议和规范性方面的修改意见，确保业务合规性。截至 2018 年末，公司经营业务稳健发展，各项监管指标均处于正常范围内，并荣获中国财务公司协会“2018 年度行业数据统计优秀单位”称号。

【人力资源管理】公司根据企业发展需求，通过内部选才和外部引才两种途径，优化人才队伍结构，培养选拔高层次人才，强化人才激励，提拔有能力有责任心有担当的员工，招聘优质的应届毕业生补充到一线岗位，使公司人才队伍专业配套、结构合理、素质精良。

【信息化建设】机房改造已通过监管机构现场验收并正式投入使用；优化资金系统，提升系统访问速度；增加授信、信用评级、承兑、代理贴现、台账模块；电子商业汇票系统正式上线，并完成 ECDS 系统升级改造，增加直联交易系统，实现票交所纸电票据融合第二阶段全直联，向商业汇票无纸化迈进；推进监管报表及分析预警系统建设，提升公司风险管理水平；建设同城异地灾备系统，提升信息系统容灾备份水平，保障信息系统数据安全，2018 年 12 月 28 日进入试运行阶段；完成归集率优化项目，实现所有外部结算账户纳入公司监控范围；完成天津建材集团及其所属子公司银企直联工作；完成公司信息安全风险评估工作。

【党建工作】2018 年，公司党支部全面贯彻落实党的十九大精神，注重发挥党支部的政治核心作用，为完成各项工作提供可靠的政治保证。强化党员教育管理，理论学习贯穿始终，在内容上根据集团机关党委的总体安排以及各监管机构的相关文件，结合公司党支部实际情况，有针对性地确定学习内容。公司党支部根据公司现状，在经监管机构审批以及集团组织部同意后，按时完成了“党建入章”的工作，落实了党组织在公司法人治理结构中的法定地位。党支部紧密联系党员思想作风和单位工作实际，开展形式多样、内容丰富的主题党日活动，切实提高主题党日活动质量，深化党员思想政治教育。2019 年开展了学习习近平新时代中国特色社会主义思想的专题读书活动，组织了“在光影中回顾历史”“从严治党永远在路上”“忆党史、增责任、创一流”等具有特色的党日活动。

北京控股集团财务有限公司

【集团概况】2018 年，北京控股集团有限公司（以下简称“集团”）实现合并营业收入 925.59 亿元，同比增长 16.63%；实现合并利润总额85.20 亿元，同比增长6.50%。2018 年，集团列中国企业 500 强第 202 位，列中国服务业企业500 强第 79 位。

【经营概况】截至 2018 年末，北京控股集团财务有限公司（以下简称“公司”）资产总额为 197.90 亿元，较年初增加 33.85 亿元，增幅 20.63%；负债总额为 173.24 亿元，较年初增加 32.76 亿元，增幅 23.32%；净资产总额为 24.66 亿元，较年初增加 1.10 亿元，增幅 4.67%。公司实现营业收入 47581 万元，完成集团签约指标营业收入总额 40521 万元的 117.42%，同比增幅 19.34%；实现利润总额 26137 万元，完成集团签约预算利润指标 24102 万元的 108.44%，同比增幅 51.09%。

【服务实体】2018 年，公司为集团及成员单位发债业务提供专业的财务顾问服务，利用跨境外币资金池和跨境人民币双向资金池，为成员单位跨境资金融通提供咨询服务。

【信贷业务】2018 年，公司通过自营贷款、委托贷款和保函等信贷业务较好地满足了集团成员单位信贷需求。累计发放贷款 45 笔，合计 57.33 亿元（其中，贷款 44 笔，合计 54.69 亿元；港元贷款 1 笔，折合 2.64 亿元人民币）；累计为成员单位办理委托贷款 48 笔，合计 16.28 亿元；累计为成员单位办理保函业务 20 笔，合计 7786.50 万元。

【资金业务】公司紧密跟踪存放同业、银行保本理财、交易所国债逆回购等市场，将闲置资金加以运用，确保资金收益最大化。资金流动性管理方面，公司合理安排备付资金；制定合理的资产负债结构，完善期限管理，做好资产负债业务的规划；合理利用同业拆借等手段融资；加强现金流缺口管理；密切关注流动性风险指标，对指标严格监控。

【投资业务】2018 年，在债券投资方面，公司分别投资了北控水务集团中期票据4000 万元和北控集团中期票据 1 亿元，截至 12 月末，债券投资余额 1.40 亿元。在货币基金投资方面，公司建立了货币基金池，并在多家基金公司开立直销账户，逐步开展了货币基金投资业务，截至 12 月末，货币基金余额 1.60 亿元。

【外汇业务】2018 年，公司累计办理外币资金出入境 53 笔，总规模约 40 亿美元；累计办理外币借入和归还外债业务 31 笔，总规模约 8 亿美元；为成员企业办理外债签约和对外债权展期备案工作；办理集中管理的外债额度变更事项；为四家成员企业办理加入外汇资金池备案工作。公司将中国工商银行北京市分行新增为跨境双向人民币资金池业务结算合作银行。

【资金集中】2018 年，公司对成员企业开户、银行账户管理等工作进行细致梳理，并逐一提出解决方案；为多个成员企业建立二级企业现金池，开展跨境资金池业务；努力探讨上市公司资金归集方案，跟踪市值变化，做好上市公司资金归集和管理工作等。截至 2018 年末，公司资金综合集中度为 43.93%。

【结算业务】截至 2018 年末，公司各类资金结算业务共计 51804 笔，累计金额折合 5069.80 亿元。

【业务创新】2018 年，公司累计在银行间一级市场开展 7 笔同业存单业务，票面金额 15.20 亿元。

【风险管理和内部控制】2018 年，公司一是积极开展进一步深化整治市场乱象工作，未发现严重市场乱象行为或存在重大风险隐患；二是公司完善轮岗机制，分别安排两名人员进行跨部门轮岗；三是公司继续完善制度体系，将 127 条规章制度汇编成册；四是开展内控管理及反洗钱知识培训。2018 年，公司对各部门业务条线进行了 6 次稽核检查，根据重要性原则和风险程度进行了 2018 年度内部控制评价，同时持续开展审计情况回头看工作。

【信息化建设】2018 年，公司顺利完成了二级集团现金池产品上线工作；完成了公司门户网站的上线工作；聘请专业评估机构，结合金融机构特点和公司信息系统整体现状，对公司信息系统建设进行了安全评估；公司部署了数据容灾管理系统，建成了同城灾备中心。

【人力资源管理】2018 年，公司共引进信贷投资、财务管理、风险管理、稽核审计等方面管理及业务人才 7 名，其中 2 名人才入选了中国财务公司协会行业研究人才库；制定出台了《北京控股集团财务有限公司重要岗位轮岗管理办法》。有计划、有重点地组织员工参加了思想政治理论、金融业务、专业技能等培训项目共计 40 余项，累计参训人员近 240 人次。

【企业文化建设】公司一是完成信息公开栏、活动宣传栏建设，在集团报纸、网站、微信公众号上累计刊登稿件 30 余篇。二是在蓝天保卫战、城市副中心建设、雄安新区建设等集团重点项目中，及时跟进、持续关注，鼓励员工深入了解、广泛宣传，不断增强员工认同感、自豪感。三是以传统节日、员工生日等为契机，以健行活动、棋牌比赛、集体生日会等喜闻乐见的活动为载体，提升职工获得感、归属感，营造温馨和谐的企业文化氛围。

【党建工作】公司始终坚持党的政治领导、思想领导、组织领导有机统一，使党组织发挥作用组织化、制度化、具体化，把重心放在把方向、谋发展、控风险上，形成党的领导核心和现代公司治理双重优势。基础工作方面，公司编纂《财务公司党支部党建工作制度汇编》，从组织建设、党员管理、党风廉政、意识形态等多方面，不断推动支部工作规范化。严格执行党的组织生活制度，落实“三会一课”制度，定期召开党员大会、支委会、组织主题党日活动等。2018 年，制定、修订党建类制度 10 余项。特色活动方面，与银行、成员单位多次开展联学联建活动。组织参观稻香湖再生水厂、全面从严治党警示教育基地、延庆冬奥会项目现场、纪念马克思诞辰 200 周年主题展览、观看电影《青年马克思》，组织开展专题读书、党员献爱心活动等。

北京汽车集团财务有限公司

【集团概况】北京汽车集团有限公司（以下简称“集团”）是中国汽车产业产品品种最全、产业链最完善、商用车规模最大、新能源汽车市场领先的汽车集团之一。集团已发展成为涵盖整车研发与制造、通用航空产业、汽车零部件制造、汽车服务贸易、新能源及前瞻技术、投融资等业务的国有大型汽车企业集团。2018 年，集团列《财富》世界 500 强企业第 124 位，全球汽车行业排名第 14 位。2018 年完成整车销售 240. 2 万辆，实现营业收入 4807. 4 亿元、利润 301. 1 亿元，同比分别增长 2. 2% 和 7. 3% 。

【经营概况】北京汽车集团财务有限公司（以下简称“公司”）深入贯彻高质量发展工作要求，围绕“树服务品质标杆　铸一流金融品牌”，切实发挥金融主力军作用，持续聚焦金融品牌打造，坚持服务品质提升，着力金融科技创新，公司发展态势良好，业务创新亮点纷呈，重点项目取得突破进展，核心竞争力稳步提升。2018 年资产规模突破 300 亿元大关，实现营业收入 9. 44 亿元、利润 4. 56 亿元，同比分别增长 3. 4% 和 0. 8% 。公司企业发展成果获得北京市及集团的高度认可，获得北京市企业管理现代化创新奖、“首都文明单位”称号、银行业信息科技风险管理课题研究二类成果奖、北汽集团红旗党委、工会先进单位、党建创新十大成果等多项重量级奖项。

【服务实体】紧跟国家“京津冀协同发展”的区域经济发展战略，围绕供给侧结构性改革主线，以服务集团汽车主业发展为目标，不断推进产融结合，积极落实服务实体经济工作。2018 年提供自营贷款余额 99. 27 亿元、委托贷款余额 14. 54 亿元，用于支持集团实体产业发展。积极落实国务院《打赢蓝天保卫战三年行动计划》和集团“全面新能源化”战略要求，为北汽新能源发展提供流动资金贷款、开立财务公司承兑汇票、票据贴现等信贷服务，有效支持集团抢占新能源汽车产业发展制高点。

【信贷业务】按照“一企一策”的思路，科学制定增贷、稳贷、收贷策略，根据制造业发展的难点痛点，坚持有扶有控原则，信贷业务实现稳步增长。2018 年实现日均吸存规模 182. 12 亿元。累计发放贷款 185. 68 亿元，同比增长 17. 18% ；累计开立财票 16. 83 亿元，同比增长 155. 55% 。为集团整体资金调配和成员单位融资提供有力支持。

【产品销售信贷业务】汽车消费信贷金融产品不断优化升级，根据集团自主品牌不同车型特点推出定制化金融产品。买方信贷业务取得较大突破，2018 年三方票据开票金额 32. 84 亿元，同比增长 121% ；单车融资放款 37. 71 亿元，同比增长 11. 7% 。市场端服务能力显著增强，通过全年无休、7 ×12 小时服务等举措，有效提升了用户体验。

【资金业务】2018 年，公司完成中国银行间市场交易商协会入会申请，已经获取会员资格。资金运营能力持续增强，同业机构合作进一步加强，在同业业务开展中向同业合作行争取到较高的同业活期存款利率。

【投资业务】2018年，公司通过开展货币市场基金交易，累计实现投资收益890余万元；债券投资业务开展顺利，以投资集团内成员单位发行的信用债为重点，成功参与成员单位的超短期融资券、中期票据等发行工作。

【票据业务】2018年，公司扎实推动财票保贴和财票换开银票业务落地，提升公司票据的认可度和流通性，保证成员单位的开票需求。2018年累计的票据金额达199.65亿元。纸电票据融合项目如期投产上线，实现了贴现后票据的线上清算功能。

【外汇业务】为集团及成员单位提供境外资金结算、结售汇、资金调剂、境内外资金联动等资金业务支持与服务，2018年公司办理代客即期结售汇3890万美元，对集团参与“一带一路”建设和全球产业布局提供有力的金融支持。

【资金集中】公司通过推出个性化智慧型存款服务，提高成员企业存款收益，增强成员单位资金归集的积极性；通过业务黏合提升成员单位在公司的资金结算规模和销售款回笼，不断提高成员单位内部结算比例。

【业务创新】推进“汽车+金融”业务模式深化，2018年汽车消费信贷业务首次进入集团商用车领域；在成员单位中开展了首笔商票保贴授信业务；票据池业务迈出第一步，线下为成员单位完成了第一笔票据池质押换开。

【风险管理和内部控制】2018年通过加强信用风险量化管理及第三方征信数据使用，完成汽车消费信贷以数据驱动为基础的信用评分模型建设，积极做好风险、收益交换关系的量化平衡；严格落实深化整治银行业市场乱象专项治理和市国资委内控检查整改要求。

【人力资源管理】强化对销售一线团队的激励，优化汽车金融销售岗位员工季度绩效考核方式，树立以业绩为导向的考核理念。关注重点业务领域人才培养，策划重点培训项目，2018年累计参训260余人次；开展中层干部“进课堂”“上讲台”和金融风险、操作风险等专业培训。

【信息化建设】深入推进信息系统核心项目建设，围绕信息（业务）核心系统换新和汽车金融业务信息化项目建设，为公司未来发展提速打下坚实信息化基础。2018年进行信息化立项45个，上线运行25个，投产率达100%。

【企业文化建设】文化凝聚能力稳步提升，以集团成立60周年为契机，引领员工“爱北汽、知北汽、为北汽”，进一步激发企业发展正能量。通过召开首届职工信息安全文化周活动、参观北京市廉政警示教育基地、开展“鑫动能”杯汽车金融业务职业技能比武等，不断强化企业“家”文化。

【党建工作】2018年公司创建“党旗领鑫动能”党建品牌，建设“鑫伙伴　开拓者”党建共创共建平台，实现党建优势向发展优势转化。“移动柜台”等基层党建创新的内涵不断丰富，在“大干百天”等工作中党员冲锋在前，党员模范先锋作用凸显。

北京首都旅游集团财务有限公司

【集团概况】北京首都旅游集团有限责任公司（以下简称“集团”）成立于1998年，是以旅游商贸服务业及相关产业为核心的战略性投资运营集团，是北京市首家国有资本运营公司试点企业。旗下拥有“首旅酒店”“王府井”“首商股份”“全聚德”四家上市公司。集团资产规模已超千亿元，在中国500最具价值品牌榜和全国大型旅游集团排名中位居前列。集团构建起集“食、宿、行、游、购、娱”六大旅游要素于一体的旅游商贸服务产业体系，全力推进实现“6+2”产业布局，不断向着生活方式服务业产业集团迈进。

【经营概况】2018年，北京首都旅游集团财务有限公司（以下简称“公司”）按照集团、公司董事会确定的工作计划和部署，充分发挥财务公司金融平台作用，使用金融工具和金融产品串联起首旅的优质核心资源，持续降低集团总体融资成本和财务费用，提高集团流动性管理水平；同时，公司全面履行各项职责，强化管理，全面完成集团和公司董事会下达的各项经营管理目标任务。2018年末公司资产总额79.90亿元，负债总额67.98亿元，所有者权益总额11.92亿元。

【信贷业务】2018年，公司累计发放自营贷款金额为33.26亿元，累计回收自营贷款金额为31.569亿元。截至2018年12月31日，自营贷款余额为33.58亿元，委托贷款余额为5300万元，保函余额为5960万元。自营贷款较2017年增加1.69亿元，委托贷款与2017年同期持平，保函较2017年增加2660万元。

【资金业务】2018年，公司以流动性管理作为资金业务的主要目标，充分保证公司资金的安全性与流动性，合理安排资金运用，增强资金使用效率。现阶段开展的资金业务主要包括同业拆借、存放同业以及交易所国债逆回购，最大限度提高资金的使用效率。2018年资金业务实现收入1.05亿元，操作笔数173笔。

【资金集中】截至2018年末，在公司开户的企业户数316家，开立结算账户350个，其中新开户108户，是开业以来开户数量最多的一年；结算业务分布在14家银行共16个账户，其中直联银行11家。银企直联系统已归集成员企业商业银行账户387个，年末实现归集资金余额67.67亿元，年度日均归集资金56.54亿元。2018年结算业务量5.6万余笔，累计金额超过1953亿元。

【服务重点项目】2018年，公司为北京市重点项目“环球主题公园”项目提供金融服务。北京首寰文化旅游投资有限公司是北京市人民政府批准，为投资开发及运营管理北京环球主题公园和北京通州国际旅游度假区而设立的有限责任公司。2018年10月，首寰公司由于工程招投标，需要开立保函，并要在最短的时限内将保函交付给合作方。由于时间所迫，按照银行的标准化流程很难及时开出保函，为此，公司启动高效流程，及时为首寰公司办理了工程项目相关支付担保业务保函，支持北京市重点项目按进度推进。

【业务创新】2018年9月公司现金管理平台正式上线。2018年10月16日，公司与东来顺集团、首汽租赁公司举行了隆重的签约仪式，东来顺集团作为公司现金管理项目的首家试点企业，顺利实现了东来顺集团内部的资金集中试点管理；2018年6月，公司和农行北京海淀东区支行联合组成银团，对集团本部成功发放流动资金银团贷款。公司协调银行组织银团贷款，充分发挥出公司金融服务职能，在组织、协调信贷资金落实，合理降低集团融资成本的前提下成为公司服务成员企业的一种新模式。

【风险管理和内部控制】2018年，持续修订和完善公司制度，新增制度9个，修订制度28个。2018年公司对资产风险分类进行了4次审核，组织召开投资业务审查委员会4次、信贷审查委员会31次，其中投资业务审查委员会对增补交易对手白名单、公司基金投资报告等项目进行了审查，信贷审查委员会对45笔信贷项目进行了审查。2018年公司完成结算业务、信贷业务、资金业务及资金计划管理3项常规审计项目，信息系统用户权限管理、公司治理专项审计，共提出审计意见32条。

【人力资源管理】2018年，公司编制了《公司高管人员履职待遇、业务支出管理细则》《公司供暖费报销管理办法》《公司培训管理办法》《公司轮岗和强制休假管理办法》《公司选人用人管理办法》等制度；修订了《公司高级管理人员绩效考评与履职待遇管理办法》。公司以同业调研、参加培训等形式开展教育培训，2018年共组织培训约73人次；自学取证及公司派员学习取证共3人次；荣获征信系统数据质量优秀个人1人次。

【信息化建设】2018 年，公司根据业务发展需要，不断完善业务系统功能：一是建设现金管理平台项目；二是完成核心业务系统优化二期；三是完成财企直联接口项目；四是完成无线网络安全改造。公司还通过开展等级保护测评工作，进一步完善信息化管理制度体系，加强信息安全应急管理。

【企业文化建设】2018 年为集团成立 20 周年，公司成立 5 周年，公司举办了丰富多彩的庆祝活动。公司为职工办理多项保险保障，开展了送温暖、关心职工生活、落实福利制度、订阅报刊、组织慕田峪团建、参观改革开放 40 周年展览等活动。

【党建工作】2018 年，公司围绕“坚持党的领导、加强党的建设，全面从严治党，充分发挥党在国有企业改革发展中的作用”等一系列要求，深化党建及党风廉政建设工作。一是以学习贯彻党的十九大精神等为抓手，加强思想政治建设；二是加强党支部建设，推进基层党建规范化；三是积极推进党建进章程工作，规范完善议事规则；四是以党建为引领，努力把党建工作融入经营工作中，做到双促进；五是配合集团党建巡察、检查并做好整改工作；六是加强党风廉政建设，持续压实责任。

北京首农食品集团财务有限公司

【集团概况】2017 年 12 月，北京市委市政府对北京首都农业集团有限公司、北京粮食集团有限责任公司、北京二商集团有限责任公司实施联合重组，组建了北京首农食品集团有限公司（以下简称“集团”）。集团拥有全级次独立法人单位 500 余家，职工总数近 6 万人，持有 15 个中国驰名商标、24 个北京著名商标、18 个北京老字号。集团是首都食品供应保障服务的重要载体，产品涵盖米面油、肉蛋奶、糖酒茶、蔬菜和调味料，被誉为北京市民的“米袋子、菜篮子、奶瓶子、肉案子”。

【经营概况】2018 年，根据《中国银行保险监督管理委员会北京监管局关于北京粮食集团财务有限公司变更名称的批复》（京银保监复〔2019〕133 号），北京粮食集团财务有限公司更名为北京首农食品集团财务有限公司（以下简称“公司”）。截至 2018 年末，公司资产总额 51.76 亿元，吸收存款 45.87 亿元，贷款余额 25.89 亿元，不良资产率为零。全年实现营业收入 11844.79 万元，利润总额 4552.99 万元。

【信贷业务】公司不断拓展服务范围，挖掘信贷资源潜力，做大信贷业务规模，开源降息支持企业发展。同时，坚决执行集团内部融资管控方案，以信贷额度和差异化利率促进企业管理提升。

2018 年，完成 15 家成员单位的评级与授信工作，全年累计发放自营贷款 64.14 亿元，发放委贷放款 97.83 亿元，分别同比增长 14% 和 94%，年末贷款余额达到 25.89 亿元，同比增长 146%。

【资金业务】2018 年，公司自筹资金在集团 NC6.5 账务系统平台上完成了新版资金计划管理子系统的开发和上线运行，进一步增强了资金计划的精细化管理，保障了原粮采购用款高峰期的收支预判。在此基础上，按照“备足头寸，优先保障企业资金使用，积极灵活开展同业存放业务”的原则，加强市场利率价格研判和回款分析，在成员单位回款高峰期间，增加定期存放额度，最大限度提高资金运作效益。

2018 年，平均活期存放利率达到 2.41%，同比增长 50 个基点。最高活期存放利率达到 3.1%，最高定期存放利率达到 6.3%。全年实现同业存放利息收入 5626 万元，同比增长 66.15%。

【资金集中】2018 年，公司资金集中度不断攀升，年末全口径资金集中度达到70%。一是以账户集中促进资金集中。全年新增账户55个，清理企业账户66个，为21家成员企业开立各类专用账户33个。二是以减费让利促进资金集中。为104家成员企业办理协定存款业务，减免成员企业汇划手续费、函证费、金融服务费、短信服务费，以利率上浮的存款产品和安全高效的金融服务促进资金归集。三是以考核机制促进资金集中。公司以成员企业资金管理考核为抓手，每月统计成员企业资金归集情况，摸排资金未归集原因，在集团资金管理制度的支撑下，努力做到应归尽归。

【业务创新】2018年，公司获得同业拆借资质，与3家金融机构办理了同业授信，顺利完成了首笔资金拆入和拆出业务。成功上线人民银行电子商业汇票系统和上海票交所业务系统，完成电票承兑、贴现和转贴现业务零的突破；正式接入人行征信系统并保持较高报送质量。

【风险管理和内部控制】2018年，公司将业务流程风险点梳理工作作为内控质效提升的重要环节来抓。全年共梳理业务流程22个、岗位责任清单33项，公司规章制度达到129项。

【人力资源管理】公司修订了《薪酬与绩效考核管理制度》，调整了考核指标体系和绩效薪酬比例，增进干部职工干事创业的积极性。按照“外引内培，双向培养”的思路加大专业人才引进和培养力度，全年开展内部培训22次，新入职员工9人。

【企业文化建设】公司组织开展了丰富多彩的党建活动和员工文化活动，增强团队凝聚力。先后开展了新春互赠祝福、观影、集体生日会、参访西柏坡、参观“一带一路”展览、摄影比赛、计算机应用竞赛、室内趣味运动会、健步走等活动。

【信息化建设】公司认真落实信息科技外包管理，对重要外包进行尽职调查和年度评价，启用了外包商日常行为监控机制，对外包商日常工作记实留痕。强化信息化对业务的支持，2018年完成核心系统优化99项，顺利上线了电票系统和征信系统。

【党建工作】公司党支部按照基层党建规范化要求，认真落实党支部的主体责任，全年开展理论中心组学习14次，党支部书记、副书记讲党课3次，召开党员大会4次，支委会24次，按时召开民主生活会、组织生活会和开展党员评议，广泛听取基层党员意见，严格落实“三重一大”制度。以“支部联网、党群结对”为重点，加强与同业和成员企业党建交流，精心安排党员干部与员工结对，相帮互学，团结互助，落实党员“五包两保”责任区。持续开展“一名党员一面旗、相学互助同进步”主题实践活动，促进干部职工思想认识进一步提高、工作作风进一步转变。

本钢集团财务有限公司

【集团概况】本钢集团有限公司（以下简称“集团”）是国有特大型钢铁联合企业，综合生产能力2000万吨。是国家确定的512家重点支持企业和120家大型企业试点单位。集团多次荣获冶金产品实物质量“金杯奖”、国家科技成果进步奖、“中国工业企业品牌竞争力百强”等荣誉称号。集团自有矿石资源储量约130亿吨，自有矿石具有低磷、低硫、低有害元素的优越品质，产品质量、工艺技术水平与国内先进企业相当，热轧卷板、冷轧卷板、特殊钢、高级别石油管线钢、球墨铸铁管等多项产品填补国内空白。2018年，集团坚持供给侧结构性改革，推进高质量发展，主要经济指标实现稳定增长。

【经营概况】本钢集团财务有限公司（以下简称“公司”）贯彻落实集团高质量发展战略，推进创新发展，深化金融服务，强化风险管控，全面完成各项经营管理工作任务。2018年末，公司资产总额171.8亿元，负债139.73亿元，所有者权益32.07亿元；全年累积实现营业收入1.05亿元，利润总额0.56亿元，缴纳税金0.31亿元，为集团增效3.09亿元。公司不断规范基础管理，强化风险防控，保持无治安案件、无安全事故、无消防事故、无金融案件的稳定局面。

【信贷业务】2018年，公司充分发挥四个平台功能，向集团和成员单位提供信贷支持。截至2018年末，公司各项贷款余额140.36亿元，同比增长25.56亿元，增幅为22.26%。其中，流动资金贷款139.8亿元，贴现余额0.56亿元。

【资金业务】2018年，公司继续巩固和发展与同业单位的良好合作关系，确保资金吸存、内部结算、电票贴现、授信业务的顺畅运行，强化资金头寸管理工作，灵活调剂资金余缺，通过引入竞争机制，实现存放同业资金最佳效益。截至2018年12月末，银行账户开户数量为25个，其中直联银行6个。银行存款日均达27.97亿元，同比增加4.58亿元，同比增幅为19.58%。

【票据业务】2018年，公司加大力度宣传介绍财票的优势及授信保障措施等，促进了公司财票的推广速度、范围与支付比例。累计签发电票总额达164亿元，年末余额达89.89亿元。

【资金集中】2018年，公司已开户成员单位数达100个，各类日常业务结算账户达到123个，扩大了归集资金和提供服务的范围。吸收存款总额2024.47亿元，同比增加640.4亿元，增幅为46.27%；日均吸收存款86.07亿元，同比增加19.7亿元，增幅为29.68%。

【业务创新】2018年海关总署新一代电子支付政策实施，公司向海关部门提报实施关税总担保申请，根据海关总署税管函〔2018〕132号的批复，批准公司为集团所属成员单位在大连关区的进出口业务提供海关税收担保，公司成为全国首批海关事务担保试点的两家财务公司之一。随着关税保函业务的大力推进，保守测算每年可减少财务费用支出约740万元。

【风险管理和内部控制】一是公司不断强化“三会一层”为主体的法人治理结构，完善公司基本治理制度，定期召开股东会、董事会、监事会，决策公司“三重一大”事项。二是坚持“制度先行”管理模式，不断完善制度建设，集中组织制度梳理，共完善各项规章制度、操作流程22项，将重要的、常用的、最新的行业管理政策法规汇编成册，以此规范引导公司经营管理工作。三是积极开展内部稽核检查工作，全年开展19个稽核项目，充分发挥公司“第三道防线”作用，确保公司各项业务在监管部门的监督指导下正常开展，全年无重大问题发生，无风险案件发生。

【人力资源管理】为不断提高经营管理水平，公司坚持内外结合原则，加强员工培训，提高业务素质。2018年，利用每周例行学习培训时间组织全员进行业务常识、政策法规、创新理念、系统操作等内容的培训13期。全年选派高管和骨干员工外出培训7期，受训13人次，赴外地同行业考察和交流14人次，大大提高了员工队伍的业务素养。

【信息化建设】2018年7月，公司收到上海票据交易所颁发的“电子商业汇票系统参与者接入技术验收证书”。2018年9月7日，公司与上海票交所电子商业汇票系统联调接入测试全部通过，直联电票系统正式上线运行。

【党建工作】2018年，公司坚持把学习贯彻习近平总书记系列重要讲话精神、党的十八届六中全会精神、全国国有企业党建工作会议精神及党的十九大精神作为首要的政治任务和领导干部教育培训的必修课。引导广大党员干部深入领会精神实质，不断增强“四个意识”，坚定“四个自信”，自觉在思想上、政治上、行动上同以习近平同志为核心的党中央保持高度一致。公司党支部认真贯彻执行集团党委的各项方针政策，以深化“两学一做”学习教育为抓手，持续改进干部作风，积极发展新党员，培养积极分子。公司党支部带领全体党员学习集团领导重要讲话，不断增强党员政治意识、纪律意识、廉政意识和大局意识，影响和带动全体员工形成积极向上的精神风貌。

兵工财务有限责任公司

【集团概况】 2018年，中国兵器工业集团有限公司（以下简称“集团”）认真贯彻党中央、国务院、中央军委决策部署，积极践行新发展理念，落实高质量发展要求，在装备任务保障、民品产业发展、国际化经营、科技创新、专项改革、精益管理、党的建设方面取得新成效。2018年集团实现主营业务收入4500亿元，利润总额166.4亿元。

【经营概况】 2018年，兵工财务有限责任公司（以下简称“公司”）为成员单位提供贷款和贴现日均规模225.91亿元，同比增长13.77%；结算和存款日均规模332.03亿元，同比增长25.48%；实现利润总额9.1亿元；期末资产规模首次突破千亿元，达到1072.39亿元，同比增长10.78%。

【服务实体】 2018年，公司一是做好信贷资源保障。聚焦集团主业和重点事项，服务军品科研生产143.27亿元、物资集中采购36.28亿元、原油炼化产业链70.98亿元、支持子集团“三供一业”专项改革1.9亿元、提供客户“处僵治困”专项融资4500万元。二是做好服务降本增效。全年提供金融服务平均规模397.17亿元，同比增长10.70%，坚持存款利率上浮、贷款利率下浮、结算及各类中间业务费用减免的普惠金融政策，累计为客户降本增效4.9亿元，同时为成员单位稳健提供理财收益3.16亿元。

【信贷业务】 2018年，公司发挥应急保障功能，提供应急金融支持103.96亿元；体现杠杆撬动作用，解决集团大客户10亿元资金需求，帮助企业克服外部金融市场融资成本较高、融资难度加大的不利环境，争取地方银行低息贷款17亿元；扩大授信服务规模，为34家子集团和直管单位提供授信额度344.90亿元，同比增长29.5%；深化“银企财”合作，在集团“总对总”授信项下补充中行“国内商业发票贴现”业务品种，设立工行“军工票”贴现专项额度。

【票据业务】 2018年，公司一是大力推进“军工票”业务。牵头完成合作公约的签署，5家上线单位累计上链票据4.2万余张，实现业务规模817亿元；二是开展延伸产业链金融服务。累计办理“一头在外”贴现业务9203.49万元，其中59家中小微企业的业务规模占比达81.54%；三是创新“投融通”业务。建立“保理（贴现）+资产证券化+理财”的业务模式，打通“军工票”向产业链上游流转的渠道，同时为成员单位理财资金创造优良标的，实现票据流通“闭环”效果，全年为71家系统外客户和3家成员单位累计办理业务1.22亿元；四是推行电票集中收付管理。累计签发承兑票据288.96亿元，签发电票率实现100%，其中系统外票据规模85.01亿元，涵盖产业链上3501家供应商。

【外汇业务】 2018年，公司接入SWIFT系统，为推进境外资金管理工作提供技术支持；取得跨国公司外汇资金集中运营管理业务资格，打通了集团海内外资金进出渠道；改进代客结售汇业务报价方式，为客户制订外汇管理方案，以委托贷款方式内部调剂美元资金，降低汇率风险敞口。

【资金集中】 2018年，公司通过全方位的立体营销，对不同类型客户采取个性化的资金归集策略，试点开展流通类企业的母子联动账户管理模式，制定上市公司资金集中管理方案，促进公司资金规模再上新台阶，年末时点存款余额达617.96亿元，全口径资金集中度同比提升17个百分点，集团所属11家上市公司日均存款增长38.39%。

【业务创新】2018年，公司实现子集团大宗采购电票提前解付线上操作，满足客户票据结算需求；深化利率市场化改革，扩大个性化利率定制存款业务品种；启动法人账户透支业务与军品科研融资模式研究，积极拓展物资集中采购电商平台，完善创新工作机制；丰富中间业务品种，创新财务公司注册资本金履约保函、代开境外投标保函，助力企业扩大市场份额；提供咨询增值服务，建立了资金日报制度、设立了《兵工财经资讯》，并实现网站、微信、系统为一体的信息推送功能。

【风险管理和内部控制】2018年，公司加强流动性风险管理，启动专项课题研究，创新同业存款产品，合理运用同业手段，稳固备付资金规模；严格落实监管要求，向监管部门积极汇报沟通，做好现场检查、整治银行业市场乱象自查及整改工作，重点防范投资、信贷类业务合规风险，成功取得监管A级评级；扎实开展印章管理、理财产品等多项审计工作，重点提升审计整改监督效果，有效提高公司内控水平。

【人力资源管理】2018年，公司贯彻全国组织工作会议精神，举办中层领导人员专题培训班，提升干部队伍的政治能力与专业能力；加大优秀年轻干部的培养使用，公司中干队伍进一步年轻化；构建完善多层次的培训体系，组织开展各类专业培训，着力建设高素质专业化兵器金融团队。

【信息化建设】2018年，公司搭建了集团资金管理信息系统的顶层架构，开发集团账户审批管理系统，新建兴业银行和平安银行的银企直联通道；按照国务院国资委资金管理工作要求，及时上线集团公司大额资金监管报送系统；为满足企业个性化的系统需求，开发了一机集团结算中心系统，上线了东北工业集团财企直联接口；通过优化核心系统票据业务功能，投产纸电交易融合系统，升级新一代外汇交易平台，有效支撑公司各项业务开展。

【党建工作】2018年，公司一是把政治建设摆在首位。班子成员讲党课常态化，举办了四次内容丰富的红色教育活动，强化党性党纪观念，弘扬党的优良传统和作风。二是推动全面从严治党向基层延伸。组织开展支部书记党建述职评议考核工作，开展主题宣传教育月活动，严明政治纪律，强化廉洁教育，抓实作风建设；三是提升党支部凝聚力战斗力。开展多个党建共建项目，与合作银行签署了《廉洁伙伴协议书》，下属党支部与成员单位党支部联合开展“太阳村”志愿活动。

兵器装备集团财务有限责任公司

【集团概况】中国兵器装备集团有限公司（以下简称“集团”）于1999年7月1日在原中国兵器工业总公司的基础上改组设立，现为中央直接管理的特大型国有重要骨干企业、中央企业、国家计划单列企业。2018年，集团着眼未来，谋求发展，着力推动产业结构调整，抓好贯彻执行，努力推动各项重点工作取得进展。

【经营概况】2018年，兵器装备集团财务有限责任公司（以下简称“公司”）实现营业收入21.19亿元，营业利润12.38亿元，利润总额13.41亿元，净利润10.22亿元，日均存款规模420.93亿元，日均信贷规模300.71亿元，资金集中度为61%。

【服务实体】2018年，公司一是服务“发展领先”。紧跟集团“2+4”产业发展格局，主动对接军品、汽车整车、汽车零部件、光电信息、输变电、医药健康板块的战略规划，升级针对性、差异化的信贷支持。向集团成员单位提供年化利率1%的低息科研专项贷款2亿元。针对长安新能源转型发展规划，提前布局针对新能源车的项目实施、生产准备和销售网络建设的多样化信贷产品储备。二是服务“改革领先”。按照集团“处僵治困”工作安排，主动出清不符合集团产业政策的信贷投放。根据集团改革调整及重组安排，为困难企业提供短期流动性支持贷款，保障企业资金链安全。跟踪混改试点企业，提供金融咨询建议。三是推进“质量提升”，积极拓展新客户，合资企业拓展取得成效。四是加大信贷支持力度，助推集团产业转型升级。

【信贷业务】2018年，公司累计投放信贷资金696亿元，同比增长15.61%。一是加大业务拓展力度，全力支持集团产业发展。2018年，除留存汽车金融个贷业务外，其余信贷业务日均规模259亿元，同比增长9.41%。二是拓宽思路、多措并举，维持存款规模稳定。

【产品销售信贷业务】2018年，公司一是不断增强服务集团自主品牌汽车产业力度。2018年，为自主品牌经销商提供授信支持161.8亿元，同比增长40.18%，合作经销商销量约占重庆长安整体销量的61.2%，集团自主品牌经销商合作的家数、授信总额、信贷投放继续稳居各金融机构首位。二是继续保持自管经销商“零风险”，提升风险防范能力。

【资金业务】2018年，公司一是全力推进增资扩股，切实提升资本实力。二是持续强化资金管理，平衡资金安全性及收益性。2018年同业定期平均利率达4.16%。三是推动支付体系线上化，提升客户服务效率。截至2018年末，累计开通及维护网银、电票的客户数分别达1450户和582户。

【投资业务】2018年，公司本着把控总体风险，寻求中长期稳健的绝对收益的基本目标，优化投资业务布局。一是调结构，资产配置向固定收益类产品聚焦。二是控风险，严控合规风险，严格筛选固收产品管理人，产品持仓穿透管理，搭建债券内部评级模型。三是搭体系，加强投研体系建设，搭建投资管理系统等。

【票据业务】公司积极拓展票据业务，满足企业多元化金融服务需求。2018年，累计贴现票据98.5亿元，同比减少6.5亿元；累计签发票据143.0亿元，同比增长64.9亿元。

【资金集中】公司紧紧围绕资金集中管理，通过推动公司电票、提高上市公司限额、改进完善服务手段等举措，协助集团大力推动资金集中管理，大力推进资金集中、票据集中和结算集中“三集中”，2018年，公司日均存款规模420.93亿元。

【风险管理和内部控制】2018年，公司一是以监管评级为抓手，持续强化全员风控，全面提升公司风险管理水平。二是积极应对在诉案件，确保公司债权安全。三是紧跟监管关注重点，通过全面稽核、专项审计、常规稽核过程监督等手段，切实加强内部审计。四是加强审计成果应用，健全审计整改台账定期督办报告和销号管理，形成良性闭环，不断提升公司内部控制和风险管理水平。

【人力资源管理】2018年，公司一是通过公平竞争择优选拔，激发干事创业活力。根据业务发展的实际需要，通过竞争上岗，让优秀年轻骨干通过竞争上岗脱颖而出，充分展示了公司“人尽其才、才尽其用”的人力资源管理优势。二是开辟专业发展通道，搭建实施了“Y”形双通道发展模式，为专业人员打开发展通道。

【信息化建设】2018年，公司深化科技业务融合，探索特色金融科技策略。持续深化信贷业务线上化、收付款自动化、新版网银自助化、掌上兵财、财企直联等应用，不断提升客户体验；明确了“强化支付结算——优化金融共享服务平台、强化风险管控——构建产业链大数据服务平台、强化基础设施——构建混合云服务平台、尝试区块链技术——构建区块链产业链服务平台”四大金融科技实施策略。

【企业文化建设】2018年，公司一是落实党管意识形态原则，加强新闻宣传工作。抓好对内对外宣传和信息报送工作，营造良好的舆论环境。二是积极践行社会责任，树立担当有为的企业形象。捐资240万元，持续定点扶贫云南泸西县和砚山县。三是坚持以人为本的理念。

【党建工作】2018年，公司一是始终以强烈的责任意识提升党员干部政治站位，坚持“五个下功夫”，思想武装见成效。抓组织，在推进学习规范上下功夫。抓机制，在推进管理制度化上下功夫。抓重点，在丰富学习内容上下功夫。抓创新，在拓展学习方式上下功夫。抓成果，在学习指导实践上下功夫。二是在促进高质量发展与认真落实集团党建领先战略纲要上聚焦用力，积极探索“融入型党建”模式。防范金融风险，坚决做到防范化解重大风险，积极响应党中央打赢三大攻坚战的伟大号召。牢固树立新发展理念，加强创新驱动，紧跟金融科技发展方向，提升金融服务的科技生产力。三是以高度的政治自觉将加强党的领导贯穿于公司经营管理的全方位各领域。公司党委深入贯彻落实全国国有企业党的建设工作会议精神，坚决贯彻落实两个“一以贯之”的要求。

渤海钢铁集团财务有限公司

【集团概况】渤海钢铁集团（以下简称“集团”）为大型国有钢铁企业，2010年由天津钢铁集团有限公司、天津冶金集团有限公司、天津天铁冶金集团有限公司等整合组建。

【经营概况】2018年，渤海钢铁集团财务有限公司（以下简称“公司”）认真贯彻落实集团公司重组转型发展工作部署和监管部门要求，健全和修订完善各项规章制度，积极做好风险管理和安全防范工作，努力在降低集团融资成本、提高资金使用效率等方面发挥积极作用。面对集团重组转型现状，公司及时调整工作重心，将巩固维护存量业务、促进平稳规范运营作为工作重点，严格按照监管部门要求，树立审慎经营理念，确保公司的平稳运行。截至2018年末，公司资产总计21.31亿元，营业收入3698.38万元，营业外收入14.61万元，利润总额3106.17万元；资本充足率为99.14%，流动性比例为651.16%，资产收益率为1.10%；资产不良率、案件发生率均为零。

【信贷业务】2018年，公司结合外部融资环境和成员单位实际资金需求，调整信贷策略，注重加强对信贷风险的控制，结合集团下属各企业的实际经营及集团政策导向，建立贴近公司内部实际的授信评级管理体系，加强额度管理，同时持续加强贷后管理工作，通过走访集团成员单位、分析财务报表、监管贷款用途等方式，了解借款单位的经营和资金使用情况。2018年，公司无不良贷款，信贷资产持续保持良好，贷款风险总体可控。截至2018年末，公司累计放款19.8亿元，全部为自营贷款。

【资金业务】2018年，公司在严格执行资金计划管理、充分保证合理流动性的前提下，优化存放同业期限结构，提高资金收益率。通过每天向银行询价，利用市场资金面紧张、存放同业利率不断飙升的契机，加强同业合作，积极开展存放同业业务，进一步提高活期账户存放利率水平。2018年累计办理存放同业3.89亿元，实现创收498.81万元。

【风险管理和内部控制】2018年，公司树立“强管理、严问责”的经营管理理念，持续把工作重心放在强化内部管理、加强贷后管理和业务风险控制等方面。2018年，在监管部门的指导下，公司认真组织开展全面风险排查活动，内容涵盖合同审批、业务流程、管理制度等各个方面，进一步健全业务规章制度和操作规范，确保各类业务均有章可循，权责清晰明确，合法合规；持续深入开展市场乱象专项治理工作，落实监管要求，不断完善法人治理架构，规范公司管理。同时，重点加强员工行为管理，全面排查整治员工违规行为，严控操作风险。

【人力资源管理】2018 年，公司注重加强人才队伍建设，积极打造学习型员工团队，结合金融行业及公司业务开展实际情况，不定期组织业务培训，鼓励员工结合岗位职责开展自学，进一步规范业务操作流程，促进员工业务技能、合规意识及综合素质的提升。同时，加强员工的教育管理，维护办公秩序，提高工作效率，促进公司企业文化建设。

【信息化建设】2018 年，公司高度重视信息安全建设和信息科技风险控制，着力打造一个安全、合规、高效的信息平台。一是积极响应银保监、公安部门的要求，积极开展信息科技等保工作，抵御信息安全内、外部风险。二是参照行业标准，对规章制度和操作流程合理裁剪、落地实施，建立融信息科技、运营、安全等于一体的标准化、规范化管理体系。三是利用现有机房、网络和设备资源，充分发挥自有资源优势，完善核心系统的应用级灾难恢复能力，提高业务的连续性。四是全面接手外包服务商的日常运维工作，降低信息科技外包风险。

【企业文化建设】公司秉承“稳健、务实、高效、创新”的核心价值观，坚持将企业文化建设同经营管理工作有机结合起来，着力打造良好的公司品牌形象和企业文化，突出以“服务”为导向的经营方针，通过务实高效，苦练内功，不断培养提高金融服务意识和专业技能，坚持高效率工作、规范化流程、创新性思维，为集团及其下属企业提供高质量的金融服务。同时，公司坚持立足发展，以人为本，通过员工生活管理委员会，加强对食堂饮食、物业管理、工作健康、安全保障等涉及员工切身利益等各项事务的管理；注重人文关怀，为员工排忧解难，深化企业文化建设，增强员工归属感和企业凝聚力。

诚通财务有限责任公司

【集团概况】中国诚通控股集团有限公司（以下简称“集团”）由国务院国资委代表国务院履行出资人职责，是国资委首批建设规范董事会试点企业和首家国有资产经营公司试点企业。2016 年 2 月，集团被确定为中央企业国有资本运营公司试点。集团主营业务为股权运作、金融服务、资产管理，以及综合物流服务、生产资料贸易、林浆纸生产开发及利用等。控股中储发展股份有限公司（SH，600787）、佛山华新包装股份有限公司（SZ，200986）、中国诚通发展有限公司（HK，00217）等上市公司。2016 年，受国务院国资委委托，集团参与了中石化国勘公司多元化改造，托管了中国铁路物资总公司，参股了国源煤炭资产管理有限公司。

【经营概况】2018 年，诚通财务有限责任公司（以下简称“公司”）持续推进资本运营特色公司功能建设，不断深化改革，提升金融服务水平，有效防控风险，服务集团能力与经营效益持续稳步增长，稳健经营、严细管理、加强党建，各项工作完成年度目标。2018 年末，公司资产总额 352.50 亿元，负债 287.10 亿元，所有者权益65.40亿元；累计收入8.30亿元，同比增长12.37%，利润3.60亿元，同比增长19.21%。

【服务实体】公司根据中央企业国资监管信息化建设“三年行动计划”及集团统一部署，积极开展大额资金监控系统研发工作，实现了从业务数据抓取、文件上报以及文件补发的全闭环管理，并实现了数据生成和报送状态的可视化，以及对历史数据的汇总、查询、趋势分析等功能。

【信贷业务】2018年，集团资本运营改革不断深化，产业经营快速整合扩充，信贷需求强劲。公司深入调研、分析集团及成员单位资金需求，累计发放自营贷款181.44亿元，其中资本运营类业务贷款占比超80%。办理委托贷款32.74亿元，余额106.48亿元，并会同工行成功办理美元及卢布委贷业务两笔，实现跨境委贷业务突破。日均贷款72.52亿元，同比增长55.62%。

【资金业务】2018年，公司通过银行间质押式回购、同业拆借等手段调配资金，提高资金使用效率，实现流动性与收益性的平衡，累计实现同业收入4.73亿元，综合收益率达到3.51%，优于市场全年加权值。

【投资业务】2018年，一是公司通过购买集团及成员单位公司债，助力集团债券发行成功，降低成员单位财务融资成本。二是购买中央汇金中期票据，顺利打通对集团外投资业务通道。截至2018年末，共投资债券6.60亿元，债券投资余额共计16.90亿元，应计利息收入6517.54万元。

【票据业务】2018年，公司业务系统接入全国统一的票据交易平台，完成上海票交所系统切换。与此同时，公司积极推进央企间票据业务互认，完成与马钢、鞍钢等财务公司票据互认业务，促进了产业链金融业务协作。共办理电子银承票据承兑2.31亿元，银承同比增长200%。

【外汇业务】2018年，公司持续推进跨境外汇资金集中管理业务，为成员企业经跨境通道成功办理450万卢布和340万美元跨境委托贷款；关注跨境人民币双向资金池、跨境外汇资金集中管理业务的窗口措施，跨境双向人民币资金池成员企业数量24家，跨境外汇资金集中运营管理业务成员单位57家；夯实即期结售汇业务基础，完成即期结售汇9718.71万美元。

【资金集中】公司统计整理成员企业资金账户信息，清理非合作银行账户，扎实推进资金结算服务、银行账户监控等工作。2018年末，公司全口径资金集中度为71%，可归集口径集中度为97%，资金集中度基本保持在70%水平。年末吸收存款约285亿元，日均存款约150亿元。

【业务创新】2018年，公司首次在交易所债券市场投资公司债，共购买集团及成员企业债券3笔，金额4.60亿元，降低融资成本2490万元。

【风险管理和内部控制】2018年，公司一是提高贷款拨备率，提高公司风险抵补能力；二是对制度进行汇总形成《诚通财务有限责任公司制度汇编》，涵盖了公司治理、业务制度、综合管理、党组织工作制度等118项制度和77项业务流程图，基本能够覆盖公司的主要风险和业务；三是深化银行乱象整治工作，开展董事、高管履职情况、成员单位股权情况等自查工作。

【人力资源管理】2018年，公司累计组织员工参加各类培训共计162人次；打造企业后备人才信息平台，通过建立详细的后备人才库，做好人才储备工作；进一步充实干部队伍、加强人才建设，通过选拔、调任等方式，公司2018年新增2名中层干部。

【信息化建设】2018年，公司研究制定信息化建设总方案，自主研发集团大额资金动态监测报送系统、集团“三重一大”数据传送系统、重要业务事项提醒系统，完成电子商业票据系统升级，有序推进软件正版化工作，保障公司存款、贷款、结算、信贷、同业、投资、外汇等业务正常有序开展。

【企业文化建设】2018年，公司以学习型组织建设促核心价值观建设，以团队建设促文化建设。开展特别党日系列活动，提高政治站位，坚定“四个意识”，增强“四个自信”；组织开展读书征文、大讲堂等活动；开展团建拓展活动，组队参加集团各类文体竞赛，推进员工间交流协同，锻炼了一支“能战斗、能吃苦、善思考、善协作”的员工队伍。

【党建工作】 2018 年，公司党委注重发挥引领带动作用，党建工作有了新突破，组织建设得到新加强，群团工作迈出新步伐，在探索金融企业党建工作新范式上迈出坚实步伐。公司党委结合企业特点，注重统一思想提升站位，发挥党委“把管保”作用。注重战略研讨拓宽视野，强化责任担当。注重制度建设引领全局，完善公司党建各项规章制度。注重创新思考引导实践，凝聚人心锻炼队伍。

C

重庆化医控股集团财务有限公司

【集团概况】 2018 年，重庆化医控股（集团）公司（以下简称“集团”）坚持高质量发展，深入实施生产经营、资产端优化、债务端控制和资产证券化四大攻坚任务，风险防控、企业脱困、创新驱动、安全环保治理四大行动计划，以及党的领导、依法治企、综合监管三大保障的“443”改革发展举措，推动企业改革全面深化，生产经营保持平稳，创新动能不断激发，绿色安全发展水平迈上新台阶。截至 2018 年末，资产总额 818.24 亿元，实现营业收入 467.72 亿元，利润总额 5.56 亿元。

【经营概况】 截至 2018 年末，重庆化医控股集团财务有限公司（以下简称“公司”）资产总额 39.62 亿元，净资产 11.43 亿元，吸收存款余额 26.32 亿元，发放贷款、贴现及融资租赁余额 30.34 亿元，利润总额 1.43 亿元，不良资产率和案件发生率持续为零。

【信贷业务】 2018 年，公司重点围绕集团医药产业和化工产业开展信贷业务。一是完成对 27 家集团成员单位的综合评级授信工作，发放综合授信总额 27.19 亿元。二是累计为 24 家成员单位发放自营贷款 83 笔，合计金额 22.40 亿元。三是开展绿色金融、科技金融业务。四是稳步推进延伸产业链金融业务。积极上门开展业务宣讲，深入研究各成员单位产业链特色，共为 7 户成员单位核定产业链金融业务专项授信额度 2.90 亿元，并向一户成员单位的上游煤炭供应商开展两笔产业链保理业务。

【服务实体】 2018 年，公司以服务实体经济发展为第一要务，全部信贷资金均投向实体经济企业，中小型企业贷款占比为 75.74%，涉农贷款占比为 56.26%。一是通过增加授信额度，提升成员单位与外部金融机构的议价能力，提高成员单位核心竞争力。二是努力为集团成员单位提供便捷周到的金融服务，给予优于外部金融机构的存贷款优惠利率及手续费减免，支持实体经济稳健发展。三是对经营效益不佳、长期亏损、失去竞争力的“僵尸企业”采取逐步有序退出的机制。

【资金集中】 2018 年，公司以切实提升金融服务水平为提升资金和票据集中工作抓手，采取多种措施调动集团成员单位归集资金和票据的积极性。一方面，面向客户推行业务操作“一站式”服务，并坚持“效率高于银行，价格优于银行”的服务理念，提升公司的服务效率和水平，减少成员单位后顾之忧。另一方面，与集团财务部、各成员单位主管部门建立定时沟通机制，及时掌握客户需求，树立公司服务基层、服务实体经济的良好形象。

【资金业务】 2018 年，公司不断强化流动性管理，完善大额资金报备机制，做好公司流动性规划，通过多种方式为集团成员单位节省财务成本约 4091 万元。

【票据业务】 持续开展票据直贴、转贴、再贴现等业务，对涉农涉小企业实行利率优惠。一是 2018 年 6 月 22 日，公司电票系统正式上线。二是 6 月 27 日，公司通过该系统为重庆卡贝乐化工有限责任公司开出第一张电子银行承兑汇票。三是为产业链客户办理票据贴现 182.44 万元。

【风险管理和内部控制】 一是对当日所有会计凭证以 T+1 的机制进行事后核查监督，对发现的问题及时发出通报，提出整改意见，跟踪整改措施。二是开展信贷业务审查 27 笔，授信金额 27.19 亿元，并全面进行贷后检查，涉及金额 46.64 亿元。三是抽查银行承兑汇票 7361 张，检查结果账实、账表、内外账相符。四是积极配合公司监事会开展 2018 年度集中监督检查，监事会认为公司经营层依法履行职责，认真执行国家政策、法律法规及“三重一大”制度，符合重大事项的决策程序。

【人力资源管理】 2018 年，公司一是逐步建立“人员能进能出、岗位能上能下、薪酬能高能低”的“三能”机制，有效促进工作作风转变，实现“优秀的人才在合适的岗位上做正确的事”。二是开展“员工大讲堂”活动，打造适应未来发展需要的高素质人才队伍。三是全面开展员工培训工作，人均培训次数达到 7.2 次。

【信息化建设】 2018 年，公司信息系统实现了安全稳定运行，有效保障了业务的顺利开展。一是电票系统顺利上线并完成升级。二是开展核心业务系统优化准备工作，先后赴多家财务公司和软件厂家调研。三是做好电力、网络、监控、服务器等信息基础设施巡检与维护工作，做好信息系统运维保障工作，积极推进管理提升，强化技术业务协同。

【企业文化建设】 2018 年，公司一是按照集团企业文化大纲，培育公司子文化，制定公司视觉识别系统，凝心聚力，激发员工热情，促使全体员工朝着公司目标共同努力。二是强化形象宣传工作，重点理顺公司内部的标语、宣传口号、标牌、宣传栏、公告栏等。三是组织各类文体活动，激发公司年轻员工的活力和热情，积极发挥工会思想引领、联系员工作用。

【党建工作】 2018 年，一是党支部组织开展了“传承红色基因、推动绿色发展”“防范化解重大金融风险”“宣讲典型案例、增强法制观念、全面从严治党”等主题党日活动，并观看了《忏悔警示录》《无声的较量》保密教育专题片，使全体党员干部不断提升党性修养和廉政意识。二是党支部连续 4 年荣获集团“优秀基层党支部”荣誉称号。三是将党建工作纳入公司章程，将党组织先议机制纳入董事会、总经理办公会议事规则，自觉把党的领导规范纳入公司治理的各个环节。

重庆机电控股集团财务有限公司

【集团概况】 重庆机电控股（集团）公司（以下简称“集团”）是 2000 年 8 月 28 日由重庆市政府撤销原机械工业管理局、电子工业管理局、冶金工业管理局组建的国有控股集团公司。机电集团主营产业包括高端装备制造及系统集成服务、电子信息设备及系统集成服务、交通运输装备及系统集成服务、智能制造及系统集成服务、工程技术服务及推广五大板块。经过多年的发展，成为中国西部最大的综合装备制造企业集团，并连续多年跻身中国企业 500 强。

【经营概况】 2018 年，重庆机电控股集团财务有限公司（以下简称“公司”）实现营业收入 1.17 亿元，同比增长 3.95%；利润总额

6240万元，同比增长4.12%；净利润5299万元，同比增长4.73%。完成董事会下达的目标任务。公司2018年为集团节约财务成本9777万元，在优化资源配置、降本增效、加强资金集中管理及保障集团资金安全上发挥了重要作用。2018年成功成为重庆首家获批“关税保函”业务资质的财务公司，推广知识产权质押融资业务，金融服务能力不断提升。

【服务实体】2018年，公司一是加强差异特色服务，助力集团化解过剩产能。二是紧跟国家创新驱动战略导向，继续推广知识产权质押创新成果。三是统筹优化融资结构，有效推动集团降低杠杆。四是发挥让利引导作用，降低企业成本。

【信贷业务】2018年，公司共计发放贷款29.93亿元，日均存款22.82亿元，日均贷款及贴现23.58亿元，日均存、贷款分别增长11.32%和10.19%。投放主要集中在交通运输装备及高端装备制造板块。对集团重点领域、新兴产业、具有竞争力的优质产业，新增贷款支持2.54亿元，给予转型升级中的传统产业新增贷款支持1.54亿元。

【资金业务】2018年，公司进一步加强资金计划管理，在控制风险的基础上最大限度地提升资金使用效率。一方面利用空闲资金抓住同业定期利率高点，积极开展定期存放业务，业务规模达9.2亿元，本年实现收入384.53万元；另一方面开展国债逆回购业务，业务规模达7.95亿元，本年实现收入81.9万元。资金紧张时期，根据流动性预测模型预测短时期内资金需求，通过票据转贴现及同业拆借方式补充流动性，保证公司资金备付。

【投资业务】2018年上半年在市场资金较为紧张的情况下，国债逆回购业务收益率一直保持在较高水平，公司灵活开展国债逆回购业务，交易策略为集中在长假前、周末前、月末前等收益率上涨的时点开展交易，较好地抓住投资机会，平均投资收益率高达5.1%。下半年在持续降准，资金收益也急剧下降的情况下，公司及时丰富投资业务品种，开展了免收增值税、所得税的货币市场基金投资业务，保证投资收益率维持在较高的水平。

【票据业务】2018年，公司电票承兑业务累计开立2791张，累计金额10.36亿元，同比增长69.04%。截至2018年末，电票余额5.81亿元，同比增长17.33%，累计办理电票贴现6.17亿元，同比增长35.63%，日均贴现余额2.21亿元，同比增长130.21%。

【资金集中】2018年，公司持续落实推进机电集团“三集中”政策要求，紧紧围绕“抓资金归集、重统计分析、强账户管理”开展工作，通过实行免收账户管理费、工本费以及支付结算手续费等优惠政策，并给予成员单位相对人行基准利率上浮一定比例的存款利率支持，资金集中整体效果进一步提升。截至2018年末，存款余额为27.34亿元，较上年年末增加6.13亿元，增幅为28.9%。全年日均吸收存款22.82亿元，较上一年度增加2.33亿元，增幅为11.35%。

【业务创新】2018年，公司落地首笔关税保函业务，助企业完成月度汇总征税通关。该业务的落地充分体现了公司在税收担保方面的专业优势和金融服务能力。再贴现业务实现“零”突破。再贴现业务的办理，可以有效拓宽公司融资渠道，更好地满足集团小微企业发展的资金需求，尤其为服务涉农和小微企业发挥了积极的作用。

【风险管理和内部控制】2018年，公司建立了既能够控制风险又能够确保业务高效运行的扁平化业务管理模式，通过《内控制度汇编》《内部控制手册》和《内控操作流程》三位一体的内控制度体系，使风险管理政策、管理要求、工作流程、风险点掌控细化、量化、目标化。公司建立了工作督办机制，结合各类风险排查及宣传教育培训，强化制度执行，提高了员工按章办事和防范风险的意识，形成了“有制度可依、有制度必依、执行制度必严、违反制度必究”的管理氛围。

【人力资源管理】2018年，公司以人为本，切实加强人才队伍建设。一是人员选拔调配合理。以竞聘上岗的方式，加大中层管理人员选拔力度，新提拔经理助理2名，其中，新增投资经理助理1名，加大投资业务拓展力度，为新业务资格的申请打好基础；增加审计员1名，充实审计队伍。二是人才教育培养得力。每周固定两天中午，员工轮流主讲制度、学习监管文件，随堂提问与测验相结合，提升培训效果。全面提升员工业务能力与综合素质。

【信息化建设】2018年，公司全力推进核心业务系统升级项目，实地走访调研7家财务公司，不断完善工作方案，按时间节点有序推进招标进场等工作。完成了新机房建设的立项审批工作，并启动招标程序。完成了上海票交所纸电票据交易融合第二阶段工作，进一步加强了数据安全管理，业务保障坚实有力。

【企业文化建设】2018年，公司聚员工智慧，提炼形成了以“建成一流创新型财务公司”为愿景的公司文化理念体系。抓实抓细意识形态工作，在每周的员工培训中融入优秀党员和模范人物的先进事迹学习和廉洁教育等，多形式打造公司积极向上的正能量团队文化。

【党建工作】2018年，公司以习近平新时代中国特色社会主义思想为指引，全面贯彻党的十九大精神，切实落实全面从严治党，深入推进“两学一做”学习教育常态化制度化。推动由党员轮流主讲的主题党日形式多样化；党员身份亮出来以及多形式的组织活动促使普通员工积极向党组织靠拢，2018年新增入党申请人3名，实现了开业以来的零突破。

C

重庆力帆财务有限公司

【集团概况】重庆力帆控股集团（以下简称集团）是以汽车、摩托车和发动机的科研开发、生产和销售（包括出口）为主业，集房地产投资和金融业于一体的大型民营企业。集团致力于新能源战略转型，首推基于新能源汽车的智能共享出行平台“盼达用车”，以“绿色共享”理念打造智能、个性与公共相融合的出行新体验，实现产品业务的转型升级以及由传统制造业向服务业的延伸。

【经营概况】截至2018年末，重庆力帆财务有限公司（以下简称“公司”）资产总计101.62亿元，较年初增长23.70%，其中各项贷款97.38亿元，较年初增长94.51%；公司负债总计69.10亿元，较年初增长6.20%。全年实现营业收入2.72亿元，净利润1.23亿元，资本充足率为25.47%，各项指标均符合监管要求。为进一步发挥集团金融服务中心的职能，2018年，公司顺利完成增资15亿元，注册资本达30亿元。

【服务实体】2018年，公司加大成员单位走访力度，实时了解新能源支持政策，按照成员单位资金需求相应调整信贷投放重点。

【信贷业务】受经济金融环境影响及银行集中收贷压力，集团资金流动性趋紧。根据集团统一安排，公司加强各方协调，适度增加各成员单位综合授信，积极参与银行借款续贷。2018年末，集团资金流动性得到一定程度的改善。

【产品销售信贷业务】2018年，公司根据成员单位产品特点，持续优化业务产品和流程，适度降低费率标准，积极支持成员单位产品销售，全年共授信户数105户，累计授信6.01亿元，其中累计签发承兑汇票5.39亿元，累计发放贷款0.62亿元。

【资金业务】公司积极开展集团资金管理。一是直接参与集团资金头寸管理，要求各成员单位精确制订资金计划，及早预判资金流向，并实时调整。二是建立融资业务管理团队，统一协调集团融资，全年银行压贷得到一定的恢复，缓解了资金融通压力。

【投资业务】投资方面，公司坚持稳健安全的原则，主要配置短期限低风险的标准产品，确保流动性和收益性。2018 年，公司投资业务产品本金及收益均到期收回。

【票据业务】公司主要利用电票系统代理成员单位开票、贴现、提示付款、收款、对外支付等所有与票据结算相关的业务操作，有效实现了集团电子票据的统一管理。

【资金集中】2018 年，公司持续加大资金归集力度。一是加强归集率考核，提高成员单位积极性，并配合一定奖励。二是提供更优惠的存款利率。三是提高服务质量，通过代理支付，提高成员单位结算效率，并降低结算成本。年末，公司资金归集率达 58.65%。

【风险管理和内部控制】2018 年，公司继续贯彻金融监管年精神，一是深入开展银行业市场乱象、操作风险管理年、流动性风险等专项整治工作，并结合日常风险排查，对检查中发现的问题，积极落实整改。二是积极开展流动性风险、信用风险监测与防控。三是强化员工合规意识，开展员工行为动态监测，并通过全员签订“案件防控目标责任书”，开展案件防范知识考试等形式做好员工行为管理。全年，公司未发生任何风险事件及案件。

【人力资源管理】2018 年，公司进一步强化人才队伍建设，提升人力资源管理水平。一是本着“相互独立、相互制约”的原则调整 AB 角设置，进一步优化了人员配置。二是加强人才引进，挖掘现有人力资源潜力，培养复合型人才。三是加强员工培训，采用集中学习、分部门授课等形式，组织员工岗位学习；积极参加人行、银保监、中国财务公司协会的专项培训，提升职业素质；并鼓励员工业余进修。四是加强员工绩效考核，将日常考核情况与薪酬挂钩，大大激发了员工的积极性。通过以上措施，公司人力资源进一步优化，人力资本得到了充分的发挥。

【信息化建设】2018 年，公司信息化建设取得很大进步。一是公司新机房投入使用，该机房按照国家 B 类机房标准建设，面积约 100 平方米。二是公司综合业务系统二期和资金管理信息系统 N9 升级项目同时上线投产。三是成功上线票交所纸电融合项目。四是引入钉钉办公项目，进一步提高了日常办公效率和内部管理水平。

【企业文化建设】2018 年，公司持续开展“合规文化”建设，将“合规创造效益”理念深入人心。一是开展制度修订，持续更新 2017 年版《规章制度汇编》，全年共新增制度 12 项，补充修改 39 项，删除 4 项，共收录各类制度 209 项。二是开展合规文化教育。通过学习和培训，端正员工思想，自觉树立合规意识。三是加强惩戒，对员工不当行为，按照相关规定进行惩罚。

【党建工作】2018 年，公司党建工作呈现新举措、新特点。一是加强组织领导，坚持一把手“一岗双责”，发挥好支部战斗堡垒和核心作用。二是全力打造学习型党支部，形式多样地加强《党章》宣传，开展各项规章条例的学习，营造守纪律、讲规矩的浓厚氛围。三是高质量办好民主生活会和组织生活会，严格执行“三会一课”，开展政治生日、党员活动日等主题活动，进一步丰富党内组织生活。四是认真抓好党风党纪教育，从源头上筑牢拒腐防变的思想防线。全年，公司党支部紧紧围绕各项重点工作，通过开展多层次的学习和思想交流活动，切实发挥了党员干部的先锋模范作用和基层党组织的政治核心作用。

重庆市能源投资集团财务有限公司

【集团概况】 重庆市能源投资集团有限公司（以下简称“集团”）由原重庆煤炭（集团）有限公司、重庆市建设投资公司、重庆燃气集团有限责任公司于2006年整合组建而成，是重庆市集能源投资、开发、建设、运营、服务为一体的大型能源企业。集团注册资本100亿元，拥有全资、控股企业20家，公司员工45000多人。2018年末资产总额1130亿元，2018年实现营业收入526亿元，利润4.4亿元。全年生产原煤963万吨，燃气供应量34.3亿立方米，发电量122.7亿千瓦时，生产铝产品32.4万吨、水泥344万吨、炸药6万吨、雷管6096万发。

【经营概况】 2018年，重庆市能源投资集团财务有限公司（以下简称“公司”）主动融入集团发展战略，坚持稳中求进总基调，紧紧围绕“服务实体经济、防控金融风险、深化金融改革”三大任务，充分发挥四个平台功能，公司实现营业收入2.09亿元，利润总额1.24亿元，净资产收益率为8.26%，资本保值增值率为108.55%。各项监管指标均符合监管要求，行业评级蝉联A级。

【服务实体】 2018年，公司坚持发挥“产融结合”职能，围绕集团整体战略规划和改革目标，支持实体经济发展。一是积极调整信贷资源，有保有增，对集团重点改革新设企业新增贷款5000万元，对经营效果不理想的企业继续给予信贷支持，不盲目抽贷；二是合理配置贷款期限，对到期贷款通过提前、多笔、小额、错期等方式缓解成员单位还款压力，并及时接续贷款；三是公司实施低利率、减免手续费或低保证金比例等优惠政策，2018年为集团节约成本4252万元。

【信贷业务】 2018年，公司根据集团改革发展战略，积极为集团及成员单位提供信贷支持。一是完成统一授信工作。为集团13家企业及延伸产业链客户给予最高额授信113亿元；2018年通过了15家成员单位的综合授信、专项授信申请，授信额56亿元。二是提供贷款支持。2018年公司为15家成员单位发放贷款81笔，金额共计52.5亿元，办理贴现3.8亿元，截至2018年末，贷款余额38亿元。三是加强对小微企业贷款、绿色信贷服务。2018年末小微企业贷款余额7.73亿元，绿色贷款2.2亿元，并实施跟进集团绿色能源新建项目。

【资金业务】 2018年，公司进一步提升资金精细化管理水平。一是加强头寸管理。细化头寸计划，压缩备付头寸，严格支付结算，保障成员单位的日常经营支付，确保集团资金链安全。二是积极引入外部资金。通过同业授信，与同业机构开展转贴现及申请再贴现，融入临时周转资金，为集团产业发展提供了资金支持。三是开展定期存放同业业务，努力提升资金收益。四是坚持低利率、低保证金率为成员单位提供资金支持，坚持减免服务收费，尽最大努力为成员单位节约财务成本。

【票据业务】 2018年，公司入池票据9.89亿元，票据结算5396笔，票据集中结算量65.71亿元，办理贴现17.5亿元，承兑票据17.3亿元，再贴现1.47亿元。公司加大电票业务的推广力度，成员单位在公司开电票户增加到65户。2018年，公司完成纸电票二期融合工程，通过上海票据交易所系统成功处理票据到期兑付、到期收款、转贴现、再贴现、资金划拨等业务操作。

【资金集中】 2018年，公司以账户管理为中心，切实推动集团成员单位在公司“应开尽开”，完成成员单位开户22户，2018年实现成员单位银行账户授权直联35户，累计实现有效直联287户，全集团账户集中率超过60%，可直联率达96%以上，公司月均吸收存款40.5亿元，可归集资金集中保持在95%以上，基本实现“应归尽归”，资金池建设取得较好成效。

【业务创新】2018年，公司推出产业链贴现业务，在风险可控的前提下实现了业务延伸至集团以外。公司还根据成员单位的需求开展了循环贷款、买方付息贴现业务，并为集团公司提供专项发债顾问业务，为集团发行海外债发行提供专业服务。同时公司根据自身发展需要，开展了买入转贴现资产、货币基金投资等新业务，对金融工具的运用进一步成熟，业务能力不断提升。

【风险管理和内部控制】2018年，公司继续深化风险管理和内部管控。一是切实做好贷款“三查”工作，保障信贷资产的安全。二是严格控制备付资金存量，优化信贷结构，开展流动性压力测试和流动性风险排查，有效防范和化解了流动性风险。三是优化完善业务流程和业务制度，强化岗位制约和监督。四是将从业人员“灰名单”系统纳入人员招录的必要流程，彻底杜绝“带病流动”。五是大力推进内部审计，充分发挥审计监督作用。

【信息化建设】2018年，公司完成了征信系统的正式上线，进一步完善了公司信息系统和信贷风险管控体系。二是完成了票交所纸电融合二期建设，为电票系统的运行稳定和电票业务的推广创造了条件。三是加强信息系统运维监测与维护。及时解决运行中出现的故障，保证了核心业务系统的安全高效运行，强化了内部流程管控和风险管控。

【党建工作】2018年，公司党支部进一步加强党的建设，压实党建责任，充分发挥党支部战斗堡垒作用。一是进一步规范员工政治理论学习，开展专题学习研讨；二是以重庆市委巡视组巡视重庆能源集团反馈意见的整改为契机，切实落实从严治党要求；三是严格落实意识形态工作责任制，加强网络舆情监控，规范网络信息发布；四是加强新闻宣传，营造良好舆论氛围；五是规范中层干部选拔程序，切实加强干部队伍管理；六是不断夯实党员发展质量，加强党员教育管理；七是切实落实“两个责任”，抓好党风廉政建设；八是积极发挥群团组织作用，充分展示企业良好面貌。

创维集团财务有限公司

【集团概况】创维集团有限公司（以下简称“集团”）成立于1988年，主要从事多媒体（智能电视、内容运营业务）、智能电器（冰箱、洗衣机、空调、厨电等）、智能系统技术、现代服务业四大业务，旗下有创维集团（H00751）和创维数字（000810）两家上市公司，以及若干家高新技术企业，设有国家级企业技术中心、国家级工业设计中心，是“中国制造2025”首批示范单位，连续多年位列中国电子百强企业前列。

【经营概况】2018年，创维集团财务有限公司（以下简称“公司”）始终坚持“立足集团、服务成员、产融结合、共赢发展”的宗旨，为成员单位提供金融专业服务，促进集团产业与金融服务业的优势互补，寻求共同发展。2018年9月，公司通过中国银保监会延伸产业链金融服务备案。截至2018年末，公司从业人员39人，在公司开户并办理业务的成员单位79家；资产总额90.40亿元，负债总额75.06亿元，表外业务58.39亿元，净利润1.90亿元；资本充足率为19.09%，各项监管指标均符合监管要求。

【信贷业务】2018 年，公司根据成员单位经营特点、资金需求及未来发展方向，依据成员单位财务报表、经营状况等综合评估，制定年度综合授信计划，提供年度综合授信额度，在授信额度内成员单位可申请流动资金贷款、项目贷款、贴现、开立承兑票据、保函等业务。截至 2018 年末，公司共向 36 家成员单位提供综合授信 200.05 亿元，2018 年为成员单位累计发放贷款 105.82 亿元。

【产品销售信贷业务】2018 年，公司继续助力产业链金融，为产品经销商提供资金支持，解决了中小企业贷款难的问题，而且为拓宽创维产品销售渠道提供有力支持，体现了服务集团、产融结合的理念。2018 年买方信贷业务累计发放贷款 1.42 亿元，申请贷款经销商达 82 家。

【资金业务】公司建立了本币池、票据池及外币池三大资金管理平台，实现了本外币跨境融资、双向流通，提高资金使用效率，拓展融资渠道，降低财务成本，资金集中管理水平进入全国财务公司同行业前列。2018 年，公司结算业务约 110.79 万笔，全年结算量折合人民币约 0.48 万亿元，成员单位资金集中度达 85% 以上。头寸精细化管理，实现同业收益较 2017 年增加 6114.35 万元。

【票据业务】票据管理规范操作，每月准时发出应收、应付票据库存对账单，确保实现应收票据零瑕疵、零逾期入账，应付票据零逾期解付，实现财务公司电票占比 100% 的管理目标。2018 年票交所全直联系统上线，提升业务运行效率，提高风险防控能力。正式开展转贴现业务，为公司盘活资金。截至 2018 年 12 月 31 日，公司开出的银行承兑汇票余额 65.88 亿元；“电票通”业务共计开出电票 135 张，金额 0.33 亿元。

【外汇业务】公司实行外汇集中管理后，打破了成员单位之间的外汇管制，全面提升了集团外汇资金的使用效率，同时在避免汇率波动对融资的影响，在降低成员企业的资金成本方面发挥了巨大作用。2018 年公司正式开展即期结售汇业务，全年共开展业务 26 笔，金额 2086.58 万美元，为集团外汇管理提供新渠道。

【资金集中】2018 年，公司成员单位共计 79 家法人单位，境内公司全部纳入资金集中管理范围。2018 年末全口径资金归集度为 83.55%，可归集口径资金集中度为 85.58%。

【业务创新】2018 年 8 月，公司向深圳银保监局提报《关于创维集团财务有限公司申请开展延伸产业链金融服务备案的报告》，并组建了供应链金融团队，制定了《创维集团财务有限公司产业链金融业务管理办法》等制度。2018 年 11 月公司开展了“一头在外”延伸产业链票据贴现业务及应收账款保理业务，解决了上游供应商的融资需求。

【风险管理和内部控制】2018 年公司贯彻落实全面风险管理理念，加强了风险监测和管控，促进各项业务持续健康发展。稳步提高，坚持不断完善公司治理工作；持续完善，健全内控合规制度建设工作；风控前置，提前参与，做好规划、流程优化、制度设置、风险审查工作；及时预警，确权保权，强化风险预警与跟踪清理工作；强化稽审，明确责任，持续做好合规风险改进监督工作。截至 2018 年 12 月，不良贷款率为零。

【人力资源管理】2018 年，公司采用 OA 办公系统实行全面电子办公，费用报销、公文报批、系统权限申请等各项流程审批均实现电子化，提高了办事效率，有利于痕迹管理。上线员工考勤系统 EHR，员工出差、考勤、合同管理等均采用 EHR，全面提升公司人力资源管理效率。同时，开展创新团建，利用节假日组织各类主题活动，并从福利发放形式等细节入手提升企业关怀度及员工满意度。

【信息化建设】2018 年，公司一是投入同城异地灾备建设，通过建立异地数据备份中心，提升系统数据稳定性和安全性；二是通过公安部备案资金系统等保定级三级，提升系统风险控制能力；三是开发 1104 报表系统模块，基本实现报送数据的自动化，减少错误率及工作量；四是投入资金开发手机 APP 系统，提升移动办公效率，实时掌握资金状态；五是上线征信查询前置系统，记录查询全流程，有效防范风险；六是上线智能报表系统，实现财务数据实时呈现，提高财务管理能力。

【企业文化建设】2018 年，公司全面优化了官方网站，除展示相关业务及公司动态外，新加入了集团动态。通过设置业绩考核激励员工，定期开展员工培训提升员工能力；设立了文化墙，开展每周下午茶、季度生日会等活动丰富员工生活；通过组织拓展活动提升团队凝聚力，为员工打造具有竞争文化、学习文化、创新文化的企业氛围。

【党建工作】2018 年，公司党支部将学习贯彻党的十九大精神、习近平新时代中国特色社会主义思想作为党的思想建设的着力点，多形式开展学习活动，通过书刊订阅、微信公众号推送信息等方式进行学习宣传。坚持集中学习和自学的方式为主，以“三会一课”和主题党日活动为媒介开展学习，多次组织观看党建教育片及改革开放 40 周年大会等节目。12 月，参观“大潮起珠江——广东改革开放 40 周年展览”，感受广东改革开放 40 年来的变化和成就。

大连港集团财务有限公司

【集团概况】大连港集团财务有限公司（以下简称“公司”）所属集团为大连港集团有限公司（以下简称“集团”）。集团经营业务范围主要包括货物装卸、运输、中转、仓储等港口业务和物流服务，以及船舶理货、拖轮、港口信息服务等港口增值服务，是中国东北地区最大的油化品、集装箱及汽车码头运营商。

【经营概况】2018 年，公司以“科学运营、规范管理、优化服务、稳步发展”为工作目标，统筹推进“强服务、防风险、促创新、抓管理”等各项工作，业务规模和经营效益稳步增长。截至 2018 年末，资产总额 83 亿元，负债总额 58 亿元，所有者权益 25 亿元，实现营业收入 3 亿元，净利润 1.6 亿元。

【服务实体】2018 年，公司制定宏观信贷政策指引落实方案，把服务实体经济作为常态化、长效化工作来抓。在评级指标体系中提高服务实体经济指标权重，实现信贷政策向符合宏观经济政策的实体企业倾斜；通过优惠利率切实降低成员单位融资成本，有效让利实体企业；发挥无还本续贷政策优势，为小微企业新投放无还本续贷资金 7 亿元。

【信贷业务】2018 年，公司办理自营贷款业务 32 笔，日均贷款余额 51 亿元；办理委托贷款 75 笔，金额 42 亿元；办理非融资类保函业务 8 笔，金额 0.32 亿元。

【资金业务】2018 年，公司对同业存款结构进行合理匹配，与合作银行沟通协商，提高活期存款利率，在同业市场利率大幅下降的不利情况下，保证同业收益最大化。

【票据业务】2018 年，公司推进电票系统上线和业务推广工作，于 2018 年 7 月正式与上海票交所 ECDS 系统实现对接，通过媒体宣传、路演推介、大型现场培训及一对一指导等形式，向成员单位全面推广电票业务。系统上线后共完成电票承兑 9 笔，累计金额 272 万元，顺利完成票据承兑付款操作，成功实现票据清算。

【外汇业务】2018 年，公司开户数及交易规模进一步扩大，共计办理结汇业务 21 笔，完成银行间外汇市场交易 19 笔，利用银行间外汇市场交易会员资质，获得具有竞争力的汇率报价，为成员单位增加汇兑收益，节约购汇成本。同时，提供政策解读、方案设计等咨询服务，协助成员单位完成账户开立及汇款等。

【资金集中】2018 年，公司持续强化资金集中管理，扩大资金归集范围，提高吸存额度。截至 2018 年末，共有开户成员单位 151 家，预计全口径资金集中度为 60.14%，较上年末增加 12.51 个百分点。

【风险管理和内部控制】2018 年，公司积极推进全面风险管理体系建设工作。一是严格开展评级授信，夯实信用风险管控基础；二是完善风险预警监测指标体系，持续开展运行；三是构建业务连续性管理体系，以断电、系统故障和网络故障为背景开展应急演练，完善应急预案；四是组织开展内控制度梳理和合规手册编制工作，制定合规手册 50 个；五是规范项目内控管理，建立预评估和事后评估体系；六是健全风险管理三道防线，开展内部审计，发挥促合规、防风险的积极作用。

【人力资源管理】2018 年，公司开展各类培训共计 62 场，培训员工 782 人次，分别较 2017 年提高 55% 和 452%，主要内容涵盖党建、业务、法规、风险、科技、管理等，员工整体素质和专业能力显著提高。

【信息化建设】2018 年，公司制定 2018—2020 年信息科技战略规划，明确战略管理、安全管理、项目规划目标；连通接入上海清算所和中债公司业务系统；打造微信平台，实现与成员单位信息互动；开发账户信息查询接口，满足成员单位个性化需求；搭建数据级异地灾备中心，部署客户端管控软件，实现软件正版化，确保公司信息安全。

【企业文化建设】2018 年，公司不断加强企业文化建设，营造充满活力、规范有序、团结协作的企业文化氛围。一是通过职工摄影大赛等一系列载体活动，促进职工队伍团结和谐，凝心聚力；二是充分利用微信等新媒体平台以及企业文化墙等特色板块，弘扬正能量；三是建立金融研究工作管理长效机制，开展专题研究，在内外部成果评选活动中屡获奖项；四是树立典型人物，发挥榜样力量，营造积极向上、争先创优的良好氛围，引导全体员工见贤思齐、争做先锋。

【党建工作】2018 年，公司党总支全面贯彻党的十九大和习近平总书记系列重要讲话精神，以落实全面从严治党主体责任为主线，加强党对中心工作的领导，进一步突出党总支在公司法人治理结构中的法定地位，推进党建工作与生产经营深度融合。通过推进“两学一做”教育常态化、对各支部进行党建基础工作质量达标互检、表彰先进引领全员履职尽责争先创优、建立创新研发管理长效机制等方式不断夯实党建工作基础。

大唐电信集团财务有限公司

【集团概况】2018 年 7 月 20 日，中国信息通信科技集团有限公司由武汉邮电科学研究院与电信科学技术研究院在湖北武汉联合重组成立。

【经营概况】2018 年，大唐电信集团财务有限公司（以下简称“公司”）精耕细作、同心协力，持续挖掘传统业务潜力，金融服务水平有较大提升，积极发挥了服务支撑集团产业发展的作用。同时，公司加强风险排查、内部审计和内控建设，为公司发展进一步筑牢风险防线。2018 年末，公司资产总额 46 亿元，所有者权益 12 亿元，全年实现营业总收入（含投资收益）9429 万元，利润总额 4860 万元，自营业务和代理业务共计为集团节约财务费用超过 1 亿元。

【信贷和票据业务】2018 年，公司根据集团各成员单位的资金需求和经营情况，累计为成员单位发放贷款 42 笔，长期信贷规模占比从

25%提升至41%，大幅提升了对集团主业的支持力度，帮助成员单位改善短期占比过高、到期偿还压力过大的债务结构，缓释资金风险。同时，2018年累计为成员单位办理电子银行承兑业务134笔，共计1.8亿元；办理保函业务10笔，发生额为656万元，较上年末增加620万元。

【资金业务】2018年，公司继续坚持节约成本与创造资金价值并举，通过灵活运用拆借资质、完善头寸调节机制、优化资金配置结构等措施，紧密跟踪利率走势、抓住市场利率上行机遇，实现集团资金价值的最大化。

【代理业务】2018年，公司代理集团直接债务融资业务，提前开展机构沟通，积极配合评级机构开展公开市场评级，为后续债券注册及发行工作的开展奠定了良好的基础。同时，公司协同债券承销机构，历时六个半月，最终完成20亿元中票注册及发行工作，加权票面利率为4.245%，较同期银行基准贷款利率累计节约财务费用3030万元。

【外汇业务】2018年，公司更加注重外汇业务流程的优化，拓宽了服务客户的范围，新增了3家成员单位办理外汇业务，并拓展了业务资质的应用，在传统的集中付汇基础上，尝试了代理收款。同时，充分发挥集团跨境资金融通渠道的功能，办理成员单位借入外债人民币，并筹划操作外债豁免，协助成员单位对外放款。为成员企业调剂境内外资金余缺提供操作便利，并节省了财务费用。

【资金集中】2018年，公司加强资金集中管控，新增成员单位法人主体开立内部账户2个，分公司账户2个。新增21个查询和归集账户，账户监控覆盖率达60%，同比增加21个百分点。公司利用月度排名提升管理位势，2018年，集团全口径月均集中度达59%，同比提高6个百分点，财务公司全口径月均集中度达26.5%，同比提高2.4个百分点。超过90%的关联交易通过财务公司办理内部转账。

【风险管理和内部控制】2018年，公司完成19项制度的修订及4项制度的新增，并最终形成完整的《内控手册》。公司跨部门协同开展集团内部借款资金用途专项检查，针对信贷业务在操作规范性、制度流程建设以及贷后跟踪管理等方面进行内审，并对反洗钱工作中客户身份识别环节进行专项稽核，推进公司信贷业务和反洗钱工作有序、合规、高效开展。

【人力资源管理】2018年，公司组织实施或参与专业类培训、通用技能类培训、高级管理者培训、党建轮训等培训项目23个，共完成培训约600学时，进一步构建学习型企业。公司出台了《员工晋升管理办法》，结合工作实际重新梳理岗位说明书，为员工清晰工作职责、公司做好人力资源规划提供依据。同时出台“三个一批”人才培养方案，旨在人力资源科学规划和合理设计的基础上，充分激发、调动公司各级专业人才的积极性、主动性和创造性。

【信息化建设】2018年，公司重点对业务系统的查询统计和打印类功能进行集中优化，上线了包括信贷业务评级和授信审批表单等多项功能。完成了OA系统新平台升级切换优化以及推进财务核算系统开发实施工作。通过专业测试机构的等保测试和渗透测试，评估无风险，结果良好。公司共对成员单位进行技术支持服务约130人次。通过与主要运营商沟通和协商，降低了86%已开通线路的资费，全年线路费用支出减少35%，积极落实降本增效。

【党建工作】2018年，公司党支部坚持探索和实践党建“一二三四”工作格局，即“一个目标”，围绕充分发挥财务金融服务支撑功能，助推集团产业发展总目标；“两个融入提升”，融入经营管理、使公司业绩和价值提升，融入员工群体、使员工能力和获得感提升；“三个特性”，思想科学创造性、工作专业专注性、结果有效辐射性；“四项工程”，落实好教育先导工程、机制建设工程、先锋树立工程、载体搭建工程。2018年度，党支部累计学时750余小时。

大同煤矿集团财务有限责任公司

【集团概况】 2018年，大同煤矿集团有限责任公司（以下简称“集团”）深入推进煤炭供给侧结构性改革，坚定不移走“减”“优”“绿”发展之路，大刀阔斧推进改革，培育新优势、激发新活力，圆满完成十项指标、强化十项重点、取得十项突破，开启了企业高质量发展的新征程。

【经营概况】 2018年，大同煤矿集团财务有限责任公司（以下简称“公司”）完成利润5.78亿元，实现营业收入11.39亿元，节约财务费用9.50亿元。

【服务实体】 集团以公司为中心形成六大金融一体化运作平台，构建了金融产业相对完整闭合的产业链，在公司大力支持下，集团相继建成7座千万吨级煤矿、14个电厂和60万吨甲醇等转型升级项目，打造出了新兴产业效益增长点。

【信贷业务】 2018年，公司自营贷款余额175.09亿元，委托贷款余额26.28亿元，票据余额34.74亿元，信用证余额11亿元。

【投资业务】 2018年，公司开展了同业存单投资业务。该项业务的开展进一步丰富了公司资金管理工具，拓展资金运作渠道，提升流动性管理能力，强化了公司对集团的金融服务功能。

【票据业务】 2018年，公司为成员单位提供代保管、查询、托收、贴现、拆分、质押等一系列专业的票据池服务；同时，公司开展了票据的转贴现、再贴现、集团公司票据质押融资等一系列票据池相关业务，在实现利润的同时，防范了票据风险、盘活了票据资金、提高了票据使用效率。2018年公司票据业务为集团融资目标的完成提供了强有力的支持。

【外汇业务】 2018年，公司进一步推动结售汇业务稳定有效开展，促进了外汇业务的提升和拓展。

【资金集中】 截至2018年末，集团共有295家成员单位在公司开立539个内部账户，日均资金归集量为112.74亿元，共办理的结算业务量为116490笔，同比下降8.37%，结算金额6696.61亿元，同比增长11.64%。

【业务创新】 2018年10月，公司票据纸电融合正式切换为票交所2.0系统，贴现后业务转至票交所系统，实现了业务功能优化升级及新系统使用的无缝切换。票据解付、提示付款、转贴现、再贴现等存在操作变化的业务功能，全部可以正常开展。此业务有助于进一步统一高效运作集团票据资源，提升集团“票据池”运行效率，提升集团资金管理水平，为集团降本减费发挥更大作用。

【风险管理和内部控制】 2018年，公司一是以风险报告为抓手，健全风险管理制度体系，进一步深入推进全面风险管理工作。建立了《同煤财务公司不良贷款责任追溯管理办法》，规范了贷款行为；建立了《大同煤矿集团财务有限责任公司重大风险事项报告制度》，明确了各类风险事项的报送路径；建立了《同煤集团财务公司风险管理制度》，对公司流动性风险、信用风险、市场风险、操作风险、声誉风险及信息科技风险的识别、计量、监测、控制全流程的管理手段进行了科学的规范。同时，以风险报告为依托，按月开展评估分析，累计提出各类风险控制建议五十七条，推进了全面风险管理工作的深入开展。二是优化贷款结构，加大信用风险管理。加强授信和贷款管理，确保自营贷款控制在集团融资审查委员会指导下有续推进。三是增强头寸管理的本领，加大流动性风险管理的力度。四是加大监督检查力度，逐步提升风险预警管理能力。五是深化内控体系建设，增强风险控制能力。

【人力资源管理】公司坚持高标准、严要求的人才招聘模式，立足单位工作的实际需要，制定人才引进计划，严格引进渠道，提高人才引进质量。优化部门设置，加强岗位管理，促进人岗匹配、人尽其才。加强人才交流，积极开展与银行的战略合作，开展与成员单位的人才交流，促进员工多视角、全方位成长，推进公司金融人才培养，搭建产融一体化平台。重视人才培养，制定多元化的培训计划，有效地利用和整合培训资源，培训内容涵盖票据业务、支付清算、债券风险管理等多方面，有效地促进员工专业能力和业务能力的提升。

【信息化建设】作为所有业务开展和运行的基石，公司信息建设也得到了长足的发展，为集团现金流安全、稳定、活跃、高效提供了坚强的信息支撑。2018 年，公司信息化建设主要完成了灾备项目建设、网络改造项目，以及电票系统纸电融合项目。

【企业文化建设】2018 年，公司围绕打造“忠诚、纯洁、担当”的队伍，营造健康和谐、团结进取的工作氛围，建设高效运转、规范有序的工作格局，树立优质、文明、廉洁、服务高效的形象目标，加强文化建设，在公司内开展讨论，组织“书香同煤”阅读讲思活动等，推动文化及精神文明建设。同时，公司按照集团部署要求，深入开展“两学一做”学习教育，引导党员干部深刻领会习近平总书记系列重要讲话精神，自觉增强政治意识、大局意识、核心意识和看齐意识，做到对党绝对忠诚。深入开展理想信念、党性党风党纪教育和道德教育，加强典型示范、案件警示和岗位廉政教育，落实党政领导带头上廉政党课制度，进一步强化正风肃纪，不断推进反腐倡廉建设。

【党建工作】2018 年，公司完善了党支部制度建设，提高党员干部履职自觉性。修订了“三重一大”事项集体决策制度，完善了“三重一大”事项的监督管理办法，健全完善党支部委员会先行研讨重要议事规则和工作机制。

大冶有色金属集团财务有限责任公司

【集团概况】大冶有色金属集团控股有限公司（以下简称“集团”）是一家以地质勘探、矿石采选、冶炼化工等产业为主的特大型国有铜业企业。集团坚持做实做强核心主业，发展高新技术产业，逐步形成有色金属产品生产、贸易及相关服务，金融与资本运作融合发展的经营模式。2018 年集团实现营业收入 551 亿元。

【经营概况】2018 年，大冶有色金属集团财务有限责任公司（以下简称“公司”）贯彻落实“立足集团、服务集团”经营思想，积极引入市场化发展理念，坚持业务发展和风险合规两手抓，克服了经济下行压力持续加大、宏观信贷政策收紧等不利影响，公司实现了稳健发展，金融服务水平、风险防控能力得到提升。2018 年，公司实现营业总收入 5854.53 万元，实现利润总额 4394.49 万元，同比增加 609.77 万元，流动性等指标均符合监管要求。

【服务实体】公司针对符合国家产业政策的重点行业、小微企业等，定向发放资源循环利用、节能环保服务等绿色贷款 0.50 亿元，向小微企业投放贷款 1.37 亿元。通过争取结算行减免政策、网银转账、集中结算等方式，极大地降低了结算成本，2018 年节约手续费 96.66 万元。

【信贷业务】公司一是定期到成员单位现场服务，针对性开展流动资金贷款、法人账户透支、融资租赁等信贷业务，公司 2018 年平均贷款利率同比下调 0.30%，有效支撑了成员单位经营发展。2018 年末，自营贷款余额 7.87 亿元，委托贷款余额 17.09 亿元。二是获批银行 4 亿元授信额度，拓展了融资渠道。三是按照成员单位生产回款周期，合理调整贷款期限，优化负债结构资金 0.97 亿元，降低了资金压力。

【产品销售信贷业务】公司根据成员单位产品销售需求，开展了以阴极铜为主的产品买方信贷业务 0.67 亿元，减少了资金占用。

【资金业务】公司在吸收存款规模下滑的情况下，加强资金预算跟踪管理，及时捕捉市场机会，开展了存放同业、固定收益类等资金业务。2018 年，约（定）期存款业务实现利息收入 706.03 万元，国债逆回购业务实现利息收入 262.02 万元。

【投资业务】公司强化资金运作与金融市场分析，加大与券商合作力度，探索开展了货币基金投资业务，2018 年通过代销或直销操作 100 笔货币基金，实现收益 458.80 万元。

【资金集中】公司一是加强银行直联合作，通过梳理和规范账户开销户管理，实现了本外地 54 家成员单位 100 多个银行账户直联，资金归集及时有效。二是扩大优惠政策覆盖范围，继续加大业务手续费减免力度，吸引成员单位主动归集资金。三是坚持手工归集和自动归集相结合，提升归集效率。2018 年末，公司日均存款余额为 11.61 亿元，全口径资金集中度达到 71.85%。

【风险管理和内部控制】公司建立和完善业务运行管理机制，健全内控制度体系，公司风险管理和内部控制持续加强。按要求开展内控合规、乱象整治和防范化解金融风险等活动，全面梳理了公司制度、管理和业务开展等方面存在的问题和不足，组织制定、修订各项业务运行、合规操作及风险防控制度 29 项。开展常规和专项稽核审计检查 19 次，发现问题 41 个，整改率达 100%，有效防范了业务及操作风险。2018 年，公司修订公司章程，健全完善经营管理层工作机制，公司治理得到加强。

【人力资源管理】公司结合业务实际和发展需要，开展了金融专业知识和理念的培训，职工队伍工作素质与能力不断提高。按照共创共享、权责利对等、多劳多得、水涨船高等理念和原则，修订完善绩效考核制度，实施与效益、与业务、与工作质量相挂钩的考核机制。严格考核结果运用，建立员工年度考核等级制度和员工考核档案。鼓励和支持员工参加职业资格考试、职称考试，积极参加全省金融统计知识竞赛和黄石金融机构趣味运动会等，均取得了较好成绩。

【信息化建设】制定和完善信息科技安全管理委员会议事规则，根据监管要求及时修订了信息科技管理制度，加强了外包服务商管理。持续推进核心业务系统的稳定高效运行，针对性优化完善了信贷、结算等业务模块。进一步强化机房日常巡检，定期开展应急演练，保障了核心业务系统稳定性、安全性。

【企业文化建设】推行“简单、担当、坚韧、感恩”的企业文化，营造了和谐稳定、积极向上的工作氛围。公司全体员工自觉践行“主动、热情、周到”服务理念，兢兢业业、履职尽责，努力为成员单位解决实际困难和需求，树立了良好的服务窗口形象。

【党建工作】坚持以习近平新时代中国特色社会主义思想、党的十九大精神为引领，融入中心、服务大局，指导公司经营发展各项工作。开展“两学一做”“大学习大讨论”“抓党建、转作风、强担当、提效能”等学习实践活动，党员群众政治意识、大局意识、担当意识得到增强。全面落实一岗双责，结合银保监局案防工作要求，通过坚持开展政治学习，观看警示教育片等方式，增强员工廉洁意识。

东方电气集团财务有限公司

【集团概况】中国东方电气集团有限公司（以下简称“集团”）是中央确定的涉及国家安全和国民经济命脉的国有重要骨干企业之一，是全球最大的发电设备制造和电站工程总承包企业集团之一。

2018 年，集团认真贯彻落实党的十九大精神，坚持以习近平新时代中国特色社会主义思想为指导，坚决贯彻党中央国务院决策部署，坚持稳中求进工作总基调，牢固树立和践行新发展理念，以供给侧结构性改革为主线，持续推进“12345”新发展战略落实落地。在能源结构深度调整，煤电比重大幅下降，装备制造业竞争激烈的形势下，实现了从 2017 年扭亏脱困到 2018 年创新发展、经营管理能力明显提升、党的建设全面加强的良好发展局面。

【经营概况】2018 年，东方电气集团财务有限公司（以下简称“公司”）成立 30 周年。在这意义非凡的一年里，公司以“开创新局面　确保双增长”为工作方针，开展了“强服务、增效益、防风险、精管理”各方面工作。公司积极围绕方针目标，稳步推进各项工作，取得了显著的工作成效：一是营业收入首次突破 10 亿元，利润总额 3.5 亿元。二是围绕“发展是第一要务”，创新金融服务模式。具体包括：深化产融结合，优化金融资产配置；开展存款竞价，寻求资金收益最大化；发挥金融专业优势，为集团提供财务顾问服务。三是围绕防范化解风险，稳固金融防线。具体包括：持续关注风险情况，发挥立体防范作用；持续推进制度“废改立”，完善合规管理体系；持续完善信息系统，确保金融服务安全；严守监管要求，确保公司健康发展。

【服务实体】公司通过长短期限搭配、内外项目结合的方式优化金融资产配置，加大对集团企业的金融支持，增强与内外部企业的战略协同：通过推广保理业务帮助集团企业回笼资金；通过买方信贷业务帮助集团企业“降应收”；为集团企业及下游客户提供整体性金融服务方案，产业链金融业务方式和规模均取得重大突破。

【外汇业务】公司积极向外汇局争取远期交易资格准入许可，并于 7 月底获批中国外汇交易中心银行间外汇市场衍生品（远期）会员资格。

【资金业务】公司开展同业定期存款比价，按照市场化原则选择提供高收益产品的银行开展业务，获取存款收益最大化。

【投资业务】国内权益市场持续低迷，同时债券市场违约风险持续发酵，公司主动收缩投资业务，降低风险偏好，积极处置部分评级较低债券，投资更为稳健的产品，确保公司投资业务平稳运行。

【票据业务】公司搭建完成“商业汇票电子化管理平台”，实现集团企业商业汇票线上全流程一体化办理，有效提高票据业务办理效率。

【财务顾问服务】公司发挥财务顾问功能作用获集团好评：一是作为集团保险统筹承办单位，积极推进相关工作，首次实现了全集团保险统保；二是积极推动集团产业基金设置，完成集团首只产业基金的研究论证。

【风险管理和内部控制】公司持续关注风险情况，发挥立体防范作用，持续推进制度“废改立”，完善合规管理体系，进一步夯实风险管理和内部控制。

【人力资源管理】公司丰富选人用人渠道，优化人才队伍建设，通过集团内公开招聘、社会招聘、内部推选三种渠道选人用人，为公司发展提供优质人力资源保障。

【信息化建设】公司搭建“商业汇票电子化管理平台”，开发国资委大额资金动态监测系统，同时稳妥开展信息系统网络安全加固，进一步夯实系统安全防护能力，保障金融服务系统持续稳定运行。

【企业文化建设】公司成功举办成立30周年系列庆祝活动，将30年来的成绩、曲折和文化积淀在全集团和公司广泛宣传，反响强烈。

【扶贫工作】公司根据四川银保监局统一安排，对口扶贫四川省甘孜州稻城县，为稻城县吉乙三村安装太阳能路灯，帮助藏族人民改善生活条件，得到当地政府和藏族人民的肯定。

【党建工作】2018年，公司一是提高政治站位，加强党建引领。二是严格政治标准，提升党建水平。三是认真履行“一岗双责”，不断加强党风廉政建设和反腐败工作。通过反复教育，增强党员干部拒腐防变能力，2018年，公司无违法、违纪、违规行为发生。

东方集团财务有限责任公司

【集团概况】东方集团有限公司（以下简称“集团”）创建于1978年，是一家大型投资控股型企业集团。主要投资和经营的产业方向为银行、证券等金融产业、现代农业产业、港口交通产业、新型城镇化开发产业、信息安全产业、石油天然气及新能源产业、资源物产等行业。其参股和控股的公司有东方集团股份有限公司、民生银行、锦州港、方正证券等。

【经营概况】2018年，东方集团财务有限责任公司（以下简称“公司”）继续在集团中有效发挥金融平台作用，为成员单位提供了更加多元、专业的金融服务，在拓宽业务领域、努力提档升级及企业文化建设等方面作出了不懈的努力，各项工作取得了良好成效，为集团产业发展加油助力。截至2018年末，公司资产总额825962.99万元，负债总额519300.16万元，所有者权益306662.83万元，全年实现营业收入22290.76万元，利润总额5135.72万元。

【服务实体】2018年，为有效降低集团及成员单位经营风险，公司充分发挥自身行业优势与服务职能，持续对集团成员企业提供资金监控服务。全年共监控划付资金538亿元，差错事故率为零，企业合规付款率达99.62%，切实为成员单位经营安全保驾护航。此外，公司还对集团现代农业板块合作客户开展“白名单”评定工作，全年共为130家合作客户拟授信额度（含赊销额度）11.75亿元投票表决，通过127家，授信额度为10.66亿元，有效降低了成员企业交易风险及经营风险。

【信贷业务】2018年，公司信贷业务严格按照国家货币信贷政策要求，在人民银行核定的贷款规模范围内开展业务。截至2018年末，公司各类贷款余额197.17亿元，较年初增幅为23.98%，其中，自营贷款余额64.53亿元，委托贷款余额116.35亿元，票据贴现及外币贷款余额16.29亿元，呈现出自营贷款稳定增长、委托贷款大幅增长的良性发展趋势，为集团现代农业、服务业和金融业等重点产业发展提供了有效的资金支持。

【票据业务】2018年，公司票据业务取得较大发展，纸电票交易融合完成并投产上线，公司通过电票系统大力开展票据承兑、贴现、转贴现及再贴现等业务，电票业务覆盖率达100%。全年通过公司电票系统签发电子汇票389笔，金额22.12亿元，为集团成员单位贸易结算提供了有力支持。

【资金集中】2018年，公司以“加强集团资金集中管理，提高资金使用效率”为工作目标，资金集中度稳步提升。公司业务运营系统满足了集团及成员企业的结算服务需求，全年共办理结算业务金额3781亿元，为成员企业日常资金周转提供有力保障。此外，公司积极做好以支持集团发展为导向的创新金融服务，引导集团成员企业将资金集中存放在财务公司，优化配置集团资金资源，激活闲置和沉淀资金，提高集团成员企业资金使用效率，降低财务费用。

【业务创新】2018 年，公司结合集团发展情况申请增加业务种类，顺利取得了消费信贷、买方信贷及承销成员企业债券业务资格，助力集团实体产业发展。在此基础上，公司继续努力探寻符合自身发展的同业业务模式，积极与银行、信托公司、资产管理公司等机构就信贷资产转让、票据池等方面业务进行可行性研究，结合发展规划创新业务模式，盘活自身资产，有效为集团现代农业板块成员单位提供优质顾问服务，提高服务实体经济效能。

【风险管理和内部控制】公司结合监管部门开展的监管评级及“深化整治银行业市场乱象”等专项自查整改工作，对公司治理及各业务层面进行全方位的自查整改，有效提升公司风控合规管理水平。为控制流动性风险，公司开发并投入使用流动性风险实时监测系统，实时了解资金头寸变化情况，流动性风险管理实现信息化。

【人力资源管理】2018 年，公司进一步加强人力资源体系建设，提高团队战斗力。绩效考核方面，公司修订完善了《绩效考核管理办法》，为考核的顺利进行提供有力保障。团队建设方面，公司年度招聘员工 1 人，晋升部门主管 6 人，部门调动 5 人，保证各项业务稳健运营。同时，制定了新的薪酬方案，在一定程度上提高了员工的薪酬水平。员工培训方面，公司先后组织高管、员工参加相关业务培训、研讨会 22 次，课时达 205 小时，149 人次。

【信息化建设】2018 年，公司完成流动性风险实时监测系统建设工作，流动性风险实时监测系统上线运行有效提高了公司风险管控水平。此外，公司在修订、完善现有信息制度的同时，又在原有 37 项制度的基础上新增 3 项制度，进一步完善了信息科技制度体系，实现信科工作制度化、规范化、标准化管理。2018 年公司实现各业务系统、各业务专网网络全年安全无故障运行。

【企业文化建设】2018 年，公司充分利用集团内部宣传平台，全面展现经营管理成果及业务亮点，展现公司经营发展风貌，连续 5 年获得《黑龙江金融年鉴》“优秀撰稿人”称号。公司组织员工开展徒步、联合同业公司拓展交流及参加集团企业文化月等系列活动，有效促进了经营工作的顺利开展。

东风汽车财务有限公司

【集团概况】2018 年，面对巨大的风险和挑战，东风汽车集团有限公司（以下简称“集团”），有效管控重大风险，推动经营平稳运行。2018 年销售汽车 383.10 万辆，实现销售收入 6051.80 亿元，但经营质量持续改善，利润总额同比保持稳定；利润率提升 0.70 个百分点；资产负债率下降 2.80 个百分点，显著优于中央企业平均下降 0.60 个百分点的水平。国务院国资委下达的四项指标任务较好完成。

【经营概况】东风汽车财务有限公司（以下简称“公司”）于 1987 年 5 月 7 日成立，由东风汽车集团股份有限公司全资控股，注册资本 90 亿元。

2018 年实现汽车金融总放款 41.13 万辆，

同比增长 28.18%；汽车金融综合渗透率 22.58%，同比提高 7.42 个百分点；集团全口径资金集中度达到 68.56%，同比提高 7.62 个百分点；不良贷款率为 0.55%，较年初下降 0.07 个百分点；2018 年实现营业收入 38.83 亿元，同比增长 21.7%；利润总额为 19.35 亿元，同比增长 17.4%；年末资产规模达 700.16 亿元，同比增长 26.60%。

【服务实体】公司发挥“产融结合”优势，加强对汽车产业链中游集团及成员单位资金管理服务。其中，资金集中管理深化向三、四级子公司及合资公司延伸服务，为成员单位累计办理融资 590 亿元，同比增幅为 4.97%；票据贴现 2018 年累计投放 85.44 亿元，同比增幅为 131.77%；在汽车消费信贷方面，批发金融与零售金融联动扩展方面效果显著，形成三大乘用车主机厂、四大商用车主机厂的服务格局，合作经销商数量从 199 家增加至 401 家；此外，通过供应链金融业务的开展推进服务一级供应商，扩展服务二、三级供应商，准入供应商 323 家，2018 年共办理供应链融资业务 1610 笔，投放突破 53 亿元。

【信贷业务】2018 年，公司为成员单位累计办理融资 590 亿元，同比增幅为 4.97%；其中，流动资金贷款与固定资产贷款累计投放 43.65 亿元，同比增长 16.39%；票据贴现累计投放 85.44 亿元，同比增幅为 131.77%。2018 年末成员单位融资余额达到 312.21 亿元（其中委托贷款余额 173.29 亿元），同比增幅为 64.48%。

【产品销售信贷业务】公司继续深入汽车金融业务拓展，2018 年累计放款 41.13 万台。其中商用车金融业务强化与主机厂的营销协同，创新商用车零售金融业务模式，制定差异化、灵活性的信贷政策和激励政策，2018 年累计实现放款 81000 台，同比增长 31.67%，综合渗透率提升至 32.99%，同比提高 12.12 个百分点。

乘用车金融业务积极推广 APP 使用，提升客户受理质效及满意度；利用前沿的科技手段和 AI 技术，实施智能化审批，提升审批效率；探索新的网络渠道，开发贴近市场的金融产品和商务政策。2018 年累计实现放款 33.03 万台，同比增长 27.35%，综合透率提升至 21.81%，同比提高 7.05 个百分点。

【资金业务】公司加强资金精细化管理，按月开展 N+3+X 资金预测，合理调度资金；积极开展与银行同业交流合作，利用同业拆借等流动性管理工具，进一步合理配置资金，提高了资金运管收益；优化存款结构，降低综合融资成本，2018 年综合融资成本率为 2.8%。

【票据业务】公司推进电票承兑免收保证金政策，通过释放成员单位保证金存款，进一步提高成员单位资金的使用效率和效益；通过实施财务公司电票保贴政策，全面提高公司电票的流通性。同时，积极拓展成员单位商票业务，使成员单位信用价值化，提高了成员单位开票自主性和高效性。2018 年营销拓展成员单位开展公司票据承兑业务 60 家，同比净增 20 家，2018 年为成员单位开具财务公司电子商业汇票 120.65 亿元，同比增加 64.07 亿元，增幅为 113.24%。

【资金集中】公司以 CMS+资金管理系统为工具，积极推进成员单位代理支付、对私批量等支付方式及资金结算共享服务平台的建设，资金集中管理深化向三、四级子公司及合资公司延伸服务，新增开户成员单位 40 家，全集团口径资金集中度提升至 68.56%，年结算总额同比增长 34.5%，达 20277 亿元，吸收成员单位存款 19 笔，共计 4.89 亿元。

【业务创新】2018 年 6 月 27 日，公司成功办理了首笔电子商业汇票再贴现业务，再贴现金额 2200 万元，2018 年办理再贴现业务共计 9.08 亿元。

此外，公司积极筹备首单发行个人汽车抵押贷款资产支持证券（ABS），12 月底获得了银保监会和人民银行审批业务资质和发行资格。

【风险管理和内部控制】公司增设信息科技管理委员会，修订“三委一会”工作规则；继续优化分级授权管理体系和内控制度体系，重新梳理各部门分级授权审批事项 243 项、内控

D

制度261项；深化运用金融科技，成立数据治理CFT小组启动数据治理管理工作，通过引入第三方征信，新建反欺诈系统，升级统一征信平台，设立电催客服中心；积极开展深化整治银行业市场乱象、内控合规管理深化年活动，及时整改自查发现问题。

【人力资源管理】公司以深化“三项制度改革”为主线，持续推进组织精简高效，开展部门组织优化、人岗匹配调整，完善市场化薪酬、绩效考核评价体系。建立人才模型，立足一线岗位开展实践锻炼，打造富有活力的多层次多样化专业人才梯队。加强干部队伍建设，市场化公开竞聘中层干部；加强干部综合素质提升，通过交流、轮岗、挂职等方式，完善干部培养机制。持续加强销售人员激励对标，建立销售人员激励与业绩强挂钩机制，提升员工积极性与市场营销力。

【信息化建设】公司通过电子签名、人脸识别、OCR智能识别等新技术有效提高审贷决策水平和科技防风险能力，上线了供应链金融系统助力落实金融“供给侧改革”，并配合集团“灯塔计划”，建设集团共享中心、合并报表项目，为集团和成员单位提升深层次服务。全面推广应用智能协同办公系统，提升公司整体管理水平和效率。严格按照银保监会、人民银行、集团等监管部门和上级主管机构的要求，完成安全风险排查与监管报送工作，顺利通过公安机关安全等级测评。

【企业文化建设】公司重视以人为本的企业文化建设，加强文化建设，开展“暖心行动、排忧行动、减压行动、和悦行动、关爱行动、书香行动”等活动，组织开展青年员工座谈会、先进员工代表座谈会，倾听员工声音；举办职工趣味运动会，营造了“开心工作、快乐生活”的工作氛围；发挥公司内宣刊物《东风金融》的宣传作用，展示公司经营党建重点工作、员工思想动态等风貌；成功举办了公司第一期道德讲堂活动。

【党群工作】公司成功召开了第一次党员大会，选举产生了第一届党委和纪委，同时党组织关系调整至集团党委直接管理。以党建事业计划管理为抓手、以落实党建工作责任制为主线，强化干部管理监督机制，认真落实意识形态工作责任制，加强党风廉政建设，推动公司党建工作全面开展，着力提高党建工作规范化、制度化、科学化水平。

D

东航集团财务有限责任公司

【集团概况】中国东方航空集团有限公司（以下简称“集团”）总部位于上海，是我国三大国有骨干航空运输集团之一。经过持续的产业结构调整和资源优化整合，现已成为以航空运输及物流产业为核心，航空地产、航空金融、传媒免税、配餐饮食、贸易流通、实业发展、通用航空和产业投资等九大板块协同发展的大型航空产业集团。

【经营概况】2018年，东航集团财务有限责任公司（以下简称“公司”）按照规划平稳发展，截至2018年12月31日，公司资产总额达到110.62亿元，实现利润总额2.24亿元，较上年增长23.21%。

【服务实体】公司协助集团和成员单位推进完善团队票线上销售系统化开发项目（B2T系统），为其提供资金归集、到账查询、票款清算等服务，在为“产业+金融”服务融合做初步尝试的同时，也作为存款来源吸收3亿元沉淀资金。经海关总署批准，公司对涉及集团所属飞机及航材的海关关税保函进行创新性的集中授信，穿透管理，分批担保，改善了各成员企业分散申请保函、财务费用较高、占有部分国有资金的现况，并大大减少由环节源头造成的违约。2018 年，公司于上海等地开展不正常航班延误赔付业务试点，试运行期间共完成 9456 笔赔付，涉及金额 270 万元，旅客赔付体验满意感上升，助力了东航集团整体战略发展。

【信贷业务】2018 年，公司吸收人民币存款日均值为 89.23 亿元，较 2017 年上升 16.93%，达历史新高。在保证集团支付结算安全的情况下，加大对集团成员单位的信贷投放，截至 2018 年 12 月底，人民币贷款累计发放 127.05 亿元，贷款余额为 19.34 亿元，月均贷款余额较上年增长 21.90%。

【资金业务】公司积极与集团、股份公司协商，做好头寸计划安排，多举措筹集资金，并密切跟踪集团整体资金安排计划，加大资金的调度和周转，一方面盘活内部资金，加大银行同业业务合作力度；另一方面，配合集团大额资金的支付需求，与集团内成员企业及时沟通，保证公司资金备付安全，防范大额突发性资金流动性风险，做到流动性精细管理，情况良好。

【投资业务】公司重点开展市场风险防范预警工作，加强投资业务的事前风险评估与事中风险监测，尝试设计市场风险模型，每日监测头寸变化，及时止损，市场风险控制情况良好。

【外汇业务】公司继续推进外汇服务创新，积极发挥外汇资金池、跨境人民币双向资金池的作用，实现跨境资金的双向融通。配合集团和租赁公司下属 SPV 公司完成远期锁汇，为客户锁定了债务成本，节约了财务费用，并提供了更为灵活的汇率风险管理措施。

【风险管理和内部控制】2018 年，公司完善法人治理结构，进一步明确董事会下各专业委员会及董事、监事等的相应职能。公司加强各环节的合规管理，严密监控公司风险。全年向监管部门无延误、无误差报送数据、报表及报告 320 份；进行互联网业务系统交易安全风险自查、进一步深化整治银行业市场乱象等 10 项自查与专项整治工作，部分薄弱环节已制定计划有序整改；加强合同审查工作，所有合同均须通过初审、复审后方可履行签署流程；属于重大合同范畴的，公司按照要求上报集团审核。作为反洗钱义务机构，公司开展客户身份识别和风险再评估工作，共完成 221 个账户的客户识别和评估工作。开展规章制度全面梳理专项工作，对制度进行逐一梳理，有针对性地修订、新设或废止。截至 12 月 31 日，公司已完成 31 项重要制度的修订和发布。

东旭集团财务有限公司

【集团概况】东旭集团有限公司（以下简称“集团”）成立于 1997 年，总部位于北京，旗下拥有东旭光电（000413）、东旭蓝天（000040）、嘉麟杰（002486）三家上市公司。2018 年，集团“光电显示用高均匀超净面玻璃基板关键技术与设备开发及产业化”项目及“高强超薄浮法铝硅酸盐屏幕保护玻璃规模化生产成套技术与应用开发”项目分别荣获国家科学技术进步奖一、二等奖。2018 年末，集团总资产近 2000 亿元，员工 1.8 万人。

【经营概况】2018 年，东旭集团财务有限公司（以下简称“公司”）在严控风险的前提下，紧紧围绕公司内部治理、资金结算服务、信贷业务服务、风险防范与控制、信息科技建设、专业人才队伍建设等方面稳步推进各项工作，整体运营良好。截至 2018 年 12 月 31 日，公司资产总计 311.39 亿元，负债合计 259.98 亿元，所有者权益合计 51.41 亿元。2018 年税前利润总额 1.74 亿元，实现税后净利润 1.30 亿元。

【服务实体】公司通过加强资金归集力度，调配各成员单位的资金余缺，调整集团整体杠杆水平。2018 年，公司累计为包括集团在内的 8 家成员单位发放 95 笔流动资金贷款，金额合计 337.95 亿元，其中 34 笔金额 129.44 亿元贷款用于偿还集团外部公司债、银行贷款、信托贷款等，占比为 38.30%，降低了集团整体的融资杠杆水平。

【信贷业务】公司一方面加强对成员单位资金归集的力度，另一方面提升对成员单位的信贷服务能力，在信贷投放规模、产品使用、业务流程、资金价格等方面持续优化。2018 年累计审批成员单位授信金额 622.2 亿元，较上年增加 145.7 亿元，增幅为 31%，截至 2018 年 12 月末，各项贷款余额共计 285 亿元，较年初增加 185 亿元。

【资金业务】规范资金计划，实现资金头寸有效预测。公司与各成员单位积极沟通，确保资金收支计划信息及时准确获取。关注大额收支，实现资金“错峰”调配。在资金紧张时，做到大额资金先进后出，实现资金收支“错峰”。拓宽融资渠道，确保集团整体流动性安全。在面临成员单位集中付款、可用资金降低时，公司优先考虑同业拆入补充资金头寸。积极开展同业授信工作，加强同业合作，确保需要外部资金支持时，有畅通的拆借渠道。

【票据业务】2018 年，公司为成员单位办理票据承兑和贴现业务。丰富了成员单位的资金结算手段，降低了成员单位的资金结算成本，全年为成员单位减免票据业务手续费 200 万元左右。同时，通过持续开展票据业务，增强了公司在金融同业间的认可度。

【资金集中】系统建设方面，公司与建设银行签订了代理收款协议，提升了资金使用效率，提高了结算服务能力。与东旭蓝天签署了金融服务协议，完成东旭蓝天上市体系成员单位账户总分账户归集设置等，截至 12 月底累计归集资金 23 亿元。2018 年，公司根据自身实际情况及成员单位的资金需求对资金集中度进行有针对性的提高。年初公司全口径资金集中度为 8.84%，可归集口径资金集中度为 13.65%。年末全口径资金集中度为 32.66%，可归集口径资金集中度为 43.51%，较年初有大幅提高。

【风险管理和内部控制】2018 年，公司加强风险监测和管控，未出现经营风险、监管风险和负面事件。总体表现为：公司信用风险、流动性风险、市场风险、操作风险、声誉风险较低，资本充足率、核心资本充足率、流动性等主要监管指标均符合监管标准，无不良贷款，各项业务风险管控良好。全年修订规章制度 59 项，新制定 15 项；截至 2018 年末，公司各类规章制度共计 159 项，其中法人治理类 8 项，内部管理类 151 项，内控制度体系不断完善，公司经营规范有序发展。

【人力资源管理】2018 年，公司根据自身业务特点，结合各部门岗位需求，广泛吸纳具有丰富从业经验和良好职业操守的金融从业人员，逐步完善人才体系。同时，以构建“学习型金融机构”和“着力打造高素质金融专业团队”为培训目标，积极组织员工参加中国财务公司协会、监管部门的相关业务培训、同业交流，通过多元化学习，增强人才活力，不断提高员工专业素质技能、风险合规意识及水平。

【信息化建设】2018 年，公司优化、开发了核心业务系统功能 80 余项。5 月，完成了协同办公系统和邮件系统建设，对各项工作流程进行了全面梳理优化，实现了财务、行政、人力、公文、信息类工作的线上移动审批办理。11 月，完成了反洗钱系统与核心业务系统的接口集成开发工作，实现了业务交易的实时反洗钱相关监测、审核和上报功能。12 月，远程应用级容灾系统上线运行，实现了核心业务系统、网银系统、电票系统、银企接口系统等关键系统的异地容灾，提高了业务的连续性。

【企业文化建设】公司扎实推进企业文化建设，促进公司与集团之间的文化衔接，依托集团组织、开展各类活动，如“不忘初心，在歌声中前行”歌咏比赛，定期组织羽毛球比赛、瑜伽培训等体育活动，员工队伍稳定，提升了团队的向心力和凝聚力。

鄂尔多斯财务有限公司

【集团概况】 内蒙古鄂尔多斯羊绒集团有限责任公司（以下简称“集团”），始创于1981年，旗下拥有1436、ERDOS、鄂尔多斯1980、BLUE ERDOS等著名品牌，作为行业标志性品牌，“鄂尔多斯”的品牌价值已达到931.58亿元，继续位居中国纺织服装品牌榜首。集团经过三十多年的发展，由单一的羊绒产业延伸至煤炭、电力、冶金、化工、能源等各大领域，形成了羊绒纺织服装、棋盘井循环经济产业集群及能源化工三大事业板块。2018年，鄂尔多斯集团位列中国民营企业500强第139位。

【经营概况】 2018年是鄂尔多斯财务有限公司（以下简称“公司”）的“管理升级年”，公司紧紧围绕“加快转型发展，强化基础管理，抓住发展机遇，提高效益水平”的指导思想，坚持业务发展和风险管理并重的原则，攻坚克难，积极作为，不断研究分析市场和强化创新思维，“审大小而图、酌缓急而布”，各项业务发展快速稳健，在2018年取得了较好的业绩。截至2018年末，公司资产总额为99.59亿元，负债总额75.22亿元，所有者权益24.36亿元，2018年实现利润总额1.55亿元。

【服务实体】 为提高整体服务能力和价值创造能力，2018年公司突出提升三项功能：一是突出平台服务功能，资金结算业务继续保持了平稳推进。二是突出价值创造功能，票据承兑、再贴现和质押融资三项业务稳中有进。三是突出资源配置功能，贷款和贴现保持了持续性增长。

【信贷业务】 2018年，公司为服务集团实体经济，突出资源配置功能，贷款和贴现保持了持续性增长。截至2018年末，公司贷款（含贴现）余额为79.30亿元，较年初增加20亿元，增幅为33.73%。其中，贷款累计发生77.60亿元，贴现累计发生29.60亿元。

【资金业务】 2018年，公司资金结算业务有序开展，且不断规范完善。一是资金结算业务在顺利适应综合系统升级和票据系统对接上线的基础上，2018年累计办理各类结算业务共计17.99万笔，累计金额5740亿元，日结算量703笔（营业日256天），日结算金额22.40亿元。二是启动成员单位开办协定存款业务，且按人民银行规定协定存款基准利率上浮50%执行；三是为加强集团票据业务管理、防范财务公司承兑票据到期兑付风险，开展了承兑汇票保证金管理业务。

【票据业务】 2018年，公司全面接管了集团各地票据管理工作，更好地实现了对票据的高效集中管理。构筑了由开票、承兑、贴现、转贴现或再贴现形成的循环运营体系，开票和承兑业务形成票据来源，贴现业务转移票据持有人进而转变票据属性，利用支付、转贴现和再贴现构成票据运用，完成资金回笼，降成本的同时实现了票据运营产生的时间价值。2018年办理电子商业汇票承兑业务累计金额22.90亿元，办理贴现累计金额29.60亿元，办理票据再贴现累计金额23.25亿元。

【风险管理和内部控制】 2018年，公司主动适应经济金融发展新常态及监管强化的新要求：一是按月对重点监管指标进行了监督管理，制定了调配资产负债结构、降低存量贷款额度、增加流动性资产业务比重等措施，继续将事后控制转变为事前控制。二是公司围绕监管重点，较好地完成了监管单位下达的各项任务，妥善应对了外部监管单位的多次现场监管检查。三是内部组织启动了对以前年度各项资产业务、信息科技系统、印章管理等重点领域的专项稽核检查、抽查工作。

【人力资源管理】公司以提高工作效率，科学合理用人为目标，促进公司整体绩效目标的达成。2018 年，一是根据集团统一规划，理清组织中繁多的交叉职责，有效避免组织职责无岗承接的情况，公司先组织对各部门现有岗位进行了工作量评估，然后重新进行岗位说明书编写，最后配合集团进行了岗位价值评估，为以后集团的薪酬改革奠定基础。二是重视人才的培养工作，有效整合利用公司、集团外部培训资源，开展与成员单位、银行业间的业务交流。培训内容涵盖风险管理、审计稽核、票据业务、支付结算、税收筹划等方面。三是为保证培训学习效果和工作的应用，试行转培训制度，鼓励参加培训员工在公司内部进行经验分享，转化培训成果。

【信息化建设】2018 年，公司强化系统升级管理。一是完成了九恒星核心系统由 N6 向 N9 系统的升级优化工作，并针对性地对集团预算收支管理、集团票据管理、集团资金管理进行了定向开发，实现了集团收支统计分析、成员单位账面银行存款统一平台全口径反映、预算项目总额控制等一系列功能设置；二是完成了票交所（二期）电票业务接入上线工作，并成为辖内首家在票据交易系统办理再贴现业务的金融机构。在提高集团社会信用、扩大交易范围的同时，顺利适应了纸电融合后的票据交易变化。

【企业文化建设】公司以为成员单位提供全面、优质、高效的金融服务为宗旨，倡导全员树立“敬业、服务、高效、创新、合规”的意识。弘扬集团“讲忠诚、讲责任、讲追求”的企业文化。积极贯宣集团和财务公司的经营理念、精神纲要。通过集体庆生会、领导与员工的沟通座谈会，春季健身踏青、与集团部室联手组织团建等形式多样、丰富多彩的活动，拉近领导与员工、企业与员工、集团与员工之间的关系，加强员工间情感交流，增强企业团队凝聚力。

福建七匹狼集团财务有限公司

【集团概况】福建七匹狼集团财务有限公司（以下简称“公司”）是由大股东福建七匹狼集团有限公司（以下简称“集团”）及下属上市公司福建七匹狼实业股份有限公司发起设立。集团是一家经营规范、财务稳健、主业突出的知名民族服装品牌民营企业，拥有服装、地产和投资三大业务板块，其中“七匹狼”品牌男装茄克市场份额连续 17 年保持第一。

【经营概况】2018 年，公司坚持服务集团的定位，围绕董事会核定的经营管理工作目标，持续提升平台价值和金融服务能力，夯实管理基础，内控制度逐步完善，内控能力得到提升，各项指标符合监管要求；公司团队日渐成熟，专业素质和协作能力均取得了显著的提升。2018 年，公司实现营业收入 2727.84 万元，利润总额 1741.22 万元，各项经营指标较 2017 年明显提升，大部分收入指标实现两位数增长，为成员单位节约了财务费用 906.17 万元（不含结算手续费）。

【服务实体】资金结算业务方面，2018 年累计代理成员单位结算资金 5.83 万笔，同比增加 1.62 万笔，增长 38.48%；累计结算金额约 933.71 亿元，同比增加 113.52 亿元，增长 13.84%。

贷款业务方面，通过归集成员单位资金，提高资金运用效率，向成员单位办理自营贷款，自营贷款利率低于商业银行贷款。2018 年累计投放贷款 16.51 亿元（含贴现），同比增加 3.55 亿元，增长 27.39%。

【信贷业务】截至 2018 年末，公司授信客户数 14 户，授信品种包括流动资金贷款、房地产开发贷款、开立电子银行承兑汇票和票据贴现等，授信总额 33.8 亿元，同比增加 6.62 亿元，增长 24.36%，累计提用授信额度 21.84 亿元，同比增加 8.88 亿元，增长 68.52%。

【资金业务】2018 年 3 月，公司获准加入银行间债券市场和银行间交易商协会，积极与金融机构合作建立授信往来关系，通过同业拆借等多种方式有效加强公司日常短期资金管理，提高了主动管理流动性的能力。

【投资业务】公司积极参与成员单位发行债券事宜，并申购部分成员单位债券。2018 年 10 月，公司首次开展债券申购业务。通过申购债券，实现债券投资业务零的突破，提高员工业务技能。

【票据业务】截至 2018 年末，公司电子银行承兑汇票余额 1.98 亿元，累计开立电子银行承兑汇票 2457 笔，金额共计 4.11 亿元，银行承兑汇票电子率达 100%。公司向商业银行申请同业授信，并协助持票人到获批同业授信的商业银行办理贴现业务，累计协助贴现金额约 4500 万元，为服装主业在采购环节提供补充金融服务。

【资金集中】2018 年，公司继续加大资金归集力度，主要采取的措施如下：一是根据成员企业的结算需求，不断对结算业务系统进行优化升级，提升资金结算服务能力，以资金结算为纽带提升资金归集率，提高成员企业的结算效率，归集成员企业资金。二是新增与招商银行业务系统直联，实现招商银行的资金归集及代理支付功能。三是积极与留存金额较大的成员单位进行沟通，2018 年实现多个账户留存金额的降低，进一步提高资金归集率，提升资金监控水平。2018 年，公司日均存款 12.38 亿元，比 2017 年增长 2.76 亿元，增幅 28.69%。2018 年末，公司全口径资金集中度为 60.44%，可归集资金归集度为 75.73%。

【风险管理和内部控制】公司高度重视风险管理和内部控制，秉承全面风险管理的理念，不断加强风险管控措施。内部控制方面，2018 年召开股东会会议 3 次，董事会会议 4 次，监事会会议 3 次，审计委员会会议 2 次、风险控制委员会会议 10 次；新增制度 4 份（累计建立 103 项管理制度），修订制度 3 份；新增操作规程 6 份（累计设立操作规程 30 份）。风险管理方面，公司继续完善“贷前、贷中、贷后”信用风险管理，信贷资产优良率为 100%；深化整治乱象检查，结合 ACS 综合前置子系统接入机构风险评估、泉州银监信息科技巡检、信息科技风险评估、季度案防排查和合规检查等内外部检查工作，积极整改，实现全年零案件，同时注重员工管理，内部培训宣导营造合规文化氛围；通过制定资金头存管理制度与操作规程、建立成员企业资金计划报送体系的方式进行流动性管理，流动性管理责任部门每天发布公司资金数据，中后台部门做好流动性风险预警管理；定期发布投资产品利息简报，加强对投资业务存续期价格波动的监测与分析，投资业务市场风险管控得当。信贷文化建设与乱象整治方面，2018 年着重开展“进一步深化整治市场乱象”和深化“信贷文化建设”两项工作。

【人力资源管理】2018 年，公司通过制定《报表报送专项考核工作方案》，进一步完善了考核与激励机制，并通过对员工日常与年度相结合的考核，将考核结果与员工绩效工资、年度调薪、评选创优等挂钩，在保障员工合法权益的同时，有效激发了员工的工作热情和主观能动性。公司注重加强人才队伍的建设，积极打造学习型员工团队，结合公司业务开展情况，制定了周培训计划，2018 年组织开展业务、规章制度培训 28 期，不同程度地提高了相关人员的理论知识和实际操作能力，促进员工业务技能、合规意识及综合素质的提升。

【信息化建设】2018 年，信息科技工作对现有系统提供了可靠保障，系统运行平稳，全年未发生宕机事件。公司完成了资金计划系统的上线工作，提高营业部统计成员单位资金头寸的效率和准确度；完成了电子对账系统的建设工作，有效提高工作效率和降低出错的概率；完成了纸电融合系统的升级改造工作，顺利完成电子商业汇票系统由 1.5 版本升级至 2.0 版本；完成了招商银行直联功能的上线工作，有利于提升账户集中度，增加资金归集，提高代理结算效率，加强成员单位资金监控。

【企业文化建设】公司坚持以服务集团，不断做强做大做优为目的，牢固树立“经营信用、管理风险、承担责任、创造价值”的经营理念，积极拓展新的业务品种，努力推动公司各项业务稳步发展。公司组织开展多种多样的文化活动，如年度旅游、野外拓展、中秋联欢、信贷文化知识竞赛等，增强员工的意志和品质，提高团队凝聚力和战斗力。

福建省能源集团财务有限公司

【集团概况】福建省能源集团有限责任公司（以下简称“集团”）于 2009 年 12 月由原福建省煤炭工业（集团）有限责任公司和福建省建材（控股）有限责任公司整合重组成立，2017 年 1 月起控股福建石油化工集团有限责任公司。是一家以新能源、新材料、医疗健康及金融为主业，涉及煤炭、电力、石化、配售电、港口物流、建工地产、科研设计等行业的综合性企业集团，拥有包括福能股份、福建水泥、福能租赁、福能期货四家上市公司在内的全资或控股企业四十多家。注册资本金 100 亿元，资信等级为 AAA 级，在 2018 年中国企业 500 强中排名第 280 位。

【经营概况】2018 年，福建省能源集团财务有限公司（以下简称“公司”）营收、利润超额完成，资金归集率在全国 246 家财务公司中排名第 11 位，获评中国财务公司协会 2017 年度最高综合水平的 A 级财务公司，票据系统成功上线，信贷文化建设、治理银行乱象、扫黑除恶工作扎实推进，信贷余额再创新高。截至 2018 年 12 月末，公司资产总额 145.90 亿元，负债总额 127.82 亿元。2018 年，实现营业收入 5.20 亿元，完成全年计划的 146.79%；实现利润 3.44 亿元，完成全年计划的 114.68%。同时，公司各项监测指标优良，无不良资产和不良贷款，公司运营安全稳健。

【信贷业务】公司紧跟福能集团“十三五”产业发展战略新步伐，加强信贷资金的精准投放，优化资金要素配置，科学确定增贷、稳贷、收贷策略，在煤炭板块全面退出，水泥、建工房地厂、港口物流等板块逐步压缩的情况下，新增了晋南热电、龙安热电、六枝电厂、福清海峡发电 4 家优质客户。截至 2018 年末，公司信贷余额 45.41 亿元，日均余额 43.81 亿元（同比增加 10.69 亿元），实现信贷规模和资产结构优化的双提升。

【资金业务】公司严格实施资金预算控制和计划管理，高效配置资金头寸，协同增强企业集团“资金调峰”能力，减少沉淀资金，最大化地使用资金。同时，依托专业的投资操作，分毫必争、高效精准地把资金集中存放于最优利率报价的金融机构开展定期业务。全年实现同业收入 3.17 亿元，完成年度计划的 157.71%，同比增长 20.08%，资金规模效应进一步凸显，资金使用效率大幅提升。

【投资业务】投行业务稳健发展，2018 年新增了建设银行金融机构投资渠道，2018 年实现投资收益 4072.38 万元，平均收益率为5.36%。

【票据业务】电票业务迅猛发展，建设了电子商业汇票系统，新增了7户电票客户，电票客户累计43户，特别是为华润六枝公司办理的电票业务成功取得跨系统流转的新突破。全年办理票据承兑业务137笔，总金额6.81亿元，2018年末承兑余额达6.81亿元；办理票据贴现业务99笔，总金额6.42亿元；办理票据再贴现业务58笔，总金额2.9亿元，2018年末再贴现余额1.9亿元，较2017年同期增长137.5%。

【资金集中】持之以恒深耕资金集中管理，不厌其烦地向成员单位大力宣贯集团《资金集中管理规定》等制度规定和财务公司的服务内容，努力做到“颗粒归仓”。截至2018年末，公司开立账户398户，吸收存款121.72亿元，银保监全口径平均归集率达82.69%，2017年资金归集率在全国246家财务公司中排名第11名。2018年累计办理结算业务量189627笔，比2017年增长12776笔，增幅为7.22%；结算资金量4637.56亿元，比2017年增长161.98亿元，增幅为3.62%，结算业务量再创新高。

【风险管理和内部控制】紧跟监管部署，开展了“扫黑除恶专项斗争”“涉黑涉恶线索专项摸排”“深化整治银行业市场乱象”、防范非法集资专项排查、反洗钱数据报送情况等16项自查排查工作，从62个方面、178个自查排查子项着手，提交16份专项自查排查报告，填报排查表、整改台账合计69份，佐证材料临时性反馈报告及材料369项。各项整治工作行动有力，排查彻底，全面嵌入公司信贷投放、资金账户管理、资金往来交易、同业投放、银行业投资等日常经营管理中，并密切关注员工八小时内外的行为和动态，把控重点人员、重点业务和重点岗位三“重”的风险点，实现全年无风险发生的目标。

【信息化建设】电子票据系统成功上线，公司票据业务迈向电子化时代。征信系统持续完善，成员单位在金融机构的借款、担保等信息一览无余，资金监控能力有效提升。同时更新了机房设备、制定了IT战略规划，顺利通过了省网安办的二级等保测评。

【企业文化建设】企业文化建设有序推进，“心怀感恩，创造感动”“福相伴，能永远!”等福能集团文化进一步被员工所理解、接受和践行。因地制宜地开展了快乐“三八行”、登山活动、拔河比赛、新春游园等小型多样的文体活动，丰富了员工的业余生活。同时，困难员工帮扶、金秋助学等活动不间断开展，传递了温暖，创造了感动，构建了和谐、温馨企业。

【党建工作】持续深入推进“两学一做”学习教育常态化制度化，出台了《2018年党建工作意见》，增配了党务工作人员，推行了“主题党日”制度，开展了“新思想、新担当、新作为”主题研讨和专题党课、撰写心得体会等活动，深入学习贯彻习近平新时代中国特色社会主义思想和党的十九大精神。持之以恒地开展“党建+金融服务”、党员示范岗等活动，将党建工作贯穿于资金归集、产品创新、融资服务、风险防控、重点项目落实等经营工作的全过程，党建与经营工作的融入更加紧密，党员争先创优的氛围更加深厚，公司党支部被省国资委党委评为省管企业先进基层党组织。

甘肃电投集团财务有限公司

【集团概况】甘肃省电力投资集团有限责任公司（以下简称“集团”）是甘肃省政府出资设立的国有大型投资公司，是省政府授权的投资主体和国有资产经营主体。2013年底，由国有独资企业改制为国有独资有限责任公司，注册资本36亿元。2018年，集团实现营业收入60.76亿元。截至2018年底，集团下辖子公司86家，项目遍布全省14个市州，投资涉及电力、金融、大数据、会展、剧院、酒店、房地产、铁路、煤炭等行业和领域，资产总额773亿元。控参股建成及在建电源项目61个，权益装机容量897.89万千瓦，控股装机容量746.57万千瓦，包含火电、水电、风电、光电四种电源，位居全省第一。

【经营概况】2018年，甘肃电投集团财务有限公司（以下简称“公司”）有效发挥集团资金归集、资金结算、资金管控和金融服务平台功能，不断完善风险管理体系，持续提升公司金融服务质效。2018年实现营业收入9185.93万元，利润总额5815.23万元，为成员单位让利及节约财务费用3062.05万元，实现整体财务效益贡献8877.28万元。

【服务实体】2018年，公司修订金融服务价格管理办法，实施价格优惠和业务引领策略服务实体经济，通过下浮贷款利率、降低贴现利率、提高存款利率、免收手续费等方式为成员单位提供最优惠的金融服务，助推实体经济稳定发展。一是着力扩大结算业务，免收手续费，直接为成员单位节省财务费用；二是持续加强资金归集力度，提高集团内部资金效率；三是全面营销信贷业务，下浮贷款利率，帮助成员单位降低财务费用；四是大力拓展电票业务，延长结算周期，间接补给成员单位临时周转资金；五是积极搭建票据池并全面开展票据池业务，有效盘活成员单位低效资金；六是稳妥办理委托贷款业务，引导成员单位盈余资金有价调剂；七是稳健推进咨询顾问业务，助推集团公司结构调整和转型升级。

【信贷业务】公司紧紧围绕集团战略、重大项目和重点企业，坚持金融服务与经济效益相结合的信贷政策，为集团主业板块提供高效的金融服务，支持集团战略布局，助推集团实体产业转型发展。截至2018年末，公司信贷余额5.32亿元，其中，各项贷款余额4.96亿元，票据贴现余额0.36亿元。2018年累计发放各类贷款17笔，金额18.57亿元，累计办理票据贴现业务25笔，金额0.56亿元。

【资金业务】2018年4月，公司正式加入银行间同业拆借市场，与多家金融机构建立了授信合作关系，年末办理资金拆入业务2笔，增加了负债业务的来源和渠道，公司进一步加强头寸管理，提高主动管理流动性的能力。

【票据业务】公司采取免缴保证金、扩大贴现机构、增加同业授信额度等措施全面积极推进电票承兑业务，截至2018年末，电票承兑余额4.04亿元，全年累计签发电票298张，金额4.7亿元，间接释放了保证金存款，有效降低了成员单位财务费用。

【资金集中】公司加强资金辅助管理和归集管理，截至2018年末，资金归集成员单位92家，吸收存款余额18.96亿元，全口径资金集中度为65.14%，可归集口径资金集中度为96.2%，较2017年末提高3.61个百分点，实现资金应归尽归。一是每季度开展账户和资金集中度分析，制定“一企一策”解决方案；二是扩大了银企合作范围，在原10家直联归集银行机构的基础上新增4家；三是强化集团资金辅助管理职能，实施旬报表、资金周计划、月度资金平衡等管理措施，进一步强化对成员单位资金管控，降低备付资金；四是实施差异化价格政策，引导成员单位资金配置。

【风险管理和内部控制】公司严格遵循全面风险管理原则，推行与自身业务性质、规模和风险特征相适应的风险管理策略，实施事前参与、事中控制、事后监督评价的全流程管理模式，初步建立健全全面风险管理机制，风险管控能力不断加强。一是持续强化基础管理，初步建立健全了全覆盖、全流程的管理制度体系，2018年共修订制度32项，累计颁布各项制度149项，全面覆盖所有管理活动和业务行为及流程；二是严控信用风险，规范评级授信审批，经信贷审查委员会审批累计完成客户信用等级评定21家，给予15家成员单位授信方案；三是强化合规风险管理，将监控指标和检测指标纳入风险指标的预警监测范围进行识别、监测和计量，每月进行分析评价并出具风险指标监测报告；四是编制《全面风险管理手册》，持续加强内部控制机制，超前防范金融风险；五是建立流动性应急预案，开展流动性压力测试，初步建立了流动性风险控制机制。

【人力资源管理】公司人力资源管理不断规范。一是修订完善人力资源管理制度形成人力资源管理体系，建立了员工激励和约束机制。二是完善落实绩效考核评价体系，充分发挥了绩效考核在薪酬分配方面的导向作用。三是优化人员配置，建立了公司人才内部晋升机制，实现人力资源合理配置。四是全面加强员工教育培训工作，建立了多元化的人才培训机制，2018年累计参加内、外部培训31次，参加人员106人次。五是整理完善员工档案，进一步规范人事档案管理工作。

【信息化建设】公司持续推进信息化建设工作，一是建立与业务需求相匹配的系统服务功能，完成上市公司资金监控功能开发、纸电融合ECDS系统升级、资金管理系统门户升级和软件终验等工作。二是完成同业拆借模块、资金管理系统预算模块、利息预提等系统功能开发与升级改造。三是开展机房UPS改造，实现所有设备双供电保障，完成系统等级保护三级测评和风险评估，聘请技术顾问，部署终端准入系统，安装数据脱敏系统，开展服务器维保工作，实现了链路负载均衡和办公软件正版化。

【企业文化建设】公司着实推进企业文化的引领作用，一是探索公司职工书屋管理模式，采用开放式自助管理模式，提升员工读书的热情；二是拍摄公司形象宣传片，全面展示公司经营成果、发展思路和精神面貌；三是整体打造职工书屋、党员活动室、党小组学习园地等文化元素，提升公司文化形象。2018年，公司职工书屋被全国总工会评为“全国工会职工书屋示范点”。

【党建工作】公司坚持“一岗双责”，把党建工作同业务工作同部署、同落实，一是积极开展党支部建设标准化工作，以党支部工作标准为抓手，完善了涉及党员大会、支委会、组织生活会等支部会议及标准内容6项，对发展党员、收缴党费等7项支部日常工作按照时间节点重新制定了工作标准；二是优化组织设置，夯实党建工作基础，成立公司党委，设立两个党支部，改建党支部活动阵地和党务公开栏；三是坚持把党的领导融入公司治理各环节，把党组织内嵌到公司治理结构之中，修订公司《章程》，充分发挥党委“把方向、保大局、管落实”作用。

港中旅财务有限公司

【集团概况】中国旅游集团有限公司（原中国港中旅集团公司，以下简称“集团”）创立于1928年4月，是中央直接管理的国有重要骨干企业，也是总部在香港的三家中央企业之一。

集团形成了以旅游文化为主业，旅游地产、旅游金融及相关业务并举的产业格局，业务网络遍布内地、港澳和海外28个国家和地区，涵盖旅行社、线上旅游、酒店、景区、免税、地产、金融、旅游客运、文化演艺、邮轮、房车等相关旅游业态和细分领域，是中国最大的旅游央企，也是中国历史最悠久、旅游产业链条完整、旅游要素齐全、经营规模大、品牌价值高的旅游企业。

【经营概况】2018年，港中旅财务有限公司（以下简称“公司”）坚持“严控风险，合规经营”的宗旨，有效发挥“集团资金集中管理者、集团及成员单位金融服务提供者、金融价值创造者、内部银行”的功能定位，圆满完成上级下达的经营目标和重点工作任务。存款、贷款、资金集中度显著提升，经营效益再创历史新高。

【服务实体】公司建立定期上门服务机制，实时响应客户需求，实时共享产品信息，专人进行一对一的服务对接。大力推进产融协同工作，累计放款近百亿元。推出“对私批量”结算新业务，带动集中结算规模再创历史新高。同时，公司业务信息系统移动APP克服了物理网点不足的困难，约75%的成员单位通过业务信息系统移动APP开展各项业务。

【信贷业务】公司继续大力推进各板块产融协同工作，在集团成员单位信贷需求普遍疲软的情况下，深入一线、上门服务，积极维护现有贷款客户业务，大力拓展新增客户，按照不同板块的业务特点定制化开发信贷产品，向酒店板块、金融板块、旅行社板块、地产板块、集团本部等累计放款百亿元，满足各板块发展的资金需求。

【资金业务】公司持续加强对资金计划与资金头寸的管理，合理规划资金头寸，动态配置资金，为集团及成员单位经营发展提供资金保障。2018年，未出现任何计划外资金缺口，所有成员单位的贷款需求和存款提用需求均得以及时满足，公司流动性指标未触及过监管红线。

【投资业务】公司严格按照监管政策及监管导向的要求，审慎、稳健开展投资业务。在保障流动性安全和严控业务风险的前提下，通过做精做细资金计划、合理配置同业资产期限等手段，利用资金沉淀间隙，积极为公司创造效益；对内积极推进融融协同，与集团各金融单元携手共赢，对外与集团战略合作金融机构建立紧密合作关系，并积极拓展银行间交易对手、捕捉市场机会，提升同业、投资业务收益水平。

【票据业务】公司2018年正式开展电子银行承兑汇票开票业务，开票量超过6000万元，开票笔数达30余笔。

【外汇业务】公司通过跨境资金池，打通了集团境内外资金池，累计完成跨境资金业务超百亿元，在集团资金统一管控方面发挥了积极的作用。

【资金集中】2018年公司日均存款规模89.54亿元，同比增加7.32亿元，增幅为8.90%；年末存款余额111.31亿元，较上年增加7.18亿元，增幅为6.90%；年末全口径资金集中度为46.08%，可归集口径资金集中度为78.30%。

【业务创新】2018年，公司一是正式上线并推广业务信息系统移动APP资金管理平台，有效满足了客户对资金的实时监控和风险控制需求，增强了客户体验感，增加了客户黏性。二是正式上线对私批量代发业务，提高了成员单位资金结算效率，降低了结算成本。三是正式开通电子银行承兑汇票业务“CTS电子票据通”，为成员企业丰富融资手段、降低融资成本提供了有力保障。

【风险管理和内部控制】公司贯彻“全面风险管理”要求，年内继续保持零案件、无不良的风险管理成果。一是加强经济形势和监管政策研究，把握合规要求，守住合规底线；二是秉承“事前防范，事中控制，事后监督”的全流程风险管理机制，加大风险关口前移，积极防范风险；三是落实监管要求和中央巡视整改自查自纠工作；四是加强普法宣传培训，外聘法律顾问，提升法务工作质量；五是启动业务流程标准化建设，优化并规范业务流程，保证服务质量，提高工作效率；六是按计划推进内审稽核工作，查漏补缺，防弊纠错。

【人力资源管理】公司持续加强员工队伍建设，优化人力资源管理。一方面加强人才梯队建设，制定关键岗位人才培养和后备计划，激励内部员工。另一方面积极引进外部优秀人才，保障岗位需求，提升团队活力。邀请外部专家举办职业生涯发展规划专题培训，为员工提供一对一职业发展个性化辅导。

【信息化建设】2018年，公司一是实施上线大额资金动态监控管理系统。二是开展2018年度信息系统等级保护测评工作。三是实施上线结售汇管理系统，增加结售汇业务范围，在美元、港元的基础上，测试通过了英镑、欧元的结售汇账套。四是配合征信管理工作需求，实施上线征信前置查询系统，规范本机构征信查询业务。五是启动九恒星核心业务系统升级项目，完成升级准备工作。

【企业文化建设】通过完善员工福利体系，开展公司日活动，参观爱国主义教育基地，积极参加上级单位演讲比赛、文体比赛，开展有奖征文等活动，增强了团队活力和凝聚力，营造了健康向上的良好工作氛围。

【党建工作】公司党支部认真学习贯彻党的十九大精神和习近平新时代中国特色社会主义思想，坚持“两学一做”教育常态化制度，扎实开展基层党建工作，积极吸纳新生力量加入到党组织中来，有效发挥了党组织的战斗堡垒作用和党员先锋模范作用，用党建引领业务发展成效显著。

供销集团财务有限公司

【集团概况】中国供销集团有限公司（以下简称“集团”）是国务院批准成立的我国大型涉农流通产业集团，是中华全国供销合作总社全资企业。主营农资、棉花、再生资源、农村超市、农产品批发市场、房地产、电子商务、金融服务、国际贸易、海洋水产、石油等业务。立足服务规模化和流通现代化，集团科学谋划，锐意进取，开拓创新，正在不断完善为农服务产业链条，努力实现从传统经营方式向现代经营方式转变，打造企业核心竞争力，为城乡消费者提供更加优质的服务。

【经营概况】供销集团财务有限公司（以下简称“公司”）以“稳健规范、定制服务、开拓创新”为经营宗旨，各项业务稳步推进，各类风险控制有效，以服务出资企业为准则，发挥牌照优势，为出资企业提供个性化解决方案并不断提升基础服务功能。2018年，公司实现利润总额9283.38万元，同比增长77.51%，自营贷款34.50亿元；委托贷款95.48亿元；贴现业务2笔，金额1亿元；再贴现业务1笔，金额9000万元。

【信贷业务】公司信贷业务以集团一级出资

企业为主要对象，信贷产品以短期流动资金贷款为主。截至2018年末，公司流动资金贷款余额10亿元，固定资产贷款余额0.66亿元，发放自营贷款43笔，累计金额34.50亿元，发放委托贷款258笔，累计金额95.48亿元，无不良贷款。

【票据业务】2018年，公司完成了与上海票交所的网络联调测试和上线演练，电票服务基础更加稳固，全年成功开具电子银行承兑汇票3.8亿元。

【资金集中】公司按月向成员单位发放资金归集情况通知书，使成员单位及时了解资金归集考核的完成情况；积极向中农集团、中农控股等公司推介资金池产品，中农集团4家全资子公司已成功签约。截至2018年末，公司全口径资金集中度为28.06%。

【业务创新】公司一是积极与上海票交所对接，参加票交所业务和联调测试，完成纸电融合系统上线；二是根据中农控股和中农集团的管理需求，设计并签约上线了实体资金池。

【风险管理】公司主要开展了以下四方面风险管理工作：一是结合银保监会“整治银行业市场乱象”重点工作，持续开展自查自纠活动；二是持续开展“季度风险排查”工作，对每季度新业务和上季度发现的问题坚持“回头看”；三是正式上线风险指标实时监测系统，风险管理信息化水平进一步提升；四是组织开展制度全面梳理专项工作，制度体系进一步完善。

【信息化建设】公司主要开展了以下四方面信息化建设：一是推进核心业务系统升级工作，扎实做好风险防范工作，确保升级后的系统安全稳定运行，满足各部门需求；二是通过了信息系统等级保护三级，标志着公司信息安全管理能力得到了切实提升，信息科技的管理水平基本达到大型商业银行的程度；三是开展了信息科技审计专项课题研究，进一步提高了审计效率和效果，荣获中国银保监会主办的“2018年度银行业信息科技风险管理课题研究”非银行机构课题三类成果奖；四是完成信息科技非现场监管、网络安全自查和网络安全风险评估等监管报表报告的编写和上报工作。

【企业文化建设】2018年，公司一是加强党建工作，完善公司党支部制度建设，学习习近平新时代中国特色社会主义思想，全面加强党的政治建设；二是加强合规文化建设，2018年公司组织法律培训和两次法律考试，提高全体员工的合规意识；三是开展各项工会活动，组织羽毛球比赛、参加空竹比赛等；四是开展扶贫工作，累计向定点扶贫的潜山县、安远县、寻乌县等提供扶贫资金139万元。

光明食品集团财务有限公司

【集团概况】光明食品（集团）有限公司（以下简称“集团”）是集现代农业、食品加工制造、食品分销为一体、具有完整食品产业链的综合食品产业集团。集团坚定“一体两翼”的产业发展格局，突出主业，构建全球食品集成分销平台，推进高蛋白战略、聚焦发展种源、科技、绿色和观光农业，发展混合所有制经济深化搞活终端，提升集团核心竞争力。2018年集团实现营业总收入1564亿元，在中国百强企业中排名第111位。

【经营概况】光明食品集团财务有限公司（以下简称“公司”）成立四年来，本着立足集团，为成员企业提供优质高效的金融服务，公司经营效益呈稳健发展态势。截至2018年末，公司总资产207亿元，负债192亿元，分别比年初增加9.23亿元、6.52亿元。全年实现营业收入4.01亿元，实现利润2.7亿元。资本充足率为13.43%，流动性比例为54.14%，不良贷款率为零。

【服务实体】公司搭建了现金管理平台，为成员企业提供便利的本外币资金头寸管理和结算服务，提供存贷款利率优惠，为集团内提供民生保障的企业提供多层次的融资方案，实现集团整体节约财务成本达7887万元。支持并提供进博会签约项目的跨境资金运作通道。为成员企业提供产融结合和资金内控管理的财务顾问咨询服务。组织成员企业培训达350人次，加强联络沟通。

【信贷业务】在规范运作、控制风险的前提下，以支持战略性新兴产业和先进制造业为重点任务，不断提升业务水平、深入实体企业、发掘创新产品、优化信贷结构，授信额度109.4亿元，2018年末自营贷款余额82.56亿元，同比增加23.8亿元，到期贷款回收率达100%，贷款利息收入2.35亿元，票据贴现1.28亿元。

【资金业务】继续强化资金头寸管理，提高资金运营效率，与30家同业建立授信关系，授信金额达1262亿元，从流动性收益性综合考虑开展存放同业、同业拆借、国债逆回购的资金业务，实现收入4.4亿元。

【投资业务】继续以投资低风险的货币基金为主，完成基金申购业务总额10.64亿元，实现收入3680万元，综合利率为3.84%。

【外汇业务】开展了境内外币资金池的搭建及资金归集工作、为集团境内外资金融通提供通道和方案，其中发生结售汇业务61笔，结汇金额654.21万美元；售汇金额3246.82万美元，实现盈利19.36万美元，共发生15笔外汇同业业务，累计金额为5250.26万美元，实现定期利息收入10.85万美元。

【资金集中】通过提供优质服务、考核和激励等手段实现全年日均归集资金178.78亿元，同比增长22.53%，全口径归集率为49%，较上年上升4%。2018年管理成员企业735户，账户1020个，结算86万笔，结算金额5760亿元。季度电子对账有效率达100%。

【业务创新】通过深入研究国际最新支付技术和跨境支付服务在不同企业的应用，将境外富余资金运用到境内，在流程设计方面将跨境资金流动、即期结汇和货币交叉互换业务整合，缓释了借款存续期间汇率和利率波动而导致潜在的敞口风险，降低了集团资产负债率。

【风险管理和内部控制】建立涵盖公司治理、核心业务、风险管理、合规管理、稽核审计互为支撑的内部控制体系，控制和处置业务层次和管理层次的风险，形成了部门经理、风险管理和稽核审计的三道防线。在监管机构规定的范围内开展业务，对新业务、新产品预先进行全面风险评估。对案件防控工作采用全面排查、专项排查和日常排查相结合，确保全流程风险可控。

【人力资源管理】公司倡导关怀、信任、包容的核心文化，将人才作为最好的资源，通过“校招”以及信息化平台的招聘方式建立人才库。完善考核分配和激励约束机制，激发员工的积极性和创造性。鼓励员工参加金融类职业资格培训和考试。2018年公司组织各项业务及合规培训达51人次。

【信息化建设】注重信息系统安全管理，信息化建设整体平稳、系统运维工作有序开展。成功实现了纸电票据融合系统建设，完成了核心系统的功能优化。完成了集团境内资金集中管理系统建设方案。为公司各项业务系统正常运行提供了有力的保障。

【企业文化建设】落实“员工第一”的价值理念和“爱与尊重”的光明文化。抓好安全稳定和民生保障。坚持以“改革是最大的投资、协同是最大的空间、人才是最好的资源、服务是最好的品牌、安全是最好的管理”为指导思想的企业文化建设体系，增强团队协作，提高服务意识、坚持化繁为简，追求效率和效益，为公司发展保驾护航。

【党建工作】公司积极贯彻落实党的十九大精神，开展党日主题活动推进党支部建设，制定并落实党政班子党风廉政建设主体责任工作方案。开展专项整治工作，进行廉洁从业教育。深化党员岗位示范责任区，引导党员在一线创品牌、当先锋、争先进的活动。规范制度执行和流程管理，确保各项业务安全运营。

广东省广晟财务有限公司

【集团概况】2018 年，广东省广晟资产经营有限公司（以下简称“集团”）以党建为引领、以问题为导向、以实干为标杆，着力防范化解风险、强化经营管理、守住安全稳定底线、推进“去僵尸、降负债、强主业、压层级”等任务，成功扭转长期依赖非经收入弥补主业亏损的困境。

【经营概况】截至 2018 年末，广东省广晟财务有限公司（以下简称“公司”）资产总额 52.91 亿元；发放贷款余额 27.61 亿元；负债总额 41.14 亿元，吸收存款 40.96 亿元，所有者权益 11.77 亿元。2018 年累计实现营业收入 1.63 亿元，实现净利润 7322 万元。2018 年末公司在岗人数为 25 人，各项监管指标达标。

【信贷业务】截至 2018 年末，公司批准成员企业综合授信额度合计 73.66 亿元；发放贷款 31.23 亿元，收回贷款 32.22 亿元。进一步完善贷前、贷中、贷后三位一体的授信管理模式，保证信贷投放资金的安全，通过专业分析帮助企业找到并解决问题。2018 年完成 7 次贷前调研、26 次贷后实地检查，参与集团组织的科技企业调研 5 次。

【资金集中】公司为 245 家成员企业开立 259 个结算账户，较上年末增加客户 11 家，增加账户 15 个；与 10 家银行银企直联；纳入资金统管及监管银行账户 335 个，其中统管账户 247 个、监管账户 88 个；吸收成员企业存款 40.96 亿元，较 2017 年末增长 36.85%，其中吸收上市公司存款 6.65 亿元，较 2017 年末增长 55.01%。2018 年末，全口径资金集中度为 23.26%，较 2017 年末上升 3%。2018 年成员企业在财务公司的结算量为 519.38 亿元，代理支付结算量占比为 5%。

【业务创新】公司一是产品创新，打造电票及代理支付两款产品。开出公司承兑的电子票据 8 张，合计金额 2000 万元。截至 2018 年末，使用代理支付的客户数由年初的 2 家增加至 28 家，2018 年支付 1290 笔，结算量达 28.22 亿元。二是服务创新，编撰金融服务产品手册及支持科创型企业。研究编撰《财务公司金融服务产品手册》，系统介绍公司 41 个金融服务产品。为第一家科创型企业——电子研究所发放 500 万元贷款。三是渠道创新，打通跨境人民币资金池流出渠道及主动推介外部金融资源渠道。公司为主办企业的人民币跨境双向资金池获批净流出额度 96.25 亿元，成为广东首家获批企业，为集团解决境外债务问题提供结算通道。主动提供银行推介服务，一定程度上降低成员企业融资成本。

【风险管理和内部控制】公司 2018 年完成 73.66 亿元授信额度贷前审查、38 笔合计 30.84 亿元放款审查，每季完成信贷资产风险分类。截至 2018 年末，继续保持信贷资产零逾期、零不良；2018 年同业额度增至 21 亿元，合作金融机构增至 5 家，累计拆入资金 4 亿元；引入压力测试工具，制定《流动性监控与管理方案》；精细资金计划管理，月度资金预测时长从 6 个月提升至 12 个月，增加流动性指标监测；每日资金台账从 1 个月资金波动预测延长至 3 个月，为平滑财务公司头寸波动提供预见性指引。2018 年，公司夯实内控管理基础建设，提升制度体系规范化程度，制度总数达 101 项，完成全业务范围的 181 条关键风险点梳理，并与 28 项外部监管制度一起编制成学习手册，提升员工的合规操作意识；打造日常稽核与专项稽核相结合的事后监督模式，日常稽核检查覆盖率达到80%，通过开展三项专项稽核，填补了部分核心关键业务的事后监督空白，制定五年审计规划，用审计工作提供指引。

【人力资源管理】2018年，公司修订印发薪酬管理、绩效管理、工资实施、职级及档级管理等办法，完善人力资源管理体系。选拔勇于担当、忠诚干净的干部，为公司人才队伍的建设注入强心针。

【信息化建设】公司一是持续推进九恒星系统开发维护。完成同业授信、存放、拆借等模块的上线。二是稳步提高系统业务连续性。完成网络设备优化及扩容和数据中心UPS蓄电池更换项目的实施和验收，为业务连续性提供保障。三是完善OA系统的功能。完成手机APP考勤打卡系统、绩效考核系统的开发及上线。四是落实软件正版化长效工作机制。完成企业杀毒软件的方案编写、审批、采购工作，达成软件正版化工作目标。五是加大等级保护工作投入力度。开展企业电子邮件系统的整改工作，满足等级保护定级备案要求（三级）。

【党建工作】公司一是规范党内政治生活。认真组织召开年度专题组织生活会、巡视整改暨全面彻底肃清李嘉、万庆良恶劣影响专题组织生活会、党员民主评议会，认真谋划开展月度主题党日活动。二是将党员干部作风建设制度化。制定党员行为规范，探索制定《财务公司员工行为网格化监督管理办法》，构建“支委会（纪检）、人事、风险管理、稽核、工会”五条线齐抓共管、共防共治的党风廉政建设新格局。三是全面落实基层党组织规范化建设要求。落实支部委员会换届工作。积极申报党支部规范化示范点并获批。开展党员活动室建设，为党员活动提供良好的活动阵地。四是全面落实“三会一课”要求，强化党组织的组织力、引领力、凝聚力。严格落实“三会一课”要求，圆满举办“建党97周年”知识竞赛、“不忘初心　奋力前行”主题党日活动暨财务公司开业三周年座谈会。

广东省交通集团财务有限公司

G

【集团概况】广东省交通集团财务有限公司（以下简称“公司”）股东为广东省交通集团有限公司（以下简称“集团”），集团于2000年6月28日挂牌成立，注册资本268亿元。集团对省级管辖的高速公路投资、建设、运营统一管理，构建公路投资建设运营、出行服务及物流、智慧交通、施工和设计及监理、土地等配套资源开发五大板块。集团拥有全资和直接控股公司17家，其中有2家上市公司及4家港澳注册的全资或控股公司；合并报表范围内企业总数249家，企业员工人数6万多人。资产规模居广东省属国有企业首位，连年稳居中国企业500强和广东企业50强之列。

【经营概况】2018年，公司围绕“拓展、规范、提效”工作基调，全力推进资金归集，积极用好信贷资源，尝试开展投资业务，多渠道盘活存量资金，实现公司快速、稳健发展。截至2018年末，资产总额230.34亿元，同比增长33.67%；全年实现营业总收入5.84亿元，同比增长5%；利润总额2.97亿元，同比增长56.04%；净利润2.16亿元，同比增长88.64%。

【服务实体】2018年，公司自营贷款全部投向高速公路、交通运输等公共服务行业，极大地支持了广东省高速公路营运建设、客货运输、电子收费服务等基础实体产业的健康发展。公司充分发挥内部信用资源调剂作用，切实降低成员企业融资成本，极大缓解了集团所属弱小企业资金压力。

【信贷业务】 2018 年，公司信贷投放助力集团发展，积极配合集团流动性管理要求，保障在建项目建设资金，支持集团新兴行业发展。全年累计向集团成员单位发放自营贷款 56.89 亿元，均投向集团所属高速公路、客货运输、物流等经济实体。大力支持运输类成员单位更换新能源客车，累计发放购车贷款 7000 万元。

【资金业务】 2018 年，在不加大公司流动性风险的前提下，公司把握金融市场资金价格变化，与银行办理多笔约期存款，增加收益。另外，公司与多家基金公司合作，在年末准确把握利率上升的有利时机，首次开展多笔国债逆回购及货币基金投资业务。

【投资业务】 2018 年，公司新增办理成员单位的委托投资、承销成员单位的企业债券、有价证券投资（股票投资以外的有价证券投资）三项业务。并积极推进有价证券投资业务的各项准备工作，新设投资管理部并市场化招聘部长，制定公司相关管理制度和审批授权方案。公司于 12 月成功完成首笔货币基金和国债逆回购投资业务。

【资金集中】 截至 2018 年 12 月末，公司归集资金 205.15 亿元，全口径资金归集率为 61.47%；剔除各类不可归集资金后，可归集口径资金归集率达 81.94%。2018 年，公司资金归集范围持续扩大，存款客户较 2017 年新增 11 家。公司努力深化与上市公司的合作力度，截至 12 月末，上市公司存款规模约 10.73 亿元，较年初增长 27%。

【业务创新】 2018 年，公司创新推出智能定期存款产品，利率定价机制更加灵活。全面梳理系统需求，提出开销户、总户对账、计结息、合并凭证等几项优化方案。

【风险管理和内部控制】 2018 年，公司深入开展银行业市场乱象整治工作，开展虚假理财案件、与第三方机构业务合作合规性、委托贷款业务等专项检查工作，以及对公司支票、电汇单管理和公司预算管理委员会工作开展日常稽核检查和结算业务、固定资产和“三重一大”决策制度执行情况专项审计。

【人力资源管理】 2018 年，公司正式成立投资管理部。引进市场化专业人才和开展校园招聘，为公司发展注入新动力。实施“选人用人规范化行动年”计划。开展津补贴、奖励事项和职工福利费专项自查，规范薪酬管理。持续开展员工绩效考核和业务培训，增强团队战斗力。制定《员工手册》，严肃劳动纪律，加强对员工日常行为的指导和约束。

【信息化建设】 2018 年，公司持续推进信息化建设。排除公司重要网络节点的单点故障风险，提高网络系统的高可用性。推进虚拟化技术在基础设施领域，尤其是服务器虚拟化的应用，提高主机服务器的资源利用率，增加资源调配的动态灵活性。积极开展各项安全风险评估工作，涵盖网络安全、运维外包商服务质量等方面，做好信息科技风险防范工作。

【企业文化建设】 2018 年，公司组织宪法学考与年度学法、金融知识宣传月、平安金融宣传月和宪法宣传周等一系列主题宣传活动和法律专题讲座。落实党风廉政建设主体责任，动态管理主体责任清单实施。全面梳理完善各项管理制度，查漏补缺、去粗取精。组织送温暖活动，开展瑜伽、香道培训和职工棋牌比赛，参加集团女职工健步比赛，加强计生优质服务。

【党建工作】 2018 年，以习近平新时代中国特色社会主义思想为指南，按照“广东省加强基层党组织建设三年行动计划”，全面落实“第一议题”学习制度。修改公司章程明确党（支）委在公司法人治理结构中的法定地位，落实其前置研究讨论生产经营重大事项的要求。深入开展“大学习、深调研、真落实”活动，完成筹融资和风险防范等研究课题报告 8 篇。通过“三会一课”、主题党日、“党支部示范升级”、与建设银行广东省分行营业部党委结对子等活动，不断加强党建工作。

广东温氏集团财务有限公司

【集团概况】温氏食品集团股份有限公司（以下简称“集团”）总部位于广东省云浮市新兴县，创立于1983年7月26日，由七户八股农民8000元起步，现已发展成为国内较为大型的现代化畜牧企业。温氏集团以鸡猪养殖为主，截至2018年底，拥有约5万户合作农户（或家庭农场），员工近4.9万名，共上市肉猪2229.70万头，肉鸡7.48亿只，实现营业总收入572.44亿元，总资产达539.50亿元。

【经营概况】广东温氏集团财务有限公司（以下简称“公司”）成立于2018年12月17日。截至2018年末，公司暂未开展经营活动，共有从业人员13名。

广东粤电财务有限公司

【集团概况】广东省粤电集团有限公司（以下简称“集团”）是由广东省政府和中国华能集团分别持有公司76%和24%的股权的发电企业，核心产业涉及煤电、水电、天然气发电、风电、核电等多种形式，多元化产业涉及煤矿、航运、金融业等领域。截至2018年末，集团资产总额1449.63亿元，全年实现营业收入457.12亿元，利润总额45.84亿元。

【经营概况】为应对竞价上网、煤炭价格高居不下等压力，广东粤电财务有限公司（以下简称“公司”）聚焦融资服务提升与资金安全保障，积极转变经营策略，不断提升管理的精细化、专业化和前瞻性，提升资金运用能力，实现集团利益最大化。截至2018年末，公司总资产225.60亿元，吸收存款195.85亿元，贷款（含贴现）140.76亿元，全年累计实现净利润3.42亿元。至2018年已连续三年获得“全国最佳财务公司”称号。

【信贷业务】公司围绕“保存量，争增量”这一核心，全力保障集团及各成员单位的融资需求。年末日均贷款余额131.12亿元，创历史新高，并积极发挥“联合牵头行”的融资引领作用，推动各项目银团筹组及提款工作，2018年共发放银团贷款6.08亿元。在实体企业融资难、融资贵的大环境下，2018年公司通过贷款利率优惠、价格引导、票据贴现等多种措施，为集团及成员单位降低融资成本约6425万元。

【资金业务】2018年市场资金面整体呈现紧平衡态势，结合资金市场的波动状况，在保证流动性安全的前提下，公司不断开拓丰富外部资源积极创收，根据资金池头寸情况，优化约期、定期、拆借“三驾并驱”的同业资产配置体系，保证富余资金的高质量收益。2018年同业拆借与存放业务累计交易金额98.2亿元，实现利息收入1447.19万元，其中主动资产配置获得管理收益347.43万元。

【投资业务】公司结合集团资金池情况及大数据分析，进行多指标基金综合比选，在“逐日盯市”前提下优化投资组合，重点加入短期理财债基，2018年实现投资收益6611.73万元，年化收益率较行业均值高63.84个基点，可比收益率为5.643%。同时，在扎实做好可行性研究与相关风险管理准备的基础上，公司通过大数据画像模式紧抓逆回购业务交易机会，进一步提高流动资金使用效率，全年逆回购累计成交250亿元，获得利息收入3341.40万元。

【资金集中】在稳健中性的货币政策及持续趋严的监管政策下，“存款难、存款贵”持续发酵。公司抓牢资金归集这一“立司之本”，继续加大资金归集力度。2018年末吸收成员单位存款余额195.85亿元，同比增长超17%，年中最高值达226.86亿元。截至2018年末，公司已开户成员单位147家，行业评级口径资金归集率为79.04%，账户集中度达55.80%。2018年结算业务笔数为9.50万笔，支付结算规模达到5630.38亿元，结算集中度为94.96%。

【业务创新】公司贯彻集团“降成本”战略，引进中国清洁发展机制基金，该基金优惠贷款是其支持绿色能源行业的最为重要的抓手，具有显著的资金成本优势。集团内清洁能源项目统一由公司申报，申报材料统一提交，同时公司按要求为各申请项目配套保函额度支持。截至2018年末，已分批次申报绿色能源项目两期共六个项目，申报金额合计3.83亿元，利率下浮幅度为15%～20%。

【风险管理和内部控制】公司以“主动合纪合规”为思路，开展风险管理及合规管理有关工作。根据公司架构调整，开展制度体系的全面梳理和修订工作，做实三道防线，增强经营保障。同时，强化开展以宏观审慎资本充足率为核心的业务规模监控工作，将宏观审慎管理常态化。2018年根据公司经营内外部环境的变化，全面梳理风险库，组织进行风险库中293项风险点的全面评估，及时发现管理短板，提出切实可行的风险应对措施。

【人力资源管理】公司近年在大力推进各项业务的同时，继续着力加强人才队伍建设，既注重内部人才梯队建设培养，也加强各岗位业务骨干的轮岗培训。结合年度监管检查要求，公司增设风控部、信息部，相关人员通过内部调配方式均已到岗，各项业务工作开展更加有序。

【信息化建设】公司高度重视信息系统对公司业务发展的保障和支撑作用，有序推动各项业务系统的开发工作：2018年完成纸电融合以及贴现后业务的票据迁移工作；推动电票系统成功集成到公司的粤汇通系统之中，并不断更新优化系统，提高了电票业务办理效率；完成开业以来首次信息安全测评，为系统在各成员单位的进一步应用和推广打下坚实的基础。

【企业文化建设】公司努力营造“学习型企业”氛围，鼓励并引导员工积极参加公司业务、金融理论等的学习研究，从多角度提高员工理论知识水平，并重视与实际的结合及落地，使理论研究成为推动日常工作顺利开展的助推器之一。公司两位员工入选中国财务公司协会行业研究“人才库”，多篇理论研究、业务探讨文章刊登于《金融时报》《广东银行业通讯》《中国财务公司》等刊物，喜获广州金融行业2018年度读书交流会读书心得评比“一等奖”等多个奖项。

【党建工作】公司认真贯彻粤电集团党委、纪委工作部署，始终保持全面从严治党使命感与紧迫感，牢牢把握管党治党根本政治责任，落实加强党建与完善公司治理相统一目标。一方面强调政治学习重要性，坚持以党的先进性建设为中心；另一方面充分发挥党支部在把方向、管大局、保落实中的领导作用，严格按照“三重一大”决策流程进行重大事项审批，充分体现党支部对公司业务的广覆盖。

广西交通投资集团财务有限责任公司

【集团概况】 广西交通投资集团有限公司（以下简称“集团”）成立于2008年7月，是广西壮族自治区人民政府批准成立的国有独资大型企业集团，注册资本为300亿元。2018年底，集团完成与广西铁投集团的战略性重组，成立新的广西交投集团，共有全资二级子公司74家，控股二级子公司15家。2018年，原广西交投集团完成营业收入267.88亿元，利润总额22.27亿元，总资产2568亿元，新开工项目1个，建成通车项目4个，管养里程3758公里；原广西铁投集团完成营业收入150.51亿元，利润总额2.25亿元，总资产1013亿元。

【经营概况】 2018年，广西交通投资集团财务有限责任公司（以下简称“公司”）深化金融服务创新，助力集团降本增效。全年实现营业收入3亿元，利润2.57亿元，资产总额82.84亿元，国有资产保值增值率为113%，不良贷款率为零，拨备覆盖率大于100%，实现了经营业绩和风险防控双丰收。

【服务实体】 公司通过合理分配信贷资源、给予优惠利率等方式，将信贷资金主要投向高速公路、商贸等板块；顺利完成松旺至铁山港东岸高速公路项目银团的牵头组建和崇左至靖西高速公路项目4亿元银团份额转让，为集团高速公路等重点产业快速发展提供有力的资金支持，助力国家“一带一路”倡议实施。

【信贷业务】 2018年公司新增授信额度26.07亿元，累计发放贷款26.38亿元，日均贷款36.48亿元，贷款余额为44.41亿元，较年初增长21.87%，贷款不良率持续为零。

【资金业务】 公司实现所有合作同业交易对手独立授信全覆盖，授信总量达755亿元，获批交易对手对公司授信50.20亿元。同业拆入累计金额达239.70亿元，创历史新高。全年实现同业收入1.39亿元，较上年增长32%。

【投资业务】 公司建立交易对手和交易产品准入机制，实施交易名单制，将投资业务纳入公司统一授信，构建“准入—授信—决策—交易—投后”全流程投资闭环。全年新增非银行金融机构及债券专项授信25.80亿元，投资收益较上年增长145.37%。

【票据业务】 公司上线电子商业汇票管理系统，依托电票平台积极创新升级具有高速公路特色的财银票据合作模式，引入银行作为第三方，有效提升支付效率、节约财务成本。

【外汇业务】 2018年3月，公司成功搭建集团跨境外汇资金池，首次开展外汇业务，将境外成员单位美元资金成功归集并调剂到另一成员单位的境内外汇账户使用，实现了一个工作日内资金“内外联动”。

【资金集中】 公司加大余额管控力度，采用账户日间清扫和月末全面清扫机制，做到“颗粒归仓”；严控银行账户，避免资金“多头存放”；严把资金计划执行关，实时监控资金流向，规范资金用款。2018年，公司归集资金日均余额86.91亿元，月均资金归集度为58.34%。资金集中管理工作连续5年保持增长态势，资金归集率和资金归集量不断刷新历史纪录。

【业务创新】 公司推出跨国公司外汇业务，搭建跨境外汇资金池，实现境内外外汇资金连通，累计外币结算金额折合人民币约2.80亿元。

公司成为广西首家上线电票系统和票据交易系统的非银行金融机构，依托系统平台成功办理首笔财务公司承兑电子银行承兑汇票业务，顺利打通了“财务公司承兑+银行保贴+银行贴现+转贴现”的票据业务新渠道，推动“路融通”融资方案落地，进一步加快集团高速公路产业链金融发展。

【风险管理和内部控制】 公司组织开展业务流程手册编制工作，排查梳理全流程风险点，完成对7个部门、44项业务板块、133条业务流程的重新梳理，制定了135个业务流程图，进一步规范了公司内部操作规程，有效防范各类业务操作风险隐患。

【人力资源管理】 公司建立了“123瞪羚人才”金融人才工程培养机制，搭建人才库、人才池、人才族多层次人才培养体系，通过导师带徒、金融讲堂、岗位轮训等方式培养人才，现已有77%的公司员工进入集团人才库、人才族及人才池，2018年组织员工参加“瞪羚人才”内外部培训共计53项，参与人员273人次。

【信息化建设】 公司启动反洗钱系统、同业投资系统、统一监管报表系统等开发项目，进一步完善和增强公司业务系统功能，实现对业务风险的刚性控制，提升金融服务质量。

【企业文化建设】 公司以主题团建活动为中心，组织开展团队户外拓展训练及5周年纪念团建活动，以《金融时讯》、微信公众号、企业文化墙三大平台为载体，创新内容，发布业务拓展、企业文化建设、监管政策以及宏观经济解读等推文并积极对外投稿，宣传公司良好企业形象。

【党建工作】 公司深化“品质党建、品质金服”工程，开展“金融创新金点子”计划，推出了《票据通》《财财通》等金融产品创新成果；开展“金融团队金头脑”活动，重点打造“悦读会”读书沙龙、金融知识竞赛、金融专题考试等特色品牌，实现员工思想素质、业务技能和团队合作的“三提升”；开展“金融党建金册子”活动，编制《业务流程手册》和廉政手册等，促进党建工作规范化。

广州发展集团财务有限公司

【集团概况】 广州发展集团财务有限公司（以下简称“公司”）母公司广州发展集团股份有限公司（以下简称“集团”）是华南地区大型国有控股上市企业。集团被列为广东省50家工业龙头企业集团，也是广东省和广州市重点扶持的大型企业集团。集团主要致力于电力、煤炭、油品、天然气、新能源及可再生能源等综合能源业务的投资、开发、工程建设、生产管理及经营业务。

【经营概况】 公司在严格依法依规经营、有效防控金融风险的基础上，加大资金归集力度，为成员单位提供优质金融服务，实现了集团资金管理集约化，资金使用和资金运作高效化，显著降低了集团财务成本。

截至2018年末，公司资产总额66.78亿元，负债总额54.62亿元，所有者权益12.16亿元。实现营业收入2.72亿元，利润总额1.56亿元，净利润1.17亿元，整体经营呈良性增长态势。

【信贷业务】 公司注重绿色信贷业务，将环保理念、绿色信贷融入业务经营之中，重点加强光伏发电、风力发电和天然气发电的融资力度，2018年共向成员单位发放自营贷款57笔，共计34.41亿元，余额19.55亿元。发放绿色信贷贷款19笔，共计3.26亿元，年末余额2.55亿元。

【资金业务】 公司严格遵循“每日询价、价格与信用兼顾”的工作机制，坚持选择同期限利率报价最高的主流银行作为存放行。2018年共开展同业定期存放业务97笔，累计金额达176亿元。公司合理增加了更高利率期限的存放比例，其中2个月以上的定期存放占比达74%，而2017年仅为29%，1个月（含）内超短期存放大大减少，较好地弥补了存放加权平均利率大幅下跌的影响。

【资金集中】公司始终把安全、高效地为集团和成员单位提供资金结算服务放在第一位，与多家商业银行结算系统正常对接，实现电子支付。2018 年，公司资金归集日均存款 62.05 亿元，全口径归集率达 72.63%。

【风险管理和内部控制】2018 年，公司针对“强监管”形势，切实做好风险防范和处置工作，坚决打击违法违规金融活动，加强薄弱环节监管制度建设。先后开展风险防控、市场乱象整治、案件风险排查、洗钱风险自评估等多项专项风险管理工作。同时以风险为导向，开展涉及结算、信贷、资金等业务开展的合规性、内部控制的有效性等多项日常及专项稽核工作，确保稽核审计工作覆盖公司经营中的高风险环节。

【信息化建设】2018 年，公司稳步推进各项信息科技工作，不断开发拓展拜特资金管理系统功能。一是实施了系统二期升级改造、电票系统接口开发、大额交易和可疑交易监测、安全加固、等保测评等系统开发项目。二是与建设银行合作进行电票系统建设，实现电子商业汇票从出票到付款、收票到收款的财务公司内部电子化管理及电子商业汇票的跨行全业务流程电子化管理，不断简化交易过程，提高交易效率，节省交易成本。

【党建工作】2018 年，在集团党委的正确领导下，公司党支部以坚持党的领导、加强党的建设为工作主线，以推进“党建树品牌、经营争先锋”主题实践活动和落实中央巡视广州市反馈意见的整改工作为主线，着力夯实支部党建基础工作，引导党员增强“四个意识”、树立“四个自信”，同时紧紧围绕公司经营工作，突出重点，注重探索，开展形式丰富多样的党建主题活动。按照集团党委的统一部署，公司党支部从 5 月起开展以“党建树品牌，经营争先锋”为主题的实践活动。每月由党支部牵头开展风险控制专题培训，通过常态化的培训教育，全面提升员工的业务能力和综合素质。同时积极创新思想政治工作形式，组织广大党员干部到广东革命历史博物馆、中共三大会址、广州起义烈士陵园等廉政教育基地参观，并组织召开“防风险，促改革，聚主业，强服务”第二届金融知识竞赛。通过持续不断的党建压力传导，助力企业发展。

广州汽车集团财务有限公司

【集团概况】2018 年，广州汽车集团股份有限公司（以下简称“集团”）汽车产销 219.40 万辆和 214.79 万辆，同比分别增长 8.77% 和 7.34%。集团金融类投资企业 2018 年末总资产共约 780.66 亿元，同比增长 16.33%；营业收入约 56.07 亿元，同比增长 93.61%。集团连续六年入围《财富》世界 500 强企业，2018 年列第 202 位，列《财富》未来 50 强企业第 23 位。

【经营概况】2018 年，广州汽车集团财务有限公司（以下简称“公司”）存款日均余额 229.02 亿元；贷款日均余额为 28.54 亿元；资产总额 297.32 亿元，利息收入 9.50 亿元；利润总额 3.71 亿元。

【资金业务】2018 年，公司及时把握银行同业资金市场机会，提高中长期资金错配，公司全年资金综合收益率为 3.98%。

【资金集中】2018 年，公司新增开户 27 户，总开户数 159 户，全口径资金集中度为 61.69%，可归集口径资金集中度为 90.30%。

【业务创新】2018 年，公司推出财惠存款产品和财优存款产品，满足成员单位希望存款兼具收益高、流动性强的需求；公司推出关税保函业务，成为广东省内首家与海关合作开展关税保函业务的财务公司，全年累计为成员企业开出2.18亿元关税保函；公司推出电子商业汇票业务，7月13日系统上线后，累计为成员单位办理贴现40.81亿元，办理承兑业务2449.59万元。

【风险管理和内部控制】风险管理方面，2018年，公司完善风险管理制度体系和风险工作机制；增强员工风险合规意识，推出了《法律合规专刊》，开展了法律合规专题培训；认真应对监管部门现场检查，通过提前逐项自查自纠、加强现场沟通，顺利通过银保监现场检查。内部控制方面，2018年，公司共开展10项持续内控检查，推动公司内部控制流程建设及有效执行，完善了公司内控体系；通过开展公司治理专项审计与信息系统专项审计，促进公司治理和经营管理的有效运行。

【人力资源管理】2018年，公司新建、修订《员工管理办法》等多项规范员工管理的规章制度，签订员工行为承诺书，开展员工家访谈心谈话活动，营造了团结向上的工作氛围。同时，为进一步完善激励机制，对公司绩效考核管理办法进行了修订完善。

【信息化建设】2018年，公司完成电票系统、财务管理系统、BI系统数据入仓、短信平台、自动化测试平台、桌面终端管理系统、同城数据级灾备中心等IT项目建设，重点推进产业链金融系统建设，助力业务全面发展。

【企业文化建设】2018年，集团提出全新企业文化建设理念——广汽哲学，公司以此为契机，制定了公司的企业文化建设方案。同时分门别类设计建设公司宣传走廊；积极开展IGA（创新广汽）活动，营造创新改善的氛围；结合广汽哲学开展了丰富多彩的团体拓展和文体活动，增强公司凝聚力。

【党建工作】2018年初，公司党支部设计了“121”党建工作思路：突出一条主线，即突出深入推进全面从严治党，围绕经营发展中心不放松这条主线；抓好两大建设，即抓好支部的组织建设和工作体系建设；厚植一种文化，即厚植公司党建文化。同时党支部积极开展党风廉政建设和反腐倡廉工作，透过两“严”一“紧”，落实“两个责任”。

贵州茅台集团财务有限公司

【集团概况】贵州茅台酒股份有限公司（以下简称“集团”）涉足产业包括白酒、保健酒、葡萄酒、金融、文化旅游及白酒上下游等。主导产品贵州茅台酒历史悠久、源远流长，具有深厚的文化内涵，被誉为“国酒”，是我国大曲酱香型白酒的鼻祖和典型代表。

【经营概况】2018年，贵州茅台集团财务有限公司（以下简称“公司”）坚持“依托集团、立足集团、服务集团”的发展宗旨，经营效益呈现稳健的发展态势。截至2018年末，公司资产总额1098.73亿元，资金集中度达95.68%以上，实现营业总收入35.61亿元，利润总额21.34亿元。共计为96家成员单位开立了内部账户，夯实了集团的金融板块建设。

【信贷业务】2018年，公司大力支持集团主业发展，在政策范围内、风险可控的前提下，加强对集团成员单位的信贷支持。公司累计走访习酒、葡萄酒、珠海龙狮瓶盖、生态农业等15家成员单位，了解成员单位金融服务需求。截至2018年末，公司委托贷款余额4.60亿元，自营贷款余额0.37亿元。公司对成员单位的贷款执行人民银行同期基准利率，有效降低成员单位融资成本。

【资金业务】 由于集团内有效融资需求不足，公司经营范围受限，资产以存放同业为主。2018 年公司进一步扩大与银行同业的合作，提高资金使用效益。通过利率报价平台和利率定价机制，首控同业风险，在充分考虑公司资产结构的前提下，采取价格优先、效率优先、授信总额控制的原则，兼顾风险与收益，实现利益最大化。2018 年，累计办理资金交易业务 413 笔，交易金额 3290 亿元；办理同业拆借业务 1 笔，交易金额 1 亿元。

【票据业务】 公司搭建了较为完善的票据类业务服务框架，以提供票据池业务、电票开票业务及票据贴现业务为支撑。在集团内部推广电子银行承兑汇票使用，从而帮助集团成员单位提升其财务管理效率及降低其财务管理风险。

【资金集中】 公司以资金集中管理办法顶层设计为制度保障，从优化资金管理流程，利用信息化平台，加强与商业银行的合作等几方面加强资金集中管理。公司以制度化、标准化、系统化为核心，根据各公司的情况对直联银行账户进行归集。截至 2018 年末，归集各成员单位资金 1040.65 亿元，年日均存款余额 843.08 亿元，资金集中度为 95.68%。

【风险管理和内部控制】 公司积极筑牢前、中、后台“三道防线”，健全各司其职、相互制约的风控机制，在保障资金安全上干实事、在严控同业风险上出实招、在防范信贷风险上求实效，强化组织保障、强化专项排查、强化风险预警、强化整改落实、强化宣传教育，建立问责机制、推进内部审计、组织专项稽核，全面有效控制风险。2018 年，公司围绕制度梳理、流程再造，完善组织架构、增加人员配备、优化系统建设，加强内控建设，确保实现“制度管人、流程管事”目标。

【人力资源管理】 公司不断完善用人机制，加强人才引进和培养力度。一是充实高管层及部门人员配备。2018 年新增一名副总经理充实公司经营班子，完成 15 名专业人才的聘用。新员工的到岗，改善了公司人力资源紧缺的状况。二是分类分级培训，强化职业资格认证，鼓励员工自学成才。2018 年公司安排员工参加人民银行、银保监会、中国财务公司协会和集团公司等机构组织的各类培训，全面提高不同岗位、层次员工的职业素养。

【信息化建设】 公司一是推进核心信息系统升级，业务层面包含结算、信贷、同业、财务等模块的完善，风险层面涉及流程的优化、控制。2018 年，公司已完成项目启动大会、需求调研确认等准备工作。二是全面启用 OA 系统。在集团 OA 系统基础上建立文件收发、业务会签等 21 项流程。通过 OA 线上 PC 端、手机移动端的使用，提高事项审批效率。三是接入金融城域网。2018 年 5 月完成金融城域网接入工作，为公司在人民银行反洗钱、征信查询、报表报送等方面提供了快速便捷的通道。

贵州盘江集团财务有限公司

【集团概况】 贵州盘江煤电集团有限责任公司（以下简称“集团”）是贵州省国有独资大型企业，注册资本 100 亿元，前身是始建于 1966 年原煤炭部所属的盘江矿务局，1997 年公司制改革更名为盘江煤电（集团）有限公司，2010 年更名为贵州盘江投资控股（集团）有限公司，2014 年经贵州省政府批准组建成立贵州盘江国有资本运营有限公司，2018 年经贵州省政府批准组建成立贵州盘江煤电集团有限责任公司。经过 50 多年的建设、改革与发展，集团已成为以资源能源为基础，集产业发展、集团管控为一体的综合大型企业集团。2018 年集团着力打造“煤、电、气、化”核心业务，全年生产原煤 1940 万吨，供应电煤 1402 万吨，发电 84 亿千瓦时，营业收入 394 亿元，利润总额 12. 26 亿元，上缴税费 25 亿元，在 2018 年中国煤炭企业 50 强中排名第 23 位。

【经营概况】2018 年贵州盘江集团财务有限公司（以下简称“公司”）深入践行“以融助产”的金融使命，调结构、防风险，不断发挥金融平台功能和资金配置作用，持续提升各项金融服务能力，服务集团的质效进一步提升。公司 2018 年实现营业收入 7862. 32 万元，利润总额 4467. 4 万元。2018 年末公司总资产 166066. 11 万元，总负债 109456. 81 万元，净资产 56609. 5 万元，各项监管指标持续向好。公司继续保持无不良贷款，无不良资产，各类案件和重大差错事故为零的良好形势。

【服务实体】公司继续坚持“最大限度让利成员单位”的原则，通过存款利率上浮、贷款利率下浮、结算手续费全免、委托贷款零费率等方式，2018 年为集团及成员单位减少贷款利息支出 526 万元，减少委贷手续费支出 200 万元，减少结算费支出 24 万元，增加集团及成员单位利息收入 689. 24 万元，合计为集团及成员单位降本增效 1439. 24 万元。

【信贷及票据业务】2018 年，集团成员单位发展不平衡的矛盾依然突出，部分企业在银行融资依旧困难，公司一方面加强与成员单位的事前沟通，提高信贷投放时效。全年累计发放流动资金贷款 31 笔，金额 63160 万元；另一方面有针对性地帮助成员单位，对于商业银行不愿办理的信用社和村镇银行承兑的汇票及时办理贴现，缓解了成员单位短期资金需求。全年累计办理票据贴现 114 笔，金额 81412 万元。

【风险管理和内部控制】2018 年，公司按照“调结构、防风险”总目标，加强流动性风险管控和贷后管理，加快潜在风险贷款的风险化解和处置，确保了公司贷款质量稳定，2018 年末，公司资本充足率为 47. 15%，一级资本充足率和核心一级资本充足率均为为 46. 03%，流动性比例为 66. 7%，各项监管指标持续向好。深入开展业务合规性检查，规范了业务流程，有效促进了公司内控水平的提升。结合工作实际和监管要求，对公司成立以来的 75 项制度进行全面修订，健全完善制度及操作规范 17 项，进一步夯实公司合规发展基础。

【人力资源管理】修订完善 36 个岗位的岗位说明书，进一步明晰了岗位职责，为公司招聘、培训和工作目标考核奠定了基础。探索薪酬激励制度，制定执行《员工薪酬管理实施细则》，初步形成集团工资总额控制与员工利益协调平衡的薪酬总额控制机制。2018 年末，公司从业员工 17 人，其中，具有 4 年以上金融从业经历 14 人，具备高级职称 3 人、中级职称 3 人、初级职称 6 人。

【信息化建设】公司始终致力于用科技手段提高管理效率。2018 年公司核心业务系统继续保持平稳运行，全年累计处理各类结算 40105 笔，金额 541. 52 亿元。及时推进集团协同办公系统运用和手机端办公软件管理日常事务，公司管理效率进一步提高。完成反洗钱系统上线；完成上海票交所电票系统申报、审核及线路接入等工作，为公司盘活存量票据、拓展票据业务奠定了基础。

【党建工作】2018 年，公司党支部全面贯彻落实从严管党治党责任，切实发挥党组织的领导核心和政治核心作用，履行“把方向、管大局、保落实”主体责任，认真落实集团党委各项决策部署和“党建入章”工作，基础工作得到加强，重点工作有序推进，“两学一做”学习教育常态化制度化成果得到巩固，党支部的凝聚力和战斗力进一步提升，有效激发了团队活力，保障了经营工作的顺利推进。

国电财务有限公司

【集团概况】 国家能源投资集团有限责任公司（以下简称“集团”）于2017年11月28日正式成立，由中国国电集团公司与神华集团有限责任公司合并重组组建。重组后的国家能源集团资产规模超过1.8万亿元，8家科研院所、6家科技企业，形成煤炭、常规能源发电、新能源、交通运输、煤化工、产业科技、节能环保、产业金融八大业务板块，拥有4个“世界之最”，分别是世界最大的煤炭生产公司，世界最大的火力发电生产公司，世界最大的可再生能源发电生产公司和世界最大煤制油、煤化工公司。2018年列世界500强企业第101位。2018年9月10日荣获第十届“中华慈善奖”。

【经营概况】 2018年，国电财务有限公司（以下简称“公司”）深入贯彻落实集团公司“1169”发展战略，坚持金融服务实体经济，进一步深化产融结合、融融协同，不断提升专业化、集约化管理水平，切实防范各类风险，加强党建和党风廉政建设，各方面工作都取得积极进展。2018年，公司持续把控日均资金归集率，维持传统信贷业务规模，同时多元化发展中间业务，实现利润总额8.97亿元。

【信贷业务】 在保证时点、窗口指导规模不突破、流动性指标满足合规要求的情况下，发掘承受资金成本较高的用款单位，不断做大过程中的信贷规模，2018年实现日均贷款规模241.16亿元，信贷收入10.4亿元，为集团整体降低资金成本约8.58亿元。

【资金业务】 进一步完善了“月计划、周平衡、日调节”的资金计划平衡体系，把监管指标、结算资金、信贷资金、投资运作、财务收支等都纳入计划平衡内容。从运作情况来看，2018年结算备付金充足，未出现过突发性结算缺口，充分保证了成员单位的资金支付需求。

【投资业务】 公司持续坚持稳健的投资原则，在满足监管合规指标的前提下维持适度合理的投资规模，落实“风险为本，审慎经营”的发展理念。兼顾流动性管理大局，坚决不做股票二级市场投资。有序开展以短期银行理财、政策性金融债、集团内部优质公司债等安全性高的流动性投资为主，加强资金运作，密切跟踪市场利率变化情况，适当筛选优质基金产品，提高收益水平。

【票据业务】 从打造资金池+票据池两轮驱动的发展角度，研究推动集团电子票据池建设，并在集团统一安排下，推动十余家分子公司开展试点，以票据池建设为抓手，探索公司司库转型思路。同时对接票交所，完善平台建设，贴现后到期票据在票交所系统中实现了自动兑付。2018年，公司累计办理国电电子财票业务571笔，金额21.21亿元。

【外汇业务】 2018年4月，新增联合动力（连云港）公司为“外汇资金集中运营备案单位”；从2018年6月起，逐月协助集团公司开展信息归集，实施海外账户管理（原国电集团范围）的月度统计报送工作；2018年9月，完成科环香港公司外汇试点归集业务的外汇局外债签约登记工作；2018年10月，完成跨境人民币双向资金池的监管备案更新工作；2018年12月，完成科环集团香港公司首笔境外港元资金的试点归集工作。

【资金集中】 各项资金结算管理指标明显提升，实现2018年全口径资金归集率均值83.4%；累计完成资金结算量17563.37亿元；结算笔数54.57万笔；归集资金日均规模296.90亿元，资金的稳定程度进一步提升。海外上市公司资金归集和结算水平显著提高。2018年末，归集外币资金美元166.8万美元，港元1万港元，欧元29.12万欧元。

【业务创新】开展“一头在外”产业链金融业务，办理相关业务2.32亿元；研究推动集团电子票据池建设，形成了集团票据池建设方案，并在集团统一安排下，推动十余家分子公司开展试点；成功完成首笔境外资金试点归集业务，降低集团公司融资成本，提高收益水平，规避海外业务风险。

【风险管理和内部控制】牢固树立“风险意识”，结合产业金融行业特点，借助权威咨询机构的技术经验，扎实开展全面风险管理体系建设，风险管理“三道防线”组织体系持续完善。2018年度，公司计划修订制度6项、新增制度8项、废止制度1项；资本控股公司修订制度4项、新增制度27项、废止2项。制度的更新工作已按计划推进。

【人力资源管理】进一步深化三项制度改革，坚持市场化原则，加快建立“市场化选聘、合同化管理、契约化考核、对标化薪酬、制度化退出”的体制机制。

【信息化建设】2018年，“国电网银”加大创新研发力度，积极适应集团财务集中管控模式，实现与集团财务集中管控平台功能对接，完成50余个业务接口开发，涵盖107个业务场景、181个功能点，同时引入云技术升级系统架构，优化系统功能，提升客户使用体验，完成“国电网银”运行十年来最大规模升级改造。

【企业文化建设】进一步推动企业文化建设与经营管理同计划、同部署、同考核、同奖惩。建设“容融”特色文化品牌。探索开办“容融文化讲堂”，力促“安全、廉洁、法治、服务”等理念融合发展，不断完善公司企业文化展厅，打造对内教育宣传的文化基地、对外合作交流的形象窗口。打造志愿服务品牌，发挥容融1+1公益社的作用，广泛发动公司干部员工开展各类公益活动近20次。

【党建工作】认真学习贯彻落实习近平新时代中国特色社会主义思想和党的十九大精神，牢固树立“四个意识”，坚定“四个自信”，坚决做到“两个维护”，扛起政治责任，把准政治方向。全面准确把握“学懂、弄通、做实”的要求，坚持把认真学习宣贯党的十九大精神作为首要政治任务和“第一课”，实现了“六个到位”“五个全覆盖”。严格落实集团党建工作“六个起来”要求，充分发挥政治保障作用。

国机财务有限责任公司

【集团概况】国机财务有限责任公司（以下简称“公司”）是中国机械工业集团有限公司（以下简称“集团”）的二级子公司。集团成立于1997年1月，是中央直接管理的国有重要骨干企业，拥有近40家全资及控股子公司，12家上市公司，300多家海外服务机构，列世界500强企业第256位、中国企业500强第61位、中国机械工业百强首位。2018年，集团资产总额4023亿元，同比增长5.44%；营业收入3017亿元，同比增长4.72%；面对困难和挑战，利润总额仍保持在100亿元规模，生产经营总体平稳。

【经营概况】公司以产业链金融综合服务商为愿景，坚持以价值创造、结构调整、金融创新、精益管理为工作重点，努力实现有质量、高水平发展。2018年末，资产总额301.91亿元，同比增幅为8.23%；负债总额277.10亿元，同比增幅为8.59%；所有者权益总额24.81亿元，同比增幅为4.44%，取得较好的经营成果。

【服务实体】公司持续深化产融结合，深入成员企业产业链，以差异化、特色化服务与产品积极支持集团实体经济发展。2018年公司积极推广票据承兑与贴现等产业链金融产品，为成员企业对外采购减少现金支付，降低财务成本；在合作银行收紧银根或授信支持时，公司向船舶建造企业提供转开保函业务，为暂时困难企业提供授信和过桥贷款，协助其爬坡过坎，支持实体经营。

【信贷业务】公司坚持以支持集团实体经济发展为出发点，坚持产融结合，通过为成员企业提供产业链金融产品服务，增强成员企业在产业链条中的话语权，提升成员企业市场竞争能力；在推进产融结合过程中，公司深入了解企业及项目，形成更为有效的风险防控机制，提升公司信用风险防范能力；通过为成员企业定制个性化、综合性金融服务方案，增强成员企业与公司合作紧密度及意愿，提升公司自身价值创造能力。2018 年全年日均信贷规模同比增长 14%。

【产品销售信贷业务】公司深入研发具有自身特色的融资租赁产品与服务体系，对集团制造业产品进行细分研究，在稳步开展工程机械产品及成套设备直租、光伏电站售后回租等业务的同时，积极探讨船舶、农机产品融资租赁合作模式，促进成员企业产品销售，继续扩大融资租赁产品覆盖面。

【资金业务】公司坚持安全首位原则，实行资产负债动态管理，在加强市场信息跟踪和研判、实时掌握资金动态和市场变化的基础上，立足业务发展需求，合理制定存贷款价格，不断拓展业务资源渠道，实现保业务、保收益、保流动性的平衡。

【投资业务】公司严格按照监管要求，优化投资结构，坚持穿透原则，严控 SPV 投资，加强投后跟踪管理，分类管理在手业务，慎选投资品种，适当增加优质中长期债券投资和流动性投资，保证投资资产安全。

【票据业务】公司加强电子商票服务平台建设，实现公司票据管理系统与上海票交所、成员企业网银系统的直联对接，实现开票、收票、背书转让、贴现、承兑、收款等各环节的封闭管理，有效提升票据流转能力，防范各类票据风险。2018 年公司电票系统开户数和开票笔数分别同比增长 105% 和 60%。

【外汇业务】公司积极研究成员企业经营特点和外汇业务需求，制定特色化外汇金融服务方案，解决内部企业换汇需求，在缓释汇兑波动风险的同时，提高本外币资金集中，逐步建立外汇资金池。2018 年日均外汇存款同比增长 8%。通过深化同业合作，为成员企业海外工程项目发放外汇银团贷款。

【资金集中】2018 年，公司以提升企业日均存款与资金结算量为重点，通过大力推进与上市公司金融合作，完善结算产品体系，发挥资产业务对存款带动作用等方式，推动存款规模稳步增长。全年结算总量同比增长 20%。

【风险管理和内部控制】公司将确保成员企业存款安全、坚守不发生系统性风险为底线作为公司风险控制的基本原则。2018 年公司组建风险防范工作小组，定期评估潜在各类风险，及时积极采取处置措施，保证公司平稳运行；认真研究把握监管新规内涵，增强监管制度与业务融合度，进一步提高业务执行管理的合规性；领导带头开展风险专项培训，强化业务人员风险合规意识，公司风险合规文化氛围更加浓厚。

【人力资源管理】2018 年，公司继续坚持党管干部的基本原则，严格执行人力资源规章制度，对公司主管领导、部门经理和关键岗位的员工实施强制休假，以进一步强化监督制约机制，有效防范经营风险，保证公司依法合规、健康持续发展。针对业务需求制定年度培训计划，分层次、分类别组织开展业务、防风险等方面培训，不断提高员工专业能力。

【信息化建设】2018 年，公司票据管理系统与上海票交所及集团成员企业网银系统、公司外汇管理系统与中国外汇交易中心、公司资金管理系统与国资委大额资金支付报送系统分别完成了直联对接，并通过与 16 家主要合作银行构建的直联查询系统，为财务公司充分发挥平台功能，协助集团控制资金风险提供有力系统支撑。

【企业文化建设】公司秉承国机“和”文化，坚持以党建工作引领企业文化发展，崇尚务实、创新、合规、敬业的企业文化。2018年公司以业务拓展、产品创新、模式创新、服务提升、管理优化、风险防控为切入点开展专项课题研究活动，营造企业创新文化；强化内部培训，举办合规专题讲座，夯实合规文化；组织文体活动，关心关爱青年员工和困难员工，为公司创新发展汇聚正能量。

【党建工作】公司党委严格履行管党治党责任，以党建引领公司经营发展。2018年公司深入学习宣传贯彻习近平新时代中国特色社会主义思想和党的十九大精神，组织井冈山教育培训、党的十九大精神集中学习、“不忘初心，牢记使命，重温入党誓词”主题党日活动等，实现“五个全覆盖”要求。公司积极开展扶贫攻坚、扫黑除恶、反洗钱、打击非法集资等专项工作，认真履行党建工作责任制和党风廉政建设主体责任，参加集团2018年定点帮扶计划，履行社会责任。

国家电投集团财务有限公司

【集团概况】国家电力投资集团有限公司（以下简称“集团”）成立于2015年6月，由原中国电力投资集团公司与国家核电技术公司重组组建。集团是中国五大发电集团之一，是一个以电为核心、一体化发展的综合性能源集团。截至2018年末，电力总装机容量1.43亿千瓦。

【经营概况】2018年，国家电投集团财务有限公司（以下简称“公司”）坚持服务集团战略发展，坚定不移推进改革创新，经营业绩创历史新高。截至2018年末，公司注册资本金人民币60亿元，公司资产总额438.64亿元，负债总额336.85亿元，所有者权益总额101.79亿元，累计实现营业收入16.62亿元，利润总额11.72亿元，同比增长12.91%；年末全口径资金集中度达到75.43%，同比提高13.11个百分点。不良资产率和不良贷款率均为零。2018年，公司荣获北京市西城区“重点企业经济社会发展综合贡献奖”。

【信贷业务】2018年，公司不断优化和加大对重点产业布局、清洁能源板块的投放力度，发放清洁能源贷款132.15亿元。充分发挥与银行差异化互补优势，支持项目临时紧急资金需求，为集团成员单位提供短期项目贷款499.15亿元。为集团成员单位累计发放委托贷款640笔，实现了集团资金的内部融通和余缺调剂，提高了集团资金使用效率。

【资金业务】2018年，公司主动应对市场变化，动态调整运作策略，资金安全高效运作。积极扩充交易渠道，交易对手增至56家，争取外部同业授信总额度620亿元。加强临时资金运作，抓住市场有利时机，进行高息资金运作及国债逆回购。

【投资业务】2018年，公司强化宏观和市场分析研判，结合公司资金实际状况，以合规为前提，坚持稳健投资理念，根据市场变化情况灵活调整投资策略，开展以货币基金、国债回购业务、高等级金融债和集团企业债等低风险产品为主要标的的投资业务，合理优化投资资产配置，实现较好的投资收益。

【票据业务】2018年，公司积极推广电子票据业务，累计办理电子票据承兑393笔，金额12.97亿元，贴现2.93亿元。

【融资顾问】2018年，公司以金融顾问身份全面牵头集团重大项目融资，主要负责制定融资方案、协调金融机构、谈判议价、督促银团按时放款，保障重点项目资金需求。累计为集团33个大型项目成功融资。

【外汇业务】公司积极为集团成员单位提供境外项目财务顾问服务、外汇风险管理咨询服务，提供投资架构方案、融资方案、外汇风险管理方案、税务筹划方案、保险方案等，并协助方案落实；开展代开国际信用证业务，释放集团成员单位外汇授信额度和外汇保证金；持续跟踪国际金融市场动态，为集团及成员单位外汇风险管理提供合理建议。

【资金集中】2018 年，公司持续强化资金集中管理，资金集中取得明显成效，年末全口径资金集中度达 75%，可归集资金集中度达 98% 以上。持续强化银行账户管理，配合集团开展银行账户专项检查及新成立、新并购单位银行账户专项清理，共核查账户 500 余个。全力推进重点资金集中工作，及时归集成员单位债转股、永续债、引进战投等重点资金，利用“跨境双通道”调度资金至境内归集，有效提高了资金使用效率。

【风险管理和内部控制】2018 年，公司健全合规管控体系，风险防控能力不断增强。一是完善内控体系，加强公司治理，完成新编、修订制度 109 项，实现公司经营管理业务流程全覆盖，重要风险管理制度接轨监管要求；二是立足业务重点防控，公司全年未发生风险事件，按照监管要求开展流动性应急管理，严格相关授信评级，降低风险敞口，防范信贷风险和市场风险；三是开展监管意见整改，积极做好各类非现场监管报送；四是强化风险提示，树立全员合规意识，确保合规经营；五是推进制度建设、细化合同管理、参与重大事项法律审查，确保“三项”审核率达到 100%。

2018 年，公司持续强化审计监督和内控评价工作，及时对新开展的跨境双向人民币资金池及外汇资金集中运营业务进行稽核，对公司 6 个部门开展了轮审稽核，做到部门审计两年全覆盖，公司内控和管理水平不断提升。

【人力资源管理】2018 年，公司持续加强人力资源管理机制的突破创新，为公司发展提供重要保障。一是提升优秀员工的发展空间。缩短优化了员工晋升岗级年限，通过行政和党建工作有机融合，构建岗位建功平台，助力干部员工成长成才。二是优化薪酬分配机制。修订多项薪酬绩效管理制度，将薪酬奖励向业绩优秀、贡献突出团队和员工倾斜，突出以奋斗者为本导向，激励奋斗者创造价值。三是加强青年员工培养。通过选派青年员工到集团所属发电企业锻炼，促进青年员工全面深入了解电力行业生产经营特点，提高公司为集团成员单位金融服务的专业化水平。

【信息化建设】2018 年，公司按照“建司库、稳运营、强安全”的工作思路，按计划有序推进年度信息化各项重点工作。规划方面，全球司库业务规划与信息系统规划全面完成，为后续系统建设提供了蓝图和指导。在系统建设方面，重点完成了国资委大额资金监控项目实施、公司票据系统的改造升级、协同办公系统移动办公 APP 功能的上线等。在运营方面，重点对生产系统超期服役设备进行替换，公司生产系统设备运营风险进一步降低，系统运行基础更加牢靠。在安全风险防范方面，通过部署漏洞扫描设备、综合网络管理系统等安全技术手段，构建起全方位、立体化安全管控架构，公司在风险监测、风险收集、风险预警与风险预防方面的能力进一步提升。

【企业文化建设】2018 年，公司开启文化兴业、文化治业、文化育人的建设新道路。一是培育厚植公司“修己达人”文化底蕴。启动企业文化建设工程，举办“和文化”深植培训会，与企业文化咨询机构合作，通过召开员工座谈会、组织企业文化建设问卷调查、集中研讨等多种方式，提炼出《公司文化行动纲领》，形成了以“修己达人”为文化定位的具有财务公司特质、金融行业特点的子文化理念系统。二是开展丰富多彩文体活动，凝心聚力展风采。围绕公司文化落地，先后组织开展“和文化”艺术节、“投身新使命、建功创一流”主题拓展、“幸福和谐一家人，持续奋斗共成长”亲子嘉年华等近 10 项文体活动，丰富了职工文体生活，凝聚起磅礴的奋进力量。

【党建工作】2018 年，公司加大学通弄懂做实习近平新时代中国特色社会主义思想工作力度，一是突出政治建设，坚决做到“两个维护”。加大学习宣贯方案落实力度，实施“六个一”19个行动项，提高全员政治能力。二是突出政治领导，坚决贯彻落实上级各项部署。全年召开党委会研究决策公司重大事项近百个，党在公司领导力、控制力和价值创造力方面明显提升。三是突出三基建设，全面提升党建工作质量。优化调整基层党组织设置，启动党支部标准化建设，开展党建纪检制度建设年活动。四是突出政治历练，全面加强队伍建设。创新党员培训教育方式，多地多次组织主题党日活动，团委组织了“青春奋斗新时代”等活动，有效提升党建工作水平。

国联财务有限责任公司

【集团概况】国联财务有限责任公司（以下简称“公司”）所属集团为无锡市国联发展（集团）有限公司（以下简称“集团”）。2018年，集团营业收入201.05亿元，实现利润23.82亿元。截至2018年末，集团总资产规模840.43亿元，净资产规模320.68亿元。

【经营概况】2018年，公司不断完善法人治理结构，形成党组织把关、董事会决策、监事会监督、经营层执行的有效制衡的公司治理机制；强化风险合规管理，认真开展深化整治银行业市场乱象等各类自查整改及合规宣传教育工作；完善全面风险管理体系，加强内控管理机制，2018年共新增、修订并印发执行制度44个；充分发挥党工群团作用，宣传维护公司良好企业形象；配合集团重点并购项目，首次推出公司并购贷款产品；做大银票融资业务；成功开立公司首笔自营保函。截至2018年末，实现营业收入2.12亿元，利润总额0.95亿元，资产总额80.36亿元，所有者权益6.73亿元。

【服务实体】2018年，公司一是加大对节能环保、绿色生态、新能源汽车等行业的信贷支持力度；二是积极支持集团年度重大产业项目投资，制定和推进专业化融资方案；三是公司累计向成员单位提供贷款及贴现等融资94.16亿元，比2017年同期增长25.11%，累计为成员单位办理代开银票保函以及开立承兑保函6.85亿元，比2017年同期增长3.16%。

【信贷业务】2018年，公司对成员单位提供低成本信贷资金，协调外部银行提供适当项目融资方案，扩大贴现和票据池业务让利成员单位。截至2018年末，公司各项贷款余额（含贴现）32.44亿元，比2017年同期增加3.3亿元，增幅为11.32%。

【资金业务】公司确保满足集团成员企业资金需求，又始终确保公司流动性比例远高于监管要求的25%；兼顾资金收益原则，公司持续扩大同业存放合作银行，优化存放投资产品跟踪、比对与筛选。

【投资业务】公司拟订并报经董事会批准2018年投资策略及投资计划，主要选择产品成熟度高、市场流通性强、风险水平较低、变现能力较强的货币基金、债券基金、信托计划、公司债等投资品种进行投资。

【票据业务】公司积极推动商票保贴、电票融资及小票贴现等业务，针对成员企业的业务模式，以成员企业为核心、自身为主导，联合外部其他金融机构，不断做大银票融资业务。同时，与无锡农商行、工商银行、广发银行等各大金融机构合作，打通持票人的贴现渠道，形成业务闭环。2018年，公司累计办理贴现5.51亿元，其中成功办理商业承兑汇票贴现1.35亿元；累计代开银票6.31亿元，累计开立自身承兑1700万元。

【资金集中】2018年，公司一是加大吸收存款力度，拓展资产负债产品，提升日均资金归集率；二是提升成员单位与资金账户的归集时效，尤其是加强成员单位异地账户的归集，可归集成员单位范围为120家，可归集账户数量为194户；三是积极推进电子化结算平台搭建，集团直联银行达到9家。截至2018年末，剔除金融企业自有资金及客户保证金等不可归集的资金后，实际资金归集率为81.25%。公司日均存款规模达51.31亿元，较上年增加11.07亿元，增幅为27.51%。

【业务创新】2018年，公司针对成员企业开发晶照明（厦门）有限公司股权投资项目，推出财务公司并购贷款产品，与农业银行组建银团贷款，探索财务公司与银行组建银团模式。截至2018年末，并购贷款余额3000万元。

【风险管理和内部控制】2018年，公司董事会风险控制委员会更名为董事会风险管理委员会，委员均由董事担任；高级管理层下增设风险控制委员会，并任命一名首席风险官；公司制定《全面风险管理制度》；建立完善流动性风险预测、监测、预警体系，辅以压力测试手段；整理、汇编、印制《财务公司监管相关法律、法规、规章及规范性文件选编》；组织开展整治市场乱象和现场检查的整改工作，同时开展押品、非法集资、印章管理等各类风险专项排查工作。

【人力资源管理】2018年，公司顺利完成年度招聘计划，在招聘及录用基础上做好新入职员工的合规教育及其他培训工作；启动职业导师计划；按计划组织开展两次专业技术职务评聘工作；首次推出职工技能及素质提升奖励办法；结合深化整治市场乱象整改工作，启动重要岗位人员轮岗工作；顺利完成公司管理权限干部选聘工作。截至2018年末，公司员工中硕士（含）以上学历占比为26%，取得中级（含）以上职称员工占比为48%。

【信息化建设】2018年，公司继续对“国联财务金融运营服务平台”进行优化改造，以此平台为基础建立了数据仓库。数据仓库提供了多项风险指标监测和多维度可视化的业务数据图表分析，实现了银监1104报表的自动化取数，自动取数率可达90%左右。公司还上线了OA系统、企业微信平台等。

【企业文化建设】公司坚持强基固本、从严治理，不断夯实内控合规管理基础，印发《问责管理制度》；持续做好信息宣传工作，重新启用公司微信公众平台，共推送信息53篇。

【党建工作】2018年，公司将党的领导嵌入公司治理，党支部拟定并印发《党支部议事规则》，明确支委会把方向、管全局、保落实的作用；认真落实中央八项规定精神，坚持开展日常廉政教育，构建部门廉洁文化；设计打造公司党建宣传阵地、职工风采展示园地；顺利完成党支部委员会委员增补选举、团支部书记改选工作，健全党支部、团支部建设；公司党支部联合工会开展妇女节手作活动、儿童节活动、公司10周年庆烘焙活动等。

G

国投财务有限公司

【集团概况】国家开发投资集团有限公司（以下简称“集团”）是中央直接管理的国有重要骨干企业，是央企中唯一的投资控股公司，是首批国有资本投资公司改革试点单位。截至2018年末，集团资产总额5840亿元，实现利润193亿元，连续14年荣获国务院国资委业绩考核A级。集团构建了基础产业、前瞻性战略性产业、金融与服务业和国际业务四大单元，并将前瞻性战略性产业作为重要引擎，在养老、扶贫、环保等民生产业中发力，为美好生活补短板，为新兴产业做导向。

【经营概况】2018年，国投财务有限公司（以下简称"公司"）不断加强党建和党风廉政建设，紧紧围绕集团改革转型发展，强化创新驱动，深化金融服务，扎实推进"四个平台"建设。截至2018年12月31日，公司资产总额295.54亿元，所有者权益71.84亿元，实现利润总额6.93亿元，为集团节约成本费用9.19亿元。公司继续保持行业评级A级。

【服务实体】2018年，公司大力服务实体经济，向集团实体经济企业投放信贷规模达272.83亿元，占信贷投放的95.30%。按照监管部门和集团要求，公司将信贷资源向困难企业、绿色新能源产业、"三农"产业和国家重点战略等行业倾斜，加大对此类企业的支持力度，落实国家战略，助力集团发展。

【信贷业务】2018年，公司为集团各板块提供授信额度494亿元，共投放表内外信贷融资359.40亿元，其中表内自营贷款、贴现286.27亿元；表外承兑、保函业务22.74亿元，担保业务3.81亿元，委托贷款46.59亿元；为集团255亿元各类债券发行提供财务顾问服务，服务发行规模创新高。公司充分发挥"产业+金融"双重属性优势，围绕投资公司产业链特点、业务板块行业周期特征、投资企业经营生命周期等维度，整合设计了包括28个产品、12个组合的金融服务方案。

【资金业务】2018年，公司重点扩大同业交易朋友圈，新增27家外部金融机构同业授信，授信规模同比增长66%。年内开展同业拆借或回购交易合作的金融机构超过20家。

【财务顾问】2018年，投行部作为财务顾问，服务集团总部完成50亿元公司债、国投电力完成40亿元可续期公司债的发行，服务发行规模创历史新高。新担任集团总部100亿元公司债、40亿元可续期公司债，国投交通25亿元超短期融资券财务顾问，新签业务规模达到公司历史累积总量的107%。完成3笔银行贷款融资推介，贷款合同金额合计26.5亿元。

【外汇业务】公司充分利用同业授信规模，运用多项外汇业务资格，创新开展"本币融资+代开国际信用证+即期代客购汇+经常项目集中付汇"业务，延长产品链条，增加业务品种，丰富业务模式。同时，实行外汇资金精细化管理，通过协助企业开展跨境直接融资和国内外汇存贷款等业务提高集团外币资金运营效率和资金收益。2018年，公司代客结售汇0.96亿美元，代理付汇2226.63万美元，发放国内外币贷款800万美元，为企业提供跨境直接融资2.24亿元人民币。

【资金集中】2018年，公司继续实行"集团行政推动、公司服务带动、业务合作联动、成员企业互动"的资金集中管理模式，加强上门服务与日常沟通，资金归集稳中有升。公司继续认真落实"一企一策"，一批重点难点企业资金集中取得新突破，公司全年日均归集资金174.61亿元，集团考核口径月均资金归集率77.49%，同比提高5.44%。

【业务创新】2018年，公司获批延伸产业链金融服务资质，将服务延伸到集团产业链上游客户，全年办理"一头在外"业务4笔；充分利用同业授信额度，为成员企业代开国际信用证1941.81万美元；获得经批准发行金融债业务资格；创新开展同业存单业务，银行间市场一、二级交易均实现业务落地。

【风险管理和内部控制】公司一是强化事前审查，把风险揭示在业务开展之前，深入研究行业与政策变化，前置信用风险控制环节，严格审批各类业务。二是每季度评测企业信用风险，建立重点企业风险监测预警机制，反复排查存量投资业务。三是加强流动性风险管控，通过流动性压力测试做好流动性风险识别、计量、监测和控制，制定有效的流动性风险应急计划。四是持续开展整治银行业市场乱象工作。

【企业文化建设】公司一是鼓励学习研究，举办12期创新小讲堂；对标行业先进，组织多次行业交流与学习；二是组织开展员工生日会、健步走、户外拓展、棋牌比赛等集体活动，精心打造家文化；三是响应国家精准扶贫，选派优秀干部挂职甘肃省合水县，并组织全体员工人均捐款1500元资助当地贫困大学生；四是群团工作有声有色，组织学雷锋志愿者活动，赴华奥农民工子弟小学支教4次。

【党建工作】公司认真学习贯彻习近平新时代中国特色社会主义思想和党的十九大精神，牢固树立“四个意识”，坚定“四个自信”，坚持做到“两个维护”。一是抓学习，每周五下午固定学习；二是抓落实，坚持全面从严治党，认真履行基层党建工作责任制，推动党建与经营深入融合；三是强基础，全力打造学习型、服务型和创新型党支部；四是树品牌，创新推出党（团）费微信收缴平台，实现在京14家党委、85个党支部、1366名党员全覆盖；与10余家企业开展党建交流，打造国投财务精品党建“123”。公司荣获集团“第一批基层示范党支部”“五星党支部”等荣誉称号。

国新集团财务有限责任公司

【经营概况】国新集团财务有限责任公司（以下简称“公司”）成立于2018年5月8日，注册资本20亿元，由中国国新控股有限责任公司（以下简称“集团”）全额出资成立。公司设立了8个部门，现有员工24名。截至2018年末，公司资产总额58.46亿元，负债总额38.36亿元，所有者权益20.10亿元，2018年度净利润978万元，不良资产率为零。

【信贷业务】公司广泛开展营销，积极进行信贷投放。2018年共拜访二十多家在京及异地的成员单位，以真诚的态度与各成员单位建立了良好客户关系。通过广泛推介与重点营销，截至2018年末共完成三笔自营贷款发放，共计17.1亿元。

【资金集中】公司积极开展金融服务，以服务带动资金归集。截至2018年末，经逐一拜访，上门服务，59家开立内部结算账户的成员单位已全部完成财务公司账户开立。2018年共办理结算业务1461笔，结算金额总计约968.17亿元，以资金集中带动结算管理，结算统一平台作用初显，截至2018年末，吸收存款余额38.15亿元，日均存款24.37亿元。

【风险管理和内部控制】公司按照有效性、谨慎性、全面性、及时性和独立性原则，着力构建稳健有效的风险管理和内部控制体系，并组织展开全面风险排查工作。有序推进日常风险管理，加强信用风险控制，定期监测风险，编制风险监测指标日报和月报，设置监测指标的警戒线和红线，一旦触及警戒线，及时进行风险提示。

【信息化建设】公司按照安全、规范、高效原则，开展实施核心业务系统一体化建设项目，陆续开展并完成系统开发、内部测试、上线验收等系列工作。创建集存款、贷款、结算等业务于一体的综合性结算业务体系，建立安全快捷的财务公司线上金融服务平台。积极开发与商业银行的外部接口，提供包括代理收付款、资金归集在内的结算服务，并进行核心业务系统与会计核算系统的接口开发工作，提高会计核算效率和监管报表报送的准确率。

【党建工作】自2018年6月获批成立党支部起，公司即坚持以党的建设带动组织建设、思想建设、作风建设与队伍建设。按照全面贯彻党建工作质量提升年要求，加快推进党建重点任务落实，严格落实“三会一课”、“三重一大”等各项工作制度，提高科学决策、民主决策、依法决策能力、效率和水平。

国药集团财务有限公司

【集团概况】中国医药集团有限公司（以下简称“集团”）是由国务院国资委直接管理的大型医药健康产业集团，打造了集研发、制造、物流分销、零售连锁、医疗健康、工程技术服务、专业会展为一体的大健康全产业链。旗下拥有1000多家子公司和国药控股、国药股份、国药一致、国药天坛、国药现代、中药控股6家上市公司。2018年，集团营业收入3967.43亿元，同比增长13.23%，集团影响力不断提升，2018年列世界500强企业第194位。集团规模、效益和综合实力继续保持国内医药行业领先地位，连续五年获评国务院国资委“中央企业负责人经营业绩考核A级企业”。

【经营概况】2018年，国药集团财务有限公司（以下简称“公司”）开业运营正式满六年。本年度公司聚焦“以融促产”基本定位，紧紧围绕集团资金集中管理大局，全力提升服务能力，提高金融服务平台效能，有序推进各项经营管理工作，整体经营状况良好，全年零风险事件。

截至2018年末，公司资产规模为192.73亿元（不含代理业务资产），负债184.54亿元（不含代理业务负债），所有者权益8.19亿元，累计完成营业收入2.96亿元，实现利润总额1.31亿元，资本充足率为13.62%。资产规模、营业收入、利润总额等指标均较上年稳步提高。无不良资产及不良贷款，拨备充足，资金流动性充裕，流动性比例为45.97%，各项监管指标均符合监管要求。

【信贷业务】为适应监管政策和成员企业需求变化，公司通过业务品种、时点和期限的灵活组合实现投放总量和日均规模的稳步增长。2018年末，信贷服务客户数量超过90家，授信金额近100亿元，授信额度较上年同期增长16.88%。累计信贷投放93.77亿元，日均信贷规模35.57亿元，分别较上年同期增长23.81%和16.09%。

【资金集中】2018年，公司在集团资金集中管理政策引领下，巩固存量、挖掘增量，成效明显。通过实施信息系统个性化改造，加强客户交流，多渠道了解服务诉求，持续完善结算平台功能，实现结算业务提质增量。推进信贷服务下沉延伸，引导产生派生存款、扩增上市公司金融服务额度、吸引中外合资企业稳定性存款。公司时点存款、日均存款等资金集中度指标与上年同期相比均有所提升。截至2018年末，公司时点存款183.76亿元，较上年增长64.59%；存款客户197户，较上年增长23.90%；1～12月日均存款66.74亿元，较上年增长44.99%；全口径资金归集度为24.04%，同比增长3.88个百分点，剔除上市公司等不可归集因素后公司可归集资金归集度为82.62%，同比增长17.18个百分点。但与监管评级标准还有较大差距，公司将苦练内功，持续完善结算平台功能，提升服务质量和效率，提高综合业务平台业务结算数量和金额，使资金归集度进一步提高。

【业务创新】2018年，结合产业特点，积极研发、创新金融产品，提升服务能力。针对“两票制”实施后收款周期延长、票据结算占比提高的情况，通过建立医院等级准入及额度标准，开展合计13.71亿元有追索、无追索商票贴现，解决商票资产贴现难、流动性差的问题。为减少成员单位保证金占用，公司在集团内部关联交易结算和海关汇总征税环节，推广财务公司承兑汇票和保函，截至2018年末，公司开立承兑汇票和关税汇总征税保函的余额分别是2.92亿元和7400万元。贯彻“绿色信贷”服务政策，为成员企业环保、技术升级改造新增授信3.5亿元（2018年实际提款1亿元）。提交加入电子商业票据系统申请和积极准备系统建设基础工作，建立票据联系网络，精简票据业务流程，为公司拓展票据业务创造良好条件。发挥金融顾问功能，运用专业知识和信息资源优势，为企业提供金融解决方案，定期向成员企业发布宏观经济资讯报告、市场价格信息。

【风险管理和内部控制】2018年，公司认真贯彻落实国家监管政策要求，开展公司治理、成员企业股权关系的梳理、商业性类金融机构业务的控制和征信系统管理优化等专项工作，深挖问题及管理弱项。重新梳理岗位设置及职责，前中后台岗位分离、制约有效的内部管理架构得到进一步规范。加强对新开展关税保函、固定资产贷款、监管新规下委托贷款业务的合规性、风险识别及规范，严格控制业务风险。完善了流动性风险管理办法，进行了首次流动性风险压力测试，主要监控指标实现系统实时监测，持续提升控制风险能力。做到资产质量优良，各项信用风险指标、风险抵补指标均符合监管要求，经营活动依法合规，案件及各类风险事件为零，实现了公司年度风险管理总体目标。

【信息化建设】公司2018年开展了系统用户权限检查、信息安全风险自查、信息系统应急预案演练，完善了《信息安全风险管理办法》，完成2017年度信息系统升级工作，建立健全电子发票管理和同业授信管理台账，新增“营改增”价税分离、风险监管指标同步监测、业务台账管理等30多个功能点，对163家开户企业、416份客户端证书综合业务系统数字证书更新。1104监管报表系统取数支持度加强，定期发布《信息系统运行报告》，及时发现并处理潜在隐患，有效提升公司信息化管理水平。

哈尔滨电气集团财务有限责任公司

【集团概况】哈尔滨电气集团有限公司（以下简称“集团”）是由国家“一五”期间苏联援建的156项重点建设项目中的6项沿革发展而来，是为适应成套开发、成套设计、成套制造和成套服务的市场发展要求，最早组建而成的我国最大的发电设备、舰船动力装置、电力驱动设备研究制造基地和成套设备出口基地，是党中央管理的51家关系国家安全和国民经济命脉的国有重要骨干企业之一。

【经营概况】2018年，哈尔滨电气集团财务有限责任公司（以下简称“公司”）实现营业收入4.94亿元，利润总额2.21亿元，不良资产率和不良贷款率均为零，各项监管检测指标全部符合监管标准。特别是自营贷款业务规模较上年同期大幅增长238.2%，体现了财务公司金融服务力度的持续增强。

【信贷业务】公司最大限度为成员企业提供信贷支持，自营贷款业务规模大幅提升，创历史新高。在符合监管要求的前提下有效地满足了成员企业的资金需求，切实贯彻了集团公司“能贷尽贷”的工作要求。公司积极开展保理、延伸产业链等新业务，多渠道多模式解决了成员企业资金需求问题，积极发挥金融服务平台作用，提升金融服务能力。

【资金业务】公司密切关注市场动态，不断加强与同业机构的交流沟通，稳步拓展交易对手范围，充分利用竞价机制，科学安排资金头寸，广泛收集市场信息，深入分析资金价格走势，在把控风险前提下努力提高资金的使用收益。

【票据业务】2018 年，公司持续拓展电票业务，提高公司承兑电票在成员企业的使用范围，帮助成员企业延迟付款。公司延伸产业链业务申请获得监管部门批准，2018 年 3 月，首笔产业链金融业务正式落地，并持续扩大业务规模，为集团产业链客户提供金融服务，拓宽票据流转渠道，提高公司承兑票据的信誉度与认可度。

【资金集中】公司持续加强资金集中管理。制定了让利于成员企业的存款定价原则，提高成员企业存款利率水平，进一步让利于成员企业；减免成员企业金融服务费用，使其享受低于外部银行的服务价格，降低成员企业财务费用支出；通过采取这些措施，进一步促进成员企业资金归集，稳步提高资金集中度，截至 2018 年末，公司可归集口径资金集中度达 80% 以上。

【业务创新】公司持续推进金融产品创新。一是延伸产业链金融业务申请正式获得银保监局同意，2018 年 3 月，首笔产业链金融业务正式落地；二是成功为汽轮机公司重点项目应收账款办理了买断式公开型保理业务，标志着公司首笔保理业务的正式落地，对成员单位“压降两金”具有十分积极的示范作用；三是成功加入中国银行间市场交易商协会，取得会员资格，进一步提高公司在金融行业的知名度；四是首笔票据转贴现业务正式落地，进一步拓宽了公司票据投融资渠道，有效丰富了公司资金融通渠道和价值创造手段；五是首笔银行间市场债券逆回购业务正式落地，实现公司在银行间市场债券业务零的突破，进一步丰富了公司价值创造手段。

【风险管理和内部控制】公司进一步加强对各项风险监管指标的日常监测和控制，严格各项监管报表的填报工作，全年公司未发生重大经营风险和重大经济案件，不良资产率和不良贷款率保持为零。在内部控制方面，公司以强化制度落实为核心，全面提升制度的执行力，夯实内控合规管理基础，同时组织开展了新版内控制度汇编（V4.0）及内控手册的编制工作，内控体系更趋完善。

【人力资源管理】公司不断加强中层干部队伍建设，优化公司干部结构，加大年轻干部培养选拔力度，2018 年度提拔使用的七名中层干部中六名为“80 后”，一名为“70 后”，同时其中六名为研究生学历，一名为本科学历；本次中层干部配备完成后，公司干部队伍进一步年轻化、高学历化，干部队伍专业素质整体提升。另外，通过公开招聘方式在集团内部选聘了两名工作人员，进一步充实了公司金融服务团队力量。

【信息化建设】积极推进公司信息化建设，为公司业务开展提供支撑。一是积极推进集团调度决策支持系统建设，提升集团资金管理水平，2018 年底实现了决策驾驶舱的功能上线；二是稳步推进公司核心业务系统升级换代，积极与相关软件公司开展交流探讨，研究分析云核心系统的可行性，探索完成公司核心业务系统升级换代的整体解决方案；三是完成上海票交所纸电融合第二阶段的接入工作，标志着公司在金融市场的知名度和信誉度进一步提升。

【企业文化建设】公司不断推进企业文化建设。认真组织开展了庆祝改革开放四十周年暨第五届职工文化艺术节系列活动、“庆祝改革开放四十周年”徒步走活动、“共赢谋发展　携手创未来”——哈电财务公司和东方财务公司主题交流活动、与中国银行哈尔滨动力支行党委共赴壮歌东北抗联国防基地联合开展党员培训交流活动、“不忘初心跟党走，牢记使命勇担当”主题拓展训练等活动，不断提升公司金融服务团队的凝聚力，加深金融同业互相了解，增进业务交流，为后续业务开展营造了良好的合作氛围，为后续公司中心工作的开展注入了新动力。

【党建工作】公司不断完善党建工作制度体系，完成了对《关于深入贯彻落实中央八项规定精神进一步加强作风建设的实施细则》《中共

H

哈尔滨电气集团财务有限责任公司党支部理论学习中心组学习制度》等制度的修订完善，为公司作风建设提供制度保障；积极落实集团“先行工程”工作部署，切实开展“双管双创”党建载体活动，确定了管好资金、创造价值；管控风险、创新服务等四个活动主题，通过跨部门协同合作，真正将公司中心工作与党建活动相结合；积极开展解放思想大讨论活动，开展了以“践行新思想、瞄准新目标、展现新作为、开展新征程”为主题的解放思想大讨论活动，明确了下一步攻坚重点，为后续公司相关工作的开展提供了指引。

海尔集团财务有限责任公司

【集团概况】2018 年，海尔集团全球营业额达到 2661 亿元，同比增长 10%，全球利税 331 亿元，同比增长 10%。实现全年生态收入 151 亿元，同比增长 75%。在全球拥有 10 大研发中心、24 个工业园、108 个制造工厂、66 个营销中心。海尔集团拥有海尔、卡萨帝、GEA、斐雪派克、Candy、AQUA、统帅等智能家电品牌；日日顺、海尔消费金融、COSMOPlat、顺逛等物联网服务品牌；海尔兄弟等文化创意品牌。物联网时代，海尔集团围绕“智家定制”（智慧家庭定制美好生活）的战略原点，构建食联生态、衣联生态、住居生态、互娱生态等物联网生态圈，满足全球用户不断迭代的个性化家居服务方案的需求。

【经营概况】2018 年，海尔集团财务有限责任公司（以下简称“公司”）秉承“立足集团、服务集团”的理念，以支持集团实体经济发展为己任，承接集团网络化战略，以“聚焦产业链金融创新，成为最具竞争力的驱动产业型财务公司”为战略目标，立足首要职能，有效控制风险，不断创新金融产品，实现稳健经营目标，全年累计实现营业收入 25.64 亿元，利润总额 21.75 亿元，截至 2018 年末，公司资产规模达 663 亿元。

【信贷业务】2018 年，公司以支持实体产业发展为重点，以加强信贷管理为导向，以各项信贷业务制度的落实为基础，满足集团成员单位资金需求，全年共为近 130 家集团成员单位提供金融服务解决方案。截至 2018 年末，流动资金贷款余额约 300 亿元，比 2017 年末减少约 57 亿元。根据海尔集团战略及产业发展实际需求，2018 年流动资金贷款业务新增投放约 158 亿元，无不良贷款。

【产品销售信贷业务】2018 年，公司不断提高金融服务水平，为海尔经销商提供优质的买方信贷服务，在防范金融风险的同时，创新业务模式，累计为 2500 多家经销商提供了超过 20 亿元的信贷服务，有效助推了集团产业发展。同时，公司积极调整产品结构，输出适合中小型企业的短、频、快的融资产品。例如，针对改善大气环境的煤改项目，创新推出了“程意贷”产品，该产品的期限与客户承接的工程项目期限匹配，让经销商客户在承接项目时不会为资金而担忧，从而扩大业务规模。

【资金业务】2018 年，公司精确编制资金预算，合理安排资金头寸，实现了资金需求的有效满足和资金运营效率最大化的双赢。一方面，在资金短缺的情况下，通过银行间市场正回购和拆入等业务，及时低成本融入资金，全年累计融资 3600 多亿元，充分保证了集团和公司的资金流动性，确保各项业务顺利进行；另一方面，在资金盈余的情况下，通过银行间市场逆回购、现券买卖、同业存款、理财等业务，累计投资 1300 多亿元，且投资品种不断丰富，有效提高了资金运营效率。

【票据业务】2018 年，公司持续加强集团票据集合管理，在集团开出票据支付供应商100%电子化基础上，借中国人民银行《关于规范和促进电子商业汇票业务发展的通知》（银发〔2016〕224 号）的政策契机以及票交所的推进要求，持续推进集团市场流入票据电子化率，从出票客户和承兑行两个维度推进，累计发出沟通函417 份，建立三维多向沟通机制，2018 年全年签收票据491.32 亿元，其中电票流入486.8 亿元，纸票流入4.52 亿元，票据电子化率达99%，同比增加了5 个百分点，达到了行业领先水平，规避了纸质票据流转的风险，节约纸质票据邮寄的费用，提高票款兑付效率，增加集团可使用资金，实现集团资金增值。

【外汇业务】2018 年，公司信用证业务广泛运用，为集团境内外成员单位的全球约300家供应商开立约万笔信用证，开证规模达30 亿美元，且从未发生一笔违约拒付。在外汇衍生品业务方面，共与70 家集团内部客户开展外汇衍生品交易业务，基本覆盖境内进出口企业及境外贸易公司。在银行间市场累计交易量达48.8 亿美元，其中即期结售汇9.28 亿美元，远期结售汇11.44 亿美元，人民币外汇掉期28.08亿美元，外币对远期0.05 亿美元。

【资金集中】2018 年，公司实现资金归集1285 亿元，同比增幅为5%。一是成员企业开户必须按规定进行资金系统审批流程，对不合理账户的开户申请坚决予以闸口。二是对归集模式不断迭代升级，人民币归集打通了工行、农行、中行、建行、招行、华润银行的资金归集渠道，外币打通了中行、招行和建行的归集渠道，境外打通了中银香港和汇丰的归集渠道，监控各渠道每日资金归集是否顺畅。三是对第三方支付公司快捷通结算渠道，安排专人监控核对其数据的一致性和资金清算的及时性。四是与集团资金中心联动，按月盘点清理集团外部结存账户及账面资金，闸口不合理外部滞留资金。

【业务创新】2018 年，公司实现全线上化业务流程再造，赋能生态圈客户。先后并联人民银行、银保监局、法院、电子证书机构、金融科技公司等外部资源，以及内部各职能部门，经过多轮迭代升级，线上授信放款最快在12 分钟内完成。公司建立全线上化样板复制构架平台，实现客户生态管理，以保理业务为样板，复制到票据贴现业务及其他业务，在支持客户业务发展的过程中，不断通过科技赋能，流程再造，实现操作、信用、合规、法律风险全流程监控，形成行业引领。

【风险管理和内部控制】2018 年，公司启动全面风险管理体系框架搭建工作，初步完成从系统化到体系化，从单一风险到全面风险管理的重要转变，“全流程、全覆盖、全方位”的全面风险管理体系基本搭建完成，提高了公司抵御风险的能力。截至2018 年末，公司各项业务合规运营，整体风险可控。同时，深入开展银保监会“进一步深化银行业市场乱象整治”活动，在细致分工的基础上，对业务制度、操作规程、人员管理等内容开展专项自查治理工作，并全部完成整改，确保公司稳健经营。

海航集团财务有限公司

【集团概况】海航集团（以下简称“集团”）多年来以航空运输主业为核心发展方向，以航空租赁、航空技术为辅助支撑平台，属世界级航空品牌。集团旗下参控股航空公司18家，在册飞机共940架，开通至国内外240个城市的航线近2600条，年旅客运输量逾1.20亿人次；旗下运营全货机28架，运营管理及合作机场16家，机场年旅客吞吐量逾5200万人次。2018年排“全球最佳航空公司TOP10”第8位。

【经营概况】2018年，海航集团财务有限公司（以下简称“公司”）聚焦航空主业，力求精细化管理体系，充分发挥资金管控职能。截至2018年末，公司总资产394.09亿元，总负债276.66亿元，资产负债率为70.20%。2018年实现营业收入8.97亿元，实现净利润3.92亿元。

【服务实体】公司完成对金鹿公务等10家重点企业的调研工作。通过实地调研，深入了解企业经营、财务状况、资产处置及未来资金计划，加强公司与成员企业的沟通联系，丰富业务主体。

【信贷业务】2018年，公司通过实地调研，挖掘重点企业需求，积极开展相关信贷服务及财务顾问。公司为航空企业办理公司承兑汇票业务，开具海关税费保函；同时下调成员企业的贷款利率，有效降低企业融资成本，保证航空主业的平稳持续运营。

【资金集中】2018年，公司持续深化资金集中管理，深挖成员单位资金集中潜力，提升资金使用效率。继续开展资金归集考核，每季度通报各产业集团资金集中情况及存在的问题；深入分析成员单位资金结构，督促成员单位上存沉淀资金；进行集团账户资金管理培训，提升成员单位资金集中意识。2018年，公司结算笔数达31万笔，境内人民币结算量累计完成3.50万亿元。

【风险管理和内部控制】2018年，公司细化了流动性管理手段：完善指标监测及预警体系，强化重点监管指标每日监测机制，及时了解主要业务操作规划。开展以合同管理知识为主题的培训，培训内容涵盖合同法基础知识、合同管理制度、合同管理系统合规操作等内容，深化了员工在合同管理中的风控意识。

【人力资源管理】公司推动落实整体人力资源效能提升，配套制定并执行人力资源管理整体转型，包括合理控制人工成本，优化调整机构编制和人员结构，构建内训课程体系，为集团和公司的健康可持续发展奠定坚实的基础。2018年共开展培训47次，累计培训员工356人次。其中，重点开展包括新员工入职培训、业务技能提升、行业协会交流、保密培训等主题课程。通过合理搭配内外部培训，有效推进员工素质提升，支持公司业务平稳有效运营。

【信息化建设】公司2018年进行了集团资金结算管理系统V3.0项目增补软件开发部分的建设工作，对结算、投资、信贷等方面业务信息系统进行优化升级。新增了中国银行外币接口、工行账号在线授权接口、外汇局在线报送数据接口、系统身份安全认证接口。2018年下半年，顺利完成了公司电票系统改造项目，将公司票据业务的“转贴现及后续流程”成功迁移至上海票交所的票据交易系统内。

【企业文化建设】为深入贯彻落实习近平总书记重要讲话精神，不折不扣完成党中央、国务院交给海航的“聚焦航空主业，健康发展”的政治任务，公司组织全员学习习近平新时代中国特色社会主义思想，引导管理干部系统理解深化改革开放的路线图和改革开放的重大政策和重大部署，开展高管培训，统一思想认识；为干部员工宣讲企业文化，用“同仁共勉十条”“三为一德”指导工作和生活，团结人心，凝聚共识，开展理想信念教育。

海亮集团财务有限责任公司

【集团概况】 海亮集团有限公司（以下简称“集团”）1989年创办于浙江诸暨，2016年集团总部迁至浙江杭州。集团始终秉承“以人为本、诚信共赢”的发展初心，坚持“既要企业效益，更求社会功德”的发展理念，明确教育事业、有色材料智造、健康产业三大发展领域，已成为拥有3家境内外上市公司，1.90万余名员工的大型国际化现代企业集团。2018年集团营业收入1742.47亿元，净利润24.65亿元，资产总额550.99亿元，净资产252.36亿元，资产负债率为54.20%。2018年列中国企业500强第109位，列中国民营企业500强第22位。

【经营概况】 海亮集团财务有限责任公司（以下简称“公司”）始终坚持“立足企业集团、服务企业集团、服务实体经济”为核心，为集团及旗下成员单位提供高效便捷的金融服务。截至2018年末，公司资产规模97.70亿元，较上年增加13.20亿元，增幅为15.62%；2018年实现营业收入2.16亿元，利润总额1.86亿元，净利润1.40亿元，资产质量良好。

【服务实体】 2018年，公司对集团重点发展产业（制造业、教育、农业等）日均贷款30.02亿元，占总日均贷款的50.85%。加强对集团重点行业和重点项目的金融保障。公司一方面持续推行“减费让利”，减少企业财务费用，有针对性地降低贷款利率、提高存款利率；另一方面完善续贷政策和业务流程，根据企业生产经营实际情况合理匹配贷款期限，降低续贷成本。

【信贷业务】 2018年末，公司贷款余额69.07亿元（含贴现），2018年累计投放92.48亿元，较上年同期增加36.93亿元，增幅为66.48%，其中贷款83.55亿元，贴现8.93亿元。2018年，公司积极下沉服务重心，加大小微企业信贷支持。截至2018年末，公司小微企业贷款余额35.55亿元，占总贷款余额的51.47%，较上年同期增加8.22亿元，增幅为30.08%。

【投资业务】 公司2018年成立投资决策委员会，并制定《投资决策委员会工作规程》等相关制度。2018年公司首次开展固定收益类有价证券投资业务，2018年累计发生投资20.26亿元，共28笔，实现投资收益752.83万元。主要投资品种为市场风险相对较小的国债逆回购、债券和货币基金。公司加强投后存续期风险管理，包括日常管理、风险监测、风险预警报告、风险处置等方面。

【票据业务】 2018年，公司累计发生票据业务26.56亿元。其中2018年累计贴现303笔，累计贴现金额8.93亿元，均通过电票系统办理，帮助成员单位盘活资金沉淀，提高资金周转率，拓宽融资渠道，增强票据使用安全性。2018年办理再贴现9.28亿元，该业务为成员单位提供及时流动性支持，在一定程度上缓解了阶段性资金压力，对企业资金调节和平稳运营起到重要作用。

【资金集中】 2018年在日常管理中，公司严格监控成员单位外部存款，对未经审批将存款留存外部银行的成员单位进行通报或上浮贷款价格等措施加大资金集中管控。2018年，归集成员单位家数301家，归集账户385个，

2018年累计归集人民币4252.73亿元、美元1333.94万元。12个月的全口径资金集中度均高于50%，2018年月末平均资金集中度为60.39%。

【风险管理和内部控制】2018年，公司一是加强公司治理，健全公司制度，完善组织架构，设立风险管理委员会、资产负债管理委员会、投资决策委员会，梳理完善公司制度85项。二是深入开展“治乱象，维秩序”活动，对发现问题全部整改完毕并报告监管机构。三是加强内审稽核，扩大审计覆盖面、完善审计制度、建立长效协同风控机制。四是加强各项监管指标监测力度。

【人力资源管理】2018年，公司一是引进具有银行从业经验员工5名，从事各部门关键岗位工作；二是实施《财务公司绩效考核方案》，对前中后台员工实行季度、半年度的差别化考核，加大奖惩力度、促进业务发展；三是实施高管绩效薪酬延期支付，实现风险与薪酬挂钩；四是积极开展员工培训，2018年共开展员工培训8次，覆盖了票据业务、监管政策、公司业务等多方面；五是推行效能革命，激发员工动力，严格工作绩效考核，提升工作效能。

【信息化建设】2018年，公司在信息化管理工作上不断加强建设，完善和优化业务系统，支持各项新业务的开展。一是灾备系统项目的建设完成，既保证了业务系统数据及备份数据的安全性和可靠性，也保证了业务连续性，降低了经营安全风险。二是电子商业汇票系统（ECDS）正式上线，整个集团电票业务均可通过财务公司系统完成。三是公司票交所场内交易系统纸电票据交易融合项目成功上线。

【企业文化建设】2018年10月，公司开展莫干山团建活动，加强集团凝聚力；2018年11月，公司员工参加集团党委组织的“红色徒步行”主题活动，践行红色教育，强化党员和党群工作者爱国爱党爱岗意识；2018年12月，根据浙江省银行业协会工作部署，公司员工参与公益健步走活动，履行公益先行的社会责任。

海马财务有限公司

【集团概况】海马汽车集团股份有限公司（以下简称“集团”）创始于1988年，注册资本16.50亿元，直属员工1万余人，关联企业员工3万多人，累计纳税200多亿元。集团在深交所挂牌上市（股票代码000572），是集研发、生产、销售、服务、物流、金融等为一体的现代化汽车集团，实现在埃及、智利、菲律宾、越南等20多个国家和地区的整车出口，展示了“中国制造”新形象。

【经营概况】海马财务有限公司（以下简称“公司”）紧紧围绕“依托集团、服务实业”的经营宗旨，贯彻“一风控、二盈利；三分贷、七分管；高利率、高风险；钱到哪、人到哪”的工作理念，提升风险控制水平，完成支持集团产业发展、服务实体经济的目标。截至2018年末，公司实现净利润1.27亿元，不良贷款率为0.40%，各项指标均符合监管要求。

【产品销售信贷业务】公司服务集团产业，支持实体经济，助力集团汽车销售。2018年发放个人汽车消费贷款17656笔，渗透率达到34%，同比上升17%，积极为成员单位销售贡献力量。

公司积极贯彻普惠金融，支持中小微企业发展。2018年为经销商放款12.72亿元，全部为中小微企业贷款；实行有效定价机制，支持经销商发展，解决中小微企业“融资难、融资贵”的问题。

为更好助力销售，公司致力于提升服务质

量及效率，不断优化产品，并配合集团新能源汽车转型战略，推出定制化产品。

【票据业务】公司积极助力集团降本增效，2018年开立承兑汇票2862张，28.29亿元，累计为成员单位节约开票手续费141.45万元，有效为成员单位减少融资负担，提高经营效率。财票结算占票据结算比例达75%，同比上升23%，公司财票的市场认可度不断提升。

公司继续积极稳妥推进供应商业务，合法合规对上游供应商开展票据贴现业务。截至2018年末，公司为51家上游供应商贴现167笔，累计3.71亿元，其中新增22家供应商客户。

【资金集中】集团明确公司为各成员单位资金统一管理平台，要求成员单位资金必须集中到公司进行有效管理，并将成员单位的主要银行账户与公司账户勾连，公司对成员单位资金可以实时进行归集、监控。在集团支持下，公司资金集中度排名一直位于行业前列。截至2018年末，公司资金集中度为89.30%，可归集口径资金集中度为91.17%。

【风险管理和内部控制】公司严控不良贷款，不断提高资产管理水平。公司接入第三方大数据，建立反欺诈模型，提高对高风险客户的识别能力，将其从准入端开始进行隔离。利用内部优势，与销售公司共享信息，对经销商业务与个贷业务进行联合监测；采用非现场数据监测和现场检查的方式，有效防控风险。2018年，公司不良贷款率为0.40%，不良贷款余额和不良贷款率实现双降。

公司积极配合监管检查并定期开展自查，2018年进行了乱象整治、信息科技、反洗钱、征信、同业业务等检查，未发现重大风险隐患。

【信息化建设】公司重视防范信息技术风险，定期自查，及时优化，切实做好信息科技安全保障工作。2018年公司全面梳理信息科技相关制度，加强规范化管理；优化机房建设，进行网络安全改造，保障数据安全；进行系统升级，提高工作效率。同时，公司不断提高运用信息技术进行风险管理和提升服务效率的能力。

2018年，公司开发并推广移动办公APP，实现客户立等可取、业务随时随地、进度实时提示。提高了前端人员办理业务的效率，客户办理业务更加方便快捷。

【企业文化建设】公司弘扬马拉松文化，培育团队意志力。2018年，公司开展“十周年·十万里”长跑活动，全年跑量超十万里。2018年海口马拉松，公司85人报名参赛，超过员工总数的60%。通过马拉松活动，公司员工强健体魄，锤炼精神，不断激发潜能，以更好的精神面貌面对工作中的困难。

【党建工作】2018年，公司全面贯彻学习党的十九大精神和习近平新时代中国特色社会主义思想，以持续推进“两学一做”学习教育常态化、制度化为抓手，积极开展“在建设海南自由贸易试验区和中国特色自由贸易港实践中勇当先锋　做好表率”、参观学习母瑞山革命根据地纪念园、万宁市北大镇北大村扶贫等主题活动。充分发挥互联网优势，通过QQ群、微信群、公众号等推送党课内容、党建动态、主题党日活动等信息。扎实有效地推进支部建设，显著提升了党支部的凝聚力及党员整体素质。

海南农垦集团财务有限公司

【集团概况】海南省农垦投资控股集团有限公司（以下简称“集团”）系海南省政府直属国有独资企业，孕育于1952年1月创建的海南农垦，前身是海南省农垦总局和海南省农垦集

H

团有限公司，属中国第三大垦区。现有下属二级企业 47 家，拥有良好的天然橡胶、热带水果、热带作物、草畜养殖、南繁育种、旅游健康地产、商贸物流、金融服务等产业基础。

【经营概况】海南农垦集团财务有限公司（以下简称“公司”）紧紧围绕集团深化新一轮农垦体制机制改革目标，发挥功能优势，优化金融服务，防范金融风险，积极助力集团战略发展，不断提升服务实体经济质效。2018 年，公司获海南省国资委“2018 年海南省国资系统五一劳动奖状”，累计实现营业收入 22249.35 万元，较上年增幅为 29.95%，实现净利润 7343.94 万元，较上年增幅为 26.31%。

【信贷业务】公司主动挖掘潜在资金服务需求，走访了解成员单位融资需求，实地探访重点项目进展，为信贷服务做好准备。自营贷款余额 26.84 亿元，较上年同期增幅为 23.97%；实现贷款日均余额 26.21 亿元，较上年同期增幅为 69.75%；累计发放自营贷款 30.15 亿元，较上年同期增幅为 66.85%。信贷规模和日均信贷余额均创历史新高。公司利用循环额度贷款保证成员单位将信贷需求锁定到周，根据实际用款节奏提供“随借随还”融资便利，节省了成员单位的融资成本。面对外部市场贷款利率不断走高的形势，在保持存款利率上浮 35% 的基础上，继续以优惠信贷产品服务成员单位。2018 年 9 月 7 日，电票系统正式上线，有效帮助成员单位盘活资金沉淀，加快资金周转，节约融资成本。

【资金业务】在整体资金规模及资金市场收益率稳定的情况下，适度增加同业资金规模，并结合同业市场行情，合理安排存放期限组合。开展 1 笔同业拆借业务。2018 年，累计实现利息收入 7383.66 万元，综合收益率为 4.31%，高于同业市场的平均收益率（3.40%），较上年同期增加 30 个基点。

【投资业务】2018 年，公司一是制定《投资业务合作机构准入管理办法》，严格合作机构准入门槛，从源头上控制投资风险。二是强化投资产品的甄选，控制单笔投资额度，分散投资 10 余个产品种类，投资组合和资产配置方案更灵活，增强了资金抗风险能力，提高资金盈利能力。三是密切跟踪投资市场风险，在市场波动较大时，通过适当缩短投资期限、降低风险偏好的手段规避风险。四是加强实地投前调研，增大投后管理频率（15 天/次），强化产品底层资产分析及策略配置方向管理，有效防范及化解了投资风险。2018 年，投资平均收益率为 5.16%。

【资金集中】公司一是加强账户管理。配合集团开展下属企业账户清理工作，积极协调成员单位授权财务公司归集或查询账户资金。二是积极拓展资金归集范围，及时做好新成立企业的资金归集，加强未归集企业的沟通跟踪，督促尽快在财务公司进行资金归集。2018 年，累计完成归集备案成员单位 264 家，较年初新增归集 31 家。三是与信贷业务联动营销，深挖潜在资金，加强对贷款成员单位的资金流向监控，最大限度保证贷款资金以及回笼资金的有效归集，稳定资金归集量。四是在监管政策范围内，在集团利益最大化原则下，通过上浮存款利率、降低协议存款起存点、协助设计存款组合等方式增加成员单位存款收益，提升成员单位资金归集积极性。

【风险管理和内部控制】2018 年，公司一是严控操作风险，修订完善业务分级授权制度，规范业务操作流程和审批程序，加强信息系统管理，为业务规范发展提供技术保障。二是加强信用风险管控，确保资产质量总体稳定。三是及时识别和评估投资面临的市场风险，采取有效措施规避风险。四是建立资金备付制，合理配置资产，防范流动性风险。五是开展全面业务审计稽核工作，切实堵住风险源头，继续保持金融风险事故为零的良好风险控制记录。

【人力资源管理】从全员绩效考核入手，开展绩效责任人对经营班子考核、部门考核、员工考核三个层面的考核，将考核结果与薪酬管理结合起来，切实达到了考核约束激励的效果。开展薪酬体系调整，提升薪酬体系中绩效工资的占比，充分调动员工工作积极性。不断加强金融人才引进工作，不定期开展内部培训和组织参加中国财务公司协会、监管部门的相关业务培训、同业交流，增强人才活力。

【信息化建设】2018 年，公司不断加强信息化项目建设，保障系统安全稳定发展。一是完成电票系统上线和资金结算系统性能优化。二是扎实推进集团资金平台系统建设，相继完成系统需求梳理、需求评审、应用开发研讨等环节工作。三是全面加强信息系统安全运行管理，通过主动运维，有效防范资金支付风险，继续保持信息安全零风险事件。

【企业文化建设】2018 年，公司一是关爱员工生活，倡导“快乐工作、健康生活”的理念，组织开展“五四”缅怀烈士活动、羽毛球赛、冬日拓展等活动，增强了团队凝聚力。二是积极开展金融知识宣传，为垦区广大职工群众答疑解惑，不断提供职工的金融风险防范意识。三是热心公益，勇于担当社会责任，多次开展“倾情帮扶、温暖万家”捐赠活动，以实际行动表达爱心，提升了公司的企业形象。

海信集团财务有限公司

【集团概况】海信集团有限公司（以下简称“集团”）成立于 1969 年，属于地方国有企业，始终坚持“诚实、正直、务实、向上”的核心价值观和“技术立企、稳健经营”的发展战略，形成了以数字多媒体技术、智能信息系统技术、现代通信技术、绿色节能制冷技术、城市智能交通技术、光通讯技术、医疗电子技术、激光显示技术为支撑，涵盖多媒体、家电、IT 智能信息系统和现代地产的产业格局。2018 年实现销售收入 1266.35 亿元，利润总额 73.80 亿元，实缴税金 87.08 亿元。

【经营概况】2018 年，海信集团财务有限公司（以下简称“公司”）秉承“立足集团，服务集团”的基本宗旨，各项基础工作扎实推进，积极探索新的业务模式和增长点，取得了较好的经营业绩。截至 2018 年末，公司资产总额 198.39 亿元，比年初增加 14.82 亿元，增幅为 8.07%，全年累计实现利润总额 4.74 亿元，同比增长 35.40%。2018 年末，公司资本充足率为 22.47%，流动性比例为 65.91%，各项指标均优于监管要求。

【服务实体】2018 年，公司通过对成员单位让利优惠，持续发力产业链金融、支持绿色信贷、加强资金集中管理等系列措施，围绕集团发展战略，充分发挥综合金融服务功能，提高服务实体经济的质量和效率。

【信贷业务】公司坚持以服务集团核心战略业务板块为重点，围绕成员单位多样化需求，提供自营贷款、票据贴现、贸易融资、房地产开发贷等综合融资服务。截至 2018 年末，公司各项贷款余额 88.80 亿元，比年初增加 32.44 亿元，增幅为 57.56%，充分发挥了资金支持与融资保障功能。

【产品销售信贷业务】公司大力拓展买方信贷、消费信贷等业务品种，持续发力产业链金融。一是完善消费信贷业务管理办法，探讨业务流程，落实风险控制措施，首笔个人消费信贷业务于 2018 年 7 月 10 日落地，实现零的突破；二是通过开展买方信贷业务，提升了产业链下游中小微企业获得金融服务的便利性，缓解了融资难、融资贵的问题，有效解决了融资困局。

【投资业务】公司于 2018 年上半年完成了全国同业市场交易系统接入及交易资质申请工作；7 月完成首笔同业存单二级市场买入交易；9 月完成首笔利率债一级市场买入交易，同时完成了第一笔交易所市场国债逆回购交易。公司在同业市场的创新业务不断落地，为继续深入

H

开展同业市场业务奠定了基础。

【票据业务】 2018 年，公司联合各产品公司持续推广海信电票，提高电票对外付款占比，公司全年累计签发电票 497.02 亿元，为成员单位解决融资难题、降低短期融资成本和票据操作风险等方面取得了良好的成效。

【外汇业务】 2018 年公司按照人民银行要求，完成集团跨境双向人民币风险评估工作，并完成跨境人民币双向资金池变更净流入及净流出额度申请。公司累计完成跨境人民币资金池 6 笔共计 22.5 亿元对外放款业务，净新增放款 17.5 亿元人民币，给海外成员公司提供了有力的资金支持。

【资金集中】 公司通过对集团成员单位资金收支情况的总结和探索，对成员单位经营状况、行业特征以及行业发展前景等方面进行深入分析，通过对企业的收支情况、财务报表、行业定位等多方面进行分析，为成员单位提出合理化财务优化方案，提高对集团成员单位的资金管理水平。截至 2018 年 12 月末，公司全口径资金集中度为 76.37% 。

【风险管理和内部控制】 公司坚持稳健合规经营，将防控风险作为经营活动的首要前提。充分发挥业务条线、内控合规及内审三道防线的作用，建立事前防范、事中控制、事后监督和纠正的风险控制机制，不断夯实风险防控基础，提高风险管控能力，有效防范金融风险。

【人力资源管理】 公司高度重视人才培养，加大人才招聘力度，扩大人才招聘层面。积极招聘高端有经验的专业型人才，采取公司经营层推荐、校园招聘等方式，扩大招聘信息来源，节约了招聘时间和成本，达到了良好效果。公司通过完善绩效考评制度，优化考核方式，充分调动了员工创新热情，提高了工作效率，为公司经营目标的达成奠定了基础。

【信息化建设】 公司致力于建立以客户为中心，以产品为驱动，集中管理内外部账户，统一配置各类金融产品，建立标准的服务管理信息化平台，以 ESB 企业服务总线为技术基础，为各应用系统的服务和数据交互提供安全、高性能、可扩展的系统集成平台，实现外接模块的“即插即用”。力争通过提高信息化水平，促使业务办理更加及时高效和智能化，努力打造具有行业特色的信息化管理系统。

【企业文化建设】 为营造积极向上的企业文化氛围，公司以培训、团队建设活动为抓手，丰富员工业余生活，增强员工归属感和团队凝聚力。同时，公司成功举办了成立十周年庆典活动，展示员工风采，突出企业文化。

【党建工作】 2018 年，公司党支部在集团党委的正确领导下，坚持以学习宣传贯彻党的十九大精神为主线，认真学习习近平总书记系列重要讲话精神，深入推进“两学一做”学习教育常态化制度化，大力推进党风廉政建设，充分发挥党支部的战斗堡垒作用和党员的先锋模范作用，为公司营造了良好的工作氛围。

杭州锦江集团财务有限责任公司

【集团概况】 杭州锦江集团（以下简称“集团”）1983 年始创于浙江临安，历经三次产业结构调整，已形成以环保能源、有色金属、化工新材料为主产业，集贸易与物流、投资与金融于一体的现代化大型民营企业集团。2018 年，集团回归主业、收缩战线，各项经济指标保持稳步增长，综合实力继续提升，列中国企业 500 强第 193 位，列中国民营企业 500 强第 51 位，自 2000 年起连续被评为 AAA 级信用企业。

【经营概况】 2018 年，杭州锦江集团财务有限责任公司（以下简称“公司”）坚持“立足集团、服务主业、规范经营、稳健发展”的经营方针，各项基础工作扎实稳健、成效显著。2018 年，总资产较年初增长 466. 10%；总负债较年初增长 54180%，资产、负债同比有较大幅度增长；所有者权益增长 4. 64%，各项监管指标均稳步提升。

【服务实体】公司积极发挥自身优势，聚焦“三去一降一补”的各个重要环节，全力服务集团推进供给侧结构性改革，取得了积极成效。公司作为最贴近实体经济的金融机构，身体力行，成为集团供给侧结构性改革典型而有力的实践者。

【信贷业务】2018 年公司信贷投放主要集中于制造业企业，为集团重点企业转型升级提供资金支持；公司根据成员单位的实际需求制定综合性金融服务方案，提供贷款、承兑、贴现等一揽子金融产品。2018 年公司对多家成员单位提供授信，年末贷款余额较 2017 年增长 124%。

【资金业务】随着资金集中力度的加大，公司不断加深介入集团的资金计划管理，通过加强资金系统建设，完善预算管理模块的功能，不断推动集团资金计划管理的精细化。通过建立数据库、加强量化管理、设计资金头寸计划表等方式，加强自身资金计划管理，为更好地对接集团资金管理、充分发挥职能、提高自身经营绩效创造条件。

【票据业务】公司积极申请开展票据业务，2018 年 7 月公司通过建设银行代理接入电票系统，2018 年 10 月申请成为上海票交所会员。公司已向上海票交所申请电票系统、交易系统全直联接入。为保障电票业务的顺利开展，公司同商业银行建立同业票据业务合作，逐步建设公司电票的流通渠道。

【资金集中】2018 年是公司正式开展业务的第一个完整年，公司因企施策，采取了“抓重点、重实效、分步走、平稳推”的原则，以系统平台为依托，以账户管理为基础，以收支两条线为核心，初步搭建了集团资金集中运营的平台。公司对外快速搭建资金归集通道，全力争取优惠存款利率，让成员单位分享公司金融牌照的红利。

【风险管理和内部控制】2018 年公司坚持依法合规经营，进一步健全全面风险管理体系，加强资本管理及有效运用，加强应急演练，强化应急管理，并设立“强风险　抓执行”合规提升项目，着力内部检查、审计，开展员工培训，树立员工“知道底线、不踩红线、敬畏触线”的合规意识，保障业务经营规范有序开展。公司风险防控能力与管理水平稳步提升，各项监管指标均优于监管标准，各类风险水平较低，资产质量良好，未出现经营风险、合规风险及金融案件，总体风险状况良好。

【人力资源管理】公司高度重视专业人才队伍的建设。一方面，加强专业人才引入，建立干部培养机制。创造条件吸引各类专业人才，建立人才储备体系，对具有潜力的员工进行“一对一，结对子”的重点定向培养；另一方面，落实内外部培训，提高员工专业素养。对内建立了系统的内部培训机制，积极组织内部培训，对外，选派业务骨干参与各条线业务学习和交流，提高公司员工的整体水平及专业素养。多措并举，逐步建立具有专业性、岗位匹配性的人才梯队。

【信息化建设】2018 年，为了进一步加强信息安全建设，公司聘请外部机构对所使用的核心业务系统进行了信息安全等级保护测评，从 IT 基础设施以及软件、网络安全、数据存储等多方面入手进行了系统排查，在日志服务器备份、网络安全管理以及终端防外联等多方面进行了优化，有效地提高信息系统和信息安全建设的整体水平。

H

航天科工财务有限责任公司

【集团概况】中国航天科工集团有限公司（以下简称“集团”）是特大型高科技企业，由总部、6个研究院、17个全资或控股公司及直属单位构成，共有超过500余户企业和机构，分布于国内各省、自治区、直辖市以及20余个国家和地区。

【经营概况】2018年，航天科工财务有限责任公司（以下简称“公司”）资产总额达到819.76亿元，同比增长10%；实现营业收入20.48亿元，同比增长16.9%；利润总额12.6亿元，同比增长7.96%；净利润9.42亿元，同比增长7%。截至2018年末，公司在职员工77人，平均年龄39岁，本科以上学历占比为92.20%，硕士及以上学历占比为50.65%。

【服务实体】公司密切关注集团“十三五”规划与相关产业发展政策，加大对集团战略性新兴产业、新动能产业和军民融合产业的支持力度，全年累计发放优惠贷款4.7亿元。

【资金集中】公司不断提高资金归集能力，年末吸收存款规模达到774.2亿元，同比增长9.97%，再创历史新高；平均资金集中度达到84.57%，同比提升3.36个百分点；借助“支付通”安全、高效、便捷的在线支付服务，顺利在集团总部、一院、七院等9家单位推行代理结算试点业务，全年办理代理结算业务1409笔，涉及金额28.63亿元，通过“支付通”增加资金归集账户93个，实现资金集中31.5亿元；通过与中行、工行签署《外汇资金集中运营业务服务协议》，可归集资金的范围不断扩大，为后续进一步提高资金集中度、更好服务成员单位奠定了基础。

【信贷业务】全年信贷业务日均规模达到91.68亿元，实现信贷收入3.68亿元；全年对194家成员单位进行逐一授信，累计金额724.61亿元；贷款集中度达到66.67%，同比提高1.93个百分点。

【票据业务】公司大力推广票据业务，全年实现票据贴现16.78亿元，日均贴现规模2.57亿元，票据承兑10.37亿元。

【资金业务】公司通过精耕细作同业业务，合理配置资金，提高周转效率，提升资金收益水平，全年累计实现同业收入16.57亿元，同比增长23.8%，综合收益率达到4.33%，同比提高0.34个百分点。

【统保业务】公司积极发挥统保实施平台作用，为成员单位提供个性化保险服务，推行车辆保险代扣代缴业务，协助成员单位完成车险、非车险的投保和理赔工作，涉及保险保障金额225.81亿元，实现了集团统保集中率100%的目标。

【风险管理和内部控制】2018年，公司一是开展公司业务全面风险排查，针对发现问题及时制定整改措施并形成长效机制；二是加大对业务开展过程中的动态监控，确保业务开展依规合法；三是持续推进公司风险防控长效机制建设，公司重大决策、经济合同、规章制度实现100%法律审核；四是首次开展不良资产核销专项审计，高效发挥内部审计风险防控作用；五是认真贯彻落实集团审计工作“3+1”机制，针对2018年内外部检查发现的问题，逐条落实整改责任，整改完成率达到100%；六是制定涉及业务操作和基础管理等17项工作流程的《业务操作手册》，利用审计成果推动公司正规化建设，落实长效机制。

【人力资源管理】2018年，公司一是稳步推进“十三五”人才发展规划落地，不断加强人才队伍建设，打破干部只能上不能下的固有模式，严把干部选拔任用标准；二是持续拓宽员工成长通道，开展员工专业技术职务评聘，5名员工专业技术职务得到晋升；三是严格执行工资总额预算控制，实现人均工资增长率5.75%。

【信息化建设】2018年，公司一是完成集团智慧企业平台与新一代核心业务、电子票据等多个内部系统的消息待办及单点登录集成，为全面实现商密网访问奠定了基础；二是高质量落实“业财一体化”建设目标，实现ERP系统与财务共享系统和合并报表系统的集成，自动入账率达97%以上；三是新一代核心业务系统进一步优化，为年度评级授信和代理结算业务推广工作保驾护航；四是纸电票据交易融合系统成功接入中国票据交易系统并成为首批接入的会员单位，为进一步防范票据业务风险、盘活票据资源奠定了基础；五是打造公司技术创新服务品牌，推出“短信通”“归集通”等技术服务产品，有效提升集团资金管理水平；六是接口版征信系统和统一监管报送平台系统成功上线，在满足监管评级要求的同时，提高了监管报表报送效率和质量以及风险管理的信息化水平。

【党建工作】2018年，公司一是深入学习贯彻习近平新时代中国特色社会主义思想和党的十九大精神，公司中层以上领导人员全部完成党的十九大精神集中轮训；二是落实“党建工作规范提质年”要求，针对党建工作的薄弱环节和主要问题持续发力，工作质量逐步提升；三是学习贯彻《中国共产党支部工作条例（试行）》，对两支党员突击队进行授旗，有效解决了基层党建工作与中心工作的融合问题，党在基层的战斗堡垒作用得到发挥；四是聚焦支部建设，组织编写《党支部标准化工作手册》，通过开展主题党日活动树立各支部的特色品牌，为公司经营发展凝聚强大的组织保证和精神动力；五是结合金融行业特点，开展各类专项督查，巩固落实中央八项规定及其实施细则精神成果，驰而不息地对违反八项规定精神等有关问题保持高压态势，严防巡视发现问题的复发回潮；六是加强全员职业操守管理，研究制定《员工行为守则》，通过建立行为正、负面清单的方式，明确各项廉洁要求；七是开展内部巡察，强化纪检监察垂直管理，构建上下联动的监督网，做到“强监督”。

航天科技财务有限责任公司

【集团概况】中国航天科技集团有限公司（以下简称“集团”）于1999年7月经国务院批准，在原中国航天工业总公司所属部分企事业单位基础上组建成立。作为我国航天科技工业的主导力量，集团创造了以载人航天和月球探测两大里程碑为标志的一系列辉煌成就，为推进国防现代化建设和国民经济发展作出了重要贡献。

【经营概况】2018年，航天科技财务有限责任公司（以下简称“公司”）各项管理工作稳步推进，主要经营指标持续稳健增长，全年实现营业收入35.10亿元，实现利润总额19.22亿元，总资产、净利润继续稳居行业前十名。公司荣获中国财务公司协会“行业课题研究突出贡献单位”“最佳履行社会公益责任奖”等荣誉。

【服务实体】深入推进资金集中管理，开展跨境资金集中、上市公司资金集中、统一支付结算等研究，稳步推进人民币跨境归集渠道建设，全口径资金集中度稳步提升；做好集团资金管理系统信息维护，初步实现成员单位资金情况在线监控。配合集团出台委托贷款、委托理财管理制度，促进委托业务的统一规范化管理。

【信贷业务】主动适应集团产业结构调整，持续推行“有保有压”信贷政策。开展资产证券化分析与论证，协调合作银行开展联合保理业务，实现集团层面应收账款下表处理，优化集团整体负债结构。积极拓展产业链上游业务，谨慎开展产业链下游业务，积极开展买方信贷业务，缓解成员单位采购支付压力，促进成员单位产品销售。

【资金业务】充分利用各种信贷产品满足集团产业多元化融资需求，主动适应集团产业结构调整目标，执行差别化信贷利率，并在风险可控的前提下，拓展收益率较高的产业链金融业务。主动管理流动性，通过合理安排同业存款期限及融资错配增加收入。

【投资业务】努力捕捉债券市场机会，积极克服严监管强监管等实际困难，创新性投资收益率较高的非公开定向债务融资工具（PPN）、股票资管产品、FOF 等产品，实现固收类投资收入。加强同业存款配置，合理预判市场走势，通过扩大交易对手等方式，捕捉价格高点，实现较好收益。

【票据业务】累计为 203 家外部客户开展产业链上游卖方票据贴现业务；进一步推广网银服务、提高结算效率，完成票据交易所上线相关工作。

【外汇业务】结合公司近年跨境外汇资金集中、收付汇、结售汇工作经验，系统修订各项外汇制度，形成系统的外汇结算操作规范。主动挖掘让利于成员单位的其他业务渠道，通过免收结算手续费、结售汇价差等措施为成员单位节省财务费用。

【资金集中】深入推进资金集中管理，开展跨境资金集中、上市公司资金集中、统一支付结算等研究，稳步推进人民币跨境归集渠道建设。

【业务创新】2018 年 8 月，公司与中国邮政储蓄银行开展首单转贴现（卖出方向）业务，转让票据共计 7 张，为公司在主动负债方面实现了新的突破。通过开展票据转贴现业务，可在满足成员单位融资需求的同时，释放出一定信贷规模。

【风险管理和内部控制】持续推进公司治理和法治建设，完善“三重一大”决策管理，建立公司董事、监事的履职评价体系，开展董事、监事履职能力培训，更好地发挥“三会”在公司治理中的作用。完善全面风险管理和内控体系建设，优化三道防线体系，形成横向三层、纵向十二类的分层分类规章制度体系，提升整体风险管控能力。开展风险管控审计和管理效能审计，全面落实审计整改，促进公司提升风险防控能力、提高管理效率。

【人力资源管理】树立重实干重实绩的选人用人及评价导向，全年新提拔 3 名领导干部，进一步优化了干部队伍结构。开展中层干部专项培训，通过领导力测评、线上线下培训学习、实战演练、集中研讨等多种形式，强化干部能力培养和实践锻炼。加强人才梯队建设，集中引进知名高校优秀应届硕士毕业生。

【信息化建设】持续推进新核心系统建设、大数据系统应用与信息化安全建设，信息系统稳定安全运行，新核心系统进入开发测试阶段，大数据系统促进金融信息统计、分析、管理的效能初步体现。

【企业文化建设】持续加强具有航天特色、体现公司特点的文化体系建设，制定《企业文化建设 2018—2020 年实施方案》，组织青年赴一院、四院和六院等单位开展参观火箭总装车间、发动机试车、徐立平班组、一线青年面对面等一系列航天精神教育活动，增强全员的归属感、自豪感和责任感，进一步调动全员干事创业的激情。

【党建工作】聚焦全面从严治党，狠抓党建与党风廉政建设，确保党组织“把方向、管大局、保落实”作用落到实处：强化政治引领，积极探索实践公司制企业党委发挥作用的有效途径，全年党委会集体研究审议多项董事会议案，发挥党委“把方向、管大局、保落实”的核心作用。强化党风廉政建设“一岗双责”的落实，对各级领导干部签订党风廉政建设责任书，建立公司党委管理干部廉洁情况“活页夹”，打造清正廉洁、忠诚可靠的干部队伍。

河北港口集团财务有限公司

【集团概况】河北港口集团有限公司（以下简称“集团”）是河北省国资委监管的省属重点国有独资企业，省内首家布局 A + H 股双资本平台的国有企业，是集港口建设、开发，国有资产运营、管理以及投融资功能于一身的综合性企业集团。截至2018年末，集团职工约15000人，总资产578亿元，直接投资企业51家，其中，全资公司15家、控股公司10家、参股公司26家，业务涉及港口运营、投资金融、港口物流和园区经济等多个领域。

【经营概况】2018年，河北港口集团财务有限公司（以下简称“公司”）强化管理机制建设，严格全面风险管控，全面完成年度各项工作任务。截至2018年末，公司资产总额61.44亿元，比年初增长52.31%。全年实现利润总额0.59亿元，比上年增长28.26%。公司被河北省财政厅评为“2017年度省属金融企业财务决算报表先进单位”。

【信贷业务】公司合理确定信贷规模和投向，建立流动资金贷款、固定资产贷款、银团贷款、票据贴现等多品种、多期限的信贷业务组合，逐步增加信贷投放量。2018年末自营贷款余额15.70亿元，比年初增长61%。此外，通过同业合作、委托贷款、财务顾问等多种途径，提高对成员单位的融资支持，进一步拓展了金融服务功能。

【资金业务】截至2018年12月，公司开户单位72家，年末全口径资金归集度约为79.20%，比上年提高8.95个百分点；积极探索以财务预算为引领的资金计划与流动性管理模式，动态统计成员单位资金收支计划，将预算目标分解细化到各业务品种，合理确定结算性资金头寸，优化资金运用；将同业存款与同业拆借、同业投资有效配合，确保资金流动性；开展不同期限的资管产品、货币市场基金等金融产品投资，并尝试开展债券主动投资，进一步提高资金效益。

【风险管理和内部控制】公司认真执行全面风险管理规划，细化分解落实，充分发挥“三道防线”作用，全年实现了无案件、无事故、无不良、无重大资金损失“四无”目标；加强制度建设，全年新增和修订管理制度65项，修订业务操作规程5项，管理制度达到132项，操作规程11项，进一步健全了内部控制体系；强化重点业务风险策略、风险审查和日常风险监测，严格执行贷前征信查询，严防信用风险；通过稽核审计和内部控制评价，提出30项经营管理缺陷和改进建议，并监督整改落实，不断提高稽核审计效率和效果；按照审慎原则，贷款拨备由1.5%提升至2.5%，增强了风险抵御能力。

【信息化建设】公司成立信息科技管理委员会，履行信息科技决策和管理职责，有效控制信息科技风险；结合成员单位业务需求，启动资金管理信息系统二次开发项目，持续提升系统功能；完成双路电力改造，完善同城灾备数据中心；扎实推进软件正版化工作，启动了正版软件计划外投资项目，并完善配套制度措施；电子票据系统上线运行，为加强集团票据管理，扩大商业汇票运用、拓展融资渠道、降低融资成本搭建了基础平台。

【人力资源管理】公司通过开展金融法规培训、金融法规知识竞赛、金融课题成果评选系列活动，持续强化员工对金融法规的学习和运用；鼓励从业人员考取专业资格，选派专业人员轮流赴财富证券公司参加交易员专业培训，已有7人具备证券从业资格，9人具备本币交易员从业资格，2人具备中债债券托管结算业务从业资格，4人具备反洗钱岗位资格，2人具备上海清算所结算业务从业资格，为集团金融产业发展建立了专业人才储备。

河北建投集团财务有限公司

【集团概况】2018年，河北建设投资集团有限责任公司（以下简称“集团”）坚持以习近平新时代中国特色社会主义思想为统领，树牢“四个意识”，坚定“四个自信”，践行“两个维护”，以高质量发展为主题，以深化供给侧结构性改革为主线，强党建、促转型、推改革、抓管理、控风险，各项工作取得了积极成效。

【经营概况】2018年，河北建投集团财务有限公司（以下简称“公司”）在集团和公司董事会的正确领导和大力支持下，紧紧围绕集团发展战略和工作部署，积极拓展创新业务，加大服务主业力度；持续做好能力提升，努力打造专业化的金融服务团队。截至12月末，公司资产总额126.27亿元，负债总额113.32亿元，所有者权益12.95亿元，实现营业收入2.6亿元，拨备后利润总额1.54亿元。

【服务实体】公司一是积极与火电企业进行对接，采用流动资金贷款、快循贷、法人账户透支等多种产品组合解决火电企业“燃煤之急”。二是支持集团参与国家新一轮电力体制改革，为成员单位开具履约保函。大力支持集团参与地方政府优质PPP项目。积极助力成员单位开拓业务并转型升级。

【信贷业务】2018年，公司灵活配置信贷资源，优化信贷结构，满足成员单位资金需求。累计贷款投放138.92亿元，无不良贷款；实现日均贷款余额42.73亿元。截至2018年12月31日，贷款余额46.38亿元，同比增加2.55亿元，增幅为5.82%。

【资金业务】公司一是提前掌握集团及各成员单位的债券本息偿还、国库缴存、项目投资等固定资金支付项目，通过资金支付计划的预见性管理，深入保持资金链条稳定；二是及时关注临时大额支出，重点跟进走款情况；三是强化突发大额资金支付应对机制，通过对沉淀资金的多期限流动性配置，有效降低备付资金，提高集团整体资金运营效率。

【投资业务】公司开展买入返售、流动性理财产品等在内的同业业务和有价证券投资业务，在保证资金流动性、风险可控的情况下，高效实现资金保值增值。此外充分融入并利用银行间拆借市场、银行间票据市场等资金市场资源。

【票据业务】2018年，公司电票系统正式上线。公司先后为13家成员单位承兑电子汇票202张，在工程款结算、物资款支付等方面广泛应用，为成员单位节省财务费用。

【资金集中】截至2018年末，吸收存款余额113.01亿元，较2017年末增加27.11亿元，首次年末存款额突破百亿元大关；2018年日均存款68.66亿元，同比增长13.57%。保持了较高的资金归集水平，年末全口径资金归集度为81.23%，可归集口径归集度达99.36%，基本做到了应归尽归。

【业务创新】开展国债逆回购业务，共开展国债逆回购业务177.25亿元，实现资金收益1631.44万元，利率较同期同业定存均价高121个基点，较同期Shibor均值高95个基点。

【风险管理和内部控制】公司一是针对全面风险管理、整治市场乱象、扫黑除恶、与互联网金融企业的业务往来等方面开展多项风险排查工作；二是完成信息系统异地灾备系统建设，实现业务数据的异地备份；三是全面梳理管理制度，优化信贷业务审核流程，对各环节工作进行整合，减少重复环节，有效提升信贷业务在调查、审核、审批等环节的流转效率和办理实效。

【人力资源管理】2018 年，公司一是根据业务开展优化部门设置，增设资金运营部和党群工作部，及时组织各部门按照新的部门设置修订部门工作职责，并根据监管要求制定岗位说明书。二是制定公司《高管人员问责机制》《员工行为管理办法》等制度。三是营造积极学习氛围，打造学习型团队，共组织培训 41 次，开展公司内部讲堂 8 次。

【信息化建设】公司一是顺利完成上海票交所现场验收，正式接入上海票据交易所 ECDS 系统，电票系统投入使用；二是配合业务部门系统开发需求，自动化报表生成系统、反洗钱系统升级工作有序推进中；三是完成公司业务信息系统异地灾备建设工作；四是做好信息系统日常运维管理工作。

【企业文化建设】2018 年，公司积极开展形式多样的文化宣传活动，一是成立了公司通讯员队伍，发表在报纸、杂志、网站上的各类宣传信息累计 57 篇；二是开展三八妇女节“盆景手作”活动；三是开展“红色七月读书交流会”活动；四是开展“金融知识进社区”宣传活动。

【党建工作】2018 年，公司不断提升基层党建工作水平，一是把深入学习贯彻习近平新时代中国特色社会主义思想和党的十九大精神作为首要政治任务，开展宣传教育活动；二是落实全面从严治党责任，扎实开展党建工作。坚持把“两学一做”融入日常、抓在经常，推进“两学一做”学习教育常态化制度化。制定《党支部工作规范》，明确了党支部设置、班子队伍建设等目标任务要求；三是抓牢党风廉政建设，打造廉洁自律队伍。召开 2018 年党建暨党风廉政建设工作会议，逐级签订责任书，组织全体党员到鹿泉监狱进行警示教育，强化合规守纪的红线意识。

河钢集团财务有限公司

【集团概况】河钢集团有限公司（以下简称“集团”）以钢铁材料为主业，横跨矿山资源、装备制造、现代物流、金融服务、能源化工等相关多元产业，截至 2018 年末，实现年营业收入 3370 亿元，总资产 4364 亿元，拥有一级子分公司 30 余家。2018 年，于勇董事长当选世界钢协新一届领导人；集团获评中国国际化程度最高的钢铁企业、中国全球化企业 50 强、“一带一路”十大先锋企业；蝉联中国钢铁企业竞争力极强“A +”最高评级。

【经营概况】2018 年，河钢集团财务有限公司（以下简称“公司”）紧紧围绕“坚守风险底线，持续创新拓展金融服务”这一工作主线，开拓集团内外两个渠道资源，大力推动集团产融结合，实现公司稳健良性发展。截至 2018 年末，公司资产总额 246.16 亿元，负债总额 216.79 亿元，所有者权益 29.37 亿元。分别比年初增长 49.8%、57.8% 和 9.01%；全年累计实现营业收入 7.23 亿元、利润 3.24 亿元，分别比年初增长 29.77% 和 40.19%。无不良贷款、不良资产，各项监管指标均符合监管要求。

【信贷业务】2018 年，公司积极拓展融资渠道，争取金融机构授信支持，为集团获取低成本外部资金，满足成员单位融资需求。累计办理信贷业务 385.32 亿元，其中循环贷款、短期贷款、委托贷款等信贷业务 266.94 亿元，票据业务 118.39 亿元。年末贷款余额 140.94

亿元。

【票据业务】公司通过新增招行票据池、延长票据池融资期限、争取人行县域经济政策支持等，进一步拓展票据业务合作范围、拓宽融资渠道、降低资金成本。2018 年累计开展票据贴现 18.87 亿元，电票承兑 35.14 亿元，再贴现 7.89 亿元，转贴现 0.03 亿元，票据池融资 56.45 亿元。

【资金业务】公司充分发挥金融同业优势，探索开展同业存款分层计息方式，在银行的存款按日终账户项下活期存款时点余额分档计息，利率较以往提高了 27.27%；同时强化同业拆借业务，以相对较低的资金价格，为临时性资金紧缺的成员单位及时提供流动性资金，2018 年累计办理同业拆借业务 19 亿元。

【投资业务】公司积极发挥财务公司金融属性，在严守安全和合规底线基础上，利用同业拆借、国债逆回购等金融工具，借助收益凭证、同业存单等金融产品，通过采取分层配置、定制议价和锁长放短等投资策略，实现资金创效能力进一步提升。2018 年，公司累计开展银行间和交易所市场理财投资业务 498.82 亿元，实现收益 4915 万元，综合收益率为 3.52%。

【资金集中】公司以资金集中管理为主线，执行差异化集中方案，探索更加有益的资金归集方式，提升资金管理信息化水平，持续推进账户上线，资金集中度稳步上升，截至 2018 年 12 月末，全口径资金集中度为 54.62%，可归集口径资金集中度为 90.87%，分别比年初增长 8.57% 和 0.18%。

【业务创新】2018 年 9 月 30 日，公司在集团与建行签署的市场化债转股业务合作框架协议下，利用市场化债转股政策，将河钢唐钢、河钢宣钢两公司的流动资金贷款累计 14 亿元的信贷资产转让至建信金融资产投资公司，为集团引入了长期外部资金；持续深化金融产品及服务创新，研究制定出保函业务的流程手续，于 2018 年 12 月 5 日开出了首单履约保函。

【风险管理和内部控制】2018 年，公司在董事会下增设信息科技管理委员会和审计委员会，修订、补充、完善制度 22 项；加强风险的过程控制及事后监督评价，全面开展信用风险检查、投资理财和票据业务专项检查，梳理、查找风险隐患、弥补短板；强化反洗钱合规管理，全面落实人行加强反洗钱客户身份识别工作的精神和反洗钱现场检查要求；购买及部署反洗钱黑名单数据库，切实加强客户可疑交易监测；补充修订反洗钱相关制度和身份识别业务流程等。

【人力资源管理】公司深化多维度、立体化员工培训长效机制。一是坚持关键岗位轮岗机制，在实践中培养人才。二是坚持内部轮训竞赛制。派骨干出去学，再由其对全员培训，或按部门轮流授课，受训人员对讲师打分评价，检验评比培训效果。三是与集团经营财务部开展联合培训，普及金融知识，防范风险交叉传导。四是鼓励员工参加专业资格考试。2018 年，对 7 名员工进行轮岗，外派培训 16 人次，内部轮训 140 人次，联合培训 298 人次，考取银行、交易员等从业资格 5 人、高级职称 1 人。

【信息化建设】2018 年，公司继续完善金融信息科技平台建设以支撑业务发展，实施公司业务系统与集团内部银行系统对接并上线运行，贯通集团银企直联平台，实现集团资金集中一体化；对接上海票交所，顺利完成中国票据交易系统直联的接入工作；建设 EAST 数据采集报送系统，实现各类监管数据合规报送；搭建外汇系统结售汇模块，通过外汇业务资格信息系统现场检查验收；按照银监局要求，按期搭建完成异地灾备中心并投入运行，提升系统安全防护能力，确保业务连续性。

【企业文化建设】公司与大型银行机构在业务合作的良好基础上，通过青年互动、工作互助、优势互补、经验共鉴、资源共享等方式开展共建活动，联合开展青年志愿服务等。2018 年 5 月，获得共青团河钢集团有限公司委员会颁发的“五四青年团支部”荣誉称号。紧密结合金融特色，积极开展“珍爱信用记录，享受幸福人生”“防范和打击非法集资”“普及三反知识，防范洗钱风险”等主题宣传活动，普及相关金融知识，引导员工和社会公众强化合规意识、防范意识、信用意识与维权意识，形成健康的金融消费习惯，确保公司合规发展，促进社会和谐稳定。

河南能源化工集团财务有限公司

【集团概况】河南能源化工集团有限公司（以下简称“集团”）是经河南省委、省政府批准，分别于2008年12月、2013年9月经过两次战略重组成立的一家国有独资特大型能源化工集团，产业主要涉及能源、化工、金融、有色金属、装备制造、物流贸易、建筑矿建、现代服务业等产业，主要分布在河南、贵州、新疆、内蒙古、青海、陕西等省（自治区）。拥有煤炭产能近1亿吨，化工产能合计近1000万吨。

【经营概况】2018年，河南能源化工集团财务有限公司（以下简称“公司”）紧扣“化解债务风险”和“强化金融服务”两大主题，主要经济指标整体呈现稳中向好、稳中提质态势。2018年，公司实现营业收入6.94亿元，实现利润总额4.83亿元。

【服务实体】开展信贷资产转让，盘活公司资产。将公司持有的中原大化公司的贷款7亿元债权等额转让给中原资产公司，盘活公司信贷资产，提高资金使用效率，拓宽了集团的融资渠道，盘活了非流动性信贷资产，为集团提供了急需的资金支持。同时，公司也在这项业务开展过程中转变了经营理念，大胆创新，将放贷模式由传统的“贷款—回收—再贷款”转变为“贷款—转让—再贷款”的经营模式，打破了资金来源和资金运用的传统观念。

【信贷业务】2018年，公司根据集团及子公司资金需求，优化信贷投放结构，通过“减收让利”，降低成员单位财务费用，支持集团企业实体经济发展。2018年发放自营贷款11笔，金额27.47亿元；发放委托贷款20笔，金额21.82亿元；办理贴现3笔，金额7.5亿元；签发电子银行承兑汇票17笔，金额29.26亿元。

【资金业务】一是积极发挥金融服务功能，快捷高效办理结算业务；二是通过加强成员单位外部账户管理、监控支出账户限额执行情况等措施提高资金集中管理，努力提高资金集中度；三是充分发挥预算管理职能，按照集团公司下发的预算额度及预算执行时间审批预算，杜绝超预算、无预算审批预算的情况；四是发挥票据池功能建立票据池，积极协助成员调剂使用电子银行承兑汇票，盘活资金。

【票据业务】2018年，公司为集团成员企业签发电子银行承兑汇票115张，总金额29.26亿元，帮助集团及子公司降低成本，提高资金使用效率。公司根据集团成员单位的经营需求，及时办理票据贴现7.5亿元，帮助集团成员单位解决生产经营急需资金。

【资金集中】2018年，公司一是借助贷款的时机，对参股单位安阳大众煤业的收入账户进行了授权，实现了自动归集，同时，支出账户能够进行查询，也是一个突破。二是监控支出账户限额执行情况。指定专人不定期地检查各成员单位外部支出账户资金存款情况，对存款额度超限额的账户及时进行上划归集到公司。三是对成员单位到期贷款的续贷资金及时跟踪，到账后督促转入公司账户，从而增加资金集中度。

【风险管理和内部控制】2018年，公司一是加大风险管理组织架构建设，强化董事会、高级管理层的风险管理责任，将各项经营风险管理纳入全面风险管理体系，及时修订完善风险管理制度。二是完善经营风险事件应急预案及内外部联动处置工作机制、应对机制，确保

H

公司能够充分识别和及时处理可能导致经营风险的事件。三是强化风险管理培训，确保风险管理渗透到公司的每一个环节，公司采取各种有效措施，正确识别信用、市场、操作、流动性风险因素。四是认真开展风险排查工作，范围全覆盖，保证各项风险管理政策的执行。五是通过对重点领域开展自查、整治、评估，在全面排查的基础上，列出的问题清单，确保整改到位，消除内部控制隐患和漏洞。

【人力资源管理】2018 年，公司人力资源工作紧紧围绕公司工作目标开展各项工作：一是积极支持员工参加人民银行、银保监会和中国财务公司协会等组织的各类业务培训，不断提升员工的专业素养；二是认真贯彻执行集团对金融板块的发展思路，拓展新业务，扩大融资规模。公司结合实际情况及未来发展要求，制定了定编定员实施方案，为公司的定编定员工作打下了坚实的基础。

【信息化建设】2018 年，公司在信息科技软硬件建设方面均有较大举措。软件方面，对资金管理系统持续进行了改造优化，特别是 4 月底至 5 月初对电子商业汇票系统进行了大版本的升级，业务处理效率有了极大的提高，业务处理时延大大缩小，赢得了客户广泛好评。硬件方面，对信息科技关键硬件设施进行了更新，促进了软件性能的提升，保障了系统的安全稳定运行。

【企业文化建设】坚持做好舆论导向的宣传和引领，宣传好公司各部门工作的推进情况，通过多种形式的教育，给干部员工讲清形势，提振信心，突出抓好针对性强的主题教育活动，形成全员工作合力。

【党建工作】坚持以习近平新时代中国特色社会主义思想为指导，始终坚持“围绕安全抓党建，抓好党建促合规”的工作思路，强化理论武装，紧密结合工作实际，积极探索当前形势下加强和推进党建工作的新思路、新途径，围绕活动形式抓创新，丰富党课教育形式，并设计了党建“文化走廊”，受到了省委组织部及集团领导的一致好评。

河南双汇集团财务有限公司

【集团概况】河南省漯河市双汇实业集团有限责任公司（以下简称“集团”）是中国最大的肉类加工基地，农业产业化国家重点龙头企业，总部在河南省漯河市，在全国 18 个省（市）建有 30 多个现代化的肉类加工基地，年产销肉类产品 300 多万吨，拥有近百万个销售终端。

【经营概况】2018 年，河南双汇集团财务有限公司（以下简称“公司”）坚持“立足集团、服务集团”的经营宗旨，依法合规经营，规范运作，稳健发展。截至 2018 年末，公司总资产 56.45 亿元，净资产 10.53 亿元，实现利润 1.8 亿元，各项监管指标均符合监管要求，获漯河银保监分局金融统计劳动竞赛三等奖，获人民银行漯河市中心支行反洗钱调研三等奖，连续 3 年获得市政府经济发展特殊贡献奖。

【服务实体】公司利用“汇融通”资金管理系统，对集团全部账户实时监控，每日上收，保障资金安全。2018 年，累计办理结算业务 22 万笔，金额 4332 亿元；累计发放贷款 80 亿元，有力地支持了集团主业发展。

【信贷业务】公司为企业办理贷款业务中下浮贷款利率，全部实行信用贷款，减免中间费用，提高审批效率。2018 年，公司审核授信 27 家，金额 68 亿元；年末贷款余额 38 亿元。

【资金业务】2018 年，公司一是实行资金周计划管理，提前测算集团资金收支情况，合理安排资金运用。二是做好资金期限搭配，保证公司流动性，提高资金收益。三是做好资金头寸管理，收集市场利率报价，确保公司收益最大化。

【票据业务】大力推进电票业务，为成员单位提供便捷、高效、安全的金融服务。2018年，公司办理105笔贴现，累计金额16亿元。2018年9月，公司成功取得上海票交所会员资格，加入票交所系统。

【资金集中】一是建立高效的资金结算系统。与工行、农行、中行、建行、招行、邮储银行、兴业银行及中原银行八大行建立了银企直联，实现了成员单位银行账户与财务公司账户的直接关联。二是严格控制成员单位银行账户。要求全部成员单位账户集中在财务公司，定期排查各成员单位的银行账户，及时清理长期无业务的冗余账户，对新增账户严格审查，对所有银行账户进行适时监控。三是严密监控归集成员单位银行账户资金。实时把控成员单位银行资金情况，每个银行账户资金余额当日不得超过1000元，多余资金全部归集到财务公司账户，有效提高资金集中度。截至2018年末，公司资金集中度达到74.45%。

【业务创新】2018年7月，公司加入中国外汇交易中心暨全国银行间同业拆借中心，取得同业拆借业务资格。截至2018年末，共办理同业拆出业务13笔，累计金额11亿元，余额4.5亿元，累计实现利息收入803万元。

【风险管理和内部控制】一是制定了风险管理政策和资本充足率风险管控方案、流动性风险预案和市场风险管控预案，规范风险防范流程。二是持续完善9大类124项标准化管理制度，审核修订业务类法律文本，防控法律风险。三是开展全面风险评估检查，整改各项风险隐患，提升合规风险意识。四是加强风险指标监控，确保各项指标符合监管要求。截至2018年末，公司资本充足率为23%，流动性比例为63%，拨贷比为1.6%，不良资产比率和不良贷款率均为零。

【人力资源管理】公司全面梳理了人力资源管理制度，建立科学、规范、有效的人力资源管理体系。一是建立了竞聘上岗制度，所招聘人员均通过报名、资格初审、笔试、面试和竞聘演讲，做到公正、公平、公开；二是建立全员培训制度，全年组织各类培训31次，外部培训12次；三是实行年度业务述职制度，综合述职实行末位淘汰制，提高干事创业的积极性。

【信息化建设】2018年，公司一是规范管理体系，优化业务审批OA流程，强化风险把控。二是完善信息化管理制度及应急预案，加强数据安全管理。三是加强系统建设，根据业务需要，优化核心业务系统功能模块。四是接入上海票交所交易系统、全国银行间同业拆借中心系统，为业务开展搭好平台。五是落实监管要求，升级反洗钱系统等，提升防范金融风险能力。

亨通财务有限公司

【集团概况】亨通集团（以下简称“集团”）是服务于光纤光网、智能电网、大数据物联网、新能源新材料等领域的国家创新型企业，拥有全资及控股公司70余家（其中3家上市公司），产业遍布全国13个省，是中国光纤光网、电力电网领域规模最大的系统集成商与网络服务商，跻身中国企业500强、中国民营企业100强、全球光纤通信前3强。

【经营概况】2018年，亨通财务有限公司（以下简称“公司”）认真贯彻各项合规经营要求，着力提升集团资金管控和金融服务功能，不断完善法人治理、风险内控工作。2018年末，公司资产总额22.48亿元，较年初增长69.31%；负债总额为29.98亿元，较年初增长102.77%；全年实现营业收入0.74亿元，同比增长46.42%；实现净利润0.38亿元，同比减少1.21%。年末资本充足率为26.65%，各项监管指标均符合要求。

【信贷业务】2018年，公司在履行好集团资金集中管理职能、确保集团资金链畅通的同时抓好自营业务，全年累计为18家成员企业授信，授信金额为38.9亿元；累计办理贷款60笔，金额43.81亿元；贷款收回34.24亿元，均为正常收回，未发生逾期和不良；办理委托贷款共计41笔，金额34.32亿元；办理贴现36笔，共369张票据，金额4.67亿元。累计办理贴现2.4亿元，累计发放委托贷款22.68亿元，累计办理保函业务1.35亿元。

【资金管理】2018年11月，公司抽取核心企业报送资金计划，安排专人对接，及时更新资金计划，保证账面留足备付资金后将剩余资金存放在收益较高的银行或进行逆回购、购买货币基金等，提升资金收益率。账面资金不足时及时与资金管理部联系，进行提款或同业拆入，保障整个集团的资金备付。截至2018年末，资本净额8.42亿元，加权资产31.60亿元。与上年末相比，存放同业减少1.03亿元，贷款增加11.25亿元。资本充足率为26.65%。资本水平可以保障公司后续业务正常进行。

【资金集中】2018年成员单位在财务公司开户数135家，较年初增加58家；归集银行账户212户，较年初增加63户；吸收成员单位存款21.32亿元，较年初增长45.03%。公司着重提升资金归集水平，可用和全口径资金归集率分别达到75.35%和35.26%。一是加大了新增企业的开户和资金归集力度，特别是实现了对困难客户的攻坚；二是对存量单位加强资金动态监测，对账户进行深度清理，不断提高资金利用效能；三是年末实现了集团参股公司华通金租的同业存放。

【业务创新】2018年8月31日，江苏银监局批复公司新增“固定收益类有价证券投资”及“办理成员单位之间的委托投资业务”资格，财务公司业务范围拓展取得实质成效。一方面拓宽公司发展空间，改善收入结构和盈利模式，更好地兼顾资产的流动性和收益性；另一方面有利于公司协助集团以产带融、以融促产、产融结合，为集团及成员单位提供更优质全面的金融服务。

【风险管理和内部控制】公司建立了股东会、董事会、监事会，法人治理结构健全、分工合理、责任明确，2018年共召开6次董事会，3次股东会以及4次监事会，符合监管要求。2018年对照“两加强”“三违反”“三套利”“四不当”、印章管理等文件提出的各项要求进行排查，确保了公司的正常经营。全年各类业务开展未出现风险，风险可控，同时加强制度建设，梳理、制定各类制度163项，规范了各类业务、管理工作的开展。

【人力资源管理】2018年，公司内部提拔了一名业务副总经理，全面负责各项业务工作。同时加强了人才梯队建设，通过竞聘方式聘任2名员工到资金管理部、综合管理部管理人员岗位，并通过职等职级评定的方式认定了2名主任专员。强化培训工作，全年开发近30门课程，有1人获集团级讲师认证，2人获公司级讲师认证。鼓励员工加强专业知识学习，2人考取银行从业资格证，5人考取证券从业资格证。

【信息化建设】2018年，公司信息化建设以确保基础环境建设良好为前提，对信息设备定期巡检、更新、备份。按照票交所安排的日期，及时切换上线了票据交易系统、ECDS电票和纸电融合2.0系统，同时接入了上清所交易系统。为支撑公司业务和满足管理需要，不断加强对软件系统的开发和运维，新设了贷后检查报告、贷后五级分类、资金拆借、票据承兑查询、保函整体业务功能，同时调整了1104报表报送、增加存放同业明细表和资金监控余额、增加G22流动性风险监测，并在使用便捷性上做了调整，包括代发工资批量处理、付款指令自动接收自动发送等，在接口上针对SAP收款同步做了MD5码，避免了收款记录的重复，对报账银企平台进行升级等。

【企业文化建设】公司2018年继续加强企业文化工作，坚持每季度印制文化墙以宣传各项工作，同时在公司内部举办了金融理论与实务征文活动，相关文章刊登在了各类金融杂志上。公司重视内外宣传工作，全年在集团公众号发表41篇、在集团网站发表2篇、中国财务公司协会网站2篇新闻稿及文章，并通过拓展训练、标杆学习增进交流，增强员工凝聚力和向心力。

红豆集团财务有限公司

【集团概况】红豆集团有限公司（以下简称“集团”）是国务院120家深化改革试点企业之一，国家工商总局认定的商标战略实施示范企业。集团党委是全国先进基层党组织，也是由中组部发文号召全国学习的民营企业党组织。集团横跨纺织服装、橡胶轮胎、红豆杉大健康、商业地产四大领域。集团有十多家子公司，包括两家主板上市公司和一家新三板挂牌创新层企业。建立了柬埔寨西哈努克港经济特区，打造“一带一路”上的重点样板园区。集团以创民族品牌为己任，以“实业报国，共同富裕”为使命，向“千亿红豆、智慧红豆、美丽红豆、幸福红豆”目标奋进。

【经营概况】红豆集团财务有限公司（以下简称“公司”）紧紧围绕集团“2018变革发展年”的要求，坚持功能定位，稳健开展各项业务，积极主动服务集团成员单位。截至2018年末，公司实现营业收入（含投资收益）1.47亿元，比2017年增长7.30%；净利润0.82亿元，比2017年增长6.50%，资产规模36.23亿元，资本充足率为25.97%，流动性比率为85.87%。

【服务实体】公司坚持服务实体，加强对实体企业走访力度，通过深入车间、仓库、门店、访谈等方式，持续跟踪了解集团金融需求。坚持将信贷资金投向实体产业，重点服务服装连锁转型、橡胶轮胎产业、生物制药和“一带一路”建设；通过优化融资结构、推进电票业务发展、助力门店结算系统升级等举措为集团成员单位提供优质、高效、多元化的金融服务，促进集团实体经济的发展。

【信贷业务】2018年，公司通过实地走访、现场访谈、综合授信、五级分类等措施，提升贷款“三查”水平，规范信贷业务操作流程，将信贷资金投放至服装连锁、绿色生态健康产业。截至2018年末，公司共为30家成员企业授信，授信总额达到40.77亿元，比2017年增长12.66%；2018年发放贷款金额18.53亿元。

【资金业务】依托集团产业的快速发展，公司结算平台的功能也得到了很好的体现，截至2018年末，公司的结算业务共有开户成员单位85家，结算金额2357.07亿元，较2017年增长16.21%，结算笔数149990笔，较2017年增长5.26%。同时，有效控制风险和提高效率，实现结算资金零在途、零风险、零损失。

【投资业务】公司根据资金状况，结合市场行情，合理配置投资产品，包括存放同业、同业拆借、理财产品、债券投资等。2018年开展存放同业9笔、理财产品11笔、债券投资4笔，开辟灵活调配资金与科学管理流动性新渠道。

【票据业务】充分发挥党建引领作用，通过“一党总支一特色活动”，将电票业务作为公司党总支的特色活动，充分配置资源，加强走访与沟通，通过多媒体宣传、供应商大会积极推广电票业务，提供个性化服务，切实为实体企业降本增效。截至2018年末，公司电票业务累计发生额17.49亿元，比2017年增长130%，签发笔数4874笔，比2017年增长111%。

【风险管理和内部控制】公司结合监管部门深化整治银行业市场乱象等监管要求及全面现场检查结果，不断完善内部控制体系，发挥稽核监督作用，2018年共组织新订22项制度，修订46项制度，开展12次日常稽核，16项专项稽核检查。进一步明确职责权限，规范工作流程，严防金融风险，促进公司规范健康发展。

【人力资源管理】2018年，公司全面梳理了部门职责和岗位职责，明确了部门、岗位的设置和职责的划分，并采用引进储备人才、加强学习培训、实施岗位轮换、完善考核体系等方式，不断发挥员工主观能动性，提升工作效率，优化人力资源配置。

【企业文化建设】公司结合监管部门要求，开展了“新政策、新法规”专项学习培训活动，并组织了“双新知识竞赛”；同时公司开展了部门规章制度学习考试，形成了良好的学习氛围，增强公司全员上下的合规意识，促进公司在防控金融风险方面得到新的提升。

【党建工作】公司坚持党的领导、加强党的建设。将党建写入公司章程，落实党组织在公司法人治理结构中的地位；通过与其他财务公司、银行党建结对，互促互学共发展；通过开展主题党日、“三示范”、结对帮扶、优良家风家训、廉政建设、自查整改等活动，全面推进从严治党；通过党总支“聚力电票服务，促进企业发展”特色项目，引领业务高效开展。通过以上举措把党建优势转为企业发展优势，以高质量党建引领公司高质量发展。

红星美凯龙家居集团财务有限责任公司

【集团概况】红星美凯龙家居集团股份有限公司（以下简称“集团”）成立于2007年6月，是国内领先的家居建材流通企业，2018年1月17日，集团于上海证券交易所主板挂牌上市，正式成为中国家居零售行业“A+H”第一股。集团是“红星美凯龙”家居装饰及家具商场的经营者和管理者，主营业务是家居装饰及家具商场的经营、管理和专业咨询服务。截至2018年末，集团共经营359家家居商场。集团不断升级创新，荟聚了超过800个国内高端品牌以及超过400个进口品牌，一直为实现“打造中华民族的世界商业品牌”的企业愿景而不懈努力。

【经营概况】红星美凯龙家居集团财务有限责任公司（以下简称“公司”）紧密围绕集团战略定位，坚持“立足集团、服务集团”的经营宗旨，在合规经营、防范风险的前提下，加强资金集中管理，夯实基础业务能力，拓展金融服务功能，确保公司各项指标顺利完成。截至2018年末，公司资产总额39.93亿元，负债总额36.36亿元，实现税前利润5367.99万元。

【信贷业务】2018年，公司在既有信贷业务的基础上，根据成员单位业务特色和实际需求，在助力集团业务快速发展和成员单位降本增效的同时，丰富自身产品和业务领域，展现了公司作为集团金融服务平台的功能属性。公司2018年有效授信金额21.97亿元，授信业务品种涵盖经营性物业贷款、流动资金贷款、银行承兑汇票贴现、委托贷款及保函开立等。

【资金业务】公司严格执行资金计划管理，充分保证合理流动性的前提下，通过配置不同期限金额的同业期限定存，提高资金收益率。对8家银行完成授信，2018年开展同业存放业务113笔，金额207.57亿元。

【资金集中】为做好资金集中工作，公司通过开展推介会、电话会议、培训等方式向成员单位介绍公司业务情况；通过集团将资金归集率加入对成员单位绩效考核指标的方式，使得资金归集工作得以有效开展。新增建设银行资金池，扩大公司资金池银行服务范围。2018 年，通过各方面的努力，在原有 83 户的基础上，新增账户 308 户，开户总数达到 391 户；公司全口径资金集中度由 2017 年末的 31% 提升至 40% 。

【风险管理和内部控制】截至 2018 年末，公司完成了共计 41 项制度的修订工作，从内部控制到业务操作的各个层面进行全面优化完善，进一步满足了公司风险管理及合规管理的各项要求。2018 年共开展了两次员工行为排查评估工作，从在岗时的操作规范到“八小时”外的行为自律，做到了监控全覆盖。另外，公司就信贷、存放同业、财务及支付结算业务开展了常规审计，并对反洗钱、信息安全及系统外包实行了专项审计，通过全覆盖且具体化的内审工作，全面评价内控体系的健全性和有效性，督促公司不断完善内部控制，确保经营管理的合规有效。

【人力资源管理】围绕公司业务发展，努力打造适应公司发展需要的员工队伍。2018 年新增 4 名优秀人才充实到公司前中后台。修订完善《岗位说明书》，制定 AB 岗，使绩效考核各项指标落到实处。2018 年共组织培训 16 场，255 人次参与培训交流活动，涉及风险防控、信息安全等各个方面，切实加强业务知识学习，提高员工的业务技能及综合能力，全面提升内部管理技能。

【信息化建设】2018 年信息科技与时俱进：公司继续加强信息化建设，以提升系统自动化、提高工作效率和完善信息科技基础建设为核心，通过核心业务系统功能开发和优化，实现自动付款、自动结息和成员单位金融服务平台电子对账等自动化功能；通过灾备中心的建设、等级保护三级工作的开展，提升信息系统的稳定性和安全性；通过加入人行城市金融网、上线监管报送平台和征信系统的接入，提升工作效率，完善信息科技对业务发展的支撑。

【企业文化建设】2018 年，公司围绕“技能互联、口碑现场、匠心创新、品质品味”的工作主题，助推集团战略发展，实现双赢。组织各种多姿多彩的团建活动，如每月生日会、感悟分享会、读书小组、周年庆、羽毛球、酷跑、舞蹈社等，丰富了员工 8 小时以外的生活，有效增强了团队的凝聚力。

H

湖北交投集团财务有限公司

【集团概况】湖北省交通投资集团有限公司（以下简称“集团”）是湖北省人民政府出资组建的国有独资交通投融资企业，成立于 2010 年 10 月 28 日，注册资本金 100 亿元，总资产超 3900 亿元，为省属资产规模最大的企业。集团下属全资、控股、参股公司共计 182 家，企业信用评级为 AAA 级，综合实力列中国服务业企业 500 强第 206 位、湖北企业 100 强第 30 位。截至 2018 年末，集团累计实现融资 3400 多亿元、投资 2800 多亿元，建成高速公路 2100 多公里、铁路 31 公里和 4 个 3000 吨级长江港口码头泊位；在建 6 座长江大桥、铁路 67 公里和湖北国际物流核心枢纽机场。

【经营概况】2018 年末，湖北交投集团财务有限公司（以下简称“公司”）资产总额 169.76 亿元，同比增加 75.95 亿元。无不良贷款，贷款损失准备充足率达到 100% 。公司实现营业收入 5.29 亿元，同比增加 2.20 亿元，利润总额 1.50 亿元；全口径资金集中度达 65.68%，跃居全省财务公司前列。

【服务实体】2018 年，公司紧紧围绕集团战略，加大客户走访力度，积极支持实体经济，服务向精细化、专业化不断推进。投放各项贷款82.91亿元，同比增加32亿元，其中支持高速公路建设62.81亿元，支持经营性子公司转型发展20.10亿元。办理各类保函30.03亿元，减少保证金占用资金3.36亿元，为成员单位降本增效3000万元，有效发挥了去杠杆、降成本作用。辅助集团强化子公司风险管控，执行存贷款优惠利率、低手续费政策，向成员单位让利1100万元。

【信贷业务】2018年，公司对集团内所有成员单位资金需求进行详细调研，制定具体的信贷投放方案。累计办理成员单位授信29户，授信金额184.35亿元；贷款规模达到82.32亿元，日均76.99亿元，实现信贷业务收入3.90亿元。

【资金业务】公司积极主动拓展同业业务。对金融机构授信金额累计达到163亿元，其中合作银行13家、基金公司7家和证券公司5家，同业业务规模进一步扩大。

【投资业务】2018年3月，公司新增承销企业债、有价证券投资（股票以外）和委托投资三项业务资格。2018年审慎合规办理同业投资业务，实现投资收益1717万元。不断完善业务制度及流程，密切关注市场资金情况，及时开展交易所国债回购业务。

【资金集中】公司以存款工作为重点，从归集难点挖掘潜力，因户施策，不断拓宽存款来源。2018年，公司通过密切合作银行关系、签订上市公司合作协议、延长归集链条、核定成员单位存款保留额度等措施，日均存款提升至116亿元，同比增加44亿元，为公司可持续发展增添动力。

【风险管理和内部控制】公司积极构建全面风险管控体系。严格制度管理，开展制度优化活动，对130项制度进行全面梳理，修订完善制度20项。严格现场管理，组织员工行为排查、交易系统风险排查、案件防控排查、信贷业务专项检查和审计，有效防范操作风险。严格合规教育管理，深入推动合规文化建设，倡导合规经营理念，开展“金融合规知识大讲堂”教育宣传活动，参与监管部门组织的合规征文、合规微电影评比活动，不断提升员工风险防范意识。

【人力资源管理】公司认真梳理劳动用工和干部选拔任用制度，通过市场化方式招聘新员工、选拔优秀员工走上管理岗位。推进员工培训计划，积极走访同业合作机构，不断加强干部队伍梯队建设。着力完善员工各项薪酬福利制度，制定了企业年金实施细则，让员工共享公司发展红利。

【企业文化建设】公司围绕“省国资委级文明单位”创建目标，扎实开展文明创建活动。组织观看《榜样3》，开展公司成立三周年“中国梦，企业梦，我的梦”等主题活动。将企业文化建设作为精神文明建设的有效载体，提炼企业文化内涵和精神价值，形成了“责任、诚信、合作、创新、卓越”的企业精神。积极开展抗洪救灾捐款、“结对帮扶，教育扶贫”、“金秋助学”、中小学生“互联网+”安全书包捐助等公益活动，树立勇于担责担难的企业形象。

【党建工作】公司坚持党的领导，以党建为统领，完善规章制度，实现党建、经营深入融合。修订完善《三重一大实施细则》，制定重大事项审议清单，充分发挥公司党委把方向、管大局的作用。组织廉政宣教月活动，开展了5次法规专题培训，进行了形式主义、官僚主义专项督查，营造风清气正的工作环境。公司党支部连续三年组织“合理化建议”建言献策活动，严格落实“三会一课”制度，积极开展“党员示范岗”活动，充分发挥支部战斗堡垒和党员先锋模范作用。

湖北宜化集团财务有限责任公司

【集团概况】湖北宜化集团有限责任公司（以下简称“集团”）是从1977年创建的宜昌地区化工厂发展演变而来的大型化工集团，是宜昌市国资委出资监管的市属重点企业，旗下拥有湖北宜化、双环科技两家上市公司，现有从业人员3万人。集团以煤、磷、盐三大化工为主业，在全国建有40多个研发中心和生产基地，拥有成熟完善的营销网络体系，主导产品畅销海内外多个国家，在市场上享有良好声誉。现有主导产品为尿素、磷酸二铵、纯碱、氯化铵、PVC、磷矿、原煤、原盐。

【经营概况】截至2018年末，湖北宜化集团财务有限责任公司（以下简称“公司”）总资产余额23.24亿元，所有者权益6.17亿元，各项存款余额16.98亿元，各项贷款余额21.6亿元。实现营业收入5473万元，营业成本1572万元，实现净利润2925万元，同比减少87万元。

【信贷业务】公司紧跟集团发展战略，助力集团产业结构调整，对成员单位实行差别化利率优惠政策，全年为16家成员单位办理授信。截至2018年末，各项贷款余额21.6亿元，其中，票据贴现0.1亿元，委托贷款余额14.69亿元，无不良贷款。

【资金集中】公司将资金归集工作放在第一位。一是通过规范成员单位账户管理、加强收支两条线管理等手段，提高资金集中管理水平。二是进一步加强对成员单位的服务，通过让利成员单位、上浮存款利率、下浮贷款利率等手段吸引成员单位归集资金。2018年末，全口径资金归集率为37%，较上年末提高6个百分点。

【业务创新】2018年，公司成功开办了电票业务。6月份接受了上海票交所对公司电票系统环境的现场验收，并积极参与项目测试与投产演练，于2018年10月完成了ECDS系统和票交所交易系统正式上线，11月份为成员单位办理电票贴现0.1亿元。

【风险管理和内部控制】公司一是不断完善内控制度建设，2018年新增制度2项，修订16项，保证制度体系完善；二是加强了内部审计工作，按季度对各部门业务流程全面审计；三是大力推进合规建设以及银行业市场乱象整治工作，深入开展“内控合规管理深化年”、“合规知识大讲堂”等活动；四是强化各类风险管控，严格落实“董监高”在全面风险管理中的最终责任，加强流动性风险监测分析和市场风险防控；五是按季度开展员工行为排查工作。

【人力资源管理】公司一是继续加强人才队伍建设，2018年招聘大学生2名，引进信息技术专业人才1名，为业务发展注入新活力；二是完善薪酬绩效考核办法，强化强制休假与岗位轮换管理；三是积极鼓励员工学习进取，制定专项奖励政策鼓励员工取证，安排员工参与监管部门及外部机构各类培训。

【信息化建设】2018年，公司以业务为导向，不断加大信息化建设投入，完善信息系统，优化系统服务功能，为业务发展提供有力保证。一是完成了核心业务系统升级改造；二是完成了EAST数据采集模块的测试上线；三是完成了电票系统上线；四是推进软件正版化工作。

【党建工作】2018年，公司成立党支部，把加强党的领导和完善公司治理统一起来，将党组织意见作为董事会表决的前置程序，实现了党建进章。全年组织党员参加集团理论学习中心组学习19次，认真学习贯彻习近平新时代中国特色社会主义思想和党的十九大精神，开展6次支部主题党日活动，夯实了党建工作基础。

湖南出版投资控股集团财务有限公司

【集团概况】 湖南出版投资控股集团有限公司（以下简称“集团”）为省管国有大一类文化企业。2010 年 10 月，集团改制设立中南出版传媒集团股份有限公司并在上海证券交易所挂牌上市，成为第一只全产业链整体上市的出版龙头股。2018 年，集团跻身全球媒体集团 500 强，中南传媒连续九年入选全国文化企业 30 强，稳居中国出版传媒上市公司龙头地位。

【经营概况】 2018 年，湖南出版投资控股集团财务有限公司（以下简称“公司”）围绕建设集团“资金集约管理中心、金融集成服务中心、产业协同利润中心”的战略目标，在资金归集、业务经营、金融服务等方面不断实现追赶和突破。截至 2018 年末，公司资产总额增至 114.98 亿元，成功突破百亿元大关；营业收入 46413.10 万元，较成立之初倍数增长；利润 31377.82 万元，首次突破 3 亿元。连续 3 年蝉联监管和行业评级“双 A 级”。

【信贷业务】 公司忠实践行“一企一策、服务至上”的理念，不断改进服务方式、拓展服务手段。截至 2018 年末，公司贷款余额为 32000 万元，累计发放贷款 32 笔，金额 47300 万元，累计收回贷款 47 笔，金额 51700 万元。通过加强对信贷业务的管控力度，倡导成员单位按实际需求提款，在回款时允许其提前还款，贷款发放与收回笔数同比呈现大幅增长，在有效防范风险的同时，为成员单位节约了财务费用。

【资金业务】 公司一是实时追踪 Shibor 走势，关注银行前端资产流向和价格变化，定期研讨市场变化趋势。二是以线下存放同业为主，稳步做大同业资金业务，新办同业存单业务，同时辅以同业拆借业务，通过多样化、灵活运营，实现线上线下同业业务全覆盖。三是抓住新设地方性银行业务扩展的关键时期，积极发掘战略对手，使合作银行达到 18 家。四是抢抓 1 月到 4 月利率价格高点，办理中长期存放业务，成功锁定收益，年底抓住年末相对价格高点，集中办理一年期存放业务，提前布局。2018 年共办理 27 笔资金业务，涉及金额 110.97 亿元，平均收益率 4.72%，高出 2018 年 1 年期 Shibor 65 个基点，涨幅为 15.97%。

【投资业务】 公司 2018 年对近 40 个项目进行筛选，包括理财产品、信托计划、资管计划、债券等，最终落地 20 笔。通过把握投资节奏，制定合理策略，在预计下半年收益率维持下行的情况下，在上半年拉长久期，选择期限相对较长的资产进行投资，下半年市场收益率持续低位运行，相应缩短投资久期，选择期限较短的理财产品和一年内债券进行投资。公司通过组合久期管理和业务品种的合理配置，实现收益率大幅提升。投资组合年日均约 78900 万元，2018 年加权平均收益率达 6.16%，较 2017 年上升了 110 个基点，保持较高收益率。

【票据业务】 2018 年，公司办理产业链商票贴现业务 16 笔，金额 2564.77 万元，其中“一头在外”商票贴现 14 笔，金额 1099.47 万元，存量业务 11 笔，金额 3726.04 万元，合计对 19 家客户办理业务笔数 25 笔，金额 4825.51 万元，从长沙辐射至深圳、上海、北京、江苏、青岛、广州、福建八省市。服务对象涉及文化、图书批发、影视节目制作、网络集成、软件业等行业，中小微企业 16 家，占比达 84.21%。

【资金集中】 公司持续强化资金精细化运营，加强流动性管理，2018 年吸收存款余额再创新高。一是通过走访成员单位或在日常业务处理过程中收集意见、建议，提升成员单位结算业务满意度；二是不断优化结算系统功能，完善付款渠道；三是协助集团成员单位清理银行账户，加快成员单位及银行账户上线。截至2018年末，公司吸收存款余额为97.13亿元，增幅为9.41%；结算业务笔数69761笔，金额1175.66亿元，结算业务金额较上年增长29.86%；新上线成员单位12家，增幅为16.67%。

【风险管理和内部控制】公司一是制定《全面风险管理战略》，明确审慎的风险偏好，强化风险定量和定性阐述；健全审计稽核管理机制，将季度审计和专项审计相结合，积极落实整改与问责。二是由风险管理委员会牵头，深入分析风险隐患，制定风险管理方案并监督落实；联动内部审计、审计委员会、监事会和纪检条线，开展全方位、全流程监督审计，确保内控体系健全有效。三是持续监测银行间、交易所市场等信息，强化市场和客户调研，识别潜在风险并做好预案；开展反洗钱等专项审计，为合规稳健运行筑牢流程防线。成立以来始终保持不良贷款率、不良资产率为零。

【人力资源管理】公司一是新聘监事长一名，并重新对领导班子成员进行职责分工，形成前、中、后台严格分离的经营结构。二是理顺关键岗位人员管理机制，制定岗位轮换和强制休假工作流程，明确风险控制要点，有效防范操作风险。三是强化人才培育，2018年组织员工外训29场，49人次，内训22次，公司1人获注册会计师资格，1人获证券从业资格，2人获全国银行间同业拆借中心本币交易员资格，7人获银行业专业人员中级职业资格，1人获湖南大学金融学本科学历，1人获中国人民大学金融学专业经济学硕士学位，创建特色“团队学习法”，围绕党的方针、理论、政策，结合开拓行业视野、掌握政策法规、提升金融知识等内容开展学习，获评省委宣传部“思想政治工作创新案例”，学习型团队建设成效显著，员工履职能力持续提升。

【信息化建设】公司继续优化业务系统，全力保障系统的安全性、不间断性。一是修订与完善信息技术制度，进一步健全了公司信息技术相关制度。二是改造公司WiFi网络，对接入设备进行控制，更新UPS模块和监控视频设备，增强各类设备的安全性。三是完善信贷业务审批流程，实现了线上与线下审批流程保持一致，满足了监管机构的要求。四是经过现场调研、询价、公开招标，最终向有成熟产品的软件厂家采购同业投资模块，打造了信息技术模块的全覆盖。

【党建工作】公司一是积极开展党的十九大专题学习，下发《党的十九大报告学习辅导百问》等资料，组织党员干部参加专题培训班，举办相关知识考试两场，确保理论学习深入人心。二是重点推进意识形态管理，成立意识形态工作领导小组，按要求制定《关于落实意识形态工作责任制巡视整改方案》，整改率达100%。三是狠抓纪检监察工作，持续规范“三公”经费开支，组织全员学习《监察法》，从严做好谈心谈话工作，不断提升全员廉洁从业意识。四是严格按要求完成党支部换届改选，明确党支部委员责任分工，形成良好组织保障。五是持续激发全员创业精神，尤其是充分发挥女员工的热情，获评2018年度省内金融系统唯一“全国巾帼建功先进集体”殊荣。

湖南高速集团财务有限公司

【集团概况】湖南高速集团财务有限公司（以下简称“公司”）所属集团为湖南省高速公路集团有限公司（以下简称“集团”），集团由湖南省委、省政府按照党中央、国务院推进国企改革的决策部署，将湖南省高速公路建设开发总公司整体改制更名设立。2018 年 9 月 28 日正式挂牌成立，是湖南省国资委履行出资人职责的功能类国有独资公司，注册资本 300 亿元。

【经营概况】公司呈现出良性发展态势，国有资产稳步增值，经营业绩稳中有升。截至 2018 年末，公司资产总额 75.44 亿元，所有者权益 14.38 亿元；各项存款 60.86 亿元，各项贷款 9.70 亿元；流动性比例 97.28%，资本充足率为 47.11%，风险资产利润率为 2.9%；无不良贷款。全年完成营业收入 1.82 亿元，较上年增长 19.93%；营业利润 1.19 亿元，净利润 8917.99 万元，完成预算的 103.32%。

【服务实体】公司 2018 年办理清算 14167 笔，金额 953.35 亿元，向集团让利 755.96 万元，在确保资金结算工作高效运行的同时，还免除了成员单位各项结算费用。积极收集成员单位集中反馈的各类问题和合理要求，积极改进优化，提升客户体验，获得了各成员单位的一致肯定。

【信贷业务】公司确保信贷资金的安全性、流动性和效益性，根据成员单位资金需求，提供金融服务，切实缓解企业融资难、融资贵问题。公司为集团提供信贷资金 13.5 亿元，不良贷款余额为零。

【资金业务】公司资金运作方面以“安全第一，效益优先”为原则，通过面向市场广泛询价，优选收益率较高的资产，提升了资金效益，同时业务操作上严格按流程办理，有效控制业务风险。

【投资业务】公司按照审慎、稳健、合规的原则，开展投资项目的前期尽调、投中风控和投后管理，注重投资策略的一致性与连续性，实现投资收益 5430 余万元。

【风险管理和内部控制】公司修订完善业务管理流程等，形成了较为完善严密的内控体系；扎实有效推进市场乱象整治活动，形成了“整改—评估—整改”的持续改进机制；持续开展流动性风险、市场风险压力测试工作，提高公司对各类风险的缓释能力与预警能力；深入开展操作风险与员工行为排查，筑牢依法依规依章经营的制度基础和机制保障；适时开展专项审计，持续提高公司内控管理水平。公司实现安全运营无事故。

【人力资源管理】公司严格按照党管干部的原则，规范劳动用工管理；把加强改革改制时期员工队伍的思想稳定作为工作的重中之重，抓好职工思想教育，确保职工队伍稳定；调整经营管理层分工，完善并落实关键岗位员工岗位轮岗制度，有效防范和化解操作风险；通过集中培训与自学结合等形式大力开展政治理论、业务知识等培训，全面提高员工综合素质和业务水平，确保公司持续健康发展。全年公司送训员工约 30 人次。

【信息化建设】公司注重信息科技工作，全力保障系统平稳运行，为业务稳定发展服务，确保公司资金和信息安全。对核心系统加密认证模块进行了升级，较好地解决了成员单位反映的各种问题，确保了系统稳定运行；与中国建设银行签订了“同业平台合作协议”，为公司提供金融科技解决方案、大数据服务解决方案、同业金融服务解决方案、中后台外包服务方案、咨询服务解决方案等。

【企业文化建设】公司开展歌咏比赛、登山、观影等丰富多彩的文体活动，营造健康、向上、和谐的氛围，提高公司凝聚力和向心力；关心员工身体健康，定期组织员工体检，并为员工送去人文关怀，将组织的温暖送到员工心坎，增强员工归属感；持续开展社会公益活动，切实履行企业社会责任。

【党建工作】公司落实党建工作责任制，将党建工作写进公司章程，夯实党建基础。全力推进支部五化建设，推行党员积分管理，修建标准化党员活动室一个，修订党建制度 32 项。加强党风廉政建设，层层签订廉政责任书，定期排查，去往红色纪念地接受理想信念教育 2 次，全年无违纪违规现象。积极响应国家扶贫攻坚号召，帮扶张家界慈利县三溪村，湖南经视频道新闻联播专题报道。按程序发展预备党员 1 名，完成 1 名预备党员转正。

湖南华菱钢铁集团财务有限公司

【集团概况】湖南华菱钢铁集团有限责任公司（以下简称“集团”）是湖南省人民政府1997年5月批准成立的湖南省第一家国有特大型企业集团公司，属于钢铁行业，由原湖南省冶金企业集团公司下属的三家全资子公司——湘潭钢铁集团有限公司、涟源钢铁集团有限公司、衡阳钢管厂等合并改制而成，三家钢厂成立于1958年。集团经过多年的发展，在经营规模上已站稳行业前十强，并形成同行业为数不多的板管棒线金属制品兼有、普特结合、专业化分工生产格局，是全球最大的宽厚板生产企业，国内第二大无缝钢管供应商，主体产线技术装备达到国内领先水平，在造船、海工、桥梁、高压容器、汽车、家电、工程机械、油气等用钢领域的细分市场具有较强的竞争优势。

【经营概况】2018年，湖南华菱钢铁集团财务有限公司（以下简称“公司”）以钢铁行业复苏为契机，紧紧围绕“依托集团，服务集团”的总方针，着力提升金融服务水平，突出风险防控，盘活集团内部资金，全力帮助和支持集团成员单位的主业生产。2018年总资产115.47亿元，负债总额94.91亿元，所有者权益20.56亿元，实现营业收入27650万元，实现利润总额17585.84万元，各项指标均创造历史最高水平。

【信贷业务】2018年，公司发放自营贷款120.78亿元，贴现26.59亿元，票据承兑11.86亿元，年均涨幅分别为237.12%、111.48%和159.38%，共向成员单位提供资金159.23亿元，极大地支持了成员单位主业生产，在保持信贷业务高位运行的同时，累计为成员单位创效7430.87万元。

【资金业务】2018年，公司广开融资渠道，同业授信达到66.50亿元，较2017年的48.50亿元增长37.11%，实际可用同业授信42.50亿元，较2017年的26.50亿元增长60.38%。2018年同业拆入171.30亿元，是2017年的1.16倍，日均2.66亿元，累计拆入金额再创公司成立以来最高水平。

【投资业务】2018年，公司对外投资余额13.38亿元，其中，债券投资11.28亿元、固定收益类投资2.10亿元，累计办理集团成员单位委托理财业务50.46亿元，日均余额7.16亿元，累计创效达2385万元。

【票据业务】2018年，公司开立电票共11.86亿元，其中用于支付8.88亿元，占比达74.88%，比2017年的4.36亿元增长103.67%。同时，争取到6家银行共计13.50亿元的保贴授信额度，2018年在银行进行贴现的财票共7.25亿元，价格进一步下调，间接降低了成员单位的采购成本和财务费用。

【外汇业务】2018年，公司完成跨境外币借款业务2笔，累计从境外融入资金5200万美元；跨境人民币借款业务11笔，累计从境外融入资金39.45亿元人民币，本外币资金池累计从境外融入资金折合人民币43.02亿元。跨境资金池业务便利了境内外成员企业的资金融通，提高了集团的跨境资金营运能力，降低了企业融资成本。

【资金集中】2018年，公司全面落实集团的整体部署，配合集团对所有账户进行全面清理，加强整体资金的管控力度，同时，狠抓账户联网和资金归集，加强与成员单位和银行的工作联系，勤跑成员单位，勤跑银行，协调银行考核模式，2018年末资金归集率创历史新高。

【风险管理和内部控制】2018年，公司继续夯实基础工作，一是着眼于查找自身问题，开展了包括评级、银行间市场、风险防控、系统外包、非法集资、案件、轮岗、股权、市场乱象、党建等27项自查工作，及时发现问题，及时整改；二是修订各项制度18份，新增制度10份，从源头上对各类业务操作进行监督制约；三是制定新的授信测算模型，重新修订《投资业务操作指引》，调整《授信业务管理办法》，建立了统一的授信、投资业务规范。

【人力资源管理】2018年，公司通过强化激励、招才引智等措施，不断完善人力资源管理。一是重新修订《人力资源管理办法》，通过重新设定绩效责任书，调节薪酬发放与考核，最大限度激励员工在岗履职；二是开展了重要岗位轮换，在校大学生见习轮岗，在校大学生招聘，为2019年发展储备了人才。

【信息化建设】2018年，公司严格执行信息科技管理制度，未出现系统性安全事件。一是稳步推进票交所系统上线工作，顺利完成票据业务系统改造成功投产上线；二是完成硬件系统改造初步建设，制定了《网络平台升级与安全加固系统集成项目立项报告及方案》，并通过领导办公会、董事会审议；三是完成银企直联端口新增工作，推进与邮储银行湖南省分行的专线连接工作；四是及时完成日常维护工作，解决18次业务系统BUG，解决9次网络故障，解决7次电信、联通专线故障，解决集团银企接口问题共计7次。

【企业文化建设】2018年，公司着力打造以“诚信、合规、廉洁”为内涵的企业文化，积极倡导和培育全体员工的核心价值观，规范行为准则，营造和谐氛围，为企业和谐发展提供文化保证。

【党建工作】2018年，公司将党建工作列为公司首要工作，深入贯彻落实中央八项规定精神，认真抓好支部党风廉政建设主体责任的执行，全面落实支部班子成员“一岗双责”。获得了“先进基层党组织”、优秀党支部书记、优秀共产党员、优秀党务工作者等荣誉。

华联财务有限责任公司

【集团概况】北京华联集团投资控股有限公司（以下简称“集团”）是商务部重点扶持的全国十五家大型商业零售集团之一，旗下拥有两家上市公司和多家控股公司，业态涵盖超市、购物中心、高端时尚百货、品牌代理以及对外合作等业务。集团拥有一流的商业管理资源、商品资源、品牌资源和人才资源，是国际百货协会唯一的中国零售企业会员，也是全球消费品论坛25个零售董事之一。集团在高端时尚百货零售业务方面处于领先地位，集团下属的高端百货店北京SKP百货已成为中国高端时尚百货的领导品牌，也是全球时尚高端百货排名前10名的时尚地标。

【经营概况】2018年，华联财务有限责任公司（以下简称“公司”）在我国经济进入由大到强、产业结构升级加速的背景下，本着“依托集团、服务集团”的宗旨，发挥自身功能定位，保持经营业绩基本稳定，为集团成员单位提供优质的财务和金融服务。截至2018年12月31日，公司资产总额108.26亿元，同比增长17.66%；负债总额77.09亿元，同比增长23.80%；所有者权益总额31.17亿元，同比增长4.81%；2018年公司实现营业收入2.39亿元，同比增长6.28%；实现利润总额1.91亿元，同比增长3.80%；净利润1.44亿元，同比减少12.73%。

【公司信贷业务】2018年，公司为成员单位发放贷款375笔，贷款余额90.21亿元，实现贷款利息收入3.31亿元。

【结算业务】 截至2018年12月31日，吸收成员单位存款余额52.95亿元，较年初减少13.17%，2018年日均吸收存款54.64亿元，较上年日均存款减少5.77%。2018年结算笔数51.29万余笔，日均处理约2000笔，全年结算金额5753.86亿元，满足了成员单位的资金支付需求。

【资金和投资业务】 2018年，宏观经济金融形势复杂多变，市场资金面持续偏紧，资金价格不断上涨，监管力度不断加大，公司盈利能力和盈利模式面临考验。公司积极应对复杂的外部环境，合理、充分、高效配置资金投向，加强与银行、基金、券商等各类机构的沟通，努力提高资产收益水平。

【中间业务】 2018年，为集团下属各门店提供保险代理业务，全年实现71.83万元的保险代理手续费收入，办理了176笔保险理赔案件，理赔金额96.75万元。全年为集团及成员单位提供担保4笔，担保金额5.55亿元。

【风险管理和内部控制】 2018年，继续认真开展全面风险排查、评估及报告工作。根据监管要求，积极推进市场乱象整治各项工作，撰写并上报各项报告。根据业务发展需要，继续推进制度完善工作，公司新成立了信息科技管理委员会，新制定了议事规则，修订了风险管理委员会和稽核监察管理委员会的议事规则，新增了《交易对手准入管理办法》等3个制度；修订了《各项授信业务管理办法》等12项制度。

【信息化建设】 2018年，根据集团和公司业务发展需要，通过对各业务部门核心系统升级需求的翔实调研，提炼系统升级需求，完成了核心业务系统的升级招标工作；根据票交所要求，多次参与电票系统、ECDS系统和交易系统的网络、系统和业务操作的联调测试，保证了电票系统2018年10月8日顺利切换完成并开始使用；顺利完成公司OA系统版本升级，满足了员工日常办公需求；根据公司实际情况，调整公司网络架构，替换部分老旧设备，提高了公司网络安全性，降低了系统风险，保障了公司业务和办公的连续性。

【人力资源管理】 2018年，通过积极学习政策法规，主动申报"稳岗补贴"，申领稳岗补贴1.2万元，是公司2017年失业保险费总额的40%；组织各部门关键岗位员工参加集团组织的聚焦个人综合能力提升和职业生涯发展的多个主题培训，参加中国财务公司协会组织的各业务条线的知识和技能培训，不断加强公司内部的业务学习与交流，提升岗位技能和业务知识，培育良好的企业文化，同时，鼓励员工报名线上金融培训课程，合理利用碎片时间，学习金融行业基础知识或了解金融行业最新动态，帮助员工提升自我、开阔视野。

【企业文化建设】 2018年，公司组织员工进行了滑雪温泉联欢活动、登泰山活动、暑期亲子活动、踢毽跳绳比赛等丰富多彩的团建活动；积极报名参加集团工会组织的三八节茶艺活动、春季登山摄影比赛和北宫寻秋等活动。

淮北矿业集团财务有限公司

【集团概况】 淮北矿业集团公司（以下简称"集团"）始建于1958年，1998年改制为淮北矿业（集团）有限责任公司，现已发展成为以煤电、化工、现代服务为主的国有大型企业。拥有资产920亿元，在岗员工5.6万人，生产矿井19对、在建矿井1对；电力总装机规模200万千瓦，年产原煤3500万吨、焦炭440万吨、甲醇40万吨、聚氯乙烯46万吨；列2018

年中国企业500强第276位，列中国煤炭企业50强第18位。

【经营概况】2018年，淮北矿业集团财务有限公司（以下简称“公司”）密切关注宏观经济政策和金融市场变化，及时调整业务经营策略，加强资金集中管理，提高资金使用效率，公司治理、代理融资、内部运营、风险控制等各项工作有序推进。截至2018年末，公司资产已达56.46亿元，其中，贷款余额27.38亿元，无不良资产；负债总计46.27亿元，其中，吸收成员单位存款45.99亿元；2018年营业收入总额1.62亿元；利润总额13762.82万元。

【信贷业务】2018年，公司发放自营贷款25.55亿元，银承贴现2.43亿元，发放委贷4.35亿元，签发电子承兑汇票5.82亿元，办理保函0.5亿元，有力地支持了集团公司转型发展。主要通过优惠贷款、减免金融业务手续费用、置换外部高息贷款等多种手段，直接降低集团内部成员单位融资成本；通过委托贷款、签发票据替代现金支付，积极协助成员单位与外部金融机构开展业务合作，间接降低成员单位融资成本。全年为集团节约成本费用4700万元。

【资金业务】2018年，公司一是通过行政和市场等多种举措，实现了雷鸣爆破等部分三级、四级子公司开户与结算，资金归集量显著增长，集团“三供一业”等专项资金也实现了专户存放。二是与银联公司合作，开发了微信、支付宝移动客户端收款方案，解决了资金集中管理模式下偏远成员单位小额收付款的难题。三是推动预算管理自动控制和线上资金流向监控。协同财务资产部、股份财务部对各单位外部银行账户和资金开展了清理工作，核销27家单位60个银行账户，新增归集资金3亿多元。

【代理集团融资业务】2018年，公司累计代理集团、股份公司两个本部融资207亿元，其中贷款126亿元，发行债券65亿元，票据融资16亿元。同时，公司也全面完成了集团下达的“双降”任务，降低集团有息负债40.42亿元；节约财务费用3.34亿元。

【投资业务】资管新规实施后，公司在风险可控的前提下，及时调整投资业务方向，灵活审慎地开展了投资业务。投资业务品种新增了保本型券商收益凭证、货币型基金，2018年1—12月，财务公司银行理财及债券投资等收益达3446.22万元。

【票据业务】积极宣传推介成员单位使用公司电票。平均每月向100家以上的集团公司供货商开出电票，缩短了对上游供货商的账期。与多家银行进行合作授信，为扩大电票流通提供支撑。公司电票已在全国流通，金融市场影响力不断增强。

【业务创新】2018年，公司一是在资金业务上善用金融新产品：与平安银行、光大银行、交通银行开展同业活期稳存业务6亿元，加权平均利率为4.15%左右，超额收益73.44万元。拓宽了资金业务范围，形成了新的利润增长点。二是战略合作加深。突出表现在将工行、农行战略合作银行的同业活期结算利率分别提高了15个和30个基点，高出同行业利率水平，每年对外创利增加100万元。并与多家银行和财务公司开展了相互授信，建立业务合作与流动性互助机制。

【风险管理和内部控制】加强合规风险知识培训。研究制定公司流动性管理办法，进行流动性风险压力测试。优化信息科技需求管理流程，加强信息系统安全的自我评估，出台公司首份信息系统安全自我评估报告。持续健全管理制度，优化业务流程，加强对风险防控关键点的制度覆盖。2018年公司共新增内控制度9项，优化7项。及时调整、强化结算部资金监控职责。发挥稽核、风险等职能管理部门在风险管控方面的牵头把关作用。加强投资部市场信息捕捉、研究工作，通过穿透式管理加强投资业务风险控制。

【人力资源管理】以业务等战略实施需要为导向，强化激励约束机制。通过建立健全轮岗制度、强制休假制度等一系列配套制度，对重要岗位进行了6人次轮岗，关键岗位进行了4人次强制休假，确保了有关内部控制制度的执行。积极优化人力资源管理。以“财务公司大讲堂”为依托，全面加强内、外部培训。通过报销学习费用和按门奖励，鼓励员工参加金融专业技术考试。以内部开发为主，外部引进为辅，促进人才培养的年轻化和高端化，为集团金融产业发展提供人才支持。

【信息化建设】2018 年，公司一是优化信息科技需求管理流程，加强信息系统安全的自我评估，出台自财务公司成立以来的首份信息系统安全自我评估报告。二是加快系统建设进程，加大资金全口径归集力度。加速推进与各家直联行的系统完善和信息交互，通过与有关的直联行签署资金归集协议，部分实现了资金的实时、自动归集。三是开发有关接口，优化结算模式，扩大支付网络，配合集团财务共享中心建设。四是积极探索加强票据的集中管理，在建好、管好财务公司票据池方面取得了显著进展，明显降低了内部成员单位在电票、纸票的系统录入和到期托收的工作量。

【企业文化建设】2018 年，公司通过开办“财务公司大讲堂”，举办“反洗钱”等合规测试，参加集团公司管技人员考试、银监分局“质量提升年”考试，强化了全体员工的合规意识；研究制定员工行为守则、细则和员工不当行为举报制度，定期进行员工行为排查、投资业务合规性审查，有效杜绝了不合规行为、不合规业务的发生。

【党建工作】2018 年，积极优化党支部领导班子分工，严格落实党建主体责任和监督责任；规范落实支委会研究讨论前置程序，充实支委会议题，抓好支委会研究讨论结果及与董事会、办公会的对接；加强综合信息部党建职能，着力推进支部标准化建设和传习中心建设等重点工作；通过民主生活会和民主评议党员，扎实开展批评与自我批评；加强对党员的日常教育管理，督促、指导两个党小组开展思想政治教育、讨论发展党员等工作，推动全面从严治党向纵深发展。

淮南矿业集团财务有限公司

【集团概况】2018 年，淮南矿业（集团）有限责任公司（以下简称“集团”）坚持“以市场为导向、以效益为中心”的管理思想，落实高质量发展要求，深化改革发展、推进创新创造，提升经营效益，确保稳定大局，各项工作再上新台阶。2018 年，集团生产煤炭 6935 万吨，发电 257 亿度，完成投资 86.21 亿元，实现营业收入 445 亿元，利润总额 26.28 亿元，同比增盈 8.02 亿元。

【经营概况】2018 年，淮南矿业集团财务有限公司（以下简称“公司”）紧紧围绕集团发展战略，深入推进产融结合，统筹做好融资工作，加强运营管控，推进改革创新，强化合规经营，实现了公司持续健康发展。截至 2018 年末，公司资产总额 164.4 亿元，较年初减少 52.98 亿元，其中，贷款余额 65.37 亿元，较年初增加 4.91 亿元；吸收存款余额 137.48 亿元，较年初减少 53.57 亿元；所有者权益 26.12 亿元，较年初增加 0.19 亿元。2018 年实现经营业务收入 5.52 亿元，利润总额 4.53 亿元。

【服务实体】公司紧紧围绕促进集团主业发展，进一步增强金融服务实体经济能力，有效发挥了金融业务专业化服务功能。2018 年完成结算业务 134369 笔，结算量 6389.81 亿元；日均结算业务 535 笔，结算量 29.72 亿元，结算零差错。1 月份，圆满完成了集团新一轮保险招标工作，首次将集团井下资产纳入承保范围，有效增强集团风险保障，为集团节约保费 173 万元。围绕潘集电厂等集团重点建设项目，公司启动前期授信工作，并衔接银行项目贷款，支持集团转型发展。

【信贷业务】服务集团战略，加大信贷投放，截至2018年末，公司贷款余额65.37亿元，较上年同期增长8.1%，为集团各产业发展提供可靠资金保障。坚持集团利益最大化的经营理念，向集团执行贷款优惠利率，一律按基准利率下浮30%执行，少收贷款利息5082万元。

【资金业务】在保证资金安全的前提下，充分运作短期闲置资金，大力开展资金和投资理财业务，提高资金运作效益，全年累计取得资金和短期投资业务收入2.89亿元，有效对冲集团融资利息支出。

【投资业务】利用下半年全面恢复投资业务的时机，与证券公司开展收益凭证等投资业务，总金额11.6亿元，实现收益97.45万元。9月份成功办理了首笔1000万元电子银行承兑汇票再贴现业务，丰富了公司投资业务产品，提升了投资收益，也为集团开辟了一条新的融资渠道。

【票据业务】2018年，公司大力推广电票业务，代理集团票据结算基本实现电票化，并推动和促成集团产业链上游企业使用电票，被人民银行淮南市中心支行授予了全市唯一一家“电子商业汇票业务拓展优秀组织单位”荣誉称号。联系金融机构，梳理制作银票承兑人黑白名单，在确保集团票据安全的同时，提高集团票据流通性和使用效率。采取与出票银行沟通或退票给交易对手等方式，基本处理完毕存量纸质瑕疵票据，积极协助做好两起票据纠纷诉讼工作，为集团挽回经济损失50万元。

【资金集中】加强资金集中管理，通过联动账户实时归集资金、加强对各单位外部商业银行开户及资金存放情况的监管等手段，强化资金集中管理严肃性，保持较高的资金归集效率，全年可归集资金集中度保持在90%以上。

【风险管理和内部控制】公司深入贯彻落实监管部门各项要求，不断规范业务流程，全面强化风险防控，显著提高公司稳健发展能力。一是不断深化银行业市场乱象整治，扎实开展质量提升年活动，确保依法合规开展各项业务。二是进一步加强内控建设，对公司制度流程进行修订完善，2018年，共修订制度15项，新出台制度10项。三是强化公司治理，规范公司运营，改进风险管理，开展“信贷业务”等9项专项稽核检查，实现对业务和管理活动的检查评价全覆盖，公司年度监管评级结果由发展类B3提高到发展类B1。

【人力资源管理】公司着力加强人才队伍建设，加大职工培训，不断优化人力资源。通过公开招聘方式充实3名员工，进一步优化公司员工年龄结构。选拔4名中层管理干部，进一步强化干部管理，着力培养一支忠诚、干净、担当的金融干部队伍。加大人才培养，通过走出去、请进来、岗位交流等方式，不断提高干部职工素质能力。

【信息化建设】加强信息系统集成化建设，开通14家企业网银，实现支付清算全程信息网络化办理，自主开发了流动性风险管理系统、市场风险监测系统，完成现金管理系统签名验签服务器升级、纸电票据交易融合投产上线等信息系统建设工作，为公司未来业务发展、防范风险奠定了良好的基础。

【企业文化建设】深入推进家文化建设，不断增强职工的幸福感、归属感、获得感。积极组织各种文体活动，建成职工书屋，满足职工对精神文化生活的需要；关注职工健康，组织职工健康体检，开展健康徒步走活动；慰问困难职工，送去组织的温暖；筹措资金15.25万元，用于开展过生日送祝福、庆祝“三八”妇女节、夏送清凉等活动，构筑职工与企业命运共同体。

【党建工作】全面加强党的建设，将党建工作与中心工作同谋划、同部署、同落实，充分发挥党组织把方向、管大局、保落实的核心作用。制定下发党建制度文件8份，持续提升党建工作制度化水平，扎实开展“讲严立”专题警示教育，深入开展“创先争优”活动，充分发挥党支部战斗堡垒作用和党员先锋模范作用。

吉林森林工业集团财务有限责任公司

【集团概况】中国吉林森林工业集团有限责任公司（以下简称“集团公司”）组建于1994年，是全国首批57户建立现代企业制度大型试点企业集团和全国五大森工集团之一，为省属重点大型骨干企业。集团经过多年发展，形成了森林经营、木材加工、森林食品、森林旅游、金融投资、房地产和矿产七个业务板块。除传统的原木外，开发出人造板、实木复合地板、德式木门、家具、木制百叶窗、木结构房屋、天然矿泉水、森林特色食品、绿化苗木等系列主导产品。其中，露水河牌刨花板、金桥牌实木复合地板、泉阳泉牌矿泉水均为中国驰名商标和中国名牌产品。

【经营概况】2018年，吉林森林工业集团财务有限责任公司（以下简称“公司”）克服流动资金严重短缺、金融评级下滑等不利因素影响，本着依托集团、服务集团的宗旨，从大局出发，稳定员工队伍、强化金融服务手段，在多个重要时点化解了集团公司出现的资金流动性风险。全年实现营业收入为14985.93万元，实现净利润为4998.28万元，完成了集团公司下达的预算指标；年末资产总额为390407.99万元，负债总额为326324.84万元，所有者权益总额为64173.15万元，实现了资产保值增值目标。

【服务实体】2018年，在确保对集团及成员企业不抽贷、不压贷和不断贷的基础上，公司协助集团及成员企业做好去产能、补短板等改革攻坚任务。公司下浮部分借款企业的贷款利率，逐步降低集团及成员企业的财务成本，让利并减轻集团及成员企业负担。自2018年5月21日起全面下调了存量贷款利率，2018年全年发放贷款的加权平均利率为3.79%，较上年下降2.16%，为集团成员企业节省财务费用0.74亿元。

【信贷业务】2018年，公司进一步加大了资金集中力度，辅以与多家金融机构开展授信业务，通过从金融市场上拆入一定资金，从而加大公司对集团整体资金运用过程中的信贷投放力度，最大限度地满足集团及成员企业的信贷业务需求，缓解集团及成员企业的短期资金问题。2018年，公司累计发放自营贷款91笔，金额合计70.88亿元，同比减少20笔，金额下降43.68亿元，其中，累计对集团公司发放自营贷款51笔，金额合计53.4亿元，同比减少7笔，金额下降23.55亿元。

【资金业务】2018年，公司进一步发挥金融平台作用。一是为集团更好地进行资金管理，按日填制《成员企业收支明细表》及《可用资金余额表》，定期提供《资金集中季度分析》等文件与资料。二是加强资金管控，实时对公司结算类账户进行监控与调剂，严格按照每日集团成员企业资金支付计划执行，既保证集团成员企业计划支付资金，又尽量避免资金流失。通过资金日报、资金计划、资金统筹等手段，实现了集团资金管控年度目标。

【资金集中】2018年，公司积极发挥资金集中平台职能作用，合理设计资金归集路径，推动资金的跨账户、跨主体、跨地域归集，不断提高自身资金集中管理水平。一是积极与各资金集中协办行进行沟通协调，简化资金集中业务办理流程，缩短资金集中业务办理时间，进一步提高了资金集中整体工作效率；二是建立由主管领导牵头组织结算部门不定期进行客户专访的机制，加深和集团成员企业之间的沟通交流，主动了解其个性需求，为其解决实际困难，获得集团成员企业对资金集中工作的认同和支持。截至2018年末，可归集资金集中率达到87.31%。

【风险管理和内部控制】2018年，公司对《公司章程》进行修订并完成董事会换届，不断明确《公司章程》是经营运行的基本大法，切实提升公司董事会决策效率。同时，在公司各个层级营造风险防范的氛围，促进全员增强风险防范的意识，以结算、信贷和财务业务为重点，开展专项事中审计，以流程操作、制度执行为重点，开展专项合规检查，以审定合同条款、规范法律文书为重点，开展法律事务管理，全方位、多元化地完善公司内部控制体系。

【企业文化】2018年，公司积极开展各类培训教育活动。一是打造学习型团队。每周三下午作为培训学习时间，内容涉及企业文化、岗位职责、党章党建、业务礼仪培训、安全教育等方面，通过系列培训和实践锻炼，不断强化全员学习能力建设，提升了队伍的整体素质。二是充分发挥党、团、工会带头作用。公司组织五四青年节座谈会，积极调动青年员工工作热情，提升青年员工的思想水平。

【党建工作】2018年，将党组织的作用写入公司章程，确立党组织在公司经营过程中的领导地位。公司始终坚持以党的十九大以及全国国有企业党的建设工作会议精神为指导，按照集团公司党组安排部署，紧紧围绕生产经营中心和改革重组稳定大局，坚定不移担当全面从严治党重任，突出党建理论和实践创新，从严从细抓好党建思想政治工作，持续增强创造力、凝聚力和战斗力，有效发挥政治核心、战斗堡垒和先锋模范作用，有力保障了公司服务提升、稳健发展。

冀中能源集团财务有限责任公司

【集团概况】冀中能源集团有限责任公司（以下简称“集团”）成立于2008年6月，是一家以煤炭为主业，制药、现代物流、化工、电力、装备制造等多产业综合发展的河北省属大型国有企业。集团总部设在邢台市，下辖峰峰矿业集团、冀中股份公司、邯郸矿业集团、张家口矿业集团、井陉矿业集团、邢台矿业集团、山西冀中集团7家产煤子公司，以及华北制药、河北航投、国际物流、机械装备、华北医疗健康产业集团5家非煤子公司，控股冀中能源、华北制药和金牛化工三家上市公司，拥有一家财务公司。产业主要分布在河北、山西、江苏、河南、内蒙古、新疆、香港等13个省区。2018年完成煤炭产量8100万吨，在全国煤炭企业排名第十位，商品煤销量6626万吨，截至2018年三季度末，实现营业收入1690.47亿元，资产总额2270.94亿元，从业人员11万，综合实力居世界500强企业第359位、中国企业500强第81位。

【经营概况】2018年，冀中能源集团财务有限责任公司（以下简称“公司”）紧紧围绕集团高质量发展、转型升级和提高核心竞争力的目标，以资金安全和合规经营为底线，全面提升管理基础，主动防控金融风险，业务经营稳健运行，实现营业收入3.51亿元、利润总额2.01亿元、资产总额84亿元，监管评级稳步提高，均创历史最好水平。

【信贷业务】公司围绕集团企业经营需求，不断加强资金计划管理，强化与集团公司资金运作协同，在支持产业发展和化解重大风险方面加大信贷资金支持力度。2018年累计为集团及成员单位发放贷款140.25亿元，累计办理电子银行承兑汇票贴现14.79亿元；2018年末，贴现余额2.57亿元；信贷总规模66.61亿元，增幅为19.07%。

【票据业务】受监管政策制约，票据业务规模有所下降，2018 年共为集团企业累计办理电子银行承兑汇票贴现 14.79 亿元，累计签发电子银行承兑汇票 35.47 亿元，同业票据转贴现融资 14.31 亿元，再贴现政策资金 1.73 亿元。2018 年末承兑电票余额 15.85 亿元，增幅为 21.68%；贴现余额 2.57 亿元。

【资金业务】以服务集团企业资金管理为根本。一是协助集团以委托贷款形式调控资金投向，2018 年累计发放委托贷款 222.94 亿元，2018 年末，委托贷款总额 202.33 亿元，增幅为 107.69%；二是借助信息化手段，改善结算功能，实现了内部线上转账、代理付款、无纸化电子支付等功能，服务能力得到改善。2018 年资金存量规模继续稳步增长，单日存款创历史新高，达到 76.19 亿元，日均吸收存款存量 51.4 亿元，同比增加 4.53 亿元，增幅为 9.67%；2018 年结算资金量 5635.12 亿元。同时，加强归集资金管理，较企业直接存款提高集团公司整体收益 2921 万元。2018 年为集团企业节约财务费用 5566 万元，提高成员单位存款利息共计 4429 万元。

【业务创新】2018 年，公司一是在集团资金一体化运作部署下，成功完成财务公司首笔信贷资产转让业务，支持了集团首笔债转股资金落地。二是 2018 年 9 月 9 日，财务公司新一代核心业务系统已上线运行，由财务核算与业务一体化的系统模式转为财务核算与集团一体化、业务系统专业化的建设模式。新业务系统更加符合金融行业特点，强化了业务流程的风险防控，提升了监管数据的统计填报功能，为未来业务创新和管理提升搭建了全新的技术平台。三是开展“电子票据池模式在集团内应用”的课题研究，研究通过电票池模式实现票据资金集中管理，利用电票质押池形成的质押额度，解决集团企业票据期限错配和融资等问题，利用电票池深化同业合作，引入先进的金融服务理念。

【风险管理和内部控制】公司不断提高风险管理技术水平，一是对客户信用评级模型进行完善，建立行业细分标准，从支持集团公司实体经营的角度出发，结合财务公司自身经营发展目标，对信贷总量和投向实施合规引导。二是加强风控指标的动态监控和统筹管理，同时，通过流动性压力测试探索提高流动性风险管理技术水平。三是按照审慎原则实现了资产减值准备全覆盖，提高了风险自我补偿能力。四是强化内审机制建设，制定和修改了《审计稽核管理办法》《内部控制审计实施办法》《信息系统实施细则》等内审制度，规范内部审计流程和管理。

【人力资源管理】落实集团人才培养战略，建立人才培养机制。将专业素养提升纳入考核，加大内部轮岗力度，外派人员到集团企业挂职轮训，聘请专业顾问开展针对性的课题研究和专项培训，加快人才梯队建设，畅通人才成长通道，营造和谐的人才成长环境。树立正确的人才观，“德才兼备，以德为首”，培养追求廉洁自律、诚实守信、严谨求实的价值观。

【信息化建设】围绕经营管理和业务需求，在扎实推进核心业务系统优化完善的同时，重点强化信息系统对风险指标的实时监测和业务流程的内控功能提升，落实监管要求，加快推进信息系统异地灾备建设；完善机房和系统安全管理，强化信息化工作人员责任意识，全面提高系统安全性；不断深化信息化管理，逐步做好管理制度化、制度流程化、流程信息化、信息功能化，让信息系统成为安全高效合规的管理工具，成为提高工作效率、提升服务水平的技术平台。

【党建工作】深入推进党风廉政建设，落实巡视整改要求，加强警示教育，坚持民主集中原则，加大党风党纪教育。认真学习贯彻落实《中国共产党廉洁自律准则》《中国共产党纪律处分条例》和有关文件的要求，组织“忠诚、干净、廉洁、担当”大讨论和“全面透视和体检”专项行动，开展“一问责八清理”、纠“四风”工作，召开专题民主生活会，将审计纳入纪检监察范围，加大纪检宣教工作力度，牢固各级党员干部的思想防线。

江铃汽车集团财务有限公司

【集团概况】 2018年是汽车工业不寻常的一年，整个行业正经历“寒冬”，江铃汽车集团有限公司（以下简称“集团”）顶住压力，砥砺奋进，积极向制造服务型企业转型，在汽车“电动化、智能化、网联化、共享化”新四化领域取得长足进步并实现部分领先。集团2018年实现整车销量41.64万辆，营业收入突破1000亿元大关，成为国内第12家站上千亿元台阶的汽车企业，在中国制造企业500强位居第88位，在中国企业500强中居第205位，取得历史最好名次。

【经营概况】 江铃汽车集团财务有限公司（以下简称“公司”）坚持切实履行服务实体经济使命，坚持稳中求进的工作总基调，统筹抓好稳增长、增渠道、促转型、防风险、育人才、强党建等工作，实现了经营规模稳定增长、质量效益持续改善、金融服务有序提升、金融风险逐步化解等成果。2018年营业收入同比增长19.33%，利润总额同比增长20.36%；流动比率为52.08%，控制良好；不良贷款率为0.0130%，远低于行业水平。

【服务实体】 为支持实体经济的发展，公司把资金重点投向三个方向：一是保障生产经营的流动资金需要；二是支持企业技术改造、产业升级；三是帮助企业扩大产品销售，提高市场占有率。通过主动跟进集团内重点项目，主动走访对接集团成员企业，充分了解其资金需求，根据企业实际情况和资金需求、资金需求期限和用途以及担保方式不同制定综合融资方案，最大限度满足符合条件企业融资需求；通过建立市场反应灵敏、运作专业高效汽车金融业务架构，用金融力量刺激终端销售，助推集团向好发展。2018年通过自营贷款为成员企业节约财务费用同比增长296%，通过票据承兑为成员企业节约财务费用同比增长63%。

【信贷业务】 公司以解决成员企业创新转型资金需求为己任，坚持做好整体授信，争取更多合作授信银行，通过积极协调、沟通、谈判，最大限度撬动银行资源，2018年成员企业在授信行累计提款同比增长255%；最大限度扩展融资方式，积极推进债券、融资租赁、信托、信用证、跨境融资等融资模式，拓宽企业融资渠道，针对集团内重大重点项目，设计综合金融方案，全力帮助集团内成员企业解决资金需求。

【产品销售信贷业务】 公司坚持履行“厂家金融”使命，持续打好“库存融资+消费贷款”组合拳，夯实渠道管理，在确保信贷资产安全性的基础上，通过提供逐车贷、逐笔贷、商票贴现等组合金融产品，有力支持整车销售，2018年经销商渠道渗透率达51.2%，销售贡献率达82.6%；坚持“汽车金融，市场为先，产品为王”的理念，不断探索创新业务模式和金融产品，实现产品定制化，持续提升金融产品营销能力，2018年消费金融投放金额同比增长38.78%，车辆投放同比增长49.16%。

【投资业务】 受资管等新规影响，2018年投资业务开展遭遇瓶颈，公司贯彻“强化固收类为主，避免高风险投资”的资产配置策略，投资收益同比增长10.03%；同时逐步将投资业务工作重心向提供金融服务转移，包括积极研究行业监管政策、开展调整集团融资结构调研、输出投研服务，深层次发挥集团内财务顾问功能，寻找集团资产保值增值的新增长点。

【票据业务】 公司积极争取全国范围内商业银行贴现额度，进一步提升公司票据在市场上的流通性，最大限度满足成员企业快速增长的票据额度需求；配合上海票据交易所完成纸电交易融合第二阶段顺利上线，顺利上线票据交易系统全直联接口，实现了票款线上清算功能，为票据业务开展提供极大便利。

【资金集中】公司逐步完善资金池运营管理水平，更好地为集团成员单位资金收支提供保障。借助集团资金集中管理平台，成员单位融资能力提高，贷款利率下降，整体提高了集团资金使用效率，降低了财务成本。2018 年 12 月末，存款集中度可归集口径达 87.46%。

【业务创新】公司上线了汽车金融 APP 平台，提升了贷款流程的用户体验，提高品牌友好度，为金融产品二次销售、关联销售及业务创新提供良好的用户基础与技术基础，也为其他传统业务向互联网化迁移打下良好基础。

【风险管理和内部控制】公司创新运用量化风险管理工具，准确识别关键风险点，实现风险预警；充分挖掘数据信息的风险点、价值点，提升公司风险管理能力；建立健全信用风险管理体系，合理确定信用额度和信贷条件，降低信用风险；加强政策解读与新规传导，持续完善制度体系，确保公司持续依法合规经营；组织开展案件风险排查工作，提升案件风险防控水平；实施以风险为导向的内部审计，筑牢第三道风险防线。

【人力资源管理】公司进行人才盘点及岗位线条优化，全方位及多渠道整合内外人力资源；在业务型、能力型、管理型三个线条全面开展培训，推动全员综合素质提高，2018 年培训 108 场次，参训人员达 1760 人次，人均参训率为 82%；成立课题研究小组，提升员工研究创新能力，5 篇论文获得省级奖励；发挥人才政策聚集效应，积极申报南昌市“洪城海鸥计划”获取财政项目基金，落实南昌市人才落户政策，形成育才引智企业合力。

【信息化建设】公司已经全面向互联网金融转型，加快布局信息平台建设，取得了阶段性成果，有效支持了新业务的顺利开展。建成融资租赁、票交所全直联、投资管理系统二期项目系统，优化汽车金融系统，夯实主业；建设互联网金融平台，上线汽车金融 APP 平台、统一支付平台，着手建设以租代售平台，提升公司整体竞争实力；加强合规系统建设，上线征信查询前置系统，加紧合格证保管箱系统的建设，防范征信信息的安全以及业务风险。

【企业文化建设】公司将企业文化建设充分融入日常经营工作中，以集团战略为核心，全力以赴为公司发展提供良好的文化氛围和组织保障。公司工会、团总支坚持开展制度竞赛、业务知识比拼、羽毛球竞赛等活动，增强员工创新能力、业务能力、服务水平；开展配音大赛、我与团徽有个约会、蒙面歌手大赛、羽毛球大赛、舌尖上的财司等活力四射的活动，丰富员工的精神文化生活，提升全员凝聚力，形成公司向心力。

【党建工作】公司党总支持续健全党建工作，梳理党建工作制度、量化党建工作目标，促进任务有效落实；全面贯彻意识形态工作，把握住意识形态工作的领导权、管理权和话语权；推进“两学一做”学习教育常态化、制度化，落实“三会一课”制度，全面提高党员思想素质；积极开展多种形式的党员教育活动，包括前往革命教育基地学习、参观廉政教育基地、卫生清洁等活动，始终保持党员先进性；落实三风主题实践活动，构建党内风清气正的政治生态环境。

江苏凤凰出版传媒集团财务有限公司

【集团概况】江苏凤凰出版传媒集团有限公司（以下简称“集团”）总部位于南京，集团的产业领域主要是出版、发行、印务、影视、文化酒店、文化地产、金融投资、艺术品经营等板块。集团综合出版能力以及出版能力的成长性被评为全国第一。2012 年被评为全国文化体制改革先进单位。连续九年在新闻出版业总体经济规模和实力评估中名列第一。连续十届入选全国文化企业 30 强。

【经营情况】截至 2018 年末，江苏凤凰出版传媒集团财务有限公司（以下简称“公司”）资产总额 128.16 亿元，负债总额 116.19 亿元，所有者权益 11.97 亿元。表外业务 1.73 亿元，其中 2018 年新增非融资性保函业务 2 笔，余额为 2293.46 万元。2018 年实现扣除资产减值损失后利润总额 1.20 亿元。

【信贷业务】2018 年，公司开展了各类表内外授信业务和中间业务，累计发放流动资金贷款 11 笔，计 45800 万元；开展委托贷款业务 15000 万元；为成员单位开立非融资性保函 2293 万元。公司作为集团投融资平台，为集团及其子公司安排外部银行授信 113.35 亿元。

【投资业务】公司在 2018 年积极向监管部门申请有价证券投资业务，并于 2018 年 10 月顺利获批有价证券业务资格（除股票投资外）。2018 年，公司开展投资业务 7 亿元。公司发挥集团金融服务平台功能，2018 年为集团及其子公司累计办理各类金融资产的投资 288.44 亿元。

【资金业务】2018 年，公司聚焦资金业务，全力提升资金管理水平。一是充分发挥资金池效应，合理安排整体资金头寸，进行有效衔接和余额调节，减少资金沉淀，保障集团各成员单位的资金支付。二是通过为成员单位贷款、开立非融资性保函以及提供各项金融服务，降低成本费用支出，减少集团的财务成本。三是大力提升资金收益，2018 年开展存放同业定期业务合计 93 笔，金额 199 亿元，实现同业利息收入 14020 万元。

【资金集中】集团高度重视资金集中管理工作，通过拟定《资金集中管理办法》等相关制度，明确资金集中管理体制及各单位职责。公司通过上浮存款利率、高效办理信贷业务、提高结算服务质量和效率、优化资金平台系统等方式，减少了成员单位对外部银行的依赖，提高成员单位使用公司系统的积极性，从而带动资金归集。2018 年 12 月末，公司吸收存款为 116.17 亿元，全口径资金归集率达 75.75%。

【风险管理和内部控制】2018 年度公司持续加强业务风险以及内控合规管理。完成首版制度汇编；新增 12 项制度，修订 2 项制度，对于新开展业务做到制度先行，以加强风险控制；新增操作流程 11 个，进一步细化、标准化、规范化具体的业务流程及细节，以降低操作风险。2018 年针对不同业务均开展了专项检查；并开展了押品风险、非法集资风险、涉非广告排查等多项专项排查；持续开展合规、风险管理、法务等各种专题培训，强化公司风险管理、合规经营文化。

【党建工作】公司于 2018 年 9 月成立了公司党支部，并将党组织工作列入公司章程；积极按照党建工作相关要求，努力推进“两学一做”学习教育常态化、制度化，积极学习贯彻党的十九大精神，顺利完成了年度党建工作重点任务，为公司业务发展提供了坚强有力的组织保障。

【人力资源管理】2018 年，公司持续完善人力资源管理体系。一是吸收具有金融从业经验的 6 名优秀人才，充实员工队伍；二是公司完善制度，制定及修订《绩效考核管理暂行办法》《薪酬管理暂行办法》，进一步完善公司绩效考核方案；三是公司开展和参与各类培训 46 场，鼓励员工参加各类专业资格考试，公司 25 人中，博士 1 人，硕士 13 人；高级职称 6 人；注册会计师 2 人，特许金融分析师 1 人，国际注册审计师 1 人。

【信息化建设】2018 年度公司顺利完成了信息化建设各项任务。一是支撑业务发展，提升工作效率。2018 年度顺利上线金融数据统一监管报送平台系统；成功对接集团财务合并报表等系统，实现了 1104 等各项数据的自动出数，提升了各部门工作效率。二是细化风险策略，提升风险抵抗能力。2018 年度新增建设银行银企互联渠道；实现主结算行支付渠道双线连通并实现了故障时网络自动切换等功能，公司资金结算系统抵御重大风险能力大大加强。

江苏国泰财务有限公司

【集团概况】江苏国泰国际集团有限公司（以下简称“集团”）成立于1997年，集团以进出口贸易为主业，并涵盖了新能源新材料、高端酒店、软件开发、地产开发、零售品牌、金融及股权投资等领域。在2018年中国企业500强中列第317位。

【经营概况】江苏国泰财务有限公司（以下简称“公司”）牢固树立“依托集团，服务集团”的宗旨，围绕集团发展战略，在防范集团及公司风险的前提下，各项业务有序推进，公司内控建设和基础管理有了新提高，各项工作取得了较好成绩。截至2018年末，资产规模30.22亿元，各项存款14.41亿元。

【服务实体】公司围绕集团战略，服务集团发展，着力于优化财务资源配置、提高资金使用效率。公司坚持存款利率上浮到顶，贷款利率不高于银行同类贷款利率，对保函、代开信用证等业务减免手续费和保证金。2018年为集团节省费用约60万元，并为集团增加约160.55万元的银行存款利息收入。

【信贷业务】2018年，公司发放自营贷款32.07亿元，共给16家成员单位办理授信，授信总额14.05亿元。此外，开展了关税保付保函、保险代理及代理进口信用证业务，有利于成员单位保证金的归集，丰富了资金服务手段，降低了集团整体资金成本，增强了集团成员单位资金流动性，有效提高了资金利用率。

【资金业务】公司充分挖掘集团和成员单位资金潜力，最大限度地归集集团和成员单位的存款，使集团的资金资源得到有效聚集。加强资金计划管理，提高资金运作效率。通过有效控制和统一调度，充分利用金融同业系统资源，积极办理同业定期存款，发挥冗余资金的效益，提高公司的收益。2018年公司开展存放业务定期业务56笔，存放资金量达到73.3亿元，实现定期利息收入3950万元。

【票据业务】根据上海票据交易所业务指引并结合公司业务发展需要，公司积极推广承兑电子票据业务，2018年12月下旬成功开出电票183万元，为今后推广票据承兑业务，提高票据清算效率，更好地服务成员单位打好基础。

【外汇业务】公司对中行、农行美元资金池实时归集，2018年末归集6832.24万美元，日均6027.62万美元。外币实时归集增加了美元资金沉淀，为以后开展结售汇等业务打下良好基础。2018年9月中国人民银行苏州市中心支行副行长蔡继东一行前来开展结售汇专题调研。蔡继东表示十分重视国泰财务结售汇业务申请的推进工作，并针对申请结售汇业务相关制度、人员、系统和风控等工作给予指导。公司根据监管要求，完成了结售汇业务系统的改造，符合正式上线要求。

【资金集中】根据集团账户清理要求，对银行账户进行全面清理，截至2018年12月末，共梳理成员单位账户1030个，累计销户408个，剩余有效账户622个，其中直联户总数499个，为加强集团资金安全奠定了较好的基础。截至12月末，公司各项存款14.41亿元，2018年日均存款10.36亿元。此外二期投资企业账户清理已启动，本次清理以“先本地后异地，先二级后三级公司”的方式开展，切实做到账户严格管理，防范资金风险。

【风险管理和内部控制】2018年共完成17项制度的制定与修订工作，主要包括押品、流动性风险等制度的修订和完善。坚持更新公司法律法规汇编，公司法律汇编文件已有67项，并通过组织员工学习法律法规、规章制度，督导员工形成自主合规的工作理念。公司进一步规范员工行为，加强风险防控，建立前、中、后台相分离，业务流程清晰的风险管理机制，充分发挥内部稽核作用，完善风险问责机制，提升风险防控的实效性。2018年累计开展了19次稽核检查，提出整改意见，并持续跟踪、督促整改，确保风险可控。

【人力资源管理】公司积极组织员工参加内外部各类会议和培训，并督促员工参加职称考试，提升员工业务水平和综合素质，2018年有3名员工获得了中级职称。

【信息化建设】做好日常信息化设备的运维管理工作，排除安全隐患，防控信息科技风险，2018年无安全事故发生。通过对公司现有设备进行安全评估，进行必要的信息化改造，淘汰老旧设备，进一步保障公司信息系统安全稳定运行。2018年为适应银保监会、人民银行的监管要求，提升监管评级，保证监管报送数据的及时性、准确性，公司启动了统一监管报送平台系统上线工作，不断加强信息化系统建设，为业务发展提供有力支撑。

【企业文化建设】公司致力于营造和谐美好的工作氛围，积极组织员工参加集团运动会，丰富员工业余生活，增强组织力和凝聚力，为公司营造良好的企业文化氛围。

【党建工作】公司自党支部成立以来，严格贯彻落实习近平新时代中国特色社会主义思想和党的十九大精神，认真落实党风廉政建设，定期组织召开“三会一课”会议，有效加强和规范党内政治生活，提高党员队伍素质。开展“三重一大”工作集体研究、集体决策，保证各项决策的民主性和科学性，增强党支部的凝聚力和战斗力。

江苏华西集团财务有限公司

【集团概况】江苏华西集团有限公司（以下简称“集团”）截至2018年3月31日入股两家商业银行，分别是广州农村商业银行股份有限公司和重庆农村商业银行股份有限公司，两家商业银行已在香港联合交易所挂牌上市。截至2018年12月31日，集团的资产总额为516.38亿元，负债总额为337.60亿元，主营业务收入286.46亿元，利润总额7.63亿元。集团实行董事会领导下的总经理负责制。董事会是集团的经营决策机构，在资金统一集中调度，人事任免方面有决策权，董事长是集团的法人代表。集团对成员企业实行承包经营责任制，对所属职能部门实行经济责任制考核，按各项指标完成情况对承包者进行奖惩。

【经营概况】2018年，江苏华西集团财务有限公司（以下简称“公司”）资产总额21.93亿元，负债总额13.86亿元；2018年实现利润总额11177.20万元，较2017年同期减少219.70万元，同比降幅达2%。截至2018年末，净资产收益率为12.15%，流动性比例为37.38%，资本充足率为31.02%，拆入资金比例为9.55%，担保比例为56.08%，无不良资产。2018年10月，公司向监管部门提交了修改章程的请示，并于11月份获得同意修改章程的批复。

【信贷业务】2018年，公司利用信贷杠杆扶优限劣，加大对符合产业政策、市场竞争力强的产业的支持，控制对过剩产能、落后产能的授信，促进集团优化产业结构。截至2018年12月31日累计为集团成员企业发放流动资金贷款74笔，投放信贷资金达93.19亿元，同比增加15.56亿元，年末贷款规模达17.77亿元，同比增加0.28亿元，减少压缩传统低效领域信贷资金投放0.64亿元，先后关停落后产能企业9家。

【资金业务】截至2018年12月31日，公司协助集团与48家金融机构及市场发生融资往来业务，对外融资余额合计270.41亿元，并多次与江南、常熟、无锡及张家港农商行等接触，商讨双方合作模式及业务产品。2018年为集团及成员企业办理资金结算12.01万笔，办理结算资金达4330.39亿元。通过同业拆借市场调剂资金头寸152笔，累计拆借融入资金202.30亿元。

【资金集中】2018年，公司全面分析集团资金结构，减少票据融资比例，有效降低保证金存款占用，提高资金归集比例，继续推动增加上市公司资金归集，努力提高上市公司资金归集比例。截至2018年12月31日，已归集企业达93家，新纳入归集企业2家，已归集企业账户199户，新增归集企业账户24户，扩大了资金归集覆盖面，增强了资金归集的力度。

【风险管理和内部控制】2018年，公司风险管理部门在董事会及专业委员会指导下，有效对风险进行防范、控制和监督，不良资产保持零余额。2018年，公司根据银监现场检查发现的问题，结合公司业务发展实际需要，对风险管理委员会成员、战略发展委员会成员、内部审计委员会成员及贷审会成员进行了调整。

2018年，公司各主体严格按照内部控制要求，通过职责分离控制、授权审批控制、核对与监控控制、应急处置控制、风险管控以及内部审计控制等管控措施，有效履行内部控制职责；公司进一步梳理和完善内控制度，新增《大额交易和可疑交易报告管理办法》《大额交易和可疑交易报告报送流程》《反洗钱工作客户风险等级分类管理办法》《流动性风险监测管理体系》《操作风险管理制度》《市场风险管理制度》《员工合规手册》《董事履职评价办法》《信用风险管理基本政策》《案防管理工作实施细则》等制度，更好地完善了内控体系。

【信息化建设】2018年7月，公司电子票据系统正式上线，并于2018年10月份升级了票交所纸电融合系统，2018年公司还新增中行、交行的两家银企直联，直联银行由原来的4家增至6家。网络方面，公司网络系统实施模块化、分区化的管理，核心网络的安全性和稳定性有较高的保证。根据业务性质和类型对VLAN地址进行分段划分。生产网、测试网等实行逻辑隔离，内外网实行物理隔离，有效防止网络风险发生。

江苏交通控股集团财务有限公司

【集团概况】江苏交通控股有限公司（以下简称“集团”）是江苏省重点交通基础设施建设项目省级投融资平台，集团成立于2000年，主要承担全省重点交通基础设施建设项目的投融资、全省高速公路的运营和管理以及相关竞争性企业的资产和市场经营管理。集团运营管理的高速公路总里程4101公里，占全省高速公路通车总里程的86%，员工人数3万余名。截至2018年末，全口径资产总资产4700亿元，净资产2000亿元。

【经营概况】2018年是江苏交通控股集团财务有限公司（以下简称“公司”）实施三年行动计划的收官之年，公司发挥产业金融优势，聚焦集团主业谋发展，当好集团资金管控主力军，严格落实各项监管要求，切实防范经营风险，运营管理能力和金融服务能力再上新台阶。

【信贷业务】公司发挥产业金融纽带作用，服务实体经济发展。紧盯集团相关产业发展布局，支持“交通+能源”项目建设。以银行授信、短融、中票、资产证券化等产品协助集团建立和完善多层次的融资渠道。

【资金业务】2018年，公司加强资金预算管理，提升资金预算精细化管理能力，适时监测、控制资金流进和流出，严防流动性风险。积极及时调节和安排头寸资金，保障集团对铁路集团、东部机场等大项目的投资需求。合理安排同业业务期限及品种，努力提高闲置资金收益。与银行、证券、基金、保险、信托和财务公司等同业机构建立稳定、密切的合作关系。

【票据业务】公司加强电票结算在高速公路建设领域的宣传和推广使用，以电票流动代替项目贷款资金流动，充分利用票据融资工具，关注新开工项目和征地拆迁等项目的支付结算，进一步促进产融结合，提高项目融资效率，降低融资成本。

【资金集中】2018年，公司不断挖掘资金归集潜力，提高资金归集深度和广度。实现了多家单位归集。积极推进资金时点归集向日均归集转变，不断提高资金利用效率。年末全口径资金集中度预计为88%，比2017年增加14个百分点。

【业务创新】2018年，公司紧盯集团相关产业发展布局，新增江苏省路网内高速公路通行费移动支付拆分清算，实现非现金类通行费资金拆分和内部托收自动化支付功能，TMS系统电子回单、电子对账单模块顺利上线使用，实现财企对账的自动化管理。

【风险管理和内部控制】创新风险管理技术，初步建立了风险管理监测系统，实现风险监管指标信息化管理，不断提高风险管理的集约性和控制力。深入开展进一步深化整治银行业市场乱象和“制度落实年”专项工作，强化内控合规意识和完善内控制度体系，进一步加强重点客户信用风险、重点业务风险控制和员工行为监督管理，坚持合规稳健经营。按季开展合规培训，积极营造依法合规的氛围。

【人力资源管理】公司充分利用“人才基金”政策，不断强化集团金融财务人才“孵化器”作用，先后引进多名优秀员工。进一步深化人力资源管理创新举措，健全考核激励和员工培训体系，激发员工干事创业热情。按照效率优先、兼顾公平的原则，努力保持员工工资合理增长。

【信息化建设】加快落实信息系统建设和管理三年行动计划，为公司提供技术支持和保障服务。通过多种方式加快推进TMS系统统一版的开发进度，ETC拆账二期、电子回单、电子对账单等功能顺利上线。协助集团财务信息系统升级和建设，协助并推进TMS系统与集团财务系统NC6.5版本财务凭证接口开发工作。

【企业文化建设】树立以“员工”为核心的发展理念，倾听员工诉求，让员工共享公司发展成果。以“6S”管理常态化建设为基础，积极发挥工团组织纽带作用，助力员工素养全面提升。通过开展汇演、集体生日、户外健步和“建家”等丰富多样的团队活动，营造“快乐工作、健康生活”的文化氛围。

【党建工作】认真学习宣贯党的十九大精神，不断增强对习近平新时代中国特色社会主义思想的认同感。切实把党建工作融入公司治理和运营管理各环节。把全面从严治党要求落实到细微之处，大力推进公司党支部标准化建设。组织党员赴延安参加红色教育培训，与中国银行江苏省分行投行部开展党建共建。扎实开展“不忘初心、牢记使命”教育活动，切实打牢全体党员爱党敬业的思想根基。

江苏省国信集团财务有限公司

【集团概况】江苏省国信资产管理集团有限公司（以下简称“集团”）现有成员单位逾280家。集团拥有以电力、天然气为主的能源产业平台；以信托、财务公司、担保、保险经纪、期货为主的金融服务业平台，是江苏银行、华泰证券、紫金保险、江苏信托的第一大股东；以房地产开发、软件园为主的不动产平台；以进出口贸易为主的贸易平台。同时集团旗下拥有江苏国信、江苏舜天、江苏新能三家上市公司。截至2018年末，集团总资产1635亿元，净资产896亿元，资产负债率为45.18%，营业收入566亿元，利润总额72.6亿元。

【经营概况】2018年，江苏省国信集团财务有限公司（以下简称“公司”）蝉联监管部门和中国财务公司协会“双A”评级；公司资金集中度2018年平均达到85%左右；成为省内首个运用集中结算率指标进行考核的财务公司。截至2018年末，公司总资产为171.98亿元，表内外资产规模达到348.1亿元；实现营业收入53075.35万元，实现利润总额17785.58万元，成员单位开户数达到179家，归集资金余额达到152.55亿元。

【服务实体】公司一是坚持优惠利率。贷款期内为能源板块节约财务成本2000万元以上，为贸易企业节约财务费用456万元。2018年，公司取消了委贷手续费，对存量委托贷款中应收未收的手续费同样予以免收。二是开展承销顾问业务，配合集团财务部累计发行29期债务融资工具，融资总额达296亿元，为集团节约发行费用共计900万元。

【信贷业务】公司积极服务上市电厂，支持绿色信贷。2018年，对江苏国信下属上市电厂增加授信额度9.5亿元，向泗阳太阳能发电、东凌风力发电等7家绿色能源成员企业投放了节能环保项目贷款，本年累计发放贷款2.25亿元；12月末能源板块信贷余额的94.5亿元，占公司信贷余额的94.23%。共为29家成员单位办理了119.32亿元综合及专项授信，累计授信余额183.27亿元。截至12月末，公司为集团和成员单位提供资金支持余额达100.29亿元，比年初增加14.64亿元。

【投资业务】2018年，公司累计完成有价证券投资29.7亿元，其中，货币型基金投资额23.3亿元，理财型基金投资额2.5亿元，现券投资额3.9亿元；累计完成质押式逆回购交易额2亿元。截至12月末，公司累计获得投资收益2305.05万元。

【票据业务】2018年，公司一是拓宽纸质票据业务，积极探索开展入池票据质押融资业务，通过综合营销手段，提升票据入池数量，截至12月末入池登记票据共计394张，票面金额达2.28亿元，同时成功与多家成员单位完成票据池的签约。二是推动电子票据业务上线，与九恒星和主办行建设银行不断沟通，开展电票票据池系统的测试。

【资金集中】2018年，公司积极推进资金集中管理工作。一是深入研究分析了影响资金归集的可控因素，以及上市公司定增资金和成员单位IPO募集资金专户存储不能归集等不利因素，有重点、有针对性地开展工作，确保资金归集率在高位保持稳定。2018年，公司全口径资金归集率月均保持在85%左右，12月份更是达到92.38%的历史最高点。二是创新开展资金结算集中，制定了结算率公式，截至12月末，集团资金集中结算率已达88.88%，结算笔数达到11.7万余笔，是上年的2倍以上。

【业务创新】2018年，公司一是推出资金代理支付模式，实现了由“收支两条线”向“分收统支”的转变，可以由财务公司将成员单位需支付的款项直接支付至第三方企业。实现了对私支付功能，可以为企业代报销费用，向个人支付款项。二是创新推出了“国信一票通”业务，公司于2018年末成功与一家成员单位上游的煤炭供应企业实现了业务合作。

【风险管理和内部控制】2018年，公司一是修订、制定涉及内控、业务、财务、信息等近40项制度。二是按照监管要求开展各项自查整改，确保公司各项经营管理活动符合监管政策和检查要求。三是对2014年以来公司治理、内控和案防、业务活动及风控、会计核算与财务管理、信息系统建设等方面情况进行了一次全面系统梳理检查。

【人力资源管理】2018年，公司一是修订完善了公司绩效考核管理办法。二是大力开展教育培训。组织员工参加财务、外汇、法律、审计、信息、党务、纪检等各类专业培训达600余人次。公司积极组织骨干参加国际财资师资格考试，公司通过人数已达8人。

【信息系统建设】2018年，公司全力打造先进、高效、安全的系统平台，保障公司业务稳健运营。公司在省内率先实现与上海票交所直联，公司可以直接参与票交所线上清算；实现了信贷业务全流程线上审批无纸化，公司从贷前、贷中到贷后管理均实现了业务全流程线上审批（票据业务除外）；通过了公安部信息安全三级等级保护测评，公司信息系统达到了与商业银行相当的安全管控水平。

【企业文化建设】公司关心员工生活，帮助员工解决家庭中的实际困难，春节前开展“送温暖”活动，为公司部分收入较低的员工送去节日慰问；召开全体员工大会，推选了职工董事、职工监事；积极组织开展丰富的文体活动。2018年，公司先后开展“庆祝改革开放40周年环湖跑”、过集体生日、组织员工参加羽毛球运动等。

【党建工作】2018年，公司党委坚持全面从严治党，把好企业发展正确方向。公司党委班子主动履行“一岗双责”责任，始终将党建与经营管理工作有机结合；深入学习领会党的十九大精神，将十九大精神与实际工作相结合，指导公司改革发展全过程；着力加强意识形态建设工作，融入企业日常管理，为公司创新发展、深化改革提供坚强的思想保证和强大的精神动力；积极开展思想大解放活动，真正将开展大讨论活动与做好本职工作相联系，把思想解放的成果转化为推动公司高质量发展的实际效果。

江苏悦达集团财务有限公司

【集团概况】江苏悦达集团有限公司（以下简称“集团”）成立于1991年，注册资本10亿元，为国有独资企业。集团行业分布主要包括煤炭、有色金属等矿产物资产销、高速公路、商业零售、车辆生产、纺织等业务板块，并适度涉足汽车销售、房地产等其他业务。

【经营概况】截至2018年12月31日，江苏悦达集团财务有限公司（以下简称“公司”）资产总额41.94亿元，负债总额32.63亿元，所有者权益总额9.31亿元，资本充足率为34.23%，流动性比例为83.67%，各项贷款余额22.37亿元，吸收存款余额29.81亿元。2018年公司实现营业收入1.68亿元，净利润6515万元，为集团节约资金成本2.06亿元。

【服务实体】公司始终坚持服务实体经济发展的宗旨，2018年共为集团节约财务费用2.06亿元。主要举措：一是提高信贷业务审批效率，二是加强业务创新，三是提供优惠利率，四是减免结算费用。

【信贷业务】截至2018年12月31日，公司自营信贷余额18.87亿元，委托贷款余额2.066亿元。2018年累计投放流动资金贷款30.64亿元，发放委托贷款1660万元，办理对外担保3500万元。无不良贷款。

【资金业务】在确保支付能力的前提下，充分利用存放同业、转贴现、再贴现等金融工具，统筹运营头寸资金，切实提高了资金运营收益。2018年，公司共完成定期存放同业26笔，累计52.9亿元，取得存放同业利息收入7649万元，年化收益率3.45%。

【票据业务】2018年共办理银票贴现10.1亿元，银票承兑3.5亿元，票据转贴现1亿元、再贴现5.85亿元。丰富了成员单位的结算方式，有效缓解成员单位的资金压力。

【外汇业务】截至2018年12月31日，共计13家试点成员企业参与外汇集中管理，外汇资金池交易量984万美元，实现跨境放款446万美元。

【资金集中】截至2018年12月31日，已开立财务公司账户的成员单位121家，本年新增10家，销户5家。已实现银企直联人民币归集户137个、美元归集户8个。2018年累计发生资金结算量49226笔，同比增长43.94%，结算金额2264亿元，同比增长38.13%。2018年末公司各项存款余额29.81亿元，日均吸收存款30.54亿元。全口径资金集中度为43.36%。

【业务创新】公司积极开拓新业务、新模式。一是顺利获批全国银行间同业拆借资格。2018年共拆入资金52.3亿元，较外部市场借款利率为集团节约财务费用约330万元。二是成功运营跨境外币资金池业务。三是关税保函业务实现突破。2018年累计为成员单位办理关税保函业务3500万元，年末担保余额2500万元。

【风险管理和内部控制】2018年，公司以年度监管评级检查和现场检查为契机，进一步梳理各项业务流程，完善各项制度。共完成制度新增23项、修订23项、废止2项，年末公司制度汇编文件达118项。组织开展了内部专项稽核检查、开业一周年合规风险排查、进一步深化整治银行业市场乱象自查等工作。

【人力资源管理】2018年通过市场化引进专业人才2名，内部交流专业人才1名，提拔使用干部3名。组织员工参加外部交流学习21批43人次；开展内部培训16批320人次。开展年度合规文化竞赛和“AB角互学”活动。

【信息化建设】公司紧跟业务发展，认真做好日常监测和故障修复工作，及时改善系统的可操作性、安全性和稳定性，保障信息系统的稳定运行。2018年共完成全系统架构运维建设、安全设备升级及应用系统负载均衡以及云存储等多个安全项目。公司核心业务系统于2018年3月顺利通过等保三级测评认证，达到省内信息系统安全领先水平。

【企业文化建设】公司坚持践行“忠诚、激情、专业、创新、执行”的新时期悦达精神，重视公司企业文化的树立和培养。一是举办年度专题劳动竞赛活动，全面建设学习型组织。二是开展读书月、职工运动会等文体活动。

【党建工作】2018年，公司党支部认真落实党风廉政建设责任制主体责任，严明党的纪律，切实改进作风，进一步推进全面从严治党各项工作。一是深入学习贯彻党的十九大精神以及习近平总书记系列重要讲话精神。二是积极参加集团党建工作业务培训、党支部工作台账观摩评比、基层党建创新案例评比等活动，有效推进基层党组织标准化建设。三是开展系列红色专题教育活动，切实提升党员干部整体素质。四是开展“自查自纠”“未巡先改”工作，推进源头治理，强化作风建设，进一步完善廉政风险防控措施。累计开展节前对党员干部谈话提醒50多人次。

江西高速集团财务有限公司

【集团概况】江西省高速公路投资集团有限责任公司（以下简称“集团”）是经江西省政府批准成立的大型国有独资企业，省交通运输厅根据省政府授权依法履行出资人职责。集团于2009年11月28日挂牌成立，2010年1月1日正式运作。集团注册资本为95.05亿元，资产总额达2891亿元，净资产1159亿元，直接管理11家全资及控股子公司（其中1家上市公司）、8个直属路段管理中心、11家参股子公司，共有690个所属单位、18000多名员工，企业信用评级为AAA级，连续多年入围中国服务业500强；经营业务除高速公路投资建设、运营管理外，还涉足金融投资、路域资源、工程施工、地产开发等领域。

【经营概况】江西高速集团财务有限公司（以下简称“公司”）是经中国银行保险监督管理委员会批复，由江西省高速公路投资集团有限责任公司、江西高速传媒有限公司和江西省天驰高速科技发展有限公司共同出资成立（注册资本51亿元）的非银行金融机构。公司于2018年6月15日批复筹建，2018年12月26日正式成立。

公司内设资金结算部、信贷管理部、咨询业务部（战略规划部）、风险合规部、稽核审计部、计划财务部、信息技术部、综合事务部（党委办公室）和董事会办公室（业务协同部）九个部门，并且内设战略与预算管理委员会、风险管理委员会、审计委员会、薪酬与考核委员会、信贷审查委员会等关键决策机构。

公司将秉承“合规创新、协同共享”的经营理念，坚持以服务各成员单位为关键核心，全面夯实制度、人才和业务三项经营基础，逐步完善归集、结算、监控和金融服务四个功能平台，为实现财务公司未来实现高质量发展奠定坚实的基础。同时，公司将围绕资金集中管理能力、经营与服务能力、风险管理能力、盈利能力等关键指标，审慎经营，努力达标，确保阶段性满足新业务资质申请条件，及时向监管机构申报并扩展业务范围，为成员单位提供更加优质全面的金融服务。

江西铜业集团财务有限公司

【集团概况】江西铜业集团有限公司（以下简称“集团”）成立于1979年，隶属于江西省国资委，为江西省特大型国有企业。在2018年《财富》世界500强企业中列第370位。多元化的业务包括铜、金、银、稀土、铅、锌等多金属矿业开发，以及支持矿业发展的金融、投资、贸易、物流、技术支持等增值服务体系，在中国、秘鲁、阿尔巴尼亚、阿富汗等国建立了矿业基地。2018年，面对全球经济深度调整，保护主义、单边主义抬头等因素对有色金属行业发展的重重困扰，集团实现销售收入2327.17亿元、利税77.23亿元。

【经营概况】2018年，江西铜业集团财务有限公司（以下简称“公司”）积极适应金融强监管新常态，围绕着服务集团实体经济、防控化解金融风险、深化金融改革创新“三位一体”的金融工作主题，稳健合规经营，总体稳中向好。年末资产总额177.94亿元，较上年末增加17.37亿元。全年实现利润4.48亿元。通过减免结算手续费、存款上浮贷款下浮等方式让利成员单位1.11亿元。

【服务实体】公司2018年新增深圳南方、江铜胜华两家授信单位，新增江铜清远和九江铅锌加入外汇资金集中运营管理平台。解决成员单位时段性资金困难，为江铜天津华北提供时段性贷款2笔共4500万元，为上海国贸增加临时授信3亿元，为江铜胜华提供授信1.80亿元。全年为成员单位办理即期结售汇4.85亿美元，为成员单位节省成本628万元。协助集团财务管理部共同审查敲定集团联合授信总规模。向集团专题汇报信贷政策差异化调整的建议，减少成员单位利用财务公司更优惠价格而放宽下游企业账期并收取利息的空间。2018年末对成员单位各项贷款余额75.31亿元，较上年末增加7.62亿元。

【资金集中】公司加强与集团成员单位沟通，对成员单位的银行账户进行清查核实，提高资金集中使用效率。对上海、深圳等重点监控片区进行账户专项检查并向集团相关领导专题汇报，持续跟踪与督促各重点监控片区账户销户、有效银行账户授权财务公司查询、上收权限。将成员单位资金集中度、外汇业务归入集团层面管理与贷款利率优惠适当挂钩。与集团财务管理部商讨对成员单位财务总监资金集中度考核指标。

【投资业务】金融市场业务转型为以同业拆借和保本理财为主，加强与银行、信托、证券、财务公司的同业授信业务，共与32家同业机构相互同业授信455.00亿元，开展同业拆借业务30多笔，金额60多亿元，购买保本理财产品7亿元，开辟了资金运用的新渠道。

【风险管理和内部控制】公司全面再造业务流程图，建立管理规范表，对现有业务制度进行全方位的梳理与重塑，修订60多项制度，新增18项制度，废止3项制度。于2018年10月24日取得中国质量认证中心颁发的质量管理体系认证证书，质量管理初步实现了制度化。

2018年，公司围绕弥补反洗钱防控体系短板，成立了反洗钱工作领导小组，完善了“三会一层”和各业务岗位的反洗钱职责，规范反洗钱客户身份识别、交易记录保存和可疑报告报送三方面工作。公司高管2018年3月签订了《合规认知与管理措施计划书》并报送江西银监局。2018年4月召开全员合规承诺签订大会，全体员工签订合规承诺书，牢筑全员风险合规意识。开展了信用风险、员工行为、风控责任落实、同业账户对账、信息系统密码安全、征信、印章等专项治理、排查、排雷行动。加强成员单位对信贷资金使用用途的监管。启动全面预算管理工作。

【信息化建设】2018年，公司完成投资管理系统升级、工行直联接口外币功能升级、中国外汇交易中心新一代交易平台（二期）会员联测、上海票交所纸电融合联调测试和核心系统服务器等关键设备的更新，先后实施上线1104报送系统、电子票据系统改造、信息安全等级保护整改项目，加强了金融城域网管理，进行了运营管理信息系统、集团ERP系统对接的需求调研，确保了信息系统的安全稳定与高效智能。

【人力资源管理】公司积极参与集团市场化用工机制改革，出台了《财务公司社会化用工管理方案》，并将投资部作为社会化用工管理试点板块。2018年6月公司开展了社会化用工招聘，成功招聘3名员工，均为研究生学历。2018年公司持续强化员工考勤纪律管理，启用指纹考勤系统，并严格按照《员工绩效管理暂行办法》，从个人绩效、部门绩效及个人能力三方面对员工的工作表现和业绩进行考核，激发员工工作动力。

【党建工作】2018年，公司召开理论中心组专题学习4次、编辑理论中心组重点《学习资料》18期。

第一、第二党支部把学习党章党规和新修订的《中国共产党纪律处分条例》等作为每一名党员的必修课，自觉用党的十九大精神武装头脑、指导实践。班子成员主动领题、以普通党员身份参加所在支部组织生活会，分析形势、讲好党课。党员、干部积极参与诵读《红色家书》活动，联系实际认真撰写读书心得与体会。公司把学习党的十九大精神有机融入各类培训班内容，先后安排3名班子成员参加省国资委组织的培训班；分批安排13名党员干部参加集团党委组织部开设的集中轮训。每位学员还结合本职工作，用心撰写了学习心得和体会。

金川集团财务有限公司

【集团概况】金川集团股份有限公司（以下简称“集团”）是以矿业和金属为主业，采、选、冶、化、深加工联合配套，相关产业共同发展，工贸并举，产融结合的跨国集团。2018年，金川集团镍产量全球第三，铜产量全国第三，钴产量全球第四，铂族金属产量亚洲第一，拥有世界第三大硫化铜镍矿床，拥有世界首座富氧顶吹镍熔炼炉、世界首座铜合成熔炼炉、亚洲第一座镍闪速熔炼炉等国际领先的装备技术。

【经营概况】2018年，金川集团财务有限公司（以下简称“公司”）认真落实集团“提质增效、转型升级”攻坚行动，紧紧围绕经营目标，增强经营服务意识，统筹金融资源，合理配置资产，充分发挥金融服务功能，助力集团提质增效。

2018年实现营业收入21689.63万元，同比增加5394.63万元；利润总额14931.34万元，同比增加2666.34万元；净资产收益率为9.33%。截至2018年末，公司资产总额46.83亿元，负债总额32.85亿元，所有者权益13.98亿元。不良资产率和案发率持续为零。

【信贷业务】公司优化信贷资产配置，推进市场化服务，研判资金供需变化和资金市场价格波动，调整信贷资产结构，错配信贷产品期限，推行信贷产品定价差异化，进一步加大对成员单位的信贷支持力度。2018年办理贷款43.39亿元，同比增加6.39亿元；办理票据贴现21亿元，同比增加0.80亿元。

【资金业务】公司拓宽同业合作范围，发挥流动性调节作用，提高运营效益，完成7家财务公司评级授信续评，新增甘肃电投财务公司、河北钢铁财务公司、西部矿业财务公司同业授信，扩大同业拆借渠道，及时调剂短期资金余缺。2018年累计拆入资金22亿元，拆出资金21亿元，利息收入140万元。

【票据业务】公司推广电票结算，提升票据服务能力。推广成员单位使用N9电票平台，包括非法人单位共41家成员单位开通电票系统，覆盖全部有电票业务的成员单位，接收票据量18.61亿元，较上年同期增加9.64亿元，同比增长93.05%；向外部客户推广财务公司电票，实现“企业融资票据化，票据融资电子化”的目标，以服务促票据业务发展。

【外汇业务】公司掌握成员单位结售汇需求，发挥财务公司银行间外汇市场交易会员的优势，提高外汇市场的盯市能力，选择有利购汇时点，以较低价格购汇，降低成员单位购汇成本。2018年累计完成即期售汇19.47亿美元，居全省金融机构第2位，实现售汇收入380万元，为成员单位节省购汇成本2549万元。

【创新业务】2018年8月，公司有价证券投资业务资格获得银保监局批准。2018年9月，公司积极开展有价证券投资，提升资金盈利能力，投资中低风险、标准化、固定收益类产品3亿元，收益240万元，实现投资业务重大突破。

【风险管理与内部控制】公司夯实内控制

J

度体系，风险在前收益在后，制度在前操作在后，完善并修制定《公司章程》等122项制度。分析研判主要风险，分类施策动态调整，梳理5类6项风险预警指标，提升风险预警防范能力。密切配合外部监管，无缝联动落实主责意识，及时精准完成报送，执行长效工作机制。培育全员风险管理文化，树立“违规就是风险，合规创造价值”的风控理念，审慎经营健康发展。

【人力资源管理】公司创建学习型组织，通过员工、部门、公司三个层面展开，营造浓厚的学习环境，形成长效学习机制。选派员工参加中国财务公司协会和中国银行业协会等机构组织的学习培训，并进行内部转培训分享学习心得。利用网络媒介，使知识、理解和体会得以在个人和团队间分享，员工能力不断提升，执行力不断增强。2018年组织学习党纪党规、风险案例等24次；聘请业内专家举办外汇业务、投资业务、票据池、信息系统等专题讲座13期；选派员工参加基础业务、风险管理等学习培训共187人次。

【信息化建设】公司加入票交所纸电融合，实现票据线上清算，防范票据交易风险，提高票据交易效率，促进了财务公司票据交易多样化发展。全面升级N9资金管理系统，建立问题解决追踪日志，完成N9系统个性化改造，实现线上全流程风险监控，全面提升金融服务效能，极大提高资金安全保障度。

锦江国际集团财务有限责任公司

【集团概况】2018年，锦江国际（集团）有限公司（以下简称“集团”）实现合并营收219亿元，实现合并归属于母公司净利润7.68亿元。2018年成功收购丽笙酒店集团，截至2018年末，集团酒店规模达到12000家，客房总量达133万间，排名全球前三。

【经营概况】2018年，锦江国际集团财务有限责任公司（以下简称“公司”）共实现营业收入20300余万元，净利润5600余万元，均大幅度超额完成经营预算任务。

截至2018年12月末，公司后三类资产迁徙率为零，不良资产率继续保持为零。

【法人治理】2018年，公司董事会对下属专业委员会进行了设置调整，新增薪酬与考核委员会，原风险控制与审计委员会和原合规管理委员会调整为风险与合规管理委员会和审计委员会，战略与投资委员会保持不变。至此，公司董事会四大专业委员会的设置基本遵循了职责清晰、各司其职、专业高效的原则。

【资金集中】2018年，公司通过开源和增量相结合的方式归集集团资金。截至2018年末，公司资金集中度约为32%，较上年略有提高。公司通过灵活多样的形式，针对集团新并购企业积极展业，提升金融服务并归集资金。2018年，公司新增归集母集团子公司铂涛集团和维也纳集团的存款。同时，通过打开与集团内3家上市公司的关联交易额度，谋求吸收更多资金。

【业务创新】2018年，公司完成设计研发两大产业链金融融资服务标准产品，一是联合采购平台、WeHotel等对直营酒店提供票据、买方信贷、保理等金融服务；二是以此为基础通过合作银行向加盟商提供建店融资、装修贷款等金融服务。

【内部控制】公司持续完善公司内控制度体系，结合监管评级反馈和业务推进需要，截至2018年末，已按计划时间节点完成了年度制度新增和修订工作，共计11项，其中新增4项，修订7项。流动性风险管理办法和应急预案的制定，初步搭建起了公司流动性风险管理的制度体系；评级、授信、贷后、资产风险分类制度的修订，为公司信贷业务操作和风险管理提供了制度依据。

【人力资源管理】2018 年，公司从外部引进总经理、风险管理部负责人等 4 名专业人才。从内部培养晋升计划财务部和公司金融部负责人 2 名。通过“外引”和“内培”相结合的途径，完成公司人才梯队的搭建。

【信息化建设】2018 年，公司持续升级信息科技软硬件。软件方面，公司启动了综合业务系统升级项目，系统包括信贷模块、同业和委投模块。硬件方面，公司完成搭建灾备系统和实时备份系统。

【党建工作】2018 年 9 月，公司已将党建工作内容纳入公司章程并获上海银监局核准，明确了党组织的职责权限、机构设置、运行机制和基础保障。公司党支部定期召开组织生活会 12 次、支部委员会议 5 次。公司党员比例达到 60%。

晋煤集团财务有限公司

【集团概况】山西晋城无烟煤矿业集团有限责任公司（以下简称“集团”）是全国最大的煤层气开发利用企业、我国优质无烟煤重要的生产基地、最大的煤化工企业集团、最大的瓦斯发电企业和山西最具活力的煤机制造企业。

【经营概况】2018 年末，晋煤集团财务有限公司（以下简称“公司”）资产总额 133.94 亿元，负债总额 118.47 亿元，存款余额 117.51 亿元，贷款余额 48.41 亿元，资金集中度为 27.56%。2018 年，完成营业收入 3.59 亿元，实现利润总额 2.62 亿元，净利润 2.00 亿元。2018 年，公司资产收益率为 1.71%，净资产收益率为 13.15%，资本充足率为 17.13%，流动性比例为 59.20%，贷款拨备率为 4.63%，不良贷款及不良资产率均为零，各项风险控制指标符合监管要求。

【服务实体】围绕集团“二次转型”战略和“一主三辅”产业布局，对不同行业、不同企业实施分类支持政策，引导有限资源向集团公司燃气、煤炭等优势、重点产业集中。2018 年，公司贷款余额中煤炭企业及相关重点产业金额占比较年初上升 4.81 个百分点。

【信贷业务】2018 年，公司加强自营贷款、委托贷款、代理签发银行承兑汇票等传统业务办理，同时为成员单位办理了 1 亿元应收账款质押贷款业务。开展订单融资、开立国际信用证、不动产抵押贷款等新业务研究，2018 年共办理流动资金贷款 51 亿元，票据贴现 4346.28 万元，委托贷款 117.33 亿元，代理签发银行承兑汇票 22.92 亿元，代开国内信用证业务 1 亿元。

【资金和投资业务】一是研究金融机构的同业合作产品，为资金运用设计不同的渠道，加强资本市场的跟踪研判，积极稳健开展中短期投资业务，采用滚动交易和趋势性波段交易策略，灵活配置同业定期存款、同业拆借、国债逆回购等产品，减少资金低效沉淀。2018 年各类同业产品取得收益 5508.85 万元，投资收益率为 4.22%。二是制定《债券投资管理办法》，完成首笔债券的投标、分销协议细节商定、后台交易确认等工作，积累了债券一级市场投资经验，为后续开展债券二级交易奠定了基础。

【票据业务】在做好日常票据托收的基础上，积极推进电票业务上线，按照上海票交所要求，充分准备业务申请资料，于 8 月份获得同意接入中国票据交易系统的回复，为业务的顺利实施迈出坚实的一步。2018 年，代理托收银行承兑汇票共计 2.7 亿元。

【资金集中】2018 年公司加强资金集中，

一是严格落实集团《资金集中与使用管理办法》和《资金集中归集管理办法》两项制度，成立资金归集小组，对成员单位已授权银行账户余额进行实时跟踪，减少资金外流。二是依据公司《2018 年度资金集中管理工作安排》，对账户授权进度进行跟踪，每月选取存在大额未归集资金的单位进行远程或现场督导。三是深入调研成员单位资金支付及金融业务办理情况，定期召开资金集中情况分析会，及时掌握未归集资金的构成比例和形成原因，为提升资金归集工作针对性、有效性提供有力支撑。

【风险管理和内部控制】2018 年，公司制定《全面风险管理工作实施意见》，明确风险管理政策目标。开展经济走势研判和市场流动性分析、流动性缺口分析及流动性风险压力测试，提升市场风险预警能力。严格按照整治银行业市场乱象要求，贯彻“全面、审慎、有效、独立”的工作原则，实施贯穿全年的问题自查整改活动，结合常规稽核和专项稽核，定期召开案防分析会，深入剖析典型案例，及时进行总结交流，提升员工案防意识，培育合规文化，推动公司风险管理能力进一步提升。

【人力资源管理】完善绩效考评机制和人才培养机制。一是优化绩效考核指标，强化日常工作和重点工作督办力度，增强考核的科学性和有效性。二是根据集团干部人才成长发展制度体系，开展员工晋升通道的适用性研究，探索更加清晰的人才成长路径。三是进行投资业务、结算业务、煤炭生产基础知识、反洗钱等内部培训，参加登记托管结算及净额清算业务、债券托管结算业务、银行间本币交易员资格等外部培训，提升员工能力素质，为公司健康发展提供更加坚实的人才保障。

【信息化建设】2018 年公司加强信息化建设，一是完成机房升级改造。按照信息安全等级保护（三级）的标准和上海票交所电子商业承兑汇票系统接入环境的要求，完成机房升级改造工程。部署 VPN 系统、云桌面系统、数据备份系统，提高了信息系统的安全性和信息化管理效率。二是开展应用系统建设项目。完成办公自动化系统正式上线，反洗钱系统、资金管理信息系统与集团公司预算系统对接项目稳步推进，电子商业承兑汇票系统开始测试。三是强化运维管理。编制《信息系统日常运维手册》，提升员工运维能力。四是积极推进数据集中管理。完成《业务数据综合管理与利用发展实施纲要》，对集团公司金融领域的大数据运用作出有益的探索。

京能集团财务有限公司

【集团概况】北京能源集团有限责任公司（以下简称“集团”）坚持新发展理念，改革创新、融合发展、转型升级、提质增效，经营效益大幅增长，取得了近三年来最好成绩。作为北京市国企改革“双百行动”企业，积极推进构建了“6 + 2”产业布局，搭建了三级管控体系，融合改革成效显著。各产业持续扩大、优化，并购扩张破冰前行，科技创新卓有成效，2018 年获得专利授权 184 项、软件著作权 19 项。全面保障首都能源供应服务，积极参与京津冀协同发展，迈出了新时代转型升级、高质量发展的新步伐，为打造国际一流的首都综合能源服务集团奠定了坚实的基础。

【经营概况】京能集团财务有限公司（以下简称“公司”）经营持续稳中有进，稳中向好。截至 2018 年末，公司资产总额 235.37 亿元，负债总额 199.20 亿元，所有者权益总额 36.17 亿元，自营贷款（含拨备）124.82 亿元。2018 年实现营业总收入 7.48 亿元，利润总额 4.78 亿元，净资产收益率为 9.67%，资本充足率为

19.55%，贷款本息回收率为100%，不良贷款率为零。

【信贷业务】公司克服存款规模剧烈波动和可用资金下降的难题，通过优化信贷资产结构，提高资金周转效率，保证贷款规模稳中有升，超额完成了年度目标。自营贷款日均余额为109.72亿元，同比增长4.76%；委托贷款日均余额为186.71亿元，同比增长25%。2018年贷款本息回收率为100%。

加强短期融资便利，以满足集团和成员单位的融资需要。2018年共发放短期周转型贷款52笔，平均周转天数14.28天，提供信贷资金171.90亿元，提高了集团整体资金规模，确保了集团资金链安全。加大小微企业和绿色企业服务力度，为15家微型企业和10家小型企业提供贷款资金69.71亿元，占全部发放贷款的22.86%，为12家绿色贷款企业提供20.29亿元贷款资金，占全部发放贷款的6.65%。

【投资业务】公司充分使用现有的业务牌照，结合同业业务和投资业务产品期限、安全性、流动性、收益性特点，合理进行非信贷类资产配置，并实现均衡配置。截至2018年末，累计开展非信贷类资产配置规模总计209亿元。2018年，公司同业业务利息收入合计完成3344.01万元，其中，同业定期存放利息收入为2731.02万元，同业拆出利息收入为365万元；投资业务利息收入合计完成4548.54万元，其中，债券投资利息收入为4189.14万元，同业存单利息收入为359.40万元。

【票据业务】2018年，公司累计承兑成员单位电子汇票17笔，金额共计1663.52万元。根据上海票据交易所的要求，积极开展票据系统接入工作，提出分步建设的思路，首先完成票交所代理接入和客户端加载工作，保证成员单位票据业务需求，之后实现与票交所的交易直联和二代征信系统直联。

【外汇业务】2018年，公司积极开展境内外汇资金归集，吸收客户外币日均存款4349.24万美元，较2017年增幅为406.16%；开展外汇同业业务，累计运用资金4.84亿美元，较2017年增幅为336.40%。同时，完成了即期结售汇业务各项准备工作，公司获批为中国外汇交易中心银行间外汇市场会员及外币拆借会员，为集团加快国际化步伐进一步夯实了管理基础。

【资金集中】资金集中管理再上新台阶。紧跟集团融合改革的进展，持续深入研究各业务板块经营特点、资金收支规律以及资金归集难点，加强重点企业专项沟通，拟定资金归集难题解决方案并落实，配合集团资金集中管理系统项目建设，将管理要求固化于制度和流程，资金集中管理平台功能更加突出。截至2018年末，开户的成员单位共计226户，其中221户实现资金归集；日均存款规模142.84亿元。累计结算量11.47万笔，金额6334亿元。资金集中度达67%，达到集团重组后的新高。

【业务创新】公司与货币经纪公司开展合作，以零费用的成本，上线使用与同业拆借中心数据实时对接的“同业云”资金报价系统，实现实时获取各商业银行总行同业产品的报价信息和交易数据。合理配置资产结构，促进资产的流动性提升，开展交易所债券质押式回购业务的可行性及实施方案研究，做到了业务开展前有方案、有依据、有准备，研究充分。

加强保险代理业务拓展，以保险培训和方案设计作为业务切入点，通过提供现场理赔服务提高客户满意度，增加业务客户黏性，推动保险代理业务发展。累计为25家成员单位提供33次现场保险服务；累计为13家成员单位组织专题培训15场，参训人员280人次；累计提供现场索赔服务16次，协助报案118件；本年参与开标12次，询价8次；已到账理赔款635.82万元，代理保险费1946万元；保险代理费收入245.79万元；保障资产436.55亿元，责任保障4.15亿元。

【风险管理和内部控制】2018年，公司开展全面风险识别与评估，识别出公司层面风险39项，风险事件库事项189项，针对评估出的6项重大风险制定了《京能财务重大风险解决方案》。开展实施全面风险识别和评估工作，共识别出风险52项，其中，重大风险11项、中等风险6项、一般风险35项，建立预案52项，其中本年已执行的预案有32项。基于全面、审慎、客观的工作原则，实施前中后台部室职责分离，厘清部门职责，共计完成157项标准的修编工作。

进一步夯实风险导向型后督管理体系，整合稽核信息资源。强化监督，夯实第三道防线，2018年开展内部审计项目7个。在4次日常稽核（每次25个常项管理业务项目）的基础上，实施了3次专项稽核（离职人员岗位责任、信息化资产采购后督管理、决策管理）。咨询服务助力经营管理，结合外部监管要求及公司新系统上线需求，开展了前中后台职责的梳理，提出了实施方案与职责调整报告。标本兼治，去库存狠抓整改，从436个历史整改事项分析入手，夯实整改措施，提升管理效力，防范各类风险；实施分类管理，适时统筹整改实施，建立提升库与立改库的差异化管理，推进整改项目的滚动管理，督促问题得到整改和解决。

【人力资源管理】坚持党管干部原则，采用内部挖掘和外部引入相结合的方式，加强高端、骨干人才的培养，建立完善引进、培养、选拔、配置、评价、激励及约束机制，推进英才驱动金融业务战略。结合前中后台职能分离重新梳理了岗位设置，调整人员7名；2018年引进专业人才6名，畅通发展通道，调整干部11人次；强化职称序列管理，中级及以上职称人员占比达60%；开展岗位大练兵、工匠精神及综合素质能力提升，有效促进了结构合理、素质优良的人才梯队建设。

【信息化建设】公司开展了新一代资金管理系统软件开发项目和信息系统基础设施升级改造项目，并承接集团资金集中管控系统的建设，支撑转型升级的战略落地；继续完善信息系统功能，实施工行银企直联接口和SAP核算接口升级，进一步提高系统稳定性；将带宽提升到50M，完成防火墙、路由、网页过滤、防病毒网关等设备策略优化，提供高效服务；升级入侵防御、VPN和负载均衡解决方案，保证系统访问的安全性和可靠性；部署网络运维管理系统，提供更全面的监控能力，有效提高信息化管理水平。

【企业文化建设】积极推行“五精”管理、创建“三基九力”团队建设，引导员工提高全面认知。组织迎新座谈会和仪式感活动，传承历史文化精神；加强职工书屋、“心情驿站”微信群建设，丰富文体竞赛、春秋游、生日会等职工文化生活；参加法制行中国梦文艺活动，荣获集团系统二等奖，展现了公司青年风采和积极向上的精神风貌。《大型企业集团财务公司“营改增”财务管理体系的创新与实践》《财务公司“立体化”案件防控管理机制的创建与实施》和《企业集团“2+3+N”集约化保险管理体系架构与实施》分别荣获北京市管理创新一、二等奖。《女工活动》《践行绿色环保理念》和《创新资金归集模式》案例入选2016—2017年度财务公司行业社会责任报告。《内部资金融通，支持融资难企业发展》获得最佳履行服务成员单位责任奖；《心系员工发展　共创健康家园》获得最佳履行关爱员工责任奖。公司继续获评财务公司行业评级A级。

【党建工作】坚持全面从严治党，服务中心不偏离，以国有资产保值增值为出发点和落脚点，深化习近平新时代中国特色社会主义思想学习，树牢“四个意识”，坚定“四个自信”，做到“两个维护”。落实党建进章程，进一步明确法人治理地位；圆满换届并选好配强委员，持续提升凝聚力和战斗力；强化支部规范化试点建设，创新党建工作，严格“三会一课”、主题党日等组织生活制度，党员“双报到”完成率达100%；引领指导群团建设，丰富活动方式，推进企业文化建设，加强思想引导，营造凝心聚力和干事创业氛围；加强干部人才管理，推进梯队建设，严抓作风建设，推进正风肃纪。

酒钢集团财务有限公司

【集团概况】酒泉钢铁（集团）有限责任公司（以下简称“集团”）于1958年成立，注册资金144亿元，主要经营范围包括制造、采矿、能源、房地产业等。2018年营业收入959.4亿元，同比增长9.6%；完成工业总产值610.6亿元，同比增长18.3%；实现盈利1.5亿元，同比减少4.8亿元。

【经营概况】2018年，酒钢集团财务有限公司（以下简称“公司”）资产总额120.86亿元，负债总额83.57亿元，所有者权益总额37.29亿元。实现营业收入3.66亿元（含投资收益），利润总额1.58亿元，资产收益率为1.21%，净资产收益率为3.76%。截至2018年末，资本充足率为27.40%，流动性比例为51.16%，存贷比例为109.40%，担保比例为84.27%。

【服务实体】公司以服务集团公司战略发展和服务实体经济作为经营的首要宗旨，通过发挥金融特性、优化融资结构、推广电票业务等助力集团降本增效、转型升级、降杠杆、补短板、调整产业结构。

【信贷业务】公司通过业务创新，优化信贷资产结构，多措并举提升金融服务能力，助力集团发展。一是继续加大传统信贷支持力度，累计投放流动资金贷款51.99亿元；二是积极开展法人账户透支业务，累计办理法人账户透支业务183亿元，有效满足了成员单位短期经营性资金需求；三是继续开展流动性较强的票据贴现业务，提高公司资产的流动性，累计为成员单位办理贴现22.62亿元。

【投资业务】充分发挥投资业务职能，以短期固收类、流动性资产类等投资品种配置为主，积极开展同业拆借业务，提升公司资金的使用效率和运作效益。实现投资收益5082万元，累计拆入资金54.8亿元和拆出资金21.5亿元。

【票据业务】公司不断创新票据业务管理模式，大力推广公司票据业务，提高票据使用效率，降低支付结算风险。票据业务的全面推广一方面盘活了成员单位闲置票据资产，拓宽了成员单位融资渠道；另一方面提升了公司票据池票据存量，为公司电票的推广打下良好的基础。2018年累计为成员单位签发财务公司电票51.17亿元，为成员单位在票据池中生成融资额度17亿元。

【资金集中】公司不断加强资金归集力度。一是加强对成员单位专户资金、备用金账户管理，归集专户资金近1亿元。二是加强成员单位账户的集中管理，建立了成员单位银行账户数据库，将未纳入公司系统的银行账户进行联动监控，未实现银企直联银行账户进行手动录入，在实现了对集团及成员单位所有账户的集中管理的基础上，成员单位资金也实现了应归尽归。截至2018年12月31日，公司全口径资金归集率为59.84%，可归集口径归集率为95.82%。

【风险管理和内部控制】着力加强风险管理工作，开展了风险防控、合规管理、扫黑除恶、信用风险、操作风险等12项风险排查和专项治理工作，密切关注风险监管监测指标的变化趋势，对波动较大的指标及时作出预警提示。全面评价公司内部控制风险状况，有效实现风险预判，开展内部控制体系自评工作，对公司内部控制体系建立、运行情况进行自查评价。

【审计监察】夯实非现场监管基础管理，建立非现场监管报表及材料清单制度，强化责任意识，提高报表、材料质量和报送的及时性。督促完成定期非现场监测报表报告150余份，提报各类专题报告13份；完成深化整治银行业市场乱象监管检查暨全面检查项目、3 个专项检查项目，下发处罚决定书 4 份；整改落实监管意见 9 条，督促整改审计问题 9 项，整改率 90%。

【人力资源管理】2018 年，在公司高管实行绩效延期薪酬制度的基础上，制定了重要岗位及全员绩效延期一个季度考核发放的绩效考核管理办法，实施了特殊奖励制度，极大地调动了广大职工的工作热情和拓展市场的积极性；在人才使用上突破一贯等集团公司调配的束缚，成功引进两名急需成熟专业技术人员。

【信息化建设】完成金融运营管理平台项目建设，完成上海票据交易所纸电融合投产及中国票据交易系统直联项目建设，确保公司资金管理系统与电子商业汇票系统和中国票据交易系统无缝衔接及有效对接；完成信息系统硬件平台扩容改造项目建设，解决硬件平台存储空间不足、使用年限过长等问题；建设网络监控平台，实现了机房设施的在线监控。

【党建工作】公司党支部紧密联系工作实际，在思想上高度重视，在部署上深入谋划，在行动上严格到位。深入贯彻习近平新时代中国特色社会主义思想，树牢“四个意识”、坚定“四个自信”、做到“两个维护”，对照“四讲四有”合格党员标准，勇于担当负责，狠抓工作落实，成功组织了纪念建党 97 周年主题党日活动、“弘扬爱国奋斗精神　建功立业新时代”活动、宪法专题党日活动，均取得了良好的成效，为公司经营发展提供坚强的组织保证。

巨化集团财务有限责任公司

【集团概况】巨化集团有限公司（以下简称“集团”）是浙江省国资委下属的国有独资企业。公司下设 12 个事业部和 6 大中心，化工主业涵盖氟化工、氯碱化工、石化材料、电子化学材料、精细化工等；环保产业涵盖燃煤电站烟气治理装备、城市与工业污水处理、危废与垃圾焚烧填埋等；兼有功能性新材料、装备制造、公用配套、物流商贸等生产性服务业。2018 年，集团实现营业收入 307.58 亿元，利税 28.17 亿元。

【经营概况】2018 年，巨化集团财务有限责任公司（以下简称“公司”）深入学习贯彻党的十九大精神，以“十三五”发展规划为目标，立足集团战略，服务集团产业，加快产融结合，推进创新发展，圆满完成资金集约管理、金融产品服务、集团战略协同和金融价值创造等各项工作任务。2018 年，公司实现营业收入 1.22 亿元，利润总额 0.81 亿元，吸收存款余额 28.42 亿元，资金归集率为 50.23%，发放各类贷款余额 28.73 亿元。

【服务实体】2018 年，公司通过加强集团资金集中管理，提高资金周转速度和配置效率，降低集团整体负债水平，同时通过下浮贷款利率为集团成员单位压降财务成本发挥了重要作用。公司以服务集团产业健康发展为出发点，通过对集团产业链中小微企业提供金融支持，改善了产业链上中小微企业的融资环境，有力地促进实体经济的健康良性发展。

【信贷业务】2018 年，公司共完成 21 家成员单位综合授信 40.08 亿元，其中 20 家成员单位存量授信 39.78 亿元，1 家成员单位新增授信 0.3 亿元。公司发放自营贷款金 29.11 亿元，收回 26.30 亿元，全年实现净投放 2.86 亿元，办理集团委托贷款 3.58 亿元，较好地完成了各项信贷预算指标，发放贷款基本执行基准利率，委托贷款办理手续费执行最低标准（2‰），极大地满足了集团及成员单位实体经济对资金的需求。

【资金业务】公司积极与人民银行衢州市中心支行沟通协调票据再贴现业务，全年共办理票据再贴现5932万元，再贴现利率2.25%，较同期市场利率优惠100个基点以上，间接地降低了集团财务费用60多万元，同时增加了公司的资金头寸。截至2018年末，公司完成同业定期存款业务2笔，金额10.4亿元，取得同业存放利息收入102.33万元。

【投资业务】2018年，公司累计申购货币基金15.83亿元，赎回17.90亿元，累计产生投资收益1196.45万元，平均税后收益率为3.9973%，折合税前收益为5.3297%。

【票据业务】2018年，公司加入上海票交所电票系统，办理了首笔电票贴现业务。8月，公司开立第一张由公司承兑的电子汇票，金额为5000万元。11月，开立了第一张直接对外支付的公司电票，金额为233.3万元。全年累计承兑开票1.59亿元。票据池方面，完成宁化公司与浙商银行票据池业务相关协议的签订；"应收账款链平台"2.5亿元入浙商银行票据池；完成由公司开出的电子承兑汇票1亿元入浙商银行票据池。截至2018年末，累计入票据池总额41.12亿元（含应收款链2.5亿元）、出票总额17.46亿元，降低集团财务费用约3000余万元。

【外汇业务】公司通过与三家银行和九恒星公司多次沟通和对接，打通了工行、农行、中行的外币接口专线直联通道。2018年3月，完成首笔10万美元境外放款业务，并于9月收回。7月，完成首笔8万美元外债借入业务，并于12月还款。

【资金集中】2018年，完成7家分子公司的资金归集工作。完成兴化公司2602万元资金从结算户划至专户，累计上收巨化股份和宁波巨榭票据池保证金户资金24.81亿元。截至2018年末，吸收存款余额28.42亿元，降低集团资金成本约1亿元。

【风险管理和内部控制】通过以深化"治乱象，维秩序"专项治理工作为主线，以落实常规稽核检查和强化专项检查为抓手，持续完善风险防控机制，有效地提升了公司风险防控水平。开展年度监管评级、存款保险机构央行评级和信息系统全面安全评估工作，通过评级、评估工作，及时发现经营管理中存在的问题和风险，并从制度的源头上加以规范和完善。

【人力资源管理】2018年，公司进一步加强员工培训教育工作，鼓励和支持员工积极参加票交所、中国财务公司协会、人行和银监的专业化培训，并组织与同业和金融机构的学习交流，员工的业务水平得到了较大提高。

【信息化建设】2018年，公司完成电票管理系统各项制度和技术文档的编写，做好各项技术的准备，通过了上海票交所接入端信息系统、机房场地、管理制度各项现场验收。

【企业文化建设】公司在传承和弘扬集团企业文化的同时，积极推动家园文化建设，以一盘棋的思想、一团火的激情、一股绳的境界、一家人的共识，激励员工爱岗敬业、勤勉尽责，形成和谐向上、干事创业的良好氛围，为实现公司发展规划目标提供了强大的精神动力。2018年，结算业务部被集团工会推荐为浙江省三八红旗集体，一人被评为2017—2018年度集团"建功立业"先进女职工。

【党建工作】公司将党建工作与业务工作同部署、同推进，以党建工作促进业务工作，激发党员干部干事创业的激情和热情。坚持以党建工作为龙头，以党员教育为重点，以主题党日活动为抓手，创新管理方法，做好党员干部的教育管理工作，充分发挥党员的先锋模范作用。严格按照《中国共产党支部工作条例（试行）》规定开展党支部工作，严肃政治生活，严管党员队伍，严明组织纪律，严抓活动落实，努力提升党建工作质量。公司积极服务集团，为成员单位排忧解难，争创"金融服务型"品牌党支部。

开滦集团财务有限责任公司

【集团概况】开滦（集团）有限责任公司（以下简称“集团”）是中国特大型能源化工企业，始建于1878年，已有141年的历史，创造了多个中国近代工业的第一，享有“中国煤炭工业源头”“中国近代工业摇篮”等盛誉。开滦集团已发展成煤炭生产、洗选加工、煤化工、现代物流、矿业工程服务、金融服务、文化旅游、装备制造、热电、建筑施工等多业并举的大型企业集团，主要分布在河北唐山、河北张家口蔚州、河北承德兴隆、河北石家庄、河北大城、内蒙古鄂尔多斯、新疆准东、山西介休和国外加拿大盖森地区；集团直接设立的分公司38家，下辖全资和控股子公司150家，其中包括1家能源化工上市公司。截至2018年末，总资产810亿元，劳动用工6.37万人。2018年，列中国企业500强第148位，列中国煤炭企业50强第14位。

【经营概况】2018年，开滦集团财务有限责任公司（以下简称“公司”）全面贯彻集团党政工作会议精神，认真落实监管要求，不断增强公司抗风险能力，全面实现了各项任务目标。

2018年3月，公司注册资本由10亿元增加至20亿元，公司资本实力、抗风险能力进一步增强。

2018年，公司实现营业收入2.62亿元，同比增收0.53亿元，增幅为25.36%；实现利润1.76亿元，同比增利0.02亿元，增幅为1.15%；各项监管指标均优于监管部门的要求。

【新增业务】经国家外汇管理局河北省分局《关于开滦集团财务有限责任公司变更外汇资金集中运营管理业务的备案通知书》（汇冀备〔2018〕2号）批准，公司新增两项业务：一是增加经常项目集中收付汇业务资质；二是批准上市公司开滦股份纳入公司外汇资金池。这是公司继2015年12月获批外汇资金集中运营资质和2017年12月首笔500万美元境外融资项目落地以来的又一新突破，对集团加快境外资金引入，降低融资成本，推进国际化进程具有重要意义。

【信贷业务】2018年，公司充分发挥金融服务平台作用，采用多种信贷模式，积极开展各种信贷业务，为成员企业提供资金支持。截至2018年末，公司共投放贷款77.62亿元，贷款余额61.39亿元，比年初增加15.25亿元，其中，为集团母公司新增规模12.34亿元，同比增长33.39%。为集团降低外部融资费用，对确保成员单位资金链安全和稳定生产、经营发挥了重要保障作用。

【票据业务】2018年，成员企业通过公司电子票据平台累计开出电子银行承兑汇票10.28亿元，开出电子商业承兑汇票15.11亿元，在人民银行实现票据再贴现14.82亿元，票据融资已成为集团公司融资渠道的重要补充。

【头寸管理】公司严格执行集团资金预算，综合平衡备付率与流动性关系，初步建立起有价证券投资、同业存款、同业拆借等匹配模型，提高了头寸管理的科学性；集中有限资金用在关键时点和部位，保证所有重大和应急性资金按时支付，满足了集团各成员单位正常生产经营需要，维护了市场信誉。

【资金集中】2018年，公司完成兴业银行、浦发银行直联上线运行，银企直联范围由五大行扩大到股份制银行，资金归集、结算效率进一步提高；公司进一步梳理成员企业外部银行账户挂接，提升日间冗余资金归集效率和监控效果。

【风险管理和内部控制】2018 年，公司在加快业务发展、提升经营管理水平的同时，加强风险管理和内部控制。一是基础工作管理更加规范。公司组织开展内部合规自查及“回头看”工作，狠抓问题整改，完善和优化了投资、定价、财务审批等多个业务流程，基础管理进一步夯实。二是严格落实监管要求。公司深化开展“三、三、四、十”监管活动，构建合规管理长效机制。三是制度体系更加健全。公司围绕反洗钱、非法集资、绩效考核、内控流程，新增制度 16 项，修订制度 14 项，并辑印第四版制度汇编。

【信息化建设】公司成功开发实施与上海票交所交易系统直联，为集团纳入全国统一票据市场奠定了基础；结合监管要求和业务需求，大力推进反洗钱、EAST、异地灾备系统建设；制定风险防控应急预案并组织多场景应急演练，确保系统顺畅安全运转。

【人力资源管理】公司针对新入职员工、针对票据风险防范、针对外汇业务操作，采取请进来、走出去、金融大讲堂等多种形式组织培训，收到良好效果；以组织资格考试、职称考试、学历考试为重点，完善培训学习保障机制，团队金融专业素养不断提升。

【党建工作】2018 年，公司党支部认真贯彻落实集团党委和直属党工委各项决策部署，以学习宣传贯彻习近平新时代中国特色社会主义思想和党的十九大精神为主线，扎实推进“两学一做”学习教育常态化制度化，不断加强支部党风作风建设，支部党建工作不断取得新进展，为公司的持续健康发展发挥了重要保证作用。公司党支部荣获开滦直属机关年度先进党支部荣誉称号。

【企业文化建设】公司向集团、监管部门上报课题成果共 11 项，组织业务骨干编写完成近 7 万字《开滦财务公司业务实践与探索》课题资料，较全面地反映了公司成立七年来的业务实践，成为公司文化建设重要成果；11 月，公司成功承办了河北省国资委监管企业财务公司交流座谈会，提升了公司形象和影响力。

连云港港口集团财务有限公司

【集团概况】连云港港口集团有限公司（以下简称“集团”）落实市委市政府“高质发展、后发先至”要求，按照“枢纽港、产业港、物流港、贸易港”定位，保持稳中向好发展态势。2018 年，同口径吞吐量、集装箱量完成 2.36 亿吨和 475 万标箱，其中计费吞吐量、集装箱量同比分别增长 5.40% 和 12.4%，完成营业收入 125.50 亿元，实现利润 2 亿元。

【经营概况】连云港港口集团财务有限公司（以下简称“公司”）坚持“稳中求进、服务提升”工作总基调，圆满完成“服务提升年”目标任务，实现利润总额 8201.18 万元。2018 年 11 月 21 日，公司完成增资和股权结构调整工商变更登记，公司现注册资本为 10 亿元，股权结构为集团出资 4.90 亿元（49%），江苏连云港港口股份有限公司出资 5.10 亿元（51%）。

【服务实体】通过与码头装卸、现代物流、生产支持、港航施工的合力联动，公司加快推进“一带一路”支点建设，助推集团成功获批全国首单“一带一路”可续期公司债券，促成集团与中国建设银行总行签署了 150 亿元战略合作协议。妥善应对国内债券市场违约事件频发造成的融资壁垒，及时调整融资方式，保障集团资金链安全。搭建财、银、企三方共建平台，协助成员单位获得商业银行授信和贷款。

【信贷业务】以主动服务、精准服务、高质服务为驱动，贯彻“一企一策”服务理念。信贷规模持续增长，完成授信总额38.99亿元，较年初新增23.69亿元，贷款余额15.98亿元，较年初新增5.98亿元，为成员单位节约融资成本441万元。

【资金业务】资金调配有保障，积极对接集团财务部和成员单位，提高资金计划科学性，合理调度资金，实时监控资金，盘活存量资金，提高资金使用效益。资金结算有效率，及时响应成员单位用款指令，保证资金划拨准确无误，累计办理结算业务90723笔，为集团节省结算手续费28万元。

【资金集中】加强账户管理，清理冗余账户，提高账户集中度，新开内部活期账户69户，新增银行归集账户58户，清理成员单位在外部金融机构账户62户。资金归集不断增长，按月统计分析成员单位资金归集度，量身定制营销方案，以较高收益、费用减免等优惠措施吸引成员单位，新增2家成员单位资金归集。

【业务创新】为集团开立的融资性保函提供全额存单质押担保，与银行成功组建上合组织（连云港）国际物流园铁路装卸场站项目银团贷款，实现公司担保业务、银团贷款业务“零”的突破，同时加大财务顾问业务营销力度，中间业务有较大增长。

【风险管理和内部控制】强化风险、审计监督管理职能，业务合规审查、专项审计联合保障公司平稳运营。开展深化整治银行业市场乱象工作，全面排查业务流程和管理环节。完善《内控合规手册》，编制《廉洁风险防控手册》，健全内控机制，构筑制度防线，把惩防体系植于内部控制和风险管理制度之内、融入经营管理体系之中。

【人力资源管理】严格“每周一课”、岗前培训制度，加密业务培训、同业交流频次。加快实施“三星人才”培养工程，增补充实人才队伍，开展“三星人才”大家谈活动。推进薪酬制度改革，管控存量、激活增量、导向绩优，优化绩效考核体系。

【信息化建设】完成人行利率报备系统、中国财务公司协会数据报送系统、人行存款保险信息系统和科技非现场监管报送系统的接入及安装调试，以及1104数据采集平台国密系统升级。完善核心业务系统功能，制定授信、押品、担保、表外账、企业授信调整等需求方案。完成协同办公系统部分新增办公流程的开发。完成票交所专线接入、票据交易系统互联测试等。

【企业文化建设】开展庆祝传统佳节职工活动，组织金秋户外拓展，拍摄新春拜年视频，举办公司成立一周年庆典，丰富职工文化生活。落实员工健康体检、互助医疗、女工“三期”保护、优秀子女奖励、生日祝福等关爱措施，增强职工归属感。党政工团齐心协力，公司形象稳步提升，荣获中国财务公司协会颁发的最佳履行关爱员工责任奖、连云港市金融统计工作先进集体等荣誉称号。

【党建工作】充分发挥党组织领导核心作用，突出党建在公司治理中的重要地位，促进党建与经营深度融合，将“党建工作”写入公司章程，修订股东会、董事会议事规则，制定“三重一大”决策制度，明晰各决策主体边界，建立有效制衡机制，提高决策和经营管理水平。开展“解放思想大讨论”民主生活会，谋划《财务公司三年行动计划》。与中国银行连云港核电支行党支部开展党建共建暨廉洁伙伴协议签订仪式。

联通集团财务有限公司

【集团概况】中国联合网络通信集团有限公司（以下简称“集团”）于2009年1月6日在原中国网通和原中国联通的基础上合并组建而成，在国内31个省（自治区、直辖市）和境外多个国家和地区设有分支机构，是中国唯一一家在纽约、香港、上海三地同时上市的电信运营企业，中国联通主要经营固定通信业务，移动通信业务，国内、国际通信设施服务业务，卫星国际专线业务，数据通信业务，网络接入业务和各类电信增值业务，与通信信息业务相关的系统集成业务等。集团连续十年入选世界500强企业，2018年列第273位。

【经营概况】联通集团财务有限公司（以下简称“公司”）2018年收入完成16.51亿元，利润完成8.68亿元，年末资产总额为377亿元。可归集口径资金集中度达94.30%，较上年提升4个百分点。统筹头寸运作，2018年同业收入12.90亿元，综合收息率为3.66%。公司价值再创新高，ROE达到18.10%，同比提升10.60个基点；人均利润1389万元，同比提升742万元；财务贡献度达68%，同比提升53个基点。

【党建工作】公司将党建与经营进一步有机融合，围绕全面贯彻落实党的十九大报告在“去杠杆、降成本”、发展“现代供应链”、“守住不发生系统性金融风险的底线”方面，制定任务台账督促落实。找准公司经营发展中的痛点，通过党小组结对方式，成立司库需求+金融平台系统搭建、新业务端到端准备、结算业务规划设计、公司改革机制体制突破四个攻坚小组，集中力量有序开展。2018年公司荣获中国联通集团直属党委“先进党组织”称号。

【资金管理】加强资金预算过程监控，实现了多层级的资金相关指标的自动获取，定位跟踪按月分析成员单位资金预算完成情况及营运资本变动情况，继续执行大额资金预报制度及资金计划趋准机制，加大对关键时点的资金准确性管控要求。围绕集团全生产场景划小承包改革，深化权责收入与现金流收入闭环管理，分步推进销售现金流体系搭建，进一步提高资金精细化管理水平。积极拓宽资金运用通道，提升精细化头寸管理水平，日常备付账户日均比上年降低45%以上。提高同业业务水平，完成同业拆借业务的可行性研究报告，编制业务流程图及风险控制矩阵。

【信贷业务】2018年，公司为集团及所属单位提供自营贷款规模达到90亿元，委托贷款74亿元。积极开展投标保函、履约保函等非融资性保函业务，不断提高各类保函业务办理效率。2018年5月，针对成员单位重资产运营模式下营运资金紧张的状况，提出售后回租模式的融资租赁业务融资方式，将设备等资产出售给财务公司，标志着公司融资租赁业务正式开展。

【票据业务】公司积极开展电票业务准备，2018年8月完成人民银行营管部大额行号审批，2018年9月通过上海票据交易所正式会员审批，2018年11月完成核心系统票据交易系统建设、票据直联项目机房、设备、电路新建及改造，2018年12月通过上海票交所软件及现场验收，正式接入中国票据交易系统，完成中国电子商业票据交易系统的直联申请和批准。积极挖掘成员单位对票据承兑、票据贴现等业务的需求，进行票据贴现业务可行性研究，发布票据业务管理和系统管理的四项制度。

【资金集中】公司进一步完善集团资金归集

和账户体系，归集范围扩大到集团所有子公司及其下属分子公司。结合集团海外资金管理现状和需求，制定全球资金管理方案，在资金可视的基础上，通过网银及银企直联，实现全球支付的及时高效，同时对境外涉及的存量账户逐一进行梳理排查，搭建三级资金池，将所有海外运营公司账户纳入资金池统一集中管理，已完成跨境人民币资金池的双向可用，提供“流入流出均可”的便捷通道。

【风险管理和内部控制】公司建立风险管理报告机制，完成各类风险管理政策的设计，以董事会风险管理委员会决策的形式，明确公司各项业务的风险偏好、容忍度及风险管理策略。强化现有业务内控，完成对信贷业务、结算业务和信息科技管理“内控回头看”工作。公司按照规定将整治银行业市场乱象作为2018年一项常态化的重点工作，完成监管意见书整改。加强稽核日报系统的应用工作，加强审计稽核检查结果的利用，减少同质类问题的产生。

【人力资源管理】开展人力资源市场化改革试点工作，结合金融行业属性特点，立足人才供给和激励约束两个基本点，对现有人力资源管理体系进行优化设计。公司通过岗位价值评估明确核心岗位，建立全序列、各岗位的任职资格标准，并配套培训课程体系、薪酬激励体系和晋升认证体系。以“重实效、重转化、重关联”为思路开展教育培训，建立教育经费预算管控机制和学习成果经验共享机制，激发员工求知好学的内生动力，推动公司高素质专业化人才队伍建设。

【信息化建设】公司确定自主研发规划框架，规划集团金融服务平台蓝图，明确 IT 建设思路和技术实施路线，吸纳关键技术人员，开发自主研发能力，开展司库管理、核心业务等平台基础框架的建设，完成金融服务平台应用软件和基础设施项目建设配套工作；持续进行核心系统功能完善，完成了 1104 报表更新、人行统计报表等 40 多项业务需求的开发上线，提升对成员单位的系统支撑服务能力。

潞安集团财务有限公司

【集团概况】山西潞安矿业（集团）有限责任公司（以下简称“集团”）是山西五大煤炭企业集团之一，是国家重要的优质动力煤和喷吹煤生产基地集团致力于建设具有国际竞争力清洁能源企业，目前已成为以优势煤炭产业为基础，新型高端现代煤化工为主导，绿色生物健康产业、光伏新能源、高端装备制造等新兴产业协同发展的国有大型现代企业集团。2018 年，原煤产量达 8768.20 万吨，利润突破 30 亿元，连续六年跻身世界 500 强企业。

【经营概况】2018 年，潞安集团财务有限公司（以下简称“公司”）紧跟集团发展战略，推进“金融服务提升年”活动，资金归集、科技实力等均实现了新的突破。截至 2018 年末，资产总额 193. 06 亿元，负债总额 162. 62 亿元，所有者权益 30. 44 亿元；表外业务 288. 25 亿元。全年实现营业收入 4. 78 亿元，利润总额 3. 68 亿元。

【信贷业务】公司信贷业务以优化贷款管理程序为抓手，配合集团落实煤炭行业去产能要求，2018 年末各项自营贷款余额达到 66. 13 亿元。一是积极优化信贷投放结构，加大对现代煤化工、装备制造等非煤产业支持力度，年末信贷余额占比达 32. 22%；二是通过降低贷款基础利率为成员单位节约贷款利息支出 3000 多万元；三是开展贷款置换和结构调整工作，低利率流资贷款置换高利率贷款 3. 9 亿元，有效减轻企业财务负担；四是积极为集团新兴产业和

L

小微企业提供金融服务，小微企业贷款余额达8240万元。

【资金业务】公司以资金计划为统领，优化资产配置，呈现“一快一高”。一是“资金周转速度快”，在确保流动性的基础上，开展短期理财、质押式逆回购等业务，加速短期运作资金周转速度，累计运用资金2052.38亿元，获得收益21332.04万元；二是“同业授信额度高”，取得8家银行同业累计43.25亿元授信额度，既保持了外源融资渠道的畅通，又为办理信用证、票据等业务奠定了信用基础。

【投资业务】公司严守“控风险、合监管、求效益”的投资原则，积极调整投资策略，减配短期资管产品投资，增配低风险的货币市场基金，谨慎开展债券现券投资，确保“固收产品”保持合规、稳健、高效运行，截至2018年12月末共实现投资收益9855.28万元。此外，公司积极申请增加有价证券投资范围，进一步拓宽投资渠道。

【票据业务】以信息系统升级改造为契机，大力推进电票系统直联工作，基本完成了模块设计、系统招标等前期工作。继续开展票据贴现和电票承兑等基础业务，进一步发挥了票据在支付结算、短期融资等方面的重要作用。

【资金集中】2018年，资金集中管理手段更全面，资金集中成效更显著。一是以账户管理为切入点，在账户审批报备的基础上落实账户清理统计和定期汇报长效机制；二是启动矿山环境恢复治理保证金和煤矿转产发展资金的“两金”专户存储，资金归集范围再拓宽；三是配合集团加强对成员单位资金归集度考核，提高了资金归集率；四是按照集团“十条指令”要求，强化资金预算管理。截至12月末，共有254家成员单位开立账户，直联率为65.65%，全年日均归集资金达126.88亿元。

【业务创新】利用在银行的同业授信，为集团代理开立信用证7.29亿元，不仅拓展了公司的业务种类、完善了金融服务功能，而且为集团成员单位丰富支付结算手段、增加资金融通渠道作出了有益的尝试。

【风险管理和内部控制】适时调整合规管理的标准和尺度，严防合规风险事件的发生。一是有序推进“治理市场乱象”整改工作；二是对内控体系进行细致梳理，新增、修订制度流程16项，进一步完善了反洗钱内控建设；三是召开季度案防形势分析会、制定《员工行为守则》，坚决从源头防范各类金融案件；四是有序开展反洗钱工作，实现了大额交易的系统报送，履行了机构防范洗钱风险主体责任；五是认真开展日常业务稽核和专项稽核，有效发挥事后监督作用。

【人力资源管理】2018年是公司实施新的薪酬管理办法的第一年，通过健全“员工能上能下、收入能多能少”的人力资源管理体系，完善对干部的全面考核，进一步推进了干部担当作为，激发了员工干事活力。积极配合集团开展“蓝点计划”工作，发挥高端人才的引领带动作用。此外，以“请进来”的方式开展了第一届经济金融培训班，以“走出去”的方式进行了全方位对标调研，有效提升了员工的专业素质，拓宽了工作思路。

【信息化建设】坚持科技引领和技术提升，完成了机房建设、系统升级、上海票据交易所系统平台接入和自建CA证书等一系列信息化建设工作，公司科技实力、信息化管理水平和风险防控能力均得到了显著提升。

【企业文化建设】与新办公楼搬迁同步，制作了理念宣传展板、道德守礼提示牌、社会主义核心价值观宣传展板，并按照要求配置了党员活动室，强化了文化的渗透；组织青年志愿者投身到企业金融服务中，开展征信宣传、反洗钱宣传、金融知识进万家等活动，推进金融知识普及和文明风尚传播。

【党建工作】继续加强党的建设，将党建工作纳入公司章程，发挥了党在把方向、管大局、保落实方面的重要作用。一是落实“一个机制”，大力宣传党的十九大精神和习近平新时代中国特色社会主义思想；二是严格落实“一岗双责”，贯彻民主集中制制度要求，严肃党内政治生活；三是深入推进“三基建设”，完成了公司“一目录三手册”，基础管理实现了再提升；四是深入推进党风廉政建设，持续开展彻底肃清腐败流毒影响，推动政治生态不断净化。

马钢集团财务有限公司

【集团概况】2018 年，马钢（集团）控股有限公司（以下简称“集团”）生铁产量 1800 万吨、粗钢产量 1964 万吨、钢材产量 1869 万吨。

【经营概况】2018 年，马钢集团财务有限公司（以下简称“公司”）灵活运用各种投资手段，持续拓宽产业链金融服务渠道，加大正回购、同业拆借等主动负债规模，各项业务规范稳健，为集团提供金融服务的能力不断提高。实现报表利润总额 3.17 亿元，比 2017 年增加 0.65 亿元，增幅达 25.79%，经营绩效创历史最高水平。

【服务实体】强化服务先行意识，主动与成员单位和产业链上下游客户加强沟通联系，为客户量身打造科学合理的融资方案，合计为 27 家集团内外部客户提供各类信贷业务授信 139 亿元。加大信贷业务营销力度，积极推介“一头在外”票据贴现业务，为 37 家上游供应商办理票据贴现 193 笔，金额 7.03 亿元，比 2017 年新增客户 30 家，贴现规模增加 4.58 亿元。

【信贷业务】在主要成员单位削减贷款 7.49 亿元及与集团关联交易受限的情况下，不断拓宽信贷资产配置渠道，增加对其他成员单位的信贷投放，信贷资产日均余额 65.10 亿元，比 2017 年增加 6.17 亿元，同比增长 10.47%，最大限度地满足了成员单位融资需求。

【产品销售信贷业务】不断提升买方信贷业务规模，大力发展新客户，通过完善业务流程、强化风险管控，完成买方信贷投放 6600 万元，比 2017 年增加投放 2000 万元，全力支持下游客户购买集团产品。

【资金业务】充分发挥外部融资平衡头寸与获取利差的积极作用，通过质押回购、同业拆借、票据再贴现等方式，加大外部融资力度，日均主动负债规模约 9 亿元，比 2017 年增加 3.60 亿元，取得较大突破。公司单日即时融资能力达 20 亿元以上，金融牌照优势凸显。

【投资业务】积极应对市场变化，克服资金配置压力，优化资产配置期限，拓宽配置渠道“以量补价”。同时加强市场研究，准确把握交易时机，有效延缓投资收益率降速，投资年化收益率达 3.85%。

【票据业务】逐步完善电票业务金融服务功能，加大电票业务培训与宣传力度，已有 91 家成员单位接入公司电票系统平台，2018 年为成员单位办理电票承兑 11.38 亿元。加速电票服务平台建设，作为全国首批上线单位顺利实现纸电融合二期项目、上海票交所全直联项目上线，票据服务能力进一步增强。

【外汇业务】充分利用成员单位结售汇需求旺盛的有利时机，以优惠价格吸引成员单位，不断提升自身结算效率，积极做好服务，促使结售汇业务量较 2017 年同期大幅提升。2018 年累计办理结售汇业务 1449 万美元，同比增长 157%。

【资金集中】持续推进股权多元化企业入池，完成集团参股子公司瑞泰马钢等多家公司入池工作。2018 年累计新增 10 户成员单位，截至 2018 年 12 月 31 日全口径资金集中度达 52.71%。

【业务创新】主动应对投资市场变化，转变投资思路，开拓投资渠道，2018 年 10 月 24 日抢抓债券市场利好机会成功办理首笔债券基金投资业务，12 月 10 日成功办理首笔券商资管业务。在符合监管及风险可控的前提下，不断提高资金收益率，增加了拓展资金配置渠道、调整资金配置策略的有效调控手段。

【风险管理和内部控制】实施内控体系及各项风险管理评估，更新维护公司内控手册，修订完善25 项内控制度，定期开展合规检查、测试。开展系统操作风险排查，启用信贷业务核算属性配置和保证金账户，完成非直联银行网银密钥功能分离，编制风险案例汇编，降低操作风险隐患。跟踪审查 2017 年度稽核项目整改情况，完成公司规章制度及有关部门全面稽核工作，详细梳理现行管理制度，对稽核发现问题逐项落实整改，促进公司合规运营。

【人力资源管理】推进人力资源 HR 系统数据采集、优秀科技人员竞聘等人力资源管理手段创新，促进公司各岗位人员合理配置，激发员工工作热情。强化专项业务培训，组织管理人员和员工参加各类培训 49 期 73 人次，提高全员技术业务水平。组织开展年度专项课题研究，针对性解决公司经营热点、难点问题。

【信息化建设】稳步推进资金信息系统建设，在保障系统安全顺行的基础上，同步实施包括共享中心财企直联一期项目、票交所纸电融合二期项目、全直联项目、投资系统项目等6个项目建设工作。信息化多项目交叉并行开展，项目管理科学高效，满足了系统顺行与平台建设实际需求。

【企业文化建设】构筑企业文化理念体系，推进公司品牌建设，通过实施集团管控级 EVI 项目、建立个性化金融服务体系和专业顾问团队，把公司金融产品、服务打造成知名品牌，构建公司品牌信誉度。大力开展家园文化氛围建设，组织开展登山、徒步等文体活动，凝聚全员团队意识。公司被评为集团第 28 届文明单位、第五届安徽省省属企业文明单位。

【党建工作】深入学习贯彻落实习近平新时代中国特色社会主义思想和党的十九大精神，做到各层级人员学习教育全覆盖。持续推进党支部标准化建设，组织全员到红色教育基地金寨县开展革命传统教育，集中收看庆祝改革开放40 周年大会、《榜样 3》等。扎实开展“讲忠诚、严纪律、立政德”专题警示教育，组织管理人员签订廉洁从业承诺书，开展党员酒驾醉驾专项整治，全员通过《中国共产党纪律处分条例》网上测试，筑牢党风廉政建设的根基。

美的集团财务有限公司

【集团概况】美的集团股份有限公司（以下简称“集团”）是一家生产和提供消费电器、暖通空调、机器人与自动化系统、智能供应链（物流）的科技集团，集团坚守“为客户创造价值”的原则，致力于创造美好生活。2018 年，集团坚持“产品领先、效率驱动、全球经营”三大战略主轴，聚焦产品与用户，加大科技投入，专注于持续的技术革新，为全球超过3亿用户及各领域的重要客户与战略合作伙伴提供满意的产品和服务，令生活更舒适、更美好。

【经营概况】美的集团财务有限公司（以下简称“公司”）坚持企业集团财务公司的定位，以服务美的集团成员单位和产业链为宗旨，严格根据财务公司经营范围开展各项业务，紧密围绕集团家电制造业主业，充分落实企业集团财务公司的功能定位，发挥金融资源优势，支持集团及其制造业产业链发展。2018 年 12 月末，公司资产总额 275.82 亿元，负债总额 222.48 亿元，利润总额 12.04 亿元。

【信贷业务】公司积极响应金融服务实体经

济的政策导向，加大信贷投放力度，切实提高服务实体经济的能力。建立了完整的企业信贷服务体系，设立了专门的公司业务部向集团成员单位和产业链企业提供服务。同时，根据业务发展实际情况减少办理环节，简化程序，改进服务，逐步提高信贷审批效率，缩短集团成员单位和产业链企业信贷审批时间，减缓企业资金压力。

【业务创新】公司于2018年1月起正式开展延伸产业链票据贴现业务。在业务开展过程中，严格遵循“一头在外”票据贴现业务管理规则，促进业务稳健、合规开展。截至2018年末，公司为客户降成本费用约2000万元；同时，业务的开展，对于促进集团制造业产业链的价值共享和提升，推动产业链整体竞争力的提高，降低集团制造业产业链整体融资成本、支持中小微企业发展，提高集团资金周转效率起到了积极推进作用。

【风险管理和内部控制】2018年，公司坚守风险底线，不断完善风险管理体系建设，重点强化合规风险管控工作，加强信用风险和流动性风险监控，各项风险监测指标均符合监管要求，信贷资产质量良好，未发生违规经营行为及违法案件。同时根据监管要求，组织开展银行业市场乱象自查、扫黑除恶自查等内部自查工作，不断完善公司内部控制，弥补内部管理中的不足。

【信息化建设】公司根据监管检查意见，积极开展综合授信额度系统开发工作，修订后的综合授信额度包括直接额度和间接额度，其中直接额度中包括基本授信额度和低风险授信额度，低风险授信包括表内的票据贴现以及100%保证金或存单质押的承兑汇票和保函业务等，严格落实授信管理，在系统中实现额度动态调整，授信业务统一标准，严格执行，规范管理。

南方电网财务有限公司

【集团概况】2018年，中国南方电网有限责任公司（以下简称“集团”）实现营业收入5373亿元，同比增长9.2%；利润总额166.3亿元；期末资产总额8167亿元，同比增长10.1%；资产负债率60.4%。全网统调最高负荷1.69亿千瓦，同比增长3.4%；完成售电量9703亿千瓦时，同比增长9%；西电东送电量2175亿千瓦时，同比增长7.2%；客户平均停电时间（低压）13.11小时，下降6.97小时/户；累计有效专利拥有数1.73万项；第三方客户满意度测评82分，比上年提升1分。连续12年获得国务院国资委年度经营业绩考核A级，在世界500强企业中名列第110位。

【经营概况】2018年，南方电网财务有限公司（以下简称“公司”）实现营业收入29.29亿元，同比增长5.59%；利润总额16.83亿元，同比增长24.68%；经济增加值8.38亿元，同比增长36.04%；净资产收益率为15.34%，提高1.92个百分点。各项主要指标均创历史最高水平。2018年没有发生资金安全事故，连续3年在全国财务公司行业评级中获得A级，在集团2018年绩效考核中获评双A级企业。

【信贷业务】公司围绕集团重大战略部署，加大对电网重点建设项目和农网升级改造的融资支持，助力集团打好污染防治和精准脱贫攻坚战，2018年发放贷款167.21亿元，其中向滇西北等电网重点建设项目投放信贷资金25.54亿元，发放农网改造升级项目贷款6.56亿元。

【资金业务】2018年，公司累计运作资金1.16万亿元，实现运作收益9.25亿元；实现净

N

收益5.21亿元。公司连续两年进入银行间市场交易300强。债券分销交易对手首次扩大到企业集团财务公司、农商行和基金公司，首次开展定向融资工具承销业务，分销债券9次，承销债券8.6亿元。加强资金运作风险防控，建立同业投资名单制管理体系。

【票据业务】围绕集团降杠杆减负债，加强票据结算推广，2018年，公司开立商业汇票8931笔，金额110.06亿元，是2017年的5.5倍，其中开立财务公司承兑汇票1092笔，金额28.54亿元，是2017年的61倍，为集团节省财务费用1.13亿元。

【资金集中】2018年末，公司全口径资金集中度为82.53%，同比提高12.42个百分点，首次突破80%，达到国务院国资委要求的目标；日均存款余额618.37亿元，同比增长4%，2018年最高时达843.38亿元。开立账户总数1614户，共服务五省区559家成员单位。完成结算笔数95.47万笔，金额2.9万亿元，均同比增长29%，单日最高结算量达2.8万笔，同比增长77%。财企直联电子支付结算66.38万笔，同比增长54%。

【业务创新】2018年，公司开展产业链“一头在外”票据贴现业务和应收账款保理业务，加大对25家上下游产业链企业的授信支持，优化办理流程，实施优惠价格，票据贴现利率平均为4.27%。开展并购贷款业务，发放并购贷款4.50亿元。开展票据再贴现业务，获人民银行再贴现额度6600万元，开展再贴现业务5320万元，再贴现利率为2.25%。成功开展首笔交易所债券质押式逆回购业务，金额1亿元，年化收益率为7.31%。

【风险管理和内部控制】公司认真贯彻落实国家金融监管政策要求，扎实推进深化整治银行业市场乱象工作。制定《关于进一步加强金融风险防范的具体实施意见》，提出防范金融风险31条具体措施，制定金融业务负面约束清单，从健全公司治理和履职评价体系管理等方面加强金融风险防范。建立风险排查常态化机制，完善内部控制体系，深入推进依法从严治企工作，积极配合监管维护金融秩序。

【人力资源管理】公司按照“好干部”标准和国有企业领导人员“20字”标准，选优配强干部人才队伍，加强优秀年轻干部选拔培养，2018年共提拔干部27名，交流干部9名。强化干部监督考核，把严格的管理监督融入干部工作各个环节。加快推进人才强企，公司1名法律专业人才被国务院国资委政策法规局聘为中央企业金融法律人才库专家，1名金融专业人才入选广州市高端金融人才库。

【信息化建设】金融业务管理系统功能持续优化完善，产业链金融业务系统、纸电票据交易融合等功能上线运行。成功开展系统级恢复应急演练，业务连续性进一步提高。推进新一代金融业务系统建设，完成金融业务系统2.0（CSGF 2.0）可行性研究和立项工作。《财务公司数据综合治理框架研究》获银保监会信息科技风险管理课题非银行机构三类成果奖。

【企业文化建设】以《南网总纲》为指引，持续推进公司企业文化建设，切实推动企业文化入眼、入脑、入心、入行，不断提升公司持续发展能力、经营能力、创新能力和金融服务能力，将南网价值观深度融入加快建成国内领先财务公司的具体实践。开展“金融知识进万家”、金融消费者权益日、平安金融宣传月、全民国家安全教育日宣传、“12·4”国家宪法宣传日等活动。

【党建工作】深入学习贯彻习近平新时代中国特色社会主义思想和党的十九大精神，树牢“四个意识”，坚定“四个自信”，坚决做到“两个维护”。制定《公司党委关于学习贯彻落实党的十九大精神　推动全面从严治党向纵深发展的实施意见》，以“七个从严”（坚持政治建设从严、思想建设从严、组织建设从严、作风建设从严、纪律建设从严、党管干部从严、反腐败工作从严）的工作举措，推动公司全面从严治党向纵深发展。坚持把加强党的领导和完善公司治理统一起来，推动党建工作进公司章程，落实党组织研究讨论作为董事会决策前置程序。

南山集团财务有限公司

【集团概况】 南山集团有限公司（以下简称“集团”）始创于改革开放初期，经过40多年发展，现已形成以铝业、精纺服饰、金融、航空、地产、健康、教育、旅游等为主导的多产业并举发展格局，机构遍及澳大利亚、美国、意大利、新加坡、中国香港等国家或地区。2018年综合实力列中国企业500强第170位、中国制造业企业500强第71位、山东省民营企业100强第3位；企业主体长期信用评级为AAA级。

【经营概况】 2018年，南山集团财务有限公司（以下简称“公司”）紧密围绕董事会的决策部署，准确把握复杂多变的经济金融形势，积极推进业务创新，强化内部管理和队伍建设，较为圆满地完成了各项工作任务。截至2018年末，公司总资产95.15亿元，负债79.95亿元；实现净利润2.08亿元；资本充足率为20.05%，流动性比例为48.36%，贷款损失准备充足率为307.57%，不良率为零。

【信贷及票据业务】 2018年，公司因企施策，分类管理。一是保障正常的流动资金需要；二是支持集团新兴产业克服成长阶段的资金困难；三是以产业链金融服务试点资格为契机，大力推广集团票据，公司为集团产业链上的小微企业解决融资困难，承兑及贴现同比增长330.70%，提高了企业创造信用的能力。截至2018年末，贷款余额57.07亿元，同比增长26.68%。

【外汇业务】 2018年，集团积极参与“一带一路”建设大潮，国际化进程不断加快，公司一是指导企业做好资金计划性管理，根据外汇汇率走势，择机办理结售汇业务331笔，金额6.04亿美元，直接为企业降低汇兑成本近140万元；二是发挥好桥梁作用，新发放跨境贷款500万美元，利率较市场价格低30个基点以上；三是深入研究外汇市场形势，通过每周发布《一周汇市简报》、组织汇率风险研讨班、参与涉汇事务谈判等方式，为集团汇率管理出谋划策；四是研究商业银行的外汇衍生产品等业务，使企业实现外汇资产的保值增值。

【资金集中】 2018年，公司不断拓宽资金来源渠道，负债规模不断提高。一是完善与集团的信息沟通机制，参与新设立公司的股权设计，及时为符合条件的企业提供金融服务；二是充分利用外汇便利化政策，加快外汇资金回笼效率，外币日均存款增长32.37%；三是扎实做好房地产预售资金监管工作，及时将集团新建房地产项目纳入监管范围；四是不断优化信息系统，为企业提供更加快捷的结算服务；五是深化与商业银行的合作，优化企业账户结算服务，实现企业在财务公司内部账户直接收款模式，提高了资金回笼效率，打造一站式账户收支体系。

【风险管理和内部控制】 2018年，公司持续加强内控及全面风险管理体系建设，继续保持了开业十年“零”案件的案防工作成果。一是强化制度建设，梳理22项制度，修订出台制度37项，确保与时俱进；二是完善风险管理体系，组织制定了《市场风险管理办法》《信息科技风险管理办法》《洗钱和恐怖融资风险管理办法》，建立起独立的市场风险、信息科技风险、洗钱风险管理机制；三是加大监督检查力度，全年开展内审检查38次，定期和突击查库24次，发现业务差错22个，处罚62人次；四是严格落实监管排查，组织开展案防、合规管理自评估，落实深化市场乱象治理，合规管理深化年等系列活动，专项排查，共发现风险隐患8个，进行全面整改，消除风险隐患。

【信息化建设】2018年，公司着力加强信息科技建设工作。一是深化与兴业数金的战略合作，完成云核心业务系统上线工作，变更了业务系统运营模式，由自我运维变更为“云托管”外包运维模式，全面提高了重要信息系统的安全等级和连续运行能力；二是组织开展网络安全、业务连续性、外包风险评估，查找风控管理中存在的薄弱环节，特别是联合第三方专业机构、系统服务商等，全面、正式开展等级保护工作，及时消除风险隐患；三是完成客户端集中管控系统的上线，实现对各电脑设备的集中化、统一化管理，解决网络攻击和病毒传播的“重灾区”问题；四是扎实做好系统运维工作，加强应急管理工作，组织4次演练，主备设备切换逾70次，并积极开展老化设备和单点隐患的评估工作，有效保障了系统和业务的稳定运营。

【人力资源管理】2018年，公司以打造一支“有思想、有担当、有能力”的金融团队为目标，不断拓宽培训的深度和广度，抓好监督考核，着力提升员工综合素质，为公司长远发展提供坚实保障。一是开展集中培训70次，总计110多个小时，总经理室成员亲自指导点评，切实提高培训质量；二是发挥好三大专业课题研究组的作用，按季进行交流，激发员工求知探索精神，取得了较好效果；三是定期组织形式多彩的集体活动，进一步凝练了以“团结、进取、务实、创新”为核心的企业文化。

【党建工作】2018年，公司党支部一是完善规章制度，明确了党组织的决策机制、职责权限、党员管理、档案管理等各项规定，使党建工作有序开展；二是不断深化党组织的作用，建立“党组织核心领导、董事会战略决策、监事会尽责监督、高级管理层授权经营”的现代金融企业治理机制；三是加强党员管理，积极开展“学习重要讲话，争做合格党员”等活动，发挥好党员的模范表率作用，推动各项工作有序开展。

内蒙古电力集团财务有限责任公司

【集团概况】内蒙古电力（集团）有限责任公司（以下简称“集团”）为内蒙古自治区所属国有独资特大型电网企业，承担着自治区西部8个盟市72万平方公里的工农牧发展和1388万居民生活供电以及向华北、陕北和蒙古国跨区域跨国境送电任务。2018年，集团售电量完成1953.4亿千瓦时，同比增长16.35%。完成总投资172.8亿元，其中固定资产投资完成159.9亿元。线损率完成3.5%，低于年度计划1.1个百分点。截至2018年末，集团资产总额1063亿元，全口径产值778亿元，管理运营的总资产达到1109亿元。蒙西电网统调装机达到6905.6万千瓦。集团在中国企业500强中列第249位，在中国服务业企业500强中列第98位，连续7年获评国资委经营业绩考核A级企业。

【经营概况】2018年，内蒙古电力集团财务有限责任公司（以下简称“公司”）按照集团公司“突出主业、多元互补、集团运作”的发展思路，以“促进电网、产业、金融协同发展”为引领，以“管理创新、提质增效”为驱动，紧紧围绕“服务实体经济、防控金融风险、深化金融改革”三大任务，坚持依法合规经营，在错综复杂的金融市场环境和日益严格的金融监管形势下，经营指标逆势增长，各项工作蓬勃发展，呈现了良好的发展态势。

截至2018年末，公司资产总额150.78亿元，负债总额130.79亿元，所有者权益19.99亿元。全年实现利息收入7.29亿元，完成利润总额4.54亿元，实现净利润3.86亿元，净资

N

产收益率为20.40%，各项监管指标均符合监管要求。公司成立三年以来，资本回报率已超100%。

【服务实体】公司以强化服务为目标，开展服务上门活动。2018年，主动走访成员单位33家，基本实现了上门服务“全覆盖”。通过现场解答业务咨询，实地指导业务操作，有效解决了一批客户在工作中遇到的实际问题，切实提升了金融服务专业水平。同时，公司不断提升服务实体经济能力，年内为集团公司新增发放农网升级改造贷款2.3亿元，为集团降低整体负债水平提供了财务公司的解决方案。

【资金业务】2018年，公司从集团整体利益出发，充分利用金融牌照优势，调动现有合作银行的积极性，持续增强对外议价能力，最大限度为集团争取最优的资金存放价格。2018年累计办理同业定期存款业务38笔，累计金额357亿元，实现业务收入5.25亿元；强化长短期资金联合运作，深挖活期资金运作潜能。同业活期存款业务累计实现利息收入1.77亿元，最高活期利率达到4%的较高水平。

【资金集中】2018年，公司以强化资金归集、资金结算、资金监控和金融服务功能为中心，全面把控“资金管理”，优化集团资源配置。积极畅通资金结算渠道，实现了电费资金、多经单位资金、企业年金及党团工会经费等各类资金的全面归集。截至2018年末，全口径资金集中度为70.46%，可归集口径资金集中度为75.28%，资金集中管理的效率和效益进一步显现。继续夯实与商业银行的银财直联，构建起了连通集团公司ERP系统、综合运营管理系统和银行业务系统的结算通道与结算网络，确保了资金管理“看得见、管得住、用得好”，有效保障了集团公司资金流转的顺畅、高效。2018年累计结算资金6300.92亿元，同比增长5.68%；累计办理结算业务39.2万笔，同比增长20.87%。

【业务创新】2018年，公司按照集团公司和董事会要求，积极拓展业务种类，实现了同业拆借和国债逆回购两项新业务顺利落地。2018年6月成功办理了公司首笔同业拆借业务，全年累计开展同业拆借交易21笔，累计拆借金额41亿元。2018年12月，正式开展首笔2亿元7天国债逆回购业务，全年累计开展国债逆回购业务合计金额12.1亿元，两项新业务的成功破冰，使财务公司的金融属性得到进一步强化。

【风险管理和内部控制】2018年，公司坚持依法合规不松懈，全面构建风险管理体系。持续完善法人治理体系，不断提升风险防控能力，“不能违规、不敢违规、不愿违规”的合规文化已初步形成。加强对主要风险点的监督检查，按照集团和监管要求定期开展内部审计和稽核检查，特别是针对监管部门重点关注的反洗钱、银企对账、业务授权、信息系统等方面，有序开展专项审计工作，基本实现了内部审计“全覆盖”。

【人力资源管理】2018年，公司深入实施“人才强企”战略，积极开展人才引进和岗位培训，全年组织各类培训158人次，员工培训率达100%。成功举办了“集团公司系统2018年产融结合业务培训班”，在有效拓宽参训人员金融视野和提升业务技能的同时，加强了与各成员单位间的交流合作；针对新员工入职积极开展了“企业文化建设暨服务礼仪培训班”，立足集团需求，内修形象，外树品牌，努力打造一支素质硬、风貌佳、服务好的金融从业队伍。

【信息化建设】2018年，为满足集团公司及成员单位的系统使用需求，公司在信息系统监管指标功能开发、银企系统升级、统计查询优化、电子对账等方面累计进行优化更新70项，极大地提升了数据的易用性、系统的稳定性和用户的体验度。优化了与4家银行的结算通道搭建，有效增强了结算业务的抗风险能力。研发了工程预算支付核对程序，业务效率和精度显著提高。开展了综合运营管理系统应急演练，应对突发事件的组织指挥能力和应急处置能力得到加强。积极推进综合运营管理系统深化应用项目和票据系统应急技改项目建设。

【企业文化建设】2018年，公司持续构建和谐企业文化生态，努力增强员工归属感。组织公司全员参加集团公司第七届职工运动会，举办企业文化暨服务礼仪培训班，踊跃参加集团公司新春联欢文艺汇演，积极引导员工融入集团公司企业文化；定期组织职工体检，认真落实职工带薪休假制度，保障职工合法权益；科学规划办公区域，设立图书角、健身角和职工休闲区，切实为职工身心健康提供保障。通过形式多样的企业文化建设和人文环境搭建，公司团队凝聚力、向心力和战斗力进一步提升，团结和谐、积极向上、风清气正的企业文化氛围更加浓厚。

【党建工作】2018 年，公司着力强化廉洁自律意识，推进党风廉政建设。围绕推进“两学一做”学习教育常态化制度化，以习近平新时代中国特色社会主义思想和党的十九大精神以及专业知识、法律法规为基本内容，以中心组学习、网络学院、各类培训为载体，不断强化班子整体政治理论水平和经营管理能力，全面提升班子综合素质。严格贯彻民主集中制，落实《财务公司“三重一大”事项集体决策制度实施意见》，进一步规范党组织议事程序，集体决策重大事项。以“三会一课”为依托，组织广大党员干部开展理论学习和主题党日活动，先后参观了自治区廉政教育基地、城川红色教育基地等，切实增强了党员干部的政治意识、大局意识、核心意识和看齐意识。

内蒙古伊泰财务有限公司

【集团概况】内蒙古伊泰集团有限公司（以下简称“集团”）成立于1988 年3 月，是以煤炭生产、运输、销售为基础，集铁路与煤化工为一体，生态修复、有机农业等非煤产业为互补的大型清洁能源企业。

集团独家发起设立的内蒙古伊泰煤炭股份有限公司分别在上海（B 股）、香港（H 股）上市。集团在2018 年度中国企业500 强中排名第214 位，在中国煤炭企业50 强中排名第16 位，是动力煤“4 + 1”成员单位，在内蒙古地方煤炭企业中排名首位。

【经营概况】2018 年，内蒙古伊泰财务有限公司（以下简称“公司”）紧紧围绕集团“突出抓好财务资金管理”的指示精神，始终秉承“集中管理、统筹调配、量入为出、以效定支”的资金管理理念，在资金集中管理、调剂资金余缺、提高资金收益以及内部管理提升等方面全面推进年度各项工作。

截至 2018 年末，公司资产总额为 132.07 亿元，较上年提升 91.45%；营业收入为 3.16 亿元，较上年提升 124.01%；净利润为 1.37 亿元，较上年提升 84.36%。全年累计办理结算业务 5.13 万笔，金额 3390.84 亿元。

【服务实体】作为集团旗下的企业集团财务公司，在服务实体经济效能措施方面主要侧重于“煤炭、铁路、煤化工”三个领域。尤其是在国家对煤炭行业全面推行“去产能”政策的背景下，各银行金融机构对煤炭企业实施行业限额管控措施，成员单位面临着“融资难、融资成本高”的普遍困惑，公司通过内部资金余缺调剂，在全面把控贷款风险的前提下，给予成员单位金融服务支持。

【信贷业务】截至 2018 年 12 月 31 日，公司全年累计向成员单位新增发放各项自营贷款 22 亿元，贷款余额 52 亿元；2018 年累计新增办理委托贷款 4 亿元，委贷余额 29.20 亿元；累计开具电子银行承兑汇票共计 3.36 亿元。

【资金业务】作为集团“内部银行”，公司一方面紧盯市场，通过办理定期存款、约期存款等途径，提高资金收益；另一方面，强化资金计划管理机制，通过有力的财务管控手段为集团资金安全保驾护航。

【票据业务】 2018年，公司累计为成员单位开具电子银行承兑汇票252张，金额合计3.36亿元，丰富了成员单位对外结算支付的手段，同时为成员单位节约了财务成本。

依托同业授信，2018年，公司累计为成员单位的供应商办理电子银行承兑汇票贴现业务共计600万元。

【资金集中】 2018年，公司加强资金归集工作的力度，经过与集团沟通协调，成员单位开户率、资金归集主动性有了显著提升，同时强化成员单位账户管控力度，继续提供优质资金结算服务，集团内部“资金归集平台、资金结算平台”基础功能不断夯实，公司资金归集率稳步提升。

【风险管理和内部控制】 2018年，公司秉承以风险管理促进业务发展的理念，不断提升风险管理水平。一是按月做好风险指标监测工作，及时发现异常情况，为公司经营做好预判工作；二是发出风险提示16个，有效防范潜在风险；三是开展重点业务专项检查，推动业务规范运行；四是贯彻落实监管检查意见，及时掌握监管尺度，促进公司稳健发展。全年梳理制度61项，其中新增33项，修订14项，确保各项业务有章可循，推动内部控制体系逐步完善。

【信息化建设】 2018年6月，公司办公云桌面系统正式上线运行，系统采用完全物理隔离方式建设了内网、外网两套资源，用户通过瘦客户机内外网切换按键实现对内网或外网云桌面的访问。

办公云桌面突破传统IT架构，运用虚拟化技术将服务器和存储资源划分为若干虚拟桌面提供给用户，终端采用瘦客户机或客户端方式访问，用户数据集中存储在数据中心，较传统桌面具有明显优势：一是降低终端设备能耗和管理运维成本；二是灵活分配资源，提高硬件资源利用效率；三是实现数据集中管控，保障信息安全；四是桌面接入方式多样化，真正实现移动办公。

青岛港财务有限责任公司

【集团概况】 青岛港（集团）有限公司（以下简称“集团”）是一座始建于1892年的百年老港，是中国北方航线最多、密度最大的口岸，拥有国际航线136条，与世界700多个港口保持贸易往来。2018年，集团落实国家“经略海洋”战略部署，瞄准建设世界一流海洋港口的目标，货物和集装箱吞吐量在全国海港中均列第五位，在以星航运全球港口效率、马士基全球港口泊位效率、海洋联盟欧洲线全球泊位效率排名中均列第一位。

【经营概况】 2018年，青岛港财务有限责任公司（以下简称“公司”）围绕“提质增效、创新发展”的工作主题，创新金融产品7项，优化服务流程18项，获批延伸产业链资质，获得中国银行间市场交易商协会准入，加入银行间债券回购市场，经营绩效与综合服务水平稳步提升。实现营业收入4.85亿元，同比增长3.94%，实现利润4.03亿元，同比增长13.14%。资产总额148.87亿元，存款余额129.26亿元，贷款余额45.68亿元。

【服务实体】 公司立足集团主业，将更多的金融资源配置到港口新旧动能转换的重要领域，对董家口港区建设、董潍管线建设及亚洲首个全自动化码头项目等提供融资支持，确保项目如期推进，促进实体经济发展，加快港口转型升级的发展步伐，2018年涉及上述项目贷款投放量占总投放量的95%以上。

【信贷业务】2018年，公司加强成员单位走访，深入了解业务需求，积极为成员单位核定授信额度。为成员单位投放贷款80笔，金额近30亿元；投放委托贷款49笔，金额近60亿元；承兑票据821笔，金额超5亿元；办理票据贴现116笔，金额近3亿元；提供担保15笔，金额近3亿元。

【资金业务】进一步加强头寸资金管理，提高精细化管理水平，头寸率较同期下降5个百分点；积极开展主动负债业务，满足临时大额资金周转同时，通过期限错配，提升流动性管理能力，流动性比例维持在35%左右；创新金融市场运营体系。形成了以同业业务为主、投资业务与货币市场业务为辅的三大业务板块，市场业务品种扩充至9项，综合年化收益率达到4.3%。

【投资业务】及时调整资产配置，创新金融投资产品，穿透底层做好投后管理，同时注重对标准化、净值型产品的研究探索，确保投资业务风险可控；增加与全国优质城商行、基金公司等金融同业的合作交流，交易对手合作库扩充至149家，投资券商资管计划、收益凭证等产品，有效分散投资风险。

【票据业务】完成电票系统“商承出票三合一”等八项功能优化改造，提高成员单位操作效率和使用体验；对接上海票据交易所，10月份完成纸电融合第二阶段上线，12月份完成票据交易系统全直联上线，为票据业务持续稳健发展奠定基础。2018年，办理票据贴现162笔，叙做再贴现26笔，更好地支持集团内部小微企业，助推主业发展。

【外汇业务】分析成员单位外汇资金情况，实现外币集中运营，覆盖全部成员单位；统筹管控汇率风险和交易成本，同比新增结售汇业务量7000余万美元，为集团及成员单位节省汇兑成本300余万元。

【业务创新】创新“互联网+海关”模式，成为首家拥有关税保函资质的港口财务公司，陆续开立1.69亿元；新推出“速易贷”业务产品，满足成员单位临时性资金需求，累计投放1200万元；9月份获批延伸产业链业务资质，为13家产业链客户叙做“一头在外”贴现业务46笔；上线“七天循环通知存款”功能模块，年末产品存量达65亿元；开展债券回购业务，正回购平均融资成本为2.52%，逆回购平均价格为4.44%；开展货币基金投资5.55亿元，商业银行金融债0.8亿元，金融产品呈现多元化发展。

【风险管理和内部控制】持续推进规章制度修订，制度新增4项，修订39项，全面覆盖现有业务和经营管理；组织对公司近三年所有业务开展全面自查，落实业务“回头看”，对重点业务开展合规检查8次；持续开展内控评价，完善内控手册，公司全部业务及管理一级流程增至30项，实现对风险事件的全面识别；开展合规培训和法规学习30次，组织全员法律知识测试10次，提升全员法律法规知识水平和合规经营意识。

【信息化建设】公司先后完成投资系统、信贷扩展系统、票据直联项目投产上线，搭建与集团财务系统无缝对接的业财一体化平台，建立起功能完善、覆盖公司全部业务的管理信息系统，保证各项业务平稳有序开展；持续加大网络安全建设力度，全面加固网络安全基线，更新日志审计系统、入侵防御系统等安全软硬件设备，全面防范网络安全风险，提升信息化管理水平。

【党建工作】公司围绕学习贯彻党的十九大精神这条主线，推进“两学一做”学习教育常态化、制度化，全面加强党员队伍建设，严格落实“三会一课”制度，并结合集团“大学习、大调研、大讨论”、解放思想大讨论等活动，大力推进党建理论学习力度，用党建新理论、新方法来推进工作，切实发挥好党建统领作用；创新党建活动载体，开展扶贫帮困活动，积极履行社会责任，与人行、银保监局等监管部门联合开展主题党日活动，丰富活动形式，推动理论基础与工作实践进一步结合。

青岛啤酒财务有限责任公司

【集团概况】2018年，面对啤酒行业产能过剩，原材料价格、人工成本的持续上涨，青岛啤酒集团有限公司（以下简称“集团”）继续引领行业消费结构升级的趋势，通过“调结构、提费效、降成本、提效率”多措并举积极应对中高端市场竞争加剧和生产经营成本上涨等不利因素的严峻挑战，实现“质效齐升”。2018年，青岛啤酒荣获“世界啤酒锦标赛”金奖和“欧洲啤酒之星”大奖，以金奖品质荣耀世界，同时成为2022年北京冬奥会和冬残奥会官方赞助商。

【经营概况】2018年，青岛啤酒财务有限责任公司（以下简称“公司”）始终坚守战略定位，时刻保持对金融政策、形势以及货币市场走势变化的高度关注与研判，以稳增长、促主业为目标，着力优化业务结构，积极争取和拓展供应链票据贴现、买方信贷以及有价证券投资等专项业务，并涉足供应链应收账款保理新的业务领域。资金集中度行业对标保持优势地位，利润总额实现高速增长并跨越4亿元级门槛，2018年实现利润总额4.36亿元，同比增加0.99亿元，增幅为29.38%。

【服务实体】2018年，公司采取各类举措加大对集团成员单位及产业链实体支持、服务力度，不断调整完善自身业务结构，助力青啤集团及产业链实体降本增效和转型升级。主要举措有：为成员单位提供个性化的资金服务，提高资金使用效率；实施结算手续费、承兑手续费及票据系统使用费减免优惠；在合理范围内实施贷款利率优惠；积极拓展产业链上下游业务品种，满足更广大实体金融服务需求。

【信贷业务】2018年，公司累计发放自营贷款14.27亿元，委托贷款8.02亿元。通过银财联贷等买方信贷升级模式，在风险可控前提下提高买方信贷业务规模，并大力挖掘供应商电子票据融资需求，票据贴现规模大幅提高，完成应收账款保理融资业务报备，实现延伸产业链金融业务全面落地，加强对集团产业链上下游客户的金融支持，促进集团主业发展。

【产品销售信贷业务】2018年，公司累计发放经销商贷款920万元，年末余额890万元，较上年增长9.88%。公司积极探索升级经销商贷款运作模式，形成担保公司担保参与的“银财联贷”实施方案，以期在有效控制风险的前提下，突破当前业务瓶颈，朝着逐步扩大买方信贷规模、提升信贷资产比重的方向迈进。

【资金业务】2018年，公司在保证资金流动性的前提下，优化存放同业资金结构，提高收益水平。建立经营运行分析测算机制，紧密跟踪宏观政策，准确把握收支规律，制定有效的资金头寸运营策略，提高获利能力。新增6家合作银行，拓宽资金运营渠道。公司整体实现利息收入5.70亿元，同比增加1.13亿元，增幅24.73%。通过定期开展压力测试，灵活运用同业拆借等融资工具，提高了流动性管理水平。

【投资业务】公司积极应对资管新规及配套细则理财新规实施对金融投资业务方面带来的深刻影响，研究制定资管产品“六维度”准入和评测模型，确保公司资产安全、风险可控，保障获取稳健收益。

【票据业务】2018年，公司实现电子票据系统全直联上线投产，持续优化票据系统功能；通过与工厂点对点沟通、现场走访和积极参加青啤公司采购大会等多种方式持续推介和宣传电子票据业务，取得了可喜的成绩。成员单位累计签发电子票据14.06亿元，同比增长92%，累计为供应商办理票据贴现4.05亿元，同比增长1462%。

【资金集中】2018年，公司持续推广青啤特色的资金管理模式，深挖潜力，持续保持高资金集中度。公司新成立资金集中管理工作小组，每月编制工作回顾和计划，通过跟踪分析、沟通督导、工作评价等管理方法，加大与财务管理总部和成员单位沟通力度，进一步压缩多余沉淀资金。资金管理先进经验成果获得行业好评，入选中国财务公司协会《行业发展报告》专刊。截至2018年末，公司已实现对107家分布全国各地成员单位的资金集中管理，资金归集度达到94.83%的历史最高水平。

【业务创新】2018年，公司完成应收账款保理业务报备，并成功完成业务试点。保理业务模式初步确立，标志着公司延伸产业链金融业务实现全面落地。

【风险管理和内部控制】2018年，公司严格控制信用风险，做好买方信贷、投资业务风险管控。对买方信贷业务，严格落实贷款"三查"，谨慎选择用于设定抵押担保的抵押物，并引入担保公司担保模式。持续推进内控管理，新制定5项制度，完成38项制度的修订。内外部检查及专项风险排查，均未发现重大违规行为和显著风险隐患。举办合规案防警示教育、法律知识培训和考试，组织员工异常行为风险自查，不断加强员工行为管理。组织开展扫黑除恶专项斗争工作，未发现涉黑涉恶违法行为及违法线索。

【人力资源管理】2018年，公司根据人员变化，结合关键岗位轮岗要求，共完成1个岗位新增编制和3个岗位的人员轮换。公司继续坚持内外部培训相结合的方式，通过多种方式提升员工知识技能水平，2018年组织外出培训29人次，各类内部知识分享与专业培训共7次。通过目标责任书层层分解和修订绩效薪酬制度进一步完善了公司内部绩效考核体系建设。

【信息化建设】2018年，公司顺利开展了服务器设备更新项目，同时积极配合推进纸电融合二期和票交所全直联项目，并顺利完成切换。针对系统运行中出现的问题，及时排查整改，提升系统运行效率。顺利完成了上合会议期间信息安全运维、自查等各类内外部要求开展的信息工作，有效维护了公司信息安全。

【企业文化建设】2018年，公司践行"凝心、审慎、自律、效率"的公司文化精神，积极推动公司文化建设。以送温暖活动为载体，关怀员工、凝聚人心，慰问员工及家属共计8人次，为员工办理职工医疗互助保险。以健康向上的文体活动为平台，在引领职工素质提升上出新招，组织开展"财女匠心系列活动之插花艺术"、二龙山拓展活动、植树节等活动。在中国财务公司协会"2016—2017年度中国财务公司行业社会责任优秀案例评选"活动中，公司提报的"关爱员工　共创和谐"案例获得了"最佳履行关爱员工责任奖"。

【党建工作】2018年，公司党支部组织签订《党风廉政建设目标责任书》，落实党风廉政建设责任制；持续开展党风廉政建设活动，引导树立遵纪守法、廉洁从政意识；携手青岛银保监局开展"促产融结合，创党建先锋"实践活动；组织《中国共产党纪律处分条例》学习竞赛活动。

青建集团财务有限责任公司

【集团概况】青建集团股份公司（以下简称"集团"）始建于1952年，总部位于青岛市南海支路5号青建大厦。2018年集团通过产融双驱，沿建筑业全产业链进行延伸整合，构建起以工程承建、地产开发、金融投资为三大主业，以物流贸易、设计咨询、新型建材为战略新兴业务的“3+X”产业组合模式。

【经营概况】2018年，青建集团财务有限责任公司（以下简称“公司”）加强资金集中管理，重点发展票据业务，降低集团整体财务成本，通过不断提升公司金融服务能力，着力为集团打造多功能、全方位的商行平台，推动集团产业健康快速发展。公司2018年度净利息收入12554.24万元，手续费及佣金净收入103.15万元，其中承兑业务手续费收入107.86万元，2018年实现净利润5308.42万元。

【信贷业务】截至2018年末，公司贷款余额326402.56万元，贷款质量五级分类全部为正常，其中流动资金贷款54290万元，占比为16.63%，固定资产贷款272112.56万元，占比为83.37%。贴现面值余额72586.23万元。

截至2018年末，授信客户数14户，单一客户授信集中度较高。其中房地产行业授信余额272112.56万元，占授信总余额的68.20%，建筑行业授信余额45703.23万元，占授信总余额的11.45%，制造业20250万元，占授信总余额的5.08%，批发与零售行业授信余额60923万元，占授信总余额的15.27%。

【资金业务】截至2018年末，公司结算量共计4.4万笔，结算金额2400亿元，日均结算金额9亿元。2018年，公司加强对账户的管控。2018年公司共新增开户65个，其中金融账户新增27个，定期和通知存款账户新增10个，其他账户新增28个；2018年销户10个，其中金融账户销户6个，其他账户销户4个；新增办理成员单位在商业银行的账户归集41个、销户24个。公司对成员单位资金流入和流出实施规范化管理。每日末，成员单位上报次日资金预算，公司根据资金预算和资金计划向同业报送资金头寸，对集团资金实施统筹管理；公司营业部、计财部、同业融资部三部联动，对资金计划进行每日更新，并对未来资金情况进行预计。

【票据业务】2018年，公司共签发承兑金额218624.91万元，业务发展良好。其中对青建集团股份公司签发189877.29万元，余额135193.69万元；对青建国际集团有限公司签发17680.12万元，余额7744.67万元。

【风险管理和内部控制】完善风控体系，加强制度和流程建设。在风险可控的前提下加大对优质成员单位的支持力度，做好风险控制部统计分析和数据报送工作。严格执行审查制度，有效防范和减少信贷风险，确保信贷资金的安全性、流动性和效益性。

【信息化建设】公司信息科技有效支撑业务发展，保障业务连续性。截至2018年末，配合公安部门积极完成公司系统三级等级保护测评工作；完成人行反洗钱模块上线；2018年十一期间，根据上海票交所电票系统纸电融合项目要求完成内部系统的改造；完成银保监会1104报表系统月报的上线工作。

【党建工作】2018年，按照集团党委要求，公司党支部坚持以党的十九大精神和习近平新时代中国特色社会主义思想为指导，认真贯彻新时代党的建设要求，突出全面从严治党主线，以党的政治建设为统领，扎实推进“两学一做”学习教育常态化、制度化，进一步夯实和规范基层党支部工作基础，全面加强企业党的政治、思想、组织、纪律、作风建设。为提升党员凝聚能力，积极参与与金融机构、监管部门共同组织的联建活动，同时组织公司“精彩，因你我同行”主题秋季拓展运动会。

清华控股集团财务有限公司

【集团概况】 清华控股集团财务有限公司（以下简称“公司”）所属集团清华控股有限公司（以下简称“集团”）是国有独资有限责任公司，列2018年中国企业500强第137位，研发强度列2018年中国企业500强第3位。2018年，集团深入贯彻中央和清华大学关于校企改革的精神，“一手抓改革、一手抓发展”，各产业板块成员企业稳步发展；大力促进科技成果产业化，产业化科技公司健康发展，探索推进“军民融合”；进一步规范公司治理、国资管理与党建工作，提升风险防范能力。

【经营概况】 2018年，公司紧贴集团战略转型需要，不断强化“三个平台”建设，以“专业、高效、务实、合作”的核心价值观为引领，持续打造企业核心竞争力，各项工作呈现稳中有进的良性发展态势。截至2018年末，公司总资产91.89亿元，净资产33.53亿元。公司实现营业收入4.48亿元，同比增长75%；实现净利润1.86亿元，同比增长42%。

【服务实体】 2018年，公司在保持传统业务持续有效开展的基础上积极发挥综合金融服务职能，致力于开拓更广泛、更有效、更个性化的咨询顾问服务，积极整合内外部资源。公司帮助成员单位进行融资筹划、对接内外部资金，拓展融资途径，优化资产负债结构，在整体资金面紧张的形势下，满足成员单位的资金需求。

【信贷业务】 公司严格把控信贷规模的增长节奏，审慎选择新增贷款客户和资金发放规模，认真落实监管指导意见，有节奏地收回房地产贷款，合理调整现有的资产结构。2018年末，公司贷款余额29.07亿元，与2017年末的28.66亿元基本持平；2018年贷款发放金额32.61亿元，较2017年同期减少10.28亿元，降幅23.97%。

【资金业务】 2018年，公司充分考虑市场利率变动，结合成员单位资金使用周计划，加强资金头寸管理，强化资金运营能力，提升同业议价能力，充分利用同业存放等方式灵活配置资金，合理安排期限结构，稳定资金安全性和流动性，获得更高收益。2018年同业利息收入2.26亿元，较上年增长245.81%；此外，公司积极开展再贴现业务，累计再贴现资金9.85亿元。

【票据业务】 公司拥有票据贴现和票据承兑两大业务品种，2018年7月20日，经上海票据交易所批准，公司顺利完成了以直联方式接入上海票据交易所电子票据系统，并于7月30日通过电票系统顺利为成员企业办理了第一笔票据贴现业务。2018年，公司票据贴现业务共办理10.09亿元。

【资金集中】 公司加强成员企业账户管理，优化网银系统功能，建立二级企业集团资金池，增加代理收款行，开展结算服务活动优质月等。截至2018年末，结算业务同比增长32.36%，日均余额同比增长104.09%。

【业务创新】 在业务创新领域，公司在咨询顾问服务方面进行了有效尝试：一是在贷款发放和贷后检查中，高度注重对企业的调研和分析，及时进行贷款的信用风险防范和对成员单位的问题反馈并提出合理化建议；二是帮助成员单位进行业务对接，并提供方案设计和商务谈判等服务；三是对于与财务公司合作紧密和集团着力扶持的战略合作客户，公司定期、不定期对其财务状况和经营状况进行了解和分析，主动匹配融资渠道和产品，积极进行业务推介。

【风险管理和内控建设】 合规管理方面，2018年是公司“合规建设年”，公司完善了风险及合规提示机制，实现整改事项的全程监控和闭环管理。全面风险管理方面，公司正式推出《风险管理政策》，明确了风险管理的纲领性要求。此外，公司首次完成了流动性压力测试。内控建设方面，公司持续优化内控制度文件，同时制定了《权限手册》，明确主要业务和管理环节的审批流程。

【人力资源管理】人力资源管理方面，着力打造一支使命感强、专业水平高、综合素质优的金融专业团队。2018 年，公司逐步建立并完善了适用于公司自身业务发展特点，公开透明、审慎稳健的绩效考核体系。同时，公司高度重视培训工作。通过多种途径，全面提升员工的综合素养。健全与公司文化相匹配的人力资源管理制度体系，为公司业务发展提供全面的人力资源支持和保障。

【信息化建设】2018 年，公司一是持续推进信息化管理制度建设，从机构设置、运行维护、安全保密等方面，为公司信息科技工作的开展提供指引；二是通过进行网络基础架构的安全加固，进一步完善网络安全防控机制；三是通过一系列业务系统的开发升级，进一步提升了服务质量和能力。

【企业文化建设】2018 年，公司企业文化建设坚持以党建带团建的工作原则，不断夯实企业文化建设的思想基础。公司通过党工共建活动、成员单位交流活动、关爱员工活动、联合扶贫助困活动等多种形式，发挥党支部在推进企业文化建设工作中的优势作用。

【党建工作】公司党建工作坚持以党的十九大精神和习近平新时代中国特色社会主义思想为指导，以围绕中心、服务大局、体现特色、讲求实效为原则，以清华大学“基层党支部建设提升年”活动的总要求为主线，通过将党建工作纳入公司章程、支委会委员参与公司重大经营决策、开展支部特色活动、服务公司中心工作等方式，充分发挥党支部在推动公司改革发展中的政治核心和战斗堡垒作用。

日立（中国）财务有限公司

【集团概况】日立（中国）财务有限公司（以下简称“公司”）所服务的日立集团，是全球名列前茅的电气集团，最新世界 500 强企业排名第 79 位，在世界范围内有着很高的声誉。日立集团在中国的事业主要有八大核心板块：信息・通信系统板块、社会・产业系统板块、电子装置・系统板块、建筑机械板块、高性能材料系统板块、汽车系统板块、生活・环保系统板块、金融服务板块。截至 2018 年末，日立集团在中国有 143 家集团公司，已在财务公司开户的企业有 74 家，成员单位的资产规模约为 743.08 亿元，净资产规模约为 429.75 亿元，营业总收入约为 700.40 亿元，利润总额约为 42.39 亿元。

【经营概况】公司成立于 2007 年 11 月 14 日，注册地在上海，注册资本金为 3 亿元。2018 年，公司继续坚持“依法经营、优质服务、提高效益、和谐发展”的经营方针，围绕日立集团的主业和战略目标，拓展了公司业务规模。截至 2018 年末，公司资产总额为 473992.84 万元，同比减少 5.43%，负债总额为 426463.23 万元，同比减少 6.72%，所有者权益为 47529.61 万元，同比增长 7.92%；公司全年实现营业收入 7220.52 万元，同比增长 9.46%，最终净利润 3486.59 万元，同比增长 97.74%。资本充足率为 14.19%，无不良资产。年度资产质量优良，各项监控和监测指标均符合中国银保监会规定。

【信贷业务】截至2018年末，公司一般贷款余额316380.00万元，比2017年末增加17.78%，均为正常类贷款，无不良贷款。公司根据《贷款风险分类管理办法》和《中国银监会关于中国银行业实施新监管标准的指导意见》等文件规定，对全部贷款计提了2.5%贷款拨备率。同时，委托贷款余额134853.46万元，同比增长71.90%。2018年全年共实现贷款利息收入7580.37万元，同比增长39.26%；委托贷款手续费收入205.42万元，同比增长117.40%。

【资金集中】截至2018年末，公司新增成员单位累计达到64家，其中39家成员单位在公司开户，并且实际开展业务。2018年吸收新增成员单位存款累计363259.77万元，发放新成员单位贷款累计157100万元，发放委托贷款累计43678.13万元，并办理了321838.58万元的代理支付业务。2018年末，公司吸收成员单位存款余额为418062.36万元，同比减少6.79%。

【业务创新】2018年，公司继续扩大跨境双向人民币资金池业务，在扩大业务规模、开拓创新的同时，对自贸区建设起到了一定的积极作用。2018年，公司办理跨境人民币资金池累计流进出资金为2193000万元人民币。

【风险管理和内部控制】2018年，公司设立了风险合规科，将风控、合规人员从管理科分离，从而实现了业务科（前台）、风险合规科（中台）、管理科（后台）在组织架构上相互分离、相互独立、相互制约的内部控制治理体系。同时，公司修改了《组织体制管理办法》《权限管理办法》《人民币贷款业务管理办法》《反洗钱和反恐怖融资对策的管理办法》等基本规章制度及业务管理办法。2018年，公司对32项存贷款业务、支付代理业务等案件风险进行了排查，所有业务均合法合规，没有发现异常。公司还定时接受内审及外部审计公司安永会计师事务所的审计，发现问题及时予以纠正、解决。2018年，公司各项监管指标均符合监管要求。

【人力资源管理】2018年，公司在组织了2次内部员工教育培训，对外部法规规章及公司内部管理办法进行讲解；同时邀请公司的顾问银行开展了2次业务培训；公司还多次派员工参加集团总部以及中国财务公司协会等组织的外部培训。在考核与激励工作上，制定了公司绩效考评管理办法。坚持“突出稳健的发展战略、注重合规经营、兼顾各方利益、体现公平公正、强化激励约束”的原则，公开、公平、公正、合理地对员工进行绩效评价，并构建综合绩效考核体系。

【信息化建设】2018年，公司完成了对核心管理系统九恒星现金管理系统的升级改造工作，开发了业务报表自动化取数功能及East报表数据处理系统，更换了人民银行安全网关，升级了公司现金管理系统安全网关，初步搭建了灾备机房，更新了服务器及网络设备。全年系统稳定运行，未发现重大问题。同时，公司及时应对监管部门对非现场监管数据报送系统的升级要求，保证了非现场监管数据能够及时准确地传送。公司还认真做好服务工作，及时处理成员单位资金管理系统发生的各类问题，保证了成员单位能够正常及时地进行业务操作。

【企业文化建设】公司坚持以人为本，提倡“和、诚、开拓者精神”的日立企业文化。将合法合规作为前提，所有业务都要在风险可控的前提下开展。在面对成员单位时，强调服务意识与效率标准，向其提供高质贴心的服务。在员工培养方面，重视员工与企业的共同成长，提供各种进修提升的机会，大力提倡员工自我学习、自我提升，形成了浓厚的学习氛围。同时，公司充分发挥工会作用，解决员工实际困难，改善员工福利，并通过公司旅游以及新年联欢、文体活动等形式，提升员工归属感，增强企业凝聚力，建设和谐企业。

日照港集团财务有限公司

【集团概况】日照港集团有限公司（以下简称“集团”）为日照市属国有企业，1982年开工建设，1986年投产运营，现拥有石臼、岚山两大港区，年通过能力超过3亿吨。2018年完成货物吞吐量3.80亿吨，跃居全国沿海港口第7位，完成利润总额13.11亿元。

【经营概况】2018年，日照港集团财务有限公司（以下简称“公司”）以“精益管理、创新发展、强化服务、提质增效”为总体要求，深入推进内部改革，不断加大业务创新力度，各项工作取得长足发展。截至2018年末，公司资产总额45.58亿元，负债总额33.97亿元，实现营业收入1.62亿元，拨备前利润1.33亿元，不良贷款率、不良资产率继续保持为零。

【信贷业务】2018年，公司紧跟港口重点建设项目，提供个性化金融服务方案。共向14家成员单位发放贷款43笔，金额28.47亿元，贷款余额27.93亿元；办理委托贷款3.71亿元，余额5.11亿元；出具保函4.07亿元，余额3.47亿元，有效支持集团公司新旧动能转换。

【资金业务】2018年，公司继续对资金调度进行精细化管理。加强与银行沟通对接，提高平均同业活期存款利率。在风险可控的前提下，强化长短期资金运作，精准计算资金“时间差”，抢抓时机办理不同期限的定期存款业务24笔，较同业活期存款增加利息收入500余万元。

【票据业务】公司积极推进电票业务系统建设，2018年9月27日正式上线运行，开具首张电子承兑汇票，进一步拓宽成员单位融资渠道，降低集团整体财务费用。2018年，累计为成员单位开具电票3笔，金额1100万元；依托“票据池”平台，通过票据质押或由财务公司交纳较低比例保证金方式，委托银行代开票据6.95亿元，余额3.58亿元。

【资金集中】公司不断优化存款业务品种，减免结算、询证函、存款证明等费用，让利成员单位，合资公司资金归集也取得新成果。主动协调海事部门，明确财务公司港建费资金监管职能，实现全部装卸单位港建费上交前的资金集中管理，保证了归集的连续性。新增兴业银行接入银企直联，进一步拓宽账户及资金归集范围。截至2018年末，公司全口径资金归集度为70.5%。

【业务创新】公司不断加快业务创新步伐，“量身定做”金融服务方案。2018年6月4日同业拆借业务资质获得批复，9月5日完成首笔同业拆借业务。10月8日关税保函业务资质获得海关总署批复，2018年累计办理关税保函业务5笔，担保金额3800万元。

【风险管理】2018年，公司深入推进市场乱象整治工作、积极开展“合规管理深化年”活动。不断强化全面风险管理，研究确定公司风险偏好、实施风险限额管理，提高总体风险控制能力。认真落实贷款“三查”要求，推行风险审查前移，提高审查效率和质量，加强贷后管理，实时掌握货物动态和资金流向，确保公司投放资金安全。合理调配资产负债期限结构，定期开展流动性压力测试，有效防范流动性风险。

【内部控制】本着“有效、简化、固化”的原则，第4次全面系统梳理内部规章制度。结合工作实际，编制《岗位合规指南》《授权指引》《内控手册》及各岗位操作规程，明确各个岗位“行为禁令、合规职责、合规底线”，做到岗位、业务内控全覆盖。开展单位中层轮岗交流，促进公司各项工作再创新、再提升。充分

R

发挥稽核审计功能，开展日常稽核检查 12 次，专项审计 5 次，为公司持续健康发展提供了有力保障。

【人力资源管理】2018 年，公司继续强化员工队伍素质建设。制定实施《员工学习考核管理暂行办法》，定期进行考核，并与绩效考核直接挂钩。加强员工培训，组织 180 余人次参加各类内外部专项培训，并到多家行业先进单位对标学习。鼓励员工学技能、提能力，公司 4 人具有研究生学历、5 人研究生在读，22 人具有中高级职称，多人取得律师、税务师、证券、银行、基金等职业证书，员工整体专业技能进一步提高。

【信息化建设】配合集团做好业财融合工程，推动公司资金管理平台的融合应用。对接系统开发商，推进核心业务系统功能扩展、电票系统等项目开发，满足相关业务开展以及监管要求。安装部署日志服务器与数据库审计服务器，实现对各类操作行为的监控与记录。通过了人民银行金融城域网接入机构年度现场验收和公安部门信息安全等级保护三级测评，确保公司系统安全稳定运行。

【党建工作】结合“两学一做”学习教育、“大学习、大调研、大改进”等主题活动，深入学习贯彻党的十九大精神，切实增强“四个意识”、坚定“四个自信”、坚决做到“两个维护”。积极配合集团党委巡察组对公司开展的巡察工作，全面落实巡察工作要求。扎实开展“爱港如家、兴港有责”大讨论活动，充分调动全体员工干事创业的积极性、主动性。修订《支委会议事规则》，规范重大事项决策流程。

三房巷财务有限公司

【集团概况】江苏三房巷集团（以下简称“集团”）是一家以 PTA 和 PET 聚酯为主业的大型生产型企业集团。集团拥有 2 家国家级重点高新技术企业、4 家省级高新技术企业、1 家上市公司，1 个博士后科研工作站、1 个省级工程中心和 1 个企业技术中心。与中国科学院化学所、南京大学、上海交通大学等著名院所进行产学研合作。连续十余年被评为江苏省明星企业、省级文明单位，被国有省级银行评定 A 级信用资信，江苏省大型内资企业进出口十强，是全国聚酯行业的领军企业。根据中国化学纤维工业协会排名，集团的 PET 产量、出口额、销售量和利润总额自 2008 年起名列全国同行业第一。根据海关统计，“翠钰”牌瓶级切片出口额连续 10 年在全国同行业同类产品中列第一位，市场占有率 40% 左右。2018 年集团列中国企业 500 强榜单第 308 位，列中国民营企业 500 强榜单第 121 位，在化学纤维制造业排名第三。

【经营概况】截至 2018 年 12 月末，三房巷财务有限公司（以下简称“公司”）资产总额 14.35 亿元。2018 年实现营业收入 3733.43 万元，净利润 2217.27 万元，计提贷款损失准备金 3250 万元，资本充足率为 40.12%，流动性比例为 95.97%，贷款损失准备充足率为 100%，不良率为零。

【信贷业务】公司立足集团主业发展需要，在对成员单位筛选、信用评级及尽职调查的基础上，向其中的 14 家单位发放贷款 10.5 亿元，其中商票贴现 2.5 亿元，信贷业务结构进一步趋于优化，促进了成员企业生产、销售稳步增长。

【票据业务】公司制定了票据贴现、转贴现管理暂行办法，2018 年共办理票据贴现 19 笔，金额 4.95 亿元。同时，向人民银行申请办理了

2笔0.6亿元票据再贴现，年末余额0.6亿元，降低了成员单位融资成本。2018年，公司电子商业汇票系统正式投运，票交所系统正式上线，累计办理票据承兑业务6笔，累计金额1.06亿元，年末余额5643万元。

【资金集中】2018年，公司充分利用已建工行、建行、农行、中行、浦发银行五家银企直联平台稳步推进成员单位账户体系建设，不断提高财务公司账户集中比例。除集团海外子公司等个别企业外，共有32家成员单位在公司开户，办理结算20796笔，金额1606.53亿元。截至2018年末，公司吸收成员企业的存款共计8.29亿元，其中上市公司及其下属公司资金7.71亿元。全口径资金集中度为25.54%，可归集口径资金集中度为79.93%。

【业务创新】2018年，公司完成了同业拆借业务的咨询、申报、员工培训、材料补充及交易系统安装、调试、运行等工作。2018年8月3日公司取得开展同业拆借业务资格，最高拆借限额5亿元。同时，公司积极与商业银行、财务公司等金融机构洽谈合作事宜，已与徐工财务公司在同业授信、资金融通、商票互认、票据转贴现等方面达成战略合作协议。

【风险管理和内部控制】公司构建了股东会、董事会、监事会和高级管理层为主体的公司治理结构，并设有战略发展委员会、风险管理委员会、信贷审查委员会、审计委员会四个专门委员会，建立严格的授权及审批制度，确保重大事项的民主和科学，形成了分工合理、职责和授权明确、报告关系清晰的组织架构。在具体业务运营上，构建了风险管控的“三道防线”体系，通过一线岗位双人双责、相关部门相互制约和稽核部事后审计监督最大限度降低业务风险。

【人力资源管理】公司重视团队建设，通过外部招聘和内部选拔方式配备各类人才24人，明确部门和岗位职责，初步搭建了人力资源基本架构。员工培训方面，一是以老带新、结对帮扶；二是组织相关业务知识培训，提高员工金融素养；三是组织员工对口交流学习，拓宽视野，减少弯路。

【信息化建设】截至2018年末，公司完成资金结算、银企平台、信贷管理、票据管理、资金监控、网上金融服务、1104报表、系统管理等模块系统建设。2018年，电子商业汇票系统正式投运。

【企业文化建设】2018年，公司倡导“团结、协作、务实、进取”的企业文化，努力培养员工合规理念和社会责任意识，积极参加集团各项活动，增强公司凝聚力。

【党建工作】公司党建工作服从集团统一安排，未设立专门的党委、党总支、党支部、工会、共青团。2018年，公司共产党员共4名，预备党员1名，积极参与集团公司支部组织的学习教育、专题讨论和党日活动。2018年，公司在章程中增加党建内容。

三环集团财务有限公司

【集团概况】三环集团有限公司（以下简称“集团”）主要从事专用汽车、汽车零部件和数控锻压机床产品的生产和经营，是机械汽车行业的龙头企业。根据集团合并快报，截至2018年12月末，集团实现营业收入219.86亿元，利润总额3.42亿元。2018年，集团积极响应国家号召，推进混合所有制改革，引进战略投资者武汉金凰实业集团有限公司，给企业注入增量资金，盘活存量资产，增强了集团实力，为集团持续稳定快速发展奠定了坚实的基础。

【经营概况】三环集团财务有限公司（以下简称“公司”）按照监管要求稳健经营、合规发展，认真开展各项工作，取得了较好的经营业绩。截至2018年12月31日，资产规模达到16.86亿元，净资产3.17亿元。2018年累计完成利息收入7420.77万元，其中贷款业务收入4399.54万元，贴现业务收入1815.43万元，同业业务收入1205.80万元。2018年累计实现拨备前利润总额4685.27万元，净利润1212.68万元。

【服务实体】公司大力协助集团融资工作，维护良好的银企关系。在银行授信紧缩的大环境下，积极筹借资金，灵活调剂资金，保证了集团各成员单位经营的平稳运行，保证了集团对银行授信的即还即贷和无缝对接，确保了集团公司在各商业银行的信誉。协助集团完成短期融资和企业债的按期兑付及跟踪评级工作，维持了稳定的信用等级，为后续债券发行工作起到了积极的作用。

【信贷业务】截至2018年12月末，公司已完成对24家成员企业的评级、授信工作，授信金额共计383309万元；对成员企业发放贷款47笔。2018年累计发放流动资金贷款93750万元，累计贴现92045.07万元，为成员单位提供票据结算便利，委托浙商银行为成员单位累计代开银行承兑汇票99583.93万元，代开银行承兑汇票余额60702.08万元，公司累计吸收成员单位开票保证金27166.22万元，保证金余额15553.72万元，减小了信用风险敞口。

【结算业务】截至2018年12月末，公司已为76家成员单位开立活期账户，定期账户7户，同业账户19户，其中实际发生交易的账户有70户。2018年，公司结算业务交易笔数31514笔。工行清算业务笔数23146笔，发生额为384.94亿元。其中资金上收5775笔，发生额为106.78亿元。农行清算业务笔数5937笔，发生额为49.13亿元，其中资金上收316笔，发生额10.85亿元。建行清算业务笔数2431笔，发生额42.82亿元，其中资金上收818笔，发生额11.05亿元。

【票据业务】截至2018年12月末，共有12家成员单位加入票据池。2018年，通过票据池代开银行承兑汇票余额60702.08万元，成员单位存入公司开票保证金余额15255.72万元，增加了信贷投放，这极大地缓解了在集团改制期间银行信贷收缩导致的资金紧张状况。同时，通过票据池业务，一方面，满足成员单位个性化结算需求，成员单位通过票据池将单张大额承兑汇票拆分为多张小额承兑汇票，满足支付需求，减少大额承兑汇票贴现，降低大额承兑汇票贴现利息。另一方面，公司通过票据池为成员单位委托银行代开承兑汇票，吸收了成员单位开票保证金，解决了成员单位采购支付压力。

【资金集中】2018年，公司可归集口径资金归集率和全口径资金归集率相较于2017年均明显提升。截至2018年12月末，集团合并报表货币资金总额277079万元，吸收存款125527.98万元，全口径归集率为35.10%，较2017年末的23.41%上升11.69个百分点，可归集口径归集率54.74%，较2017年末的39.01%上升15.73个百分点，资金归集率大幅度提升。

【风险管理和内部控制】根据公司业务开展情况，发放贷款前对客户进行信用评级，风险管理部根据成员单位行业分布情况、经营情况及财务状况等建立了信用评级、授信模型。将成员单位信用分为6个等级，最高为AAA级。然后根据评级情况，结合被授信单位净资产等财务指标，测算授信额度。根据监管要求及“三个办法一个指引”标准，完成信贷资料审核，确保业务符合监管要求及风险控制。完成了监管机构现场及非现场监管报告的报送。监测资金流动性、资本充足率、拨备覆盖率等指标，确保各项指标均符合监管要求。完成了案防自查及评估，通过案防要求的五个板块25个指标自评案防情况，对缺失部分指标对应制度文件进行了相应的补充。

三峡财务有限责任公司

【集团概况】 中国长江三峡集团公司（以下简称“集团”）是国内可控装机最大的清洁能源集团和全球最大的水电开发企业，2018 年习近平总书记视察三峡工程并发表重要讲话，给予三峡工程“一个标志、三个典范”的高度评价。截至 2018 年末，集团公司可控、在建、权益装机总规模 1.28 亿千瓦时，其中可控装机 7030 万千瓦时；完成发电量 2902 亿千瓦时，利润总额 422 亿元。全员劳动生产率、人均利润、人均上缴利税、成本费用利润率继续在中央企业中名列前茅。

S

【经营概况】 截至 2018 年末，三峡财务有限责任公司（以下简称“公司”）自营资产余额 552.98 亿元，负债余额 455.75 亿元，所有者权益 97.23 亿元，营业总收入 24.17 亿元，利润总额 17.56 亿元，经济增加值（EVA）5.09 亿元。全面超额完成年度经营业绩考核指标，以多方位、深层次的金融服务为集团公司的改革发展提供强大的金融支撑。存在的主要困难为：国内经济下行压力较大，国内债券市场震荡、股票市场低迷；金融去杠杆、严监管及资管新规限制信用扩张，市场风险偏好下降；银行体系流动性合理充裕，资金价格大幅下行；监管对财务公司投资业务进行了严格的规范及限制，资产配置品种范围收窄、难度加大，收益率持续下滑。

【服务实体】 2018 年，公司向成员单位提供了专业化、个性化的结算服务，成员单位支付结算电子化率达 99%；通过自营贷款、委托贷款、票据承兑、非融资性保函等多元化信贷产品为成员单位提供内源融资服务；通过专业分析与审慎研究，向成员单位提供受托理财业务，提高了成员单位闲置资金运用效率，取得了高于同期货币基金平均收益的收益；通过电费代理回收，确保成员单位电费资金及时到账，为提高资金使用效率提供了助力。

【信贷业务】 2018 年，累计发放自营贷款 313 亿元，信贷资产日均规模 251 亿元。重点关注白鹤滩、乌东德等在建大水电项目工程进展及资金计划，优先确保融资需求和提款进度；为集团公司海上风电板块做好融资及金融服务，协助完成福建兴化湾一期海上实验风场银团组建，配合完成海上风电产业园融资模式、条件等洽谈事项，实现融资方案落地；响应集团公司“共抓长江大保护”的生态环保板块发展战略，为生态环保板块内、外部融资做好金融服务。

【资金业务】 2018 年，公司通过“询价、竞价”精心运作间歇资金，短期资金收益率为 3.31%，远低于同期市场 Shibor 下降幅度，实现了资金配置优化和价值创造，确保集团公司整体收益最大化。短期资金年末余额 150.50 亿元，累计实现利息收入 6.92 亿元。

【投资业务】 2018 年，公司克服金融监管加强、投资范围受限、市场收益率下行等外部困难，整体实现投资收益 3.01 亿元，其中证券投资收益 2.84 亿元，股权投资收益 0.17 亿元。投资业务主要集中在三方面：一是积极适应监管环境变化，明确投资正面清单与负面清单，落实资管产品投前穿透机制；二是抢抓上半年配置黄金期，加大调研频次，积极做好产品投资研究及配置工作；三是紧密跟踪股权项目投后情况，做好股权管理工作，维护股东利益。

【票据业务】 公司通过承兑成员单位开具的电子商业汇票，为成员单位增信，增强成员单位出具电票的流动性及市场认可度，为成员单位有效运用电子银行承兑汇票作为支付手段，节省财务费用，提高资金周转效率提供了助力。2018 年，公司共办理电子银行承兑汇票 860 笔，累计承兑金额达 14 亿元。

【外汇业务】根据监管窗口指导意见，结合外汇市场情况及成员单位投资需求，2018 年公司未为成员单位办理结售汇业务。

【资金集中】公司通过资金集中管理政策日常宣传，增强成员单位资金集中管理意识；通过与集团财务部保持密切沟通，从集团战略层面争取更多管理政策支持；通过资金日报分析，及时监控成员单位大额资金流向，防止资金外部流失。2018 年公司吸收成员单位日均存款近 454 亿元，可归集口径存款集中度达 98%。

【风险管理和内部控制】2018 年，公司开展风险评估，辨识 7 项重大风险、14 项风险源，并制定相应的管控措施，对 59 项法律法规进行汇编分析。开展贯穿全年的整治银行业市场乱象工作，完成 9 项整改事项。开展公司内控手册修编工作，形成《内控手册（2019 版）》。加强制度合规性管理，对 61 项新增、修订制度开展合规审核。梳理 154 项授权事项，对指标进行监控，确保各项监管指标合规。及时完成内部控制评价发现缺陷整改工作，整改完成率达 100%。

【人力资源管理】2018 年，公司坚持党管人才原则，夯实管理基础，强化人才队伍建设。一是研究制定公司“三定”方案，明确了公司总部、宜昌分公司、三峡保险经纪公司部门设置与职责、干部和员工编制。二是创新青年人才培养模式，初步建立了以新员工入职培训为源头、以青年员工综合评价为导向、以多岗位历练为重点的青年人才全流程素质培养体系。三是注重加强公司不同部门、不同岗位之间的交流力度，建立了干部轮岗交流的“常态化”机制。

【信息化建设】信息化建设紧跟公司战略发展，以资金管理系统建设为抓手，持续完善核心系统及其他业务系统功能，保障各系统正常运行，全面支持公司各业务发展。核心系统增加电子对账单和电子回单功能，为成员单位提供了极大的便利，正常运行率超过 99.5%；积极开展 1104 报表系统、ECDS 系统和票据交易系统的开发，填补短板，进一步促进公司从业务信息化向管理信息化、决策信息化发展。

【企业文化建设】坚持职工大会制度，落实职工监事制度，坚持征集办理职工提案，切实为职工办好事、解难事、做实事。积极组织开展群众性活动，通过“纪念七一”主题书法活动、“不忘初心跟党走，奋勇建功新时代”经典诵读比赛、“学习党的十九大精神和习近平总书记讲话精神”演讲比赛等活动，不断凝聚全体职工爱岗敬业的精气神。公司工会被评为集团公司 2018 年基层工会考核一级工会。

【党建工作】公司党委认真贯彻落实全面从严治党要求，构筑“党委为顶、支部为梁、党员为柱、群众为基”的党建工作体系。党建工作丰富多彩，第一党支部在每次党员大会集体诵读党章、第二党支部按照财会档案标准整理党建基础资料、第三党支部党员领学讲党课、宜昌党支部开展党的理论知识“日日学”。通过广泛开展谈心谈话，制定实施党员月考活动，把基础学习抓在平时、抓在经常，进一步增强党员政治理论水平，提升党员党性观念和思想认识。

沙钢财务有限公司

【集团概况】江苏沙钢集团有限公司（以下简称“集团”）是江苏省重点企业集团、国家特大型工业、全国最大的民营钢铁企业。集团围绕“做精做强钢铁主业、做大做优现代物流、做好做实非钢产业”三大发展战略，实施创新驱动，加快转型升级。2018 年，集团完成炼铁 3183 万吨、炼钢 4066 万吨、轧材 3954 万吨，实现销售收入 2410 亿元，利税 330 亿元，较上年均有新的提高。集团在中国企业 500 强名列第 86 位，在中国制造业企业 500 强名列第 28 位，且连续 10 年跻身世界 500 强企业。

【经营概况】截至 2018 年末，沙钢财务有限公司（以下简称“公司”）资产总额 90.95 亿元，负债总额 73.83 亿元，所有者权益 17.12 亿元。全年实现营业收入 1.88 亿元，利润总额 1.79 亿元，净利润 1.34 亿元，公司净资产收益率为 8.15%，资本充足率为 30.59%，流动性比率为 66.18%，投资比例为 55.04%，拆入资金比例为零，担保比例为 16.80%，公司无不良贷款。

【服务实体】2018 年，公司主动为成员单位提供流动资金贷款、办理票据贴现、保函等业务。针对成员企业持有的银行承兑汇票期限短、票面金额小，银行无法受理的情况，公司及时为其办理小额、短期票据贴现。在融资管理上，注重融资结构的优化组合，努力拓宽融资渠道。2018 年，结合美元汇率及利率分析情况，坚决压减美元融资规模，降低集团资产负债率水平。密切关注汇率市场相关资讯，每月组织召开汇率市场分析会议，研判每月外汇融资操作方案。通过人民币汇率高位减少美元融资提款，并择机做好汇率锁定产品，在人民币低位增加美元贸易融资以及整体压降美元流贷等方式，有效控制了汇兑损失。公司还代理集团保险管理，从保险招投标到出险、定损、赔付协调跟踪等与保险公司沟通联系，发挥好财务公司保险兼业代理优势，降低集团保费支付。

【信贷业务】2018 年，公司累计为成员单位发放流动资金贷款 25.57 亿元，通过零保证金、零手续费的形式为企业开具海关集中纳税保函、履约保函等，1—12 月累计办理各类保函 1.63 亿元，财务公司银票 3 亿元，为企业节约资金成本 43.51 万元，减少手续费 48.09 万元。截至 2018 年末，公司各项贷款余额 30.95 亿元，其中，流动资金贷款 22.88 亿元，贴现贷款 8.07 亿元。

【产品销售信贷业务】充分发挥财务公司融资扎口管理职能，积极为外围成员企业联系银行落实授信额度的调剂。由于外围成员企业在当地银行授信审批较为困难，公司积极与总部授信银行联系，通过集团额度切分或要求新增授信额度，有效解决了成员单位的部分资金缺口。

【资金业务】科学编制资金计划，通过采取资金年预算、月计划、周平衡、日控制的管控方式，统筹安排生产经营、投资及筹集资金，在确保资金安全的前提下，注重发挥资金的规模效应，从而降低资金使用成本。2018 年库存人民币结算资金明显下降，有效减少了日常结算资金占用。

【投资业务】2018 年，面对理财市场价格持续下滑，公司主动与多家金融机构联系，采取各种措施增加资金理财收益。同时，通过严格筛选合作机构、产品投向，审查增信措施、运作报告，穿透底层资产、及时进行投后管理等措施来把控理财风险，确保理财资金安全，并利用好同业金融机构平台优势，开展有价证券投资业务。2018 年累计操作有价证券投资业务 11 笔，金额 14.8 亿元，日均投资 9.86 亿元，平均收益率为 5.91%，实现理财收益 5825 万元，相比上年收益增加 1637 万元。

【票据业务】2018 年，公司累计办理成员单位票据贴现 21.52 亿元，比上年同期增长 41.77%；向人民银行再贴现 5.49 亿元。累计为成员单位办理电子承兑汇票 3 亿元。公司还代理集团电子银行承兑汇票管理工作，负责集团电子银行承兑汇票管理的具体操作和实施，每日做好集团电子银行承兑汇票的内部调拨、到期托收、自开票和销售回笼票据的接收以及核对工作。

【资金集中】2018 年，公司对账户的申请开立、销户进行了全面的梳理，及时发现未归集账户、长期不动户和外地账户，并将账户中的闲置资金及时划回，购买理财产品，提高资金的使用效率和效益。通过加强账户管理，2018 年全口径资金归集率平均在 42.98% 左右，12 月底，全口径资金归集率为 60.94%，剔除无法归集部分，资金归集率为 92.06%。

【风险管理和内部控制】 2018 年，公司对各项规章制度和业务流程、报表、台账等进行了全面梳理。修订了《会计核算暂行办法》《存款准备金管理办法》等 25 项制度，并新增了《代理集团资金理财业务管理办法》《代理集团本部电子银行承兑汇票管理操作规程》《征信合规与信息安全问责制度》等 13 项制度。组织开展岗位工作手册的编写。

2018 年，公司对重要物品保管使用、信息系统安全风险控制、内部控制建设、公司治理等进行了专项检查，共检查 14 次，发现问题 54 个，提出整改建议 51 条，对检查发现的问题及时跟踪督促整改。

【人力资源管理】 2018 年，公司组织开展各类培训 39 期。主要采取内部集中培训和联系银行来公司授课并利用网络学习平台等学习方式开展培训，进一步增强员工业务素质。

【信息化建设】 2018 年，公司积极推进财务公司核心业务系统及集团资金应付款管理系统项目开发。推动数据自动化填报、反洗钱系统、大集中系统、1104 报表报送系统、征信系统（接口版）的上线，并推进集团资金应付款管理系统二期投融资开发及外围成员企业资金应付款管理系统的上线。

【企业文化建设】 2018 年，公司积极推动文化建设。组织开展青年员工进行羽毛球、乒乓球比赛等文体活动，不断丰富职工的文化生活。注重员工谈心活动，关心了解员工的工作、学习和生活情况。

【党建工作】 2018 年，公司金融党支部充分发挥金融平台优势，切实组织开展好党建活动，与中国建设银行锦丰支行党支部签订了党建共建协议，通过开展党建共建活动，促进双方党建工作和业务经营的深度合作。公司还举办了“同在蓝天下——慈善一日捐”活动，全体员工积极参与，捐款率达到 100%。

山东晨鸣集团财务有限公司

【集团概况】 山东晨鸣纸业集团股份有限公司（以下简称“集团”）是中国造纸行业龙头企业。集团在山东、广东、湖北、江西、吉林等地均建有生产基地，总资产 1000 多亿元，年浆纸产能超过 1000 万吨。2018 年，集团完成机制纸产量 440 万吨、销量 430 万吨，实现营业收入 290 亿元，净利润 26 亿元，集团整体运营情况持续向好。

【经营概况】 截至 2018 年末，山东晨鸣集团财务有限公司（以下简称“公司”）实现净利润 2.4 亿元，同比增幅为 21.9%；资产规模达到 133.8 亿元，同比增幅为 46%；全口径资金归集度 28.93%，基本与年初持平。各项合规性监控指标全部符合监管要求，其中，资本充足率为 31.95%，流动性比例为 57.41%，担保比例为 88.79%；不良资产率、不良贷款率均为零。公司服务集团及成员单位的能力不断增强，通过 7 家银企直联已基本实现资金结算、归集、对外付款全覆盖。

【服务实体】 2018 年，公司积极为集团新旧动能转换、转型升级提供资金支持，将服务集团和成员单位、助力集团优化负债结构作为工作的重中之重。一是协助集团扩大银行授信规模、丰富业务模式，积极与各类型金融机构联系，加大与大型银行、股份制银行的沟通，着力改善集团负债结构不合理的局面。二是加大同业授信营销力度，通过代理业务、票据转让、债券买卖等手段，持续降低集团整体融资成本，拓展成员单位融资渠道。三是把握信贷投向，明确支持重点，将有限的资源和优质的产品投放到符合宏观调控要求的领域，围绕实体经济、绿色信贷做文章，发挥最大资金效益。

【信贷业务】2018 年，公司有效调配集团资金，合理调整信贷结构，累计向成员单位发放贷款 51 笔，金额 72.4 亿元，其中新增 20.94 亿元，重点支持节能高效、新旧动能转换单位。同时，积极发掘新客户，为更多的成员单位提供授信，2018 年开发新授信客户 9 户，为黄冈晨鸣浆纸有限公司发放固定资产贷款 2.63 亿元，有效替代外部银行融资，拓宽融资渠道，降低成员单位融资成本。

【资金业务】密切加强与合作银行的沟通联系，坚持每日报价机制，随时掌握同业利率价格的走势与波动情况，通过采取在部分银行挂牌询价方式，有效提升了资金价格，2018 年实现结算利息收入 4783.69 万元，同比增长 59.08%。利用银行间市场，加强与同业机构的资金拆借业务合作，有效提高了流动性管理水平和资金收益水平。

【投资业务】公司秉承稳健经营、审慎合规的投资理念，严格按照监管批复规定的投资范围开展投资业务，主要投资标的为 AA + 级以上的超短期融资券以及中期票据。截至 2018 年末，共办理有价证券投资 62 笔，交易金额 81.21 亿元，月均交割量 13.54 亿元。

【票据业务】2018 年，公司继续大力发展票据业务，一方面，印制宣传折页，制定成员单位走访计划，对成员单位及主要供应商进行上门走访、宣传，扩大票据使用范围；另一方面，开展票据保贴业务，利用财务公司在银行的同业授信进行票据保贴，提高财司票据在银行的认可度以及变现能力，打消供应商顾虑。2018 年累计开立电子商业汇票 118.15 亿元。

【外汇业务】2018 年 6 月，公司正式开展即期结售汇业务，逐步完善资金汇划通道，大力推广公司即期结售汇业务，2018 年办理业务 12 笔，累计结售汇金额 12780.8 万美元，为集团节约汇兑成本 161.29 万元。

【资金集中】2018 年，公司深入调研成员单位原有资金管理模式，了解金融服务需求，根据成员单位资金业务复杂，开户银行多，客户对收款账户依赖性强，资金被动归集模式不易操作的特点，将银企直联银行扩展至 7 家，开通 5 家全国性股份制银行网银现金管理，覆盖成员单位结算银行，增加主动上划模式，大力推行代理付款业务，有效提高资金归集度。

【业务创新】2018 年，公司一是 2018 年 4 月取得银行间外汇交易市场会员资格，经需求调研、系统调测、业务推广，2018 年 6 月成功办理第一笔结汇业务。公司利用自身金融平台优势，通过外汇交易中心直接对接总行，获得市场最优报价，逐渐解决资金汇划桎梏，建立中国银行外币银企直联，实现外币资金划转实时到账。二是 2018 年 5 月顺利获得山东银监局批复的“有价证券投资（固定收益类）”和“承销成员单位债券”业务资格。按照监管要求，在投资资格范围内合规开展现券买卖、买断式回购、质押式回购、债券借贷等业务。

【风险管理和内部控制】公司进一步强化日常风险监测管理，按日、按月对各项风险监测指标进行监测、分析和控制；根据日常数据指标分析和业务发展情况对存在的问题及时进行风险提示和风险预警；加强各项风险合规检查，提高风险合规意识；强化审计监督职责，督促做实内部管控“三道防线”；实施问题销号整改制，加大问责处罚力度。开展公司治理强化股东行为自评，对公司治理情况全面彻底排查，弥补治理短板。开展深化整治银行业市场乱象、合规管理深化年、“七不准”、“四公开”等自查整改活动，全面排查整改公司金融风险。强化公司制度建设，不断完善各项规章制度，2018 年共修订制度 157 项，其中增加制度 16 项、废止 2 项。组织全员编制合规指南、案防题库，培育“风险为本、合规优先”文化。

【人力资源管理】2018 年，人力资源部门按照年度培训计划，每月聘请外部专家和内部

S

业务骨干进行专题培训，内容覆盖规章制度、政策解读、操作规程、业务创新等方面，同时做好监督检查及培训内容测试工作，并将测试结果纳入个人绩效考核，确保培训效果。

【信息化建设】2018 年，公司进一步强化系统运维，持续优化提升信息系统，确保各项业务更加规范化、标准化、流程化，顺利完成结售汇系统和电子商业汇票系统纸电融合验收机上线工作，并保障系统稳定运行。

【企业文化建设】公司通过持续不断的企业文化宣传、内外部培训、文娱活动、年会联谊等多种形式，不断积累、发展，形成了具有晨鸣特色的集体思维特质，把企业文化建设真正渗透于公司的组织结构、规章制度和员工行为之中，为公司的可持续发展提供了持久动力。

【党建工作】2018 年，公司修订公司章程，将党建工作加入章程中，进一步明确全面从严治党的主体责任，加强公司基层党组织和党员队伍建设，充分发挥党支部战斗堡垒作用和党员先锋模范作用，团结带领干部职工积极投身公司改革发展。截至 2018 年末，公司党支部有正式党员 9 名，根据《发展党员工作实施办法》严格党员发展程序，2018 年新发展一名党员。全体党员安装灯塔—党建在线 APP 后，充分利用“碎片时间”进行“微学习”，圆满完成学习任务。

山东钢铁集团财务有限公司

【集团概况】山东钢铁集团有限公司（以下简称“集团”）坚持高质量发展，2018 年累计生产铁、钢、材均超 2000 万吨；金融、矿产资源等多元产业协调发展；实现营业收入 1555 亿元，利润 65 亿元（未审计数），同比大幅增长。集团荣获“钢铁行业改革开放 40 周年功勋企业”，济钢产能调整入选山东省庆祝改革开放 40 周年最具影响力事件；冶金工业规划研究院发布，集团综合竞争力跃升为最高评级 A + 级。

【经营概况】截至 2018 年末，山东钢铁集团财务有限公司（以下简称“公司”）资产总额 156.45 亿元，同比增幅为 8.12%；所有者权益 37.28 亿元，同比增幅为 6.05%；各项存款余额 117.33 亿元，同比增幅为 8.17%，全口径资金归集度为 51%。表内表外信贷支持余额 168.05 亿元，不良资产率和不良贷款率均为零，各项指标符合监管规定。累计实现收入 4.88 亿元，实现利润 3.53 亿元。公司被授予省属企业文明单位、山东银保监局“进走访”工作先进单位等众多荣誉称号。

【服务实体】大力支持实体经济发展，调研了解成员企业融资需求，多方筹措资金，通过贷款、贴现、转贴现、直贴、电子票据、委托贷款等产品，尤其是扩大了票据业务对成员企业的支持力度，累计提供表内表外信贷支持 208.97 亿元。针对部分单位的临时性资金需求，及时提供搭桥资金。实施让利政策，多方面让利成员企业，年累计让利 2 亿余元。

【信贷业务】2018 年累计为济钢集团提供信贷支持 23.4 亿元；为日照公司开立电票 13.82 亿元，提供担保 3 亿元；为莱钢集团累计提供信贷支持 57.23 亿元，年末余额 56.43 亿元；为集团公司提供资金 59.4 亿元，年末余额 34.3 亿元。

【保险代理】持续拓展保险代理业务，为成员企业代理投保资产余额 475.35 亿元；实缴保费 3185.09 万元，发挥规模优势，大幅降低了全集团保险成本。协助成员单位索赔到账 2368.76 万元，赔付率为 74.37%，保险的保障能力明显提升。

【外部授信】加强与银行、财务公司等各类金融机构的沟通交流，主动寻求业务合作，特别是加大了票据转贴、直贴的授信额度，2018年新增授信50亿元，授信余额达231亿元。积极为成员企业介绍融资，与中国人民保险集团资本投资管理有限公司等金融机构为日照公司介绍融资50亿元，现已达成协议，资金即将到位。

【投资业务】年实现投资收益4215.32万元，比上年增加3413.36万元，增幅高达425.63%，加权投资收益率为5.61%。

【票据业务】积极开展票据贴现业务，持续完善票据—贴现—转（再）贴现—资金的快速流转渠道，截至2018年末，票据贴现余额13.45亿元，转贴现余额9.65亿元，电票余额33.2亿元，扩大了集团公司融资渠道。

【资金集中】1个月完成金融管理服务平台的技术改造，2个月完成成员企业1145个银行账户的梳理及142家企业内部账户的开立等工作。配合集团做好资金归集情况的通报和考核；倡议成立联合督导组，对资金归集工作进行专项督导检查，提升了各企业资金归集的积极性。公司积极通过领导包片、团队营销、产品和结算带动等办法，强化业务合作促进了资金归集。年末归集资金达到117.33亿元。

【风险管理和内部控制】推进整治银行业市场乱象和扫黑除恶专项工作，开展合规管理深化年活动和“七不准”“四公开”落实情况专项自查，查摆6大类10项问题并全部整改到位，确保了合规制度落实落地。修订《轻微违规行为积分管理办法》，新增积分标准43条。将风险防范关口前移，召开贷审会13次，完成信贷产品的审批121笔，提高了风险防控能力。公司各项风险监管指标符合监管要求，无案件发生。

【绩效考核】优化业绩评价考核，将成员单位日均存款、日均结算量、保险索赔率、再贴等作为新增细化考核指标，部分指标上不封顶，适度拉开收入差距，并严格考核兑现，有效发挥了激励导向作用。

【人力资源管理】持续强化学习培训，坚持“每周一学”，利用以考促学方式，检验学习效果，提升了员工素质。干部职工积极考取各类金融类资格证书，2018年有20人次通过各类资格考试。

【信息化建设】制定实施信息科技年度建设计划，有序推进纸电融合、反洗钱、征信、保理、即期结售汇、移动审批六个项目，完成纸电融合项目上线和资金统管系统的开发。推进完成系统优化整改项目69项，保障和支撑了业务的稳定顺行运行，公司未发生网络安全风险事件。

【企业文化建设】不断强化企业文化建设，加强《企业文化手册》的宣传贯彻。积极开展文明单位创建，荣获省属企业文明单位称号。

【党建工作】坚持以习近平新时代中国特色社会主义思想为指导，深入学习贯彻党的十九大精神和集团公司系列会议精神。组织召开14次党总支会议研究决策重大事项。召开推进会，深化党支部规范化建设。实行党建工作季度检查考评，发挥督促激励作用。加强党建基础工作，建立43项党建工作制度。落实“三会一课”等基本制度，充分利用党员活动室，广泛组织“主题党日”活动。开展“知敬畏 存戒惧 守底线”专题纪律教育，管党治党能力不断提升。指导群团组织积极开展劳动竞赛、技术比武等活动，促进了“魅力山钢”“幸福财司”建设。

山东黄金集团财务有限公司

【集团概况】2018年是山东黄金集团（以下简称“集团”）实施“十三五”战略规划承

上启下的重要一年，集团积极深化供给侧结构性改革，全面实施新旧动能转换重大工程，开创了高质量发展的新局面，切实提升了集团转型升级的步伐。2018 年度，集团完成采掘总量 6850 万吨，同比增加 2180 万吨，增幅为 46.68%；完成选矿处理量 3370 万吨，同比增加 767 万吨，增幅为 29.47%。在全国黄金产量同比降低 9.30% 的情况下，2018 年实现黄金产量 47.75 吨，同比增加 3.83 吨，增幅为 8.72%，稳居中国第一产金企业；实现铅锌产量 8.06 万吨，同比增加 1.00 万吨，增幅为 14.16%。2018 年度，集团资产总额达到 1158.92 亿元，较上年增加 123.04 亿元；2018 年实现营业收入 824.91 亿元，同比增幅为 10.16%；考核利润 26.37 亿元，同比增幅为 75.51%，完成省国资委年度考核指标的 128.57%；集团其他指标也全部完成省国资委年度考核要求。

【经营概况】2018 年，山东黄金集团财务有限公司（以下简称“公司”）紧紧跟随山东黄金集团新旧动能转换步伐，发挥自身金融平台优势，积极为集团“输血”并盘活渠道，发挥了“产融结合，以融促产”的协同效应，为助推集团实体产业发展提供了“量体裁衣”式的金融服务。截至 2018 年末，公司资产总额 58.26 亿元，较年初增加 5.52 亿元，增幅为 10.47%；负债总额 44.94 亿元，较年初增加 4.60 亿元，增幅为 11.40%；存款余额 39.96 亿元，较年初增加 0.85 亿元，增幅为 2.17%；贷款余额（含贴现）34 亿元，较年初新增 5 亿元，增幅为 17.24%。不良资产率为零。实现利润总额 1.85 亿元，增幅为 22.62%；累计实现归属母公司净利润 1.21 亿元，同比增长 22.74%。年末流动性比例为 83.96%，同比上升 34.96 个百分点，超出 25% 的标准值 58.96 个百分点。公司年末资金量充足，流动性资产能够覆盖流动性负债的偿还需求。获得集团 2018 年度“非矿山企业综合排名三等奖”，山东省国资委“省管企业精神文明单位”荣誉称号。

【服务实体】公司作为集团统一资金结算平台始终保持“零差错、零收费、零投诉”的优质服务，不断提高安全、高效、便捷的运作水平，不断优化完善资金结算职能，不断提高窗口服务实效，密切关注客户需求，及时给予各类服务咨询及业务建议。2018 年累计办理各类资金结算业务 8.52 万笔，同比增长 30%；累计各类资金结算量为 6936 亿元，同比增长 3%。为 3 家企业提供应急资金存管模式建议；为 19 家单位设计提供各种定期、通知类存款业务 143 笔，涉及资金规模 30 亿元，在确保企业资金安全的同时丰富存款产品，有效提高企业资金收益。

【信贷业务】2018 年上半年，公司一方面多次协调人行，积极争取政策支持；另一方面在公司自有资金极度紧张的情况下，优化流程，提高效率，从外部金融机构拆借或办理法透业务获得资金，以不高于市场利率的价格迅速放款，保障了集团及成员单位的贷款需求。2018 年下半年，公司多家客户提前还款转为统借统还，贷款规模减少 5 亿元，降幅近 20%。公司顶住压力，通过增加客户数量，扩大授信规模，优化业务品种，引导配置信贷资金支持重点企业，使信贷业务保持了稳定发展。

【资金业务】公司在进一步加强资金计划的调度力度的基础上，紧盯同业市场价格波动，充分利用同业拆出、国债逆回购、同业约期、活期稳定存款等方式提升同业业务收益。深化服务，对有挖掘潜力的单位密切跟进，改进归集方式或提升归集力度。一是思想上高度重视，每周两次调度工作进程，重点突破关键节点；二是积极协调有关部门，努力克服不利影响，迅速取得增资批复；三是紧盯关键时间节点，在收到增资批复的 18 个工作日内完成了资金到位、验资、工商变更等全部工作；四是深入研究政策规定，和外汇局反复沟通，顺利完成资本金的本外币转换工作。2018 年末吸收存款规模为 51.68 亿元，较年初增长 29%；日均存款规模为 46 亿元，同比增长 12%。2018 年，公司顺利完成增资工作，注册资本金由 10 亿元增至 30 亿元。增资完成后，公司第一时间向高新区金融办申报增资补助，已取得市级补贴收入 2500 万元，区级补贴收入 2500 万元。

【票据业务】针对 2017 年电票承兑业务量不理想的情况，公司积极加强营销，继续以减免开票保证金或承兑手续费等优惠政策提高成员单位的开票积极性，并主动克服停办一头在外票据业务的不利影响，做到了对成员单位贴现票据的应贴尽贴。截至 2018 年末，实现 80% 以上的存量客户开票量增长，新增电票客户 2 户，电票承兑总量已达 7.27 亿元，为 2017 年的 2.99 倍；办理贴现 5.55 亿元，为成员单位节省财务费用约 16 万元。

【资金集中】公司深化服务，对有挖掘潜力的单位密切跟进，改进归集方式或提升归集力度。2018 年末吸收存款规模为 51.68 亿元，较年初增长 29%；日均存款规模为 46 亿元，同比增长 12%。

【业务创新】2018 年 4 月，集团召开统一保险启动会，将统保办公室设立在财务公司。统保办先后赴十余家主要矿山进行宣讲推动工作，并逐步完善协议，细化服务措施，加大宣传力度。为有效推进统保业务，公司主动优化服务方式，从原来的配合协调转为全过程推进项目运作，充分发挥统保办的主导推动作用。各成员单位 2018 年投保团体人身意外险的员工共计 3007 人，保费共计 67.33 万元，保费价格低于市场价 30% 以上；投保财产险（含车险、财产一切险、机损险、货运险、供电责任险、安责险六个险种）的承保保费共计 520.08 万元，保费低于市场价 20% 以上。

【风险管理和内部控制】2018 年，公司根据监管部门整治市场乱象工作要求，结合公司实际制定了实施方案，并组织开展了公司整治银行业市场乱象的评估自查工作。按照山东银保监局关于银行业金融机构合规管理的工作要求，制定“合规管理深化年”活动方案，编制公司各岗位“合规指南”，防范操作风险和案件风险，巩固“合规制度建设年”成果，建立合规管理长效机制。通过专项治理活动和组织“合规管理深化年”活动，使公司综合治理能力显著提升，内部控制得到强化，服务集团实体经济发展更加安全高效。

【党建工作】公司坚持“党建 +”，扎实推进标准化建设。一是深化“两学一做”学习教育。严格落实集体学习、个人自学、讲党课做报告的学习制度。2018 年共组织召开了 13 次支委会、8 次党支部大会、1 次民主生活会、8 次党课教育。二是扎实开展作风建设。严格落实中央八项规定实施细则、省委实施办法精神和集团有关规定，开展落实八项规定精神专项检查，定期开展党规党纪教育，将党风廉政建设与风险防控工作有机结合在一起。三是党建经营深度融合。开展“金融服务与一线矿山零距离”等活动，组织党员干部、业务骨干积极深入矿山一线，主动协调外部金融机构，面对面为矿山一线解决融资难题，较好发挥了党员的先锋模范作用，以实际行动擦亮了“筑红色阵地，搭金融桥梁”的品牌。四是成立了标准化党支部创建工作组，编制了党支部标准化工作手册，明确了党支部基本建设内容和依据。五是获得“省管企业精神文明单位”荣誉称号。公司始终以党建促进文明创建，形成了文明创建与党建互相融合，互相促进，协调发展的良好局面。六是扎实开展主题党日活动。2018 年共组织开展主题党日活动 24 次，多次组织支委成员及全体员工接受革命传统教育，走进济南战役纪念馆，观看了纪录片《厉害了，我的国》《榜样 3》等，重温入党誓词、重温党的光辉历程，传承和弘扬优良革命传统，引导全体党员进一步坚定理想信念，增强“四个自信”。

山东能源集团财务有限公司

【集团概况】山东能源集团（以下简称“集团”）是山东省属国有独资公司，注册资本100亿元，总部在山东省济南市，下辖6个矿业集团、2个省外区域能化公司、10个非煤专业化公司，是山东省规模最大的省属企业，集团连续七年跻身世界500强企业，2018年列第234位。

【经营概况】山东能源集团财务有限公司（以下简称“公司”）紧紧围绕集团战略布局，以资金管理为抓手，以资金创效为导向，以稳健经营为目标，服务实体经济能力不断提升，金融属性作用更加明显，各项经营指标均创历史最高水平。2018年实现收入总额5.52亿元，利润总额3.51亿元，年末资产总额178.72亿元。截至2018年12月末，公司资本充足率为25.17%，流动性比例为46.30%，不良资产率、不良贷款率均为零，资产损失准备充足率、贷款损失准备充足率均达100%，符合各项监管要求，各类风险指标均处于安全可控范围之内。

【信贷业务】充分发挥财务公司立足集团、服务集团的职能定位，集中力量，加大对集团重点行业、重点项目的资源配置，有效保障了重要产业快速发展和重点项目顺利推进；主动分析集团新旧动能转换项目清单，提前布局，力推新旧动能转换项目的启动和推进。公司积极发挥自身金融牌照优势，在信贷业务上做实存量，做优增量。一是扩大授信规模，授信总量由2018年初的118.50亿元增加至199亿元；二是加大信贷投放，2018年通过信贷、委贷、票据等方式累计投放136.88亿元，其中贷款50笔，金额98.49亿元，有力地支持了各成员单位的资金需求。

【资金业务】基于集团资金大进大出、周期波动性强、月底资金瞬间翘尾的特点，加大财银、财财合作范围，丰富市场融资手段；从客户利益、产业利益出发，让利成员单位，帮助成员单位向资金优化要价值、要效益，把降本提质增效发挥到极致。2018年，公司新增银行授信5家、财务公司授信4家，授信额度达到119亿元。经40余次专题探讨会，使同业授信在业务流程、适用范围及风险点扎实落地。参与银行间同业市场，取得拆借资金收益113万元，打通了补充临时周转资金的通道，更好地保证集团资金流动性。

【票据业务】2018年，公司一是充分发挥票据业务融资功能，不断盘活存量票据资产，拓宽票据业务流通渠道，坚持用专业高效的手段服务客户，支持实体经济的发展。2018年累计办理承兑电票9.25亿元，累计实现票据贴现8.25亿元，转贴现10.25亿元，票据业务规模不断壮大，充分发挥了资金协同效益。积极申报票交所会员，经过近10个月的ECDS2.0系统测试，实现了全面电子化对接上海票交所，为集团提供与金融市场票据的快速交换通道、增值业务通道、风险防范通道。

【资金集中】2018年，公司一是加强日常监管，安排专人每日对成员单位的账户开立情况、账户资金的流动进行监测，发现异常，及时提示。二是强化成员单位资金归集意识，明确财务负责人对所在单位资金的监督管控责任，对月末未归集资金，必须签字报备，形成压力传导机制。三是不断升级改造信息系统，给成员单位提供更加人性化、便捷高效的人机界面，提高成员单位系统用户体验，提高满意度。

【业务创新】创新票据池模式，盘活沉淀资金。一是通过整合业务板块，优化系统操作流程，做到一个登录界面，就可完成全部票据业务，方便快捷。二是将质押票据开具票据，衍生为质押票据、存单、应收账款等资产开具票据、项目贷款、融资性保函、国内国际信用证等金融产品，丰富票据产品品种，满足成员单位的不同需求，增大票据池系统的适配性。三是创新“异地开户质押开票模式”，推荐偏远单位到农行省分行集中办理票据业务，解决偏远地区开户行业务技能不足的问题。2018 年累计质押票据 186 张，开票 8393 张，合计 7.25 亿元，减少外部存放保证金 8.09 亿元，进一步加强集团统一管理和集约化使用票据，增强对资金的管控力度。

【风险管理和内部控制】2018 年，公司一是制定灵活合理的风险管理方案，找准风险控制与业务开展的平衡点，最大限度支持成员企业。二是开展流动性风险压力测试及应急演练，设计了不同程度的压力场景测试，并根据测试结果完善流动性管理。三是以“进一步深化整治银行业市场乱象”为主线，开展全面自查，建立了定期碰头调度、整改台账销号的自查自纠机制，自查共计发现 17 个方面 23 个问题并整改完毕。四是对风险自查整改落实情况进行审计检查，督促再落实。

【人力资源管理】2018 年，为适应公司发展，加强人才队伍建设，公司通过外部招聘形式，全年引进人才 16 名。进一步完善培训教育体系，历时四个月对全体员工从部门沟通、团队建设、项目管理、时间管理、客户沟通等 14 个方面进行了综合素质培训。

【信息化建设】加大信息化建设投入，完善公司信息系统，积极进行系统运维及日常维护。在业务系统建设方面，完成公司纸电融合二阶段开发及安装部署工作、票据池管理系统与农行的电票接口开发测试，进一步完善系统功能，提高工作效率。在软硬件建设方面，开展公司动力环境设备、身份认证系统、资金管理系统的改善提升，增强系统安全管理工作。在系统运维方面，按照银保监局的要求，对公司资金管理系统、票据池管理系统进行安全评估及测评，排查系统存在的风险及安全隐患，保障公司信息系统安全和平稳运行。

【企业文化建设】公司秉承集团“明德立新包容超越”的核心价值观，紧紧围绕“立足集团，服务集团，规范治理，稳健经营”的经营方针，不断推动企业文化建设。公司始终坚持精神文明和经营发展相互融合、协调共进的原则，持续强化员工的集体荣誉感，连续两年获得“山东省省属企业文明单位”荣誉称号，2018 年在此基础上顺势发力，积极申请“山东省省级文明单位”，并通过初审。

【党建工作】认真落实全面从严治党和党风廉政建设“两个责任”，注重发挥党组织的政治核心和党员的先锋模范作用。全年召开 15 次支委会，48 次集体学习，组织公司全体党员赴胶东（威海）党性教育基地开展主题实践活动，运用多种形式加强政治理论水平教育，提升全员组织纪律性和团队凝聚力、执行力。

山东省商业集团财务有限公司

【集团概况】山东省商业集团有限公司（以下简称“集团”）是山东省商业集团财务有限公司（以下简称“公司”）的股东，集团是 1992 年底由山东省商业厅整建制转体组建而成的国有企业，现已成长为以智慧零售业、文化旅游业、综合地产业、医药康养业、现代金融业为主业的多元化企业，集团现拥有两家上市公司和四所高校、三个全国驰名商标、六个国家级研发平台。

【经营概况】公司以“依托集团、服务集团”为根本，以“控风险、调结构、增效益”为主基调，以资金集中为重心，扎实做好基础业务，大力开拓新业务，不断提升金融服务水平，着力打造创新性、服务型财务公司。2018年累计实现营业收入2.38亿元，累计实现利润总额1.41亿元，收入、利润指标均完成年度任务目标。截至2018年末，公司资产总额为75.42亿元，同比增长44.21%；负债总额61.78亿元，同比增长41.24%；所有者权益总额为13.64亿元，同比增长59.16%。

【服务实体】公司始终坚持服务集团的根本不动摇，坚持与成员单位同舟共济谋发展。公司充分发挥集团融资平台作用，成立专项工作小组对成员单位集中区域重点走访，深入挖掘企业金融产品需求，“一户一策”为8家成员单位量身定制特色化、综合性金融服务方案，提高金融服务的针对性和附加值；通过走访，实地了解成员单位经营情况，不断创新业务模式，积极落实“区别对待、有扶有控”的差异化信贷管理策略，助力集团传统产业转型升级。

【信贷业务】公司致力于为集团和成员单位提供最优质的金融服务，信贷资金主要投向集团支柱产业和重点扶持行业。2018年，累计办理贷款业务58笔，金额68.67亿元；截至2018年末，流动资金贷款余额52.61亿元，项目贷款余额2.03亿元，公司全年实现贷款利息收入1.23亿元。

【资金业务】公司充分利用金融市场资源，在巩固“财银”合作模式的基础上，进一步深化同业合作，积极开展“财财”合作、“财信”合作等，着重构建交易对手库。2018年，累计办理资金拆借业务71笔，累计拆入资金146.2亿元，在助力集团和成员单位高质量发展方面发挥了积极的作用。

【投资业务】公司稳步推进现券投资业务，将投资决策建立在科学的研究分析基础之上，努力实现投资结构最优化和效益最大化。2018年，公司陆续参与多只债券投资，年末余额7.25亿元，累计获取投资收益0.35亿元，控制投资风险的同时获取了超额收益。此外，为规范投资行为，公司建立了有效的投资风险约束机制，实现前中后台分离、不相容岗位分离，进一步加强对投资活动的管控。

【票据业务】公司多措并举全力做好电票业务推广工作。2018年电票业务累计办理330笔，金额14.73亿元，实现承兑手续费收入98万元；电票贴现业务累计办理90笔，金额2.26亿元，实现电票贴现利息收入574万元。截至2018年末，公司电票承兑余额为13.75亿元，电票贴现余额为2.03亿元。

【资金集中】2018年，公司稳步推进资金归集工作。一是严格落实“收支两条线管理办法”，对未开立子账户成员单位逐户对接、定期排查，力争实现所有成员单位“资金池”内部结算；二是资金池管理工作进一步提升，以集团与恒丰银行战略合作为契机，积极推进银企直联合作进程，进一步扩大成员单位银行资金归集范围；三是在集团的支持下，把资金集中度指标纳入财务工作目标责任书，强化资金集中考核。

【风险管理和内部控制】2018年，公司严控金融风险，不断提高自身风险管理水平。一是结合“合规管理深化年”活动，制定公司各岗位合规指南、组织员工合规知识培训，引领公司全体人员知“红线”、守“底线”，逐步建立合规经营长效机制；二是结合“三三四十”等文件要求，全面梳理公司治理、业务经营等模块潜在风险，2018年全年完成公司章程及65项制度修订工作，进一步完善了全面风险管理体系建设。

【人力资源管理】公司探索建立市场化的绩效考核激励机制，充分发挥考核的激励导向作用；引进3名金融专业人才，有效提升公司投资、产业链等新业务水平，进一步提升服务集团的能力和高度；组织开展员工全方位培训和评先创优活动，改善在岗员工知识结构，全面提升员工的综合素质，努力打造学习型、专业化的人才队伍。

【信息化建设】公司电子银行票据系统支持更趋完善。公司贯彻落实创新发展理念，成为全国首批采用全直联方式接入票交所的金融机构成员，实现了公司票据业务全流程自动化处理；制定《电子银行承兑汇票保证金缴存比例指导意见》，对评级结果A级（含）以上成员单位签发的电票实施零保证金政策，大幅节约开票成员单位财务成本。

【党建工作】2018年，公司扎实开展了党建工作。一是抓思想固根基，打造过硬党员干部队伍。贯彻落实“三会一课”制度，坚持把学习教育作为落实基层党建工作的有力抓手，与时俱进提高支部党员的政治素养，全面增强党支部的战斗堡垒作用；二是铸品牌聚合力，突出改革创新。贯彻落实习近平总书记视察山东重要讲话精神，结合新时期的鲁商精神，建立“参照系”、树立“新标尺”，不断提升党员干部的担当意识和创新意识，持续点燃干事创业的新激情。

山东招金集团财务有限公司

【集团概况】山东招金集团有限公司（以下简称“集团”）注册资本8亿元，为招远市市属国有独资公司，是集聚黄金矿业、非金矿业、黄金交易及深加工业、高新技术产业、房地产业、金融业六大产业的大型综合性集团公司。截至2018年12月末，集团总资产512亿元，总负债324亿元，实现销售收入364亿元。

【经营概况】2018年末，山东招金集团财务有限公司（以下简称“公司”）总资产39.40亿元，总负债23.50亿元，所有者权益15.90亿元；存款余额18亿元，贷款余额28.50亿元，实现账面利润5334万元，净利润4159万元，计提拨备1495万元，拨备前利润6829万元。通过减免结算手续费、存款利率上浮、贷款利率下浮，为企业让利2532万元。

【服务实体】公司建立了境内人民币资金池、境内外币资金池、票据池、跨境人民币资金池，四池联动，服务实体经济；为87个成员单位开立账户156个，完成资金清算85317笔，金额6527.60亿元，做到了方便、快捷、安全；通过人民币贷款、票据贴现、法人账户透支、外币贷款等产品向成员单位投放资金79亿元，较好地满足了成员单位的临时资金需求。通过减免结算手续费、存款利率上浮、贷款利率下浮，不断向成员单位减费让利。

【信贷业务】2018年，公司为24个成员单位和31家同业合作伙伴核定了综合授信额度，取得外部16家金融机构核定的授信额度；累计向企业投放人民币贷款56笔，金额35.18亿元；贴现248笔，金额18.95亿元；法人账户透支35笔，金额24.95亿元；外币贷款1笔，金额486.67万美元；委托贷款44笔，金额73490万元，其中美元贷款1笔，余额350万元。

【资金业务】公司通过合理配置资产，充分利用银行间市场实现资产安全性、流动性、效益性的统一。2018年存放同业定期交易量达到18亿元，债券正回购业务交易量达到222亿元，同业拆借交易量达到172亿元，外汇买卖交易量达到6713万美元。

【投资业务】公司2018年只有固定收益类有价证券投资资格，项目库累计入库67只，金额99.50亿元，出库7只，金额10.50亿元；主要投资了国债和货币基金两个品种；累计买入货币基金3.40亿元，全部卖出；累计买入债券11笔，金额2.50亿元，年末投资余额为24000万元，全部为国债。

【票据业务】2018年，公司完成了票交所纸电融合系统的上线工作，完成电票贴现18.95亿元，再贴现8.93亿元，转贴现1.50亿元，承兑0.04亿元。

【外汇业务】2018年，公司办理结售汇业务折合6713万美元，其中，办理购汇业务4000万港元和6203万美元；办理结汇业务14万美元。

【资金集中】公司2018年末全口径资金归集度60.27%，扣除口径资金归集度为91.70%；账户集中比达60.75%；结算存款比达489.89；结算收支比达8.57。制约资金集中的主要因素是期货公司的资金和境外成员单位的资金无法归集。

【业务创新】2018年，公司为成员单位开办了日间透支业务；取得“关税保函”资格；开办了跨境人民币资金业务；首次办理了外币的委托贷款；为小微企业开办了无还本续贷业务。

2018年，公司开办有价证券投资业务、债券质押正回购业务、电票转贴现卖出业务、约期存款业务等。

【风险管理和内部控制】公司基本完成每项业务“有管理制度、有操作手册、有风险点与控制要点手册、有事后监督手册”四位一体管理制度体系建设，已经形成6000多页的制度手册。

公司建立了“后手监督前手、上级监督下级”的交叉监督体系，出台了“火眼金睛”奖励政策，人人都是合规员，人人都是监督员，将业务的合规监督渗透到每一个环节、每一个角落。

【人力资源管理】公司继续强化资格证上岗制度，2018年28人通过68门资格证考试，员工中拥有银行业专业人员职业资格25人、拥有证券从业资格23人、拥有黄金交易资格9人、拥有基金从业资格13人。

继续完善人力资源管理评价体系，搭建公平、公正、公开的平台，组织一次中层竞聘上岗活动，招聘6名本科毕业生，员工结构进一步优化；实行“清单制”明确每一个岗位的职责，通过关键绩效指标项目、权重和计分方法设计，使考核指标与公司目标、部门职责、岗位职责等紧密关联，绩效考核更科学合理。

【信息化建设】公司完成了票交所的纸电一体化升级，以直联方式接入票交所，将数据库、应用服务器主备模式优化调整成集群模式，利用Oracle DataGuard数据同步技术，公司RPO和RTO指标由原来的24小时，提高到10分钟以内，完成了本地灾备中心建设。

【企业文化建设】“在工作中学习，在学习中工作，打造学习型组织，培养学习型员工”是公司的企业文化。2018年，公司组织听书20多次，对职工职业素养培训，引领员工学习新知识、新方法、新理念，开拓思路、规范职场行为，不断提高职业素养水平，争做“训练有素，值得信赖，遵守纪律，无私奉献”的职业人士。

【党建工作】2018年，公司成立了党支部，下发了党建工作制度，明确了综合管理部是党建工作的主导部门，审计稽核部是纪检监察工作的主导部门，完成了公司章程的修订，将党组织建设嵌入公司章程中。

山东重工集团财务有限公司

【集团概况】山东重工集团财务有限公司（以下简称“公司”）隶属于山东重工集团有限公司（以下简称“集团”）。集团是山东省国资委监管企业之一，为国有控股公司。2018年，集团发动机累计实现销售约68.28万台；汽车累计实现销售17.41万辆；工程机械产品累计实现销售11493台。股东持股比例分别为：山东省人民政府国有资产监督管理委员会70%，山东国惠投资有限公司20%，山东省社会保障基金理事会10%。

【经营概况】截至2018年末，公司各项存款余额为237.80亿元，同比增长11.88%；各项贷款余额为128.10亿元，同比增长41.65%；累计实现营业收入9.75亿元，同比增长42.44%；累计实现利润总额3.26亿元，同比增长26.92%。

【信贷业务】重点保障整车整机企业资金需求，把控企业融资风险。公司针对各成员单位实际情况，按年制定“一户一策”的信贷政策。2018年末，集团成员单位各项贷款余额达95.72亿元，其中整车整机企业贷款余额48.06亿元，占集团内贷款的50.21%。大力推进产业链融资业务，提升核心企业供应链品质。在供应端，公司围绕潍柴动力、山推股份等核心企业，建立了500户名单制管理，产业链融资余额增长至32.38亿元，同比增长84.22%。

【产品销售信贷业务】公司开发多种保兑仓模式，到2018年末共有经销商客户32家，票据余额9.29亿元，占陕重汽保兑仓销售额的比例接近20%，成为陕重汽稳居国内重卡第一梯队的有力支撑。

【资金业务】公司注重探索市场化运作模式，提高资金交易收入水平。公司时刻关注市场动态，抓住有利时点进行交易，在2018年同业市场利率大幅下降100~200个基点的情况下，将资金交易的收益率由2017年的3.64%提升至4.03%，提高了39个基点。

【投资业务】公司积极开展同业交流，通过借鉴同业投资的先进做法，开展了非保本理财、收益凭证业务，有效弥补了保本理财政策收紧造成的收益下降。

【票据业务】2018年9月，公司加入上海票据交易所，票据全直联项目正式上线运行，可对电子票据进行线上统一清算，完成票据全生命周期的直通式处理。

【外汇业务】公司在潍坊、济宁、扬州地区的业务占比始终保持100%，2018年共办理结售汇业务7.44亿美元，同比大幅增长68%。依托跨境资金池平台，开展经常项下集中付汇业务，共办理汇款426笔，金额4525万美元。

【资金集中】扎实落实资金归集机制，实现集团国内企业的全覆盖。公司严格执行以账户开立、账户授权、限额管理为核心的资金归集机制。自潍柴策划成立财务共享中心以来，承接其所有现金结算业务，根据潍柴项目的成功经验，公司实现了陕重汽资金管理平台项目的顺利上线。

【风险管理和内部控制】明确合规管理主体责任，发挥管理人员主观能动性。公司首次明确部门主任是合规管理的第一责任人，承担合规管理工作职责，按月进行严格考核，促进合规文化的落地；完善合规检查机制，跟踪问题整改落实。公司以部门合规自查为主，以公司跟踪检查为辅，全年开展了31项重点制度检查和42项关键风险点检查，同时加强问题整改，发现问题数量大幅减少57.78%。

【人力资源管理】将员工履岗能力评价与部门行政生活会相结合；对于新入职的员工按月开展自评和部门负责人评价；加大培训力度，打造学习型财务公司。

【信息化建设】转变信息化建设思路，全面推进项目责任制。公司通过实施项目推进责任制，信息化渗透度由年初的35%大幅提升至55%；深度开展系统优化，提升用户使用体验。公司共收集信息化需求336项，提升了公司内、外用户的使用体验。

【企业文化建设】2018年8—9月，公司将文化建设与员工建言献策相结合，分两期开展了全员“企业文化与创新思维”脱产培训。

【党建工作】公司坚持党的集中统一领导，支委会作为重大事项决策前置；建立工作标准，规范党建工作；运用“灯塔在线”平台，丰富党建工作手段；加强党小组工作，夯实党建工作基础。

山西焦煤集团财务有限责任公司

【集团概况】山西焦煤集团有限责任公司（以下简称“集团”）成立于2001年10月，是我国煤炭行业第一家以资产为纽带组建的煤炭大集团，是全国最大的炼焦煤生产加工企业和炼焦煤市场主供应商，是山西省最大的焦化、盐化企业。注册资金86.38亿元，下有25家二级子分公司和3家A股上市公司，资产总额3404亿元，在册职工总数21万人。集团以炼焦煤生产加工销售为主业，以焦化、电力生产、民爆化工为辅业，兼营金融投资管理、现代物流业等新兴产业。

【经营概况】2018年，山西焦煤集团财务有限责任公司（以下简称“公司”）坚持审慎经营、合规管理，围绕提高资金归集率、拓展金融服务功能、健全完善管理制度、增强服务能力意识，通过开展契约化管理，推进金融与产业的融合发展，各项经营指标均完成集团任务。2018年实现营业收入9.34亿元，利润总额6.28亿元，2018年末资本充足率为17.02%，流动性比率为75.80%，无不良贷款，各项指标均符合监管要求。

【信贷业务】2018年，公司对30户成员单位开展信用评级，提供综合授信227亿元。全年办理流动资金贷款80.86亿元，银团贷款1.7亿元，委托贷款199.35亿元。公司到期贷款收回率达100%，各项信贷余额为123.26亿元，委托贷款余额567.08亿元。

【资金业务】公司继续加强资金头寸精细化管理，严格预算审批，科学配置同业定期存款期限。积极掌握市场动态，充分利用各种过路短期资金的整体规模优势，提高活期存款利率的议价能力。2018年，公司共办理同业拆出资金6笔，累计拆出金额6.1亿元，实现利息收入401.53万元；同时为127家银行和其他金融机构办理同业授信，并积极协调金融机构，累计办理银行承兑汇票、国内信用证代签业务37.3亿元。

【投资业务】公司遵循“安全性、效益性、流动性”原则，以资产负债比例管理和风险管理为中心，对合作机构实行名单制和同业授信管理。2018年，公司开展投资业务，资产投向以短期固定收益品种为主，全年累计投资额25.6亿元，较好地完成了全年投资计划。公司先后完成了北金所开户、加入中国银行间市场交易商协会、获得债券市场交易资格等工作，进一步拓展了公司金融市场功能。

【票据业务】公司通过前期咨询合作银行，借鉴同业机构经验，结合集团实际，开展了商业承兑汇票贴现业务。2018年办理票据贴现19.16亿元，为成员单位节约财务费用2968万元。通过开展商业汇票贴现业务，切实为成员单位解决资金需求、降低财务费用、提高融资效率。

【资金集中】根据资金集中管理要求，公司提高服务水平，拓宽业务覆盖面。2018年新上线成员单位83户，新增归集和管理商业银行账户251个，代理支付业务12024笔，总金额284.53亿元，系统业务操作规范流畅，结算业务办理安全快捷。

【业务创新】随着集团规模不断扩大，公司探索性开始了“票据池”项目建设。对成员单位而言，通过“票据池”业务办理定期存款、委贷或同业拆借等增值业务，可最大限度节约财务费用；对公司而言，既能为成员企业提供多样性金融服务，又能归集票据资源，实现资金大整合；对集团而言，票据富余企业获得超额收益，资金紧张企业解决银行贷款，从整体上减少集团对银行的依赖程度，最终节约财务成本。

【风险管理和内部控制】2018 年通过统一授信和评级，对信贷、同业、投资等重点业务进行事前、事中、事后合规性审核，对信贷及非信贷资产进行五级分类并计提损失准备，提高公司资产质量。按季度开展风险分析及全面风险监测报告，开展流动性风险压力测试，积极采取有效应对措施，提高风险防控能力。按照“业务发展，制度先行”，2018 年公司内控制度新增 8 项，修订 6 项，开展了涵盖 13 项业务的内控评价，完成 15 项稽核审计项目，对业务设计和执行情况进行有效评价。

【人力资源管理】坚持周二、周五全员学习制度，鼓励员工结合岗位业务上讲台授课，内容更具实践指导性。通过“走出去、请进来”等培训形式，对标先进典型，引进新思路。制定了《财务公司员工内部培训考核办法》；鼓励员工考取各类金融业资格证书。2018 年，员工累计参加各类培训 96 期，参训人员 4279 人次。有 18 人次取得银行从业资格、证券从业资格、基金从业资格证书；3 人取得中债登债券交易结算资格；4 人取得人民银行征信查询资格；6 人取得上海票交所票据交易资格。

【信息化建设】公司借助国内先进金融科技手段持续建设和优化信息系统，在设备更新、资金系统升级、灾备系统建设以及新项目改造上下足功夫，充分发挥信息科技的保障作用。在电票系统上线及票据池建设方面，积极与人民银行、上海票据交易所沟通联系，经过多次递交申请、系统测试、现场环境验收等环节，最终于 7 月 13 日正式上线。虚拟化平台建设方面，实施分布式存储改造项目，采用更安全有效的机制进行数据冗余保护，进一步提升系统稳定性。

【企业文化建设】努力营造积极向上团结和谐的企业发展环境，积极参与“创先争优”活动，选树“党员示范岗”；坚持为员工进行健康体检、发放生日祝贺卡；组织开展迎新春年会、元宵节猜谜活动、春季登山活动、第四届职工运动会等。组织策划拍摄了《党员飘扬的旗帜》公司党员事迹专题片，被集团公司评为三等奖。9 月，完成了集团“乒协杯”巡回赛（财务公司站）承办任务。

【党建工作】开展“学习十九大精神，争做新时代先锋”大讨论活动、“全面从严治党，建设廉洁焦煤”主题组织生活会、“查摆问题，进行党性体检”主题党日活动等。6 月，组织党员干部前往延安开展“传承延安精神，坚定理想信念”主题党日活动。下发《山焦财务公司党支部议事规则》，落实公司党支部研究讨论是董事会、经理层决策重大问题的前置程序。开展反腐倡廉宣传教育和党性党风党纪教育，坚持廉政谈话制度。与中国银行股份有限公司太原滨河支行签订了《廉洁伙伴协议书》，党支部被集团授予示范党支部称号。

陕西煤业化工集团财务有限公司

【集团概况】陕西煤业化工集团有限责任公司（以下简称“集团”）是陕西省委、省政府为落实“西部大开发”战略，充分发挥陕西煤炭资源优势，从培育壮大能源化工支柱产业出发，按照现代企业制度要求，经过重组发展起来的国有特大型能源化工企业，是陕西省能源化工产业的骨干企业，也是省内煤炭大基地开发建设的主体。

2018 年，集团以 2017 年销售收入 384.826 亿美元（人民币 2600.89 亿元）进入世界 500 强企业榜单，列第 294 位，较上年位次大幅前移 43 位；实现营业收入 2806 亿元，同比增长 7.9%；实现利润 135 亿元，同比增长 23.9%；生产经营等各项工作取得历史最高水平。

【经营概况】2018年，陕西煤业化工集团财务有限公司（以下简称“公司”）积极落实追赶超越要求，勠力同心打造一流财务公司，落实金融驱动战略，不断发挥服务集团功能，适时进行机构改革，优化考核管理，在完成增资扩股和基本实现全业务牌照的基础上，规模和效益保持高速和高质量的增长。2018年获评人民银行信息管理工作先进单位。

截至2018年末，公司资产总额208亿元，同比增长8%，所有者权益40亿元；存款余额167亿元，同比增长8%；贷款余额113亿元，其中，自营贷款余额97亿元，贴现余额16亿元；营业收入6.01亿元，同比增长11%；利润总额4.2亿元，净利润3.2亿元，同比增长22%。

【服务实体】2018年，在集团整体资金偏紧的情况下，公司把利用有限资金满足集团金融服务需求作为核心主题之一，采取与外部金融机构差异化服务理念，最大化提供商票、银票等信用支付产品，实现低成本融资；对外部融资困难同时处于抢抓机遇关键点上的单位进行重点投入；针对贷款周转中遇到临时困难的企业进行专项支持；贴近市场合理让利，积极减免服务性收费；提供买方信贷、融资租赁等金融产品、服务产品销售；对票据进行全面归集管理，利用票据池降低集团保证金的占用；全面推进全员客户服务机制，深入融合集团成员单位。通过实地走访、电话随访、客户端交流等多种方式开展多层次、高频率的服务。截至2018年末，走访重点成员单位57家，共计146次，获取来自成员单位从结算效率、系统响应、资金支持、创新服务四个方面提出各类需求建议近百条，并指派专人跟踪需求建议的对接解决情况，大大提高业务处理速度；发挥金融研究优势，推进金融智库的搭建，以集团及成员单位为主要标的，承办两期“陕煤发展新阶段”产融研究论坛，并取得良好反响。

【信贷业务】2018年，自营贷款累计发生额210.8亿元。新业务买方信贷业务5笔，累计发生额1.95亿元，较上年大幅增加。共开立保函近300笔，办理保函金额1.5亿元。

【结算业务】截至2018年末，累计结算量54.88万笔，同比增长26%；结算金额1.34万亿元，同比增长20%。为成员单位代发工资金额80.59亿元，同比增长8%。在结算业务量创历史新高的背景下，公司连续保持多年无风险事件。

【资金业务】2018年，公司充分运用金融市场工具，大力开展同业合作。拆入资金53亿元，拆出资金191亿元，拆入拆出资金总额是上年的两倍，切实发挥金融工具功能，补充流动性，有效提高资金收益。

【投资业务】充分运用投资等新业务资质，外部市场盈利能力达到新的水平。2018年投资业务实现收益约9200万元。实现委托投资业务落地，办理委托投资业务5笔，金额1.63亿元。

【票据业务】2018年，票据业务综合服务量316.46亿元，业务笔数3.07万笔，处理票据3.62万张；贴现33.73亿元。签发票据全部实现电子化。

【风险管理和内部控制】强化责任落实机制，持续深化合规建设活动，时刻警惕和防范金融风险；构建公司大风险管理体系，实现风险业务在公司层面的前后台分离；开展以营业部、信贷档案、反洗钱业务等为标的的7项专项审计，积极落实监管评级整改工作以及各项专项性自评工作，保障公司规范稳健运行；以评级整改为契机，全方位对标评级标准，及时有效解决了业务运营、风险管理、信息技术等方面的具体问题，切实提升公司经营管理水平。

【人力资源管理】大力推进人才培养工作，坚持内培外训，公司员工累计取得证券、基金、银行等91项从业资格（达到人均1.3项）。截至2018年末，公司共计5人获得了中国财务公司协会主办的国际财资管理师资格。创新建立适应公司特点的青年工作机制，成立青年先锋联络工作组，实行自主管理与组长轮值机制，为青年骨干提供锻炼平台。

【信息化建设】切实加强科技信息化，启动新一代信息系统开发工作，多次前往建设银行上海研发中心、申能集团财务公司等先进的同业进行深入交流学习；持续完善业务信息系统，领导班子包干项目，截至2018年12月31日，已经完成12项新功能以及13个优化改造项目的上线，有效解决系统运行慢等一系列问题。

【企业文化建设】明确企业人才价值观，出台了《创一流团队建设指引》，在工作认识和能力建设层面明确了标准，引导员工找准方向，打造工作理念与业务能力兼备的核心力量；开展周例会无主题演讲，搭建青年员工交流展示平台。通过一系列文化活动的开展，员工的凝聚力、向心力进一步增强。

【党建工作】2018年，公司党建基础工作不断夯实，规范开展“三会一课”，党员的先进性得到加强和体现；深入学习和贯彻落实党的十九大精神，并践行于实际工作之中；按照机关党委要求，推行“党支部E家”平台，方便对党员的管理、学习和考评；组织“不忘初心砥砺奋进”延安学习教育活动，使员工思想认识不断升华。

陕西投资集团财务有限责任公司

【集团概况】陕西投资集团有限公司（以下简称“集团”）是陕西省首家国有资本投资运营公司，隶属于陕西省人民政府，注册资本100亿元，总资产1592亿元。投资涉及国民经济16个行业，涵盖地质勘探、煤炭电力、航空、房地产酒店、物流、化工、新能源及新兴产业等实业板块；涉及证券信托、基金期货、保险、融资租赁、财务公司等金融板块。2018年1月，按照国有资本投资运营公司的功能定位和发展要求，由陕西能源集团有限公司正式更名为陕西投资集团有限公司。

【经营概况】陕西投资集团财务有限责任公司（以下简称“公司”）自2017年6月成立以来，坚持稳中求进的总基调，开展了吸收存款、发放贷款、委托贷款、委托代开银承及国内信用证、向成员单位办理财务和融资顾问咨询等业务。截至2018年12月31日，公司资产总额23.26亿元，负债总额12.89亿元；全年实现营业收入7719.12万元，利润总额4080.76万元，净资产收益率为3%。由于公司运营时间短，可开展业务范围小，营业收入来源单一，同行业平均收益水平差距显著。

【信贷业务】2018年，在保证合规经营的前提下，公司积极开展信贷工作。截至2018年末，共完成13家成员单位评级工作，全年累计授信10家成员单位，贷款余额13.10亿元，信贷资产风险分类全部为正常类，在有效控制风险的前提下，积极支持集团及成员单位发展。

【资金业务】为提高集团资金使用效率，2018年公司合理安排头寸，结合资金计划管理，在保证集团资金流动性的前提下，积极分析同业市场资金价格趋势，比对各家商业银行存放同业结构、价格，选择合理的业务品种及入市时机，有效提高了集团日常沉淀资金的收益。2018年公司共办理存放同业业务65笔，累计交易金额69.15亿元。

【资金集中】为加强集团资金集中管理，发挥资金聚合优势，2018年公司继续加大资金归集力度，完成27家成员单位（55个银行账户）的资金归集，较2017年新增归集资金8.3亿元（日均），截至2018年末，完成53家成员单位、98个银行账户的资金归集，归集资金13.32亿元（日均），取得了一定的成绩。

【业务创新】公司一方面高度重视供应链金

融服务，搭建集团供应链金融平台。适时在成员单位开展供应链金融培训，加强成员单位对供应链金融的认可度，为公司开展供应链金融服务打下坚实的基础。在不使用成员单位银行授信、不增加集团或有负债的情况下，公司帮助成员单位在银行开立了国内信用证；借助银行代理接入系统开具了以财务公司作为承兑人的首张银行承兑汇票，实现了公司供应链金融服务工作的切实落地。另一方面，公司积极响应集团“十三五”规划资产证券化率60%的目标，以融资顾问的身份，帮助集团成员单位水电公司梳理自身资源，推进集团绿债发行工作。

【风险管理和内部控制】公司以全面风险管理为核心，结合全面预算管理和精细化管理，构建管理“铁三角”。一是风险管理目标及基本政策等经董事会审定，治理层有效加强对风险管理的指导。二是更新深化公司《风险信息库》，加强风险识别、评估和应对。三是梳理、修订和完善相关制度。内部控制方面，推动内部控制规定全面落实，出台《员工行为禁令》《员工行为规范》《员工考核管理办法》，加大检查与专项审计力度，确保制度有效落实。

【审计稽核】2018 年，公司审计稽核部继续履行实施监督责任及常态化业务稽核机制，针对结算业务逐笔稽核检查，及时监督整改有效防范操作风险。同时有序开展内部审计工作，对公司用印管理、制度执行、资金计划、对外支付情况以及合同执行、管理情况进行了专项审计，并督促审计结果落实，确保审计监督职能有效发挥，实现审计工作闭环管理。

【人力资源】公司致力于搭建适合公司发展实际的人力资源管理体系，并不断对其进行修正完善。为满足业务的需求，公司进一步完善落实绩效管理机制，将绩效考核工作与公司实际情况结合起来，以经营目标和重点工作为核心，优化月度和季度考核指标，强化考核结果在薪酬兑现方面的效用，激发全体员工的工作活力。在日常工作中，严格遵守国家相关法律规定，建立健全公司的社会保险体系，并引入补充医疗保险机制，更好地保障每位员工的合法权益。

【信息化建设】2018 年，公司在信息科技治理、安全运维、信息化建设等方面做了大量切实有效的工作，为公司各项业务的顺利开展提供了良好的技术支撑。一是信息系统运维。完成与 6 家银行的直联测试和生产部署工作；实现了与 13 家银行的银财直联；全年办理新增 UKey 证书 76 笔，注销、变更等业务 21 笔；解决核心系统缺陷 29 项。二是信息化建设。完成了机柜电源系统优化；应急线缆敷设及应急电源箱安装等工作。三是信息科技治理。完成信息科技工作流程 29 项；修订信息科技管理制度 13 项；强化应急管理，全年完成核心系统及机房应急演练共计 3 次。

【党建及企业文化建设】公司以文明单位创建工程为抓手，紧紧围绕中心工作，坚持硬件抓建设、软件抓管理、载体抓活动，强力推进“党、工、团”协同发展。积极尝试创新方式方法，丰富活动载体，加强学习教育，提升理论水平。组织开展健步走及“道德讲堂”活动，倡导员工树立健康、绿色发展理念；开展建言献策，凝聚发展共识。2018 年，公司加强对外新闻宣传力度，建立了公司微信公众号，为公司品牌宣传提供了新的渠道，同时积极向集团网站、集团微信公众号投稿，宣传公司良好形象。

陕西延长石油财务有限公司

【集团概况】陕西延长石油（集团）有限责任公司（以下简称“集团”）是集石油、天然气、煤炭等多种资源高效开发、综合利用、深度转化为一体的大型能源化工企业，也是国内拥有石油、天然气勘探开发资质的四家企业之一，隶属于陕西省人民政府；2018 年列世界500 强企业第 288 位；财政贡献连续多年保持陕西省第一和全国地方企业前列。

【经营概况】 2018 年，陕西延长石油财务有限公司（以下简称“公司”）围绕确保资金链安全的主线，坚持“紧平衡、强支撑、严管理、防风险”的工作总基调，统筹资金平衡，强化风险防范，加大资本运作，持续推进产融结合，资金保障能力和管控水平进一步提升。2018 年度，公司实现营业收入 6.06 亿元，利润总额 4.35 亿元，净利润 3.26 亿元，净资产收益率为 10.64%，资产质量良好。

【服务实体】 公司坚持“依托延长、服务集团”的经营定位，发挥内部金融服务中心优势，助力集团持续发展。一是充分发挥桥梁纽带作用。完成 97.60 亿元“榆能化填平补齐项目”银团贷款组建，切实保障集团重点项目建设；为油田伴生气项目争取 17.50 亿元中长期项目贷款，助力集团扩产增气。二是结算平台高效运转。全年结算资金 12094.30 亿元，同比增长 15.65%，系统安全平稳运行；继续推行让利政策，全年为成员单位节约手续费支出412.37 万元。三是成功上线电子商业汇票系统。正式投产运行票据交易系统，拓宽了电子化票据服务渠道。

【信贷业务】 2018 年，公司为集团及成员单位发放自营贷款 107.75 亿元，为集团及下属单位相对节约财务费用流出 3.18 亿元。截至2018 年末，公司各项存量贷款余额 87.49 亿元，不良贷款率为零。

【资金业务】 2018 年，公司在银行间及交易所市场累计叙做拆出资金 852 笔，累计交易金额 1427 亿元。在银行间市场交易量排名始终保持在非银机构前十。银行间债券买断式回购交易、交易所报价式回购、券商收益凭证等新业务品种顺利开展，在交易对手范围、业务规模和业务种类上实现了较大突破。同时，通过多方议价大幅提高公司存放同业活期存款的利率水平，有效保障公司活期资金收益。

【投资业务】 2018 年，公司稳步推进有价证券投资业务，夯实制度基础，完善投资决策流程，深挖资金使用效率。投资业务全年日均余额 11.92 亿元，累计认购各类理财及资管产品 210 亿元，已到期投资业务均实现到期安全兑付。截至 2018 年末，存量投资业务余额 10.3亿元，产品均运行状态正常，风险可控。同时，通过大量叙做、滚动认购券商收益凭证、银行低风险理财产品，挖掘短期可用资金潜力，大幅提高资金收益率水平。

【资金集中】 2018 年，公司坚持“应归尽归”原则，推行归集常态化管理，每月对成员单位银行账户资金进行比对分析，认真核查资金池外账户和留存资金量；规范账户管理，落实新开银行账户归集进度，核查池外账户资金存量和实际用途，查找违规账户；精耕资金调度管理，实时监控收入户和特定银行账户余额，确保大额回款实时归集入池。截至 2018 年末，新增归集单位 20 家，新增归集账户 38 个；全年归集资金 3503.70 亿元，月均可归集资金归集率达 97% 以上。

【业务创新】 针对集团部分上游供应商受限于自身资质，“融资难、融资贵”等问题，公司申请开展了“一头在外”应收账款保理业务，向集团所属成员单位的 40 户上游供应商发放保理融资，支持解决延安、榆林区域中小企业融资困难问题，有效提升集团公司产业链核心竞争力，在支持集团转型升级、健康发展中发挥作用。

【风险管理和内部控制】 2018 年，公司不断推进全面风险管理体系建设。一是以制度建设为抓手，搭建全面风险管理框架。印发了《陕西延长石油财务有限公司全面风险管理指引（草案）》，作为公司风险管理的基本制度，全年共印发 32 项制度。二是按照监管要求，积极开展深化整治市场乱象工作专项检查和合规建设深化年活动，全年共编发整改周报 17 期。三是多途径完善公司授权机制，健全公司治理架构。

【人力资源管理】2018年，公司先后出台绩效考核办法、职务职级管理办法、员工管理办法等制度，实施管理培训生计划。统筹安排培训工作，组织参加各类外部培训和集团培训30余项，培训65人次，组织公开招聘人才13人，组织中层竞聘选聘，拓宽选人用人渠道。按月开展部门绩效考核并及时兑现绩效工资，提高员工工作积极性。

【信息化建设】2018年，公司新建监管报表报送平台系统，实现监管报表同步取数，提高监管统计工作效率；搭建投资业务管理系统，加强投资管理的风险管控能力，实现规范投资操作，业务全流程留痕监控；利用数据仓库，打通核心业务系统、财务系统以及监管报送系统之间的数据通道，实现客户信息、账户信息以及交易信息的自动抽取；根据业务发展对信息科技相关制度进行梳理修订，加大信息科技风险管控，明确业务连续性的流程与责任。

【企业文化建设】2018年，公司以“融资+融信+融智+党建共建”为纽带，扎实开展企业文化宣传月、反腐倡廉宣传月、“金融知识进万家”等主题教育。举办“品读梁家河故事”“西迁精神”主题征文，牢牢把握新时期意识形态工作主动权，持续加强新闻宣传力度。全年累计组织集体学习29次，实施部门负责人培训讲座8期，主题教育4期，刊发新闻宣传报道51篇。

【党建工作】2018年，公司党委提升党建引领企业高质量发展的内生动力，完成党建工作进公司章程，修订党委会议事规则、印发党支部标准化工作手册，制定监督检查计划，开展执纪检查30余次。组织困难员工慰问、青年员工建言献策和金融志愿宣传，发挥群团工会凝心聚力作用。公司获得2018年度“陶朱奖”最佳营运资金管理奖、1个党支部获集团“531”党建示范党支部，2名党员分别荣获集团党员示范岗、陕西国资系统优秀党员，1名党员荣获集团劳模称号。

商飞集团财务有限责任公司

【集团概况】2018年，中国商用飞机有限责任公司（以下简称“集团”）成立10周年。商用飞机型号研制取得重大突破。C919大型客机开启多地试飞模式；ARJ21新支线飞机安全运送旅客近23万人次，交付客户10架；CR929远程宽体客机转入初步设计阶段，1:1展示样机亮相世界。召开第一次党代会，党建引领，确定“三个一”阶段目标，矢志打造“四个世界级”航空强企。深入推进COMAC管理体系、商用飞机技术创新体系、商用飞机产业体系“三大体系”建设，全面深化改革、全面从严治党、依法治企成效显著。

【经营概况】商飞集团财务有限责任公司（以下简称“公司”）于2018年5月取得金融许可证并完成工商注册。开业后，以“抓合规、控风险、提能力、促服务、创效益”为核心，开展了对成员单位吸收存款、转账结算及同业业务。2018年，完成营业收入10804万元，利润总额4529万元。

【服务实体】公司通过优惠存款利率、结算免费、手续费减免以及中间业务价格优惠等措施想方设法增加成员单位资金收益，向成员单位结算利息3500余万元，助力成员单位降本增效。

【信贷业务】公司暂未开展信贷业务。2018年，完成包括信贷业务在内的拟开展金融业务制度完善、启动金融模块内控指引编制；分阶段完成信贷模块开发测试；分批对各家成员单位开展实地调研，了解融资需求；对接成都航空等成员单位的融资需求，完成资料收集、现场尽调等授信准备工作，为2019年信贷业务开展奠定了基础。

【资金业务】公司按照日、旬、月编制资金计划，并做好每日资金头寸管理工作。每周工作例会通报资金使用计划，分析同业市场利率趋势，确保资金的使用安全和最大收益。2018年，共办理15笔存放同业业务，共计125亿元，资金流动性比例为64.62%，未出现流动性风险。

【资金集中】公司通过优惠存款利率、便捷支付结算、优质服务体验、集团行政指令等措施，采用联动式的账户管理模式进行实时零余额归集，不断提升资金集中度。2018年，完成17家客户25个账户的开立及资金集中管理，归集资金64.82亿元，全口径资金集中度达40.23%，具备了对成员单位实施资金集中管理、资金监控及资金结算服务的能力。

【风险管理和内部控制】公司按照“业务开展，制度先行”的原则，对照集团已有的内控指引，完善非金融业务制度；根据金融业务开展，修订完善金融业务制度；全年新增、修订制度77项。编制金融模块内控指引，细化工作流程，提高了制度的可操作性和执行力。风控体系初步建立。

建立合规文件库，存储常用合规文件近300份。全员每月参加案防合规培训，集中学习法律法规及公司规章制度。开展风险合规检查及员工异常行为日常排查，防范合规风险，营造风险合规文化。

【人力资源管理】公司完成《2019—2021年人才队伍建设规划》编制，明确工作思路和目标。实施绩效“两级考核”，公司制定部门绩效考核方案并组织落实，员工绩效考核权限下放到各部门，提高激励效果。

突出合规经营，制定员工行为规范、员工奖惩、违规积分等管理办法，防范风险苗头，确保各项金融业务稳健运营。

【信息化建设】公司按照国家B类设计标准，建立了自主可控的中心机房，完成了整套安全解决方案的部署，不断加强机房安全，系统变更管理和日常运维管理，针对性地制定了一系列规章制度。完成了满足业务发展需求的核心业务系统功能模块的开发和测试，并投入运行。按岗位分离原则，对信息科技人员进行合理权限分配，有效管控人员操作风险。完成了统计报表系统的供应商选择，启动软件开发工作，不断提高金融统计工作质量。

【企业文化建设】公司落实集团企业文化战略，积极宣贯“航空强国、四个长期、永不放弃”的大飞机创业精神，打牢干部员工团结奋斗、干事创业的思想文化基础。将企业文化建设工作纳入公司三年发展纲要，提炼具有大飞机特征、金融行业特点的核心价值理念。对标金融机构行业环境标准，贯彻集团视觉识别系统，执行环境标识体系应用，提升企业形象。

【党建工作】公司于2018年8月24日选举产生第一届党总支部委员会。以开展“中央企业基层党建推进年”专项行动为契机，以落实党建工作责任制为牵引，围绕“打基础、建队伍、稳业务、控风险”的工作重心，健全基层组织，建强基本队伍，夯实基本制度，规范基本活动，落实基本保障。将党建工作“融入”和“嵌入”经营管理中心工作，充分发挥党组织的政治核心作用，全面提升党建工作质量，为打造大飞机金融服务平台、建设国内一流财务公司提供坚强的政治保证和组织保证。

上海电气集团财务有限责任公司

【集团概况】上海电气集团股份有限公司（以下简称“集团”）是国内大型综合性装备制造集团之一，主导产业聚焦能源装备、工业装备、集成服务三大领域，致力于为客户提供绿色、环保、智能、互联于一体的技术集成和系统解决方案。2018年，集团坚持创新驱动，聚焦存量转型和增量发展，深化产业结构调整，探索管理体制改革，布局高端制造和智能制造，实现了营业收入突破千亿元的经营目标。

【经营概况】上海电气集团财务有限责任公司（以下简称“公司”）紧紧围绕集团“三步走”战略目标，加强司库功能定位，优化金融服务模式，注重合规经营和稳健发展，有效支撑了集团的战略转型和各产业板块的创新发展。截至2018年末，公司总资产规模达595.63亿元，吸收存款合计526.21亿元，信贷资产规模达224.29亿元。

【信贷业务】公司优化对智能制造、新能源、绿色制造等重点领域的金融服务，在信贷业务上积极支持成员企业新旧动能的转换。一是充分发挥内部资本市场作用，最大限度地满足了成员单位的融资需求，公司日均人民币信贷规模保持近200亿元的历史高位，有效缓解了成员单位的资金压力。二是恪守服务实体经济的宗旨，不仅普遍给予成员企业优惠利率，而且下调了个别企业的贷款利率，全年为集团成员企业节省贷款利息支出共计6102.95万元，助力实体经济发展轻装上阵。三是积极搭建银团贷款，拓宽融资渠道，有效撬动外部金融资源，发挥资金聚合效应。

【投资业务】公司秉持绝对收益投资理念，在监管额度及董事会授权范围内合规开展投资业务，2018年新增《有价证券投资交易对手准入操作规程》，及时修订《债券投资业务操作规程》，进一步强化了投资业务的风险管控。固定收益投资方面，公司以货币基金等低风险产品作为主要的投资品种，择时参与国债和地方政府债的投资，选择符合公司策略的纯债公募基金产品进行配置。权益投资方面，公司积极应对资本市场波动，有效规避市场风险，及时调整投资规模，优化投资组合。

【票据业务】公司深化票据池建设，协助各产业集团做好应收票据、质押开票的统一管理，促进资金回笼，同时加大电票推广力度，使集团产业链企业对财务公司电票的接受程度大幅提升。截至2018年末，公司累计为集团成员企业开立各类电票184.84亿元，新开电票占集团采购成本的比例约五分之一。

【外汇业务】公司积极渗透到各产业集团“走出去”过程中的各类汇率风险管理情境，提供全面化、专业化、个性化的外汇风险管理方案。公司为多个产业集团出台了具有针对性的汇率风险解决方案，为产业集团海外承包工程的投标和项目评审提供专业意见，帮助产业集团加深对海外项目汇率风险的认识。同时，公司重点关注风险敞口较大的海外项目收汇情况，通过给予专业化的汇率锁定建议，帮助成员单位抓住有利时机在较高的汇率水平办理结汇或汇率锁定。

【业务创新】公司通过服务模式和产品的创新助力集团企业转型升级，也为集团服务国家战略实施提供重要的支撑。一是为集团成员单位的科创项目提供了创新融资服务，为成员单位的上海市国资委企业技术创新和能级提升项目发放了科创贷款，有效解决了科创项目在政府扶持资金全额到位前的资金缺口，实现了政府政策性金融和财务公司内部信贷支持的有机结合。二是充分运用信息科技手段不断优化业务流程，切实加强金融服务的数字化和智能化建设水平，通过推广二维码线上收款功能、实现外汇业务申请无纸化运作、推广财企直联金融服务方案等一系列创新举措有效改善了客户体验，为成员单位提供了更加高效便捷的金融服务。

【风险管理和内部控制】公司严格落实监管要求，健全风险管控机制，并在三个方面取得了实效：一是紧密围绕监管要求推进整治市场乱象工作，使公司治理体系得到进一步优化，交叉金融风险得到有效控制，信用风险管理继续强化。二是对公司制度管理框架体系进行了全面的规划，稳步推动各项业务流程及管理制度的完善，充分满足了业务发展、加强风险管控和贯彻监管理念的三重需要，2018 年新建和修订的制度总数达到 47 项，保障了公司的安全运营。三是有效巩固公司业务连续性管理体系，实现了对制度、预案、演练、人员、资源建设、培训、信息系统等多方面的考量及评估，形成了层次明确、衔接良好的应急预案与响应机制，充分保障了重要业务的持续运营，有力提升了公司业务连续性管理能力。

【信息化建设】公司加快信息科技系统的开发与应用，为开展和推广新业务提供了重要的支撑，2018 年完成了包括票交所全直联项目、新核心票据池项目 2 期、金融资产项目 2 期、金融 BI 系统 2 期综合报表平台等关键业务系统项目的开发和升级。其中，票交所项目的落地使公司成为全国首批按时上线投产中国票据交易系统 2.1 版全直联功能的金融机构，使公司核心业务系统全面支持票据全流程业务，同时满足了纸电一体化业务管理需求。

【人力资源管理】公司以产融结合为抓手，加强内训体系建设，充分挖掘内外部资源，开发了信贷、外汇等多项专业课程，并由公司领导和员工担任内训师向各产业集团进行宣导，为建立公司内训课程体系和对外知识输出打下了坚实的基础。

上海纺织集团财务有限公司

【集团概况】上海纺织（集团）有限公司（以下简称“集团”）成立于 2001 年，隶属于上海市国有资产监督管理委员会。集团致力成为中国最具影响力的时尚产业综合配套服务商。集团以科技为先导，以品牌营销和进出口贸易为支撑，以纺织时尚产业和先进制造业为依托，且具有较完整的纺织服装产业链的集科工贸为一体的大型跨国集团。集团着力构建时尚产业服务平台，“上海时装周”已成为具有亚洲影响力的时装周。

【经营概况】2018 年是上海纺织集团财务有限公司（以下简称“公司”）第一个完整经营年度，也是公司各项业务打基础的一年。2018 年，面对国内外复杂多变的经济新形势，全公司员工齐心协力，紧紧围绕“服务实体经济、防控金融风险、深化金融改革”三大任务，充分发挥公司在集团内部资金归集、资金结算、资金监控和金融服务四个平台功能，坚定不移地践行财务公司在集团内部的重要责任。

【服务实体】公司充分发挥集团资金归集平台功能，提升资金管理效率效益，积极拓宽成员单位融资渠道，优化融资结构，随着各项业务的推进不断增强融资能力，降低成员单位融资成本；并通过构建完整有效的风险管理架构体系，建立完善的客户信用评级体系及风险评价机制来有效控制业务风险，确保各项业务合规有序地开展；同时发挥公司金融企业的功能，为集团成员单位提供金融顾问咨询服务，提升自身服务能力。

【信贷业务】2018 年，公司为保证信贷资产业务有序推进，制定了涵盖综合授信、主要信贷业务品种等方面的业务制度和工作流程，信贷资产业务品种包括流动资金贷款、银团贷款等。公司针对集团企业类型的特点，已建立起合规有效、符合成员单位经营特征的商贸类和制造类评级授信模型，建立了与信贷业务相关的信贷审查委员会工作规程、资产分类管理、信贷档案管理等相关制度办法，初步建立和完善了信贷业务全流程的开展机制。

【资金集中】集团将资金归集工作目标纳入各成员单位每年度经营目标考核责任书，作为一项重要的考核内容之一。公司努力实现资金集中管理全覆盖，提高资金归集率，积极推进集团成员单位开户，从 2018 年 3 月正式启动开户工作以来，严格按照年度计划，进行上门服务、电话联系、收集审核开户材料、判别资质、建立系统信息等工作。

【风险管理和内部控制】公司初步建立了由治理层、管理层和各部门共同组成的内控监督评价组织架构，建立了由业务防控条线、风险管理条线和审计稽核条线三道防线组成的内控监督评价实施机制，制定了内控评价制度、管理办法及运行规程，做到岗位之间的相互制约和相互监督，确保内控监督评价工作有序开展。公司从全面风险管理、合规管理、授信业务管理、法务工作执行、案件防控管理等方面着手，开展了一系列监督评价工作。

【人力资源管理】公司本着稳健经营的原则，遵循“人适其岗、岗适其人、人岗匹配”的人员甄选方针，做到公开、公平、公正，不仅要评价专业技能，更要注重人员的品德、知识结构、职业操守等方面，不断引进与业务发展相匹配的优秀人才，全方位提升公司专业素养。随着公司经营范围和业务品种的不断充实，在确保业务开展的同时，中后台的合规管控和信息管理工作人员要及时到位，充足的中后台岗位设置能够保障业务开展的顺利、合规。

【信息化建设】公司以资金管理为导向，以客户服务为中心，着力构建集全面业务管理、网上金融服务、监督决策于一体的核心业务系统。公司信息系统实现了内部管理的流程化、金融服务的网络化和监督决策的智能化，并且通过现代银企直联技术、与各家银行的对接，提升公司的资金管理效益和效率。公司信息核心系统已对接建设银行、中国银行、工商银行、农业银行四家直联银行，均搭建了财务公司资金池，为公司规模稳步发展打下了坚实基础。

【企业文化建设】公司通过结合集团企业文化建设和公司全员参与，企业文化体系已基本建立。同时加强全员企业文化宣贯，把企业愿景、企业使命、企业宗旨等文化理念融入公司发展战略规划、目标的实现中；通过将企业文化入脑、入心、入行，把文化理念融入企业的经营与管理活动、过程中及全员的工作任务中；引导和推动公司的健康、良性发展，并让发展成果带上具有公司特色的文化烙印。

上海复星高科技集团财务有限公司

【集团概况】上海复星高科技集团财务有限公司（以下简称“公司”）所属集团为上海复星高科技（集团）有限公司（以下简称“集团”）。集团作为一家专业化多生态的控股集团，通过有力的管理和业务整合，实现了多元化、专业化经营。集团将通过科技引领，全面提升 C2M 幸福生态系统的产品力与竞争力，最大化客户价值，成为新时代的建设者和美好生活的创造者。

【经营概况】公司截至 2018 年末，资产总额 145. 96 亿元，负债总额 125. 80 亿元，所有者权益 20. 15 亿元，实现营业收入 3. 33 亿元，税后净利润为2.11亿元。公司作为集团下属专业金融服务提供者，在维系并增进与集团和集团核心企业的长期合作关系的同时，积极拓展新的存贷款客户，与集团各行业板块开展多维度合作。

【服务实体】2018年，公司落实符合产业特点的差异化信贷政策，对传统产业的转型转产、技术改造项目提供重点信贷支持。包括支持传统钢铁集团由量到质的转型提升、支持区域经济中具有带动作用的项目等，引导资金投向基础设施等实体经济领域。

【信贷业务】2018年，公司根据银行业金融机构服务实体经济的要求，不断提升金融服务质量。截至2018年末，公司向成员单位授信总额205.14亿元，为21家成员单位提供信贷服务。2018年公司日均贷款51.06亿元，较2017年日均贷款37.5亿元增长36.16%。2018年末贷款规模54.16亿元，较2017年末的42.95亿元增长26.10%。累计发放贷款98笔，金额155.84亿元。

【产品销售信贷业务】公司于2018年7月获得消费信贷业务资质。公司拟在业务开展初期，以养老消费信贷业务作为切入点，向购买成员单位开发或管理的养老社区会籍的个人消费者提供贷款服务。借助消费信贷产品促进集团成员单位产品销售，打造集团产业链生态圈闭环，扩大内需，推动消费主导型的经济增长。

【资金业务】2018年，公司通过信贷部门预报资金计划预留公司经营所需头寸，确保公司信贷业务的有序开展；同时积极做好流动性管理，通过分析资产及负债端的期限结构，根据流动性及资金盈余状况，随时将可用资金额度及期限告知金融投资部，以提高资金收益率。在同业合作方面，2018年公司为配合票据业务开展，新增保贴、转贴等授信品种，共获得银行授信19.5亿元。

【投资业务】2018年，公司利用货币基金交易灵活且收益高于存款的优势，将货币基金作为流动性管理的重要补充工具，实现收益1727万元。除了传统的货币基金，公司新开展了交易所国债逆回购、银行间市场现券买卖等业务。通过开展银行间市场现券买卖业务，投资了部分高评级的债券，在获得稳定票息的同时根据市场利率适时卖出赚取资本利得，累计交易金额9.05亿元，实现收益1071万元。

【票据业务】2018年7月，公司获得票交所许可正式接入电子商业汇票系统，并成功开出公司第一张承兑汇票。截至2018年末，公司新增电票授信客户5家，共开立电子承兑汇票51笔，开票金额5270.96万元。公司通过大量走访调研客户的开票需求，有效推广了电票的使用，节约了成员单位财务费用，同时也丰富了公司的金融服务品种。

【资金集中】2018年，公司深耕集团产业，积极营销客户，通过板块效应，一方面自上而下通过大企业关联小企业，带动整个板块的资金集中度提高；另一方面，通过板块间的关联效应，带动整个产业链的资金集中度提高。公司2018年日均存款61.42亿元，较2017年49.39亿元增长24.36%。

【业务创新】为支持集团主业，提高产业链竞争优势，2018年公司以养老消费信贷为切入点开展消费信贷，完善了系统开发、业务流程设计和风控体系建设。

【风险管理和内部控制】2018年，公司不断强化风险管理，坚持稳健合规经营。公司通过多个方面开展公司风险治理，包括进一步完善内控制度架构、扩充审计人才开展全面审计、完善法人治理和股权管理工作、严格规范统计报送工作等。2018年公司业务开展和内部治理均合规可控，无不良贷款和不良资产。

【人力资源管理】公司通过“内引外培”方式，充实新业务团队，加强中后台支持部门能力建设；进一步改进薪资结构，完善中长期激励机制；并结合财务公司特点，改革自上而下的单向绩效考核体系，建立健全多维度、综合的考核机制。

【信息化建设】公司在业务发展战略的指引下，遵循“小核心、大外围”的建设规划，打造“业务中心、数据中心”的双中心信息化建设目标。2018 年公司启动了信贷授信管理和数仓系统、IDC 机房扩展的建设，并进一步推进电票、复星汇、EAST、资金管理等系统功能拓展及优化落地。同时，在完善 OA 审批系统、财务系统升级评估、结算核算系统和银企直联改版评估等方面进展顺利。

【企业文化建设】 2018 年，公司依托官网、微信公众号等多媒体渠道在线上进行公司文化宣导；同时，通过公司图书角等实体建设、团建活动的组织和参与，将公司文化深入到员工的工作和生活中。

【党建工作】 2018 年 11 月，公司向集团党委提出了成立独立党支部的申请，并于 11 月 28 日收到了集团党委的批复，同意成立中共上海复星高科技集团财务有限公司支部委员会。

上海华信国际集团财务有限责任公司

【集团概况】 上海华信国际集团有限公司（以下简称“集团”）是以能源石油产业为基础，承担大型能源产业项目投资建设与运营管理的综合民营企业集团。

【经营概况】 由于集团自 2018 年 3 月 1 日起经营情况出现重大变故，上海华信国际集团财务有限责任公司（以下简称“公司”）受集团流动性影响，公司资产总额为 113.89 亿元，负债总额为 125.71 亿元。

【信贷业务】 截至 2018 年末，公司信贷资产余额 109.25 亿元，均为向成员单位发放的流动资金贷款，其中，上海华信国际集团有限公司贷款余额为 87.67 亿元（包括票据垫款，不含债权转让金额），海南华信国际控股有限公司贷款余额为 8.88 亿元，均用于燃料油等油品采购。2018 年，公司共开具承兑汇票 9 笔，票面金额共计 8 亿元。

【人力资源管理】 自集团于 2018 年 3 月发生重大变故后，公司人员大量流失，截至 2018 年末，公司员工为 17 人。

【党建工作】 公司按照上级党组织安排部署，组织全体党员员工学习党的十九大精神，促使其将个人意识和国家意识紧密结合。

上海华谊集团财务有限责任公司

【集团概况】 上海华谊（集团）公司（以下简称“集团”）成立于 1996 年 10 月，是隶属于上海市国资委的国有独资企业。集团以“打造具有国际竞争力和影响力的化工企业集团，成为社会需要、受人尊重的公司”为愿景，现已形成能源化工、先进材料、绿色轮胎、精细化工、化工服务五大核心业务。2018 年是上海华谊化工发展 60 周年，集团上下抓住行业机遇，推进精益运营，加快全国布局，持续创新变革，集团运行质量大幅提升，经营效益再创历史新高。

【经营概况】 2018 年，上海华谊集团财务有限责任公司（以下简称“公司”）围绕“强风险管控、强专业能力、强服务能效、强创新驱动”的总体目标，以防范金融风险为前提，加大资金归集力度、扩大信贷投放规模、加快

S

业务创新步伐、着力提升服务能力，全年实现收入4.13亿元，同比增长39%，利润总额1.48亿元，同比增长6%，较好地完成了各项预算目标。

【信贷业务】公司强化服务能效，继续扩大信贷投放规模，研发信贷新品种。秉持服务企业的宗旨，结合企业的实际资金需求，继续扩大信贷投放规模，2018年末各项贷款余额同比增长46%。开发项目前期贷款业务品种，增加企业资本金投入时间的灵活性，助力企业获得条件更优的项目贷款，进一步控制融资成本。

【资金和投资业务】公司继续关注市场变化，增加合作交易对手，提高流动性管理能力。2018年6月，公司获批成为中国外汇交易中心外币拆借会员，12月成功完成首笔外汇拆借业务，为提高外汇流动性管理能力、跨境资金池准备金缴纳及跨境融资打下了基础。谨慎开展投资业务，2018年主要以购买货币基金、短期理财债券型基金为主，并通过加强与财务公司、基金公司、券商等的交流学习，通过先模拟操作进行研究、再实际投资等方式，为业务开展奠定扎实的基础。

S

【资金集中】公司注重资金集中，推进集团资金平台建设，紧抓资金集中不放松，维持集中度高位运营。公司在集团的大力支持下，持续加强与企业的沟通，争取资金及时入池，努力拓展公司资金规模。2018年管理口径月度资金集中度保持在90%以上，全口径资金集中度月度保持在65%以上，有力地支持了公司的发展。

【业务创新】公司在现有业务基础上，按照监管政策导向，结合集团、企业的实际需求，有的放矢开展业务创新，并延续跨部门建立项目组的方式加以推进。完成了与上海票交所的电子票据直联和纸电融合2.0系统升级，开展了电票贴现业务，开出首张财务公司承兑的电子票据；为集团搭建了票据托管池，及时提供票据警示信息，加强票据管理；获准搭建自贸区全功能型跨境双向人民币资金池，利用自贸区政策进行区内境外资金的融通。

【风险管理和内部控制】公司以建设全面风险管理体系，深耕精细化管理水平为主线，推进风险管理。编制风险管理手册，持续完善制度体系，全年共新增和修订制度40余项。完善治理架构职责，建立健全各类监督问责管理办法，搭建多层级监督问责体系。严格执行信贷政策和贷款“三查”制度，加强贷款资金流向监控，确保贷款用途合规，提高检查频率，确保资产质量稳定。强化员工合规管理，建立季度操作风险检查机制，即查即改，并纳入合规绩效考核；修订和完善《员工行为排查表》，建立员工征信档案，强化自我约束和相互监督；优化合规绩效考核，更注重实效和及时性。以每周《一周市场回顾》、每月《风险管理动态》为载体，密切跟踪和提示各类市场风险变动情况，提升全员风险意识。

【人力资源管理】着力加强团队建设，提升综合实力。通过市场引进和集团输送管培生等方式，充实人员力量。通过鼓励参加各类外部培训、开展多种形式的内部培训、挂职外派学习等方式，加强内部培养。通过实施跨部门轮岗和跨部门B角配置，扩展管理幅度和专业覆盖面。边实践边尝试，探索多渠道培养途径。

【信息化建设】根据监管要求和公司业务发展需要，全方位提升公司信息系统保障综合能力。优化升级核心系统提升综合能力，并进一步实施了电子对账单、定期通知、特殊定价规则等的优化改造。推进业务配套系统，完成票交所系统直联上线和升级，保障电票系统正常运行。通过软硬件更新提高办公系统信息化水平，实施了云桌面布置、OA系统改造，提升了网络系统能级。建立完善信息化管理体系，构建业务数据多级备份、日常巡检、定期沟通、项目专家评审、应急演练等，进一步提升信息系统安全性。

【党建工作】公司结合金融企业人员编制情况特点，让“一岗双责”与自身金融特点有机融合，通过党员带头签订《廉洁自律承诺书》、全员签订《合规从业承诺书》的方式提高认识，以量化的党员干部具体责任分解表和志愿服务岗位认领的方式，让党建工作在业务攻坚克难、防范金融和廉洁风险、促进公司企业文化建设方面发挥作用。年内公司荣获集团党建特色发布评选三等奖。

上海浦东发展集团财务有限责任公司

【集团概况】上海浦东发展（集团）有限公司（以下简称“集团”）成立于1997年11月14日，注册资本为39.9亿元。2018年，集团认真贯彻落实浦东新区区委、区政府的决策部署，紧紧围绕“四高”战略，持续落实“三优化”“三统一”，稳步推进重点区域开发、重大工程建设、服务民生需求、深化改革改制、完善内控建设等工作。截至2018年末，集团总资产1396.60亿元，净资产742.60亿元。

【经营概况】2018年，上海浦东发展集团财务有限责任公司（以下简称“公司”）实现营业收入4.94亿元，净利润3.33亿元，净资产收益率达11.56%。2018年，公司通过构建五大金融平台，为集团和各成员企业提供优质、高效、全面的金融服务，积极协助集团推进新区市政道路、轨道交通、配套商品房等重大工程建设；两项课题研究成果先后获得上海市金融学会重点课题研究二等奖和“财务公司30周年征文活动”创新成果类论文优秀奖。

【服务实体】公司一是大力提升投研能力，发挥集团智库作用，配合集团完成海外债融资方案、公司债发行准备、养老地产发展科研报告和协助成员企业获得新股申购C类资格，为集团和上市公司转型做好综合配套服务；二是后BT时代，协助集团培育新兴产业品牌，拓宽投融资渠道；三是加强对集团重大工程和重点项目的支持力度。

【信贷业务】公司2018年累计发放贷款71笔，金额共96.61亿元；牵头和配合完成“城中村”、保障房和环保类项目的银团和项目贷款的组建、份额转让及提款工作，有效保障集团重点项目的资金需求；积极配合新区政府和集团推进政府隐性债务清理。

【资金业务】2018年，在保障集团流动性的前提下，公司通过多样化的同业资金业务，包括存放同业、银行间市场正逆回购以及同业存单一、二级市场交易等，科学统筹、合理配置，以实现资金运用的安全合规、计划有序及灵活高效。

【投资业务】公司延续稳健投资策略，开展货币、类货币基金及债券等固定收益业务；在市场大行情下行的情况下，逐步减少权益类投资总量；抓住债券收益率下行时机进行存量债券抛售，替换成收益率较高的类货币基金，有效地盘活存量债券资产。

【资金集中】公司一是按季进行资金归集统计，出具资金归集报告，分析成员单位资金变动原因；二是根据每季的资金集中情况，向集团提出相关建议。2018年剔除专户和上市公司后的资金归集率稳定在90.41%左右的水平。

【业务创新】公司在服务民生方面，为集团租赁平台支付结算业务的开展提供相应的对接方案，并积极配合浦发集团做好新区住房租赁公共服务平台的建设。在互联网金融和金融科技方面，引入了产品工厂的理念，启动新一代业务系统的建设，对结算、信贷、同业和投资等业务提供支持，并将风险管理内嵌入业务流程之中。

【风险管理和内部控制】公司通过重新核定同业资金存放额度、持续推进新压力测试模型的运用和明确流动性风险管理要求等具体措施，积极树立底线思维，有效加强风险防控。此外，还通过整理汇总近年来监管政策和规范性要求，逐一细分合规政策。通过实行风险类业务半年度检查机制，提高检查频率和业务覆盖面，贯彻落实整改追踪，有效发挥监督反馈职能，不断完善稽核制度体系建设，落实内控评价。

【人力资源管理】公司制度建设方面，完成《员工手册》《员工行为守则》的发布实施，修订《企业年金管理办法》；绩效管理方面，加大对部门风险指标的考核权重，并积极探索二级市场年化投资收益单项业绩考核；培训管理方面，在原有常规培训的基础上，2018 年共完成 23 个微课课件的制作，组织开展“纪念改革开放 40 周年主题”辩论赛；团队建设方面，完成 5 名挂职干部的转正，同时招聘 5 名新员工及时补充相关部室的人员需求。

【信息化建设】公司一是按照“充分调研、稳步推进”的原则，有序地推动业务系统的建设；二是结合实际工作，从网络安全、主机安全、应用安全、数据安全、证书安全等多个方面做好防范措施，定期开展自查并整改落实，确保公司信息系统的整体安全；三是以新一代业务系统实施为契机，进一步升级虚拟化系统平台，实现了对档案系统、EAST 数据报送系统、新一代核心业务系统等系统的运行环境进行统一管理、配置和监控。

【企业文化建设】开展微课制作、课题研究等活动；开展迎新活动、品元宵活动、街舞表演和竞步走等活动；开展廉政目标责任分解、廉控手册修订和廉政宣传月活动。

【党建工作】积极开展党的十九大精神的学宣贯工作，并编辑完成年度党建学习专刊；完成公司党总支换届选举；完成上海市文明单位的创建申报，并有序推进浦东新区委级基层党建示范点的创建工作；配合做好区委巡查组实地巡查工作；支委牵头自行设计并完成党建活动室的创建；完成“三重一大”及配套的党总支议事规则的修订及发文；公司党组织牵头联合公益基金会，完成向新区对口援建的莎车地区的精准帮扶。

上海汽车集团财务有限责任公司

【集团概况】上海汽车集团股份有限公司（以下简称“集团”）是国内产销规模最大的汽车集团，同时也是国内 A 股市场市值最大的汽车上市公司。集团从 2004 年起，先后十四次入围《财富》世界 500 强企业，2018 年以上一年度 1288.2 亿美元的合并营业收入，排名第 36 位，较 2017 年提升 5 个位次，在全球汽车行业名列第七。2018 年，面对车市寒冬，集团整车销售实现逆势走强，经营业绩继续稳中有进，实现整车销售 705.2 万辆，同比增长 1.8%，高出总体市场增速 5.6 个百分点。其中，乘用车销售 616.2 万辆，同比下降 0.4%，商用车销售 88.9 万辆，同比增长 19.8%（不含微车的一般商用车同比增长 22.8%）；国内市场占有率达到 24.1%，同比大幅提升 1 个百分点，进一步扩大了在国内市场的领先优势。2018 年，集团实现营业总收入 9021.94 亿元，同比增长 3.62%；实现归属于上市公司股东的净利润 360.09 亿元，同比增长 4.65%，主要业绩指标增速高于销量增速，继续保持高质量发展，经营业绩再创历史最好水平。

【公司概况】上海汽车集团财务有限责任公司（以下简称“公司”）成立于 1994 年 5 月，是经中国人民银行批准成立的非银行金融机构。2018 年，公司新增注册资本 50 亿元，年末注册资本为 153.80 亿元（含 1000 万美元）。公司股东上海汽车集团股份有限公司和上海汽车工业销售有限公司分别持股 98.999% 及 1.001%。2018 年末，公司资产总额 2984 亿元，2018 年营业收入 182 亿元，实现净利润 47.17 亿元，在连续多年高速增长的基础上又增长20%。公司实行董事会领导下的总经理负责制，设1个党群部门和21个业务部门。

【汽车金融】2018年，汽车行业28年来首次出现全年负增长。面对行业严冬，公司汽车金融业务依然实现逆势增长，2018年末已覆盖全国超3000家经销商，汽车金融融资余额（含管理资产）1311亿元，较2017年末增长27%。2018年发放整车零售贷款近96万单，再创历史新高，同比又增长近13%。线上“好车e贷”互联网金融平台累计注册用户已超300万户，覆盖各类合作经销商近2300家；日均浏览量达1.3万次，同比增长50%；平台特色产品“神速贷”全年放款21万单，同比增长133%。

2018年，公司以“微服务”理念全新自主开发汽车金融微服务平台（EFS 1.0），支持业务规模千亿级增长；国内首创完全无人值守的车贷自动审批组合模型，引领人工智能审批潮流；成功试点零售信贷电子合同面签，迈入数字化合同时代。

对自主品牌乘用车，公司继续提供最优消费信贷利率，覆盖全部厂方要求车型；继续支持其经销商网络发展，2018年末在线经销商数量同比再增长25%，已超越大众在线经销商数量。对大通经销商年内提供与自主品牌乘用车同样的最优利率；其在线经销商同比增长61%。

【公司金融】2018年，公司继续以差异化优质服务满足成员企业需求，年日均存款同比继续增长22%，单日存款峰值达1453亿元；集团内企业自营贷款余额同比大幅增长70%；办理国际结售汇业务超200亿元，同比增长43%。

2018年，公司持续为上汽大众提供贴身专业服务，不断优化大众销售票据组合支付产品，电票收付两方面均超千亿元。在为上汽通用五菱电商平台提供互联网支付服务的基础上，与其在新能源汽车领域展开深入金融合作；并为集团急需融资的重点项目和零部件企业提供各种金融支持，为集团智能出行品牌“享道出行”打造互联网支付体系，共同构造智能出行生态圈。

【投融资】2018年，公司充分考虑市场运行特征，结合自身的流动性需求，在严控风险的前提下获取合理的投资收益，实现投资20亿元，增幅为32%。2018年，公司投资的合资企业——上汽通用汽车金融有限责任公司业务持续增长，2018年完成零售合同超100万笔，同比增长2%；年末汽车金融信贷资产余额1297亿元，同比增长21%。同时，公司探索搭建有效的外部融资渠道，支持业务可持续发展。2018年以同期市场最优价格成功发行30亿元个人汽车抵押贷款资产支持证券，并获批业内首个300亿元ABS发行额度。

【风险管理】2018年，公司全面加强各项业务的风险控制，搭建信息科技安全体系，出台《业务数据安全管理规定》，全方位保障信息安全；建立市场风险定期量化评估机制，构建“新形势、新常态”下的投资风险管理体系；完善征信信息安全工作机制及系统，进一步提升征信数据管理水平；探索基于“集合”概念的标准化计算机辅助审计模式，创新稽核工作模式。

【人本文化】2018年，公司探索创新与激励高度结合的人本管理模式，制定并实施了《创新与挑战工作激励积分制管理办法》和《业务推进管理办法》。持续开展关键岗位见习培训，2018年首批见习管理人员正式被聘任为公司中层干部，形成了新的管理梯队，为公司长期发展打下了坚实的人力基础。公司继续通过丰富形式、提升内涵的方式推进文化建设，塑造公司品牌。对内，一方面通过责任区建设、先锋岗创建、先进员工表彰提高员工战斗力；另一方面，通过员工健康跑、家访慰问、文体活动凝聚员工向心力。对外，通过公司VI全员更新、搭建微信公众号，不断提升品牌的识别度和亲和度。

上海上实集团财务有限公司

【集团概况】上海上实（集团）有限公司（以下简称“集团”）成立于1996年，是上海实业（集团）有限公司的境内执行总部，上海上实集团财务有限公司（以下简称“公司”）隶属于上海上实（集团）有限公司。上海实业（集团）有限公司1981年在香港注册成立，由上海市国资委全资控股，拥有上实控股、上海医药、上实城开、上实发展、上实环境5家境内外上市公司，成员企业约1000家。上海实业（集团）有限公司持续拓展金融投资、医药、基建、房地产、消费品五大产业以及新边疆业务，加快向绿色环保、大健康产业转型，是上海在境外规模最大、实力最强的综合性企业集团和香港最具地方代表性的中资企业之一。

【经营概况】2018年，公司努力提升资金集中管理和金融服务水平，逐步强化风险合规管理能力，全面超额完成年度工作目标。实现营业收入1.28亿元，实现净利润0.87亿元。

【信贷业务】2018年，公司调整信贷结构、优化业务品种，积极服务于集团和成员单位的发展，累计发放贷款63.70亿元。公司紧跟集团战略，信贷资金重点支持医药大健康、绿色能源板块，根据医药分销企业在两票制改革后的经营需求，试点开展了循环贷款等业务。

【资金业务】公司加深银企合作，获得9家金融机构同业综合授信额度57亿元。及时跟踪市场价格走势，借鉴合作银行定价经验，不断优化存贷款、票据贴现及结算收费综合定价体系。

【投资业务】公司加强研究分析，与专业机构保持定期沟通，优化投资策略和投资组合，逐步培养和提升投资业务能力。2018年，开展了货币基金、短期理财基金、国债逆回购等固定收益类投资交易。

【票据业务】2018年，公司完成了票交所纸电融合系统切换，实现了票据业务系统全直联。公司积极推进电子票据业务，票据贴现同比增长160%，票据承兑同比增长264%。

【资金集中】2018年，公司开展结算业务调研，实地了解成员单位结算需求和痛点，通过优化系统结算功能、丰富存款业务品种、增加直联银行、推进资金池试点等措施，改善用户体验，满足业务需求，公司日均存款规模和结算量均得到明显提升。

【风险管理和内部控制】2018年，公司一是深入开展进一步深化整治银行业市场乱象自查工作，发现问题及时整改；二是加强内控制度建设，结合监管政策变化和公司业务开展，及时修订内控制度优化操作流程；三是加强成员单位所在行业研究，分行业开展年度授信评估，强化信用风险管控力度；四是加强内审工作，以风险为导向，监管要求为重点，对信息系统管理、结算、信贷、投资、金融统计等业务开展了审计，基本达到审计全覆盖要求，及时跟踪审计整改效果，持续督促改善公司各项经营工作。

【人力资源管理】2018年，公司按照监管要求制定和修订了部门和员工绩效考核、员工轮岗和强制休假、员工行为管理等方面的制度。加强教育培训，提升员工综合素质，积极参加监管部门、中国财务公司协会、票交所等组织的专业培训，举办“医药行业发展”等专题讲座，开展每周例会培训，建立岗前培训，共组织各类培训109次。加强人才队伍建设，组织员工轮岗和挂职锻炼，推进岗位竞聘和后备人才选拔，充实公司中层管理岗位。

【信息化建设】2018年，公司信息化建设以业务需求为导向，以系统安全为底线，以系统稳定为根本。通过IT工作联席会议模式，推进各项信息科技工作。一是继续加强核心系统建设，完成支付、授信、资金池、固定收益投资等模块的功能优化；二是完成征信系统接入前各项测试和准备工作，获人行接入批准；三是完成科融和EAST系统优化；四是通过了安全等级保护测评。

【党建工作】公司坚持党建引领促发展，党建工作抓紧抓实。一是坚持以习近平新时代中国特色社会主义思想为指导，深入推进“两学一做”常态化制度化，通过授党课、共学习、同探讨、读党章等形式，强化党员基本教育；二是把党的领导融入公司治理，将党建工作、“三重一大”等事项写进公司章程；三是健全公司民主管理制度，修订完善了《职工董监事管理办法》等五项民主管理制度；四是发挥工团组织作用，以“一团一品”、午餐论坛、“合规经营、思享未来”团队拓展等形式多样的活动为载体，推动企业文化建设。

上海外高桥集团财务有限公司

【集团概况】上海外高桥集团股份有限公司（以下简称“集团”）主要负责中国（上海）自由贸易试验区——外高桥保税区及周边相关土地等国有资产的投资、经营和管理，拥有两个保税园区，一个非保税物流园区，一个启东园区，一个配套城市化生活区，并参与了洋山保税港区的开发运营。集团已形成了园区开发、商业地产、贸易物流、文化发展、金融投资、配套服务六大业务板块，控股及参股企业约100家，员工总数近7000人。

【经营概况】上海外高桥集团财务有限公司（以下简称“公司”）已逐步建立起能够全面覆盖及服务所有成员企业的金融服务新格局。2018年，公司资产总额为45.30亿元，实现主营业务收入11777万元（含投资收益），净利润3771.16万元。

【服务实体】2018年，公司一是积极支持集团“降成本”。一方面，通过采取贷款利率优惠措施，确保集团成员企业可享受公司提供的差异化借款利率，有效降低集团财务费用；另一方面，通过资金集中管理的规模效应，从合作银行获得更多的同业存款收益。二是积极探索创新业务。配合集团完成金融资产减持工作，实现收入4.18亿元，实现净利润约2.43亿元。顺利完成集团委托的首笔网下新股申购业务，实现税前盈利约4.8万元。

【信贷业务】公司为全方位满足成员企业的业务需求，定制各类符合实际情况的服务方案和产品。一是和中国建设银行合作，成功发放了两笔银团贷款。二是经过公司与外高桥海关的多次沟通，最终确定了海关保函业务操作流程，并为上海外高桥国际物流有限公司开立了100万元海关保函，这是上海海关接受的第一张由公司开立的海关保函。三是2018年累计开立银票金额4295万元。四是帮助集团股份公司的森兰名轩项目圆满地完成了认筹配套工作。

【资金业务】一是借助公司网银系统中开发的资金计划模块，实现了资金周计划、日计划追加的工作机制。公司据此能更准确地预计资金总体流量，做好资金备付及流动性安排，合理高效地安排资金头寸。二是注重扩大融资渠道，积极与同业机构之间对接授信。2018年公司完成首笔同业拆借业务，拆入资金5000万元，以低于同期基准的价格融入资金。三是办理了商业银行存放同业产品以及交易所国债逆回购产品等。

【投资业务】公司投资业务管理过程划分前台、中台和后台，并建立健全风险控制体系。

2018年公司将风险较低、流动性较高且收益较稳定的货币市场基金作为主要的投资业务品种，投资余额3.55亿元，较2017年增长3.25亿元。

【票据业务】 2018年，公司承兑电子银行承兑汇票4张，合计4295.98万元；成员企业通过公司电票系统开立电子商业承兑汇票35张，合计19219.43万元。2018年，公司在上海票据交易所的统一部署下，于10月初顺利完成纸电融合第二阶段的投产工作。2018年公司推广电票业务应用的同时积极联系银行，争取其对公司授信额度，提高公司承兑票据市场认可度。

【外汇业务】 2018年，公司向外汇局申请在农行增设了一个跨境外汇资金池。同时，公司向外汇局申请在前期12家入池（建行跨境资金池）的基础上，新增了两家成员企业进入资金池。

S

【资金集中】 2018年，公司全口径资金归集率为92.80%，可归集口径资金归集率为98.69%。公司搭建了覆盖全部成员企业及16家主要收支银行的银企直联系统，实现了所有挂接银行实时查询、资金调度、资金计划、票据开立及网上对账等全功能运行。2018年，公司先后投产了核心系统投资业务模块、电票系统二期、票据交易系统等业务配套支持系统。同时，对原有资金管理平台不断加以完善和优化，陆续开发上线了定期存款线上申请、网银批量汇款、网银业务多级审核、网银证书实时验证等新功能模块。

【业务创新】 公司作为参与汇总征税担保数据电子传输业务的担保机构，着手进行海关电子关税保函多功能直联数据平台的搭建，并进行相应的信息系统建设。

【风险管理和内部控制】 公司一是完善法人治理工作，完成章程修订，将党建工作、股东权利义务、董事长总经理代为履职、董事长高级管理层离任审计等内容加入公司章程，并对各股东的相关资质情况开展了一次全面评估。二是严格按监管要求将乱象治理工作作为年度重点工作贯穿始终，扎实做好自查和评估工作，强化关键印章管理、贷后管理、征信信息安全管理、案防管理。三是编制完成《内控手册》（2018版），共涉及6个章节、26个主要业务流程；完成制度汇编更新及《操作风险重要风险点手册》（3.0版）的修订工作。

【人力资源管理】 2018年，公司新招录了7名员工。制定并实施了2018年度培训计划，组织内训累计完成235人次，行业及其他专业机构组织的外训累计完成45人次。此外，公司鼓励员工取得金融及财会类等各类相关职业资格证书，已实现全员持证上岗。

【信息化建设】 2018年，公司一是加强基础设施建设、开发测试、运行维护、信息安全、业务连续性、外包等重点领域的信息科技风险防控；二是对虚拟化建设开展调研和立项工作；三是顺利实现纸电票据交易融合工作；四是积极推进信息系统灾备应急演练。

【企业文化建设】 公司通过制定总体设计方案，分步实施的原则，2018年组织全员开展企业文化理念大讨论，对企业愿景、使命和经营理念进行归纳，现已初步形成《财务公司企业文化理念1.0》。

【党建工作】 公司党支部深入贯彻党的十九大精神和习近平新时代中国特色社会主义思想，坚持从严治党，加强党的建设，充分发挥党组织的领导核心和政治核心作用，有力促进了公司的持续稳步发展。一是继续夯实党建基础工作；二是将党建内容写入公司章程，并制定《财务公司“三重一大”决策制度实施办法》；三是做好党员发展工作，2018年发展积极分子1人，接收积极分子和发展对象合计2人；四是推进“两学一做”学习教育常态化制度化，坚决贯彻基层党支部组织生活“6+3+3”的要求，做到年度有安排，月度有计划，2018年开展16次主题党日和专题学习实践活动；五是推进特色党支部建设，通过“两优三好”、党员示范岗评先争优活动，树立典型模范，发挥党员示范引领作用；六是加强党风廉政建设，坚决落实“两个坚决维护”和增强“四个意识”。

上海文化广播影视集团财务有限公司

【集团概况】2018年，上海文化广播影视集团有限公司（以下简称“集团”）紧密对接党和国家的战略部署，服务上海市委市政府中心工作，认真做好改革开放40周年、上海打响“四大品牌”、建设“五个中心”等主题主线宣传，圆满完成了首届中国国际进口博览会重大保障任务，在融合发展、文化品牌建设、产业经营、队伍建设、内部管控、从严治党的方面取得新的成绩，各项工作迈上新的台阶。

【经营概况】2018年，上海文化广播影视集团财务有限公司（以下简称“公司”）实现营业净收入6269万元、利润1531万元、净利润1145万元，年末吸收存款余额52.10亿元，贷款余额17.35亿元。

【服务实体】2018年，公司跟进集团深化“文化+”战略步伐，聚焦重点文化项目建设；跟进集团创新发展战略步伐，聚焦骨干成员企业金融服务需求。特别是，集团成员单位承接首届中国国际进口博览会新闻中心的规划设计、建设及运营服务项目，公司积极沟通客户需求，优化融资方案，解决了该项目的流动资金短缺困难，保证项目按期完工投入使用。

【信贷业务】截至2018年末，公司贷款余额17.35亿元，较上年末增加13.01亿元，主要为短期流动资金贷款，以替换成员企业在银行存量贷款为主。根据集团需求，制定法人账户透支服务方案，为其提供高效、便利的临时性资金周转支持服务；同时，为成员企业的扩大经营提供委贷、银团贷款等金融服务。

【资金业务】2018年，公司资金业务围绕存放同业业务开展。2018年上半年，公司在市场价格较高的情况下适时进行存放，累计存放金额27.54亿元，存放同业定期平均资金收益率为4.59%。2018年下半年，市场同业定期价格急转直下，公司降低存放同业定存额度，将更多的资金用来满足成员单位贷款需求。公司2018年累计办理同业定存业务36笔，合计64.14亿元，实现同业定期存款利息收入2457万元，2018年存放同业定期平均资金收益率达4.29%。

【资金集中】公司坚持集团资金归集平台的功能定位。首先，公司协助集团进行资金管理，搭建了三级联动资金池，协助集团归集、管理各成员单位分散的资金；其次，公司完成系统定制开发，解决部分成员单位高频度手工开单、银行跑单工作难题；最后，2018年末公司完成批量调整三级账户利率、三级子账户大额支付审批、成员单位存贷款记录及结息记录查询等功能开发，协助集团实现对成员单位三级池子账户精细化管控。

【业务创新】2018年，公司受初创期业务资质等客观条件所限，新开展的业务较少，主要为委托贷款等表外业务，并为成员企业设计银团、并购等产品方案。主要工作思路是根据成员企业实际经营情况，通过存量业务替代，逐步将成员企业原有银行业务向财务公司集中。

【风险管理和内部控制】2018年在强监管、严监管的监管环境下，公司“不能违规、不敢违规、不愿违规”的合规文化形成。2018年末，公司不良资产率为零，流动性比例、拨备覆盖率、资本充足率均保持在较高水平。截至2018年末，公司共召开9次制度审定会议，审议修订制度31项，新增制度22项，废止制度4项。根据监管部门要求，制定了整治市场乱象工作的实施、考评及督导方案。对照制度逐一排查工作中存在的风险点，制定了《部门自查发现问题及整改情况表》。

【人力资源管理】贯彻落实集团要求，将人才工作列为公司发展的重中之重，制定高校优秀毕业生生活补贴实施细则，发放高校优秀学生补贴；建立公司核心人才库，挖掘培养在关键岗位具有优异的业绩水平，或为组织创造重大价值、贡献度高且具有较低替代性的员工；实施人才带教津贴制度；继续做好多层次培训体系，充分打通台内台外培训资源；健全干部梯队建设，做好后备干部培养工作。

【信息化建设】完成公司容灾系统（一期）同城异地数据灾备的建设，为公司金融数据安全增加一道安全保障。完成公司内外网隔离，满足监管对信息安全要求。根据监管的要求和公司信息化建设的计划，着手开始“可视化实时监测平台”项目中公司业务部分（决策分析）的调研工作，并且完成了技术部分的建设。初步构建公司基础设施、网络和部分系统的7×24小时自动监测和报警的功能，提升系统的运维管理能力。

S

【企业文化建设】公司建立“简单、透明、高效”的企业文化，积极发挥党团工青妇桥梁纽带作用，打造SMG文化金融职工小家。组织一线员工赴外地疗养休养，组织员工健康体检和女职工专项体检，参加上海市总工会互助保障，积极采购防暑降温饮料和劳防用品；组织开展“三八妇女节”烘焙沙龙、“六一儿童节”亲子活动、员工集体生日会活动，让员工有了家的温暖；组织团队参加SMG全运会，丰富文化生活；组织开展SMG爱心一日捐公益活动，积极奉献爱心。

【党建工作】公司2018年进一步加强了基层党建工作，把党的建设写入公司章程。一方面多次组织集体学习习近平总书记重要讲话，集体收看改革开放四十年大会、组织《邹碧华》电影观摩与“跨越时空的井冈山精神”主题展览参观等，参加台、集团的“青年马克思主义训练营”等培训。另一方面，通过“学习角”等形式，公司上下全体党员定期学习《习近平谈治国理政》《党员经典导读》等，不断提高公司基层党建能力和水平。

申能集团财务有限公司

【集团概况】申能（集团）有限公司（以下简称“集团”）创建于1987年，是上海市国资委出资监管的国有独资有限责任公司，注册资本100亿元。秉持“锐意开拓、稳健运作”的经营理念，立足能源主业，稳步拓展投资领域，逐步形成“电气并举、产融结合”的产业格局，是一家涉足电力、燃气、金融、能源服务与贸易等领域的综合性能源企业集团。集团主动适应、把握经济发展新常态，围绕国家“创新、协调、绿色、开放、共享”的发展理念和上海“创新驱动发展、经济转型升级”的总体要求，以上海市能源安全保障为首要职责。截至2018年末，公司总资产1566亿元，所有者权益1038亿元，2018年，实现营业收入422亿元，利润总额59亿元。

【经营概况】2018年度，申能集团财务有限公司（以下简称“公司”）实现净利润3.72亿元，总资产216.07亿元，净资产22.51亿元，年度吸收存款和发放贷款日均数分别达到178.61亿元和115.26亿元。

【服务实体】公司积极应对银行信贷规模和资金面紧张，资金成本高企，银团成员行放款滞后，甚至部分成员行要求退出银团等情况，尽最大可能保证放款资金到位，保障重点能源项目建设。公司以申财通、申E通、申盈通等客户端为载体，辅以上门服务，为集团及成员单位提供优质便捷的结算服务。配套燃气集团专业化混改，实现燃气账务中心新账户全面切换，保证上海燃气账户的正常缴费。

【信贷业务】2018年，公司累计发放贷款

133.22亿元，公司通过打造多元化金融服务平台，全力做好对成员单位的金融支持，确保重点能源项目投入，并积极牵头或参与组建电力、燃气等多个银团项目。公司大力探索绿色金融，推进绿色信贷投放，支持集团绿色产业发展。截至2018年末，公司绿色信贷余额达48.97亿元，占比为37%。积极开展产业链试点工作，放款6.10亿元，新增18家产业链客户。

【产品销售信贷业务】2018年，公司消费信贷业务累计发放贷款180笔，金额287.5万元，贷款不良率继续保持为零。

【资金和投资业务】2018年，公司外部融资余额4.1亿元，投资收益率为9.95%。

【票据业务】2018年，公司电子商业汇票累计出票量22.01亿元，比上年增长13.2%；贴现业务量22.77亿元，比上年增长26.3%，其中产业链客户贴现6.1亿元；回购式再贴现累计8.77亿元。2018年，公司顺利直联接入上海票交所系统，并以此为契机，重塑内部票据清算流程，完成公司结算系统与票据所系统交互，提升票据清算效率，为成员单位及产业链上下游票据结算提供更高效的服务。

【外汇业务】2018年，公司外汇即期结售汇业务稳步开展，新增1家外汇客户，全年完成代客结售汇46笔，累计金额折合美元5.76亿美元，为集团节约汇兑成本872万元。同时，公司紧跟集团“走出去”发展战略，发挥金融服务平台优势，集各方专业力量，搭建专业互动交流平台。

【资金集中】2018年，公司积极配合集团资金管理要求，及时为新设立或收购合并的成员单位在公司开立账户并跟踪其资金归集率情况。尤其是异地成员单位，公司通过技术开发直接调用银行总行通用接口，妥善解决了异地账户的挂接问题，使外地企业的账户资金得以集中管理。2018年，公司吸收存款和资金归集率显著上升，年末吸收存款余额186.9亿元，比上年末增加51.2亿元，增幅为37.7%；公司全口径资金集中度达87.14%，比上年增加9个百分点。

【业务创新】2018年5月，公司首笔产业链业务顺利落地。下半年，公司全面推进产业链业务拓展，全年完成产业链放款6.1亿元，涉及核心系统企业5家，外部供应商18家，覆盖电力（含新能源）及燃气板块。在全新的中国清洁发展机制基金清洁委贷市场化担保制度框架下，公司作为担保人，协助集团系统企业数个项目成功完成清洁委贷提款。这是自清洁基金中心成立以来，首次由省市级财政、商业银行以外的机构作为担保人，是公司配合清洁基金以市场化担保进行放款的一次创新试点。

【风险管理和内部控制】通过业务制度进一步明确了各项业务的事权、财权审批流程，并实现线上审批，确保效力执行到位。公司开展制度梳理修订工作，对工作流程进行优化调整，兼顾质量和效率，实现内外部资源的最大化利用。支持产业链金融业务开展，从防控实质风险的角度制定了试点业务流程，推动业务有序开展。

【人力资源管理】2018年，通过招、用、育、留等一系列措施不断完善人才发展机制，为公司的可持续发展提供人才支持。通过轮岗等方式快速充实部门专业实力；试点开展“客户经理导师制”，培育一支具备专业高效对外服务能力的营销团队。组织开展了以“对话产业，聚焦发展”为主题的“老总讲坛”活动，邀请集团及系统企业领导，面对面为员工解读产业规划，创造优质的学习交流平台。

【信息化建设】2018年，推进运营集中系统改造和线上审批系统二期的建设，完成票交所纸电融合要求，完成公司消费金融系统优化改造。同时，公司自主研发的新一代核心业务系统等四项软件获得软件著作权登记，这是公司在知识产权上的首获突破。安全方面，按时完成等保三级年度复评工作以及常规性业务连续性演练工作。

【企业文化建设】“绿色金融助力可持续发展”是公司整体公益品牌，支持绿色能源项目建设，引进低成本财政资金支持绿色金融的发展和创新；布局清洁能源应用，绿色消费金融促进清洁能源替代，承担环保减排社会责任。2018 年 6 月，公司参加“中国清洁发展机制基金优惠贷款培训交流会议”，并作为重点合作机构代表，进行主题报告。同月，公司荣获上海市金融办、上海自贸区陆家嘴管理局主办的“温暖金融城 2018 陆家嘴年度公益榜”社会责任实践奖。

【党建工作】2018 年，公司党总支紧密围绕公司重点工作，指导四个党支部充分发挥领导核心和政治核心作用，加强思想学习和夯实制度建设、优化企业法人治理结构、推进学习型基层党组织建设、组织特色主题党日活动等。特别是中国国际进口博览会、“勇立潮头——上海市庆祝改革开放 40 周年”展览期间，发挥党员先锋模范作用，为公司健康可持续发展提供了坚强的政治保证、思想保证和组织保证。2018 年公司获评申能集团“十佳基层优秀党组织”荣誉称号。

深圳华强集团财务有限公司

【集团概况】2018 年，深圳华强集团有限公司（以下简称“集团”）按照“规模、协同、平衡、创新、共享”发展的经营方针，深化内部改革，加快结构调整，总体上实现了平稳发展。文化科技产业主题公园、数字动漫等主营业务都取得了新的突破，签约了一批广受业界和市场好评的新项目，推出了一批文化内涵丰富、创意新颖独特的新产品，品牌影响力和美誉度稳步提升；电子信息高端服务业通过外延并购加速资源整合，实现了有质量的快速发展，成为集团首个年收入突破 100 亿元的产业集团；地产板块加强体系化建设，积极探索科技园区和特色小镇的开发运营模式，初步形成了一套标准化运营体系；金融服务业立足“服务集团、产融结合”的定位，加强团队建设，提升风控水平，不断强化运营能力。此外，集团在探索清洁能源、物联网、智能制造、医疗健康等新兴产业上也取得不俗成绩。

【经营概况】2018 年，深圳华强集团财务有限公司（以下简称“公司”）按照集团要求，强化风险管理，完善内控治理，加强对成员企业调研，有序推进各项工作开展，持续丰富金融产品、提升资金结算水平、优化信息系统建设，有效提高综合金融服务质量，整体经营实现平稳发展。截至 2018 年 12 月 31 日，公司资产总额 74.99 亿元，负债总额 61.42 亿元，实现营业收入 2.77 亿元，利润总额 1.54 亿元。公司在公司治理及经营合规性方面也获得业内高度认可，在深圳市金融统计工作考核评比中取得一等奖；获得 2017 年度监管评级及行业评级双 A 等级；成功获批产业链金融服务资质。

【服务实体】2018 年，公司深化产融结合，与集团控股上市公司签订《金融服务协议》，为其提供结算、存款、贷款、金融顾问等一揽子金融服务；通过贷款投放、提供担保等方式支持集团重点项目；为集团旗下 100 多家企业提供高效准确的结算业务，资金集中度持续上升，2018 年末全口径资金集中度为 60.96%，可归集口径资金集中度为 91.02%。

【信贷业务】2018 年，面对金融去杠杆、严监管的大环境下，公司扩展信贷产品类型，改善贷款结构，通过固定资产贷款、经营性物业贷款等方式，给予成员企业资金支持。截至 2018 年末，公司累计为成员企业发放贷款 28 笔，金额 22.45 亿元。

【资金业务】2018 年，公司在吸收成员企业存款的基础上，努力丰富和完善融资渠道：一是积极向金融机构申请授信额度，2018 年已在近 6 家银行获得授信额度，累计授信金额 13.48 亿元；二是利用结算收支业务沉淀下来的资金，积极开展同业存放业务，提高资金效益，并合理利用同业拆借方式进行资金流动性配置。

【票据业务】2018 年，公司进一步拓展票据业务合作范围，主动走访成员企业，深入分析企业经营特点和资金规律，积极引导成员企业办理银票贴现，盘活成员企业的票据资产。公司积极推进票据再贴现业务发展，将再贴现资金反哺用于向成员企业贴现，形成了可持续的良性循环，切实解决了企业的资金需求。

【风险管理和内部控制】2018 年，公司坚持把规范管理、管控风险作为第一要务。根据监管要求深入开展银行业市场乱象治理、金融统计、征信业务、案件风险等专项排查。公司积极开展内部审计监督，通过认真审核原始凭证和票据的真实性，保证凭证各要素齐全；强化费用的事前审批及事后复审；对会计结算的真实性、准确性，会计科目使用的正确性、应计利息情况、应缴税款的计提情况等开展全面事后监督。通过以上举措，公司内控制度得到有效执行，各种风险因素得到有效控制。

【人力资源管理】2018 年，公司完成第二届董事会、监事会换届工作，新聘任经监管核准任职资格的董事高管 2 人；2 名关键岗位员工实行岗位轮换；持续提升员工专业技能，开展全员内部专题培训 6 次，公司选派骨干员工参与银保监局、人民银行、中国财务公司协会举办的各种外部培训；通过完善绩效考评制度，优化考核方式，充分调动员工工作热情，提高工作效率，为公司经营目标的达成奠定了基础。

【信息化建设】2018 年，公司顺利完成上海票交所纸电票据交易融合项目，实现所有电票业务线上清算、实时托收与划款，提高票据业务清算效率和流通速度；公司推进了征信前置查询系统的正式上线，进一步加强征信信息安全管理，防范征信信息泄露风险。此外，公司完成财务系统的升级优化，提高财务管理水平。

【企业文化建设】2018 年，公司积极推进与集团之间的文化衔接，依托集团工会及团委，积极开展丰富多彩、健康有益的各类活动，包括定期举办读书会，组织员工参加登山徒步、羽毛球、瑜伽等文体活动。

深圳能源财务有限公司

【集团概况】2018 年，深圳能源集团股份有限公司（以下简称“集团”）规模效益创“四个历史新高”，全年实现上网电量 349 亿千瓦时，实现营业收入 189 亿元，总资产达到 891 亿元，净资产达到 297 亿元。以上四个指标均保持两位数增长。全年实现利润总额 12.2 亿元。集团通过持续开展“增收节支、降本增效”，千方百计降成本、稳增长、补短板，有效平缓了利润下降幅度，保持了稳健经营。集团综合实力和发展质量不断提升，重新进入中国企业 500 强，获评改革开放 40 周年广东省优秀企业。

【经营概况】2018 年，深圳能源财务有限公司（以下简称“公司”），严格执行各项监管规定，充分发挥“内部银行”功能，强化管理，深挖潜力，加大资金归集力度，创新金融服务产品，努力提高资金收益水平，克服困难，实现了公司资产总额、存贷款规模、资金效益的稳步增长，有力保障了集团资金链的安全和集团重点项目的资金需求。截至 2018 年末，公司总资产 158.74 亿元，净资产 15.36 亿元，实现利润总额 2.4 亿元。

【信贷业务】公司积极响应国家的绿色信贷政策，信贷重点投向风力发电、光伏发电、水

S

力发电等清洁能源。截至2018年末，公司为集团及成员单位发放贷款余额93.78亿元，清洁能源行业发放的贷款余额62.79亿元，占比为66.95%。其中，环保（城市固体废物处理发电）企业贷款余额15.45亿元，占比为16.47%；风力发电企业贷款余额15.45亿元，占比为16.47%；光伏发电企业贷款余额21.72亿元，占比为23.16%；水力发电企业贷款余额10亿元，占比为10.66%。

【资金业务和业务创新】2018年，公司运用差异化的市场手段引导成员企业，对不同资金归集度的成员企业实行差异化的存、贷款利率。公司的资金归集度大幅提高，成员企业的存款利率明显上升，贷款利率显著下降，有效地降低了成员企业财务费用，达到"以产促融、以融助产"的双赢目标。积极寻找新的业务品种：一是开展"货币基金业务"，充分发挥基金"流动性较好、收益性适中"的特点；二是扩大交易对手范围，增加资金存放高利率的机会；三是密切关注同业市场行情，在下半年同业市场利率急剧下滑的情况下，公司及时调整业务结构，提前锁定部分收益。以上举措既保障了资金流动性，又提高了资金收益性。2018年1—12月，公司同业定期存款累加利息收入完成全年预算的102.5%，货币市场基金取得较好收益。

【票据业务】2018年，公司为集团成员单位开具电票金额合计约7000万元，到期兑付金额合计约7500万元，年末余额约3000万元。根据上海票交所的统一安排，2018年10月接入上海票交所纸电票据交易融合第二阶段。

【资金集中和服务实体经济】2018年，在集团的支持下，公司加大成员单位资金归集力度，资金归集度水平由2017年末的76%提高到2018年末的81%。2018年存款利率较2017年加权平均增长26.81%，2018年发放的贷款加权平均利率较2017年降幅约为7.52%。通过运用市场化手段，切实降低了成员企业财务成本。

【风险管理和内部控制】2018年，公司在实施全面风险管理的过程中，注重风险管理与业务操作的结合，强化事前、事中、事后风险控制，促进提高企业风险管理整体水平，为公司完成全年风险损失金额为零这一目标奠定了基础。一是做好风险识别及评估。严格执行《风险控制委员会工作制度》，充分利用风险控制委员会专业力量，组织对公司授信业务风险进行评估把控。通过对信贷、结算、票据业务的日常处理流程识别、评估相关业务风险，加强风险控制。二是做好风险监测。公司每月持续进行专门风险指标监测，通过指标发布及时提示预警。三是做好重大风险管控。年初组织编发公司全面风险管理报告、重大风险管控应对表、重大风险管控情况表，并跟踪督促落实重大风险管控措施。

公司以合规为生命线，对内部控制要求较以往更为严密。为保障公司经营管理规范运行，公司除按集团要求每半年开展一次内部控制有效性检查外，还结合公司实际开展了多次公司内部控制制度有效性专项检查，通过落实整改措施，促进业务操作有规必依，严防违规现象及内控失效情形的发生。

【信息化建设】2018年，公司通过升级中行直联接口，使用新的代理支付业务模式，优化系统支付逻辑，完善支付方式，确保公司日常支付业务的正常进行。公司作为集团资金集中管理的业务平台，配合集团落实各项资金管理要求，支持集团通过信息化手段不断促进业财融合，提升资金全面管控能力，资金计划系统于2018年12月正式上线运行。为提升监管信息报送的准确性、及时性，整合分散的业务数据，提高公司数据的使用效率和价值，公司于2018年开发了监管报表系统，实现报表的自动生成。

【企业文化建设】公司2018年完成工会换届选举工作、组织女工开展安全知识抢答赛、拓展训练，组织全体员工开展彩铅画培训、亲子活动、登山活动、健康体检，参加乒乓球比赛，增强了公司的凝聚力，营造积极、和谐的工作氛围。

【党建工作】2018 年，在公司各项重大决策的制定、形势分析等方面，公司党支部充分发挥了统揽全局、审时度势、把关定向的政治核心作用。做到党建工作与业务工作同部署、同落实、同考核；积极开展党员学习党章党规党纪活动，加强党管业务工作力度。公司党支部认真开展党员先锋岗创建工作，发挥党员先锋模范作用，促进企业经营发展；发挥工会、女工、青联、共青团组织的职能，全面促进企业健康发展。

深圳市有色金属财务有限公司

【集团概况】深圳市有色金属财务有限公司（以下简称“公司”）所属集团为深圳市中金岭南有色金属股份有限公司（以下简称“集团”），集团是以有色金属开采及冶炼为主业的国有控股实体企业。2018 年集团主要技术经济指标位居全国铅锌企业前列，生产精矿铅锌金属量 30.38 万吨，完成年度预算的 101%；冶炼产品铅锌总产量 26 万吨，完成年度预算的 102%；硫酸 22.53 万吨，完成年度预算的 104%；铝型材 1.86 万吨，完成年度预算的 109%；铝门窗及幕墙工程总产量 53.25 万平方米，完成年度预算的 118%；无汞锌粉 1.21 万吨，完成年度预算的 100%；营业总收入、归母公司净利润圆满完成预算目标。集团荣膺中国工业领域最高奖项——中国工业大奖，并获得国家科技进步二等奖及中国铅锌行业提质增效杰出贡献奖。

【经营概况】2018 年，公司按照监管要求稳健经营、合规发展，认真开展各项业务，取得了较好的经营业绩。2018 年，公司实现营业总收入 5318.10 万元。截至 2018 年 12 月 31 日，公司总资产 13.52 亿元，总负债 8.17 亿元，净资产 5.35 亿元。

【服务实体】作为集团内财务公司，相比外部机构，在服务集团方面，公司具有响应速度更快、价格更优惠、针对性更强等特点。公司以丰富的业务品种，积极为集团提供资金集中管理、财务顾问、高效结算、票据服务、便利贷款、保险代理等多种金融服务，使集团资金运行更加安全高效、预算管控更加得当有力，同时帮助集团节省费用，促进成员单位生产发展。

【信贷业务】公司一方面不断完善贷款的调查、报告、审批程序，做好贷前、贷中、贷后管理，努力做好贷款业务的风险防控；另一方面合理调度资金头寸，努力满足集团及其下属企业的资金需求，2018 年累计新增发放贷款和办理票据贴现共 7.73 亿元。

【资金业务】2018 年，公司努力丰富和完善融资渠道：一是与多家商业银行沟通，积极为公司申请授信额度；二是积极开展同业拆借业务，扩大资金来源；三是开展再贴现业务，进一步降低资金使用成本；四是利用沉淀资金开展同业存放业务，提高资金收益率。另外，公司 2018 年对集团累计结算量 435 亿元。

【投资业务】公司一方面持续对宏观经济形势及证券市场走势进行深入研判，本着审慎的原则，继续持有、跟进原有投资产品；另一方面，多次走访多家证券、基金公司，对固收业务进行调研和研讨，对相关投资产品进行研究和甄别，为开展相关投资业务做准备。

【票据业务】公司走访了多家集团内成员单位及其他相关单位，积极推广“买方付息”式票据贴现业务，摸索由财务公司开票，然后在第三方指定银行保贴的业务模式。

【资金集中】公司一是按照“收支两条线”的原则，加强对成员单位资金的上划和支付管理工作；二是对成员单位的银行账户实行相对集中管理，并定期对银行账款进行检查；三是对成员单位的成本账户余额设立限额。

【风险管理和内部控制】公司一方面严格按照监管要求，采取多种手段防范金融风险，认真贯彻落实案件风险防控、金融乱象整治、反洗钱等工作，组织员工学习相关法律法规；二是严格按照集团的相关规定，扎实开展安全管理和维稳工作。2018 年，公司秩序良好，未发生各类投诉案件、金融风险案件、安全风险事故及不稳定事件。

【人力资源管理】公司开展“三项制度”改革，以建立“职务能上能下、人员能进能出、收入能增能减”的竞争、激励和约束机制为总体要求，通过开展人事、用工、薪酬等相关改革工作，加强公司人才队伍建设，激发公司创新活力，提升公司核心竞争力，开创公司持续发展新局面。

【信息化建设】公司根据人民银行征信中心和上海票据交易所的监管要求，先后完成征信系统升级及电票系统纸电票据的交易融合，并于2018 年 11 月启动了电票系统全直联工作。另外，公司继续做好软件正版化、计算机管理、机房管理、数据保密及备份等方面的工作，未发现较严重的安全漏洞。

【企业文化建设】2018 年，公司扎实开展企业文化建设工作：一是加强办公精细化管理，为员工创造和谐舒心的工作环境和氛围；二是开展精神文化建设，组织员工参加集团的瑜伽、太极、徒步等锻炼，参加深圳市总工会“职工文化大讲堂系列公益培训班”，组织开展羽毛球、气排球、观看电影、职工慰问、帮扶等一系列文体活动，进一步增强职工的凝聚力和向心力。

【党建工作】2018 年，公司党总支紧跟上级党委步伐，持续学习贯彻党的十九大精神、习近平新时代中国特色社会主义思想；梳理完善党建工作制度；制定实施党建工作计划及台账；贯彻落实国企党建 80 条和上级的加强党的基层组织建设三年行动计划；严格遵守“三会一课”、“三重一大”、民主生活会、组织生活会、民主评议党员及上级党委、纪委相关制度和规定；认真开展主题党日活动、“不忘初心 牢记使命”主题教育活动及纪律教育学习月专项活动。

S

神华财务有限公司

【集团概况】国家能源投资集团有限责任公司（以下简称“集团”）经党中央、国务院批准，由中国国电集团公司和神华集团有限责任公司两家世界 500 强企业合并重组而成，于 2017 年 11 月 28 日正式挂牌成立，是中央直管国有重要骨干企业、国有资本投资公司改革试点企业，2018 年世界 500 强企业排名第 101 位。

集团是新中国成立以来中央企业规模最大的一次重组，是党的十九大后改革重组的第一家中央企业。拥有煤炭、火电、新能源、水电、运输、化工、科技环保、金融八个产业板块，是全球最大的煤炭生产公司、火力发电公司、风力发电公司和煤制油煤化工公司。

集团资产规模超过 1.8 万亿元，职工总数 35 万人。截至 2017 年末，拥有煤炭产能 4.8 亿吨，电力总装机 2.26 亿千瓦，其中火力发电总装机 1.75 亿千瓦，均占全国的 15% 左右；是全球唯一同时掌握百万吨级煤直接液化和煤间接液化两种煤制油技术的公司；自营铁路 2155 公里，港口设计吞吐能力 2.47 亿吨，自有船舶 62 艘。

【经营概况】2018 年，神华财务有限公司（以下简称“公司”）在习近平新时代中国特色社会主义思想的指导下，以集团公司“1169”

战略为指引，深入贯彻落实集团公司的决策部署，提前完成全年经营任务，连续五年在集团绩效考评和中国财务公司协会评级中蝉联双 A 级，各项工作取得优异成绩。

2018 年，公司实现营业收入 26.77 亿元；实现利润总额 12.6 亿元，比考核值增加约 3 亿元。实现中间业务收入 2637.25 万元。同业存款收益率为 2.53%。管理费用和七项费用控制在预算范围内。

2018 年末，公司自营贷款余额 349.45 亿元；委托贷款余额 792.30 亿元；吸收存款余额 861.57 亿元。

2018 年，集团成员单位在公司开立活期人民币结算账户共 307 个，结算量 20.7 万笔，金额 2.12 万亿元。2018 年通过存款利率上调、贷款利率下调、减免手续费和服务费，共为集团内部贡献价值 5.5 亿元。

按最新发布的行业排名，公司资产总额排名行业第五；营业收入、存贷款金额、利润总额、净资产收益率等多项指标排名央企财务公司前列，成为行业标杆。多篇案例入选《财务公司行业发展报告》和《财务公司行业社会责任报告》，并获评《财务公司行业社会责任报告》课题研究突出贡献单位。

【信贷业务】立足集团主业发展，服务集团成员企业，优化信贷结构，引导资金流向，2018 年，自营放款 96 笔，年末自营贷款余额 349 亿元，委贷放款 189 笔，年末委托贷款余额 792 亿元，切实支持实体产业有序发展。

【资金业务】公司抓住煤炭形势好转的有利时机，在集团和成员单位的配合下，加强结算资金回流，加大吸收存款力度，资金集中度达到 69.22%，创造历史最高水平。

【投资业务】2018 年同业拆借累计发生额 103 亿元，同比增长 281%；自营投资规模 29.34 亿元。截至 12 月底，证券投资本金余额 25.38 亿元，年化收益率为 5.1%，未发生任何投资风险事件。

【业务创新】一是构建以利润模型为核心的经营决策支持体系。充分考虑风险、经营决策等多重因素，构建数量化的利润模型，支持经营决策。二是对标和创新研究成效显著。与三家优秀同业对标，形成对标成果 54 条，以风控为核心的体系融合研究和智慧金融研究成果获得行业好评。三是编写《金融市场分析周报》，每周回顾和量化分析国内外市场趋势，成为重要的决策参考。四是首次开展同业存单业务。开展同业存单投资 4 笔，本金共计 24.38 亿元，平均收益率为 3.26%。

【风险管理和内部控制】公司经营稳健，资金运行安全，继续保持成立以来无不良资产记录，无违法违规事件，金融风险整体可控在控，2018 年，内控与风险管理体系建设进一步提升。一是经充分调研访谈，结合新核心业务系统上线、制度变化情况更新现有内控评价，形成了“二一一”的内控管理体系成果，涵盖 27 个一级流程、99 个二级流程、245 个末级流程、355 个风险点、422 个控制点以及 243 张流程图，创建了“一个目标、三道防线、四级架构、五套体系”的“1345”内控体系，有效地完善了内控体系的闭环管理，优化了内控执行规范。二是梳理出八大类风险、244 个风险点，其中对可量化的 30 余项高风险指标逐步开展数量模型搭建及测算工作，将定性分析风险模式逐步向定性与定量综合分析模式转变，提高风险管控能力，更好更准确地控制金融风险。三是以专业律师事务所为依托建立日常法务工作机制，确保各项业务合法合规，公司被评为集团 2017 年度“普法一百天活动”先进单位。

内控风险管理体系得到了集团主管部门和外部监管机构的充分肯定。公司首次得到北京银监局无意见监管意见书。

【人力资源管理】公司着力建设高素质专业化干部人才队伍。一是加大年轻干部选拔力度。通过组织推荐和内部公开竞聘等方式，选拔 4 名中层管理人员，平均年龄 38 岁，为公司的持续发展提供管理人才储备。二是积极探索员工绩效考核信息化管理模式，完成绩效考核系统开发及上线，并结合集团管理要求、金融行业和公司发展的特点，将风险合规、党建工作、党风廉政建设、员工行为、监管意见等纳入考核指标，全面提升绩效管理的科学性、公平性，发挥正向激励和引导作用。三是遵循“缺什么补什么”原则，提高培训的实用性和实效性，2018 年共组织 60 余批（次）内外部培训，培训人数比 2017 年增长 87%，培训覆盖率为 100%。

【信息化建设】 按照集团“SH217”工程的总体部署，制定了信息化规划，重建了新核心业务系统，为业务的高质量发展奠定了坚实基础。一是开展了新核心业务系统建设，涵盖核心业务子系统、网银子系统、金融业务数据池、对外报表报送子系统等，涉及 7 部门，进行了 37 项业务梳理，解决了 671 项问题。攻下新老系统并行，全面独立运行、专家验收层层难关，于 4 月 1 日新核心业务系统（一期）顺利上线，业务管控效能显著提升，为公司平稳发展提供了重要技术支撑。该项目具有行业领先的技术支撑平台，荣获中国煤炭工业协会 2017 年度管理现代化创新成果一等奖。二是仅仅用两个月的时间完成了新核心系统 IT 基础设施调研、立项评审、集团批复、设备采购安装等工作，基本建成满足公安部安全等级保护三级要求、横跨两个数据中心的新核心系统 IT 基础设施。公司 IT 基础设施水平步入国内财务公司第一梯队。

【党建工作】 2018 年，党建工作目标明确，行动迅速，实施有力，亮点突出。一是压实党建工作责任，基层组织力大幅提升。党委同班子成员、各支部书记和部门负责人签订党建工作责任书、“一岗双责”责任书，制定党建工作考核方案，细化党建考核指标体系，全面落实党建工作责任制。二是持续深化落实全国国企党建会精神，扎实开展“党建工作制度年”，修订党委工作规则，制定党委理论中心组学习办法等制度。坚持党的领导和公司治理有机融合，党委研究讨论作为董事会、经理层决策重大问题的前置程序。三是突出加强党支部建设。认真落实“三会一课”、组织生活会和党员民主评议。三个支部结合各自特点，建立风险防控、绿色金融、政治保障等 10 个责任区，开展产融结合、军民融合和绿色金融特色党支部创建活动，有力推动党建工作与中心任务全方位融合。四是加强基本队伍建设。大力选派公司领导班子成员、党支部书记、中层干部和关键岗位员工参加集团党校培训，组织延安、嘉兴、上海、成都四期“不忘初心　牢记使命”党性教育培训班，实现党员培训全覆盖。

首都机场集团财务有限公司

【集团概况】 首都机场集团公司（以下简称“集团”）贯彻落实习近平总书记系列重要指示批示精神，坚持稳中求进，圆满完成国家和民航局交办的各项重点任务。2018 年，旅客吞吐量首次突破 1 亿人次，干线成员机场全面突破千万人次大关。全集团管理资产 1955 亿元，全年完成营业收入 280.50 亿元，净利润 46.90 亿元，再创历史新高。

【经营概况】 2018 年，首都机场集团财务有限公司（以下简称“公司”）推进全面深化改革，制定公司“十三五”计划及 2030 年远景规划和全面深化改革实施方案，支持集团重点项目建设。截至 2018 年末，公司吸收存款 161.27 亿元，全年累计日均存款 153.23 亿元，自营贷款余额 55.02 亿元。资产总规模达到 176.58 亿元，所有者权益为 13.98 亿元。实现营业收入 5.74 亿元、利润总额 2.68 亿元、净利润 2.03 亿元。资本充足率为 14.43%，流动性比例为93.87%，存贷比为34.12%，不良贷款及不良资产率均为零。

【服务实体】公司扎实推进金融服务实体经济的能力和效率，持续实施存款差异化机制，最大限度让利集团成员单位。提升客户服务水平，建立客户经理制，首次开展客户满意度调查工作。积极对接北京大兴机场建设，从加强账户管理、保证资金安全及严格监督执纪问责等方面完善措施，助力打造新机场建设“廉洁工程”。

【信贷业务】调整自营贷款利率浮动区间，持续为集团提供优惠贷款利率。服务“四型机场”建设，积极跟进大兴国际机场配套建设项目，全年向大兴国际机场建设项目提供银团贷款2.92亿元，向长春机场扩建项目提供银团贷款0.3亿元。

【资金业务】开展首笔交易所国债逆回购业务，拓展同业存款、同业平台线上合作渠道，增加同业授信对象，丰富同业交易对手。设置专营部门，健全相关制度，确保同业业务合规开展。把握波段性交易时机，持续开展货币市场基金投资业务。

【票据业务】完成上海票据交易所纸电票据交易融合工作，搭建公司电子化商业汇票交易平台。

【资金集中】公司持续推进资金集中度提升计划，严格账户管理，拓宽成员单位上线范围，丰富存款产品，提高客户满意度。截至2018年末上线成员单位184家，成功归集及监控成员单位账户795户，全年累计日均规模为153.23亿元，较上年同期增长19.82%；付款业务3.24万笔，代理支付量占全年付款总量的80.46%，较上年同期增长3.41%；四个季度的有效对账率均为100%。

【业务创新】组建项目研究团队，联合国际知名咨询机构，开展司库职能项目研究并取得阶段性研究成果。开展产业链金融业务、职工住房贷款业务研究并形成研究报告。

【风险管理和内部控制】公司在业务开展和管理过程中严谨规范，明确岗位责任，遵循不相容岗位相分离。各部门围绕信贷业务、存款业务、表外业务、同业业务、财务管理、员工异常行为、贷款管理、账户管理、结算等业务领域陆续开展排查。从整体排查情况看，业务规范、制度健全，操作合规，未发现任何案件风险问题。持续推进制度体系建设工作，提升监管评级短板，强化薄弱环节。以监管部门通报的金融领域各类案件、典型违规案例以及金融宣传知识为重点，对全员进行法规宣贯和案件警示教育。截至2018年末，公司保持案件零发生率，未发现市场乱象的情形。

【人力资源管理】优化薪酬福利政策，制定综合补贴及福利实施方案；加强人员队伍建设，对部门职责和岗位职责进行调整；全面落实重要岗位轮换机制，完成社会化招聘、中层管理人员、主管组织选聘工作；加强内外部培训；建立员工绩效与公司战略绩效的挂钩机制。

【信息化建设】强化网络安全管理，规范系统外包管理，开展外包商的尽职调查，做好信息系统运行维护保障的基础工作，全年未发生重大信息安全和信息系统事故。建成人民银行及银保监统计数据报送自动化平台，建设同城异地数据灾备中心，实施网络技术改造与安全加固项目。

【企业文化建设】以公司成立十周年为契机，开展征文、最美财司人评选、素质拓展以及座谈会和运动会等活动，营造和谐的企业氛围；印制《首财视界》十周年特刊，汇聚公司发展的正能量。

【党建工作】利用党委中心组、“三会一课”集体学，读原著、学原文、悟原理。在遵义开展了两期党员学习班，提升党性修养。把党的领导嵌入公司管理的关键环节，营造良好的政治生态，助力公司发展。

S

首钢集团财务有限公司

【集团概况】 首钢集团有限公司（以下简称“集团”）始建于1919年，已发展成为跨行业、跨地区、跨所有制、跨国经营的综合性企业集团，全资、控股、参股企业600余家，总资产5000多亿元，职工近9万人。首钢着力打造城市综合服务商，在金融服务、城市基建、房地产、医疗康养、文化体育、国际化经营等方面加快发展，不断集聚新动能发展新产业。

【经营概况】 首钢集团财务有限公司（以下简称“公司”）是由集团和北京首钢建设投资有限公司出资设立的非银行金融机构。初期注册资本金20亿元，经过2016年、2017年两次股东增资后，现注册资本为100亿元。截至2018年12月，公司在册员工57人，其中，本科以上学历55人，中、高级职称以上25人。

公司以持续提高集团资金集中管理水平为发展核心；以依托集团、立足集团、服务集团为发展动力；以合规经营、稳健发展为发展准则；构建集团“资金归集平台、资金结算平台、资金监控平台、金融服务平台”，助推集团转型发展，配合集团战略实施，提升集团资本运营、风险防控以及资金管控能力。

【资金集中】 做实做细账户管理，加大账户管理力度。明确客户经理职责分工，盯人盯户逐户清理，加强直联银行账户授权、非授权银行账户流水填报等管理；严格开户准入、资格审核，动态化跟踪、核实成员单位股权变动等重要情况并及时处理，2018年跟进新开立账户116户并全部纳入管理范围，累计完成账户授权99户、账户清理221户。结算存款日均余额达265亿元，同比增加62亿元，全口径资金归集率提升至56%。

【外汇业务】 公司一是提高外汇资金收益，以让利成员单位。2018年归集3.38亿美元，办理成员单位29.28亿美元定期存款，实现利息收入216万美元。外汇活期存款利率较银行挂牌利率上浮100%，定期存款利率上浮2～20倍。二是成立国际业务部服务集团“走出去”过程中面临的金融需求。完成首笔境外资金归集1.15亿美元，运用该笔存款向集团发放1.15亿美元自营贷款，实现境内外资金融通。三是有序开展集团境外资金管理机构筹备工作，基本具备境外资金归集管理条件。

【票据业务】 公司完成成员单位电票账户开立240户，打通票据回款通道；完成集团内票据兑换近3亿元。持续推动承兑业务，努力打响首钢财票品牌，累计承兑228.9亿元；开展押票开票业务39.4亿元；保证金利率上浮40%以吸引票据置换，让利成员单位、推动资金归集。完成与人民银行ECDS电票系统和上海票据交易所系统直联，完成纸电票系统融合直联并正式上线运行票据管理系统，平稳过渡票交新政。

【服务实体】 2018年，公司积极开展同业合作，拓展融资渠道。获得同业授信33家，授信额度324.65亿元，实现同业票据保贴金额45.86亿元，票据质押融资1.31亿元；办理同业拆借58亿元，实现净收益180万元；办理再贴现业务26笔，筹集低成本资金14.95亿元。提供资金支持，降低成员单位财务成本。提供成员单位贷款余额334.94亿元，办理委托贷款余额193.84亿元，累计办理票据贴现122亿元，累计开具保函3.95亿元。按“一户一策”制定优惠让利方案，2018年累计为成员单位节省财务费用10.21亿元。

【风险管理和内部控制】 整体夯实风控体系建设，完成业务规范手册与风控手册双更新；建成风控监测预警系统，提高风险监测和预警的速度和精度；贴合成员单位实际情况，修订优化现行集团客户的信用评级模型；加强贷款后续管理，质量审核严控到位；持续组织制度修编和整理，建立有效制度保障将审计日常稽核、专项审计与绩效考核审计相结合，梳理业务操作流程的薄弱环节和关键风险点，督促落实整改，发挥风险防范“第三道防线”作用。

【信息化建设】完成公司同城数据级灾备中心建设，实现核心业务系统的同城数据备份，确保业务连续及数据安全。开展终端安全管理系统搭建，部署10项安全策略、完成95台终端电脑注册，加强安全管理、提高运维效率。优化信贷、结算、网银等重点业务模块，增强系统操作便利和安全。取得北京公安网监部门颁发的信息安全等级保护备案证明，构建了常态化的风险识别、监测和管控机制。

【企业文化建设】完善健身场所和装备，组织成立篮球、羽毛球、乒乓球等兴趣小组；搭建学习平台，借助政府资源开设“我的阅读”书屋，促进员工岗位学习；利用业余时间组织职工菜地开垦行动，营造“家”的集体文化氛围。建立周培训机制，坚持公司内部业务骨干交流与外请市检察院、市规划院、区公安局、区消防支队、集团各板块等专家能手授课相结合的形式，举办各类培训讲座38次，提升了全员素养和能力，促进了各项业务开展。

顺丰控股集团财务有限公司

【集团概况】深圳顺丰泰森控股（集团）有限公司（以下简称“集团”）于1993年成立，是国内领先的快递物流综合服务商，经过多年潜心经营和前瞻性战略布局，顺丰已形成拥有“天网 + 地网 + 信息网”三网合一、可覆盖国内外的综合物流服务网络。集团的物流产品主要包括时效快递、经济快递、同城配送、仓储服务、国际快递等多种快递服务，以零担为核心的重货快运等快运服务，以及为生鲜、食品和医药领域的客户提供冷链运输服务。业务覆盖全国336个地级市、2775个县区级城市，近1.56万个自营网点。国际业务方面，国际标快/国际特惠业务涉及美国、欧盟、俄罗斯、加拿大、日本、韩国、东盟、印度、巴西、墨西哥、智利等54个国家和地区；国际小包业务覆盖全球225个国家和地区。2018年实现快递件量39亿票，总资产716亿元，实现营业收入909亿元，利润总额59亿元。

【经营概况】2018年，顺丰控股集团财务有限公司（以下简称“公司”）实现营业收入2.92亿元、净利润1.57亿元，资产总额194.32亿元，存款余额180.39亿元，贷款余额76.34亿元。

【服务实体】公司大力拓展保函业务，在成员单位开展多次业务宣讲活动，使成员单位对业务有更深层次的了解，提高业务办理时效，为其提供更便利的保函业务。2018年保函较2017年增长76.50%，有效节约成员单位手续费。

【信贷业务】2018年，公司精细化信贷管理方式，针对不同性质、不同风险业务主体建立差异化信贷管理机制，在满足各成员单位多样化资金需求的同时，加强风险管理。2018年，公司自营贷款余额77.50亿元，较上年增长12.16亿元，增幅为18.61%，有力地支持了各成员单位的业务发展。公司委托贷款余额10.23亿元，比上年增长1.51亿元，增幅为17.32%，帮助成员单位实现内部资金融通。同时通过对各主体业务及存贷款分析，设计不同主体最优贷款方案，匹配自营贷款、委托贷款、统借统还、银团贷款等模式，优化成员单位报表。

【投资业务】2018 年，公司积极开展存放同业业务，获取除股票外的有价证券投资资质，增加了集团投资方式的灵活性。基于年度和月度资金计划、大额报备、融资流入流出，建立资金安全存量，输出资金短期预测，并每日滚动更新，计算可投资资金。在确保资金安全的前提下，进行稳健投资。

【票据业务】公司成功获取电票业务资格，成为票交所会员，电票系统和中国票交系统均顺利上线，实现票据业务贴现及人民银行再贴现的突破。开展票据全生命周期的电子化闭环管理，有效规避票据风险并满足外部监管要求。

【资金集中】2018 年，公司主动与成员单位协商，通过全网账户全生命周期管理，结合银行短名单管理机制，建立境内外双向多币种资金池，拓宽银企直联通道，实现全球资金集中管理、全网资金集中结算，使得公司资金集中度可归集口径达到较高水平。

【风险管理和内部控制】公司 2018 年不断完善公司法人治理架构，健全内部管理措施，合理安排董事会及两个委员会会议，保障公司治理工作井然有序开展，累计召开五次股东会、五次董事会，内容涉及公司治理、风险控制、稽核审计等方面，各委员会审批了董事变更、新业务资质申报、经营范围变更、章程变更等重大事项，实现了企业良好运作。

公司制定了制度流程修订和发布的方案，宣导并推动各处室优化更新，累计修订 51 份、废止 12 份；建立监管指标监测机制，对敏感性指标按周进行监测，避免触碰监管红线；宣讲监管评级、监管指标、重大事项、信息披露等有关监管文件，提高员工合规意识；开展全员普法、反洗钱法宣传，强化员工法律意识，实现教育常态化。

【人力资源管理】2018 年，公司秉承“支持集团战略落地和实现员工个人发展”的理念，通过人员优化配置、人才培养发展，持续加强人才梯队建设，对核心岗位实施轮岗计划，确保后备人员充足。在培训方面，将打造学习型组织和提高员工综合素质作为一项重点工作来抓，公司通过内部知识分享、外部讲师现场讲解、网络视频学习等多种形式，组织开展了近 30 场现场培训，内容涵盖司库体系搭建、业务技能、风控合规、金融服务、金融创新、系统建设等。公司多次组织中高层管理者参加了外部专题培训，进一步丰富管理者的专业知识，提升管理能力，助力公司打造一支专业过硬、素质优良的人才队伍。

【信息化建设】2018 年，公司的信息化建设围绕业务自动化和无纸化的目标，逐步提升系统的业务处理效率和风险控制能力。10 月电票系统上线，拓宽集团结算方式通道，完成征信系统开发，满足监管要求。

【企业文化建设】2018 年，公司全方位加强企业文化建设。一是加强合规文化建设，通过合规部门同事内部交流分享、梳理业务制度等举措，提高员工合规意识，助力公司合规稳健发展。二是加强团队活动建设，组织开展羽毛球比赛、春游团建、父亲节贺卡 DIY、世界杯侃球、年度创新项目评优等活动，不断丰富员工的业余生活，增强团队凝聚力和责任感，营造积极向上的文化氛围。

四川长虹集团财务有限公司

【集团概况】四川长虹集团财务有限公司（以下简称“公司”）由四川长虹电子控股集团有限公司（以下简称“集团”）筹建，2013 年 8 月 23 日正式工商注册，集团注册地为四川省绵阳市，是国有独资企业。截至 2018 年 12 月 31 日，集团总资产 836.07 亿元，总负债 637.26 亿元，所有者权益198.81亿元。营业总收入868.15亿元，利润总额8.64亿元，净利润5.21万元。

【经营概况】截至2018年12月31日，公司资产总额1517547万元，负债总额1285326万元，所有者权益232221万元，全年实现利润总额8917万元，净利润7694万元。

【信贷业务】2018年，公司各项贷款余额120.09亿元，比年初增加22.61亿元，增长23.19%，资产状况良好，贷款均为正常类，均未出现减值迹象。截至2018年末，公司不良贷款余额为零，不良资产率、不良贷款迁徙度、拨备覆盖率均为零。

【投资业务】2018年，在金融同业部与信贷业务部、财务会计部的高效沟通下，资金头寸的使用效率不断提升，在优先满足公司流动性的前提下，适时开展投资业务。全年累计办理货币基金申购49.3亿元，综合收益率为3.63%（未考虑免税因素），实现投资收益2420.62万元；累计办理国债逆回购42.10亿元，实现资金收益244.93万元，综合收益率为5.01%，进一步提升了公司资金收益。

【票据业务】在经济下滑和贸易战影响导致金融市场低迷、融资难的大环境下，公司将自身定位于金融机构和产业之间的桥梁，创新提出“一懂两爱”的服务理念，以爱心为基础，创新和合规为斜边组成一个三角模型，坚持爱有多宽广，业务就能做到多宽广。充分结合各成员单位业务特征，针对性开展股东资金支持：企业单元“科票通”“小微保贴”票据服务、智慧新能源单元的军民融合政策支持，将“懂集团产业，爱成员单位，爱产业链客户”落实到实处。

【资金集中】公司始终重视资金归集工作，一是通过制定详细的资金归集计划，逐项贯彻落实；二是实行按周统计、按月监测；三是将资金归集度指标与信贷、开票、贴现等业务挂钩，形成了财务公司、成员单位共同关注资金归集的氛围。截至2018年12月31日，公司资金集中度为60.40%。

【风险管理和内部控制】2018年，公司积极开展合规文化建设活动。一是深化思想认识，专门组织了合规文化动员大会、合规承诺签字仪式等活动，宣贯《四川银行业三年合规文化建设行动方案》精神，并组织员工签订了合规承诺书，落实了员工的合规责任。二是加强培训学习，开展了以“强化合规经营，牢筑发展基石”为主题的“一把手讲合规”宣贯活动，同时将合规文化建设与党政廉洁建设紧密结合，先后举办了合规知识竞赛、党风廉政知识竞赛、合规主题征文、合规演讲比赛等活动。三是持续开展员工积分管理，按月统计汇总员工正向和负向积分，并在通知栏公示，鼓励员工积极主动合规。四是积极开展合规宣传，充分利用微信、文化墙、横幅等多种形式，合力营造“人人讲合规，处处显合规”的良好氛围。

【信息化建设】公司2017年12月升级上线了核心信息系统，经过一年的运行与优化，较好地支持了公司各项工作开展。业务不断发展壮大对信息系统提出新的要求，因此公司不断完善和加强信息系统建设：推进业务系统与票交所直联，提升票据结算效率；不断完善票据系统，打通上下游票据业务需求；持续创新，升级中征—长虹应收账款融资平台等。

【企业文化建设】公司坚持“敬业担当、创新坚韧”的核心文化理念，从绩效文化、标杆文化、凝聚力、关爱员工等各个层面不断深入开展企业文化建设活动。围绕年度经营目标，将各项工作指标具体落实至各部门，层层分解至各岗位员工，确保上下奋斗方向一致，并以季度、年度绩效考评为牵引，充分将绩效结果与薪酬挂钩，有效推动了公司绩效文化建设。

【党建工作】公司积极履行社会责任，党支部牵头，工会、团支部配合，2018年多次开展了打击非法集资宣传、征信知识普及、送金融知识进万家、打击电信金融诈骗、金融扶贫等活动，帮助各级员工及社区居民了解更多的金融知识，增强风险防范意识。4月、5月、9月先后多次深入凉山州昭觉县开展扶贫工作。还积极响应金融团工委组织开展的大学生逐梦社会实践活动，全年共计招用实习生10人，帮助大学生走进社会，树立良好的就业择业理念。

四川省宜宾五粮液集团财务有限公司

【集团概况】四川省宜宾五粮液集团财务有限公司（以下简称“公司”）隶属于四川省宜宾五粮液集团有限公司（以下简称“集团”）。集团已发展成为以酒业为核心主业、多元化发展的产业格局。2018 年集团实现销售收入 931 亿元，同比增长 16%；利税 323 亿元，同比增长 45%。集团公司将继续发扬“坚守初心、求真务实，创新求进、永争第一”的企业精神，坚持“做强主业、做优多元、做大平台”的发展战略，进一步做大做强核心主业，争取提前跨越千亿元台阶。

S

【经营概况】2018 年，公司坚持稳健经营、严控风险、创新突破，经营业绩稳中有进，呈现良好发展态势。截至 2018 年 12 月 31 日，公司资产总额达 303.72 亿元，同比增长 36.37%；总负债 278.56 亿元，同比增长 39.60%，所有者权益 25.16 亿元。公司存款余额 269.56 亿元，贷款余额 38.03 亿元。2018 年实现营业总收入 10.15 亿元，实现拨备前利润 4.44 亿元，实现利税总额 4.29 亿元。

【信贷业务】2018 年，公司坚持“以市场为导向、以国家产业政策为导向、以集团产业和发展战略为导向”，为集团发展和转型升级提供金融服务。年末贷款余额 38.03 亿元（含贴现 9.41 亿元），同比增长 24.81%。

【产品销售信贷业务】2018 年，公司开办下游经销商产业链融资服务，有力助推五粮液渠道营销金融模式转型升级。通过积极开办买方信贷、消费信贷业务，满足集团经销商融资需求，加大对经销商的支持。2018 年新增买方信贷客户 33 户，服务经销商达 92 户，办理买方信贷 37.96 亿元，为经销商节约融资成本 7000 万元。

【资金业务】2018 年，公司不断积累经验，紧盯同业市场利率走势，分析市场价格变动趋势，择优择机选择同业存放机构，提高资金收益。2018 年实现存取同业约期款项 124 笔，累计存取资金 399.95 亿元，实现资金收益 8.54 亿元。

【投资业务】公司坚持低风险运作投资业务，持续开展固定收益类有价证券投资业务。2018 年新增投资资金 12.20 亿元，实现投资收益 4465.42 万元。

【票据业务】2018 年，公司已积极开发电票业务系统并实现与人行 ECDS 系统的顺利对接。公司大力支持集团重点项目建设，对高分子材料、机械制造、现代包装、现代物流等项目积极开展贷款、贴现、签发电子银行承兑汇票、保函等金融服务。2018 年，为成员单位提供票据贴现服务 94 批次，涉及票据 350 张，贴现发生额 12.45 亿元；签发电子银行承兑汇票 542 张，涉及 71 家成员单位及产业链客户，承兑发生额 41.91 亿元。

【资金集中】2018 年，公司在不断积累资金归集工作经验，努力向集团争取以行政化手段推动资金归集，积极协助集团拟定《资金归集管理办法》。在集团的大力支持下，2018 年新增资金归集 81.03 亿元。截至 2018 年 12 月 31 日，资金归集率为 41.53%。

【风险管理和内部控制】2018 年，公司已建立健全各项制度 221 个，为公司业务发展提供制度保障。加强风险监测和报告，定期开展风险识别、计量、监测与报告，关注和加强各类风险指标监测，确保相关指标严格控制在监管标准内。稳步推进合规文化建设活动，以组织开展监管政策解读及合规管理培训、合规经营大排查、合规之星评选、培育全员风险文化、合规文化建设征文活动等形式为抓手，不断提升公司合规经营管理水平。

公司进一步加强内部控制力度，强化审计稽核监督职责，切实防范和化解经营活动中的各类风险，保障公司合规经营。

【人力资源管理】公司持续完善选人用人机制，畅通员工晋升渠道，认真落实后备人才、主办员工、中层管理人员选聘制度，履行选任程序，健全后备人才库，坚持对确立的优秀人才进行定期考察、考核评定。制定《从业人员管理办法》，明确员工管理考核机制，加强员工行为评估管理。

【信息化建设】2018 年，公司信息系统建设以提升系统服务能力和确保安全运行为主线，相继开发完成了核心业务系统三期升级、投融资业务系统、三项新业务系统、反洗钱管理系统等多个软件系统建设，并已正式上线试运行；完成票交所纸电融合、综合统计报送系统、账户动账短信系统、信贷系统、办公网络终端安全管控等信息项目建设；积极制定公司中长期信息化发展战略规划，完善系统功能支撑保障，持续满足成员单位信息科技金融服务需求。

【党建工作】公司贯彻落实党的十九大精神，积极开展系列党建主题活动，组织召开党员大会、党支部委员会、党小组会及部门分组学习会，传达贯彻党中央重要决策部署；2018 年，组织开展党支部参加集团公司的七一庆祝活动、诗朗诵活动、企业文化小故事征文活动、抖音挑战赛活动、党员拓展培训等系列活动；2018 年发展党员 2 名，目前公司党员人数 21 人，占全员人数的 50%。在实际工作中，注重积累党建工作经验成效，带动广大员工转化为推进公司经营发展的实践行动，转化为推动金融服务的实践行动。

松下电器（中国）财务有限公司

【集团概况】松下电器（中国）财务有限公司（以下简称“公司”）是由松下电器（中国）有限公司100% 投资的法人机构，所属集团为松下电器产业株式会社。集团一直以中国为重要的战略地区，在中国地区主要事业有 AIS 汽车电子和机电系统、AP 电化住宅、ES 环境方案、CNS 网络解决方案四大核心板块等。

【经营概况】公司始终坚持服务于实体经济的理念，以集团利益最大化为目标，较好地达成了 2018 年的监管要求和经营计划。公司主要经营的业务为一般存贷款、委托存贷款、外汇集中代理收付汇、集中代理远期外汇预约、即期外汇业务等。

截至 2018 年末，公司被批准的集团成员单位为 65 家，资产总额为 109.22 亿元，负债总额为 98.43 亿元。2018 年，实现营业总收入为 1.60 亿元，利润总额为 1.50 亿元，净利润为 1.12 亿元。

【信贷业务】公司信贷业务均为流动资金贷款，作为集团金融服务平台，主要是满足成员单位短期融资的需求。根据集团的业务需求，2018 年公司总贷款规模增加，年末贷款余额为 0.93 亿元。各信贷资产五级分类均属正常类，无不良贷款。

【外汇业务】公司主要开展的外汇业务有外汇集中代理收付汇、代理远期外汇预约及即期外汇业务。2018 年共有 23 家集团成员单位参与了即期外汇业务，44 家集团成员单位参与了远期外汇预约业务，通过开展此项业务，为集团成员公司规避外汇风险提供了有力支援。

【资金集中】2018 年，公司继续与旗下各成员单位加强沟通，努力争取吸收成员单位的存款，以提高整体集团资金的使用效率，提供更好的服务助力成员单位发展，凸显财务公司的金融服务功能。年末公司的资金集中度为51.17%。

【风险管理和内部控制】2018年，在风险管理方面，公司开展了进一步深化整治市场乱象工作、关于操作风险管理工作中存在问题的调研、案件风险排查、从业人员异常行为排查工作。在内部控制方面，公司不断完善内部控制制度，根据各项业务的不同特点制定了不同的风险管理制度、操作流程和风险防范措施等，通过日常的各项风险控制措施将风险最低化。

【人力资源管理】截至2018年末，公司从业人员共16人。其中约40%具有5年以上金融行业从业工作经验，约90%具有三年以上金融行业从业工作经验，团队综合素质稳步提升。2018年，公司一是建立了有效的激励约束机制，根据员工的能力及业绩进行考评；二是明确责任分工，根据内部问责规定进行责任认定与追究；三是加强人员行为管理，规范员工的行为，严格遵守制度规范和操作守则。

苏州创元集团财务有限公司

【集团概况】苏州创元投资发展（集团）有限公司（以下简称“集团”）为苏州市属大型国有企业集团，隶属于苏州市国资委，是一家以制造业、金融业务投资、住宿和餐饮业为主业，实业经营与资本经营并举的大型投资控股集团。集团列入统计口径的全资及控参股企业38家。通过结构调整、产业转型，集团先进制造业形成了汽车及零部件、环保设备与工程、输配电及控制设备三大产业高地。集团服务业形成了生产性服务业和主题文化酒店品牌两大板块。

【经营概括】2018年，苏州创元集团财务有限公司（以下简称“公司”）实现营业收入5300万元、净利润2177万元，各类风险合规指标均达到监管要求，全年累计吸收存款230.40亿元，累计发放贷款及贴现13.85亿元，总资产规模20.75亿元。

【信贷业务】2018年，公司信贷投放结合集团总体发展战略，针对集团主业和支持的项目，积极调整信贷结构，全力支持实体经济发展。继续发挥“内部银行”的功能，建立具有公司特色的贷款利率定价管理体系，通过发挥利率杠杆调节作用，使资金资源配置更加符合集团发展导向。同时，尽可能为集团制造业、服务业等不同成员企业制定个性化、差异化的资金配置方案，为成员企业提高有效的金融供给。全年客户满意度达98.4%。

【票据业务】公司多措并举不断推进票据业务的开展，坚持通过票据承兑、票据直贴、票据质押回购、票据质押转小票等新业务模式为企业提供多方位的票据业务。主动通过票据质押转开小票，以免保证金、低收费的方式，缓解企业的货款支付问题，实现了财企的互利共赢。另外，为积极发挥票据再融资作用，加大再贴现力度，进一步提升公司外部融资能力，同时获得更多利差收益，创造新的利润增长点。

【风险管理和内部控制】结合监管部门要求，不断修订和完善公司内部规章制度，2018年共修订内控制度21项、新增17项、废止6项，优化管理流程，管控好自身金融风险，确保依法合规经营。同时，集中开展了案防、反洗钱、非法集资风险排查、整治市场乱象等专项自查、审查工作。对成员企业金融风险承受能力和信用状况进行动态管理，协助维护集团内部金融秩序，不断提升公司风险预测、识别、化解与防范的能力。

【人力资源管理】2018年，公司重新修订《薪酬管理制度》及相关绩效考核办法，在原有的考核方式基础上，研发了公司绩效考核“线上考核管理系统”。进一步完善了内部考核流程，调整和优化了绩效考核内容，强化了内部考核结果的运用。通过更加客观、公正、合理的绩效评价体系，激发员工潜能和工作热情。

【企业文化建设】公司始终践行“聚、创、诚、稳、优、廉、智、信”的核心企业价值观，按照“品牌形象建设、制度规程建设、精神理念建设”三个步骤由外而内稳步推进企业文化建设工作，将企业文化核心理念落实到员工的日常行为之中，并通过公司党支部和工会联合开展了一系列专题学习、知识竞赛、文体活动等企业文化学习实践活动，进一步丰富员工的业余生活，增进团队之间的配合，塑造公司良好的企业形象。

【党建工作】2018 年，公司党支部全面贯彻落实党的十九大精神和习近平新时代中国特色社会主义思想，全面加强党支部在政治、思想、组织、作风等各方面的建设工作。为更好地将党建工作融入经营工作，建立了题为“财企联学十九大，融合共谋新发展”的书记项目，通过与各成员企业联合开展“走看学比做”党建活动，共同学习党的十九大精神，交换业务需求，加强财务公司与成员企业间的沟通与交流，以党建共建为载体，助推集团和企业更好发展。

太钢集团财务有限公司

【集团概况】太原钢铁（集团）有限公司（以下简称“集团”）是山西省人民政府出资、山西省人民政府国有资产监督管理委员履行出资人职责的有限责任公司，是集矿山采掘和钢铁生产、加工、配送、贸易为一体的特大型钢铁联合企业，也是全球不锈钢行业领军企业。2018 年，太钢集团实现营业收入 785 亿元，利润 52.88 亿元。

【经营概况】2018 年，太钢集团财务有限公司（以下简称“公司”）围绕集团下达的年度预算目标和重点工作要求，强化全面预算管理，完善绩效考评方案，深入拓展产业链金融业务，持续提高金融服务能力，支持集团转型升级发展。实现营业收入 4.92 亿元、利润 3.11 亿元，资产收益率为 1.91%，资本充足率为 23.41%，各项监管指标均符合银行监管部门要求。

【服务集团】2018 年，公司发挥金融服务功能，通过盘活票据、开展委托投资、协助发行债券等方式为集团提供金融服务。按月开展外汇风险管理咨询，监测集团成员单位进出口业务和资产负债外汇敞口情况，分析市场汇率波动，提出外汇风险管理建议。及时向成员单位提供《金融市场日报》、《金融市场周报》、《信贷政策月报》等资讯服务。组织开展“金融知识进万家”活动，在《太钢日报》、微信公众号等媒介发布金融知识。

【信贷业务】公司信贷业务量不断扩大，满足实体经济需求。2018 年发放贷款 31.42 亿元、0.3 亿美元，办理委托贷款 21.59 亿元。

【资金计划】执行“月计划、周平衡、日头寸”工作机制，动态做好资金动态平衡和资产负债配置；根据市场变化，按周发布公司票据贴现利率指导价格。

【投资业务】严格投资管理程序，强化投后管理，采用现场及电话沟通方式开展尽职调查，持续跟踪相关产品运行情况。根据资金存量情况，做好投资额度的动态控制。截至 2018 年末，有价证券投资余额 19.46 亿元。

【票据业务】加强集团票据资金集中管理，

2018 年票据池票据收支 461.33 亿元。大力开展票据业务，办理票据贴现 78.46 亿元；另外开展了票据转贴现和再贴现业务。2018 年集团利用公司平台签发电子商业汇票 138.02 亿元，占集团全部签票量的 80.1%，其中银行承兑汇票 66.63 亿元，商业承兑汇票 71.39 亿元。

【供应链金融】大力推进集团产业链金融服务，支持民营小微企业发展，2018 年向供应商提供融资支持 57.80 亿元，其中，发放订单融资 5.23 亿元，办理票据贴现 52.57 亿元。

【外币业务】2018 年，办理代客结售汇 10.16 亿美元，占集团结售汇总量的 49%。继续开展外债业务，2018 年偿还银行外债 1.18 亿美元，新借 0.3 亿美元。提升外币资金配置效益，开展外币理财 0.7 亿美元、外币定期 1.5 亿美元。

【资金集中】继续加大资金归集力度，截至 2018 年末，共有 90 个集团成员单位 267 户银行账户纳入资金归集，日均归集率为 96.34%。

【同业业务】运用信用拆借和债券回购实施流动性管理，在确保公司流动性的前提下，通过交易实现资金价值增长。2018 年办理拆借 118.8 亿元、0.6 亿美元。办理债券回购 94.87 亿元，扩大交易对手范围。根据资产负债配置需求，择时购买银行同业存单替代同业定期存款 1 亿元。

【结算业务】2018 年，公司结算量 80738 笔，结算额 6466.79 亿元，其中 6034.82 亿元人民币、57.12 亿美元、5.09 亿欧元。不断提高结算服务质量，为房产、医疗公司等 8 家单位提供上门服务，确保成员单位结算顺利。

【风险管理和内部控制】根据人民银行要求，组织开展反洗钱自评工作。开展基础管理年活动，组织签订风险防控责任书，落实风险防控责任制。2018 年新增制度 8 项，修订制度 13 项，流程优化共 19 项。完成 3 次常规稽核、4 次专项检查，进一步规范了信贷、同业、投资等业务合规管理。组织开展流动性、信息系统压力测试及消防应急演练。

【人力资源管理】优化 2018 年度绩效考评办法，组织绩效考评，强化闭环管理。通过开展管理者上讲台、青年人讲课题（4 期）、全员业务培训（4 期）、政策法规“周周学”（14 次考试）等活动，不断促进全员业务素质提升。

【信息化建设】继续推进产业链金融系统开发、外管数据报送等信息化四期项目建设。按照上海票据交易所部署，完成纸电票据交易融合上线及票据交易系统直联。持续完善信息系统功能，完成资金头寸、电票业务审批、贴现合同查询等 21 项功能优化调整。搭建公司信息网络安全体系，完成信息系统网络安全自查、核心系统压力测试、数据库例行巡检及优化、人行网络切换应急演练。

【企业文化建设】组织与证券、信托、租赁、其他财务公司开展对标交流，借鉴先进经验，持续提升综合竞争能力和盈利能力。持续优化业务流程及管理能力，组织全员开展“建言献策”活动，共收集 65 条涉及企业文化、制度流程、公司发展等建议，并逐条落实。

【党建工作】继续推进“两学一做”学习教育常态化制度化，组织学习贯彻落实习近平新时代中国特色社会主义思想和党的十九大精神。推进支部组织生活，开展支部党员民主评议，召开组织生活会，开展“不忘初心，牢记使命”主题教育活动，提升党建能力；推进“三基建设”，提升规范化、精细化、标准化水平。

天津渤海集团财务有限责任公司

【集团概况】天津渤海化工集团有限责任公司（以下简称“集团”）隶属于天津市国资委，现有全资和控股子公司168户，在岗职工3万人。集团全面推进“产品、产业、资本、组织、人才”五大结构调整，按照“化工为主，相关多元”的产业定位，持续进行产业改造，完成了由传统氯碱向海洋化工、石油化工、碳一化工“三化”结合的产品结构转型，基本形成了布局基地化、产品系列化、产业多元化、“港化一体”的发展格局，打造了氯碱化工、石油化工、现代煤化工和化工新材料等核心板块。随着现代物流、营销和金融配套平台的搭建，集团已呈现出了现代石化产业集团的特色。

【经营概况】2018年，天津渤海集团财务有限责任公司（以下简称“公司”）积极应对金融市场形势的不断变化，牢牢把握风险合规底线，强化管理能力，加大金融创新和服务创新力度，为集团成员企业创新改革、提质增效提供了有力支持。截至2018年末，公司总资产为99.44亿元（含委托贷款42.16亿元），同比增加6.43亿元，增长6.91%；负债总额86.29亿元（含委托存款42.16亿元），同比增加6.17亿元，增长7.70%；所有者权益合计13.16亿元。实现营业收入合计1.58亿元，利润总额1.01亿元，资本充足率为28.38%，流动性比率为79.85%，不良贷款率和不良贷款额持续保持为零。

【信贷业务】2018年，公司充分发挥金融服务平台职能，通过挖掘内部潜力和外部合作银行的资源，持续以低成本融资支持成员企业发展。截至2018年末，为24户成员企业核定共计82.58亿元年度授信额度，自营贷款余额为30.47亿元，委托贷款余额为42.16亿元。为成员企业提供自营贷款短期和中长期综合平均利率为4.2759%，低于一年期基准利率，支持实体企业降本增效。

【同业及投资业务】2018年，公司为实现资金的保值增值，在保证日常结算的基础上，审慎开展各类同业业务，有效搭建同业渠道，获取同业授信额度30.5亿元，品种涵盖同业拆借、电票换开、电票直贴、票据转贴、代开信用证等业务。通过对资金进行合理分配使用，从外部银行获取收入2446.80万元。在满足公司流动性管理和确保资金安全的前提下，继续稳步开展投资业务，尝试性开展了银行间市场质押式回购，为开展现券和回购业务打下了基础。

【票据业务】2018年，公司不断优化票据池服务方案，开展票据情况调研，丰富票据池功能，满足集团对票据集中管理的需求。已有19家企业开通了票据池功能，全年入池票据51.10亿元，同比增加20.06亿元，办理电票换开业务34.71亿元，办理超短贷27.09亿元。票据池派生综合收益789.84万元。公司通过了上海票据交易所的审核，成功接入全国票据交易系统。

【风险管理和内部控制】2018年，按照监管要求和评级发现的差距，制定合规性自查方案，对信贷业务、同业业务、法人治理结构、评级等开展专项自查，努力化解公司各项合规风险。按照监管要求，深入开展整治银行业市场乱象自查评估，不断完善对征信工作、反洗钱工作的管理，开展了流动性风险压力测试。在防范化解债务风险方面，针对集团退出企业、被起诉企业、重组上市企业等成立特殊债权保全管理工作小组，一企一策，制定了风险防控工作机制。

【人力资源管理】2018年，公司持续深化三项制度改革，通过实施岗位轮换、试点职级制度等措施，兼顾激励与保障，推进薪酬绩效体系改革；强化人才培养，内部培训与外部交流培训共计201人次，不断提高员工综合素质；加强人才队伍建设，2018年引进3名员工，人才队伍趋于专业化、年轻化。

【信息化建设】 2018年，公司不断加强信息科技管理，加大信息化系统建设力度。完成核心系统等级保护二级测评、机房消防检测工作，最大限度确保信息安全；实施核心系统二期升级建设及测试工作，保障新业务顺利开展；按人民银行要求，对反洗钱系统进行二期开发、对征信前置系统建设开展了调研，为反洗钱工作、加强征信安全提供技术支持。

【党建工作】 2018年，公司坚持和加强党的全面领导，发挥党支部领导核心和政治核心作用；完成了党建入公司章程的工作；深入开展主题教育活动，创新理论学习方式方法，努力使理论学习和业务实践有机融合；加强干部队伍作风培养，加强党风廉政建设，强化监督和执纪问责，全面落实从严治党主体责任，以党建促行政管理和业务开展。

T

天津港财务有限公司

【集团概况】 天津港财务有限公司（以下简称“公司”）为天津港（集团）有限公司（以下简称“集团”）的全资子公司。集团主营业务为港口投资、装卸搬运、仓储分拨、客货运输服务等。2018年，集团完成货物吞吐量4.46亿吨，同比持平；完成集装箱吞吐量1600万标箱，同比增长6.20%，增幅位居沿海港口前列。

【经营概况】 公司始终坚持立足集团、服务集团，不断提升精细化管理水平，提高资金使用效率和效益；落实监管要求，进一步完善内控体系，确保合规平稳运营。截至2018年末，公司资产规模为97.80亿元，负债规模73.95亿元，所有者权益23.86亿元。实现收入3.27亿元，实现账面利润2.34亿元，不良贷款率和不良资产率均为零。

【信贷业务】 公司对50家成员单位进行统一授信，总额达133.21亿元；办理57笔委托贷款业务，金额61.75亿元；开立电子银行汇票544笔，金额4.99亿元；12月末各项贷款余额为56.93亿元。

【服务实体】 公司一方面协助成员单位解决“融资贵”难题，2018年平均融资规模为56.72亿元，平均融资成本为4.24%，低于人民银行一年期贷款基准利率；另一方面在风险可控的前提下，采用“无还本续贷”、循环贷款等适合小微企业流动资金贷款的方式，降低其资金周转成本，缓解其融资难题，截至2018年末，公司对小微企业贷款余额34.11亿元，占公司贷款规模的59.92%。

【投资业务】 2018年9月，公司顺利获得除股票以外类有价证券投资业务资质。2018年投资收益3454.59万元，同比降低21.06%；利息收入4921.79万元，同比降低29.15%；同业业务整体收入8376.38万元，同比降低25.66%。

【票据业务】 公司与浦发银行合作，完成了票据池系统研发及测试，成为天津市辖内首家使用自主研发票据池系统的财务公司，并于2018年12月顺利开展首笔票据业务。

【资金集中】 公司制定并实施“成员单位报送资金使用周计划”方案。同时加强对合营、集团参股企业服务力度，传递资金集中管理理念，该类企业中部分集中度已高于集团持股公司水平。公司提高可归集存款上限，年末上市公司信贷规模达31.32亿元，同比增加0.19

亿元。

由于上市公司资金归集上限、集团资金规模下降等因素，年末监管口径资金集中度为42.66%，同比下降4.82个百分点；可归集口径资金集中度为85.80%，同比下降11.57个百分点。

【信息化建设】 完成对电子票据系统的改造，配合票交所做好纸质、电子票据融合项目第二阶段工作，确保公司电子票据业务正常开展；开发客户评级系统内“流动资金测算表”功能，提高授信管理水平；完成与兴业银行银企直联的验收、上线，截至2018年末，公司直联银行达10家。

【风险管理和内部控制】 公司进一步深化银行业市场乱象整治工作，组织各部门各岗位进行排查，制定制度7项，修订制度16项，完善内控制度体系，提高风险管理水平；开展《宪法修正案》及2018年监管政策培训，加强合规文化建设。

【党建工作】 公司党总支优化组织设置，推动并实现党支部与部门逐一对应，新成立8个党支部，党支部书记即部门负责人，坚持服务生产经营不偏离；积极与同业开展“党建共建”活动，共同探讨廉洁从业、风险防控方面的优秀做法和经验，促进党建与生产经营深度融合。

天津能源集团财务有限公司

【集团概况】 天津能源投资集团有限公司（以下简称“集团”）是天津市国资委出资监管的国有独资公司，注册资本100.45亿元。作为天津市能源项目投资建设与运行管理主体，集团以“四源”，即电源、气源、热源、新能源为主营业务，承担着保障天津市能源安全稳定供应和推动全市能源结构调整优化的重任。

【经营概况】 天津能源集团财务有限公司（以下简称“公司”）注册资本人民币10亿元，所属集团是天津能源投资集团有限公司，集团出资76000万元，出资比例为76%。截至2018年末，公司拥有资产总计55.59亿元。营业收入6892.1万元，利润总额5007.3万元。公司负债总计45.16亿元，其中，吸收成员单位存款45.01亿元，占负债总额的99.67%。

【服务实体】 公司以“服务实体经济”为宗旨，通过存款利率上浮、贷款利率下浮、结算免费、手续费免费等优惠措施，全力支持集团实体经济发展，最大限度助力企业降本增效。为给成员单位更大的便利，为成员单位提供上门服务，真正让成员单位享受到足不出户就可以办理业务。

【信贷业务】 截至2018年末，公司自营贷款余额为9.73亿元，较2017年末新增6.93亿元。公司共有授信客户8户，其中新增授信客户2户。2018年，公司进行自营贷款发放17.33亿元，自营贷款收回10.40亿元。信贷资产风险分类结果全部为正常。

【结算业务】 截至2018年末，公司共办理结算业务1800余笔，合计205.50亿元；开立账户40余户。

【资金集中】 集团对成员单位存款的归集工作十分重视，将资金归集率作为集团的年底考核的重要指标；公司对成员单位存款利率在合理范围内给予很大的让利，保证成员单位相同存款产品存款利率不低于其在银行的存款利率；除存款利率上浮外，为给成员单位更大让利，公司通过贷款利率下浮、结算免费、手续费免费等优惠措施，全力支持集团实体经济发展，最大限度助力企业降本增效。

【风险管理和内部控制】 2018年，公司严格执行审贷分离制度，搭建了成员单位信用评级体系，按季召开资产清分会；高效完成各类监管报告、监管数据的上报；认真组织完成人行首次评级工作；组织开展风险管理知识培训；制定员工合规手册；按照监管要求，建立健全洗钱风险管理制度。

进一步加强内部控制制度建设，出台内部控制缺陷认定标准相关制度。全面开展内控活动稽核工作，有序实施财务活动的检查监督，加强全面风险管理的评估检查，开展重点风险领域的专项审计，有力推进审计发现问题的整改落实，进一步提升内部控制管理水平。

【人力资源管理】2018 年，公司着力加强人才梯队建设，补充中层管理人员，同时通过集团内部招聘形式增加了关键岗位的人才储备。公司持续开展内部培训，加强各部门间知识交流，提升员工综合素质，提高工作效率，避免操作风险。

【信息化建设】2018 年，公司致力于提高网络安全水平，为业务运行提供有效服务和安全保障。公司一方面加强信息化建设，购置堡垒机和入侵检测设备，有效保障网络和数据不受来自外部和内部用户的入侵和破坏，降低网络或系统中存在违反安全策略的行为和被攻击的可能；另一方面，持续对核心业务系统不断优化更新，使其功能满足不同业务部门的使用需求，同时简化其操作复杂程度，提高办公效率。

【企业文化建设】公司重视员工人文关怀，购置报纸期刊、专业书籍，创办阅览室；大力支持工会工作，建立母婴室，关怀女员工；购置跑步机，强身健体；每天五分钟早操，劳逸结合；扶贫助困等具体措施。加强与员工沟通交流，召开员工座谈会；组织内部业务培训，提高员工业务技能；参观平津战役纪念馆等团建活动，提高全体员工对公司的认可度和归属感。

【党建工作】2018 年 5 月，公司党支部成立以来，将学习宣传贯彻习近平新时代中国特色社会主义思想和党的十九大精神作为最重要的政治任务，采取多种形式推动贯彻落实，做到公司干部职工全覆盖。持续完善党建制度体系，制定并下发了《党支部工作规则》等四项党建工作制度，使公司党组织各项工作有规可循。认真落实“三会一课”制度，促进公司支部管理水平有效提升，严肃和规范党内政治生活，出台“三重一大”决策管理办法，确保党组织对国有企业的全面领导。

天津天保财务有限公司

【集团概况】天津保税区投资控股集团有限公司（以下简称“集团”）是天津港保税区管委会下属国有独资公司。作为滨海新区大型国有控股集团，坚持区域功能服务与企业经济效益相统一，致力于为区域提供安全、稳定、优质的基础设施建设、运营与服务，形成了涵盖“区域开发建设、基础设施运营、物流及汽车展贸、金融与投资”四大主业板块的多元化产业发展格局。集团将持续倾力打造“治理规范、主业突出、管控有力、业绩优良”的一流投资管理型公司。

【经营概况】2018 年，天津天保财务有限公司（以下简称“公司”）致力资金管控，以资金为纽带，围绕资金管理和融资服务业务主线，稳健推进各项业务，持续提升公司风险防控能力，较好承担了集团内部“四个平台”功能。截至 2018 年末，公司资产总额 101.10 亿元，负债总额 66.22 亿元，所有者权益合计 34.88 亿元。实现营业总收入 3.54 亿元，利润总额 2.40 亿元。

【信贷业务】公司秉持“立足集团、依托集团，服务集团”的经营理念，坚持服务与效益并重，围绕服务滨海新区大项目、好项目，为承担项目建设的所属企业持续提供便捷高效的信贷服务。年度内重点对接支持空客 A330 交付中心、空客总装天津公司、平行进口汽车等多个大项目，2018 年累计为成员单位发放贷款 64.15 亿元，发放金额同比增长 109.9%。

【融资服务】公司立足“统一运作、专业经营、集成管理”的融资管理思路，切实降低集团整体融资成本，保障成员单位资金需求，较好承担集团内部“金融服务平台”职能。对内主动了解成员单位的资金需求，及时与合作银行沟通谈判，争取优惠贷款条件；对外运用金融牌照优势，为成员单位提供融资担保，缓解集团担保压力。2018 年担保业务发生额 10.6 亿元，年末担保余额 17.8 亿元，协助成员单位取得银行授信 27.79 亿元。

【投资业务】公司严格遵照监管要求，通过判断市场形势、组合金融工具、每日比价等手段进行流动性管理。2018 年，公司综合配置了债券和货币市场基金，通过线上和线下交易结合，全面参与银行间市场资金交易，市场活跃度进一步提升。公司克服金融市场波动等困难，合理把控金融风险，开展货币市场基金投资、债券投资，实现投资收益 2813.27 万元。

【票据业务】公司围绕集团“区域开发建设、商贸物流、基础设施运营”板块经营特点有序开展电票服务，有效缓解所属企业融资压力。2018 年，公司通过银行代理模式为成员单位办理并承兑电票 13 笔，金额 5251 万元。获得上海票据交易所会员资格，加入票交所电票系统。

【资金集中】2018 年，公司严格落实集团资金管控要求，持续优化“资金归集平台”基础功能，根据成员单位归集度、归集资金稳定程度，适当提高存款利率水平；增强成员单位资金归集积极性。办理资金结算业务 22644 笔，结算量 6189 亿元，同比增长 75.13%，日均归集资金 46.73 亿元。

【业务创新】公司成功获批银行间质押式回购匿名点击业务，成为全国第八家上线的财务公司。

【风险管理和内部控制】2018 年，公司履行好自身事中审查和事后监督的职能，有效提升内部管控水平。严格落实制度体系动态调整机制，对现行制度进行全面梳理，对《“三重一大”决策工作实施办法》《董事会议事规则》《总经理办公会议事规则》等基本制度进行了修订。

【人力资源管理】2018 年，公司一方面充分发掘内部潜能，致力于培养锻炼高素质专业人才队伍，健全培训管理体系，全员专业技能显著提升，人力资源管理工作持续深化。另一方面从社会公开招聘部分中层及普通员工，坚持择优聘任、德才兼备、任人唯贤，注重对政治品质、工作能力、廉洁自律等方面考察考核。公司高素质专业金融团队逐渐形成。

【信息化建设】2018 年，公司逐步完善现代信息科技体系，实现核心业务系统服务多元化、信息系统安全化、经营管理信息化和金融服务现代化。一是推进制度体系建设，加强信息科技规范化管理；二是加强基础设施建设，建立安全稳定的生产环境；三是推进核心业务系统建设，提高精细化管理水平；四是加强运维管理，保障信息系统安全稳定运行；五是完善应急管理体系，提升业务连续性水平；六是加强队伍建设，提升信息科技核心专业能力。

【党建工作】公司党支部带领全体党员深入学习贯彻党的十九大精神，稳步推进国企党建工作在基层支部落地生根。围绕“深入推进全面从严治党”主线，组织党员严肃开展组织生活，扎实学习党章党纪，有效实现“两学一做”学习教育活动常态化制度化，形成了“维护中央权威、捍卫核心地位、对党绝对忠诚”的良好政治生态。2018 年公司将党建工作写入公司章程，明确党支部对企业重大经营决策的领导作用，在充分贯彻民主集中制的前提下规范决策行为，切实防范经营风险，提升企业内部管理水平。

天津物产集团财务有限公司

【集团概况】天津物产集团有限公司（以下简称“集团”）是天津市最大的国有生产资料流通企业，注册资本25.5亿元，拥有企事业单位217家，集团经营领域涵盖大宗商品、现代物流等，其中大宗商品主要包括金属、能源资源、矿产、化工、汽车机电五大类别。集团是天津市第一家进入世界500强的企业，自2012年起连续7年入围。在2018年《财富》世界500强企业中排名第132位，在上榜的120家中国企业中排名第32位。2018年集团系统共计完成销售收入4379亿元，完成进出口贸易额120亿美元，实现利润10.4亿元。

【经营概况】2018年，天津物产集团财务有限公司（以下简称“公司”）以巡视巡察问题深入持续整改为契机，坚持党建促经营，强化政治担当，不断加强自身建设，充分发挥金融服务职能，较好地完成了集团下达的各项指标。截至2018年末，公司资产总额262.47亿元，营业收入7.79亿元，利润总额4.69亿元。

【服务实体】2018年，公司通过降低表内业务利率、表外业务较外部金融机构执行较低保证金比例的方式累计为集团节约成本6.36亿元，减少集团及其成员单位的对外融资。

【信贷业务】截至2018年末，人民币流动资金贷款全年累计发放208笔，累计金额392.05亿元，余额233.24亿元。为7家成员单位发放国内外汇贷款10笔，金额累计7270万美元。

【资金业务】2018年，公司积极走访多家异地金融机构，取得金融机构新增授信37亿元，公司累计获得同业授信额度162.3亿元，为集团及成员单位开展金融服务奠定了基础。

【票据业务】2018年，开立财务公司承兑票据累计2078张，金额133.12亿元，年末余额111.05亿元，为加速成员单位资金周转，提高资金使用效率，2018年累计完成票据贴现54笔，金额24.13亿元，年末余额10.5亿元。

【外汇业务】累计与金融机构开展12笔美元拆借业务，金额合计2.9亿美元；代理成员单位购汇及银行间外汇买卖平盘累计金额为2.86亿美元，比照同期银行挂牌价节省129万元。其中，为成员单位办理购汇业务17笔，金额共计9163万美元；自营结售汇7笔，金额共计1.94亿美元。

【资金集中】加大资金归集力度，把好集团资金出口。截至2018年末，共审核付款单19.52万笔，累计12228.31亿元；共办理正常结算业务笔数9391笔，金额4387.41亿元；共完成14家银行的1074个账户授权工作，约占全集团全部一般结算户（可归集）账户总量的91%。

【业务创新】协助成员单位开具关税保函，延期缴纳税款保证金，减少资金占压，提高资金使用效率，同时避免重复办理通关手续，加快通关速度，避免因货物滞留港口带来的资金成本上升。截至2018年末，累计为6家成员单位开具关税保函业务，余额1.37亿元，担保期限半年至一年不等。

【风险管理和内部控制】2018年，公司一是做好合规指标的监测和报送工作。按日监测公司各类风险性指标，累计报送监管报表900余份，报送各类报告100余份，无迟报、漏报、解锁情况。二是排查和提示风险事项。截至2018年末审核业务988余项，涉及金额471亿元。三是发挥审计职能，对发现问题持续核查，督促整改。2018年共开展公司内部专项审计4次，发现11项问题，提出15项建议，完成14名员工的轮岗检查和10名员工的强制休假检查。四是做好公司反洗钱工作。完成2017年反洗钱数据报送自查，对公司反洗钱工作整体情况进行了自评估。

【人力资源管理】2018 年，公司一是完善薪酬管理制度，设置公平公正的绩效考核管理体系。根据金融行业特点，修订《薪酬管理制度》，打通晋升通道。二是落实干部选拔任用制度。原有中层干部和表现突出的优秀员工共计 18 人参与了公司中层干部竞聘上岗，通过公司领导和全体员工的多维度评议，最终选聘优秀人才 11 人。其中，提拔 2 名优秀中层干部担任公司高管，实现了公司前中后台的工作分离。三是积极参与和组织各种内、外部培训职工 700 余人次，投入培训经费 11.9 万元，提升员工专业能力与水平。

【信息化建设】2018 年，公司一是完成票交所纸电融合二阶段项目开发上线工作，真正实现了纸质票据和电子票据的同场交易，丰富了公司的票据业务，提升了交易效率、透明度和风险防控能力。二是推进集团 SAP 资金管理项目。实现了 293 家法人单位的系统上线，使集团各级次资金的信息可观、风险可控、资金可用。三是开展信息安全等级保护测评工作，聘请专业安全机构对公司信息安全 10 个模块进行现场测评及风险评估，根据测评结果进行整改，全面提升了公司信息安全防护等级，降低信息安全风险。

【党建工作】2018 年，公司一是以理论学习为抓手，提高党员政治素质。全年中心组集中学习 20 次，学习资料 40 余篇。全年组织全体党员集中学习 13 次，党小组学习 45 次。二是以制度落实为保证，履行党建主体责任。全年共印发制度 14 项，召开支委会 42 次，审议议题 236 项。三是加强党务队伍建设，引进培养高素质人才。增补 2 名同志为公司支委委员，同时做好党员发展工作。四是以开展活动为载体，激发基层党建活力。2018 年共组织主题党日活动 15 次，文体活动 120 人次，开展合理化建议征集、促改革发展座谈会、平津战役纪念馆参观等学习交流活动。五是以专项整治为重点，推进全面从严治党。加强廉政教育，筑牢思想防线，全年开展专题廉政警示教育大会 6 次，通报、传达典型违纪违规案例 43 起。

天津医药集团财务有限公司

【集团概况】天津医药集团（以下简称“集团”）是一家国有大型综合性制药集团，其前身为成立于 1979 年的天津市医药管理局。集团以绿色中药、化学原料药、化学制剂与生物药、特色医疗器械、现代商业物流五大板块为主体，科研、生产、商业销售一体化运作，拥有 180 多家企业，控股中新药业、天药股份、力生制药和迈达科技 4 家上市公司，与葛兰素史克、大冢、维克多等跨国知名制药公司合作组建合资企业 10 余家。集团主要经济指标位居中国医药行业前列，连续多年入选中国企业 500 强、中国医药工业百强。

【经营概况】2018 年，天津医药集团财务有限公司（以下简称“公司”）紧紧围绕“服务集团、规范经营、稳健发展、致力于为股东和集团企业创造价值”的经营方针，着力夯实基础业务，不断加强内控建设，稳定有序开展各项工作。2018 年，公司实现营业收入 5284 万元，营业利润 2094 万元，利润总额 2094 万元。

【信贷业务】2018 年，公司持续发挥融资平台功能，在商业银行信贷规模紧、利率高、自身资金有限的情况下，坚持以优于同业的利率为企业融资，最大化满足企业短期资金周转需求，竭尽所能缓解企业融资急、融资难的问题，同时公司票据承兑业务在规模得到快速扩展的同时，功能性也得到了很大提升，使票据业务突破对外支付的传统功能，满足企业的融资需求。

【资金业务】2018 年，在保障资金安全的同时，公司努力提高资金使用效率，通过历史数据、资金结构、模型验证及特殊情景分析，初步建立流动性管理定量模型，每日计算备付金安全值、监控资金运用和资金错配情况，每周根据资金预算分别预测资金长、中和短期错配累计盈余或缺口，形成周内资金运用方案，使资金的运用与管理有据可依。在流动性定量模型的框架下，公司根据资金情况，适时开展同业定期、约期业务，资金使用效率得到切实提升。

【资金集中】受益于集团资金归集率考核、规范资金管理的政策作用以及企业的通力配合，2018 年度资金归集工作取得了显著成果，特别是资金量较大的上市公司归集效果显著。公司在对天药股份全部可归集资金完成归集全覆盖后，成功实现了对中新药业和天药股份两家上市公司的无条件归集。

【风险管理和内部控制】公司着重通过深度完善制度体系、加强法律审核及内部审计等工作，全面加强公司内控管理，充分发挥内部风险管控二、三道防线的作用。在已建立的制度体系的基础上，密切结合工作实际，进一步修订完善制度流程，使公司内控制度更加精细化，全年共制定及修订信贷、结算、财务、人事、IT 及综合管理类制度文件共计 49 项，公司内控制度体系逐步走向成熟。

【人力资源管理】2018 年，公司一是进一步完善绩效考核工作，确定能动性绩效考核体系和“员工自评、上级考核、班子把控”的三位一体考评体系，确保落实“履职尽责、担当作为、创新竞进”的考核原则，建立健全制度体系，规范人力资源流程操作。二是优化组织架构，明确岗位职责。结合公司经营战略和业务需求，修订制定了符合公司运营现状的岗位职责手册，为招聘录用、绩效考核提供依据，为员工完成工作目标、实现自我管理起到引导作用。

【信息化建设】为保障公司各项业务安全高效开展，公司持续加强信息系统建设工作，对整体信息化体系架构进行全面提升。一是投资建成容灾备份项目，构筑公司数据中心数据保护的最后防线。二是申请接入上海票交所，及时开展专线铺设。三是开展固定收益类投资业务模块搭建工作，确保新业务无缝衔接。四是开展系统监控设备、内网安全准入设备以及日志收集分析设备调研测试工作，为后续采购做充分准备。

【企业文化建设】2018 年，公司一是严格落实防风险、保稳定责任。全员签订《安全责任书》《社会治安综合治理目标责任书》《廉洁从业承诺书》，制定了廉洁风险防范、社会治安综合治理、安全生产（消防安全）等管理制度和相关应急处置方案，严格执行值班制度，定期进行消防、安全培训，使安全之弦时刻紧绷，为企业经营发展筑牢安全稳定基石。二是完成工会筹建并通过工会开展知识竞赛、技能培训、学习交流系列活动，促进培育合规高效、专业向上、担当作为的优秀企业文化。

天瑞集团财务有限责任公司

【集团概况】天瑞集团财务有限责任公司（以下简称“公司”）是由天瑞集团股份有限公司（以下简称“集团”）发起设立的银行业金融机构。集团成立于 2004 年 12 月 21 日，是一家集铸造、水泥、旅游、煤电、矿业、商贸物流等产业为一体的综合性企业集团。天瑞集团是河南省重点支持的百户工业企业之一。2010 年 1 月，“天瑞”商标被国家工商总局商标评审委员会认定为中国驰名商标。集团在2018年中国企业500强中列第356位，在全国民营企业500强中列第150位，在中国民营企业制造业500强中列第79位，在河南省民营企业100强中列第3位。

【经营概况】公司注册资本10亿元人民币，其中，天瑞集团股份有限公司出资46250万元，出资比例为46.25%；天瑞水泥集团有限公司出资25500万元，出资比例为25.5%；天瑞集团铸造有限公司出资5250万元，出资比例为5.25%；天瑞集团旅游发展股份有限公司出资23000万元，出资比例为23%。

截至2018年末，公司成员单位共54家，并为47家成员单位开立资金归集账户；吸收各项存款4.69亿元，发放各类贷款13.9亿元；资产总额15.23亿元，负债总额4.72亿元，所有者权益10.51亿元；2018年度实现营业收入0.52亿元，净利润0.22亿元；2018年全年累计办理结算业务4.88万笔，结算量1181亿元。

【票据业务】公司先后完成业务技术准备、制度建立完善。通过了上海票交所电票系统技术、接入环境现场验收，完成系统生产环境网络联调，中间件连通性测试等工作。2018年7月13日，与上海票据交易所电子商业汇票系统（ECDS）通过直联模式正式连接，电子商业汇票系统的正式接入标志着公司业务发展迈上了新台阶。

公司于2018年8月配合上海票交所进行纸电融合二期测试，圆满完成电票系统纸电融合升级。截至2018年12月末，公司累计出具电子银行承兑汇票273张，金额19885万元；兑付电子承兑汇票2张，金额3510万元。

【风险管理和内部控制】2018年，公司不断加强内控制度和风险管理体系。一是严格按照反洗钱“3号令”等国家反洗钱相关法律法规的规定，建立完善的反洗钱监测系统和反洗钱制度体系，完成反洗钱体系搭建；二是根据《河南银监局关于印发进一步深化整治银行业市场乱象工作实施方案的通知》要求，成立领导小组，针对公司治理、内控管理、经营管理中存在的薄弱环节，查找经营风险问题，边规范边提升，全面合规经营。三是根据监管要求，公司完善案件防控及合规管理体系。通过完善相关管理办法、签订目标责任书、对公司员工进行培训等方式，加强案件防控及合规文化建设，提高风险防范意识。

【信息化建设】2018年，根据公司业务发展需要和年度计划要求，重点完成电子商业汇票系统的建设、现场技术环境验收和正式网络的联调上线工作，并顺利通过上海票交所纸电融合二期升级工作。完成公司反洗钱系统的二代监测分析系统升级和报送工作。以信息化系统建设为契机，对公司电子商业汇票系统相关制度进行了梳理和修订完善，及时下发并组织学习。

通用技术集团财务有限责任公司

【集团概况】中国通用技术（集团）控股有限责任公司（以下简称“集团”）成立于1998年3月，主业包括先进制造与技术服务咨询业、医药健康产业、贸易与工程承包业等板块。

【经营概况】2018年，通用技术集团财务有限责任公司（以下简称“公司”）按照发展规划，持续推动金融平台的建设和金融功能的拓展，促进财务公司以创新金融、司库金融为特色的转型升级发展。

【信贷业务】2018年，公司对52家成员单位开展信用评级工作，并开展风险限额的确认和年度授信。公司结合供给侧结构性改革的需要，支持成员单位去产能、去库存业务的需求，重点支持成员单位转型升级，践行“绿色金融”。

【资金业务】2018 年，公司对包括银行及财务公司在内的 110 家同业金融机构开展了授信评级，对其中 50 家给予同业授信并定期对授信方案及授信使用情况等进行评估。此外，公司启动了成员单位资金计划优化功能的开发工作，持续研究更加行之有效的资金计划管控模式，跟进并及时掌握重大资金变化情况，通过完善资金计划功能，进一步加强对成员单位资金流向的把控。

【票据业务】2018 年，公司成功加入上海票据交易所电子商业汇票系统（ECDS），完成了电子商业汇票系统的发布上线和票交所现场验收，实现核心业务系统与 ECDS 系统的对接，纸电融合项目切换上线，并在此基础上成功重启电票业务。此外，公司积极推动成员单位间票据贴现及财务公司票据互认工作，与国机财务公司成功签署战略框架协议，积极推动财务公司同业间票据业务合作。

【外汇业务】2018 年，公司积极走访有潜在结售汇业务需求的成员单位，以细致周到的服务和优惠的价格赢得成员单位的好评，取得了较好的效果，办理结售汇成员单位数量较 2017 年有所提高，结售汇金额笔数均远高于 2017 年同期，有效协助成员单位减少对外汇兑成本，助推集团实现利益最大化。

【资金集中】2018 年，公司在积极推动跨境人民币集中收付业务、拓展归集渠道的同时，以成员单位存款贡献度为重要考量因素，制定了差异化资金归集奖励政策，积极推动公司资金归集业务，加强资金集中管理，提高成员单位资金归集的主动性和积极性。2018 年公司日均吸收存款折合人民币金额创历史新高。

【业务创新】公司一是成立了司库研究专项小组，以司库体系基本职能、管理内容为切入点，设计司库型平台架构，拓展平台功能，为转型升级发展提供新思路；二是结合成员单位需求设计并积极推动无风险敞口贷款便利业务以及保函业务，丰富了业务品种，并积极寻找潜在客户；三是持续推动公司全年创新课题研究工作，明确包括行业前沿、金融管理工具等方面在内的十余个研究方向，积极培育创新氛围，开展成果分享，激发团队创新意识和团队活力，并形成研究成果并推动研究成果的转化。

【风险管理和内部控制】2018 年，公司不断完善全面风险体系建设，增强公司整体风险管理能力。一是推动风险识别整合机制的有效建立；二是及时根据业务及管理需求，推进相应制度的完善，进一步健全内控体系；三是开展了新业务和专项领域的风险评估，实现了对公司重点事项的风险管理的滚动覆盖；四是不断提高信息技术在风险预警、线上监控方面的应用；五是完善风险救济措施，提高风险应急能力。

【人力资源管理】公司一是巩固学习型团队建设，编制完成 2018 年培训计划并落地实施。二是完成公司内部人才库搭建，实现人才入库管理，并对在库人才持续跟踪，分类培养、使用。三是开展多项内部考试工作，尝试搭建公司内部考试认证体系并探索公司内部考试认证机制；制定公司内部上岗准入方案，强化人岗匹配。四是实施中层干部轮岗工作、部分部门内部员工的岗位轮换工作、社会人才招聘工作。

【信息化建设】公司通过一系列信息化项目和管理措施的安排，在确保基础平台相关系统稳定运行的基础上，持续推动与资金管控相关的基础设施建设，着力推进大额资金动态管控工作，进行系统的功能优化并搭建新的应用系统，满足集团资金管理对账户、资金计划、结算控制、额度控制等多项管控要求。同时，公司从制度管理、项目管理、专业研究等方面持续加强 IT 治理。

【企业文化建设】公司一是通过组织观影、参观警示教育基地等活动，增强大家的廉洁自律意识；二是开展各类关爱帮扶活动，营造企业和谐氛围；三是通过组织各类文体活动，丰富职工文化生活，提高团队凝聚力；四是鼓励员工积极参加各类培训，营造企业学习氛围，不断提升工作能力；五是鼓励员工积极投稿，制作公司年度内刊《来吧，加油——我的

2018》。

【党建工作】2018 年，公司聚焦“强班子、提能力；抓重点、重决策；夯基础、固根基；促融合、显成效”的工作目标，以持续推进“两学一做”学习教育常态化制度化和落实中央巡视整改工作为契机，全面推进党的建设工作并取得实效。公司党建工作开展取得了较好的成果，党建工作水平得到了进一步提升，公司全员全年未发生重大违规违纪行为，公司的经营发展得到了有力的政治保障。

铜陵有色金属集团财务有限公司

【集团概况】铜陵有色金属集团控股有限公司（以下简称“集团”）是以有色金属（地质、采矿、选矿、铜铅锌冶炼、铜金银及合金深加工）、化工、装备制造三大产业为主业，集建筑安装、井巷施工、科研设计、房地产开发、金融贸易等相关产业多元化发展的国有大型企业集团。在2018 年中国企业500 强中列第116 位，继续位居皖企首位。

【经营概况】2018 年，铜陵有色金属集团财务有限公司（以下简称“公司”）经营业绩稳步攀升，2018 年平均资产规模 82.25 亿元，同比增长 9.32%；日均吸收存款 72.39 亿元，同比增长 18.44%。2018 年实现营业收入 3.13 亿元，同比增长 13%。风险防控扎实稳健，资本充足率为 15.39%；流动性比率为 44.72%。不良资产率和不良贷款率均为零。

【信贷服务】公司根据“全力满足小型企业，尽量满足中型企业，适度满足大型企业”服务原则，最大限度地发挥了财务公司服务成员单位、调剂资金余缺的功能。积极开拓集团主业客户，稳定贷款数量及质量，2018 年末贷款余额 58.86 亿元。积极响应国家支持实体经济相关政策，2018 年大幅收缩同业业务，新增贷款 17 亿元。

【资金集中】公司稳步推进账户管理，对涉及公司业务单位银行账户进行逐一排查，纳入公司管理的账户数占可管理账户数的90%以上。持续提升结算服务，2018 年结算收付款量 10.46 万笔，为成员单位提供资信证明、询证函、资金结算等服务。

【票据业务】2018 年，公司开票笔数 7049 笔，2018 年共有 85 户成员企业开通电票系统，大大增强了企业对公司电票系统的黏度。

【结售汇业务】外汇业务量创新高，公司金融平台作用得到充分发挥，2018 年累计办理结售汇业务 651 笔，金额 60.15 亿美元，是 2017 年同期的 1.96 倍。

【投资业务】公司择优选择合作伙伴，逐步提高财务公司投资额度，争取更多投资收益。

【保函业务】2018 年，公司为 5 户成员企业办理了 13 笔保函业务，极大地节约了集团的资金成本。

【风险管理】结合监管部门“质量提升年”、市场乱象整治活动，公司加大内部稽核和风险管控力度，以合规检查为重点，拓展专项稽核检查，真正做到事前防范风险。及时提示票据承兑风险，得知部分财务公司票据承兑风险信息后，及时在集团网站发布风险提示公告，或电话告知相关单位，通过线下协助催收、拟定线上追索流程等方式，积极配合集团防范财务风险。

【信息化建设】公司根据信息系统平台安全运行需要，加大管理和协调力度，及时对软硬件进行升级和更新，确保信息系统安全畅通。根据业务需要，新增反洗钱模块，优化结售汇系统模块，坚定不移推进业务处理自动化、服务电子化、管理信息化。

【党建工作】公司发挥党支部战斗堡垒作

用，根据上级党委部署和要求，做好党建规定动作，围绕习近平新时代中国特色社会主义思想，集中深入学习《中国共产党纪律处分条例》和《中华人民共和国宪法》，真正将党支部“三会一课”落到实处。始终认真贯彻八项规定精神，落实“四风建设”，严格控制各项费用指标，真正将八项规定精神落到实处。

万向财务有限公司

【集团概况】万向集团（以下简称“集团”）为民营企业，主业为汽车零部件，是中国汽车零部件的代表企业之一。国内，与一汽、二汽、上汽、广汽等建立了稳定的合作关系，主导产品市场占有率在65%以上。国外，在美国、英国、德国等10个国家拥有近30家公司、40多家工厂，是通用、大众、福特、克莱斯勒等国际主流汽车厂配套合作伙伴，主导产品市场占有率超过10%。经过49年的发展，集团的制造和技术已实现全球运营、全球市场。2018年，在复杂低迷的经济形势下，集团保持了整体的持续性和稳定性，营收、创利指标均实现稳步发展。

【经营概况】2018年末，万向财务有限公司（以下简称“公司”）坚持以筹融资为核心，坚持以提升集团整体的金融风险控制能力和资金使用效率为重要目标，坚持金融服务国际化、发展创新特色化、服务产融一体化和产品渠道多元化“四化”原则，实现了自身业务稳定增长，各项监管指标全部达标。截至2018年末，公司资产规模较上年增长22.07%，营业收入、利润总额分别较上年同期增长16.74%、8.22%。

【信贷业务】2018年，公司积极应对宏观经济下行、部分企业效益下滑、转型升级压力加大等不利影响，坚持实行适度、合理的信贷政策，促进信贷业务健康安全发展，有效满足集团成员企业客户经营需求。截至2018年末，公司累计发放人民币贷款同比增长36.95%；本外币贷款余额同比增长40.15%；本外币存款余额同比增长25.89%。公司不良贷款为零，信贷资产业务运行良好。

【资金业务】2018年，公司深入推进“以司定行、以行配司、以司配人”工作，完善筹融资结构，大幅降低财务成本，为保证集团国际化战略提供高效快捷的全方位金融服务。

【投资业务】2018年，公司重点开展投研团队的基本建设，通过内部培育和引进充实的方式，投行专业队伍日益壮大；不断加强投研实力，投行研报数量、质量、专业度与覆盖面均有所提升，投行业务成效显著：一是战略资本引进，完成了工行对万向一二三股份公司优先股投资款的陆续到位工作；推进了工银投资对万向一二三股份公司债转股投资项目。二是债券承销服务，重点配合控股公司寻找第二期公司债的投资人，成功发行15亿元公司债，利率为5.33%，低于同期同类发债利率。

【票据业务】2018年，公司将推广、拓展票据业务作为提升服务的有效手段之一，不断加大电票业务、纸票业务系统推广与运行的力度；累计开立电子银行承兑汇票和余额同比分别增长3.76%、5.93%；再贴现业务实现规模进展，业务同比增长55%。同时，重点开展产业链金融试点业务，加大一头在外票据贴现业务力度，2018年累计对49家单位办理了一头在外贴现业务94笔，增幅达300%。

【外汇业务】2018年，公司取得了外汇货币对业务资格和跨境人民币双向资金池业务备案资格并相继开展业务。截至2018年末，共完成跨境人民币8亿元额度的境外放款报备工作；成员企业客户累计开展集中收付汇业务25笔。完成结售汇业务申报系统上线工作，实现了结售汇业务自行申报；2018年结售汇业务量较上年翻了一番。开展成员企业境内外汇资金归集业务，实现成员企业日常外汇资金归集度99%以上。

【资金集中】2018年，公司通过深化网银系统、电票系统、纸票系统、外汇系统及柜台结算的多渠道方式，继续加强财务公司、银行、企业三方协作，扩大资金归集面，有效提高资金集中度；配合集团清查企业银行账户，巩固资金归集成果。截至2018年末，公司本外币存款余额同比增长25.89%；累计结算量较上年同期增长10.23%；资金集中度与上年基本持平。

【业务创新】2018年，公司突破性地开展了基于区块链技术下的应收账款保理业务2笔，为下一步开展产业链业务做好基础工作，更好地服务集团产业。公司电票业务于2018年11月全部迁移至票交所系统进行统一清算。

【风险管理和内部控制】2018年，公司不断健全风险内控管理，进一步完善和强化事前、事中以风险控制为核心，事后以稽核跟踪为导向的风险内控体系。重点强化风险管控的全面性和时效性，为公司全年稳健运营作出了贡献。根据监管部门监管要求和意见，开展了经营管理专项整治，内控管理能力不断完善和提升；完善监管数据信息化平台建设，有效提升内控管理水平。切实执行好集团整体的汇率风险、利率风险、财务风险等金融风险把控职责。

【人力资源管理】2018年，公司继续围绕定岗、定编、定责、定权、定能、定薪、定考核等“七定”目标有序开展人力资源各项管理工作。不断充实公司金融从业队伍，共招收6名新员工；逐步开展财务专业队伍、投行专业队伍和IT专业队伍的建设和培育工作；通过“送出去”和“请进来”相结合的方式，分业务、分部门组织人员开展业务专题讲座和金融前沿知识培训，2018年累计开展内外部培训17期，有效提升了从业人员综合素质。

【信息化建设】2018年，公司信息科技系统化建设不断健全。一是大力推进项目建设，积极创新，不断满足业务需求。累计完成外汇衍生品系统和上海票交所纸电融合项目二期、1104项目系统及人行大集中项目系统，代理融资和同业系统建设等工作。二是加强信息化的合规建设，按照银保监局相关要求，对公司的信息科技治理进行整改。三是重点加强智慧金融的提升和运用。重点完成大数据项目一期准备和开发实施，到12月底一期项目主体框架已上线，部分功能已投产。重点完善区块链产业链金融系统的上线和运行工作，2018年5月完成区块链节点和应用的部署上线，10月正式开展业务，并完成区块链1.3版本的顺利运行。

【企业文化建设】2018年，公司党支部认真落实党的各项方针政策，深入开展党的十九大、十九届二中、三中全会和中央经济工作会议精神的贯彻落实，组织深入学习全国金融工作会议精神专题教育等活动，进一步发挥党建工作对公司企业文化建设的主导和推进作用。

公司积极组织开展了各项健康有益的企业文化活动，组织公司年终总结表彰会及联谊会，组织交流《万向重心》和《鲁冠球观点》等学习体会活动，参加“送温暖献爱心”捐款活动，并积极参加集团企业文化竞赛、演讲比赛等活动，为员工的身心健康营造了良好的环境。

W

五矿集团财务有限责任公司

【集团概况】2018 年是全面贯彻党的十九大精神的开局之年，中国五矿集团有限公司（以下简称“集团”）深入贯彻落实习近平新时代中国特色社会主义思想和党的十九大精神，大力践行高质量发展要求，成功战胜内外部各种风险挑战，不断做强做优做大“四梁八柱”业务体系，2018 年经营业绩再次刷新历史纪录，圆满完成国务院国资委考核任务，高水平超预期完成“三步走、两翻番”第二步任务，价值创造能力、行业地位、发展质量全方位大幅度提升。

【经营概况】2018 年是集团高水平超预期实现“三步走、两翻番”第二步目标的关键之年，五矿集团财务有限责任公司（以下简称“公司”）2018 年经营业绩稳中有升，价值创造能力、资金管控能力、风险防范能力得到了大幅度提高。截至 2018 年 12 月 31 日，公司累计实现营业收入 4. 69 亿元，利润总额 2. 52 亿元，总资产 230. 51 亿元。

【服务实体】公司以金融服务为核心，不断完善基础服务功能，通过实现代理电汇付款不落地处理，大幅提高了支付结算效率和服务能力，使得公司结算量再创新高，结算金额 6759 亿元，结算笔数达到 60321 笔，同比增长 331%。

【信贷业务】公司信贷工作紧紧围绕经营目标和集团整体资金计划，合理配置信贷资源；结合经营环境变化，积极调整信贷结构，优化客户结构；贯彻“稳健、审慎、灵活”的风险管理方针，密切关注国内外经济金融形势及其对信贷客户经营情况和财务状况的影响，加强信贷精细化管理，切实防范信贷风险，完善内部控制，提升服务水平，促进产融结合。

【资金业务】公司秉承“统筹规模、择优协作、积极发展、稳健推进”的授信思路，充分发挥金融服务平台作用，利用货币市场、资本市场的相互渗透，整合有效资源，满足资金拆借需求。通过全面梳理商业银行间同业授信，夯实有效授信额度。

【外汇业务】公司秉承“以客户为中心，为客户提供优质服务”的理念，围绕国际结算、即期结售汇、跨国公司外汇资金集中运营管理、跨境双向人民币资金池和外汇存款五项业务，充分发挥结算职能和服务职能。2018 年，公司进口结算量为 15 亿美元，为成员企业办理结售汇业务约 22 亿美元。

【资金集中】公司以资金系统建设为基础，通过扩展系统覆盖范围，实现了集团各级次资金集中管理、统一运作，显著提高了资金信息的透明度，公司的吸存量、资金集中度均得到显著提升。截至 2018 年末，可归集口径资金集中度超过 76%，创下历史新高。

【风险管理和内部控制】公司严控结算风险，2018 年未发生结算事故；严防信贷风险，持续抓好贷后检查，不良贷款率始终控制为零；严控财务风险，涉税风险，实现 2018 年零失误，零差错。系统安全是资金安全的前提，2018 年，公司建立完善多项系统管理制度，并根据人民银行与银保监局相关通知，及时落实监管要求。资金系统获得了北京市公安局信息安全等级保护三级认证，并在集团网络安全大检查中排名第一。

【信息化建设】2018 年，按照集团统一部署，公司与集团财务总部、信息管理部紧密合作，推进资金管理信息系统的更新改造工作。在项目一期推广不到半年的时间内，境内账户全覆盖工作完成三个“一百”——账户集中度百分之百，银企直联率百分之百，账户导数率百分之百；与同业账户系统管理工作相比，创造三个“之最”——银行覆盖最广，直联账户最多，完成时间最短。优化资金管理与结算系统功能模块，扩展用户范围，系统功能完善，运维能力提高，安全有效保障。

【企业文化建设】为建设和谐、向上的企业文化，引导员工强化相互间的互帮互助和团结协作，提升团队凝聚力和向心力，2018 年公司积极组织全体员工参与了集团首届春季运动会，取得金牌 1 块、铜牌 1 块，团体趣味项目第 2 名，奖牌总数并列第八名的优异成绩，圆满完成了摘金夺银任务。

【党建工作】公司党支部深入贯彻学习习近平新时代中国特色社会主义思想和党的十九大精神，牢牢抓住全面从严治党、落实党建责任这条主线，扎实推进“两学一做”学习教育常态化制度化，党支部核心领导能力不断增强，党建工作服务经营管理更加有力，取得明显成效。突出抓好思想理论武装，严格落实党建工作制度，深入开展党组织活动，深入开展党风廉政教育。

武汉钢铁集团财务有限责任公司

【集团概况】武钢集团有限公司（以下简称“集团”）是中国宝武钢铁集团有限公司100%控股的下属子公司，2018 年集团积极推进专业化整合，全面深化体制机制改革，加快新旧动能转换，积极从制造业向服务业转型，经营指标同比有较大提升，实现营业收入 387 亿元，全口径利润 39 亿元。

【经营概况】2018 年，武汉钢铁集团财务有限责任公司（以下简称“公司”）根据集团总体战略布局，积极推进与宝钢财务公司的业务整合及自身资产的清理清收，同时结合集团成员单位发展需求，持续优化金融服务，推动集团资金平台搭建，整合过渡期间各项业务平稳运营。实现营业收入 5.76 亿元，完成利润 6.8 亿元，年末自营资产 150 亿元，不良资产率为 0.0036%，资本充足率为 60.38%，达到年初确定的预算目标。

【信贷业务】公司在保障运营资金稳定的前提下，为绿色城建公司发放的流动资金贷款余额约 7 亿元，用以打造新城市服务产业链，支持武钢集团整合升级。按照集团内部两家财务公司整合工作要求，在确保相关单位资金链安全的前提下，逐步压降信贷资产规模 21 亿元，年末信贷资产余额 77.2 亿元。

【票据业务】结合集团联合重组后武钢有限公司财务管理产生的新变化，公司对武钢有限公司旗下相关单位安排专人对接，优化纸质票据收付流程，加强了对票据收入环节的审核及查询查复，确保风险可控。在上海票交所的指导安排下，按计划完成了纸电融合推进工作，提高了票据资金回收效率。

【资金集中】公司根据各单位金融服务新需求，通过签订存款协议，适时调整保证金比例等，保持年度日均人民币存款规模 76.42 亿元。通过与相关单位积极沟通协调，公司参与设计并草拟了《武钢集团现金平台方案》和《武钢集团现金平台管理办法》，有力推动了武钢集团资金平台的搭建。

【风险管理和内部控制】结合业务整合时期特点，公司有重点地开展了资产安全、信用风险、业务操作等关键风险点的专项稽核。根据湖北银保监局内控合规管理深化年活动安排，持续开展员工合规宣传、教育。紧跟监管政策重点导向，完成了非自然人客户的受益人信息采集等反洗钱工作；配合监管部门开展金融领域扫黑除恶宣传；按照整治市场乱象要求就公司治理、业务合规、是否存在侵害客户利益等进行了全面自查。进一步强化了信息系统运行过程的监测监控，细化重点系统及关键设备的巡检工作，未发生因设备故障而导致的系统运行中断事件。

【信息化建设】公司持续加强对电票系统和核心业务系统的升级，对包括纸票管理、银企接口新增、监管数据系统报送等在内的12个项目进行了完善和优化，提升了系统运转效率和客户服务体验。按照上海票交所要求，完成了公司电子票据系统和上海票交所交易系统的数据融合，保证了系统内数据和业务的统一性、完整性。

【党建工作】公司进一步规范党员学习教育工作，“三会一课”落实形成常态化、制度化，并按照集团要求，运用党建云平台，对党员活动及时记录。通过组织到红色教育基地参观、开展知识竞赛等活动，党员学习内容和学习形式不断丰富。在上级党委指导下，对组织建设工作中的党员教育管理、重大工作落实、选人用人质量以及政治生活质量等进行对照检查，主动查摆问题，制定整改措施，并按季在全体党员大会上对整改进展进行通报，切实把党的领导落实到位，把党的建设落到实处。

物产中大集团财务有限公司

【集团概况】物产中大集团股份有限公司（以下简称“集团”）主营供应链集成服务、金融投资和高端实业，拥有各级成员公司390余家。自2004年起稳居浙江省百强企业前两位，是全国首家获评双AAA级主体信用评级的地方流通企业。2011年以来，连续8年跻身《财富》世界500强企业，2018年排名第270位。2018年营业收入超过3000亿元人民币。2013年至2018年，营业收入、利润总额、净资产收益率复合增长分别高达7.23%、22.76%、6.68%。上市公司连续多年被评为“信息披露工作考核A”，现为沪深300指数、上证公司治理指数样本股。

【经营概况】2018年，物产中大集团财务有限公司（以下简称“公司”）相继开展了同业拆借、国债逆回购、同业存单、有价证券投资、电子票据、票据贴现、代理用信等多项创新业务，服务实体经济能力得到多方位提升。2018年实现营业收入3.18亿元，利润总额0.89亿元，不良贷款率为零。

【服务实体】公司一是丰富金融服务产品，2018年发放表内信贷163.26亿元、承兑和保函14.77亿元、委托贷款122.53亿元，适时筹措三次专项资金发放优惠贷款73亿元，为集团公司节约财务费用约2000万元。二是提升资金精细管理，坚持优质、免费的结算服务，2018年实现结算规模7916亿元，同比增长58%，进一步优化归集策略和存款品种，2018年末全年可归集口径资金集中度91.92%。三是加强与金融机构开展同业授信，为公司种类业务开展提供了支撑。

【信贷业务】公司一是丰富信贷服务产品，在传统流动资金贷款外，新开展了电子商业汇票承兑、贴现、代理用信业务，积极为成员公司项目融资需求提供了银行谈判咨询服务。二是优化信贷服务流程，结合成员公司在外部银行的竞争性信贷产品，开发“月内贷”产品，简化贷前流程，提高业务办理效率，满足大宗商品贸易的资金需求。2018年，公司累计发放自营贷款162.59亿元。

【资金业务】通过有价证券投资、同业拆借、国债逆回购等金融手段，精耕同业运作，实现投资收益3256万元，相比同业活期增收1160万元，更好地实现资金价值创造，资金运作渠道不断拓宽。积极与各类金融机构开展同业授信，为公司开展同业拆借、票据、保函、代理用信业务等表内外业务的开展提供了支撑。

【投资业务】公司于2018年4月通过上清所成功认购华立集团股份有限公司2018年度第二期超短期融资券1亿元，实现投资收益244.93万元。自2018年9月起分四次向三家基金、资产管理公司申购了单笔投资额5000万元的货币市场基金，累计实现投资收益53.36万元。

【票据业务】自2018年7月末开通电子票据业务，累计为成员公司承兑电子商业汇票13.77亿元，减少外部银行保证金存款占用2.6亿元，为集团公司节约财务成本600余万元，累计办理票据贴现6700万元。

【资金集中】2018年末，公司吸收存款余额87.39亿元，成员公司日均存款占比由32%提升至46%，可归集资金集中度91.92%，同比上升3个百分点。

【业务创新】2018年，公司相继开展了多项创新业务，服务实体经济能力得到多方位提升。通过固定收益类有价证券投资资质，为公司的短期资金运作拓宽了渠道。

【风险管理和内部控制】2018年，公司继续保持平稳运行态势，各项业务有序开展，风险监控指标均符合监管要求，未发生重大风险事件。根据监管部门部署，公司深入开展进一步治理银行业市场乱象工作，对照浙江辖内银行业经营管理负面清单开展排查和整改工作；多举措加强对各类风险的管控，2018年保持信贷、投资零不良、零案件；加快内控体系建设步伐，开展业务流程和风控点梳理工作；推进稽核审计精细化，对主要业务单元和前中后台开展全覆盖、全流程的监督检查。

【人力资源管理】进一步挖掘和盘活现有人力资源，积极推进人力资源精细化管理。一是强化绩效考核，进一步优化高管层及部门的绩效考核体系，突出风险、合规及体现金融机构特点的指标。二是优化队伍建设，以需求为导向从金融同业引进优秀人才，为公司发展注入新的活力。三是优化人员素质，完善《岗位说明书》，加入银协“银行业从业人员处罚处分信息系统”，积极防范和化解操作风险。四是优化公司治理，加强监事会对董监高履职评价职能。

【信息化建设】2018年7月，公司电子票据功能成功上线，并顺利完成核心业务系统纸电融合改造与上线，对于提升票据真实性、降低结算成本、提升结算效率、控制融资风险都具有十分重要的作用。同时，为提升网银系统安全性和便捷性，公司不断加强SAP和核心系统的融合性，开发了资金归集一键记账和个人报销单据支付功能，并上线了网银助手平台，成功实现成员公司自助办理网银证书延期、更新和一键修复。

【企业文化建设】公司坚持鼓舞新干劲、凝聚新力量的思路，不断创新工作的方式方法，用先进的文化塑造职工，用优秀的文化激励职工，用和谐的文化温暖职工。一是通过开展各类文化活动，积极实施“美好生活”“公益行动”“企业文化俱乐部”三大计划。二是积极参与“与物产中大同行”文化节，不断激发员工活动，一位员工入选浙江省属企业第二批“五个一”人才工程。三是进一步打造“书香企业”文化建设，努力培养职工“会读书、读好书”的风气。

【党建工作】深入开展“两学一做”学习教育，以开展“标准化”“亮化”“先锋”三项行动为重点，强化基层组织战斗力，邀请集团领导、党校专家上专题党课，开展主题教育活动，不断丰富学习教育形式，多措并举打造公司党建品牌活动。进一步完善党风廉政建设责任制考核机制，把集团党委的部署和公司的重点工作层层分解，层层压实责任。全面落实巡视整改工作，深入剖析存在的问题，形成整改方案和任务分工一览表，强化督导检查，构建长效机制。

物美商业财务有限责任公司

【集团概况】北京物美商业集团股份有限公司（以下简称“集团”）由北京物美综合超市有限公司经股份制改制设立，主要从事连锁便利超市和中、大型超市经营。集团及下属子公司主要经营业务范围包括购销百货、五金交电化工、针纺织品、工艺美术品、建筑材料、装饰材料、机械电器设备、日用杂品、电子计算机软、硬件及外部设备、家具、出租柜台、技术咨询、技术服务、零售国家正式出版的音像制品、从事商业经纪业务、购销农副产品等。

【经营概况】截至2018年末，物美商业财务有限责任公司（以下简称“公司”）资产总额17.71亿元，同比下降17%。负债总额12.26亿元，其中吸收存款7.77亿元，卖出回购资产4.46亿元，所有者权益5.45亿元，公司资产负债率为69%。公司2018年度营业收入3883.91万元，当期实现利润总额3982.1万元，净利润2986.58万元。

【信贷业务】公司继续坚持面向集团主业服务，积极开发适应集团及成员单位业务需求的信贷产品，结合集团核心业务的战略调整，公司2018年主营信贷业务全面转向成员单位商业票据贴现业务，面向集团及成员单位累计授信13亿元，截至2018年末公司信贷资产余额11.12亿元。

【资金业务】截至2018年末，公司全年累计完成结算业务13.45万笔，金额1746.71亿元，其中代理支付业务11.54万笔，金额278.6亿元。2018年度公司持续进行再贴现业务，截至2018年末，公司再贴现余额4.46亿元，全年累计再贴现发生额13.46亿元。公司自获批同业拆借业务资格后，2018年累计开展同业拆借业务2亿元，有效提高了公司的主动负债能力。2018年，公司持续优化同业存款比价原则，存款活期利率由0.35%提升至3.45%以上，一个月以上的同业定期存款保持在4.0%以上，实现收益1313.32万元。

【票据业务】基于集团采购方式由原有分散采购模式逐步向统购分销模式的变革，公司秉承资金运作首要支持集团实体经济发展的理念，全面支持成员单位间采用商业承兑汇票方式结算货款，将业务重心转向票据贴现业务方面。2018年，公司共与3家成员单位签订13笔票据贴现业务协议，合计贴现票据张数218张，贴现票面总金额21.38亿元，实现贴现利息收入4912.52万元。

【资金集中】2018年，公司继续加大资金管理力度，进一步落实统收统支，通过资金归集全方位精准性服务于集团资金运作需求。截至2018年末，公司面向集团及成员单位吸收存款7.77亿元，存放同业及央行7.06亿元，公司全口径资金集中度58.04%，较上年末增长0.22%。

【风险管理和内部控制】公司自成立以来逐步构建了董事会领导下职责清晰、分工明确的全面风险管理组织架构。2018年，公司继续加强风险管理、合规管理的规范化、标准化，严格组织落实各项资产风险分类工作，并对各项业务进行风险排查。截至2018年末，公司不良资产率和不良贷款率为零，各项业务经营合规，资产质量良好，整体风险可控。公司依照2017年度监管意见书切实落实整改工作，完成各项业务及内控管理的自检自评，贯彻稽核审计计划并形成稽核审计工作报告，较为全面地发挥了内审稽核功能。

【信息化建设】2018年，公司进一步明确信息科技风险管理职责，强化责任意识，将信息科技工作纳入日常议事范畴，科学决策信息化战略、信息化建设和科技风险管理等重大事项。进一步加强了灾备系统建设，建立健全应急管理机制，逐步完善了符合现代金融企业制度的信息科技管理体系。2018 年，公司新增并修订了《网络安全管理办法》《公司网络安全合规问责制度》《业务连续性管理暂行办法》，各项制度涵盖网络管理、介质管理、系统维护及故障处理制度、软硬件变更流程、机房管理、监控管理、密钥管理、巡检制度等各项流程。

【企业文化建设】公司坚持“规范经营、开拓创新，依托集团、特色金融”的经营理念，以助推集团战略发展、实现整体利益最大化为根本目标，为集团的多元化经营发展战略提供更为广泛深入的金融支持。同时锐意进取，开拓创新，集中开发并开展与集团整体发展战略相一致的新增金融业务，逐步发展成为与核心产业链充分融合、协同的金融服务平台。

西部矿业集团财务有限公司

【集团概况】西部矿业集团有限公司（以下简称“集团”）在全国 12 个省、自治区、直辖市拥有 60 余家分、子公司，业务范围涉及有色金属矿采选冶炼、盐湖化工、新型绿色建筑及地产开发、旅游资源开发、金融及信息技术等产业板块，产业多元，是青海省唯一一家进入中国 500 强的企业。

【经营概况】截至 2018 年 12 月 31 日，西部矿业集团财务有限公司（以下简称“公司”）资产总额 111.70 亿元，负债合计 82.90 亿元，所有者权益 28.80 亿元，实现拨备前利润总额 3.34 万元。2018 年 12 月被青海省地方金融监督管理局评为“2017 年度金融繁荣活力”一等奖，被集团评为“2018 年度先进集体”。

【服务实体】公司一是让利成员单位，存款利率上浮到顶，贷款利率优于商业银行同期利率，充分满足成员单位多层次融资需求。二是资金归集率及代付款率均创历史新高。充分发挥了公司资金集中及统一支付职能，协助集团统筹管理、防控资金风险能力得到有效提升。三是提升金融服务质量，发挥金融顾问职能。公司紧跟集团发展布局，不断强化服务成员单位的深度和广度。2018 年共走访成员单位 30 余家，征集意见建议 40 余条，全部分类进行了落实和反馈。

【信贷业务】公司 2018 年向成员单位累计发放贷款 64 亿元（不含贴现），累计收回 39 亿元，年末贷款余额 48 亿元，较年初增加 25 亿元，贷款余额创历史新高。

【资金业务】公司按照各成员单位用款计划，优化资金归集及资金头寸管理策略，严格执行议价机制，提高议价能力，充分拓展金融机构合作对象，合理搭配同业定期期限及金额，公司存放同业活期和定期收益率均创历史新高。

【投资业务】公司按照“风险可控、利益最大化”的原则，按照“风险可控、收益优先”的资源配置目标，积极寻找较高收益的现金管理类产品进行配置，短期产品收益率达到 4.51%，长期收益率达 6.36%，其中 2018 年新增投资产品平均收益率为 5.96%。

【票据业务】2018 年，公司累计签发承兑汇票 33.96 亿元，余额 24.50 亿元；累计办理贴现 21.05 亿元，余额 15.36 亿元。

【资金集中】公司依托新一代核心业务系统，资金归集模式由“银行代理”转变为“自主归集”。按照“一户一策、应归尽归”原则，制定不同的归集策略确保资金定时归集至财务公司，并结合资金日报针对非直联账户资金余额与成员单位加强沟通，实现资金应归尽归。

【业务创新】2018 年，公司实现了融资租赁、转贴现、保贴等业务突破。一是融资租赁业务方面。2018 年 6 月 27 日公司融资租赁业务首单落地，2018 年累计办理融资租赁 4400 万元，进一步丰富了公司服务成员单位的金融产品。二是转贴现业务方面。2018 年 11 月 1 日，公司与招商银行西宁分行成功在中国票据交易系统办理 5000 万元买断式转贴现业务，丰富了公司流动性管理手段。三是保贴业务方面。2018 年 5 月 17 日，商票保贴业务实现突破，2018 年累计实现成员单位商票保贴业务 12.75 亿元，标志着供应链金融业务发展进入新阶段。

【风险管理和内部控制】公司一是完成了《风险预警管理办法》制定工作，通过梳理全公司所有业务及管理工作风险要点，制定风险预警级别、预警应对方案及汇报机制，细化了风险要点及措施，为下一步系统线上预警奠定了基础；二是制定了《积分管理办法》及《违规处理办法》；三是制定了《督查督办管理办法》，为进一步推动公司战略规划、年度计划、重要会议决议、领导重要指示及重大决策部署的贯彻落实，加强公司执行力，提升管理水平，提高工作质量和效率打下了基础。

【人力资源管理】公司一是不断完善薪酬体系。依据岗位替代情况、市场获取难易程度、价值贡献、风险程度、责任大小、任职资格，形成以全面预算为基础，以市场为导向，体现个人收入与团队贡献及公司业绩紧密关联、内部岗位差异化管理的全面薪酬体系。二是考核体系持续优化。逐步建立以全面预算为基础，由合规经营、风险管理、经营效益、发展转型、社会责任五类指标组成的考核体系，凸显风险和合规类指标权重，共享公司经营绩效成果，按照职能差异进行绩效考核，内部绩效考核导向趋于合理。三是培训力度不断加强。加强学习和培训力度，每周六组织全员开展业务知识、法规制度、金融监管、集团产业等方面的培训，累计培训 36 次，共 510 人次，员工学习意识和综合素质得到有效提高。

【信息化建设】一是公司新一代核心业务系统及集团资金管理系统于 2018 年 1 月 1 日成功上线，通过一年的优化完善，系统各功能能够满足各业务高效、安全、可靠运转，达到了项目预期效果；二是公司积极推进数据中心机房迁移及硬件系统整体升级工作，已完成所有设备到货安装、调试、应用系统部署、测试等基础工作；三是公司持续优化现有数据中心机房空调、UPS、电池等设施，至今未发生一起信息系统事件；四是公司信息科技课题获得中国银保监会 2018 年信息科技风险管理课题研究三类成果奖。

【企业文化建设】2018 年，公司累计开展各项文体活动 16 项，350 多人次参与。继续深入开展“送温暖”活动，累计走访慰问生病员工和生活困难党员 18 人次。通过各项活动的组织开展，公司的向心力和凝聚力不断增强，广大干部员工的工作热情进一步高涨，为公司顺利完成各项年度工作任务奠定了坚实的群众基础。

【党建工作】公司一是深入学习贯彻党的十九大精神，以习近平新时代中国特色社会主义思想为指引，以政治建设统领党的建设，充分发挥党组织的领导核心作用、战斗堡垒作用和党员先锋模范作用。二是以“党的建设年”为抓手，推进“党建＋服务＋学习”品牌党支部标杆创建工作。创建党建园地，通过展板、文献、书刊、书籍等方式宣传党的知识和新时代党建要求。通过视频教材、影视材料、LED 滚动屏等方式，宣传社会主义核心价值观，加强社会主义精神文明建设和爱国主义教育。开展金融知识、监管法规、党建知识、业务知识等培训，提升员工素养。开设“支部讲堂”，逐步建立党内学习的长效机制，打造一系列具有特色的“学习课程”：中心组学习、集中学习与讨论、辅导培训、读书学习、成员单位调研、廉政教育、领导干部党课等。三是坚持组织生活制度，严格落实“三会一课”和支委委员双重组织生活制度，坚持谈心谈话和党员联系群众制度，做到党组织活动经常化、制度化、规范化。

西电集团财务有限责任公司

【集团概况】中国西电集团有限公司（以下简称“集团”）成立于1959年7月，是集科研、开发、制造、服务、贸易、金融为一体的大型企业集团。2018年，集团积极推进“一带一路”建设，实施“走出去”战略，充分利用产品走出去、资本走出去和资本引入等多种渠道，着力打破海外市场壁垒，推动国际化战略实施，为50多个国家和地区提供了可靠的产品和优质的服务，在全球市场建立了“XD”品牌良好的声誉和市场形象。

【经营概况】2018年，西电集团财务有限责任公司（以下简称“公司”）不断加强集团资金集中管理，积极开拓金融创新业务，努力提升金融服务能力和水平，竭力满足成员企业多样化的金融需求，促进了成员企业的生产经营和持续向好发展。截至2018年末，公司资产总额136亿元，负债总额117亿元，所有者权益余额18.5亿元，全年实现营业收入3.41亿元，实现利润2.6亿元（含委托投资收益）。资本充足率、不良资产率、不良贷款率、流动性比率等主要风险监管指标均优于监管要求。

【信贷业务】2018年，公司共向集团40家成员企业综合授信181.17亿元，同比增长7.39%，包括贷款、票据及保函等业务。授信额度保持稳步增长趋势，授信结构不断优化，为成员企业各项金融业务的开展提供了可靠保障。2018年，公司累计向成员企业发放自营贷款近50亿元，同比增长36.67%；累计发放委托贷款超过18亿元，同比增长41.58%。在存款紧张的情况下，公司加大贷款力度，满足了集团企业整体资金需求，促进了成员企业生产经营。

【资金业务】2018年，公司积极开展资金业务，及时了解掌握国家利率政策，准确判断分析同业市场资金价格变化趋势，在保障资金流动性的前提下，科学合理配置各类同业资金。2018年资金业务收入1.54亿元。

【投资业务】2018年，公司审慎开展委托投资业务，优化投资产品种类和结构，在确保企业生产经营的前提下，加强和优化资产配置，不断提高资金使用效益。2018年委托投资业务累计发生额5亿元，实现委托投资收益5258万元。

【票据业务】2018年，公司累计签发各类票据近70亿元，同比增长15.97%，累计签发电子商票、电子银票同比分别增长106.3%、28.05%。电子票据的大规模应用简化了交易过程、控制了交易风险、提高了流通速度，为成员企业提供了“高效率、低成本、个性化”的票据融资渠道。

【外汇业务】公司不断研究探索境外资金集中管理方式，深入摸底调查集团海外成员企业账户情况，尤其对涉及的币种、账户性质、账户用途以及所在国家的外汇管制政策进行了深入了解。利用中行全球现金管理平台工具，以成员企业为试点开通了5个国家及地区的账户可视化及可控化管理，利用全球银行间金融电讯（SWIFT）体系实现了部分非中行账户的可视化管理。

【资金集中】2018年，公司一方面继续加强成员企业账户管理，及时跟进做好新开立账户的归集，配合集团开展账户清理和规范工作；另一方面强化资金归集力度，挖掘企业存款潜力，不断提高资金结算效率。年末全口径资金集中度为89.75%，较上年增长2.2%。2017年度资金集中度在全行业排名第12位，央企中排名第2位。

【业务创新】2018年，公司成功申请到海关总署批复的开立关税保函资质，成为全国第二家、西北首家可以直接给海关出具担保的企业集团财务公司。该项业务的成功申办，不仅丰富了担保业务种类，扩大了担保业务体量，而且为集团成员企业节省了大量手续费支出，减轻资金占用压力。

【风险管理和内部控制】2018 年，公司不断强化风险体系建设，进一步完善董事会、经营层对重大决策合规审议的程序，充分发挥好“三会一层”及专业委员会的职能，规范公司治理机制；结合中央经济工作会议对金融风险防控的要求，以及新形势下金融风险变化的影响，举一反三，严格把控好金融风险，确保风险可识别、可控制，保证国有资产的保值增值。

【人力资源管理】2018 年，公司不断完善干部管理体制机制建设，制定了《中层干部选拔任用工作办法（试行）》，规范了干部选拔任用程序，强化干部的综合考评。加强精益人才育成工作，强化员工培训教育，先后组织各类培训近 40 次，完善措施鼓励员工提升学历水平、考取各类从业资格及专业职称。优化人才引进机制，以校招与社招相结合，探索优化中层干部、金融人才市场化聘用机制，优化人员结构，增强业务创新能力。

【信息化建设】2018 年，公司先后完成对接集团财务服务共享中心、纸电融合系统建设第二期、价税分离系统、核心系统身份认证升级、国资委大额资金监测管理系统、等级保护测评以及备案相关工作的推进，通过信息系统的建设和信息科技管理的不断深化，实现了公司系统整体架构的不断完善，在满足监管要求的同时对各类风险指标进行可量化监控，做到风险可识别、风险早预警，风险可干预、风险可控制，确保信息科技风险降至可控范围。

【党建工作】2018 年，公司首次由党支部升级为党总支建制，配备了党总支书记、副书记，完成了基层党支部设立，完善党建相关制度 20 余项，坚持“围绕经营抓党建、抓好党建促发展”的思路，大力推进党建工作与业务工作的深度融合，有效发挥了党组织“把方向、管大局、保落实”的领导作用。

西门子财务服务有限责任公司

【集团概况】西门子股份公司（以下简称“西门子”）是全球领先的技术企业，170 年来不断致力于卓越的工程技术、创新、品质、可靠性和国际化发展。公司业务遍及全球，专注于电气化、自动化和数字化领域。作为最大的高效能源和资源节约型技术供应商之一，西门子在高效发电和输电解决方案、基础设施解决方案、工业自动化、驱动和软件解决方案等领域占据领先地位。依托公开上市的子公司西门子医疗股份公司，西门子也是计算机断层扫描和磁共振成像系统等医疗成像设备，以及实验室诊断和临床 IT 领域领先的技术领导者。西门子最早在中国开展经营活动可以追溯到 1872 年，向中国出口了第一台指针式电报机，并在 19 世纪末交付了中国第一台蒸汽发电机以及第一辆有轨电车。1985 年，西门子与中国政府签署了合作备忘录，成为第一家与中国进行深入合作的外国企业。

【经营概况】2018 年西门子财务服务有限责任公司（以下简称“公司”）实现了自身业务稳定增长，各项监管指标全部达标。截至 2018 年末，公司资产总额折合人民币约 223 亿元。

【信贷业务】根据集团内部规定，公司的贷款发放对象主要为西门子集团控股的在华成员单位，且集团母公司提供支持。公司根据借款成员单位的财务状况、盈利能力、发展预期等对其进行授信评级，基于评级结果提供信用贷款或担保贷款。

【票据业务】公司仅向西门子集团控股企业提供贴现业务且公司接受的均为全国性商业银行承兑的银行承兑汇票，并事先对票据要素和贸易背景的真实性进行严格审核，将风险降至可控范围。

【外汇业务】2018 年，公司的外汇业务主要为吸收西门子在华成员单位的外币存款、外汇资金集中运营管理试点业务、即期结售汇业务和即期外币对业务。

【资金集中】公司一直致力于减少集团成员在外部银行的存款，提高资金集中度，为集团的稳健发展提供最好的保证。公司资金集中度常年保持在 90% 以上。

【风险管理和内部控制】公司建立健全各项规章制度，严格遵守内控制度，坚持稳健发展和合规经营的原则，实现健康经营。将风险管理作为日常工作的重要组成部分，着重关注信用风险、流动性风险、市场风险及资本充足率水平。同时认真学习并执行监管机构的各项监管指标及监管要求，保证公司的合规经营和稳健发展。

【人力资源管理】公司按照集团要求，通过西门子（中国）有限公司的人力资源共享服务部门实现公司的人力资源管理，包括人员招聘、培训管理、劳动用工制度、薪酬体系、绩效考评管理等，完善公司人力资源基础建设，实现目标管理与激励机制的有机结合。同时公司结合自身行业特点，安排或组织相关部门员工进行形式多样且有针对性的岗位培训，丰富员工的职业技能和综合素质，在促进个人职业发展的同时，也提高了公司的经营效率。

【信息化建设】公司从德国总部引进 Murex 系统并将其作为核心业务和风险管理系统，主要使用交易模块、风险管理模块以及授信管理模块等，可满足各类内外部交易管理、市场风险管理和信用风险管理等需求。其中交易模块涵盖了所有内外部表内交易，包括存贷款、贴现、同业拆借、债券逆回购以及外汇交易等。风险管理模块主要用于市场风险管理，包括在险价值（VaR）计量及其限额控制、损益监控及其限额控制等。授信管理模块主要用于信用风险管理，包括为内外部交易对手设置授信额度、实时风险敞口计量和授信额度使用率计算、超限预警等。同时，Murex 系统与 Finavigate 系统实现了无缝对接，Murex 用于金融交易录入、确认、本金和利息计算和交易查询，Finavigate 完成结算、会计处理和基本财务报表等，最大限度地减少了人员操作风险和会计核算风险。2018 年，Murex 正式从版本 2 升级至版本 3，更高版本的 Murex 实现了更方便快捷的金融交易管理方式及更全面有效的风控机制。

【企业文化建设】公司一直提倡营造和谐团队，通过组织各类活动激发团队活力和提升凝聚力，包括户外旅游、健身锻炼、新春联欢等。同时西门子集团工会也定期组织丰富多彩的文体活动，如音乐会、艺术展、各类体育运动会等。

西王集团财务有限公司

【集团概况】西王集团有限公司（以下简称“集团”）成立于 1986 年，32 年来集团深耕主业，形成了以玉米深加工和特钢生产与制造为主导，并集运动营养食品、金融、国际贸易等产业为一体的全国大型企业。集团拥有西王食品（SZ000639）、西王特钢（HK01266）、西王置业（HK02088）三家上市公司、一家非银行金融机构西王集团财务有限公司（以下简称

X

"公司"）和一家境外公司加拿大科尔公司（2016年10月并购的全球最大的运动营养与体重管理企业）；四家子公司山东西王糖业有限公司、西王药业有限公司、山东西王食品有限公司、西王金属科技有限公司被国家认定为高新技术企业。

【经营概况】截至2018年末，公司资产总额60.56亿元，负债总额38.11亿元，净资产22.45亿元；累计实现营业收入2.36亿元，实现拨备前利润总额24514.45万元，拨备后利润总额18164.61万元。

【信贷业务】2018年，为更好地支持成员单位发展，公司将信贷政策和集团发展战略有机结合，不断丰富各类金融产品，充分满足实体经济发展多元化需求。一是深入了解成员单位需求，提供个性化的信贷支持；二是对重点成员单位进行政策倾斜，增强信贷投放的针对性和有效性，助力集团新旧动能转换。截至2018年末，公司吸收成员单位存款余额29.19亿元，各项贷款余额53.42亿元，较年初增加25.36亿元。

【资金业务】公司建立了资金业务到期登记簿，提前一个月对月内需要支付需要收回等业务进行统筹，对流动性比例指标进行实时跟踪和监测，监控财务公司自身头寸的流动性风险。通过资金定期统筹，将结果在财务小组资金平衡会上通报，结合集团整体资金部署，完善预案，强化流动性风险管控。定期进行流动性压力测试，完善重大支付的预案，继续采用"3措施2方案1确保"的方式，确保重大资金支付，有力地维护了资金流安全。

【资金集中】加强集团资金管控。通过资金平衡会和资金归集平台及时了解和监控集团资金，确保集团资金流动性的安全。

强化集中管理和收支管理。运用资金预算管理体系，通过对成员单位账户集中和监测，及时归集和按计划要求支出，严防预算外或坐支行为的发生，提高公司资金集中度，提高对集团资金的整体把握。2018年末，按照全口径计算，月末资金归集度为71.88%；按照可归集资金口径，月末资金归集度为81.44%。

【业务创新】丰富业务品种，提升服务质效。一是获准开办了承销成员单位的企业债券和固定收益类有价证券投资两项新业务，以及跨境人民币资金池业务，为集团拓宽了融资渠道。二是公司研发了"便利贷"等系列产品，有力地支持了成员单位生产经营，降低了集团财务成本，凸显了对实体经济发展的支撑作用，进一步提高了服务实体经济质效。

【风险管理和内部控制】公司全面贯彻落实深化整治银行业市场乱象的工作，细化整治工作要点，制定了具体的实施方案及排查表，落实到具体责任部门。同时集中开展了案件防控及员工异常行为排查、"七不准""四公开"专项自查工作，加强内部管理、规范经营行为，严防各类风险的发生。

【内部审计】2018年，公司围绕"加强管理、防范风险、合规经营"这个主题，强化审计工作的开展。一是通过在审计工作中拾遗补阙，不断完善内控制度建设，突出规范化与标准化管理。二是通过开展专项审计，发现管理中存在的漏洞，及时提出具体的针对性强的审计建议和意见，不断优化管理流程，增强内部控制的有效性，防微杜渐，堵塞管理漏洞，有效防控风险。三是科学分析和梳理审计结果，有效发挥监督与服务职能，立足发展，着眼整改，加强审计结果的运用。

【信息化建设】公司搬迁济南后，强化新址弱电间物理环境建设，同时进一步夯实了网络系统建设，使得业务系统平滑过渡，各项业务顺利开展，运行情况总体良好，未出现业务中断、信息安全等信息科技风险。

为有效防范风险，进一步提升管理水平和管理效率，公司相继开发了表外账管理系统、审计信息系统、风险管理监测及预警系统等一系列新系统，为业务发展和合规经营提供强力信息系统保障。

【企业文化建设】公司梳理制定了"两个中心"定位，对管理者提出了"五项要求"，即管住自己，提高自我担当的责任意识；带好队伍，提升精细管理的管控水平；提高效率，强化工作落实的执行力度；重视合规，增强风险合规的控制能力；加强修养，培养系统思考的思维模式。结合对全员开展的“十个严禁”活动，采取各种形式的教育培训，使全体员工围绕两个中心定位，开展自身岗位职责的梳理，开展“我为中心建设做什么”的大讨论，进一步提高员工的向心力、凝聚力。

【党建工作】公司进一步健全非公企业党建工作，探索设计党组织在公司治理中发挥作用的运行模式，把党组织研究讨论作为董事会、高级管理层决策重大问题的前置程序，确保党组织在管战略、谋大局、议大事、把方向等方面发挥重要作用，形成“党组织领导核心、董事会战略决策、监事会尽责监督、高级管理层全权经营”的现代治理体系。

厦门海翼集团财务有限公司

【集团概况】厦门海翼集团有限公司（以下简称“集团”）是厦门市直管国有企业集团，2006 年 5 月由原厦门国有资产投资公司分设更名组建，是厦门市十大集团之一，属机械制造行业，集团总资产 190 亿元，净资产 56.9 亿元。集团组建以来，实施资源整合，打造发展平台，构筑了高端制造业（工程机械、专用车、钢结构、液压零部件）、航空产业、供应链运营（贸易、物流）、金融服务（财务公司、融资租赁、投资、资产管理、小额贷款）和地产五个业务板块，拥有包括厦门厦工机械股份有限公司在内的控参股企业百余家。集团“实业经营”与“资本运作”双翼并重，打造高端制造业投资平台和发展服务商，形成了相互协同、健康可持续的发展格局。

【经营概况】截至 2018 年 12 月 31 日，厦门海翼集团财务有限公司（以下简称“公司”）资产总额达到 33.61 亿元，净资产 9.61 亿元，总负债 24 亿元，2018 年实现营业收入 6638.89 万元，利润总额 4391.10 万元，净利润 3776.59 万元。

【服务实体】2018 年，公司承接集团资金结算中心职能，真正实现了资金的统一管理，在统筹银行授信管理、账户管理等方面取得了较大的提升。随着公司职能的丰富，公司从多渠道为成员企业提供金融服务。为积极响应国家支持小微企业及民营企业发展及制造强国政策，公司安排专项额度，优先支持小微成员企业及制造业发展，并在资金价格上适当让利，提升了成员企业的经营活力。

【信贷业务】公司积极发挥信贷服务实体功能，以服务为导向，发挥财务公司综合金融服务作用，并结合集团产业发展提供信贷支持。一是授信规模为历年最高；二是进一步规范信贷业务；三是信贷业务产品不断增加；四是充分发挥内部银行作用。2018 年累计为成员单位批复授信额度 55.10 亿元，年末信贷规模达到 22.01 亿元，用信余额为 31.79 亿元。

【资金业务】2018 年，公司一方面在保证流动性安全的前提下大力择机开展信贷业务及各类投资业务，提高资金使用率；另一方面，通过主动作为抓住资金面高度趋紧、同业结算存款极度稀缺的契机，与多家股份制银行建立合作关系，大大提高了公司同业活期存款利率。

【投资业务】2018 年，公司不断丰富固定收益类有价证券投资业务品种，同业存单认购业务实现破冰，通过上交所综合业务系统，成功认购建行同业存单。同时，公司继续大力开展货币市场基金投资业务，投资笔数合计 719 笔，投资金额合计 59.04 亿元。

【票据业务】2018 年，公司成功全直联接入上海票据交易所票据交易系统，并借助上海票据交易所交易直联系统顺利上线良机，与兴业银行厦门分行成功合作转贴现卖断业务，并成功办理回购式再贴现业务。

【资金集中】 2018 年，公司顺利承接集团结算中心职能，公司司库管理职能进一步凸显，通过前期的整合资金报送平台，统筹管理集团资金、规划融资授信需求、加强银行账户开销户管理，满足成员单位对资金收益率的要求，在不断提高对成员单位服务质量的同时，资金归集率提升至 55.65%，比 2017 年底提高了近 10 个百分点。

【风险管理和内部控制】 2018 年，公司的风险策略继续以控制风险为主，坚持规范有序经营。2018 年未发生重大风险事故，未产生不良信贷资产，总体风险管理情况良好。

在信用风险管理方面，公司完成了承接集团资金结算中心职能的工作，进一步加强了公司对成员单位的资金情况及经营状况的了解，从而有效地防范风险事件的发生。在流动性风险管理方面，公司一方面充分利用集团资金结算中心职能，做好对集团内成员企业的服务工作，争取存款资金支持。另一方面增加同业授信额度，积极从外部市场融入资金，有效补充资金供给。在内部控制方面，继续贯彻监管部门“市场乱象”排查的监管政策，在自查业务的同时，梳理操作流程中的漏洞和风险点。通过每年度对授权审批表和年度授信方案进行修订，提高了公司内部治理水平。2018 年度完成了信贷业务、反洗钱、印章管理、信息科技四项审计工作，从而强化公司内控机制。

公司在 2018 年逐步优化业务操作流程，进一步打造了良好的风险管理文化，以提高风险控制的水平和能力，保证公司日常业务的正常经营、平稳发展，风险管理情况良好。

【人力资源管理】 2018 年公司优化整合薪酬制度，改进公司薪酬结构；补充人员、岗位调整、内部培养、引进人才，建立关键岗位 AB 角，形成合理人才梯队。公司高管层人员到位，加快引进金融人才步伐。

【信息化建设】 2018 年，公司核心业务系统整体运营平稳，未发生重大运营事故及案件。上海票交所直联测试独立完成，如期上线业内领先。上海票交所直联系统于 2018 年 4 月启动，公司成立专项工作组，在不到 3 个月时间内完成直联系统的软硬件建设，并根据票交所直联工作的时间要求，独立完成测试案例 438 个，产生报文上万条，准确率 100%，顺利于 2018 年 11 月 18 日接入上海票据交易所直联系统。公司为福建省第二家、厦门唯一一家财务公司，领先于国内、省内同业机构。

【企业文化建设】 2018 年，公司举行六周年庆系列活动及企业文化节活动，活动形式丰富多彩。同时，开展系列读书会活动，推进企业文化和品牌建设，丰富员工文化生活，建立学习型队伍。同时，在年度“抓班子、带队伍、重建设、闯新路”的党建方针指导下，努力践行社会主义核心价值观，开展了走进厦门市第二福利院，举办“中秋暖人心，爱在福利院”以及环岛路“垃圾分类不落地”等志愿活动。

【党建工作】 坚持党建引领发展，完善公司治理机制。2018 年，公司完成了党支部委员选举工作，将党建纳入公司章程，确定党的领导地位，建章立制，完善、制定支委会的议事清单及议事规则，明确“三重一大”的研究内容。通过不断健全支部组织建设，规范公司决策机制，为业务经营发展提供了强大的政治保障。作为新成立的党支部，支部工作得到了集团党委的支持和肯定，在集团四季度“一岗双责”综合检查评分中取得第二名的好成绩，公司经营规模和业绩也取得了历年来最好成绩，凸显了党建工作引领公司发展的作用。

厦门翔业集团财务有限公司

【集团概况】厦门翔业集团有限公司（以下简称“集团”）是一家跨地域、多元化发展的大型国有企业集团，拥有全资或控股下属公司70余家。2018年，集团调整优化产业结构和运营模式，收入及利润再次创下历史新高。全年实现营业收入141.52亿元，同比增长20.87%；实现利润16.13亿元，同比增长3.51%；净资产收益率为11%；年末合并总资产335.09亿元，同比增长15.53%，净资产124.55亿元，同比增长24.52%，资产负债率为62.83%。

【经营概况】2018年，厦门翔业集团财务有限公司（以下简称“公司”）紧密结合集团产业发展战略，加快推进公司新业务资质的获取和落地，不断夯实内部管理基础，加强风险防范机制建设，进一步提升公司对于集团各产业的金融服务水平和质量，切实发挥企业集团财务公司的现代司库职能。未经审计，全年实现营业收入17030万元，同比增长17.7%，净利润总额10913万元；资本充足率为30.94%，平均流动性比例达37%，日均存款41.8亿元，同比增长31%，日均贷款29.43亿元，同比增长35%，全口径资金集中度为85.16%。

【服务实体】2018年，公司根据集团产业需求量体裁衣，积极开办新产品，分别开发法人账户透支、无还本续贷、绿色信贷等新业务产品。同时，公司积极推进减费让利政策，助力集团“降杠杆”。全年累计为集团成员单位减费让利3500余万元，为成员单位发放贷款20.83亿元，大幅降低集团外部融资杠杆。

【信贷业务】2018年，公司累计为集团35家成员单位提供授信额度56.14亿元，授信覆盖率为48%，授信已经全面覆盖集团四大板块及各个产业，为成员单位推广使用金融产品奠定了良好的授信基础。

【资金业务】公司资金业务主要开展品种包括存放同业和同业拆借。2018年，公司办理存放同业61笔，全年平均收益率超过4%。公司于8月份加入同业拆借市场，办理同业拆借32笔，合计发生额61亿元，减少财务费用超过50万元。同时，公司积极发挥金融专业人才的作用，为资金富余的成员单位提供投资咨询服务，有效提升集团闲置资金收益。

【资金集中】2018年，公司加大集团成员单位非直联银行的账户余额管理，从严控制非直联银行开户数和开户比例。开展内外部账户的大清查，督促成员单位撤销久悬、闲置账户，提高账户利用率。对集团成员单位到期银行保函进行清理，释放集团的银行授信。全年归集成员单位88家，归集账户135个，日均吸收存款41.75亿元，账户集中度为67.46%，全口径资金归集度为85.16%，可归集口径资金集中度为86.28%。

【业务创新】2018年，公司共完成三项新业务产品的落地实施，并实现了首笔绿色信贷业务落地。一是同业拆借资质。2018年7月，公司顺利获批同业拆借资质，有效提高了公司流动性管理能力。全年共获得13家金融机构同业授信，向14家金融机构开展了主动授信，累计办理同业拆借32笔，合计61亿元。二是法人账户透支业务。2018年5月，公司法人账户透支业务上线，成员单位真正实现贷款资金“随借随还”，为成员企业提供了一个便捷、高效、低成本的融资方式。2018年度累计为9家成员单位核定法透额度8500万元，累计发放法透资金4545万元。三是无还本续贷业务。2018年9月，公司无还本续贷业务——“连续贷”正式上线，全年为旅游传媒、龙岩机场两家集团内小型成员单位发放3笔贷款的续贷，合计金额900万元。四是绿色信贷业务。2018年12月，公司积极响应相关政策的号召，出台了绿色信贷业务操作指引，并积极跟踪成员单位绿色建筑项目评审进度，于2018年落地首笔绿色信贷业务，实现了该领域零的突破。

【风险管理和内部控制】2018年，公司持续完善风险管理体系和制度建设工作，修订、出台《不良资产责任认定与追究管理办法》《业务洗钱风险评估实施细则》等21项管理制度。针对公司重点业务，积极推动风险关口前置，督促公司风险团队提前介入、参与方案设计，从源头上把控业务风险。加强反洗钱和案防工作的宣传和部署，完善内控体系。在2018年度监管部门“进一步深化治理银行业市场乱象现场督导”现场检查中获得了监管机构的整体认可。

【信息化建设】2018年，公司增设独立的信息科技部，加快推进公司信息科技建设，全年完成多个新业务模块的开发。一是法人账户透支功能上线，实现随透随还；二是无还本续贷功能上线，方便贷款客户的续贷；三是绿色信贷功能上线；四是同业拆借模块上线；五是反洗钱模块上线，增强反洗钱履职能力；六是完成核心系统与集团财务管理系统的接口开发。

【企业文化建设】2018年，公司系统梳理企业文化理念，提炼公司品牌愿景、核心价值、企业宗旨和员工行为理念等，统一公司价值观和行为规范。同时，公司正式启动工会筹备，获批组成工会筹备组。在工会筹备期间，工会筹备组积极组织公司员工参加行业、集团工会组织的交流活动，开展员工关怀活动，提升公司凝聚力。

【党建工作】2018年5月，公司正式成立公司党支部。党支部成立以来，认真贯彻落实全面强化国有企业党建引领和加强党对地方金融机构领导的有关精神，扎实推动党建工作写进公司章程，高度重视党风廉政建设工作，坚持民主生活会制度，积极发展4名骨干职工为入党积极分子，认真开展党内学习，切实发挥党的核心引领作用。

新奥财务有限责任公司

【集团概况】新奥能源控股有限公司（以下简称“集团”）一直深耕于清洁能源领域，坚定不移地践行国家环保产业政策，逐步从单一的天然气分销企业向综合能源服务商转型，推动创建清洁、低碳、智能的现代能源体系。

【经营概况】2018年，面对严峻复杂的国内外形势，新奥财务有限责任公司（以下简称“公司”）迎难而上、锐意进取，紧密围绕“去杠杆、治乱象、回本源、强服务、防风险”的监管路线图，聚焦风险治理、业务治理、公司治理三大工程，确立了“提升能力、主动创新、创造价值、控制风险”的总体经营目标。2018年，公司实现营业收入2.83亿元，净利润1.53亿元，人均净利润278.00万元，资产总额108.77亿元。

【服务实体】公司一是遵循因地制宜的原则，提供定制化的金融服务，满足客户的多样化资金需求；二是主动摸排、深入调研、精准把脉，切实解决成员企业的融资问题；三是加强金融服务和产品的创新，大力拓宽成员企业融资渠道，满足企业的融资需求；四是为更好地支持成员企业，坚持对成员企业减费让利，免收结算服务费，最大限度地降低企业融资成本。

【信贷业务】公司坚持做大资产负债业务规模的原则，首先是增加走访成员企业频度，密切关注客户需求，切实做到了早投放多投放；其次是加强与集团各级财务部门沟通，制定业务提升共享价值方案，充分调动各方力量。截至2018年末，公司存款余额85.09亿元（含美元折人民币），与2017年同期比增加9.77亿元；信贷余额（含贴现）83.02亿元，信贷规模增加18.40亿元，委托贷款余额77.28亿元（含美元）。

【资金业务】2018年，公司累计完成境内结算40.21万笔，结算金额3959.93亿元；资金结算笔数较上年增长89.67%，结算金额增长53.61%。2018年境外结算完成763笔，结算金额折合美元为47.09亿元，资金结算笔数较上年增长69.56%，结算金额增长35.63%。精细化的资金管理，确保了公司经受住结算量大幅增加的考验，2018年资金风险事故零发生，切实保障了集团的资金安全。

为有效应对市场流动性紧张的严峻形势，公司大力拓宽资金来源，积极开展同业拆入业务，截至2018年末，公司拆入资金累计发生额为116亿元，主要是期限为7天的品种。

【投资业务】公司积极探索开展投资业务，通过提高同业存款资金收益，实现备付资金的保值增值，截至2018年12月31日，实现同业存款利息收入2574万元，有价证券投资实现投资利息收入3318万元，投资收益率为4.39%；投资余额4989万元，投资业务累计发生额为219.58亿元。

【票据业务】2018年，在监管政策调整的背景下，公司首先通过一系列测试、数据核对及培训等的安排，保证ECDS与票交所系统顺利切换，纸电融合后，公司的相关业务全部实现在票交所系统中执行，并完成线上清算，提高了交易的效率、透明度，有效控制了风险。其次与招商银行合作搭建票据池系统，该票据池已有4家企业加入，票据质押限额为20亿元。成功为集团成员企业开立6000万元的保函。

【资金集中】截至2018年末，公司全口径资金归集率预计可达59%。主要采取了两方面的工作措施：一是通过集团总部以行政手段加强资金管控，严格收支两条线，减少本地资金留存，提升资金归集率；制定有针对性、有吸引力的方案，对合资公司以上浮存款利率、加强信贷支持、委托贷款贷出资金方式吸引其归集。二是充分应用人民币、外汇两个资金池，在满足监管要求的基础上，不仅有效提高外汇资金归集率，也在一定程度上解决了公司流动性偏紧的局面。

【业务创新】2018年，公司在产品和服务创新方面进行了有益的尝试。首次开立财务公司承兑票据，为成员企业签发的3亿元承兑汇票成功在交通银行办理贴现，其中2亿元贴现利率为贷款基准利率4.35%，利率低于同期市场融资水平，且无担保无抵押，为成员企业解决资金需求拓展出新的低成本融资模式。公司为成员企业签发承兑汇票35万元，获得外部供应商认可并签收，标志着公司承兑汇票正式进入市场流通。

【风险管理和内部控制】公司坚守风险底线思维，显著提升风控质效水平。2018年，公司全面贯彻监管精神，积极优化风险管理体系，持续开展自查自纠，不断完善规章制度。截至2018年末，公司未发生风险事故，未受到监管处罚。中国银保监会本年度对公司的监管评级结果为B1，在河北省财务公司中排名第二。

【人力资源管理】2018年，公司确定了打造综合性金融服务专业团队的目标，从人才培养、能力要求、关键岗位等方面持续发力，逐步改进员工关键能力欠缺的现状。一是构建员工有归属感、目标有追逐感的薪酬体系，结合公司战略定位，首先是按照尽责分享和自驱分享的价值分享原则，实现了价值创造与收益匹配的目标；其次是持续优化业务激励机制，确保激励精准分配到价值创造的各个环节和每名人员。二是完善人才引进与能力提升双轮驱动机制，吸引优秀人才，多措并举推动员工提升专业能力。

【信息化建设】公司大力创新，以“交易+数据+场景”为核心，构建生态圈金融服务体系。为更好地服务成员企业，提高企业融资效率，加强资金安全管理，由交通银行开发的公司财资管理系统于2018年5月28日全面上线，该系统具备更加全面的功能、更高效的运行速度、更安全的资金管理环境，实现了企业自助发起存量贷款的资金使用和还款，对于企业保有最佳的资金持有量、降低融资成本发挥了重要作用。

新凤祥财务有限公司

【集团概况】 新凤祥财务有限公司（以下简称“公司”）成立于2015年6月，最大控股股东为新凤祥控股集团有限责任公司（以下简称“集团”）。集团是一家工农业齐头并进的民营大型综合企业集团，两大业务板块为铜冶炼及铜贸易业务、肉鸡养殖屠宰加工业务，正在形成新凤祥金融产业。多年来，集团始终坚持聚焦主业、稳健经营，保持核心业务发展的同时，加大安全、环保投入，通过不断的技术研发推动传统企业新旧动能转换，提升集团核心竞争力。2018年，集团资产总额267.03亿元，2018年累计实现营业收入476.81亿元，实现净利润4.58亿元。

【经营情况】 2018年，公司上下紧紧围绕“依托集团、服务集团”这一中心，充分发挥金融优势和平台作用，顺利完成了各项经营指标。截至2018年末，公司资产总额84.70亿元，较年初增长61.15%，其中各项贷款余额62.83亿元，较年初增长43.45%。负债总额63.58亿元，其中各项存款余额49.92亿元，所有者权益20.92亿元。2018年度公司共实现营业收入1.53亿元，利润总额6732.31万元，净利润5049.23万元，比上年同期增长42.74%。

2018年末，全口径资金归集率为49.21%，比年初增加13.74个百分点。各项监管指标均符合规定，无不良资产。

【公司治理】 2018年，公司根据《山东银监局关于核准新凤祥财务有限公司变更股权及调整股权结构的批复》，同意公司股东长城国融投资管理有限公司将所持公司5000万元的股本、占总股权比例2.50%的股权转至集团名下。完成股权变更后，公司注册资本无变化，实际控制人无变化，股东数量由3个减少为2个：新凤祥集团（股权比例52.50%）、祥光铜业（股权比例47.50%）。股权变更完成后，在银保监局指导下完成了董事会、监事会换届工作，新任董事、高管已按期履职。2018年，公司完成办公场所搬迁。做好办公楼装修工作，顺利通过安防、消防相关验收。根据《山东银监局关于新凤祥财务有限公司变更营业场所的批复》，于2018年1月31日顺利入驻新的办公场所，优化了办公环境，提升了公司形象。

【信贷业务】 信贷规模持续增长。通过评级授信为11家成员单位核定授信额度累计人民币184.30亿元，覆盖了主要成员单位。2018年办理信贷业务132笔，包括流动资金贷款、电票承兑、转贴现、委托贷款等业务品种。截至2018年末，各项贷款余额为62.29亿元，其中投向祥光有色金属行业51.75亿元，农业板块10.54亿元。与2017年年底相比，贷款余额增加了19.09亿元。

【外汇业务】 集团两大产业年进出口贸易总额较大，公司2018年共为成员单位办理售汇业务43笔，金额3.26亿美元，结汇业务15笔，金额7033万美元。和同期银行牌价比，累计节约汇兑手续费579万元人民币。加强与外汇局和同业之间的沟通交流，与中国银行和建设银行建立了稳定的交易对手关系，确保结售汇业务合规稳健经营。

【票据业务】 2018年，公司持续推进上海票交所纸电票据交易融合项目系统建设，做好项目上线工作，持续完善核心系统功能。2018年，成员单位利用财务公司电票系统累计出票356笔，共计32.14亿元，公司累计为成员单位办理电子商业承兑汇票贴现147笔，共计20.45亿元；电子银行承兑汇票承兑213笔，共计14.70亿元；转贴现、再贴现128笔，共计17.13亿元。

【业务拓展】2018年，公司向中国银保监会申报并获批了有价证券投资业务资格（除股票投资以外类），出资1.50亿元认购祥光铜业超短融，开展债券借贷融入国债，通过质押式回购等业务盘活资金。积极协调主承销商和潜在投资者，在债券市场下行压力和民企债券违约频现的形势下，助推祥光铜业成功逆市发行超短融5亿元。公司积极与20余家银行建立并保持良好的合作关系，推进同业授信和业务落地，涉及票据转贴现、代开银承、代开国内证等多个产品种类，为集团发展扩大了融资渠道。

【风险管理和内部控制】公司经董事会审议，撤销了风险（审计）部，设立风险管理部和审计稽核部，解决了风险和审计合署办公的问题。风险管理部对信贷业务及同业业务的评级、授信和支用等环节进行审核、审查。审计稽核部注重提升风险控制和内部审计管理水平，分别在高管离任审计、关键印章及重要空白凭证登记管理、案件风险排查、同业交易对手审查、轮岗、强制休假和岗位制衡、反洗钱、重大事项等方面，开展了5次内部审计工作，审计监督工作得到更好落实。公司严格按照监管要求和实施方案开展深化整治银行业市场乱象工作，组织各部门开展市场乱象自查活动3次，组织各类员工行为排查4次，共查找出7个问题，对发现的问题积极落实整改。

【信息化建设】2018年，公司完成了B级IDC机房建设和软硬件迁移。投资400多万元全面完成机房内装饰装修、电力系统、空调系统、消防系统等建设及验收工作，陆续完成机房设备迁移安装，部署新办公区弱电安装配置、测试，实现办公区无线全覆盖，网络接入安全认证，实现与集团及各成员单位网络电话、视频会议的互通互联。根据公司业务连续性需求及监管要求，解决设备复用存储单点故障等问题，结合新机房的建设，公司投资280万元，完成系统加固工作，实现了存储双活、连续性保护、业务系统虚拟化、系统软件正版化等，满足存储监管要求。根据票交所ECDS2.0升级要求，公司评估系统功能开发进度，采用客户端方式连接票交所，以满足业务初期需要。根据业务开展需求，新增了公司法人透支、债券投资和反洗钱模块，完成制度修订和联调联试工作。

【党建工作】公司党支部现有党员15名，党员人数占全部员工数量的比例达到40%，是集团党员比例最高的党支部。其中中层管理人员以上的党员数量占党员总人数的53%，公司领导班子和党支部委员“双向进入、交叉任职”，为公司“双培养”工作和党员队伍建设工作奠定了良好的基础。公司党支部始终坚持以党建促进公司团队建设、企业文化建设和经营业绩的全面提升，逐渐形成了“金融服务意识、审慎合规意识、忠于集团意识”的内部文化。2018年，集团党委将公司党支部评选为“先进基层党组织”，公司以此为契机，夯实党建基础，把“四五工程”“两学一做”贯穿于资金归集、产品创新、风险防控、重点工作落实等经营工作的全过程，把党的建设与经营工作有机融合。切实把党的政治优势转化为竞争优势和发展优势，努力为实现集团“双千亿”战略目标提供有力的金融支持。

新华联控股集团财务有限责任公司

【集团概况】新华联控股集团财务有限责任公司（以下简称“公司”）是新华联集团（以下简称“集团”）的全资子公司。2018 年，集团秉持“厚植实业”的初心，坚持高质量发展、创新发展，围绕转型升级积极布局谋篇，经营业绩逆势上扬。2018 年，集团实现营业收入 952.96 亿元，总资产达到 1310 亿元。

【经营概况】2018 年，公司致力于做大做强，面对复杂多变的国内外经济形势以及金融市场不断去杠杆的行业发展趋势，强化服务意识，完善授权体系，充分发挥自身金融优势，实现了业务规模和质量双提升。截至 2018 年末，公司实现营业收入 1.58 亿元，净利润 6794 万元，资金归集规模 30.16 亿元，年末资产规模 64.78 亿元；完成增资，注册资本金变更为 30 亿元。

【服务实体】公司以“依托集团、服务集团”为宗旨，积极履行提升服务实体经济质效的主体责任，明确了“围绕集团发展战略，以服务集团、服务核心业务、服务重点项目为基础，持续稳健开展信贷业务”的总体经营思路。存贷款定价以“合规性、市场化、差异性和风险性”为原则，着力降低成员单位融资成本。

【信贷业务】公司主要采取短期贷款和票据融通为主、中间业务为辅的服务模式，合理配置信贷资源，积极拓展信贷业务品种。贷款业务种类主要为自营贷款、电子商业汇票承兑及贴现、应收账款保理、融资担保等。2018 年度信贷投放累计 116.17 亿元，同比增长 146.54%。

【产品销售信贷业务】为促进集团产品销售，公司审慎开展产品创新，累计发放应收账款保理贷款 1.22 亿元，有效解决了成员单位在产品销售过程中因买方企业资金周转不便，不能按期付款而取消业务采购的问题。同时有利于成员单位加速货款回笼，改善财务状况。

【资金业务】公司加强与同业的合作和交流，积极拓宽融资渠道。公司还积极利用央行票据再贴现等政策工具，助力集团成员单位降低财务成本。2018 年，公司共办理同业定期类业务累计 31.10 亿元，取得较好收益。

【票据业务】公司深耕成员单位业务需求，积极拓展票据业务，丰富成员单位支付结算手段。2018 年累计为成员单位开立承兑汇票 19.62 亿元，办理票据贴现 12.49 亿元。

【资金集中】公司多措并举，努力提高资金归集率。一是争取集团政策支持，营造上下联动的资金集中管控氛围。2018 年集团下发《关于加强资金计划管理的通知》和《关于加强货币资金归集的通知》。二是加强成员企业的账户管理，提升结算服务质量和效率，结算量大幅提升的同时带动资金沉淀。三是采取电话营销和上门走访相结合的方式，拓展新开户，“有的放矢”主动吸存。

【业务创新】公司积极向全国银行间同业拆借中心申请拆借资格，并于 2018 年 8 月成功获批，累计开展同业拆借业务金额 11.16 亿元，助力公司流动性管理。此外，为整合集团票据资源，公司不断深化银行业务合作，搭建了以票据为主要资产的资产池、票据池，统一集团票据管理，有效利用票据资源。

【风险管理和内部控制】公司围绕全面风险管理体系，不断强化各项基础管理，充分发挥风险内控对业务发展的支持和保障作用。一是严格授权管理，促进经营管理规范化、科学化、程序化。二是持续制度重检，公司经营管理基本实现了在制度框架内实施。三是继续保持适中的风险偏好，优化授信方案，实施差异化的风险缓释措施，控制信用风险，稳定资产质量。四是强化内控管理，做实常规检查和专项审计，保证制度执行效力。采取培训、宣传、教育、测评等形式，提升全员风险意识，树立合规企业文化。

【人力资源管理】公司重视培养人，坚持公正用人，在履职尽责、实战实践、干事创业中识别人才、锻炼人才，为公司事业持续发展提供了强大的人才支撑；向培训要成效，围绕年度工作重心、分主题组织培训，着力提升员工的风险识别、报表填报、业务开展等能力；重视绩效考核及结果运用，将敢不敢扛事、愿不愿做事、能不能成事作为识别干部、奖惩升降的主要标准，建立了“能升能降”的用人机制。

【信息化建设】公司信息化建设以全面提升系统服务水平为目标，不断强化信息安全建设，助推公司各项业务落地。一是紧密配合业务需要，全面推进资金管理系统建设。二是成功接入全国同业拆借市场，丰富公司流动性管理手段。三是建设同城应用级灾备系统，强化信息安全管理。四是完善生产环境高可用改造，在现有设备的基础上，实现生产机房设备高可用，从而进一步满足了公司业务开展的连续性要求。

【企业文化建设】围绕“提升凝聚力、战斗力”的目标，公司组织了春季采摘、参观交流、登山比赛、羽毛球比赛、定期聚餐、生日会等活动，增强员工的归属感，统一思想，凝聚人心；及时对生病、生育员工展开慰问，真正让员工感受到公司的温暖；精心组织开展重点事件宣传，充分展示公司工作成果，鼓舞员工士气。

新疆金风科技集团财务有限公司

【集团概况】新疆金风科技股份有限公司（以下简称“金风科技”）成立于1998年，是一家集风电整体解决方案、能源互联网、水务环保和金融服务为一体的新能源企业，多次入选“全球最具创新能力企业50强”。自成立至今，金风科技在全球布局7个研发中心、20余个工程中心，实现全球风电装机容量超过50GW，31000台风电机组（直驱机组超过26500台）在全球6大洲、24个国家稳定运行，全球员工超过8000人，在北美洲、南美洲、欧洲、非洲、大洋洲、亚洲、中东北非7个区域设立8家海外子公司。金风科技出口机组超过全国风电机组出口总量的50%以上。截至2018年末，金风科技实现营业收入287.3亿元，净利润32.1亿元，缴纳各项税款14.62亿元，总资产815亿元，净资产近250亿元。

【经营概况】新疆金风科技集团财务有限公司（以下简称“公司”）2018年4月取得银保监会批筹文件，进入筹建阶段，9月顺利通过新疆银保监局验收，公司于2018年9月19日正式成立。截至2018年12月31日，公司重点完成了内外部信息系统对接、基础业务制度流程和系统流程的优化对接及岗位培训等工作，开展了结算、信贷、报表报送、风控审查等基础业务，累计发放成员单位贷款29.52亿元，累计发放委托贷款25.89亿元，实现利息收入2869万元。流动资金充足，无不良资产及不良贷款，各项监管指标均符合监管要求。

【信贷业务】2018年，受理审核发放自营贷款共计4笔，合同金额共计29.59亿元，贷款余额29.52亿元；实现利息收入共计2869.82万元，手续费收入3.96万元。委托贷款共计16笔，合同金额共计35.49亿元，委托贷款余额25.89亿元。

【资金业务】2018年，累计归集资金36.5亿元，全口径资金集中度为17.92%，可归集资金集中度为30.16%，为资产业务开展夯实了基础。

【风险管理和内部控制】公司成立了风险管理委员会，制定了详细的风险管理计划并贯彻实施。按照财务公司评级指标，高标准规划各项业务指标并分解到部门到岗位，确保高标准运营。圆满完成1104报表、金融统计报表的对接和数据报送工作。在内部控制方面，发布了《财务公司审计稽核部工作规程》、《信用等级评定审计指导手册》、《授信管理审计指导手册》及《信贷业务审计指导手册》等多项审计制度，以全面的制度体系护航内控管理。

【人力资源管理】按照制度和程序，完成组织机构设立及相关人员任命，遵照商业银行法人治理要求，进行了管理层及部门分工，完善了各岗位人员配置和岗位培训。

【信息化建设】全面部署公司信息化建设，2018年度重点完成了五家银企直联及开通电子政务平台，为业务的有效开展提供了强有力的支撑。

【企业文化建设】围绕公司“客户导向、知行合一、开放协作、尊重信任”的核心价值观，通过筹备开业仪式、高管面对面等活动，形成了互相信任、互相支持、互相促进、互相欣赏的企业文化氛围，进一步推动公司健康发展。

新希望财务有限公司

【集团概况】新希望集团有限公司（以下简称“集团”）是中国最大的农牧企业集团之一，是农业产业化国家重点龙头企业。2018年集团董事长刘永好荣获“改革开放40年100名优秀民营企业家”及党中央、国务院表彰的改革先锋称号。集团连续多年名列中国企业500强前茅，在30余年的发展中，创造了显著的社会价值与商业价值。

【经营概况】2018年，新希望财务有限公司（以下简称“公司”）坚持“强化服务意识，严控金融风险，实施有效经营，实现产融结合”的经营宗旨，以提升集团资金全面管理和服务集团实体经济为导向，有效优化集团资源配置，提升运营效率。截至2018年末，公司资产总额134亿元，负债总额119.92亿元，所有者权益14.08亿元；全年实现营业收入2.26亿元，利润总额1.83亿元，分别同比增长52.95%、70.88%。

【服务实体】公司一是助力集团主业发展。2018年，公司向集团主业发放贷款近10亿元，办理承兑业务11亿元，票据贴现33亿元，办理贴现超30亿元。二是支持集团新兴产业板块发展。公司通过流动资金贷款和票据贴现业务向集团冷链板块提供流动性支持，满足企业成长期资金需求。三是积极支持科技型企业。公司专门为科技型企业开辟信贷业务优先受理通道，积极开展多品种信贷服务。

【信贷业务】公司积极为成员单位提供丰富的信贷产品。截至2018年末，信贷余额为56.01亿元，同比增长11.53亿元，增幅为25.92%。全年完成授信户数超百户，同比增幅为50%，授信总额超百亿元，同比增幅为43%。

【产品销售信贷业务】公司积极响应国家和集团扶贫攻坚相关要求，加大对贫困地区农牧产业的资金支持力度，通过买方信贷助力产业扶贫。2018年，公司积极为集团农牧下游产业链办理买方信贷，利率远低于市场同类贷款价格水平。

【资金业务】公司通过账户管理、结算管理、创新融资业务和资金管理，形成资金流的监控闭环管理。公司牵头统筹全集团资金管理工作。2018 年公司牵头完成集团 30 亿元债券发行，融资利率在 AAA 级民营企业中属较低水平。

【投资业务】2018 年，公司积极推进投资业务，开展同业存单投资和国债投资，扩大同业交易对手合作范围，提升同业收益水平，全年投资收益率同比上升近 20 个基点。

【票据业务】公司在农牧产业链加大和加快电子商业汇票的推广使用力度，2018 年，票据业务服务成员单位数量首次超过 100 家，贴现全年发生额超 30 亿元，同比增长 153.79%。有力地促进了集团产业链的协同发展。

【资金集中】2018 年，公司增加直联合作银行 10 家、拓宽银企直联渠道、大力推动全直联工作。2018 年末，集团全口径资金集中度达 80.14%，同比增长 10.92%，公司资金集中管理能力得以提升。

【业务创新】2018 年，公司密切结合集团成员单位的融资需求，丰富信贷业务产品。4 月，成功落地新希望六和股份有限公司首笔融资租赁（售后回租）业务，该业务结合饲料公司拥有大型机械设备、固定资产余额较大的特点，有效地盘活固定资产并为其提供了中长期稳定资金支持。

【风险管理和内部控制】2018 年，公司新建或修订 48 项制度。进一步保障了公司业务合法合规、有序开展；完成银行业乱象自查等 16 次专项检查，出具合规检查类报告 57 份。有效提升公司合规意识与合规能力；公司进行每日流动性比例测算及流动性比例预测，及时识别、监测、预警流动性风险。

【人力资源管理】2018 年，公司继续坚持“员工与企业并进，同心同向培养人、成就人”的人力战略，全力打造专业化、年轻化的队伍。2018 年为公司补充 13 名员工，其中硕士 4 名，本科 8 名，有金融财务工作经验的 12 人。员工专业素质得到进一步提升，员工稳定性增加。

【信息化建设】在基础设施方面，公司建成的主备数据中心达到同城系统级灾备水平。在信息系统建设方面，建成集团资金管理、核心票据、固投系统等 22 个项目。在信息化治理方面，新增或修订了部分信息制度。通过全面夯实信息化业务系统，有力地支持业务发展，金融服务质量和效率得以提升。

【企业文化建设】2018 年，公司全体员工围绕打造国内一流财务公司的目标，全力宣贯公司企业文化。一是全年共开展各种形式的团建活动 53 次，提升员工队伍的凝聚力和共情力。二是全年开展内外部培训 51 次，增强员工队伍的专业性和战斗力。三是积极发扬“传、帮、带”精神，帮助新员工迅速成长。

【党建工作】2018 年，公司改选了党支部，建立了党员活动室并按月组织党员学习活动，开展了“学党章、讲党章”演讲比赛、建党 97 周年座谈会、公司文化分享、青年人才论坛等活动。会同集团工会、团委积极开展扶贫助困活动，先后前往甘孜州新龙县皮察乡、阿坝州黑水县、壤塘县、甘孜州新龙县等地，为贫困户、孤寡老人和孩子们送去了御寒爱心物资。

徐工集团财务有限公司

【集团概况】2018 年，徐州工程机械集团有限公司（以下简称“集团”）被纳入国家国企改革“双百企业”和省第一批混改试点企业名单，徐工品牌出口、自营出口保持国内行业第一，移动起重机市场占有率世界第一。混凝土机械、桩工机械世界行业第二，重卡首次跻身国内行业前十强。2018 年跻身世界工程机械第六位，连续 29 年居中国工程机械第一位。

【经营概况】截至2018年末，徐工集团财务有限公司（以下简称“公司”）资产总额152.71亿元，增幅为60.91%；负债总额127.82亿元，增幅为81.68%；所有者权益24.88亿元，增幅为1.37%。2018年累计实现扣除资产减值损失后利润总额1.81亿元。2018年全年累计为集团创造效益4.43亿元，其中节约成本费用2.76亿元，直接贡献收益1.67亿元。

【服务实体】公司对集团融资逆周期调节，确定重点分子公司的年末融资预算方案，并对执行情况序时调度，协助提高财务稳健性；2018年，实现外部保证金归集11.15亿元，直接为集团创造效益600万元以上；推出知识产权质押贷款业务，获得财政贴息支持，进一步降低融资成本；公司商业承兑汇票获得市场认可，承兑汇票规模实现较快增长。

【信贷业务】2018年，公司累计为成员单位办理各类信贷业务113.35亿元，其中，自营贷款60.01亿元，委托贷款4.85亿元，商业汇票贴现48.10亿元，通过规模化开展电票业务、扩大同业业务合作范围、提高信贷投放精准性等方式有效促进了集团传统优势板块及战略新兴板块的全面发展。

【产品销售信贷业务】2018年，公司累计为成员单位及其上下游产业链客户办理各类信贷业务1194笔，共计191.61亿元，同比增加37.13亿元；开办产业链金融业务以来，已为全国29个省、直辖市超过320家实体企业提供了金融服务。

【资金业务】2018年，累计办理再贴现22.06亿元，有力维护了流动性安全稳定。累计同业拆借20.10亿元，有效平滑流动性风险。通过精准测算，合理布局存放同业定期、约期等各类方式获得最优收益，最高利率达4.98%。与银行谈判，将活期利率提高至2.55%，实现资金收益最大化。

【票据业务】积极做好应收款链类业务的管理，盘活集团票据资产，使存量票据发挥最大效益。2018年，累计办理各类电票业务25.08亿元，对成员单位的采购付款及低成本融资提供了高质量的金融渠道；2018年全年为成员单位累计办理代开银承37.17亿元，为集团主业提供了资源保障。

【外汇业务】2018年，公司通过进行即期结售汇业务闭环操作，降低集团整体结售汇成本，优化融资结构，减少错配敞口，规避汇损总额为5203.70万元；密切沟通争取政策支持，完成集团境外放款、外债借款的外管备案登记工作、优化续接方案，化解集团外债风险。

【资金集中】截至2018年末，公司全口径资金集中度达81.92%，可归集口径达96.63%，创下历史最高。首先安排专人每日关注成员单位监管账户，及时提醒归集；其次把好成员单位在外部银行开立账户关，从源头做好资金监控；最后加快业务创新，通过代开银行承兑汇票、票据池等压降成员单位外部保证金比例。

【业务创新】2018年，公司首次开展知识产权质押贷款，并被市科技局和市财政局正式选定为科技型企业贷款“以奖代补”合作方；创新了代开国际信用证、贸易融资和徐工财务海关保函等；推出融资租赁直租业务、经销商抵押融资，丰富了产业链金融产品链条。

【风险管理和内部控制】2018年，公司成立制度梳理完善工作小组，形成了《规章制度汇编》，为业务发展提供有效的制度保障；深入开展整治市场乱象工作，构建依法合规长效机制。2018年顺利通过省市监管部门的现场督察，并获得监管部门的充分认可，被监管部门推荐为先进单位进行经验介绍；落实风险动态监测和预警机制，编辑成《风险提示函》，及时进行风险提示。

【人力资源管理】2018年，公司动态管理后备人才的选拔、培养、评估和晋升工作，完善和拓宽员工专业技术序列通道，修订《信贷专管员评定管理办法》，加强专业人才的精细化管理；首推《结算专管员评定管理办法》，逐步拓宽员工专业技术序列通道；构建风险合规培训、外汇外语培训和综合课堂轮值授课三轮并驱，创新教学模式。

【信息化建设】 2018 年，公司正式启动新一代核心系统优化项目并按计划推进，推动数据库运维工作走上正轨。积极对接推动电票业务上线工作，实现票交所二期项目顺利落地。同时，加强内控和信息安全管理。持续推进科技治理、基础设施、开发管理等基础工作。

【企业文化建设】 2018 年，公司完善组织建设，成立新闻编辑小组，推动公司亚文化体系建设。推动学习型组织建设，持续优化周二外语分享会，邀请集团外籍员工参与外语活动组织和分享；结合思想大解放活动，开展金点子活动，召开员工思想座谈会，推动创新文化入脑入心；推动合规文化建设向纵深推进，结合监管部门“双随机测试”，开展公司内部两轮考试测评工作。

【党建工作】 2018 年，公司积极开展与徐州银保监分局、交通银行、红豆集团财务公司等单位的党建共建，为党建工作注入新活力。开展员工健康关心行动、人才引进安居行动、员工生日祝福行动等关爱员工系列活动，同时新成立三个党小组，充分发挥党员先锋作用，主动作为、率先突破，有效推动公司高质量发展。

兖矿集团财务有限公司

【集团概况】 兖矿集团有限公司（以下简称“集团”）为山东省属国有独资公司，其控股子公司兖州煤业股份有限公司为香港、纽约、上海、澳大利亚四地上市公司。2018 年，集团实现营业收入 2400 亿元，利润总额 96 亿元，创五年来最佳水平。2018 年末资产总额 3050 亿元。

【经营概况】 兖矿集团财务有限公司（以下简称“公司”）注册资本金为 10 亿元（含 1000 万美元）。股权比例为兖矿集团有限公司持股 5%，兖州煤业股份有限公司持股 90%，中诚信托有限责任公司持股 5%。2018 年公司股权比例未发生变动。2018 年，公司实现营业收入 3.39 亿元，利润总额 2.62 亿元。资本充足率 13.32%，流动性比例 69.98%，不良资产率、不良贷款率为零，各项指标符合监管要求。截至 2018 年末，资产总额 231.46 亿元，较年初增加 104.74 亿元，增幅 82.65%；负债 216.59 亿元，较年初增加 107.14 亿元，增幅 97.89%。其中，存放同业款项余额 145.3 亿元、各项贷款 75.51 亿元、各项存款余额 216.23 亿元，较年初分别增加 78.73 亿元、20.04 亿元、107.05 亿元，整体保持增长态势，有力支持集团公司实体经济新旧动能转换。

【信贷业务】 公司新增信贷投放 20.04 亿元，同比增加 16.59 亿元。其中，为兖州煤业股份有限公司新增投放 11.1 亿元，占新增规模的 55.39%；为集团新旧动能转换重点项目提供全方位、个性化金融服务，向榆林化工、荣信化工和北斗天地提供授信 16 亿元；加大对贸易板块政策支持力度，为青岛中兖、端信深圳供应链提供授信 2 亿元。截至 12 月末，公司贷款余额 75.51 亿元，全年为集团节约外部贷款利息支出 2.36 亿元。

【票据业务】 公司创新开展票据融资业务，打通“票据承兑—贴现—转贴现、再贴现”全流程。1—12 月，为成员单位累计承兑电子商业汇票 11.11 亿元，按期兑付 8.2 亿元。以优惠价格为成员单位办理票据贴现 4.2 亿元；电票保证金质押比例下浮，全年减少保证金支付 2

亿元，降低融资成本900万元，有效支持实体经济发展。

【资金集中】公司修订《兖矿集团资金集中管理办法》，制定《资金集中管理考核办法》，加大考核力度，加强与成员单位沟通，资金集中稳步提高。截至2018年12月末，存款余额216.23亿元，比年初增加107.05亿元，2018年日均存款余额128.53亿元，同比增加67.19亿元。截至12月末，全口径资金集中度为48.44%，同比增长23.95%。

【金融服务】通过降低收费项目、优惠存贷款利率、降低保证金质押比例等措施，预计2018年为成员单位让利1.58亿元。降低收费24项，免收费20项，为成员单位节约手续费支出80万元，同比减少手续费收入34%；为成员单位提供协定存款、定期存款和通知存款等多品种选择，在监管许可范围内利率上浮到顶，全年让利8936.91万元；根据成员单位资金管理情况实行差别贷款利率政策，全年节约财务费用6500万元。

【同业业务】通过多种途径、多种方式有效开展同业业务，增加资金收益8045万元。与9家财务公司首次开展同业拆借业务，综合利率为4.07%，比同期Shibor高出150个基点，增加收益243万元；与商业银行创新合作模式，不同程度上浮同业存款利率，累计增加收益1340万元；加大与金融机构合作力度，全年实现同业定期利息收入7505万元，综合利率为4.09%，增加收益2005万元。

【风险管理和内部控制】召集股东会及临时股东会4次，董事会会议4次，监事会会议4次，完成选举新一届公司董事长、聘任新一届高管层、增加注册资本、增设信息科技管理委员会和投资决策委员会、增设信息技术部等职能部门、公司章程变更等关系公司长远发展的重要议案共计30项。进行制度全面修订工作，对相关业务制度进行增删。配合监管部门成功召开审慎监管会议，认真落实“七不准、四公开”、“深入整治银行业市场乱象”专项监管工作要求，自觉接受现场和非现场监管，主动报告重大事项，确保各项工作依法合规开展。

【信息化建设】以“高起点规划、高标准建设、高质量研发”的要求，与软通动力公司合作开发新核心系统，为与共享中心、SAP对接打下技术基础。新核心系统于2019年1月1日顺利上线，提升了系统自动化水平，为各项业务的拓展奠定了坚实的基础。

【党建工作】党支部建设学习活动基地，开展党建读书活动，购置《习近平谈治国理政》、习近平总书记推荐书籍等相关书籍资料，利用支部阅读专栏为党员职工提供学习平台。落实“三会一课”等基本制度，有计划地推行主题党日活动，通过组织重温入党誓词、红色实践教育、演唱红歌比赛、孔孟文化之旅等主题教育活动，提高活动质量。认真组织开展“灯塔—党建在线”党的十九大知识竞赛活动，引导党员干部不断增强“四个意识”，坚定“四个自信”。抓好党员发展工作，严格落实发展党员政治审查制度，把政治素质高、群众认可、工作能力强的干部吸收到党组织中来，支部共发展党员1名，新确定积极分子1名。

阳泉煤业集团财务有限责任公司

【集团概况】阳泉煤业（集团）有限责任公司（以下简称“集团”）成立于1950年1月，前身为阳泉矿务局，是国家首批确认的特大型国有煤炭企业。现有总资产2200亿元，二级分子公司62个，职工17万人；列世界500强企业第494位、中国企业500强第112

位、中国煤炭企业50强第7位、山西百强企业第2位，逐步形成以“一个构造”“两个迈向”“七大产业板块”为核心要义的“127”发展战略。“一个构造”是构建高质量现代产业体系；“两个迈向”是从有限的资源开采迈向无限的资源利用，从重工业迈向新兴服务业；“七大产业板块”是指煤炭、化工、铝电、现代工业新业态、现代互联网大数据、现代智慧服务业、现代金融。

【经营概况】2018年，阳泉煤业集团财务有限责任公司（以下简称“公司”）通过账户清理整顿，提高资金归集水平；通过开展新业务，提升服务实体经济能力；通过契约化管理，夯实了工作基础。2018年共实现营业收入5.38亿元，利润总额4.03亿元，结算量13.84万笔，截至2018年末，资产规模155.18亿元，净资产收益率为8.79%，资本充足率为25.17%，无不良贷款，各项指标符合监管要求。

【信贷业务】2018年，公司信贷资金投放234.33亿元，其中煤炭开采与洗选投放173.85亿元，占比为74.19%；煤化工投放52.23亿元，占比为22.29%；煤铝电投放1.25亿元，占比为0.53%；现代工业新业态投放1.21亿元，占比为0.52%；现代智慧服务业投放2.3亿元，占比为0.98%；现代金融投放3亿元，占比为1.28%；现代物联网大数据投放0.5亿元，占比为0.21%。

【投资业务】公司一是通过合理配置短期资金，利用资金的空档期，开展无风险质押式回购业务。2018年共办理30笔投资业务，累计投资金额37.9亿元，实现投资收益4938万元。二是根据头寸管理和利率变化情况，择机办理短期同业定期业务，2018年共办理同业定期8笔，金额合计30亿元，日均同业定期1.68亿元，实现收入362万元。三是向14家金融机构提供授信资料，其中商业银行8家、财务公司3家，额度总计72亿元，比年初净增22亿元，2018年办理同业拆入业务3笔，拆入资金11亿元。

【票据业务】公司一是走访成员单位，详细了解上下游产业链运行情况，探索上下游企业集团财务公司之间对电票的互认，打造公司电票流通网络。二是完善电票业务制度，规范电票办理流程，2018年累计为成员单位签发电子承兑汇票9.55亿元，有效减少成员单位在外部银行签票沉淀资金4.37亿元。三是做好电票业务推广宣传工作，提高成员单位票据归集的主动性，增强电票业务认知度和普及度，组织了电票业务专项培训，涉及单位104家，培训人员148人，编写了《票据知识100问》，为集团成员单位在日常票据使用、流转过程中出现的问题提供了有效的解决方案。

【资金集中】公司以账户为抓手，在集团职能部室的协助下，开展了覆盖集团全级次单位的账户清理整顿工作。2018年先后督促整顿清理账户205个，其中销户99个、绑定账户34个、审查规范账户72个，账户管控力度得到提升。在账户清理整顿的基础上，建立了“线上归集为主，线下监控为辅”的资金管控模式，实现了对绑定上线直联银行账户的实时监控和归集。

【风险管理和内部控制】公司一是以监管政策为依据、以业务开展为导向，补充制度10项，修订制度19项。二是层层签订《案件防控工作目标责任书》，建立纵向到底、横向到边的案件防控责任体系。三是将员工八小时内外行为排查与案件防控、非法集资、扫黑除恶专项斗争、契约化管理结合起来，签订责任书49份、关键岗位家访18人、八小时内外排查588人次，加强员工动态管理。四是开展预防非法集资以及金融知识、网络借贷、从业人员行为管理指引宣传，隔离外部金融风险侵蚀，维护稳定的金融环境。五是采取多项措施，开展信贷业务、同业业务、印章管理和信息科技风险等排查工作。

【信息化建设】公司一是安装入侵检测系统，实现了个人操作、日志系统和网络、线路故障的实时监控。二是增加系统改造投资力度和更换机房UPS电源，提高了系统及数据库的安全性。三是顺利通过了电票系统的验收，完成了电票系统与上海票交所直联工作。四是完成了反洗钱系统的上线工作，实现了定期将监管数据通过系统上报至人行，符合了监管部门相关要求。五是完成明细预算管理系统的上线工作，进一步提高了预算精细化管控水平。六是新增兴业银行为直联银行，至此公司直联银行已增加至8家。

【党风建设】公司坚持“以党建促发展”的工作理念，践行“党对一切工作的领导”。一是对章程进行了重新修订，明确了党组织在公司法人治理结构中的法定地位，严格执行“党组织研究讨论是董事会、经理层决策重大问题的前置程序”要求，明确党支部委员会、经理层各自决策的范围、程序、表态方式、会前准备、参会人员和有关纪律要求。二是组织领导干部先后参观了“阳泉市廉政教育警示基地”和“阳煤集团廉政教育警示基地”，开展“五个一律”承诺活动，严肃进行自查自纠；以“三亮三比”为契机，强化监督作用；在党员领导干部办公室摆放廉洁自律承诺卡；召开“五类主管”座谈会，进行廉洁警示教育，建立廉洁档案，永葆党员先进性。

一汽财务有限公司

【集团概况】中国第一汽车集团有限公司（以下简称“集团”）旗下拥有红旗品牌乘用车、奔腾乘用车、解放商用车等汽车品牌，同时与德国大众、奥迪、日本丰田、马自达等国际知名企业打造合资合作品牌。业务领域包括汽车研发、生产、销售、物流、服务、汽车零部件、金融服务、移动出行等。集团正致力于推动企业的转型升级和跨越式发展，努力打造汽车产业生态圈，把集团建设成为世界一流移动出行服务公司。截至2018年末，集团实现整车销售341万辆，同比增长2.0%，在汽车市场容量和增速连续下滑的大形势下，逆势上扬、永攀高峰。

【经营概况】2018年，一汽财务有限公司（以下简称“公司”）立足集团主业，坚定贯彻集团“稳中快进，能快则快”的工作方针，在集团及成员单位支持下，积极推进资金票据集中，开展汽车金融条线产品及业务创新，加快信贷投放，发挥财务公司功能作用。截至2018年末，公司资产总额达1010.25亿元，同比增长20.53%；各项存款规模881.98亿元，同比增长16.78%；累计实现利润总额29.87亿元，同比增长121.37%；2018年度无新增不良贷款。公司建立资本充足评估程序，2018年有效落实了资本补充。

【服务实体】2018年，在集团改革的大背景下，公司围绕集团重要产业布局，探索产业链金融服务模式和产品创新，加大信贷支持力度，进一步提升服务实体经济水平。2018年度公司集团信贷累计投放规模232亿元，创历史新高；商用车汽车金融业务信贷累计投放181亿元，促销车辆7.36万台，助力集团解放品牌保持重卡市场领先地位。在服务成员单位方面，公司秉持服务集团、降本增效的基本原则，向集团成员企业累计让利6.29亿元。

【信贷业务】2018年，公司为集团25家成员单位年度授信合计390.85亿元。加大自营贷款投放，截至2018年末累计投放220.48亿元，同比增长9.16%。在利率方面，公司坚持让利成员单位，在控制风险的前提下，自营贷款均采取基准及下浮的利率政策。积极响应国家政策导向，在风险可控的情况下，为小微企业开通了无还本续贷金融产品，缓解集团内小微企业现金流压力；创新“现金管理项下委托贷款”产品，满足成员企业多样化融资需求。

【产品销售信贷业务】2018年，公司加大解放商用车个人消费信贷投放，同时创新开展商用车机构客户融资租赁业务，为7家机构客户放款3.02亿元，2018年商用车汽车金融业务信贷投放181亿元，促销集团解放车辆7.36万台。尝试开拓商用车二手车业务，2018年实现二手车放款149笔。布局商用车移动金融，2018年第四季度上线商贷通公众号，实现客户微信还款等功能，累计注册绑定人数超过4万人，2018年商贷通累计支付金额9980万元。

【票据业务】公司围绕票据业务专业化发展定位，在放款效率提升、票据营销推广、产业链票据服务、同业协同合作等方面多措并举，2018年累计承兑111.28亿元，较2017年同期增长5倍。协助集团盘活票据资产，累计直贴12.93亿元。继续扩大财务公司电票全国保贴合作范围，与东风财务公司、兵装财务公司共同组建T3票据联盟，与产业链上游山东重工财务公司建立战略合作关系。网银票据承兑环节上线自动出票登记、自动提示承兑、自动提示收票功能，开票效率提升80%以上。

【外汇业务】公司继续开展即期结售汇业务，2018年办理业务170笔，业务规模36.94亿元，为成员企业节省购汇成本350余万元。2018年公司取得中国外汇交易中心银行间外币对市场会员资格。

【资金集中】公司与战略客户紧密对接，在集团支持下落实存款集中及增存任务，重点针对一汽大众、一汽丰田、一汽解放等提供综合金融服务方案，逐户开展存款营销。2018年，公司为集团上线全智通产品，为一汽丰田提供智能存款产品，为一汽大众提供日均存款产品，为一汽轿车提供财企直联服务，为一汽富维提供资金集中管理平台以及跨行管理服务等。截至2018年末，公司资金集中度为82%，同比增加10个百分点，存款规模达到882亿元，首次突破800亿元大关。

【业务创新】2018年，公司积极布局供应链金融业务，创新开展了产业链下游的库存融资业务，采取经销商贷款及票据的业务模式，涵盖普通式贷款、准时化贷款及电子银行承兑汇票三大类产品，联合解放两大主机厂，形成三方或两方合作形态，利用全国布局的区域条件便利，实现属地化金融服务。2018年，公司库存融资业务累计放款12.75亿元，开具电子银行承兑汇票2亿元，合作经销商59家，覆盖14个区域、18个省份。

【风险管理和内部控制】2018年，公司持续完善全面风险管理体系，积极应对及防范各类风险。聚焦信贷业务风险管控重点，加强成员单位信用风险监控，严格落实授信“三查”制度，确保无新增不良贷款。加强整体风险管控能力，严格落实贷后检查机制，重点风险客户按月进行风险监测，及时提示风险信息。继续推进风险计量体系建设及成果应用，风险计量环节实施限额动态管理和综合授信，确保先授信后用款。培育操作风险及内控文化，建立常规检查与专项检查并存的风险检查机制，加强操作风险检查力度及关键环节风险治理。

【人力资源管理】2018年，根据集团人事改革政策与导向，结合公司业务发展与组织架构优化，组织公司人事改革，充分酝酿双向选择以调整人员分工与结构，提效降本。通过市场化引进社会优秀人才补充中层经理及市场一线员工力量，增添组织活力。搭建职等职级体系拓宽员工职业发展通道，并以业绩贡献者为本进行职级体系薪酬改革，设计各类单项奖励激励超额贡献者。设计针对高管、基层经理人员、绩优员工及新进人员培训项目，开展领导力培训培养项目，积蓄后备力量，建立人才梯队，并取得良好效果。

【信息化建设】2018年，公司完成新一代信贷系统、国际业务系统的运营上线；打造“一汽财务通”移动金融品牌，集成多项创新技术应用，优化客户操作体验；打造票据池建设，完成票交所系统纸电融合对接，直联接口2.0对接以及内部线上清算流程改造工作；打造红旗支付平台，完成财务公司聚合支付产品设计，支持成员单位C端收款场景落地；完成汽车金融移动化布局，打造商贷通微信公号，升级商用车APP；完成智能客服建设，应用智能机器人，提升系统智慧化水平。

【企业文化建设】2018年，公司重视聚焦以人为本，将员工视为企业命运共同体，党、工、团联合组织开展了多项文化建设工作，并将2018年企业文化建设成果凝结成书，年末发布《2018年财司企业文化白皮书》，全文共计12万字，包含年度大事记篇、操作风险篇、产品手册篇、技能大赛篇、精彩瞬间篇五篇，精选文章14篇，照片百余张，完美展示了公司全体员工的职业素养和精神风貌。

伊利财务有限公司

【集团概况】内蒙古伊利实业集团股份有限公司（以下简称“集团”）属公众上市公司。集团稳居全球乳业第一阵营，蝉联亚洲乳业第一，也是中国规模最大、产品品类最全的乳制品企业。同时，伊利还是中国唯一一家符合奥运会标准，为2008年北京奥运会提供服务的乳制品企业；是中国唯一一家符合世博会标准，为2010年上海世博会提供服务的乳制品企业。2018年实现营业总收入近800亿元，同比增长16.89%；净利润64.52亿元，其扣非净利润同比增长10.32%；综合市场占有率为21.93%。

【经营概况】伊利财务有限公司（以下简称“公司”）围绕“立足集团、服务产业链、依托信息技术、打造一流财务公司”的发展目标，充分发挥公司的金融特性，助力集团主业发展。截至2018年末，公司资产总额72.11亿元，负债总额49.92亿元，所有者权益22.19亿元；全年实现营业收入4.92亿元，利润总额4.49亿元，净利润3.81亿元。

【服务实体】为切实解决集团成员单位与产业链客户的融资需求，主要以产品设计、成本节约、效率提升等方面为着力点，在带动集团整体产业链客户共同发展的同时，也有效地支持了实体经济的发展，带来了良好的社会效益。在结算服务方面，2018年为集团内的64家成员单位办理结算业务197.94万笔，较上年增长23.02%；业务处理能力稳步提升，单日结算业务办理量达4.8万笔。2018年开展公司集中收付全集团境内外汇资金，向成员单位提供外汇业务“一站式”服务，在提高境外资金管理效率的基础上为集团节约换汇成本。

【信贷及票据业务】2018年，公司开展成员单位信贷业务，通过简化管理制度与审批流程，新开发灵活还款产品，在提高业务办理效率的前提下，更好地满足经销商客户个性化融资业务的需求，投放金额近5亿元。2018年，签发承兑汇票金额约9亿元，在为集团与成员单位提供更优质更高效金融服务的同时，大大节省了融资费用；“一头在外”票据贴现业务正式落地，累计贴现金额约6亿元，有效拓展了财务公司自开银行承兑汇票的流通渠道，切实降低了供应链上游客户的融资成本。

【资金集中】2018年，在保证资金安全性、流动性的前提下，公司积极研究同业资金市场价格走势，合理利用沉淀资金，把握有利时机，提升资金收益。年末全口径资金归集率为39.83%，可归集口径资金归集率为81.87%。

【业务创新】2018年，公司合计办理即期结售汇业务941笔，涉及六类币种。2018年9月，公司首次代理集团成员单位在商业银行办理外汇远期锁汇业务，实现集团对外汇远期锁汇业务的统一集中管理，为成员单位节约进口采购成本，一定程度上平稳了成员单位现金流。

【风险管理和内部控制】2018年，开展公司合规检查工作，保障公司稳健经营；开展业务风险与内控合规管理项目，提升了公司业务风险管理能力和内控管理水平；开展内部控制自评工作，全面提升各项制度的合理性与合规性；开展风险指标监测工作，对资本充足率、流动性比率等32项指标进行监测并按季度出具风险指标监测分析报告。

【人力资源管理】2018年，公司主要从人员考评、培养、选拔、激励等方面为公司业务发展提供战略支持。一是实施管理人员履职考评方案，考评结果与绩效评估相结合，促进各级管理人员各司其职，各尽其责；二是完善内控机制，做到风险防范，培养复合型人才；三是加强外部培训管理，开展课程内化及课程结果及时落地，确保员工培训达到预期目标；四是激励员工践行伊利核心价值观，成为公司内部的标杆。

【信息化建设】2018年，公司完成电子商业汇票系统对接票交所纸电票据交易融合，在进一步拓展信贷金融产品的同时实现业务报表线上化。对业务运营系统部署了即期结售汇、代开信用证、集中收付汇等功能。实现了公司国际结算业务线上化。积极组织电子商业汇票系统、信贷管理系统三级等保测评工作，顺利取得了等保测评证书，进一步夯实了业务信息系统安全防护能力。

【党建工作】2018年，公司组织全体党员继续深入学习党的十九大精神：加强党性修养，做新时期合格党员；学习习近平总书记在民营企业座谈会上的讲话；学习习近平总书记在庆祝改革开放40周年大会上的讲话。组织全体党员开展专题组织生活会，做好批评与自我批评、民主评议等工作。

亿利集团财务有限公司

【集团概况】亿利资源集团有限公司（以下简称“集团”）创立于1988年，是中国民营百强企业，总部位于北京CBD亿利生态广场，拥有一家A股上市公司（亿利洁能，股票代码600277）、一家新三板上市公司（亿兆华盛，股票代码870453）以及三十余家全资及控股子公司，员工近万人。集团成立三十年来始终致力于生态环保产业，是全球领先的生态修复企业，创造绿色生态财富逾5000亿元，被中国政府授予国土绿化奖、中国脱贫攻坚奖，被联合国授予环境与发展奖、全球治沙领导者奖、地球卫士终身成就奖，并被誉为“世界绿色发展领袖”。

【经营概况】截至2018年末，亿利集团财务有限公司（以下简称“公司”）资产总额175.25亿元，其中各项贷款余额166.91亿元，货币资金10.27亿元；负债总额121.61亿元，其中吸收存款71.31亿元；所有者权益总额53.65亿元，其中股本50亿元。2018年实现总收入5.66亿元，利润总额0.77亿元。

【重大事项】2018年9月14日，公司开展“亿路有你·共赢发展”全国金融同业发展研讨会。

【资金业务】公司对成员单位结算账户进行了全面梳理，通过提高成员单位存款利率水平并调整存款结构，进一步提高了成员单位存款积极性，有效提升了资金归集效率和业务办理效率。在支付结算体系建设方面，通过与工行、建行、交行和农行等银行合作建立完善了直联资金管理通道，完善票据业务信息系统平台，全程在线为客户提供资金结算和票据流转服务，实现了大额和紧急支付全年无延误。公司已成为集团和成员单位资金结算的主通道和核心平台。

【票据业务和信贷业务】2018年10月8日，公司以全直联方式成功接入票据交易系统，保障了财务公司票据业务的可持续发展。公司研究推出了循环贷款和固定资产贷款的服务品种，并组合运用票据贴现、转贴现和再贴现的票据方式，为集团实体产业发展提供有力支撑。以同业合作为切入点，有效带动金融机构与集团的全面合作。

【风险管理和内部控制】2018 年，公司内部审计力度进一步加强，审计范围覆盖了信贷、征信、票据、同业拆借、结算、财务、风险、档案管理、内外部对账和反洗钱等多个领域。2018 年，通过审计累计发现整改问题近 40 项。通过审查整改，公司治理工作进一步完善，可持续发展的基础更加牢固。2018 年，新设或修订管理制度 11 项，在一期业务流程建设的基础上，出台《业务流程手册（第二期）》，涵盖了 10 项主要业务流程，在完善管理、防范风险和考核评价等方面起到了积极作用。

【人力资源管理】按照“稳中求进”的团队建设总基调，通过外配内训、团队拓展、集体生日、绩效考核等多种措施，公司凝聚力、向心力得到显著增强，团队执行力和战斗力得到进一步提升，队伍凝聚力和向心力得到进一步强化，被授予亿利“忠诚铁军”荣誉称号。

【信息化建设】2018 年，公司启动重要信息系统安全测评项目，并于 6 月份获得信息系统安全等级二级保护备案。

【企业文化建设】《亿利忠诚准则》是公司基本法，“客户为本、奋斗为荣、厚道共赢”是公司核心价值观。为积极引导全员弘扬和践行企业文化，公司定期开展丰富多彩的员工文化活动，并大力开展文化知识培训，全体员工团结、友爱、和谐、幸福，员工与公司在价值观上实现了高度契合。

营口港务集团财务有限公司

【集团概况】营口港务集团有限公司（以下简称“集团”）前身为营口港务局，原隶属于交通部，1988 年以后实行以地方为主的双重领导体制。2003 年 4 月，集团成立，实现政企分开。公司初期注册资本为人民币 17 亿元，2009 年 12 月 26 日增资扩股至 90 亿元。2018 年，集团所在港口完成货物吞吐量 3.70 亿吨，同比增长 2%，集装箱量 648.70 万标箱，同比增长 3.30%。

【经营概况】2018 年，营口港务集团财务有限公司（以下简称“公司”）营业收入 1.89 亿元，净利润总额 9121 万元，资产总额为 48.73 亿元，所有者权益为 7.20 亿元，资本充足率为 19.08%，较好地完成了董事会制定的目标，相关指标全部符合监管要求。

【服务实体】2018 年，为持续支持集团及成员单位发展，有效降低集团财务成本，公司对所有自营贷款实行低于银行贷款利率的优惠利率政策；免收成员单位委托贷款手续费合计 210 万元；成功开展电票贴现业务；减免结算费用合计 53.94 万元。

【信贷业务】公司充分发挥资金纽带作用，及时解决企业集团资金需求。2018 年，公司新投放自营贷款 49 笔（含法人账户透支和贴现），投放金额 37.15 亿元，年末累计余额 34.97 亿元；发放委托贷款 11 笔，投放金额 21 亿元，年末累计余额 20 亿元，有力地支持了集团的发展战略。

【资金业务】公司充分利用公司金融牌照的优势，积极营销、广泛询价，提升同业存放收益水平。2018 年新办理同业定期存款 50 笔，存放金额 54.90 亿元，年末累计余额 7.30 亿元。

【票据业务】2018 年，公司分别对集团及各成员单位票据业务及需求等情况进行了分析，加大力度向成员单位推广票据贴现和承兑业务，并且在全公司成员的努力和上海票交所的指导下，于2018年7月20日接入电子商业汇票系统。2018年，为2家成员单位办理5笔电票贴现业务，贴现金额合计2710万元，年末余额2710万元。

【资金集中】 公司继续加大资金归集力度，不断完善管理和服务职能，为成员单位提供利率优惠政策；免收成员单位手续费，全年为成员单位节约费用53.94万元。开户96户，年日均存款41.76亿元，比上年增长15.33%。

【业务创新】 公司于2018年4月8日获得全国银行间同业拆借业务资格，于8月开展第一笔同业拆借，利率较同期同期限同业利率增加200～250个基点，缓解了2018年同业利率下行对公司利润造成的影响，2018年公司共完成13笔同业拆出，共计13亿元。

【风险管理和内部控制】 2018年，公司对原有111项管理制度进行了梳理。完成了对管理制度的修订和新制度的制定工作，小组讨论制度4次，公司大会讨论制度2次。全年对原有8项制度进行了修订，新增制度5项。按各项管理制度开展风险管理工作，项目评审会议8次，包括授信项目5个，客户信用评级7家，对授信项目及信用评级提出了合理化建议。开展了专项审计稽核，并提出整改意见，及时控制风险。

【人力资源管理】 2018年，公司持续加强队伍建设，全年公司员工参训达200人次；分别组织调研了湖南高速财务公司、武钢财务公司、晨鸣财务公司、山东钢铁财务公司、鲁商财务公司、东风财务公司和忠旺财务公司。鼓励员工参加银行从业资格考试，公司累计18人通过高管任职资格和银行业从业资格考试，其中中级以上8人，实现持证上岗比例达90%；部分业务人员还取得了债券交易风险管理证书和本币交易员证书等多项证书，保证业务开展"持证上岗"。

【信息化建设】 持续为成员单位提供多元化的金融服务，公司于2018年年初就电子商业汇票系统建设进行了专项部署，按要求积极建设软件系统。于2018年5月顺利通过上海票据交易所现场验收，于7月20日正式上线；在"十一"期间完成纸电融合工作，于10月7日顺利上线。为保证公司信息系统软硬件的稳定运行，与集团信息分公司签署系统运维合同，利用外脑加强了公司的信息系统运维管理，保证核心系统软硬件全年稳定运行。

【企业文化建设】 2018年3月，公司召开"细化管理　精益求精"专题研讨会，将2018年确立为精细化管理之年，建立"精细化管理"长效机制，对部门职能、岗位职责、业务流程、操作细则进行再梳理再规范。组织员工开展"凝心聚力、勇攀高峰"登山活动；定期开展"制度解读"；邀请党校老师、同业机构专家开展党务知识和业务知识培训。通过一系列宣传、学习、教育和文体活动，增强了团队的凝聚力和合作意识，助推了公司企业文化建设。

【党建工作】 公司党支部进一步明确了党建责任分工，由公司党支部书记任党建工作第一责任人，按照"一岗双责"要求，把党建工作与业务工作紧密结合，确保公司党建工作落到实处；积极开展"两学一做"和"三会一课"等工作，加强对党员、干部的教育管理；定期组织开展观看反腐倡廉警示教育片和"廉政答题"活动；组织参观"九一八"历史博物馆；邀请营口市委党校老师授课。通过一系列的活动，推动了公司的党风廉政建设工作不断走向深入。

粤海集团财务有限公司

Y

【集团概况】2018 年，广东粤海控股集团有限公司（以下简称“集团”）总资产迈上千亿元新台阶，成功入选国务院国有企业改革领导小组“双百行动”试点企业，并正式启动国有资本投资公司改革，大力推动“3 + 1”主业板块做强做优做大。在内部管理上持续优化完善 6S 战略管理体系，推行 5C 价值型财务管理，实现风控体系全覆盖；在企业文化上推动品牌规划落地应用，全面推广“从心出发、美妙共塑”的新品牌理念。

【经营概况】2018 年，粤海集团财务有限公司（以下简称“公司”）本着“依托集团、服务集团”的原则，坚持合规运营，防范经营风险，经营服务能力和风险管理水平逐步提升，荣获集团“2018 年度风控管理先进单位”称号。截至 2018 年末，实现营业收入 11577.56 万元，增幅为 1.32%；实现利润总额 8382.17 万元，同比增加 3630.13 万元，增幅为 76.39%。

【服务实体】公司通过构建有效的金融服务体系，满足集团投融资项目的金融需求。为满足项目建设的阶段性资金缺口，公司适时推出搭桥贷款业务。结合制造业成员单位的生产周期特点，公司创新办理循环额度短期流动资金贷款，成员单位可在核定的额度范围内随借随还，提高了效率，满足了成员单位短期、频繁的临时性资金缺口需求。

【信贷业务】公司助力集团主业发展，丰富业务品种，创新推出搭桥贷款及票据代开产品，含已开办的委托贷款、保函、融资顾问等表内外业务，产品数量超过区域内同期开业的财务公司。2018 年，公司新增信贷客户 6 户，与 3 家香港上市公司开展信贷业务合作。截至 2018 年末，公司自营贷款余额 29.45 亿元，同比增加 16%，实现利息收入 9919 万元（税后）。

【资金业务】2018 年，公司以资金的安全性与效益性平衡为核心，通过加强资金头寸管理，优化资金期限结构，提高资金使用效率，取得了较好的资金收益，实现同业业务收入 6985.35 万元，资金综合收益率为 2.62%。

【票据业务】2018 年，公司与合作银行开展银行承兑汇票银行代理开立业务，完善系统设置和业务流程，与成员单位签订金融服务协议，达成业务合作。

【资金集中】公司定期跟踪分析成员单位资金归集情况，积极争取与资金量较大的重大客户、新设立成员单位合作，通过调整存款利率上浮水平，进一步让利成员单位。截至 2018 年末，吸收存款时点余额 94.14 亿元，同比增长 147.8%；全口径资金集中度为 37.31%，同比增长 71.38%；可归集口径资金集中度为 87.93%，同比增长 9%。公司于 12 月首次吸收上市公司附属企业结算存款 3000 万元。

【业务创新】2018 年，公司获得进入全国银行间同业拆借市场资格，于 12 月 20 日与国内某大型股份制银行开展同业拆入隔夜资金 1 亿元。公司推出搭桥贷款业务，缓解成员单位资金难题。根据成员单位行业情况及业务特性，公司研究开展银行额度共享模式下的票据业务，为成员单位办理银行承兑汇票代开业务。

【风险管理和内部控制】2018 年，公司制定及修订 28 项内控制度和 2 项工作指引，积极开展重点领域与重点部位风险排查。从“风险、外规、内规和同业实践”的四位一体思路出发，通过全面风控体系建设项目，形成了“全面风险管理办法”等五项成果。2018 年公司无重大风险事故发生，未发生涉诉案件及金融案件，不良资产率为零。

【人力资源管理】2018 年，公司认真落实集团关于开展“选人用人工作规范化行动年”工作，逐步完善绩效考核机制，修订相关管理制度。在人才队伍建设上，注重员工教育背景、专业能力、工作经验和个人品质与公司经营发展的契合度，多次开展合规、廉洁从业等公司内部培训，组织业务骨干参与外部专业培训。

【信息化建设】2018 年，公司有序推进信息化建设，逐步加强信息科技对各项业务的支撑作用，重点对信息网络安全风险开展了全面测评，预防可能发生的信息安全风险事件。有序推进开发同业拆借系统功能模块、反洗钱系统功能模块、Oracle 财务系统接口等项目。

【企业文化建设】2018 年，公司推动“粤海金融”品牌规划落地应用。组织团队拓展、文体活动、庆生会等，提升公司向心力与凝聚力；举行党支部“两学一做”学习教育和主题党建活动、团支部“青年·行”学习分享会等党团活动。

【党建工作】2018 年，公司通过机制建设全面加强党的领导，陆续修订支委议事规则和董事会议事规则，将党组织前置议事嵌入公司治理，并将党组织核心地位写入公司章程。推广党建主题活动群众参与、全程互动交流的做法，加强思想引领。

云南建投集团财务有限公司

【集团概况】2018 年，云南省建设投资控股集团有限公司（以下简称“集团”）在中国企业 500 强中列第 146 位，在中国承包商 80 强中列第 5 位，在云南企业 100 强中列第 1 位。集团全面打造基础设施投资、城乡建设投资、房地产开发投资、海外投资和新兴产业投资“五大投融资平台”，全面提升投融资、工程建设、“走出去”、综合管控、资源整合“五大竞争能力”，全面构建投资金融、工程建设、资产运营、设计科研、协同发展“五大业务板块”。

【经营概况】2018 年，云南建投集团财务有限公司（以下简称“公司”）高质量地超额完成全年目标任务，金融服务功能显著提升，为助力集团高质量发展提供了有力的金融支持。2018 年资金结算量 4782.14 亿元，累计发放贷款 87.45 亿元，资产规模 102.85 亿元，营业收入 3.93 亿元，实现利润 2.61 亿元。

【服务实体】公司信贷业务持续增长，继续发挥内部调剂功能，缓解存贷双高，助力集团降杠杆。2018 年降低外部有息金融负债约 62 亿元，节约贷款、贴现利息支出约 2.79 亿元；通过开立商业汇票，实现 42 亿元资金延期半年支付，减少外部银行承兑汇票保证金约 4 亿元；提供保函担保 7.21 亿元，发挥金融平台优势，积极支持集团内涉农、小微企业，组织形成可再贴现资产 9 亿元。调研成员单位易地扶贫搬迁项目资金需求，在项目工期紧、建设资金不到位的情况下，积极提供票据支付和贴现服务。积极支持云南省“补短板”的民生、教育、卫生、交通、环保等重要领域及“四个一百”重点项目建设，优先投放该类项目，并予以一定利率优惠。创新业务合作模式，“供应链融资 + 票据”获客户和金融机构认可。同富滇银行共同开辟了“供应链 + 票据”的合作方式。

【信贷业务】截至 2018 年 12 月末，公司各项贷款余额 61.99 亿元，全年累计发放贷款 87.45 亿元，累计回收贷款 72.95 亿元，较上年末新增贷款规模 14.5 亿元，票据承兑余额 12.82 亿元，非融资类保函余额 6.39 亿元。贷款本息收现率为 100%，贷款五级分类为正常。信贷业务以服务集团成员单位和实体经济为己任，及时满足企业应急资金需求，保障集团资金链安全。

【资金业务】公司在综合考虑安全性、流动性和效益性的前提下，通过成员单位的资金计划动态预测资金供求来确定资金余额，有效监控资金的收支，实现资金头寸的合理调度，保持合理的资金头寸，确保集团及成员单位正常支付。密切关注市场，梳理交易对手，深挖合作潜力，结合公司资金状况、资产结构，灵活配置并适时调整存放业务品种、金额、期限，提高资金使用效率。2018 年公司上线同业拆借业务，自此打破了资金来源和资金运用的内部循环，通过同业拆借货币市场引入批发性资金，补充临时性营运资金缺口，2018 年累计拆入资金 84 亿元。

【票据业务】2018 年，公司大力推广电票功能，与地方性商业银行达成合作创新供应链金融，切实缓解供应链上游外部中小企业融资难、融资贵问题。把产业链向前延伸至外部上游企业，向后打通票据变现方式，参与与外部银行的实际价格谈判中，为小微企业争取到低于市场价格的融资成本，真正做到供应链服务顾前及后。2018 年累计服务供应链小微民营企业 38 家，提供资金支持 3 亿元。

【资金集中】与国家开发银行建立了银财直联，实现政策性资金归集零突破，受限资金归集取得新进展。建立考核体系，加大对成员企业资金归集工作的考核力度，改进考核方式，对无政策限制的可归集资金力争做到“应归尽归”。做好账户管理和资金监控。对账户进行集中管控，严格执行账户报备审批制度，定期对账户进行梳理，以资金报表为抓手，提高集团资金归集率。及时准确掌握集团资金存量及分布情况，通过电话和上门走访详细沟通了解账户资金情况，并针对各单位不同情况提出具体解决措施，提高资金归集率。

【业务创新】2018 年，公司开展同业拆借业务，增强主动负债能力，2018 年 3 月正式加入全国银行间同业拆借市场，2018 年 5 月开展了第一笔拆借业务，截至 2018 年末，累计拆入 84 亿元、拆出 2.3 亿元。在获批固定收益有价证券投资后，积极与银行间市场交易商协会对接，加入投资类会员，并签订了回购业务主协议，于 2018 年 6 月与红塔银行开展了为期 1 个月、面额为 2 亿元国债的逆回购业务。

【风险管理和内部控制】组织开展制度“回头看”，形成 9 个板块系列，共 163 个业务管理规章制度及 275 项业务审批流程；编制《财务公司内部控制手册》《财务公司内部控制评价手册》，较大提升了公司内部控制的完整性和有效性；落实重点领域内部管控，开展流动性压力测试、信息科技风险评估、客户信息安全等 12 次专项风险评估排查，开展账户、印章、流动性管理、反洗钱、授权执行等 9 次专项稽核审计检查，全面保障和提升公司风险管理和内控水平。

【人力资源管理】引进银行金融机构从业人员 3 名，后备队伍配置进一步优化；继续推进每周四交流学习机制，2018 年开展交流学习 48 期；组织业务专题讲座和金融知识培训 46 期，共 88 人次。推动员工金融专业素质提升，组织员工参加银行间市场清算所清算员考试、金融业反洗钱考试等，并取得相应证书，公司现有中高级职称人员占员工总数的 46%。启动 2018 年度金融课题研究，研究内容涵盖 30 余项。

【信息化建设】电子商业汇票系统投产运行，公司票据业务迈上新台阶。2018 年 6 月，公司成功实现系统上线，开辟了成员单位支付新途径。2018 年 9 月，交易全直联系统投产上线，10 月，纸电交易融合顺利投产上线，实现纸电票据同场交易。搭建金融科技网，提升金融服务软实力。为更好地开展业务和防范风险，成功接通了上海票交所专网、全国银行间同业拆借专网、上海清算所专网、中央国债登记结算有限公司四条金融科技专网。

【企业文化建设】推选了 4 名党员同志参加集团党委党的十九大精神和新党章知识竞赛，荣获决赛三等奖；选派选手参加集团“新时代 新气象 新作为”党的十九大精神主题演讲比赛，荣获决赛三等奖；开展党的十九大精神学习心得征文活动，选送了三篇心得体会至集团机关党委参加评选，1 篇荣获三等奖，2 篇荣获优秀奖。为加强员工之间的合作意识，增强团队凝聚力和执行力，组织员工开展户外拓展训练、徒步活动三周年文艺汇演活动等。

【党建工作】坚持党建工作与经营工作“同部署、同落实、同检查、同考核”；做到“把方向、管大局、保落实”。党支部委员会作为决策前置程序，把党的领导融入公司治理、融入企业决策，统筹推进党建工作责任落实，实现了党建与业务发展同频共振。抓好思想政治建设，充分利用“每周四下午交流学习”，深入推进新时期党的理论学习，使其制度化、常态化，教育引导职工党员坚定理想信念，强化党性锻炼，积极参加“万名党员进党校”学习；组织党员到井冈山开展“不忘初心，牢记使命，传承红色基因”实践活动；到善洲林、王复生、王德三故居开展现场学习教育活动；外派一名驻村扶贫工作员工到宣威得禄乡，积极参与扶贫攻坚工作。

云南昆钢集团财务有限公司

【集团概况】昆明钢铁控股有限公司（以下简称“集团”）始建于1939年，是云南省国资委控股的国有企业。集团前身是中国电力制钢厂和云南钢铁厂，经过多年转型发展，已由单一钢铁制造企业逐步发展成为传统产业和新兴产业相结合的现代企业集团，主要业务包括钢铁冶金、现代物流、新型材料、装备制造、节能环保、水泥建材、煤焦化工、矿业开发、文化旅游、地产置业、养生敬老、电子商务、金融服务等产业，是中国企业500强之一。2018年托管省属国有控股企业63家。

【经营概况】2018年，云南昆钢集团财务有限公司（以下简称“公司”）充分发挥集团资金归集平台、资金结算平台、财务监控平台、融资营运平台和金融服务平台“五大平台”功能，实现营业总收入1.77亿元，同比增长64.38%；利润总额0.88亿元，同比增长39.03%；年末资产总额52.75亿元，同比增长55.73%。不良资产率持续保持为零，各项监管指标均达到监管要求。

【服务实体】公司一是让信贷资金全部流向实体经济，支持集团负责的“云南省2018年‘四个一百’重点建设项目”；二是充分发挥金融顾问职能，协助集团核心产业拓展供应链金融；三是为成员单位设计多种投资、融资、清算、结算方案，为成员单位客户及其他金融机构提供便利；四是拓展对成员单位的培训内容，让成员单位从全方位、多角度、深层次熟悉金融知识与操作流程；五是根据国家宏观政策与调控方向，扶持集团内小微企业。

【信贷业务】2018年，开展流动资金贷款业务107笔，金额67.63亿元，同比增长25.88%、1.88%；开展贴现业务113笔，金额36.40亿元，同比增长15.31%、280.75%；开展委托贷款业务20笔，金额11.06亿元，同比增长17.65%、92.01%。

【投资业务】公司一是认真选择投资品种，择机投资，在风险可控的基础上，尝试性开展投资业务2笔；二是给予从事投资业务的职工更多的投资培训机会；三是积极参与集团投资决策。

【票据业务】2018年，公司上半年累计为成员单位代开纸质商业承兑汇票5116张，金额20.83亿元；为成员单位质押代开纸质商业承兑汇票26张，金额383万元；为成员单位代理兑付纸质商业承兑汇票9735张，金额44.70亿元。下半年，成员单位全面上线电子商业汇票系统，公司累计承兑电票208张，金额11.94亿元；成员累计签发电票8972张，金额101.18亿元。

【资金集中】公司一是严格审批成员单位外部商业银行开、销户申请，全面掌握集团账户情况并按时直联商业银行；二是将直联账户资金及时归集；三是严格审批成员单位资金下拨申请。2018 年，公司共办理结算 13.86 万笔，金额共计 3811.94 亿元，同比增长 8.98% 和 17.93%；公司年末吸收存款余额 27.16 亿元，同比增长 18.15%；全口径资金集中度为 41.52%，可归集口径集中度为 90.54%。

【风险管理和内部控制】一是根据新业务的开展及发展需要，新增制度 12 项，修订制度 13 项，进一步完善了制度管理体系；二是根据岗位不相容的原则，在系统中新增角色互斥、菜单互斥等功能，从系统角度严控操作风险的发生；三是持续做好专项审计工作，共完成专项审计 6 项；四是强化职工在日常工作、生活交际、家庭状况、兴趣爱好等方面的异常行为常规排查，扫黑除恶专项排查，防范职工失范行为；五是严密监控各项监管指标，确保各项监管指标能够时刻达标。

【人力资源管理】公司一是继续完善定岗定员工作，全面优化职工岗位职责，根据职责内容定制公司、部门考核细则；二是鼓励职工“创新创效”，采纳职工合理化建议多条；三是对职工进行动态考评、综合测评，做到“能力”与岗位相匹配；四是激励职工自学成才，职工取得银行、证券、基金从业资格人数分别为 21 人、12 人、11 人；五是适时开展职工轮岗；六是组织职工参加内、外部培训 39 次，组织集中测评 1 次。

【信息化建设】公司一是对核心资金管理系统进行了十余次较大的优化与升级；二是持续做好 OA 接口、SAP 接口、移动审批的维护与管理工作，确保核心业务系统与集团各相关系统做到数据实时共享，减轻公司与成员单位操作人员工作量；三是“财务一体化集团管控能力”项目通过工信委“信息化和工业化融合管理”专家组的评审；四是电子商业汇票系统于 2018 年 6 月顺利投产；五是电子商业汇票系统票款自动兑付、辅助对账等个性化功能已进入测试阶段；六是营业场所备用机房已全线投产。

【企业文化建设】公司一是重视培育审慎经营文化，组织职工集中学习监管文件及内部管理制度；二是丰富职工业余生活，组织影视观赏、职工交心谈心、徒步、植树、“书香三八”等活动；三是要求职工“亮承诺”；四是注重培养职工集体、个人荣誉感，2018 年，公司被集团评为“先进集体”，被云南省总工会评为“云南省五一巾帼标兵岗”，总经理获得“昆钢改革转型发展八十佳员工”荣誉。

【党建工作】公司一是全力推进“两学一做”学习教育常态化制度化；二是严格执行“三会一课”制度，要求职工树牢“四个意识”，坚定“四个自信”，坚决做到“两个维护”；三是把党小组的力量注入公司的日常工作中，实现党建和重点工作“双融双促”；四是组织党员到安宁反腐倡廉警示教育基地开展“走读式”“以案警廉”活动，让职工知敬畏、存戒惧、守底线；五是大力实施“三线一网络”管理模式，将党建工作与职工行为管理有机结合在一起，充分发挥党建线、纪检线、运营线的作用，构建“横向到边、纵向到底、条块结合、以块为主”的职工行为网络化管理责任体系。

云南冶金集团财务有限公司

【集团概况】2018 年，云南冶金集团股份有限公司（以下简称“集团”）2018 年完成金属总量 228.56 万吨、工业增加值 79.30 亿元，同比分别增长 11.94% 和 3.72%；实现营业收入433.86亿元。2018年11月13日，云南冶金股权划转中国铜业签约仪式在云南昆明举行，标志着云南冶金正式加入中铝集团大家庭，成为中铝集团建设具有全球竞争力的世界一流企业的重要队伍。2018年12月29日，金鼎公司离开15年后重新回归云南冶金。

【经营概况】 截至2018年12月31日，云南冶金集团财务有限公司（以下简称“公司”）资产总额44.09亿元，完成营业收入2.21亿元，利润总额1.19亿元，完成资金结算25762笔，结算总金额1977.70亿元，结算总金额较上年同期增长12.74%；直接引进外部资金共计506.73亿元，较上年同期增长163.09%。公司紧紧围绕“强服务、保安全”的工作主线，践行“靠服务求生存，向市场要发展”的理念，圆满完成各项工作任务。

【服务实体】 公司克服存贷“剪刀差”持续扩大的困难，积极开辟非银行金融机构和省外金融市场资源，不断增加同业资金来源渠道，“降本增效”工作成效明显，营业成本和费用支出得到有效管控。在不提高集团成员企业利率水平、不增加利息负担的基础上，为确保集团尤其是困难企业资金安全发挥了特殊作用。

【信贷业务】 公司以保证集团资金安全为基本出发点，科学合理安排信贷期限和规模，针对集团企业的不同特点和实际情况，量身设计与其需求相匹配的信贷品种和业务结构。2018年，公司贷款及贴现累计发生297.87亿元，大幅超过2017年的198.19亿元。

【资金业务】 公司一是深化与金融同业机构的合作，开辟新的资金通道；二是建立资金头寸日报和大额资金收支报告制度，确保重要、关键资金及时、足额到位，财务公司资金头寸周转正常；三是积极开展同业授信和同业拆借，分别与多家财务公司完成相互授信，新增财务公司同业拆入作为资金来源，用于弥补临时性资金需求。

【投资业务】 2018年，公司完成了固定收益类投资业务的体系建设，并于8月跟报集团首期超短融1000万元，保障了集团该笔债券的成功发行，也为压低一档价格区间发挥了积极作用，进一步丰富了公司金融服务功能。

【票据业务】 2018年，公司累计办理商业汇票贴现业务256笔，金额15.66亿元；开立银行承兑汇票325笔，金额14.23亿元；转贴现业务18笔，金额1.21亿元；再贴现业务212笔，金额14.12亿元。

【风险管理和内部控制】 2018年，公司经过八年来的实践和总结，逐渐建立了一套科学、系统的内部控制体系，自主编写完成了《内部控制手册》；开展了公司开业以来首次流动性压力测试，主动学习和运用缺口管理、覆盖管理和久期管理等工具细化流动性风险管控措施，压实流动性管理责任；针对流程权限控制补短板、强基础，对业务系统中的31个功能模块、146个业务操作流程、897个菜单权限进行全面梳理；增补拟定了《授权管理办法》《密钥管理办法》《委托贷款管理办法》等六项新的规章制度。定期开展合规培训，组织全体员工签订了《员工行为规范承诺书》。

【信息化建设】 公司积极推进信息系统建设，提高业务支撑能力。一是完成新增功能13个模块的验收工作；二是采取非直联方式接入上海票据交易所电票系统，并完成系统改造、调试，确保了公司票据业务安全稳定运行；三是规范了公司无线网络密码管理，进一步加强公司网络环境安全建设。

【企业文化建设】 公司向集团、中铝集团组织投稿45篇，被集团采用40篇，中铝集团采用1篇；组织开展公司首届劳动竞赛；公司职工参加集团工会“中国梦·劳动美”演讲比赛，获一等奖；代表集团参加云南省“中国梦·劳动美”职工演讲比赛，获优胜奖；职工论文《不忘初心　从严治团　多元团建》获集团2018年度职工思想政治工作理论研讨论文三等奖；职工分获集团2018年“五一巾帼标兵”及“职工和谐家庭”荣誉。

【党建工作】 公司党支部共开展党课培训3期，集中学习3次，观影学习5次，党小组累计学习46次，共计57次；组织开展“重走长征路，柯渡红军纪念馆参观活动”；党建投稿11篇，被集团报采用2篇，集团公众号发布2次；审核办理了1名预备党员转正。党支部被机关党委评为2018年度规范化建设达标党支部；工会组织开展了公司首届劳动竞赛；团支部获集团2017年度“五四红旗团支部”称号，公司结算部获“2016—2017年度云南省青年文明号”荣誉称号。

云南云天化集团财务有限公司

【集团概况】 云天化集团有限责任公司（以下简称“集团”）是以化肥及现代农业、玻纤新材料、磷矿采选及磷化工、石油化工、商贸及制造服务、产业金融六大产业为重要发展方向的国有综合性产业集团。2018年，云天化集团名列中国企业500强第258位、中国制造业企业500强第115位。

【经营概况】 2018年，云南云天化集团财务有限公司（以下简称“公司”）公司经营发展速度较快，持续提升资金管理水平，不断加大外部融资力度，积极拓展新业务，着力提高资金使用效率。公司为集团成员单位提供全方位、多层次的金融服务，努力打造集团资金集中管理执行平台、票据管理执行平台、融资服务平台、信用增值平台。

【服务实体】 公司通过开立财票解决成员单位支付需求；积极响应央行政策，加大对小微及涉农企业办理贷款、票据贴现业务，提高金融服务水平；配合集团转型升级、拓展现代农业、培育壮大新能源新产业，提供资金支持；积极联系发投资人，促使集团债券成功发行；加强资金管理，确保集团资金链畅通。

【信贷业务】 公司紧紧围绕集团转型升级开展各类信贷业务，集中全集团资金资源，优化资金配置，优化信贷结构，完善信贷产品，助推集团转方式、调结构。同时积极响应国家金融政策，加大小微及涉农企业的信贷投放，提高对小微及涉农业务的服务水平，全年通过发放贷款、票据贴现的形式，向小微企业提供资金10.06亿元。

【资金业务】 公司在保障成员单位资金支付和资金流动性安全的前提下，继续加强资金集中管理，强化资金分析，积极与成员单位沟通协调，不断通过资金管理效率，满足成员单位需求。

【投资业务】 公司为集团引入债券投资者，撬动和活跃集团公司债券，增强投资人信心，从市场购买集团债券；开展了货币市场基金投资业务。

【票据业务】 公司积极推进与上海票据交易所的直联工作，成为第二批加入直联的机构；建立票据池系统，通过票据池与建设银行开展了票据融资业务，防范了票据风险，盘活了票据资产，提高了票据使用效率，全年通过票据池为成员单位平均时点融资约10亿元。

【资金集中】 加强对成员单位银行账户的管理工作，积极推进银行账户授权，分析成员单位的资金分布情况，跟踪大额资金流动，在各季度时点上主动联系成员单位，有效提高了资金的集中度。提高支付效率，全年成员单位通过公司对外支付的笔数比2017年增长约14%。

【业务创新】 公司在夯实基础业务管理的同时，不断开拓业务渠道和业务品种。一是开拓省外业务渠道，拓宽同业业务网络，与8省市金融机构建立了同业业务联系。二是推进美元同业授信项目落地，拓展外币业务，丰富业务类型。获得本地外资行美元同业授信，并完成第一笔授信额度内提款。三是对成员单位发放美元贷款，增加公司业务种类。

【风险管理和内部控制】一是根据业务分布情况重点关注公司流动性风险、操作风险、信用风险管理。二是持续推进公司内控管理与全面风险管理相结合，修订内控手册，初步建立内控评价体系模型，结合公司实际情况，建立风险清单。三是根据监管意见要求及业务开展情况，梳理现有制度流程。全年修订及新增管理办法、实施细则共44个，废止1个。四是通过各部门设定风险管理员的形式，全面评价公司存在的风险点，提出风险防控措施。

【人力资源管理】优化公司绩效考核体系，在定量指标考核的基础上引入定性指标考核，建立符合财务公司特点的绩效薪酬管理体系，建立长效激励机制，践行“以奋斗者为本、以价值创造者为本”的价值理念。加强人才培养体系建设，不断优化人才结构，加大培训力度。推进岗位职责说明书的编制，厘清部门职责及开展部门间分工协作，进行AB角岗位管理，培养高素质员工队伍。

【信息化建设】公司持续加强业务系统建设，保障系统稳定、安全、高效运行。顺利完成上海票交所票据交易系统上线，搭建集团票据池系统，并与集团ERP系统的有效对接，打通信息资源，发挥集团信息系统的集约效应。同时，加大对数据安全及事故有效恢复措施的加固，为公司各项业务的顺利开展提供系统保障。

【党建工作】公司党支部坚持“围绕业务抓党建，抓好党建促发展”的思路，严格抓规范、抓本领、抓作风、抓成效。进一步完善“三重一大”决策制度，制定支部委员会议事规则，细化党务职能分工，丰富支部主题党日、“两学一做”活动学习内涵，将党员教育与内部业务培训结合起来。组织骨干党员实地走访先进党支部，参加红色革命根据地学习活动。树立先进典型，表扬优秀集体和个人，引导员工树立正确的业绩观。将季度优化建议纳入党员积分制管理，明确头雁工程“明责、选优、提能、分享”四管齐下，切实增强公司支部的组织力、凝聚力和战斗力。

招商局集团财务有限公司

【集团概况】招商局集团财务有限公司（以下简称“公司”）隶属于招商局集团有限公司（以下简称“集团”）。集团是中央直接管理的国有重要骨干企业，位列世界500强企业，是一家业务多元的综合企业，业务主要集中于交通、金融、房地产三大核心产业，正逐步实现向实业经营、金融服务、投资与资本运营三大平台转变。2018年，集团实现营业收入6484亿元，利润总额1450亿元，年底总资产8万亿元，其中利润总额和总资产均居央企第一位。

【经营概况】2018年，公司探索、开展特色金融服务，调研成员单位需求，量身定制方案，提供个性化金融产品；践行全员客服理念，优化客户服务机制，健全客户服务质量体系；简化工作程序、提高服务效率，为成员单位提供更加便捷高效的服务。2018年公司实现营业收入11.60亿元，利润总额4.73亿元，资产规模492.60亿元。支持集团减债降负、降本增效，为集团降杠杆比例为10.75%，减负债比例为7.24%；帮助成员单位降杠杆，累计贷款236.35亿元；为成员单位节省成本2.42亿元。

【服务实体】公司助力集团重大战略项目落地，支持集团参与“一带一路”建设，为参与“中白物流园”的招商物流提供融资12亿元，为布局海外港口项目的招商港口提供融资10.75亿元，为参与“中欧班列”的外运长航集团提供融资6亿元；支持长江经济带建设，累计向长航集团发放贷款11.22亿元；支持粤港澳大湾区建设，为招商蛇口发放贷款余额131.86亿元。

【信贷业务】公司拓展客户数量、扩大信贷规模、丰富信贷产品种类，围绕集团战略导向，贴近成员单位经营需求，坚持产融结合。针对实业部门“融资难、融资贵”的痛点提出方案，为成员单位提供全方面的整体服务方案。截至2018年末，贷款余额308.70亿元，较上年增长33.16%。

【票据业务】开发票据承兑业务，办理承兑票据461笔，金额3.02亿元；办理票据贴现1.15亿元。

【外汇业务】公司为集团及成员单位提供更优惠的结售汇价格和更便捷的跨境业务，办理结售汇业务391笔，金额3.34亿美元，为成员单位节约结售汇成本人民币410万元；通过跨境通道借入境外资金0.72亿美元，对外放款1.31亿美元，境外资金回拨0.30亿美元，代理境内外成员单位收付汇0.23亿美元，吸收境外公司存款余额0.32亿美元。

【资金集中】推进成员单位全级次上线；搭建客户服务横向联动和纵向分层营销体系，实现公司领导带队拜访重点客户常态化；细化客户拜访工作机制，提升客户服务水平；与集团上市公司全面开展业务合作；打造客户服务品牌，对成员单位开展业务系统培训。截至2018年末，吸收存款余额434.24亿元，全年日均吸收存款257.65亿元，较上年分别增长43%和19%。

【业务创新】开展预付款保函业务，可灵活设置担保方式；跟进成员单位并购项目需求，开展财务顾问服务；深度参与船舶板块并购项目，业务模式由单一传统商业银行模式逐步向投商行一体化模式转型，充分做实现有牌照资质。

【风险管理和内部控制】加强风控组织机制建设，设立法律合规部，细化各层级风控工作职责；强化风控制度体系建设，新增制度31项，修订制度24项；细化风控管理机制建设，定期开展风险识别与评估；定期开展内控评价，完善内控体系建设和评价工作；健全风控文化机制建设，发布风险周报49期，并通过专题培训、海报宣传、微信等方式开展风控文化宣传，培育风控文化，强化全员风控意识。

【人力资源管理】高标准市场化选聘专业人才；畅通人才选、用、育、留机制；严格按组织程序选聘任用干部，并规范选拔任用机制；开展全员考核和干部述职，考核指标层层分解到每个部门和岗位，考核结果作为岗位晋升及薪酬调整的重要依据。

【信息化建设】实现系统优化、功能增加、多浏览器及语言支持；实现集团内部往来对账、“营改增”使用及接口建设；落实集团数字化转型战略要求，建成查询分析平台，并为共享中心与财务公司的财企直联提出二次直联解决方案，满足共享中心对成员单位的支付需求；推进资金系统等保三级评定工作，提升信息安全防护能力。

【企业文化建设】通过主题活动（如公司日、主题党日、参观教育），以及微信公众号、微信群、公司网站、专题党课等，开展形式多样的宣传教育，宣贯集团企业文化、企业历史和价值理念等。

【党建工作】认真落实全面从严治党要求，坚持以党建促发展、以发展强党建，持续推动习近平新时代中国特色社会主义思想和党的十九大精神入脑入心；切实发挥党委政治核心作用；围绕提高资金集中度和提升服务质量等重点抓好工作落实；着力提升党建工作质量；围绕经营管理和“提质增效”“全员客服”等重点，发挥党支部战斗堡垒作用和党员先锋模范作用，实现党建工作与经营管理同步推进、深度融合。

浙江海港集团财务有限公司

【集团概况】浙江海港集团财务有限公司（以下简称“公司”）所属集团为浙江省海港投资运营集团有限公司、宁波舟山港集团有限公司（以下简称“集团”）。集团是浙江省省属港口运营集团，实行“两块牌子、一套机构”运作，是全省海洋港口资源开发建设投融资的主平台。2018年，集团主要经营的港口之一宁波舟山港完成货物吞吐量10.8亿吨，完成集装箱吞吐量2637.8万标准箱，箱量排名晋级全球三强。

【经营概况】2018年末，公司总资产规模达217亿元，同比增长63%；实现营业收入5.42亿元，实现利润总额达2.49亿元。公司资本充足率为16.21%，流动性比例为40.86%，不良贷款率为零。在集团的支持下，公司贷款拨备率比例由1%调整到2.5%，拨备覆盖率和风险消化能力大为提高。

【资金集中】2018年，公司吸收存款余额达197亿元，同比增长74%；累计办理结算交易34万笔，金额5000多亿元，结算金额同比增长49%。以股权变更为契机，公司大力推进海港新成员开户和资金归集，资金归集率为82.62%，宁波舟山港口径的归集率稳定在90%以上。

【信贷业务】2018年，公司信贷投放有序。全年发放贷款124笔，总金额达70亿元，贷款余额91.63亿元，同比增长14.45%。全年为股份以外的海港集团新成员单位提供贷款资金约13.16亿元，占当年新增贷款的110%。同时，通过参照《宁波港创建绿色港口实施方案》，公司梳理贷款业务中符合“绿色贷款口径”的贷款，并向人民银行进行专项申请并获批。全年提供绿色信贷1.50亿元，投向范围包括绿色交通运输项目、建筑节能及绿色建筑项目、垃圾处理及污染防治项目等。

【同业及投资】公司在前期认真准备投资业务开展所需的各项条件，为2018年公司多方面开展有价证券的投资业务奠定良好的基础。2018年同业及投资业务品种包括同业存款、同业拆借、同业存单、公募基金、收益凭证、公司债券、金融债券等，全年累计交易额979.20亿元，实现收益2.22亿元。

【业务创新】公司针对成员单位的资金需求，结合其运营特点，及时推出了动产质押业务并制定了《汽车贸易融资操作流程》。赶在2018年7月5日关税上浮时间节点之前完成业务审批，首笔动产质押业务正式落地，为成员单位节约关税成本140多万元，有效规避了贸易摩擦带来的不利影响。

【信息化建设】公司单独设立了信息部，明确了系统和信息科技管理职能。积极开展科技项目建设，持续加强信息系统整合，完善信息安全体系。探索自主研发能力建设，陆续投产了生产数据灾备系统、移动金融服务平台、HR系统工资奖金财务公司专用模板导出等功能，同时积极配合集团公司和上海票交所推进纸电票据交易融合、新OA系统和安全管控系统等项目的建设工作，不仅确保了业务开展的安全性，更带来了管理的高效性。

【风险管理】2018年，公司重点做好各关键领域的风险排查和防控工作。2018年度安排了反洗钱、印章管理、全面风险、权限卡管理、同业拆借业务管理、保函业务管理、征信管理七个专项审计工作。同时开展了印章管理情况排查、交叉金融业务风险排查、整治银行业市场乱象、股权管理情况排查、违规违纪利益输送及行业廉洁风险问题专项排查等一系列检查工作。全年对23项新增制度、33项修订

Z

制度、5个合同、52家开户单位和7家销户单位开具了合规审查意见，稳步推进合规管理工作。

【党建工作】2018年是公司党总支成立后的第一个完整年，公司以党建工作统领中心工作发展全局，结合金融行业特点，不断提升党组织在新时代的领导核心作用，有力推动了各项工作和谐开展。通过不断完善党建制度体系、梳理廉洁风险点、狠抓日常党建党风廉洁工作来推进党建党风廉洁建设体系化。公司坚持把政治建设放在首位，通过关键节点的规模学习、多样化的日常学习提升公司党员的整体素质。同时，公司启动星级党支部的创建活动，敦促各支部一手抓党建、一手抓业务，通过党建活动推动业务发展，扎实推进支部基础工作。

浙江省交通投资集团财务有限责任公司

【集团概况】浙江省交通投资集团有限公司（以下简称“集团”）于2001年12月29日注册成立。2016年7月，浙江省委、省政府合并重组集团和原浙江省铁路集团为省级交通投融资平台；2018年7月，集团和浙江省商业集团合并重组。新的集团统筹承担全省高速公路、铁路、重要的跨区域轨道交通和综合交通枢纽等交通基础设施的投融资、建设、运营及管理职责。截至2018年末，集团资产总额4119.03亿元，利润总额、资产总额、净资产居浙江省属企业首位。

【经营概况】2018年，浙江省交通投资集团财务有限责任公司（以下简称“公司”）秉承“立足集团、服务实体”的功能定位，不断优化集团内部资金资源，协同促进集团产业发展，较好发挥了“司库”管理职能。截至2018年末，公司资产总额达352.87亿元，全年实现营业收入13.57亿元，利润总额5.82亿元。

【服务实体】2018年，公司以“提服务、提效率、提质量、提效益”为主题开展了服务提升系列活动。对内，举办多项活动，进一步增强员工服务意识；对外，通过组建“结算小分队”“融资直通车”“直融好顾问”三支专业团队，切实将优化结算服务、保障资金需求、当好财务顾问等工作做细做实做精，进一步丰富“交投财务”服务品牌内涵。

【信贷业务】截至2018年末，公司各项贷款余额为200.33亿元，较2017年同期增加98.94亿元，增幅为97.58%，创历史新高。在贷款投向上，公司坚持向集团核心主业倾斜，全部贷款的85.24%投向公路铁路核心主业，14.76%投向经营性公司。在服务集团发展战略的同时，较好地控制了信贷风险，有力地支持了浙江交通基础设施建设。

【资金业务】加大同业市场研究，抓住关键时间节点适度放长同业存款期限，锁定较高收益水平。2018年共开展存放同业（定期）业务94笔，存放金额739亿元，获得收益4.49亿元。

【投资业务】公司重点投资货币市场基金、同业理财等低风险产品。持续参与业务创新，首次认购货币市场基金，首次参与股票定增、二级市场债券交易、一级市场新股申购，不断在投资品种上寻求突破。

【票据业务】2018年，公司配合上海票据交易所完成纸电票据交易融合投产上线，将电子票据贴现后的交易、托管、清算、结算等业务从电子商业汇票系统迁移至中国票据交易系统，实现纸质票据和电子票据的同场交易。全年公司累计为成员单位开具电子银行承兑汇票17笔，共计284张，金额5.43亿元。

【资金集中】公司通过提高存款利率、落实集中度考核、开展专项检查等方式，持续加强资金集中管理力度。截至2018年末，公司吸收存款余额319.81亿元，可归集口径资金集中度为97.75%，继续保持行业先进水平。

【业务创新】公司协助集团低利率成功发行2018年度第一期中期票据，创新性地以发行利率与国债收益率及DCM定价估值挂钩的方式进行承销银行询价，提前锁定债券发行综合成本，3.87%的低利率为集团节约可观的财务费用。协助完成集团35亿元可交债、150亿元优质企业债发行申报。

【风险管理和内部控制】开展深化“治乱象，维秩序”“股东股权专项整治”工作，进一步强化风险管理和内部控制，促进公司持续健康发展。完成《客户服务手册》《系统运维操作手册》的编制，通过开展标准化流程定义，有效规避各条线操作风险。有序推进内部审计。累计实施内部专项检查4次，提出具体管理建议21条，首次开展关键岗位员工强制休假专项稽核，加强重要岗位监督力度。

【人力资源管理】公司多方着手，做好“选用育留”文章。2018年引进紧缺专业人员5名，进一步优化队伍结构。加大人才内外交流力度，全年为集团重、难点工作推进提供人才输出14人次。完成对《员工教育培训管理办法》的修订。截至2018年12月末，公司在岗职工49人，研究生18人，占36.7%；高级职称12人（包括注册会计师8人、教授级高级会计师1人），占24.5%。

【信息化建设】制定公司《信息化2018—2020年三年行动计划》，规范指导公司“十三五”期间信息化工作。开展网络与信息系统安全大检查，保障系统应用安全；实施异地灾备信息系统应急演练，提高应急处置能力。完成集团财务风险预警和投融资平台、集团财务经营数据库和对标系统上线，启动了公司核心系统升级项目。

【企业文化建设】公司继续秉承集团“同责同心同创”家文化理念，践行“包容、大气、质疑、进取”的企业精神，开展企业文化建设。联合浙能财务公司团总支开展“团的十八大精神面对面”活动，邀请团的十八大浙江代表雷佳凝为两家单位近四十名青年上团课。还开展了“书香润财司”专题活动，继承和发扬了“学习型企业”建设的核心宗旨。

【党建工作】2018年，公司先后单设了党委工作部（人力资源部）、纪检监察室，配备专职党务、纪检监察人员，开展“清廉财资”活动，进一步加强党建和纪检工作。开辟“党员活动室”、开展“党员一句话承诺”活动，真正做到亮身份、践承诺、当先锋、树形象。探索“党委书记领办、业务部门包干、党员专业队伍主办、党工部督查考核”的“领、包、办、督”四位一体“党建+项目融资”模式，实现党建工作与中心工作同频共振。

浙江省能源集团财务有限责任公司

【集团概况】浙江省能源集团有限公司（以下简称“集团”）成立于2001年，总部位于中国杭州，主要从事电源建设、电力热力生产、石油煤炭天然气开发贸易流通、能源服务和能源金融等业务。经过十八年的创业发展，集团已成长为省属国企中能源产业门类较全、电力装机容量最大的能源企业，是浙江省委、省政府能源产业发展的主抓手、能源合作的主平台、能源供应的主渠道、能源安全保障的主力军和环境保护的主战场。截至2018年末，集团合并资产总额2069亿元，所有者权益1060亿元，资产负债率为48.77%。全年实现销售收

Z

入942亿元，同比增加129亿元，实现利润总额61.7亿元。

【经营概况】 2018年，浙江省能源集团财务有限责任公司（以下简称“公司”）不断完善司库功能定位，以金融服务实体经济为主线，全面加强资金集约化管理，大力提升金融服务水平，为集团转型升级注入了强大金融动能，为推进集团内部资源优化配置、降本增效和“金融富业”作出应有的贡献。截至2018年末，公司资产总额256.71亿元，归集资金226.76亿元，银监口径资金归集率为87.70%。全年实现营业收入9.22亿元，利润总额6.21亿元，净利润4.71亿元。

【服务实体】 2018年，公司继续发挥人才优势和专业优势，为集团及成员单位提供强有力的财务顾问服务，做好集团决策参谋。协助集团开展银行融资“总对总”谈判，助力成员单位累计提取各类银行贷款69亿元。协助集团发行6期超短融125亿元，4笔中期票据85亿元，首笔公司债30亿元。

【信贷业务】 2018年，公司深度融入集团能源主业，充分发挥信贷服务作用，积极发力促进集团加快转型升级和供给侧结构性改革。公司全年向成员单位发放自营贷款95.36亿元，年末自营贷款余额135.19亿元，有效保障了集团项目建设和资金链安全。自营贷款价格维持稳定，项目贷款利率基本保持在基准下浮10%的水平，仅此一项，2018年为成员单位节约利息支出超2329万元。

【资金业务】 2018年，公司多途径开展资金业务，提高资金使用效率和收益水平。全年累计开展同业协议存款业务14笔，日均存量规模18.14亿元，加权平均收益率为4.12%；累计开展同业存单业务29笔，日均存量规模18.66亿元，加权平均收益率为4.01%；累计开展银行间市场质押式逆回购业务36笔，日均余额4.6亿元，加权平均收益率为3.77%。全年同业资金业务利息收入33310万元，综合资金收益率3.36%，实现了资金流动性、安全性和收益性的有效统一。

【票据业务】 公司积极创新金融服务模式，推动集团产业链参与各方互利共赢。2018年3月，公司获得当地银监部门核准开展延伸产业链金融业务。2018年，公司累计完成“一头在外”票据贴现额度约1.96亿元，为进一步完善集团票据结算业务链条、提高集团票据结算比例、减少集团带息负债创造了有利条件，实现集团产融结合向纵深发展。

【资金集中】 2018年，公司立足司库管理基本功能，持续跟踪集团产业发展情况，加强与集团沟通协调，加大资金集中管理力度，努力实现“成立一家，归集一家”的资金归集管理目标，减少资金在系统外部游离，稳步提升资金归集率。截至2018年末，267家成员单位在公司开立结算账户，较年初新增45家，其中159家成员单位实现“收支两条线”管理模式，若剔除部分不可归集的因素外，公司资金归集率达98.83%，位居行业前列。

【业务创新】 2018年，公司充分利用金融平台优势，专门成立财务服务部，助力集团财务共享服务中心建设，实现集团内部多系统对接，推动实施集团会计核算集中，全年上线单位70家，解决财务职能部门建设中的重复投入和效率低下的弊端，提高会计核算标准化、规范化，加强核算、预算、分析的深度衔接，发挥决策支持和财务管控作用，助力集团财务战略转型。

【风险管理和内部控制】 加强风险防控是金融工作的永恒主题。2018年，公司全面推行制度“立、改、废”活动，将2018年定义为“操作风险防控年”，全年新增制度16项，修订制度43项，废止制度3项；针对人员结构整体呈现年轻化、工作经验不足、业务不熟练等特点，组织全面梳理业务流程，形成业务规范流程280余条，推动“制度管人，流程管事”，降低操作风险；全年开展内部稽核审计13次，累计提出改进建议10余条，形成公司治理规范、制度流程完备、决策执行高效、机制运转顺畅的现代企业生态。

【人力资源管理】2018年，公司多举措加强人才梯队建设，培养适应多岗位的复合型金融人才。全年实施跨部门轮岗11人，从基层员工选拔业务主管12人。加强人才培训力度，通过组织参加行业协会培训、集团培训和公司内部培训等多层次培训体系提升职工综合素质，全年参加培训456人次，人均培训次数超过4次。

【企业文化建设】2018年，公司深入实施企业文化建设，支持工会、共青团的群众组织开展各类活动，形成“微分享”、兴趣小组等具有一定影响力的品牌活动，营造尊重人、塑造人的文化氛围，增强职工归属感。首次实施公司文宣展板上墙，加强经营理念、价值准则、行为规范等企业文化的宣传教育。

【党建工作】2018年，公司加强国有企业党建工作有关要求，完成公司章程修订，将党的领导融入企业法人治理体系各个环节，落实好党组织对国有企业重大决策事项的前置程序要求，发挥党组织的“把方向、管大局、保落实”作用。设立党员活动室，着力打造具有财务公司特色的党员活动阵地。

振华集团财务有限责任公司

【集团概况】中国振华电子集团有限公司（以下简称“集团”）是由始建于20世纪60年代中期国家“三线”建设的军工电子基地——083基地发展而来的。集团是55家首批国家试点大型企业集团之一，计划在国家单列，拥有国家级技术中心、博士后工作站和国家863成果转化基地。50年来，集团为国家重点工程和国防建设作出了重要贡献：参加了集成电路、“331工程”等大会战，先后为东方红一号、“两弹一星”、探月工程、东风系列等重点工程提供保障，填补了7项国内技术空白，创造了8项国家第一。集团在形成了电子元器件、电子材料、整机及系统、现代服务业四大业务板块的基础上，聚焦优势资源，着力打造“电子元器件、集成电路、新能源新材料”三大核心业务板块。2018年，实现营业收入86.1亿元，利润4.5亿元，总资产163亿元。

【经营概况】2018年，振华集团财务有限责任公司（以下简称“公司”）坚持“依托集团，服务集团，稳健经营，持续发展”的经营理念，认真贯彻执行国家金融方针政策，规范运作，依法经营，全体员工齐心协力，扎实推进各项经营管理工作，基本完成了各项经营目标。

2018年，公司实现营业收入4104.99万元，较上年的4404.20万元减少299.21万元，降幅为6.79%；实现利润总额1854.27万元，较上年的2049.22万元减少194.95万元，降幅为9.51%；全年实现所得税434.54万元，比上年的569.22万元减少134.68万元，降幅为23.66%；实现增值税和税金及附加185万元，较上年实现的137万元增加48万元，增幅为35.04%。

【信贷业务】2018年，公司全年累计发放贷款共计37笔，发生额共计61000万元，贷款余额为62242万元；全年累计办理银行承兑汇票贴现182张，发生额共计53381.65万元，贴现余额17998.58万元；全年办理委托贷款业务48笔，发生额共计84474.75万元，委托贷款余额168828.83万元。期末各项贷款余额为249069.41万元（含委托贷款），比上年增加35496.41万元，增幅为16.62%。

【票据业务】2018年，成员单位在公司托管成员单位银行承兑汇票共计31笔，金额2738万元；成员单位向公司质押银行承兑汇票共计24笔，金额3169万元。2018年，为规避风险，成员单位逐步开始自己托收银行承兑汇票及商业承兑汇票，公司提供代理打印银行托收凭证服务，全年代理打印托收凭证51笔，金额5400万元，同时承担相关票据承兑邮寄费和手续费。2018年，通过各行电票系统托收、贴现、质押、托管的银行及商业电子汇票205笔，总金额达5.73亿元。全年公司为成员企业票据池质押及保证金担保开具银行承兑汇票共计290笔，金额27147万元。

【资金集中】2018年末，公司吸收存款余额为139141.89万元，较上年的126296.13万元增加了12845.76万元，增幅为10.17%。2018年12月31日，全口径资金集中度为58.72%，扣除受限归集的资金，资金集中度为86.34%。全年累计办理结算56816笔，金额318亿元。

【风险管理和内部控制】公司董事会下设的风险管理委员会全年召开会议两次，对公司治理、内部控制、风险管理等工作进行了安排部署。同时成立了风险防控工作领导小组，明确风险防控工作目标，细化责任分工。通过进一步完善案防制度、逐级签订案防责任书，明确案防管理“一岗双责”、将案防任务分解到岗到人，形成“一把手负总责、全员参与”的案防责任体系。2018年，总经理与银监局签订案防责任书，并分别与副总经理、业务部门经理签订案防责任书8份，与员工签订案防责任书8份。对内控制度进行了全面清理，截至2018年末，公司新增内控制度11项，修订内控制度4项，各项业务制度得到进一步完善。

【信息化建设】2018年，公司按照监管要求建立了同城灾备系统，实现公司信息技术应用的标准化，增强信息系统对业务的支持，查找薄弱环节和风险隐患，避免系统数据管理出现操作风险，在日常信息系统安全管理上坚持预防为主，坚持每日机房巡检和网络安全检查，始终把信息系统安全运行放在信息管理的重要位置。做到了全年信息系统安全无事故、无案件，为业务稳定运行提供可靠保障。

【人力资源管理】2018年，公司加强员工培训，鼓励员工参加学历、职称、资格考试等各种有助于提高自身素质的学习考试。职工参加的各种培训涉及基础业务、税务政策、税收新规、法律合规、内控制度、风险管理、反洗钱工作、人事管理等。全年完成培训人员212人次，培训时间1856学时。

正泰集团财务有限公司

【集团概况】正泰集团股份有限公司（以下简称“集团”）位于浙江省乐清市。1984年企业初创，经过30多年的砥砺前行，已成为中国新能源与电力设备制造领军企业，拥有“发电、储电、输电、变电、配电、用电”电力全产业链。

【经营概况】正泰集团财务有限公司（以下简称“公司”）服务成员单位共计241家。2018年末，公司总资产为44.54亿元，净资产为10.14亿元，吸收存款为34.24亿元，发放贷款为24.3亿元，贷款余额为16亿元。2018年，公司实现营业收入为8636万元，拨备前利润为6649万元，净利润为1382万元。

【服务实体】2018年，公司积极为成员单位提供专业金融服务，贷款全部面向制造业领域，其中绿色金融占比超过40%，切实支持实体经济发展。通过核心业务系统上线，累计为成员单位办理资金收付结算4.68万笔，共668亿元。2018年11月，助力集团成功发行180天超短融3亿元（利率为4.60%），创下当期全国同品种、同期限、同评级民营企业利率最低。

【信贷业务】根据集团战略发展产业的资金需求，优先开展成员单位评级授信12户，累计发放流贷36笔，共24.3亿元。充分发挥了公司的平台优势，为5家成员单位发放优惠贷款，降低了成员单位融资成本2064万元，有效支持了成员单位业务发展。

【资金业务】2018年，公司通过不断完善资金计划，科学控制资金头寸，在满足成员单位合理资金需求的同时，开展存放同业业务34笔，共51.3亿元，实现利息收入5628万元。

【票据业务】2018年，公司积极推进票交系统申请测试上线工作。4月加入中国票据交易系统，实现纸票上线。10月票交所同意公司以自主直联方式接入电子商业汇票系统。

【资金集中】公司积极推动银财直联系统建设，分别与工行、农行、兴业银行等建立了银财直联。2018年，公司日均归集15.29亿元；年末归集金额34.24亿元，全口径资金集中度为44.13%。

【业务创新】2018年，公司创新运用“零余额实时归集+代理支付+联动支付”的收付模式，开发可用余额自动调整功能，最终实现成员单位只需保留两个账户。

【风险管理和内部控制】2018年，公司建立健全公司风险管理体系，开展授信与流贷业务流程合规检查，实施突击检查10次，防范违规经营与操作风险。同时，积极开展全员合规专题培训，不断强化员工的合规意识。按照公司审计计划，针对公司信息系统、信贷业务、资金、结算等所有业务模块开展审计，形成审计报告与备忘录，发现问题并落实整改措施，保障企业健康发展。

【人力资源管理】2018年，公司从金融专业人员引进、员工培训、任职资格评定等方面着手，强化内部管理，提升服务水平。引进金融专业人员6名，通过内部授课与外部培训相结合，组织培训45期，共818人次参与，人均受训22课时。

【信息化建设】2018年1月，公司核心业务系统正式上线，8月完成项目一期验收。同时，公司积极协同集团大数据部、信息化部，打通了温州区域正泰电器、仪器仪表、建筑电器等25家子公司结算数据链，实现与核心业务系统的融合链接，做到会计凭证自动记账，提高资金支付效率。

【企业文化建设】2018年3月，公司建立党支部与工会，落地企业文化建设。通过制作办公区域企业文化宣传标语、企业文化看板及购置企业文化书架，让员工随处能看得到、感受到企业文化。同时，积极组织员工参加集团及行业协会职工运动比赛。12月，公司开展全体员工赴外团建活动。

【党建工作】公司党支部积极开展基层党建工作，一方面，坚持理论引导，落实“三会一课”制度。一是落地执行支部学习计划；二是坚持领导干部“带头学”；三是坚持全体党员“集中学”；四是依托网络平台“随时学”。另一方面，坚持多措并举，形成党建工作合力。一是抓好主题党日；二是抓好典型示范；三是抓好常态落实。

郑州宇通集团财务有限公司

【集团概况】郑州宇通集团有限公司（以下简称“集团”）是以客车为核心业务，以工程机械、汽车零部件为战略业务，兼顾其他投资业务的大型企业集团，总部位于河南省郑州市。

【经营概况】2018年，郑州宇通集团财务有限公司（以下简称“公司”）通过加强资金集中管理，提升资金使用效率，完成了年度经营目标。2018年末，公司资产规模62.29亿元，贷款余额38.03亿元，实现营业收入2亿元，净利润1.63亿元，净资产收益率为14.93%。各项监管指标均符合监管要求，整体风险水平低，资产质量优良。

【服务实体】2018年，公司通过降低贷款中间环节成本、推广商业承兑汇票等举措，切实降低实体企业财务成本，提高对集团主业的支持力度。2018年，公司对成员单位办理的中间业务收取的费用相比银行均有下浮且减免保证金，并鼓励成员单位办理循环贷款，以提高资金使用效率。2018年，公司累计为成员单位办理循环贷款12.6亿元。

【信贷业务】公司建立了成员单位定期走访机制，定期与集团各成员单位当面沟通，深入了解并满足各单位信贷业务需求，促进集团主业健康发展。2018年，公司累计发放自营贷款31笔，金额52.95亿元，累计发放委托贷款47笔，金额48.76亿元。

【产品销售信贷业务】为更好地服务集团，促进集团业务发展，2018年，公司对成员单位产品推出了融资租赁业务。2018年末，公司消费信贷业务余额11.11亿元，融资租赁业务余额0.56亿元。

【资金业务】2018年，公司持续提高资金精细化管理，完善资金计划编制、监督及评价机制，保持合理的资金头寸；通过利用同业拆借、票据转贴现等渠道融入资金，提升资金流动性管理能力，为集团资金高效使用提供充足保障。

【投资业务】2018年，公司加强投前产品调研，完善投后管理机制，持续优化投资业务的全流程管理。公司加大与金融机构的合作力度，不断丰富完善投资产品种类。公司在保证充足流动性并兼顾资金安全的前提下，合理配置闲置资金，优化投资组合，产品收益率提升达40个基点，提高了资金收益。

【票据业务】为推广集团信用，减少资源占用，公司通过优先为供应商的商业承兑汇票办理贴现并适当降低利率，来推广成员单位的商业承兑汇票，既实现了“以客户为中心的”初衷，又支持了实体经济发展。2018年，公司累计为成员单位办理15笔贴现，贴现金额约4.2亿元，累计为供应商办理贴现900余笔，贴现金额31.76亿元。

【外汇业务】2018年初，公司获批即期结售汇业务资质，并成为银行间外汇市场交易会员。2018年，公司为成员单位办理了18笔结汇业务，累计430万美元。

【资金集中】2018年，公司持续提升成员企业服务能力，提供定制化头寸管理、资金服务，同时增加集团资金账户银企直联功能，利用系统提高服务效率。2018年在集团不可归集质押货币资金高达18.29%的情况下，集团全口径资金集中度达59.49%，这与资金管理持续精细化管理、服务能力提升等多方努力密不可分。

【业务创新】公司与银行沟通拓展“集团式票据池”业务，通过质押财务公司的票据、存款等资产，以质押资产为成员单位提供担保，极大拓展了成员单位的融资渠道。同时，为了更好地服务成员单位，支持集团业务发展，公司2018年推出了融资租赁业务和外汇业务。

【风险管理和内部控制】2018年，公司着力强化风险管理和内控制度建设，通过制度流程执行审计、业务复盘等措施，不断发现和完善制度、流程中存在的问题。2018年，公司共新增、修正各类制度18项，有力地保证了制度、流程与实际业务的一致性和适用性。同时，公司加大了对制度、流程的执行考核力度，重点加强对贴现、投资、延伸产业链金融、消费信贷等重点业务制度和流程的执行合规性审查和考核，有力地保证了公司各项业务操作的合规性。

【人力资源管理】2018年，公司采取更加精细化的人力资源管理：建立员工的职业生涯规划机制，完善员工发展平台；持续完善人岗匹配机制，做到人尽其才；人才库机制深化，通过各种培训、导师帮带、重点工作参与等方式提升在库员工专业水平。通过上述举措，公司2018年度离职率为2.2%，员工满意度和积极性较高。

【信息化建设】2018年，公司信息化建设主要工作为完善系统功能，提升公司运营效率：一是优化核心业务系统中结算、信贷、凭证打印等功能，优化汽车金融信息系统中融资租赁、消费信贷相关功能；二是升级更换了征信管理系统，实现征信系统逻辑校验功能；三是根据上海票交所要求，完成电票系统升级；四是公司自主开发发票管理系统，实现电子发票的开立和管理，提高开票效率。

【企业文化建设】2018年，公司利用邮件、内刊、公告、现场会议等多种渠道、开展“树正气、刹歪风”工作，加强队伍文化和作风建设，极大地提升了员工的思想文化水平。

【党建工作】2018年，公司召开党支部会议，学习第十三届全国人大和政协第一次会议精神，重温党的十九大报告，把党、国家和公司的发展结合起来，建言献策。

中车财务有限公司

【集团概况】中国中车集团有限公司（以下简称“集团”）是世界轨道交通装备龙头企业，拥有全球最大的电力机车、高速动车组、大功率内燃机车、铁路客车、铁路货车、城轨地铁车辆研发制造基地。公司历史悠久，旗下16家子公司历史超过百年，最早企业成立于1881年。2000年南北车脱钩分立，2015年实现重组，通过改革创新实现了从小到大、从国内到国际、从传统企业到现代企业的转变。公司列2018年《财富》世界500强企业第385位，世界品牌500强第315位，成为中国企业走出去的一张名片，品牌价值超千亿元。

【经营概况】2018年，中车财务有限公司（以下简称“公司”）以合规稳健运营为主线，牢牢把“行政性主体”和“市场化主体”双重属性，围绕“服务、经营、管理”三大核心，规范稳健开展各项业务，全年实现营业收入10.3亿元，净利润4.49亿元，服务集团发展的生力军作用进一步彰显。

【服务实体】2018年，公司助力集团战略，成功签署突破“A+H”两个资本市场额度的金融框架协议，为境内上市公司突破关联交易限额，签署框架协议积累了经验。受托集团完成国务院国资委大额资金监控工程，如期实现网络对接及数据首期报送。完善集团、股份、公司三个主体三套系统的数据维护和信息逻辑。建立用户走访交流机制，全年走访客户50家200余人次。开发移动互联平台，基于核心业务系统的业务交流处理APP“中车金管家”成功上线。联合金融机构扩大同业合作，持续拓展票据业务。2018年，协助总部办理境内银行融资约649.5亿元，超短融发行120亿元，公司债发行25亿元，为总部提供流动性贷款及法透支持累计约382亿元。股份及集团总部外部债务平均利率分别为4.20%和4.16%。

【信贷业务】2018年，公司全年信贷投放最高值达178亿元，较2017年底增幅为27%，年末公司贷款余额145.63亿元，累计办理各类保函38笔，金额15.38亿元，并免收保证金，为成员单位节约财务费用727万元。全年实现贷款利息收入和中间业务收入合计6.2亿元。

【资金业务】公司建立资金运用沟通平台，促进资金高效配置。建立月度资金例会、周资金沟通、动态信息反馈的工作机制，以市场为导向提升资金运作的协同效益和效率。全年主

Z

要生息资产平均规模约为243亿元，公司信贷资产平均规模约为144亿元，定期存放平均规模约为43亿元，活期存放平均规模约为49亿元。公司积极采取稳健的流动性管理策略，适度提升流动性资产比例，确保公司资金链安全，确保监管合规。

【票据业务】高效完成上海票交所纸电融合二期投产上线，成员单位申请加入系统48家。公司充分挖掘和利用业务空间，为成员单位减免手续费和保证金，进一步扩大中车票据的影响力。基本确立集团票据集中管理平台的建设思路和总体实施方案，拟定票据集中管理办法，分别与鞍钢财务公司、交通银行北京分行、民生银行北京分行签订战略合作协议。全年为26家成员单位累计开立承兑汇票约1480张，金额60.24亿元，为成员单位节约财务费用约2900万元。累计办理票据贴现25.64亿元，同比增加21.48亿元。

【外汇业务】监控每日外汇资金，当日掌握全外币经营情况；形成外汇定存每日报价机制；提供外汇信息咨询服务；推进外汇收付汇和结售汇业务；完善跨国外币资金池推进方案；尝试外汇对交易、外汇衍生品交易资质申请。2018年实现外币业务收入3411万元，同比增加1651万元，增幅为94%。共办理即期代客结售汇业务27笔，合计折美元2.02亿美元，实现205.45万元的结售汇收益，同时为成员单位节约汇兑成本约50万元。2018年外汇资金归集稳步攀升，外汇资金归集量余额26.5亿元，外币资金归集率为96.39%。

【资金集中】通过拓展成员企业开户及账户直联、下达2018年资金集中度考核指标、跟进上市公司资金归集等手段，不断提升集团资金集中管理水平。2018年，扩展合作直联银行2家，新增开户企业78户，新增直联账户136户，公司日均吸收存款规模230.5亿元，较上年同期增长3.8%。年末时点吸收存款规模为314.5亿元；年末时点全口径资金集中度为56.27%，可归集口径资金集中度为89.01%。公司为成员企业提供更加安全、高效、优质的对外结算和内部清算服务，结算业务规模首度突破2.47万亿元，同比增长6400亿元；结算存款比达107倍；2018年公司首次实现为成员企业提供代理收款服务。

【业务创新】2018年，公司获批投资业务资质（固定收益类），自2018年11月7日进行首次货币基金投资以来，在保证流动性的前提下，累计投资42亿元，赎回18亿元。截至2018年末，货币基金投资余额为19亿元，平均余额20.6亿元，基本实现满额度投放。2018年，公司取得银行间债券市场成员资格。跨境资金池资质成功备案。

【风险管理和内部控制】2018年，公司整体风险管控情况良好。信贷资金投向分布在制造业和批发零售业两个板块，资产质量保持稳定，不良贷款率和不良资产率均为零。信用风险可控。未发生流动性风险事件。货币基金产品具有高安全性、高流动性、稳定收益性。总体来看，风险可控。2018年公司整合审计信息资源，实施银保监局指定内审项目，实现业务审计全覆盖。

【人力资源管理】2018年，公司完成一期人才招聘工作，创新人才招聘方法和新员工入职培训工作，引入人才测评体系；不断加强干部人才管理，按照金融监管和国务院国资委巡视整改要求，共交流5名中层干部，1名员工，拓宽了公司干部人才培养锻炼成长和风险防范的渠道。

【信息化建设】不断加强合规管理，全年保持系统运行稳定，事故率为零。公司深入推进信息化平台建设，并在信息系统、网络及硬件基础设施、信息安全及信息化创新等多个方面开展工作，主营业务系统建设不断完善；票交所直联项目建设完成上线；大数据分析平台建设项目基本实施。全年规划立项的信息化建设工程17项，临时增加建设工程4项，已组织开展工作19项。

【企业文化建设】2018年，公司结合战略发展和经营管理需求，深入培育执行文化，开展“铸魂”工程。一是通过建设人才双通道等方式保持职工队伍稳定；二是通过培训提升员工职业素养和专业能力；三是通过开展“行动学习”、组织头脑风暴、群策群力等系列活动打造职业化团队，并开展羽毛球比赛、迎春联欢会、骑行和健步走、秋游等各种形式的员工活动，丰富员工生活，提升员工归属感，增强员工荣誉感。

【党建工作】在公司党委的带领下，深入贯彻落实习近平总书记三次视察中国中车重要讲话精神，统筹制定全年工作要点并逐一落实。全年中心组学习14次，召开所属三个支部大会31次、支委会46次、党小组会78次，上党课20次。严格执行“三重一大”决策制度，全年召开党委会15次。新增制定5项党建工作制度。配备专职党务工作人员2名。2018年，公司以国务院国资委巡视整改为契机，着力强化政治建设，政治站位不断提高。坚持党建带工建，工会组织各类文体活动7次，通过多种形式慰问职工，开展劳动竞赛。2018年，公司正式成立团委。

中船财务有限责任公司

【集团概况】中国船舶工业集团有限公司（以下简称“集团”）成立于1999年7月1日，是在原中国船舶工业总公司所属部门及企事业单位的基础上组建的中央直属特大型国有企业，是国家授权投资机构，由中央直接管理。集团拥有中国船舶工业股份有限公司、中船海洋与防务装备股份有限公司、中船科技股份有限公司3家上市公司，在中国香港及美国、俄罗斯、泰国等多个国家和地区设有驻外机构。

【经营概况】2018年，中船财务有限责任公司（以下简称“公司”）坚持防范金融风险，紧跟集团改革发展和战略转型需要，深入推进产融结合，坚持服务实体经济，着力深化改革、聚焦创新发展。截至2018年末，公司资产总额497.24亿元，同比增长0.12%，实现营业收入16.18亿元，实现利润总额12.84亿元，同比增长13.33%。

【信贷业务】2018年，公司为企业量身定制金融服务方案，为企业发放新产业扶持贷款，通过低息乃至无息专项贷款助力成员单位转型发展。同时，公司进一步完善综合授信评级体系，由2013年开始的48家扩大至2018年的114家，实现二级成员单位和主要三级、四级成员单位全覆盖。

【外汇业务】2018年，公司为成员单位办理各类结售汇业务额同比增长53.01%，其中为成员单位办理即期结售汇业务额同比增长10.13%，办理远期结售汇业务额同比增长267.66%。同时，充分发挥专业优势，为企业提供财务顾问和市场咨询服务，提升外汇业务综合服务能力。

【公司治理】公司2018年第一次临时股东会审议通过《关于修改公司章程的议案》，修改后的公司章程规范了股东权利，明确了股东义务，增加了总法律顾问制度。同时，参照《商业银行董事履职评价办法》，制定了《公司董事和监事的履职评价办法》强化对董监事履职尽责能力的考核。

【制度建设】2018年，公司全面对标监管制度，及时完善公司治理、内部控制、风险防控、资本管理等制度、流程、方法，强化约束机制，建立健全覆盖所有业务领域和管理环节的制度体系，努力实现制度明确业务规程、制度区分岗位权限、制度保障风险隔离，形成了“以制度管人、以流程管事”的良好局面。同时公司要求各部门开展制度学习月活动，形成制度学习全面学、系统学、深入学的良好氛围，并紧抓制度的贯彻落实。

【依法治企】2018年，公司规章制度的法律审核率实现100%，经济合同的法律审核率实现100%，重要经营决策的法律审核率实现100%。同时，公司严格把控项目风险，加强项目合规及风控审核，在日常投资项目审批流程中强化法律审核的作用，法律合规人员全面参与项目投前尽调和投后管理过程。

【信息化建设】2018年，按照公司《"十三五"信息化发展规划》的总体部署，积极推进重点信息化项目建设，建设完成了投资保险管理系统、远期结售汇二期系统、电票系统纸电融合二期、反洗钱系统、国资委大额资金监控系统等项目，实现了"信息系统对业务领域全覆盖"的阶段性目标。在提高工作效率和管理水平的同时，提升了业务合规程度，保障了公司业务合规稳健开展。

【人力资源管理】2018年，公司首次引入网络教学模式，为全体员工制定个性化的网络培训方案。同时，首次开展内训师队伍培训，全员现场互动体验式的培训教学模式不仅解决了员工工作中的实际问题，激发员工自身潜力，而且增强了团队凝聚力。此外，修订《公司绩效考核管理办法》，严格执行风险指标和合规指标占总分值的50%，并进一步细化风险合规指标考核内容。

【党建工作】2018年，公司党委坚持围绕中心、服务大局，充分发挥领导作用。修订完善公司章程、《"三重一大"事项决策制度》，进一步健全、明确党组织议事决策机制；强化顶层设计，提出"八大举措"，把公司发展蓝图谋细、谋实；落实党管干部、党管人才原则，提高干部监督管理水平；以"三基"建设为抓手，建立"述评考用"工作机制，开展党员微党课、过政治生日，促进基层党组织建设全面进步、全面过硬。

中船重工财务有限责任公司

【集团概况】中国船舶重工集团有限公司（以下简称"集团"）成立于1999年7月1日，是由原中国船舶工业总公司部分企事业单位重组成立的特大型国有企业，是国家授权投资的机构和资产经营主体，主要从事海洋装备产业、动力与机电装备产业、战略新兴产业和生产性现代服务业的研发生产。集团拥有上市平台公司5家，境外机构17家，二级成员单位95家，其中二级企业66家，科研院所29家，总资产5002亿元，员工17万人。2018年集团已连续8年入选世界500强企业，2018年排名第245位，居全球船舶企业首位。

【经营概况】中船重工财务有限责任公司（以下简称"公司"）深入贯彻落实集团公司高质量发展要求，本着"稳健经营、服务高效、客户满意"经营原则，积极拓展公司业务规模，构筑合规、稳健的经营管理体制，以风险合规为本，以客户利益为上，兼顾自身效益，实现了公司经营持续稳健发展。2018年，公司全年实现营业收入38.82亿元，较上年同期增长28.43%；利润总额20.36亿元，全面超额完成年度各项考核指标。

【信贷业务】2018年，公司加大综合授信和信贷投放力度，充分发挥集团融资主渠道的作用。截至2018年末，公司信贷规模388亿元，同比增长20%，其中，自营贷款余额367亿元，贴现余额21亿元，实现同比较快增长。公司始终坚持信贷优惠政策不动摇，最大限度地给予成员单位利率优惠和收费减免，通过提供融资利率下浮、零保证金、减免手续费等多项优惠服务政策，全年累计为集团公司节省财务费用支出共计8.87亿元。

【资金业务】公司始终把安全性和流动性放在第一位，不断加强资金精细化管理，多渠道寻找合作伙伴、多手段开展业务、多层次配置资金，努力实现资金的流动性、安全性和效益性有机结合，以平稳为前提确保效益最大化。2018年，公司同业存放规模达到583亿元，实现同业利息收入25.22亿元，并积极利用央行货币政策工具拓宽融资渠道，办理小微企业票据再贴现融资2.39亿元。

【投资业务】公司以金融服务平台的战略定位为导向，不断加强投研能力的提升与培养，对权益与固定收益领域分别研究分析，择机投资，固收投资主要是结合公司可投资额度在债市阶段低位逐步配置高等级信用债，获取稳健优厚的票息收益；权益投资以减持为主，同时调整持仓结构，对股票、基金专户进行售出及差价操作。此外，公司利用投资团队多年积累的技能和经验，积极协助集团开展了上市公司市值管理、债券发行、研究投资策略等工作。

【资金集中】公司持续加大资金集中拓展力度，夯实资金集中管理基础，强化资金预算和监控管理，并通过对标商业银行深挖服务潜力、延长成员单位对外付款结算时间、为成员单位办理靠档计息、上线批量付款、推进外转不落地功能以及持续开展资金结算需求调研等工作，提升结算服务水平，促进资金集中。年末，公司全口径集中率稳步提升，全口径资金集中度达63.75%，资金结算总额79911.14亿元，结算量35.65万笔。

【业务创新】公司积极贯彻落实集团产融结合的战略布局，探索集团产业链上下游互动、互促、合作共赢发展的新模式，在研究政策、建立制度、了解需求、加大宣传、增加储备的基础上，2018年首次开展了成员单位的买方信贷业务，达成与昆船集团下游客户——昆明智慧停车公司信息化改造项目的买方信贷融资合作协议，实现公司产业链金融业务零的突破。

【风险管理和内部控制】公司不断健全风险合规体系，强化审慎合规经营理念。以监管评级为指引，构建“五位一体”MPA管控体系，确保公司在符合宏观信贷政策导向的前提下提升服务实体经济质效；全面宣贯合规文化，组织开展“法治、案防及合规文化宣传月”；完善法律工作体系建设，成立法治工作领导小组，推进公司标准合同文本库建设工作；开展部门职能及业务流程优化工作，不断完善公司风险防范机制，确保各项业务合规稳健运行。

【信息化建设】2018年，公司有序推进信息化建设、信息系统运维、信息安全等工作。全面启动“新一代核心业务系统建设”，完成调研论证、需求研讨及项目立项、项目招标、项目启动会、合同签订等工作；稳步开展公司信息系统升级改造，积极推进电票系统纸电票交易融合升级并投产上线，积极开展中央企业大额资金使用动态监测项目；强化信息系统运维保障，组织信息安全意识培训，组织年度灾备模拟切换演练，为公司业务稳定持续开展、服务集团公司、服务成员单位提供了有效的信息化支撑。

【党建工作】公司党建工作紧紧围绕经营管理、创新发展和国有资产保值增值这一主线，按照集团党组“抓党建从工作出发，抓工作从党建入手”的总要求，突出抓好全面从严治党和推动中心工作两大重要任务。2018年，公司以学习宣传贯彻党的十九大精神为关键点，以向760抗灾抢险英雄学习活动为重点，以开展特色党建活动为亮点，以做好日常党务工作为基本点，将强“根”固“魂”的政治优势转化为公司健康发展的内生动力，有效提升了党建工作实效。

中广核财务有限责任公司

【集团概况】 中国广核集团（以下简称“集团”）由中国广核集团有限公司和40多家主要成员企业组成，为国家特大型清洁能源企业集团。中国广核集团有限公司（原名中国广东核电集团有限公司）1994年9月正式注册成立，注册资本129.78亿元人民币，2013年4月更名为中国广核集团有限公司。经过三十多年的稳健、快速发展，集团逐步形成了“4+X”产业格局，包括核电、核燃料、新能源、金融服务四大业务板块，以及核技术、节能服务、公共事业等新业务协同发展的清洁能源产业格局。集团与合作伙伴共同研发建设的中国自主知识产权三代核电技术“华龙一号”，完成了我国核电从“自主制造”向“自主创造”的跨越。

【经营概况】 2018年，中广核财务有限责任公司（以下简称“公司”）实现营业收入11.35亿元，利润总额3.36亿元，净利润2.54亿元，净资产收益率为6.62%；截至2018年12月31日，公司实现经济增加值（EVA）2.93亿元，资产总额344.82亿元。

【信贷业务】 2018年，面对境内外严峻的金融形势，公司发挥集团资金管理一体化运作的优势，及时、有效保障项目资金需求。一是积极推进核电项目融资工作，多渠道保障重点项目资金需求；二是创新海上风电项目融资模式，为工程建设提供战略支撑；三是密切跟进集团重大境外项目进展，保障项目交割资金安全；四是建立银行评价体系，加强银行总对总关系维护；五是推动基于司库管理模式的集团资金管理一体化优化试点，提升集团资金保障能力；六是加强信贷风险管理，梳理内控流程和制度程序。

【资金业务】 2018年，公司优化资金管理系统，持续提升年、月、周资金计划准确率，同时通过资产负债模型合理配置资源，提升模型准确率，2018年实际值与预测值相比准确率达90%以上。同业交易方面，2018年公司加强在资金交易市场的参与度，提升议价能力，丰富同业品种，全年开展同业交易笔数较2017年翻一番，交易品种包括协定存款、同业存单、理财、交易所逆回购等，同业综合收益率超过银行间市场Shibor平均利率约50个基点。

【投融资业务】 2018年，公司不断提升投资和投行业务服务水平和能力。投资方面，公司深化行业研究，拓展投资品种，优化整合流程，严控市场风险，全年投资相对收益率高于市场平均水平；发债顾问服务方面，公司作为财务顾问参与了集团的多币种、多期限境外债券的发行，债券募集资金5亿欧元和6亿美元，美元债长达30年并实现零新发溢价，是集团第二次发行的境外绿色债券。另外，由公司协助发行的集团交易所公司债、核电股份公司中期票据、融资租赁公司首发中期票据均获同行业、同期限、同评级年内最低利率。

【票据业务】 为延缓成员公司现金流出给集团带来的经营压力，公司在获得延伸产业链金融服务资质以来，针对集团不同板块的票据特点形成了特有业务推广方案。以集团内部有票据支付需求的核电板块、新能源板块、核服集团为业务重点，根据几大板块票据使用情况，结合其在财务公司的授信规模，确定业务推广计划，选择主要供应商进行业务推广。截至2018年末，年度累计开展票据承兑业务金额约17.22亿元，票据贴现业务金额约1.09亿元。通过产业链金融业务的开展，不仅拉长了成员公司付款账期，改善了成员单位现金流结构，而且降低了集团财务成本。

【外汇业务】 2018年，公司通过落实基于跨国公司管理模式的新外汇风险管理体系，提升了外汇风险管理能力，实现集团外汇风险管理工作有序推进，整体外汇风险控制在较低的合理水平。公司通过境外相关公司在基建期转运营期的时间窗口，完成本位币变更事宜，在规避汇兑损益对集团整体利润波动影响方面效果显著。同时公司持续为集团“走出去”项目提供外汇风险管理服务，高效完成巴西相关项目并购换汇。根据成员企业授权要求开展保值交易，汇率风险控制在目标以内。

【资金集中】2018 年，公司充分发挥集团资金管理平台职能，一方面依托与集团财务部“资金一体化”运作，进一步统筹集团境内外资金统一管理；另一方面积极探索司库管理模式，不断完善集团资金集中管理体系，在升版集团资金管理制度、完善银行账户管理机制、扩大资金在线监控范围、开展账户与资金系列检查、建立资金管理月报体系、提升培训与服务质量等方面落实具体行动，推动集团资金管理迈上新台阶。截至 2018 年末，全口径资金集中度达 74.30%，同比增长 7 个百分点。

【业务创新】2018 年，公司完成司库管理模式研究工作，提出基于司库管理模式的集团资金管理一体化优化方案，并推动核电板块和能源国际试点；创新海上风电项目融资模式，首次在项目融资过程中推行联合贷款融资模式，解决各贷款行关于收费权质押比例的争议。

【风险管理和内部控制】2018 年，公司积极适应复杂多变的经济金融形势和市场环境的挑战，严守合规红线底线，全面强化风险管理和内部控制工作。公司持续关注内外部环境变化对公司运营的影响，并依托全面风险管理体系的有效运作，保持了资产质量的稳定和各类风险的可控，不良资产率持续保持为零。同时通过开展内控体系和制度体系梳理，识别不相容职责 77 项、关键风险点 98 个，发布了制度程序 34 项；组织开展政策解读、培训 10 余次。2018 年，公司整体风险状况处于有效监控状态，各项监控指标均符合监管要求，在所有重大经营管理方面均保持了有效的内部控制，未发生重大风险事件，也未发现存在重大内控缺陷。

【人力资源管理】2018 年，围绕公司定位和战略目标，在初步夯实市场化人力资源管理体系的基础上，通过多元化的人才招聘渠道，加强了重要管理岗位和核心业务岗位的人才配置；优化公司专业技术岗位聘任机制，完善评审流程，确保人岗匹配；在现有薪酬管理体系下，强化奖金分配与业绩挂钩，进一步凸显薪酬激励差异化和精准性。

【信息化建设】为加强公司信息化建设工作，公司于 2018 年成立信息科技部，全面负责公司的信息科技管理工作。信息安全方面，公司通过 27001 信息安全管理体系外审，通过三级等保测评，确保公司信息安全管理的有效性；系统建设方面，公司实施了资金管理系统三期项目，实现了英文版和可视化方面的功能，将于 2019 年向境外集团成员单位推广。公司启动了核心业务系统咨询设计项目，为 2019 年新一代核心业务系统建设奠定了坚实的基础；系统运维方面，公司 2018 年关键系统可用率达 99.89%，保证系统运行稳定正常。

【企业文化建设】公司时刻不忘“创造绿色金融价值，助推清洁能源发展”的使命，始终坚持“一次把事情做好”的核心价值观，牢牢抓好企业文化建设，加强意识形态工作，营造风清气正的干事创业氛围。

【党建工作】2018 年，公司党总支统筹下属两个党支部积极推进各项工作，深入学习习近平新时代中国特色社会主义思想和党的十九大精神，实现“党员讲党课—十九大精神学习”全覆盖，并围绕“不忘初心、牢记使命”的主题开展了一系列活动，不断增强党支部的凝聚力和战斗力。同时，为促进党建与业务相结合，公司党总支开展“智汇论坛”活动、技能比武活动、与外部金融机构开展联合党建活动，努力推动党支部组织力提升。

中国大唐集团财务有限公司

【集团概况】 中国大唐集团有限公司（以下简称“集团”）是2002年在原国家电力公司部分企事业单位基础上组建而成的特大型发电企业集团，2017年完成公司制改制，成为国务院国资委100%持股的有限责任公司，注册资本370亿元。

【经营概况】 2018年，中国大唐集团财务有限公司（以下简称“公司”）紧紧围绕集团战略目标，密切关注监管政策要求，有效挖掘金融需求，强化资金平衡运用，加强融资服务，防范化解系统性金融风险，有力地支持了成员单位发展。全年经营工作成效显著，获得集团业绩考核A级企业，连续四年获财务公司行业评级A级，并获“年度最佳风险管理财务公司”等行业奖项，保持“首都文明单位”荣誉称号。

【服务实体】 公司积极发挥金融专业优势，担任集团及系统单位债券融资财务顾问，先后参与协助多个成员单位的可续期公司债、私募公司债、超短融等发行工作，综合金融服务能力进一步增强。主动找准金融服务的目标定位，利用市场资信品质和资金归集优势，提供多元化金融产品。增加全额保证金保函品种，有效落实集团以投标保函替代投标保证金的工作要求。

【信贷业务】 梳理优化资源投向，妥善处理好风险防控与服务集团的合理平衡，着力解决集团战略重点项目的融资难题。综合发挥流动资金贷款、银团贷款、商票保贴等形式，助力解决成员单位融资难、融资贵的问题。鉴于成员单位内部融资需求大和集团资金相对充裕，公司有力支持成员单位发展。2018年公司有信贷余额的单位从91家提高到140家，信贷服务覆盖面大幅提高。

【资金业务】 2018年，公司建立主动负债和日常存贷款业务利率差异化定价模型，加强资金平衡运用。扩充资金来源手段，巩固同业合作渠道，稳步提升同业授信额度。

【票据业务】 公司2018年票据业务规模约80亿元，继续保持高水平发展。围绕集团产业链积极寻找交易对手，加快票据转让服务满足票据融资需求，大力发展“一头在外”票据业务。针对集团票据集中管理方向，做好票据集中方案设计，提前做好筹备。扩大产业链金融业务规模和覆盖，开展集团物资采购业务金融服务设计及对接，与电商平台完成在线支付功能开发，实现了采购业务“一单一付”，加强了采购往来款管理。

【外汇业务】 积极抓住外汇政策有利时机，持续关注集团国际贸易开展情况，积极引导成员单位开展结售汇业务，不断拓宽服务范围，规模较往年有明显增长。

【资金集中】 着力压降未归集资金，资金集中度提升效果显著。2018年，公司细致开展成员单位银行账户专项检查，进一步加强账户管理和资金监控力度，及时收集各单位基础资料，开展现场和非现场检查。协调系统内上市公司加快募集资金使用，加强贷款资金监控力度，沉淀贷款规模显著降低。2018年全口径资金集中度为93.37%，集中结算率为99.91%。

【风险管理和内部控制】 完善公司治理，推进“三重一大”决策制度、党委及总经理工作规则修订制定，完善分工授权体系，保障有序运行。建成集制度、内控与应急“三位一体”的风险防控管理体系，建立应急预案30余项，新建修订制度51项。推进风险监测与展示系统开发，实现监测指标正向和反向模型演算，为公司提供及时、最佳资产配置方案。开展全面风险评估，开展整治市场乱象专项排查，加强风险指标监控，加强风险文化教育，确保不发生重大风险事件。

【人力资源管理】不断加强干部人才队伍建设，人力资源进一步优化配置。贯彻落实新时代党的组织路线，着力培养忠诚干净担当的高素质干部队伍，培养优秀年轻干部，落实“培用结合、严善并举”原则和“四重八看”导向，完善后备干部培养机制。坚持“请进来”“走出去”相结合，开展多种形式培训，加强干部横向交流与培养，注重实践锻炼，开拓管理视野，干部履职能力与管理水平持续提升。不断优化考核评价机制，充分调动干部职工积极性。

【信息化建设】立足信息系统安全防护，促进安全保障工作迈上新台阶。建立常态化例会风险分析机制，定期进行应急演练，自建CA身份认证系统得到深入应用，同城灾备建设取得阶段性成效，“两地三中心”安全体系日臻完善。推进核心系统全面升级，信息化整体规划取得新进展，稳步实施核心业务数据库优化，完成电票系统全面升级，促进基础结算服务功能全面升级。夯实信息系统基础，信息管控能力取得新提升。持续夯实PMO项目管控模式，促进信息技术与精细化管理深入融合，探索性开展自主研发实现突破。

【企业文化建设】融入公司经营发展大局，营造积极向上文化氛围。依托职工提案和合理化建议推进公司科学民主管理，落实民生工程促进职工关心的重要工作落到实处，开展“大唐精神耀金融”职工分享活动凝聚奋进力量，依托“职工恳谈日”扎实做好思想动态把握，突出“职工创新工作室”发挥职工智慧和创新创效主体作用，加强职工关爱，丰富文化生活。强化品牌传播，立足金融领域讲好大唐故事、传播大唐品牌，累计获得各级各类集体和个人荣誉18项。

【党建工作】以“党建质量提升”专项工作为抓手，促进党建全面提升。2018年开办两轮党的十九大精神培训班，加强党章和法规学习。加强理论学习，创新理论武装，党委中心组全年开展集体学习25次。严格党的组织生活，发扬民主集中制，开好领导班子民主生活会。聚焦“三基”加强组织建设，落实好“三会一课”等制度。抓好意识形态和党员教育，开展“不忘初心、牢记历史”教育等系列活动。持续深化党风廉政建设，驰而不息加强作风建设。着力夯实纪检监察基础工作，发挥“大监督”体系作用。强化组织领导和责任担当，落实“两个责任”，确保风清气正的良好局面。

中国电建集团财务有限责任公司

【集团概况】中国电建集团财务有限责任公司（以下简称“公司”）隶属于中国电力建设集团有限公司（以下简称“集团”），2018年集团在《财富》世界500强企业排名中上升至第182位，在中国企业500强排名中上升至第41位；在ENR全球工程设计企业150强中排名第2位，在全球工程承包商250强中排名第6位；在国务院国资委2017年中央企业经营业绩考核中连续第六年获评A级企业，董事会获得第十四届中国上市公司董事会“金圆桌”之“公司治理卓越企业”奖。

【经营概况】公司2018年实现营业收入12.07亿元；利润总额4.71亿元，同比增长10%；资金集中度为52.29%，创公司成立以来新高。公司年末吸收存款余额626.35亿元，同比增长50%；自营贷款余额267.4亿元（含应收账款保理），委托贷款余额198.25亿元；资产总额达到683亿元。

【服务实体】公司有效支持集团落实“一带一路”倡议和重大工程建设，发挥财务顾问作用，牵头成员企业重大项目与金融机构“总对总”磋商，以市场化方式为成员企业择优选择融资方案，共发放银团贷款60570万元，用于风电场、高速公路建设等项目。积极配合供给侧结构性改革，自营贷款投向主要为水电工程建设、新能源开发、民生基础设施、装备制造、水资源与环境等行业，用于补充成员企业流动资金、置换外部银行高息贷款，2018年全年约为成员企业节约财务费用8700万元。

【信贷业务】2018年，公司办理自营贷款和委托贷款182笔，金额496.59亿元。参与水电顾问新能源项目建设，开展公司首笔项目银团贷款、绿色贷款；为集团公司和路桥公司各发放1000万元的3年期贷款。积极开展内部保函票据贴现、资信证明等中间业务，为集团成员企业减少约8.94亿元的保证金占用。组织开展西南片区银企合作对接会，完成10余个重大项目融资，为集团释放担保资源814亿元。帮助3家成员企业在境外成功发行11亿美元债券，利率均低于同期贷款基准利率，每年可节约财务费用约7586万元。

【资金业务】积极开展同业资金运作：人民币方面，在货币市场整体利率明显下行，部分合作银行下调同业活期存款利率的情况下，着力拓宽合作银行范围，根据头寸情况按照综合竞价适时办理存款产品，2018年人民币同业资金综合收益率达2.69%，基本达到同业市场三个月定期的利率水平。外币方面，加大与合作银行的沟通协调力度，争取到部分银行提高美元活期利率；根据美元吸收存款结构，引入上存下拨大数据分析，结合每日同业产品报价，参考资金头寸情况适时办理利率较高的美元定存产品，2018年美元同业资金综合收益率达1.14%，是2017年的2.07倍。2018年全年实现同业资金运作收入3.54亿元，占公司收入总额的三成左右。

【票据业务】大力推进电子商业汇票业务，依托外部商业银行的电子商业汇票代理接入业务系统，累计为成员企业办理票据承兑业务4749笔，金额34.64亿元。积极推进电子商业汇票系统（ECDS）建设，2018年6月获得上海票交所ECDS会员资格。

【外汇业务】2018年，公司牵头设立了中国电建资产管理（新加坡）有限公司（以下简称“新加坡公司”）。作为集团境外资金管理平台，新加坡公司采取资金管理部、中行总行、新加坡公司、中行新加坡分行四方合作模式，并签订境外平台现金池协议、全球现金管理合作备忘录等。2018年底，新加坡公司已在中国银行新加坡分行开立资金归集主账户，并完成网银开立。集团6家成员企业首次在集团层面开展外汇同业定期存款业务，利用公司平台运作美元定期存款。

【资金集中】截至2018年末，公司资金集中额同比上升50%，资金集中度同比上升20%，均创历史新高。持续打造“横到边、纵到底”的资金归集体系，在与国有五大行全部实现直联的基础上，积极推进与股份制银行的直联工作，直联银行账户860个，基本实现公司和成员企业主要业务合作银行全覆盖。拓宽集中结算便捷通道，成功对接成员企业总部结算系统和公司网上金融系统，利用机器人等信息化措施提高结算效率。

【业务创新】2018年，公司成功开展同业拆借业务，有效拓展融资渠道。在取得同业拆借资质后及时推动与各合作银行的拆借业务授信工作，建立同业拆借报价机制，根据公司实际经营管理需要适时开展同业拆借业务。编制《银行间同业拆借市场资金交易管理办法》《银行间同业拆借市场业务操作规程》《同业业务授信管理办法》三项管理制度，从制度上对同业拆借工作进行规范。2018年，累计完成询价交易审批15份，办理同业拆借业务15笔，累计拆入金额148亿元，综合资金成本为2.78%，最低拆入资金利率仅为2.2%，远低于外部贷款成本。

【风险管理和内部控制】配合集团公司做好管理机制调整优化工作，按期完成高管兼职分离等事项的整改。开展“三违反”“三套利”“四不当”专项治理和银行业乱象整治工作。对武汉片区成员企业开展了贷后集中检查，资产风险分类调整、客户信息录入和承兑业务等专项检查。完善授信切分制度，增加流动性比例、备付率和不良贷款率三项风险合规指标。采取七天通知存款优惠利率、帮成员企业解决货币资金压降等临时性存款激励政策措施，确保流动性风险可控。

【人力资源管理】2018 年公司组织成立以来最大规模的一次公开招聘，优化了公司人才结构。健全了干部管理体系，修订了《干部管理办法》，编写《干部选用工作实施细则》，进一步明确公司干部选拔任用的程序和要求。建立了公司职工岗级调整机制，制定并印发《职工岗级调整暂行办法》，按照该办法要求，组织公司首次职工岗级调整工作。持续推动绩效考核工作，将公司年度目标进行分解，下达各部门的绩效目标，将考核结果与部门绩效工资挂钩，构建部门绩效与职工绩效挂钩、职工绩效与绩效奖金分配挂钩的理念。

【信息化建设】公司信息化建设实现银企直联和财企直联双线并行的互联互通。开展内部诚信系统的建设工作，改善集团内部诚信环境，增强集团公司对成员企业提供金融服务工作的针对性。搭建智能业务机器人平台，实现代理支付、收款业务处理、通知存款业务处理、银行对账等 8 个业务流程的自动化处理。对 IT 相关基础设施进行扩容建设，增加 SSL VPN、上网行为管理、数据库审计等硬件设备，为公司业务的持续运行提供安全、可靠的信息网络环境。

【企业文化建设】公司秉承“责任、创新、诚信、共赢”的价值观，坚持将业务文化建设同经营管理工作有机结合起来，打造良好的公司品牌形象和企业文化：一是履行社会责任，提交案例获中国财务公司协会颁发“最佳履行环保责任奖”；二是搭建团结奋进、勤学尚新的文化氛围，开展“争做金融服务先锋队”青年员工走读听讲主题实践活动；三是开展丰富多彩的文体活动，组织员工积极参与“善行者”善款募捐徒步挑战赛、集团职工运动会及半程马拉松、越野等体育赛事，增强员工体魄，提升企业凝聚力和集体归属感。

【党建工作】新设立党委工作部。完成党建工作要求进公司章程，明确了公司党委职责权限、机构设置和运行机制。公司与主要合作金融机构开展了党建结对共建和廉洁风险联防联控建设，与中国电建集团昆明勘测设计研究院有限公司开展党建业务交流，强化“财务公司 + 成员企业”的产融合作关系，初步构建了公司党建联学共建暨廉洁风险联防联控体系。

中国电力财务有限公司

【集团概况】2018 年，国家电网公司（以下简称“集团”）电网投资 4889 亿元，同比增长 0.7%。售电量 42361 万亿千瓦时，同比增长 9.3%。营业收入 2.56 万亿元，同比增长 8.7%。实现利润 780 亿元。2018 年，国家电网公司实施国网阳光扶贫行动计划，累计接入光伏扶贫电站 1814 万千瓦，惠及 247 万贫困户，荣获全国脱贫攻坚“组织创新奖”。服务清洁能源发展，在新能源并网装机同比增长 22% 的情况下，弃风弃光率下降 5.2 个百分点。推动我国在世界银行“获得电力”指标排名从第 98 位大幅提升至第 14 位。切实降低企业用能成本，超额完成“一般工商业电价平均降低 10%”的目标。国家电网公司连续 14 年获国务院国资委央企业绩考核 A 级，排名《财富》世界 500 强企业第 2 位。

【经营概况】2018年，中国电力财务有限公司（以下简称“公司”）严格落实监管要求，经营业绩再创历史最好水平，年末资产总额2891亿元，全年实现利润48亿元。公司坚持“服务主业、服务行业”的定位，坚持“面向主业、产融结合、以融促产、协调发展”的方针，聚焦国家电网公司“1233”新型资金管理体系建设，大力推广内部封闭结算，全面提升自主结算能力，各级成员单位之间的结算业务全部通过在公司开立的内部结算账户办理；全面推进新一代资金结算系统建设，形成涵盖支付结算、票据结算、清分结算、预警监控、数据服务、电子单据六大业务应用的新型资金结算系统；监管和行业考评均获得A级，荣获“全国文明单位”称号。

【服务实体】2018年，公司落实国家电网公司资金再集中的工作部署，日均存款2985亿元，创历史新高。执行国家电网公司融资管理政策，客户融资服务水平持续提升，面向国家电网公司共计发放贷款2007亿元，有力地支持了电网建设。全力推广保函替代保证金，助力国网公司压降外部账户，提高资金归集水平。注重拓展普惠金融，充分运用产业链金融业务资质，办理小微企业票据贴现，支持其融资需求。

【信贷业务】2018年，公司信贷工作紧密围绕“服务主业、服务行业”的功能定位，坚持服从监管、防范风险，夯实基础、稳中求进，积极推动信贷业务稳步增长，努力实现产业链金融业务规范拓展。全年累计发放贷款2007.22亿元，同比增加152.21亿元，增长8.21%；累计办理产业链金融业务1690笔，金额70.25亿元，同比增长7.54倍。

【资金业务】2018年，公司主动把握市场机遇，加强资金运作，大力开展同业存单和质押式逆回购等低风险同业业务，全年交易额1.14万亿元，实现了较好的资金运作收益。

【投资业务】2018年，公司将风险防范放在首要位置，调整投资策略，不断优化资产结构，加大服务集团力度，压降权益类投资规模并配置高等级债券。积极服务集团，为国家电网公司开展永续债、华夏银行增发等研究，协助国网信通集团成功发债。

【票据业务】2018年，公司大力推进票据业务发展，完成上海票交所直联接入，启动票据服务中心筹建工作，加大电票系统与省电力公司财务管控系统的集成力度，实现再贴现业务突破，票据服务规模与服务质效大幅提升。全年办理承兑业务21186笔，金额336.22亿元，同比增长29.61%；办理贴现业务2337笔，金额83.98亿元，同比增长1.46倍；完成再贴现3363万元，涉及小微票据13笔。

【外汇业务】2018年，公司积极关注外汇政策形势，及时跟踪外汇市场变化，申请提高外债额度至30亿美元，主办两笔跨境资金通道外债引入业务，合计金额5000万美元。全年共办理结售汇业务53笔，累计金额2.12亿美元，为成员单位节约汇兑成本人民币239.8万元。

【资金集中】2018年，公司优化资产负债管理策略，加强监管指标日常管理，适时调整备付额度，提高资金集中运作效率，日均资金利用率为86.98%，同比增长2.42个百分点，日均备付率为14.61%，同比下降3.62个百分点。2018年末，公司全口径资金集中度为87.84%，扣除不可归集因素后的资金集中度为99.23%。提高资金集中度的具体举措：依托公司级集团账户体系，加大主业资金归集力度；协助国家电网公司梳理不可动用资金成因，制定清理压缩计划，进一步压降不可动用资金，拓宽资金归集范围。

【业务创新】2018年5月，公司贯彻落实国网公司“适时引入境外低成本资金支持境内电网建设”重要部署，与境内外成员单位密切配合，顺利主办首笔国家电网公司跨境资金通道外债引入业务1000万美元，开启了国家电网公司境内外资金互联互通的大门，为有效利用境内境外两个市场支持国家电网公司全球能源互联网建设提供了优质服务。

【风险管理和内部控制】2018年，公司严格落实监管政策，不断提升风控水平，获评监管评级A级；加强风控工作基础管理，获得国网公司“2018年度稽核内控与风险管理先进单位”；持续加强全面风险体系建设，制定风险偏好管理办法和编写2018年度风险偏好陈述；稳步推进风险监测预警在线体系建设，提高主要风险的预警和在线监测能力。

【人力资源管理】2018年，公司深入推进“三项制度”改革，加强干部考核，全面了解干部的德才表现、群众基础和思想动态；加强年轻干部培养锻炼，形成了一支多岗位历练、经验丰富、能力强、专业优的干部队伍；持续推进“目标自选、分档激励”的业绩考核方式，简化考核流程，优化考核指标设置，充分挖掘公司潜力；优化完善市场化业务薪酬激励，合理拉开收入分配差距，提升高绩效员工的薪酬水平。

【信息化建设】2018年，公司全面支撑国网公司“1233”新型资金管理体系建设，启动新一代资金结算系统建设，推进新核心及其周边系统深化应用，不断夯实信息系统安全运行基础。2018年公司研究课题荣获银保监会银行业信息科技风险管理课题二类成果奖，新核心系统取得4项软件著作权，16项发明专利通过国家专利局初审。公司在金融板块首家荣获国家电网公司“信息化企业”称号。

【企业文化建设】2018年，公司以党内政治文化引领企业文化建设，制定公司“旗帜领航·文化登高”推进方案及企业文化示范点方案，修订企业文化“十三五”规划，及时成立调整精神文明建设指导委员会和企业文化建设工作领导小组，积极宣贯培训国家电网公司新时代企业文化体系，组织开展企业文化重点工程和储备工程建设，创建企业文化示范点，推进国家电网公司新时代企业文化落地。坚持开展员工“文化讲堂”，开展文明单位创建工作，公司获得“首都文明单位标兵”称号，保持“全国文明单位”称号。

【党建工作】2018年，公司党委认真学习贯彻习近平新时代中国特色社会主义思想，全面落实从严治党各项工作要求，扎实开展“旗帜领航·三年登高”对标管理年各项工作，规范基层党组织设置，全面推进党委和党支部标准化建设，实行党建工作量化管理，开展党组织负责人述职考核和党建工作绩效考核，推行党建工作片区管理和联系点制度，结合巡视巡察，开展党建工作体检，严格落实党建工作责任。结合中心工作，充分发挥共产党员服务队、电网先锋党支部、党员突击队的作用，开展“党建+”工程、深化“互结互带”先锋工程，组织开展“不忘初心　旗帜领航”党建暨企业成果交流展示活动，不断提升党建工作价值创造能力。

中国电子财务有限责任公司

【集团概况】中国电子财务有限责任公司（以下简称“公司”）隶属于中国电子信息产业集团有限公司（以下简称“集团”）。集团成立于1989年5月，拥有全资及控股二级企业20家，控股上市公司14家，员工15万人。集团致力于打造网络安全和信息化产业国家队，以网络安全作为核心主业和核心能力，主营业务涵盖网络安全、新型显示、集成电路、高新电子、信息服务等国家战略性、基础性、先导性电子信息产业领域。集团是中国最大的国有综合性电子信息企业集团，已连续8年位列世界500强企业。

【经营概况】2018年，公司着力深化资金集中，提升金融服务水平，推动公司各项工作再上新台阶。全年营业收入8.11亿元，同比增长4.32%；利润总额3.34亿元，同比下降

Z

6.30%；对集团收益贡献10.07亿元，同比增长11.90%；全口径资金集中度60.61%，同比增长4.33%；含委托贷款、委托投资的资金集中度为70%。

【服务实体】公司作为集团资金集中管理和金融服务平台，大力支持集团成员企业“一带一路”和“走出去”战略实施，2018年提供的流动资金贷款、票据承兑和贴现、保函、担保等各类金融产品整体授信额度近44.50亿元。

2018年，公司根据小微企业需求实施差异化的授信方案，向集团内9家小微企业提供结算、保函、贷款、贴现等金融业务，其中对5家小微企业提供综合授信额度4.95亿元。截至2018年末，向小微企业发放贷款余额2.70亿元，贴现余额2625万元，融资租赁余额9365万元，有力地支持了集团小微企业的发展。

【信贷业务】2018年，公司通过增加授信额度，置换银行贷款、满足企业新增资金需求、支持集团重点项目建设及进一步扩大授信范围到三、四级成员单位等方式，努力扩大金融服务范围和提升金融服务规模。截至2018年末授信企业达118家，授信金额近300亿元，新增5家授信企业。全年日均贷款规模106亿元，同比增长4%。在原有金融服务品种的基础上，增加了服务的广度和深度，2018年金融服务日均规模281亿元，同比增长5.15%。

【产品销售信贷业务】公司拓展了直接租赁和售后回租两种融资租赁业务，建立了相关业务流程，制定了合同文本。为中电系统第一个清洁能源发电项目提供1.10亿元直接租赁，为长城网际广东公司提供了2000万元售后回租租赁，2018年上述租赁业务收费回款正常。

【资金业务】公司加强同业合作，增加银行授信品种和额度。2018年，公司取得同业授信额度203.20亿元，同比增长5.18%。与国家开发银行、中国进出口银行、农行和中行深入对接，与天津银行、浙商银行等5家商业银行积极开展同业谈判。在满足流动性需求的前提下，沉淀资金安排灵活多样，适度开展多品种低风险投资。

【票据业务】为进一步扩大票据业务辐射范围和业务规模，降低企业资金占用量和资金成本，公司加大与银行合作力度，取得票据保贴额度74.20亿元，同比增长2.77%，2018年全年票据业务规模53.98亿元。

【外汇业务】公司及时关注外汇市场汇率价格，选择市场优惠价格平价向企业开展结售汇业务。运用跨境双向人民币资金池和外汇集中运营管理渠道，为成员单位提供本外币国际结算和跨境资金运营管理服务。2018年新开外汇账户12家，全年完成外汇结算2903笔，金额107.53亿美元，结售汇业务1091笔，金额50.06亿元人民币，为企业节约成本1281.55万元人民币。

【资金集中】2018年，公司每月对成员单位资金集中情况进行测算分析，为企业提供个性化的金融服务方案；结合上市公司业务发展需求制定金融服务方案，通过扩大金融服务规模带动资金集中；逐月分析企业外币资金存量及使用特点，全面推进外币资金集中工作，年底吸存境内外币3.30亿美元，发放贷款8569万美元；积极与银行合作，围绕企业需求，推送个性化服务方案，用同业存款及公司担保等业务模式助力企业置换银行保证金，全年置换银行保证金超过30亿元。

【风险管理和内部控制】2018年，公司进一步完善全面风险管理体系。深入开展市场乱象整治工作，针对排查中发现的问题制订整改计划，积极整改。以监管机构现场检查为契机，结合监管检查提出的问题，加强对各项业务的梳理，认真整改。通过修订完善内控制度，加强业务规范运作，有效防范风险，2018年共制定和修订了25项制度流程。

【人力资源管理】2018年，公司继续加强全员考勤和绩效考核工作，全公司工作秩序良好，工作效率显著提高。制定全员月度工作计划，分管领导对下属团队的工作绩效进行季度考核和反馈，构建全员考核体系并不断完善。选人用人及考核机制逐步市场化，人员的进出上下和考察严格按照岗位职责要求和工作实绩执行。

【信息化建设】2018 年，公司信息化完成了票据交易系统直联及 ECDS 升级、应收账款保理模块建设、自主开发多项新功能模块（反洗钱模块、交易监控模块、统计分析模块）、规范信息系统日常运维管理、灾备系统建设五项重点工作。同时，资金管理平台的风险监测模块增加 11 项监管指标，实现了流动性比例、存贷款比例、资本充足率、担保比例等 16 项风险监管指标全部上系统。

【企业文化建设】2018 年，公司继续以开展党的群众路线教育实践活动为载体，积极建设阳光、和谐、透明的企业文化，树立“务实高效、勤俭节约”的企业作风。以丰富的形式组织员工学习、讨论，开展业务知识和管理知识培训，鼓励青年职工加快成长，勇挑重担，逐步建立业绩导向、积极进取、有朝气、有活力、有战斗力的专业团队。

【党建工作】公司通过加强组织建设，激发组织活力：换届选举调整配强基层党组织，实现党委班子“双向进入、交叉任职”，努力建设标准党支部。完成工会换届、团支部换届；制定《中电财务“三重一大”决策制度实施细则（试行）》和《中电财务党委前置研究事项清单》，明确了需党委前置研究事项，建立党委对“三重一大”决策事项前置研究的机制与流程。加强政治思想建设，突出“四个意识”，践行“两个维护”，学习宣传贯彻党的十九大精神。

中国电子科技财务有限公司

【集团概况】中国电子科技集团有限公司（以下简称“集团”）是中央直接管理的十大军工企业集团之一，是国内覆盖电子信息全部领域的大型科技集团，能够同时为各军兵种全方位提供信息化装备的军工集团，为各种平台提供各类核心元器件的企业集团，是国内网络信息体系规划与建设、信息化装备研制生产、网络信息服务方面实力最强的中央企业。2018 年集团实现收入 2203 亿元，利润 226.3 亿元，连续 14 年保持中央企业经营业绩考核 A 级。

【经营概况】2018 年，中国电子科技财务有限公司（以下简称“公司”）资金集中取得重大突破，资产规模首次突破 600 亿元大关；服务保障能力不断增强，279 亿元筹资预算全部落地，保障了集团 70% 以上的贷款融资；降本增效作用更加凸显，220 亿元的票据结算承兑和 15 亿元的产业链金融降低了成员单位运行成本，资金高效运作实现增值 7.82 亿元；严控金融风险取得实效，未出现一起风险事件，没有一项不良资产。截至 2018 年末，营业收入 16.92 亿元，同比增长 22.3%，利润 10.52 亿元，同比增长 47.3%，连续第四年获得行业最高评级 A 级。

【服务实体】公司主动作为，全力支持集团主业和实体经济发展，及时足额保障成员单位 279 亿元资金需求，为 185 家成员单位提供 516.84 亿元的授信额度，节约 12.15 亿元金融成本。2018 年，中美贸易摩擦对集团成员单位影响较大，公司根据制裁名单加大资金投入，对部分单位实行了贷款价格优惠。大力拓展产业链金融，构建集团产业生态圈，为 740 家供应商提供 15.86 亿元融资，增强了核心企业影响力，提升了集团产业链的竞争能力。

【信贷业务】公司优化配置，充分保障集团资金需求。累计为 504 家成员单位提供了贷款、票据、保理等一站式的综合金融服务，覆盖率超过 96%，全部保障了筹资预算内的贷款，保障了集团 70% 以上的贷款融资需求。截至 2018 年末，日均贷款 200.83 亿元，贷款余额 279 亿元。同时聚焦主责主业，重点支持集团智慧城市、物联网、核心元器件、光伏新能源、装备制造等一批产业重点和重大战略。

【资金业务】公司深入总结集团资金规律，充分运用同业存单、质押回购、银行保本理财等货币工具，拓宽资金运作渠道，抓住价格高点，获得了良好收益。截至2018年末，日均运作同业资金163亿元，同比增长62.82%；同业收入6.86亿元，同比增长77.26%。

【投资业务】公司积极落实从严监管各项要求，规范、合规开展投资业务。主动提前清退非标产品，未产生任何本金及利息损失；充分发挥专业团队优势，日均投资18.97亿元，实现投资收益1.14亿元，收益率为6.02%。首次配置3只债券基金，取得了7.25%的年化收益率；首次参与债券二级市场的公司债交易，实现收益率7.78%。

【票据业务】公司不断提升票据服务质量和水平，截至2018年末，票据结算285亿元，同比增长62.86%；票据贴现累计28.6亿元，同比增长35.1%；票据承兑累计21.66亿元，同比增长121.6%。同时，不断优化集团公司统一的票据管理平台，不断提升票据管理水平，直联票交所，提高结算效率；推进纸票融合，实现纸票、电票的交易、托管、清算、结算等线上业务。

【资金集中】公司落实国资委管理要求，深入推进上市公司归集和账户签约，取得了显著成效。截至2018年末，资金池规模534.39亿元，同比增长11.21%。日均存款规模330.51亿元，同比增长23.10%。全年资金集中呈现两个特点：一是账户签约范围不断扩大，完成可签约账户所有签约工作；二是上市公司取得突破，在股东单位的大力支持下，实现上市公司30亿元新增资金的归集。

【风险管理和内部控制】公司加强全面风险管理，实行严格的风控制度，形成13大类187项制度，覆盖了所有业务和管理。坚持风险管理体系化思维，加强学习研究，构建合规文化；不断加强信用评级等信用风险管理；严格业务合规和法律合同审查；定期开展流动性压力测试；对高风险业务管理前置，全程跟踪。加强集团资金风险管理，实现了对全级次单位的银行账户、资金支出、大额资金的三重监管，全年预警超大额标准支出83558笔，共计348.13亿元。

【人力资源管理】公司修订绩效考核体系，更好地规范了公司绩效考核管理。加强干部队伍建设，制定相关管理办法，选拔任用优秀年轻干部3人。

【信息化建设】公司完成了“两地三中心”建设，确保所有运营和数据安全稳定。上线了新一代网上金融服务平台、大额资金模块等，制定了16项监管指标实施方案，继续优化核心业务系统，系统服务功能更加强大，自动化处理程度更高，服务效率显著进步。落实国资委和集团资金管理新要求，上线了大额资金模块，实现每日按要求自动报送。

【企业文化建设】公司围绕中心工作，大力宣贯电科文化理念，统筹推进企业文化建设“五大工程”落地深植，践行社会主义核心价值观，深耕厚植集团企业文化。组织三八节“春暖花开·花艺活动”，开展“千里之行·万步有约”健步走等活动，持续营造和谐环境。

【党建工作】公司党支部坚持党要管党、全面从严治党，以政治建设为统领，坚决贯彻落实中央及集团党组决策部署。通过防范金融风险、深化改革发展、服务实体经济三个方面，切实发挥好党组织“把方向、管大局、保落实”作用；严格落实“三会一课”制度，开展中心组学习，组织开展“重走初心路，致敬西柏坡”、参观改革开放40周年展览等主题教育活动，不断提高党员政治站位；着力构建“不能腐”体制，筑牢拒腐防变制度防线和思想防线。

中国航发集团财务有限公司

【集团概况】中国航空发动机集团有限公司（以下简称“集团”）是中央直接管理的军工企业，由国资委、北京国有资本经营管理中心、中国航空工业集团有限公司、中国商用飞机有限责任公司共同出资组建。截至2018年末，集团下辖28家直属企事业单位，拥有3家主板上市公司，现有职工8.4万人。

【公司概况】中国航发集团财务有限公司（以下简称“公司”）是由集团独家出资，经中国银保监会批准筹建，为集团成员单位提供金融服务的非银行金融机构。2018年12月10日，公司获得北京银保监局的开业批复，取得金融许可证并完成工商注册，注册资本10亿元。

公司聚焦集团“12345”战略框架体系，秉持“依托集团、服务企业、实现集团价值最大化”的经营宗旨，坚持“服务主业、创新发展、以人为本、稳健经营”的经营方针，着力发挥财务公司在加强资金集中管理、提升资金运作效率、优化资金资源配置、有效防控资金风险、助推集团提高经济运行质量的作用，努力打造集团的“资金归集平台、资金结算平台、资金监控平台、金融服务平台”，为成员单位提供专业、高效、满意的金融服务。

【资金集中】集团成员单位普遍在财务公司开展了开户和账户授权联网、资金归集与下拨、支付结算及资金监测与报告等业务，基本实现了资金集中管理全覆盖。截至2018年12月31日，公司归集资金31.43亿元。

【信贷业务】作为一家新成立的企业集团财务公司，公司2018年主要完成了信贷业务建章立制工作，制定了涵盖综合授信、主要信贷业务品种的13项业务制度和工作流程。公司设立信贷审查委员会，负责审议各类信贷业务，制定议事规则，依据权限管理、审贷分离的原则进行集体审议。完成25家成员单位的授信评级，为2019年开展信贷业务奠定了良好的基础。

【资金业务】积极与中国航发3家上市公司沟通，提前研究落实解决关联交易问题的方案，为开业后顺利开展上市公司业务做好准备。工商注册后，第一时间开立了存款准备金账户及7家合作银行的支付结算账户。

【风险管理和内部控制】完善法人治理结构，设立了股东、董事会、监事会和管理层为主体的治理架构。其中，董事会下设战略、提名与薪酬委员会，风险管理委员会和审计委员会；管理层下设信贷审查委员会。坚持内控先行、制度优先，制定了涵盖公司治理、综合管理、业务管理、风险防控等10个方面92项规章制度，初步搭建了全面风险管理体系。

【人力资源管理】根据公司开业初期的发展需要，设立综合管理部、结算业务部、信贷业务部、资金管理部、计划财务部、风险管理部、审计稽核部七个业务部门，梳理了各部门、各岗位职责分工和人员编制情况。通过组织参加金融基础业务、高管考试培训和中国财务公司协会基础业务培训，有效提高了公司提供专业化金融服务的能力。

【信息化建设】按照集团公司“一体架构，两级需求”的信息系统建设要求，完成了公司核心业务系统、财务核算系统、OA系统的开发、测试、验证与部署，基本实现了不同系统间的有效集成。建立了与7家银行的银企直联，接入了人民银行金融城域网，开通了北京银保监局监管信息网，为公司各项业务顺利开展奠定了坚实的基础。

【党建及企业文化建设】公司成立伊始，就将党的建设总体要求纳入公司章程。按照国有企业党的建设“四同步”要求，在筹建期就成立了临时党支部，发挥政治引领和凝聚人心作用，贯彻“两学一做”常态化制度化要求，严格落实“三会一课”制度，扎实开展政治理论学习，开展“每月集体生日会”等特色文体活动，团结带领全体党员和干部职工圆满完成了开业筹备和营业准备工作。

中国航空集团财务有限责任公司

【集团概况】中国航空集团有限公司（以下简称“集团”）于2002年10月11日正式成立，是以中国国际航空公司为主体的大型国有航空运输集团公司。2017年，经国务院国资委批准，由全民所有制企业改制为有限责任公司（国有独资），注册资本变更为155亿元。

【经营情况】2018年，中国航空集团财务有限责任公司（以下简称“公司”），发挥自身功能定位及金融专业优势，牢固树立“依托集团，服务集团”的宗旨，在防范风险的前提下，为集团成员单位提供优质金融服务。落实集团全面深化改革总体要求，促进集团改革发展，经济效益稳步提升。截至2018年末，公司资产总额133亿元，同比增长37%，净资产17亿元，年内实现收入3.48亿元。

【信贷业务】2018年，公司坚持服务实体经济本源，以客户为导向，紧扣集团需求，支持集团去杠杆、减负债、降成本改革工作。积极挖掘客户资源，分析客户和期限结构，结合企业融资需求实施动态调整，不断优化贷款结构。截至2018年末，公司人民币贷款余额56.67亿元，同比增长30%。

【投资业务】2018年，坚持低风险稳健投资原则，加强金融监管政策研究，控制信用风险敞口，增加利率类债券配置，精选高评级国有企业信用债。择机配置货币基金，适时增加同业存单投资。全年实现投资收益总额4592万元。

【资金业务】2018年，公司继续深化与航空主业的融合，加强流动性管理，确保外部融资渠道畅通，保证流动性安全。密切关注货币政策动态，跟踪市场资金变化，积极扩大同业授信范围，深入开展同业双边合作及短期资金运用，切实提高资金使用效率。

【资金集中】2018年，公司始终按照集团资金集中度管理要求发挥平台作用。深入了解资金状况，加强资金计划沟通，落实资金账户监控管理，推进集团统一资金结算平台建设，助力集团资金集中管理。全年人民币结算量10002亿元，同比增长49%。年末本外币存款余额达115.7亿元，2018年集团内通过直联银行累计归集资金495.47亿元，年末集团资金集中度达81%。

【风险管理和内部控制】公司加强风险防控，提高风险管理水平，为公司合规经营、实现各项经营目标提供了有力保障。开展全年风险自查，严格防范重大风险。坚持风险自查的频度和力度，形成良好的日常管理长效机制，提高风险管理时效性。落实2018年风险管理策略，加强对流动性风险和信息系统风险的识别、计量、评估、监测。修订完善公司内部审计管理办法，审慎编制2018—2025年中长期审计规划，确定审计范围、审计重点、审计频率等相关总体规划安排。

【人力资源管理】2018年，根据发展战略和岗位需求，以严格的选用标准通过校园招聘和社会招聘渠道有序开展招聘工作，做到公开化、合理化，引进公司亟需的专业技术人才；健全人力资源制度体系，完善选人用人、招聘调配等方面制度，促进员工工作规范化；积极组织开展内外部培训工作，推动全员综合素质提升。

【信息化建设】 2018 年，公司加强系统功能建设，加大运维力度，全面支持各项业务，确保系统稳定运行；完成机房搬迁工作，基础设施环境得到改善，同时对网络进行优化调整，提高系统安全性、稳定性。建设完成并上线 OA 系统，实现业务流程的线上化。上线资管系统，实现投资业务的规范化和系统化。

【企业文化建设】 公司推进企业文化理念层、制度及行为层、物质层建设，进一步形成企业理念、制度、行为的内在一致性，促进企业文化建设的整体推进。加强人员培训工作，重视人才梯队建设。协调共享培训资源，派员参加集团、中国财务公司协会等组织的管理、业务培训，提升人员整体素质。

【党建工作】 2018 年，继续扎实推进“两学一做”学习教育常态化制度化，探索新时期基层党建工作开展的新思路，以党建课题形式学习“责任”“信任”“正直”“奉献”四个主题，形成 100 余万字的活动资料汇编，并通过学习将每日的“读、做、写、省”融入日常行为习惯中，以党建带动生产经营和各方面事业的全面发展。

中国航油集团财务有限公司

【集团概况】 中国航空油料集团有限公司（以下简称“集团”）是以原中国航空油料总公司为基础组建的国有大型航空运输服务保障企业，是国内最大的集航空油品采购、运输、储存、检测、销售、加注为一体的航油供应商，国务院授权的投资机构和国家控股公司试点企业，国务院国资委管理的中央企业。2018 年，集团销售收入 2803 亿元，连续 8 年进入世界 500 强企业，排名第 371 位。

【经营概况】 2018 年，中国航油集团财务有限公司（以下简称“公司”）全年累计实现营业收入 1.93 亿元，剔除计提减值准备因素实现利润 1.12 亿元，集团外收入占比为 50%，集团综合贡献超过 2 亿元，年末资金集中度超过 90%，各项经营数据创历史新高。

【信贷业务】 公司根据集团相继开展的大型项目建设资金需求，积极推进银团贷款业务；成功开展首笔船舶融资租赁（直租）业务；成功开具公司首笔贷款意向书。截至 2018 年末，信贷资金余额 22.85 亿元（含融资租赁），同比增长 19.69%，日均贷款余额 21.72 亿元，同比增长 86.9%；累计发放委托贷款共计 9.11 亿元，委贷余额峰值首次突破 10 亿元，日均委贷余额 8.96 亿元，同比增长 48.59%。

【资金业务】 2018 年，公司全年累计完成结算业务 57310 笔，金额 12894 亿元，首次突破万亿元大关，同比增长 50.86%；日均吸收存款 35.82 亿元；开展同业拆借业务 225 笔，金额 849.4 亿元。

【投资业务】 2018 年，公司投资业务扎实开展。一是积极跟踪基金池中各产品收益情况，保持相对较高的收益率。截至 2018 年末，公司投资余额 2.81 亿元，累计投资额 16.60 亿元。二是积极推进投资系统建设，投资业务管理系统成功上线，实现对公司投资业务事前、事中、事后全面风险管控。

【外汇业务】 公司以协助成员单位降本增效为方向，大力推进结售汇业务及外汇资讯分享。公司获得外汇局批准的结售汇业务资质后，先后推进完成了银行间外汇市场会员注册、业务制度体系建立、交易员业务培训、业务及交易系统搭建、报表报送系统测试、银行间市场交易对家审核等工作。2018 年，公司开展结售汇业务 10 笔，金额 9515.3 万美元，为成员单位节约成本101.84万元。

【资金集中】2018年，公司积极探索，采取多种手段和措施来提高和改善公司资金集中水平。加强与集团和各成员企业的沟通协调，做好各成员企业收支账户资金的监管工作，确保每日资金能归尽归；加强与各成员企业，尤其是合资公司和海外公司的联系，了解境内外资金情况，协调跨境通道畅通，确保关键时点境外资金的归集流入；探索公司自身产品供给侧优化，以个性化利率定制的方式提高公司存款利率，提高成员单位利息收入，增加公司资金存量。

【业务创新】2018年6月，公司顺利开展了首笔融资租赁（直租）业务，并享受税收返还政策，成员企业租息增值税可抵扣，降低了集团整体税负，充分发挥公司融资营运和金融服务的职能，真正实现了合作共赢。

【风险管理和内部控制】2018年，公司持续推进规章制度建设、授信管理、合同生命周期管理，依法合规治理体系建设稳中有进。一是加强对规章制度的审核，严格执行规章制度评审程序。全年共审议制度31项。二是持续推进授信管理工作精细化水平，综合授信对象细化至三级成员企业。三是推动实现合同生命周期管理，合同审核率达100%。四是针对监管机构指出的具体问题，制订整改计划，确保公司依法合规稳健经营。五是积极参加集团法律专业知识技能竞赛，向公司全员宣贯法律知识。

【信息化建设】信息建设保障有力。一是运维管理工作进一步规范，核心业务系统稳定性、可靠性进一步提升，切实将竭诚服务成员单位的要求落到实处；二是着力提高项目管控水平，加强对系统独立性的开发要求，提高实施标准，优化沟通渠道，实现系统开发降本增效；三是探索符合公司实际的科技创新思路，着力推进机器人流程自动化技术的应用。

【企业文化建设】2018年，公司工会组织正式成立。工会组织成立后，公司认真组织落实了“送凉爽”、端午、中秋等员工关爱工作，积极组织全体员工参与了集团春季运动会，邀请集团老同志作企业文化讲座，配备跑步机等健身设备，做全体员工的“贴心人”。

【党建工作】公司一是扎实做好思想理论学习，全年组织开展党支部理论中心组学习14次；二是认真组织全体党员参加集团“学习十九大 尊崇新党章”知识竞赛活动，实现了全体党员参赛；三是创新开展理论学习，组织观看《厉害了，我的国》《青年马克思》等电影，组织参观“伟大的变革”展览；四是在“不忘初心、牢记使命”的“微党课”活动实践中，公司领导为全体党员讲党课；五是充分发挥新媒体优势，自创“党史上的今天”栏目，截至2018年末，共推送112期。

中国核工业建设集团财务有限公司

【集团概况】2018年1月31日，中国核工业集团有限公司（以下简称“中核集团”）与中国核工业建设集团有限公司（以下简称“中核建集团”）实施重组，中核建集团整体无偿划转进入中核集团，不再作为国务院国资委直接监管企业。2018年，新中核重组顺利完成。

【经营概况】2018年，中国核工业建设集团财务有限公司（以下简称“公司”）实现营业收入2.76亿元，同比增长6.6%；利润总额1.65亿元，同比增长11.5%；经济增加值（EVA）5621万元，同比增长16.8%。

【信贷业务】2018年，公司办理信贷类业务92.94亿元，中间类业务10.9亿元，日均贷款余额41.51亿元，较上年增长14.73%。公司持续挖掘现有业务潜力，不断拓展新的业务产品和服务，对接外部金融资源，通过开展联合保理、e贷款及债权投资计划，针对PPP项目制定融资方案等多种方式，服务成员单位降本增效，解决融资难融资贵等问题。

【业务创新】公司着力发挥金融服务平台作用，先后与多家成员单位签订金融服务协议，以顾问形式提供金融支持与服务。公司积极践行绿色金融发展理念，助力集团绿色产业发展。2018年，公司担任成员单位公开发行可续期绿色公司债券的财务顾问，推动可续期绿色公司债券在上海证券交易所成功挂牌上市，成为中央企业发行的首单绿色可续期公司债券。

【资金集中】公司进一步挖掘可归集资金潜力，巩固完善资金归集体系，2018年末全口径资金归集率达75.75%，可归集口径资金归集率达99.09%。积极推动民生银行、兴业银行、浦发银行3家股份制商业银行资金集中系统上线，扩大资金集中范围。推进账户集中管理、提升账户精细化管理水平，开展账户集中清理，严格账户审批程序，严控集团账户增长趋势，累计清理销户166户，占集团公司账户总数的8.18%。

【资金业务】公司全面加强资金计划管理，持续跟踪各单位月度执行情况，分析季度资金偏离度，强化支出审批措施，明确管理职责，理顺管理接口，完善管理机制，资金计划管理效率明显提升。在满足资金备付的基础上，积极与银行询价，适时开展同业定期存放业务，在下半年同业市场利率大幅下滑的情况下，公司2018年全年日均同业收益率高于市场平均利率，保障了公司资金收益。

【统保业务】公司进一步健全保险管理相关办法及配套措施，完善保险系统应用、风险评估，满足成员单位个性化需求，提高商业保险集中管理水平。全年统一保险出单3920张，保费规模约为3235万元，综合降幅约为30.55%，实现“整合资源、降本增效”的目标。

【金融智库】公司持续加强金融智库建设，组织公司员工完成230余期《每日经济金融》编辑；积极跟进国家最新政策，对“一利四率”、资管新规、银行业金融机构联合授信管理等政策进行解读，全年组织完成4篇《经济金融参考》编辑。积极参与中国财务公司协会行业发展报告及社会责任报告研究，4篇案例入选行业发展报告，1篇入选行业社会责任报告，并被评为年度行业课题研究突出贡献单位。

【风险管理与内部控制】公司多措并举加强风险管理和内部控制，确保各项业务稳健、合规、高效运行。定期对8项风险指标和17项评级指标进行监测，发挥风险评级对公司经营管理的风险防控作用。创新风险管理机制，建立风险联系人制度，每周召开风险联系人会议，2018年全年作出风险提示98项，学习监管政策23项，解决问题63项。持续推进内、外部审计工作，强化内控评价作用，对2018年度新发现问题全覆盖并及时跟踪检查，100%落实完成整改。

【信息化建设】根据公司实际，合理评估信息化项目建设，减少重复投资风险。开展机房基础设备设施及桌面运维，处理机房基础设备设施及系统故障，完成机房基础环境整改。强化内网准入管理，保证核心业务安全，筑牢系统第一道防线。完成防病毒软件服务器端和客户端部署，完成软件正版化工作，实施无线网络及IPV6升级改造，完成信息系统等保定级，提升网络安全。

【人力资源】加大产业金融人才培养力度，着力打造高素质专业化人才队伍。深化公司内部课堂，发挥员工专业优势，加强业务制度培训与业务分享交流，提升人才队伍整体效能；开展行业薪酬对标与分析，修订员工聘用管理、表彰奖励管理、休息休假管理等办法，进一步健全公司激励与约束机制；开展财务公司产业金融人才协同培养模式研究，为健全产业金融人才培养体系提供思路和方法。

【党建工作】公司党支部以习近平新时代中

Z

国特色社会主义思想和党的十九大精神为指导，认真贯彻落实国企党建工作会议精神，积极探索党建工作新方法，持续推动党建工作取得新成效。通过支委集中学习、支委带头讲党课、党小组学习、党工团联动学习、党章党规学习考试、个人自学等多种方式，牢固树立“四个意识”，自觉坚定“四个自信”，坚决做到“两个维护”。通过组织核工业发展历史党课、我的入党历程分享、在全面从严治党中锤炼党性、“不负历史使命，勇担时代重任”等系列主题活动，营造积极向上的企业文化氛围，凝聚干事创业的力量。

中国华电集团财务有限公司

【集团概况】中国华电集团有限公司（以下简称“集团”）是2002年底国家电力体制改革组建的国有独资发电企业，属于国务院国资委监管的特大型中央企业，主营业务为电力生产、热力生产和供应；与电力相关的煤炭等一次能源开发以及相关专业技术服务。2018年在世界500强企业中排名第397位。

【经营概况】2018年，中国华电集团财务有限公司（以下简称“公司”）上下紧紧围绕“服务集团、服务主业”这一中心，紧跟集团改革发展步伐，积极应对内外部不利形势，充分发挥金融优势和平台作用，着力在转变观念、抢抓机遇、开拓创新上求突破，在做足服务、做强管理、做精业务上求实效，不断提升助力集团管理水平，有效防范金融风险。截至2018年末，公司管理资产规模达到1077.47亿元，同比增加113.85亿元；实现利润10.03亿元，实现经济增加值（EVA）5.82亿元。圆满完成集团年初下达的考核目标，各项监管指标全面达标，不良贷款率和不良资产率持续为零，未发生对公司稳定和形象造成不利影响的事件。公司主要经营指标继续保持同业前列，保持了监管、行业评级双优秀。

【资金集中】公司大力开展专项攻坚，强化资金集中管理。一是狠抓资金归集。在年度稽核的基础上制定年度账户清理方案，协助集团公司修订《账户管理办法》，重点加快账户入网与清理；着力推进上市公司资金归集管理，成功实现华电国际存款上限调整至90亿元。二是优化现金流预算系统。在2018年10月中旬和11月末实现国资委大额资金监控系统和集团现金流预算系统优化版上线运行。三是深入对标调研，细化建设需求。成功搭建外币结算系统，为进一步实现集团境内外币账户的实时监控和资金归集、实现多币种结算和结售汇业务、持续提升集团资金集中管理水平奠定了坚实的基础。

【信贷业务】密切跟踪市场形势和集团成员单位经营情况变化，在保证公司流动性的前提下，将信贷规模维持在历史高位，有计划、有步骤地调整各类贷款比重，改善公司贷款期限利率结构，稳步提升公司核心收益。2018年末贷款业务余额295.26亿元，日均规模和余额均突破历年新高，实现信贷业务收入9.85亿元，为顺利完成公司提质增效的目标打下了坚实的基础。

【票据业务】在风险可控范围内大力拓展“华电电票”，通过加大“一头在外”电票的使用推广，提升系统内部使用电票结算的比例，2018年完成票据承兑67.18亿元，同比增长5.55%；贴现43.01亿元，同比增长46.04%。“一头在外”票据贴现业务客户达到61家，贴现规模超过10亿元，切实落实服务小微企业支持实体经济发展；开拓票据资产转让渠道，丰富利润来源的同时补充资产流动性，全年完成票据转贴现规模40.29亿元，最低转贴现利率为3%；完成再贴现3.45亿元；全年票据业务规模累计完成超过150亿元，业务量再攀高峰。

【业务创新】成功发行金融债改善公司负债结构，公司抓住利率市场价格窗口，发行3年期10亿元财务公司金融债券，票面利率为4.5%，这是自2014年以来时隔四年后，财务公司行业首次重启金融债发行，票面利率低于2017年以来商业银行发行的金融债，较2018年初中央企业集团同等级信用债的发行利率低70~100个基点。金融债的成功发行，进一步树立了公司在金融市场的良好形象，稳定了公司外部融资来源，价格优势使资金配置有更广阔的空间，对改善公司流动性、保障集团资金链安全都具有重要意义。

【风险管理和内部控制】公司持续夯实管理基础，内部管理水平不断优化。公司延续了在风险控制和合规管理方面的优良传统，不断加强全流程风险管控，法治水平稳步提升，保持公司稳健运营。一是全面加强制度建设，以集团“纪律（规矩）建设年”为契机，对照集团巡视整改要求对现有制度体系进行梳理优化，按照基本制度、管理办法、实施细则三个维度进行统一分层分级分类，全面整合优化在形式、程序、标准、定义等方面相同或者相近的规章制度，根据事权和财权分立的原则，从纵向的业务流程层面和横向的部门职能层面两个维度，构建更加符合公司实际的制度体系，全年完成新增制度44项、修订44项、废止74项，留存96项，截至2018年末公司现行规章制度184项，基本形成系统完备、科学规范、内容简明、运行有效的制度管理体系，保障公司各项制度更合理地在制度框架内运行。二是扎实推进合规管理工作。实时跟踪、准确解读行业监管政策变化，对照监管评级要求开展年度监管自评整改，形成《财务公司监管法律法规汇编》，指导日常业务实践；按照监管要求保时保质保量完成各类行政许可事项报批及监管数据报送，完成监管报送系统二期上线试运行，提升风险管理信息支撑水平，持续加强监管数据报送政策制度学习培训，强化与监管人员反馈沟通，规范监管材料报送格式，准确校验上报数据，不断提高监管报送工作质量，确保统计数据真实、准确、完整、及时，确保公司经营合法合规。三是强化依法治企。公司认真落实国资委法治央企建设要求，全面实现重大决策、规章制度、经济合同法律审核“三个100%”，完善法律风险防范机制，聘请专业法律人士和专家开展专项法律培训以及政策新规解读，组织开展法律、规章制度知识考试，积极利用公司共享平台、多媒体等多种宣传渠道加强全员法律普及、案例警示教育，进一步加强公司法律风险文化建设，增强全体员工遵法立章、守法经营、依法管理的法律合规意识。

【信息化建设】2018年是公司信息化“十三五”规划中承上启下的关键年度，公司在确保系统安全运行的基础上，加大补齐业务信息化短板力度，增强支撑管理服务能力，基本实现业务信息化全覆盖、管理信息化全线上的建设目标，为“数字华电”建设助力加油。全年信息化建设涉及17个项目，其中计划外项目2个，为历年来项目数量最多、难度最大、开发任务最集中。一是克服困难，圆满完成应急挑战。针对国资委考核集团公司大额资金监测平台建设任务节点要求，克服时间紧、任务重、责任大等困难，主动承担协调内外部资源工作，确保平台提前上线投产；全力推进业务信息化全覆盖，管理信息化全线上进程，经过全面调研、慎重判断，快速作出反应应对票交所直联改造，自我加压、提高要求，选择以难度最大的直联方式进行电子票据系统切换升级，合理安排，加快测试，确保高分通过票交所验收，为公司电票业务加速推广提供高效的系统保障；配合业务进展需求，科学设计测试方案，按时完成外币结算系统建设，为公司外币业务开展及时提供了系统支持。二是数字化管理理念持续向纵深推进，加快数据仓库二期应用建设，挖掘数据价值，让数字活起来，以直观的图形方式对数据进行动态展现，初步达到了为管理提供直接数据支撑，为决策提供准确数据依据的效果；重视用户体验，以信息化提升加强服务效率，从提升用户体验出发，挖掘内部资源潜力，自主研发核心业务系统网上银行助手管理工具，实现一站式系统使用导航，一键式系统配置安装，大大提升客户体验和业务办理效率。三是全面提升信息安全水平，为经营管理保驾护航。通过全面梳理信息安全现状，在功能和效率之间找到安全的平衡点，有计划地推进信息安全防护工作，力求信息系统相对安全，连续十年保持集团公司信息化水平评价 A 级。

【党建文化】公司全面履行从严治党责任，深入推动党建改革创新，保持队伍和谐稳定。一是党的建设水平不断提高，公司上下将学习贯彻习近平新时代中国特色社会主义思想作为首要的政治任务，准确把握新时代党的建设总要求，认真贯彻集团党组一号文件，全面加强党对各项工作的领导，规范执行党组织前置研究程序，“三重一大”事项全部由党委会研究讨论或决策；扎实开展“不忘初心、牢记使命”主题教育，开展“理论、方法、实践”教育培训，严格执行“三会一课”、党员活动日制度，开展了“中国梦·华电梦·我的梦”职工思想教育，组织开展“示范党支部”创建，从严落实意识形态工作责任制。二是人才队伍建设稳步提升，加大干部培养力度，实现中层干部动态管理，通过参加集团党校中青年干部培训班、岗位交流等方式，进一步提升中层干部的业务能力和管理水平。

中国华能财务有限责任公司

【集团概况】中国华能集团有限公司（以下简称“集团”）是经国务院批准成立的中央骨干企业，所有制为有限责任公司（国有独资），坚持电为核心、煤为基础、金融支持、科技引领、产业协同的发展战略。2018 年，完成国内发电量 7026 亿千瓦时，同比增长 8.2%。主要经营指标保持行业领先，合并营业收入 2752 亿元，同比增长 5.6%；利润 140 亿元，同比增长 18%。

【经营概况】中国华能财务有限责任公司（以下简称“公司”）认真贯彻落实集团关于资金管理的各项要求，紧紧围绕“强化金融服务、提高经营业绩、防范资金风险”这一中心任务，以加强党的建设为根本保障，深入开展各项经营管理工作，全面完成了集团下达的各项绩效目标和工作任务。公司连续三年获得集团先进企业称号，连续三年获得集团绩效考核、监管评级和行业评级三个“A 级”。2018 年，实现利润总额 10.73 亿元，比年初预算目标增加 6400 万元；实现营业收入 16.11 亿元，完成年度预算的 113.43%；结算量 2.57 万亿元，同比增长 7.39%；日均存款 374.83 亿元，同比增长 8.09%；日均贷款 306.42 亿元，同比增长 13.44%。

【信贷业务】2018 年，公司进一步加大信贷投放力度，2018 年累计发放贷款 845.43 亿元，同比增长 11.20%，贷款日均达到 306.42 亿元，同比增长 13.44%；年末公司贷款余额 335.45 亿元，同比增长 24.14%，其中发放新能源企业贷款余额 65 亿元，同比增长 24.46%。公司及时开展应急资金保障，有效缓解集团企业资金短时周转困难。根据集团的统筹安排，2018 年累计为 6 家集团企业发放应急贷款 15 笔，金额 70.18 亿元，同比增长 77.67%。公司继续实施优惠的价格政策，有效降低集团企业的财务费用。2018 年新增贷款平均利率为 4.34%，同口径低于集团企业外部融资利率 0.09 个百分点。

【资金业务】进一步健全月度资金预算与周资金安排工作机制，加强资金资产管控与趋势性分析，稳步拓展投融资渠道，在优先满足结算支付和信贷投放的基础上，积极开展各项资金运作，不断提升资金投用效率与效益。2018年累计开展融资464.51亿元，资金投用3612.37亿元，实现资金净收益1.07亿元，同比增长121.60%。

【投资业务】 根据监管要求，如期完成25.13亿元信托资产的处置工作，实现收益1.22亿元。审慎开展增量投资，累计开展低风险投资52亿元，在确保合规安全的基础上基本实现收益水平保持稳定。

【票据业务】 2018年，公司累计开展“一头在外”票据贴现业务11.18亿元，票据平均贴现利率4.91%，较平均信贷投放价格高0.57个百分点。公司累计开立电子承兑汇票61.91亿元，保函1.75亿元；顺利完成公司票据交易系统与上海票交所系统的直联上线工作，为公司票据业务的顺利开展奠定基础。公司积极开展集团票据集中管理的研究，在广泛调研的基础上，初步完成了集团“票据池”的构建方案，为下一步集团企业票据信息的集中和集约化运作创造了条件。

【外汇业务】 2018年，8家企业新纳入集团外汇资金池，年末入池企业达到39家，开展外汇结售汇3574.58万等值美元，实现跨境支付1345.14万等值美元。

【资金集中】 公司认真落实集团关于资金集中管理的各项要求，注重做好各项资金集中管理信息的归集分析和向集团的报送，资金归集率、账户监控率、账户开立率、资金自动上收率、预算管控率及预算执行率等各项资金集中管理指标全面提升，有力促进了公司业务规模和资金集中水平的提升。2018年，集团企业可归集资金集中度为99.97%，全口径资金集中度为60.53%，同比提高1.82个百分点；月均集中支付率为98.37%；预算管控率、开户率、资金账户监控率均为100%。日均企业存款374.83亿元，同比增长8.09%。

【风险管理和内部控制】 公司认真落实集团、监管机构关于防范金融风险的各项要求，严格执行业务合规审查、监管指标动态监测、流动性压力测试等工作，落实公司主要经营资产的事前风险评估和贷后、投后的质量管理，公司各项监管指标全部达标，各类资产质量良好，风险可控在控。扎实开展内控测评与内部审计，强化审计整改落实。2018年，累计开展内控测评4次，内部审计2次，内控评价1次，配合完成公司高管离任审计等工作，各项审计检查均未发现重大问题。

【人力资源管理】 2018年，公司深入开展培训工作，累计开展内部培训14次，378人次参加，开展走出去培训18人次。

【信息化建设】 2018年，公司实现综合数据分析平台全面上线运行，不断增强对集团企业资金信息的分析与管控能力，提升资金集中管理工作效率与效果。累计完成ERP系统优化25项，不断提升系统自动化处理程度和处理效率。扎实开展系统定期巡检和灾备应急演练，引入机房夜间职守机制，进一步增强系统安全保障。

【党建工作】 进一步坚持党的领导和加强党的建设，公司完善党委定期研究中心工作和党建工作机制，深入开展政治思想工作，强化选人用人管理，强化支部建设和党员管理，强化党风廉政建设，全面完成各项党建工作任务。

中国化工财务有限公司

【集团概况】中国化工集团有限公司（以下简称“集团”）为国有独资公司，营业范围包括危险化学品生产，化工原料、化工产品、化学矿、化肥、农药经营（化学危险物品除外）、塑料、轮胎、橡胶制品、膜设备、化工装备的生产与销售，机械产品、电子产品、仪器仪表、建材、纺织品、轻工产品、林产品、林化产品的生产与销售，化工装备、化学清洗、防腐、石油化工、水处理技术的研究、开发、设计和施工，技术咨询，信息服务，设备租赁等。截至2018年末，集团资产总额7964.75亿元，负债总额5915.51亿元，全年实现营业收入4438.09亿元。

【经营概况】2018年，中国化工财务有限公司（以下简称“公司”）实现营业收入4.28亿元，利润总额1.32亿元，日均存款107亿元，日均贷款75亿元。为成员企业节约财务费用1.56亿元，同比增长87%。

【服务实体】2018年，公司加大对集团重点产业和优质企业的支持力度，新增授信规模21亿元，年末授信余额达到129亿元，涵盖流动资金贷款、循环贷款、银团贷款、担保、代开银行保函、代开银行信用证业务等业务品种。

【信贷业务】2018年，公司为成员企业持续提供低成本信贷资金，平均贷款利率4.2%，为成员企业节约财务费用3000万元；保持自营信贷规模15%以上的增速，继续扩大银团贷款覆盖范围，利用银行的资金规模优势解决企业资金需求，全年累计发放流动资金银团贷款6.04亿元，银行投放占比88%；电子商业汇票系统正式上线运行。

【资金业务】公司积极争取较高同业活期存款利率水平，通过约期存款等类定期产品提高沉淀资金收益，利率最高至3.2%。增加同业拆借额度，同比增长21%，全年累计拆入资金76亿元。

【投资业务】货币基金投资方面，扩大申购规模，保证公司整体流动性安全的前提下提高资金配置效率和收益。货币基金日均规模3.64亿元，年化投资收益率3.9%。债券投资方面，积极参与申购集团发行的债券，协助集团争取合理的市场发行价格。

【外汇业务】公司抓住外汇政策放宽契机，发挥外汇业务资质优势，简化成员企业结汇业务，降低结汇成本，实现结售汇3.54亿美元，同比增长127%，为企业节约汇兑成本人民币335万元。

【资金集中】公司对货币资金总额占比90%以上的重点企业的每个银行账户的性质、用途、余额、无法归集原因等逐个落实，要求企业申请信贷授信时提供资金集中度改善计划；为存款规模较大且稳定的企业定制存款产品；完成中行、农行、工行、建行、交行五大银行外汇资金归集平台的搭建，外汇存款日均规模4070万美元；稳步推进代理贸易融资业务，完成代开银行信用证、银行保函2.51亿元，释放保证金3120万元。

【业务创新】建立海外现金监控体系，将先正达等7家主要海外企业纳入监控，监控现金占海外可监控资金（含SPV公司等所有海外企业）的22.1%。协调海外企业完成相关银行账户授权，申请SWIFT全球网络地址，接收海外企业通过SWIFT系统发送的账户报文，通过系统实现海外企业现金的分类查询、统计、初步分析等功能。

【风险管理和内部控制】公司进一步推进风险监控体系建设。建设完成风险监测系统，实现风险指标异常情况动态监测；完成资金计划报送功能上线，建立资金计划按周报送、隔日滚动、计划执行差异评估机制；全年开展6项自查工作，风险提示共计15次；新增及修订30项管理制度及规定，编制电子档案；开展服务对象和重点业务领域合规性审计、结算业务审计、信贷业务审计等专项审计，跟踪监管意见和内部审计建议的整改落实。

【人力资源管理】公司进一步优化部门职责；成立业务发展部，专门负责国际现金管理；成立金融市场部，统筹管理集团公司的债券发行和境外银团业务；明晰部门职责边界，更新部门和岗位职责；完善KPI考核和奖金分配办法；执行全员绩效考核，分解制定部门和岗位KPI；完善年度绩效奖金分配办法，赋予部门负责人二次分配权限；开展人才盘点；组织问卷调查并访谈部门员工，听取意见和建议，全面审视队伍建设的不足，查找人力资源管理工作中的问题。

【信息化建设】公司完成风险监测项目二期、财务预算、大额监控及资金计划等项目建设；完成电票系统上线，正式成为上海票交所会员；进一步完善银企直联系统，完成3家直联接口改造、建行外币自动归集、委托收款改造；完成部分老旧设备更新；进行信息安全培训，加强防病毒程序安装和监控。

【企业文化建设】充分利用报刊、网站等媒体工具，展示公司价值和专业精神，营造干事创业、建功立业、争先创优的良好氛围；举办五四青年座谈会，由青年员工分享党的十九大精神感悟和工作感想，激励调动青年干事创业的热情；组织主题为“追梦青春”的团建活动，营造了团结协作、积极向上的组织氛围；坚持员工生日送蛋糕、“六一”儿童节送爱心小礼物、“三八”妇女节的关爱举措、节假日走访慰问送温暖等活动，推进建设有温度的企业。

【党建工作】开展“不忘初心、牢记使命”主题教育活动；先后接受集团党委对公司开展的党费管理专项审计、政治巡视以及党建工作检查，直面问题，立行立改，不断夯实公司党建基础；严格履行党风廉政建设“两个责任”，持续开展反腐倡廉宣传教育；整合纪检监察、风控法务、稽核审计、行业监管、组织人事、宣传文化六项监督资源，搭建“大监督”体系，切实担负起管党治党的政治责任。

中国黄金集团财务有限公司

【集团概况】中国黄金集团有限公司（以下简称“集团”）是我国黄金行业唯一一家中央企业，是中国黄金协会会长单位，是世界黄金协会在中国的首家董事会成员单位，是首批“上海金”参考价成员单位，同时还是中国国内唯一获得国际黄金行业最高信用评级（BBB级）的黄金企业。集团主业为：贵金属及伴生金属资源开发、冶炼、加工、贸易；辐照加工业；拥有完整的黄金上下游产业链。集团下设中金黄金、中金国际、中金珠宝、中金建设、中金资源、中金辐照、中金贸易七大业务板块，其中上市公司两家（境内A股上市公司“中金黄金”以及加拿大和香港两地上市的“中金国际”）。在我国重要成矿区带和“一带一路”沿线规划和建设了25个黄金及有色生产基地。

【经营概况】2018年，中国黄金集团财务有限公司（以下简称“公司”）坚持“依托集团、服务主业”的经营宗旨，充分发挥财务公司平台作用，服务集团主业，让利成员企业，推进产融结合，不断提升金融服务水平和资金使用效率。截至2018年末，公司资产总额58.95亿元，负债总额47.34亿元，所有者权益11.25亿元；2018年实现收入2.42亿元、利润1.32亿元，荣获集团“先进集体”称号。

【信贷业务】公司充分利用人民银行核定的信贷规模，努力营销、将规模用足，最大限度地发挥集中资金作用和效益。截至2018年末，授信客户超过120户，累计发放自营贷款68笔，金额62.15亿元，办理委托贷款42笔，余额90.92亿元。2018年因替换银行贷款直接为集团节省融资成本1.59亿元，贷款利率下浮为成员单位节省利息支出3313.00万元，通过优惠委贷手续费为成员单位节省手续费1144万元。开出21笔关税保函，提升货物过关效率。2018年6月和9月赴江西、上海区域就金融服务工作进行宣讲交流，加大到矿山企业现场调研力度，很好地发挥了职能作用。

【资金业务】公司凭借金融牌照、同业身份和规模优势，与商业银行积极谈判，尽力提升同业存放资金的利率水平，2018年，实现存放同业利息收入9056.00万元，远高于企业资金存放银行收益。

【票据业务】2018年，公司大力推广电票业务，为企业开具银行电子承兑汇票108张，总额3655万元，保证金不超过10%，大幅降低了企业保证金占用。

【资金集中】2018年，公司继续以宣讲行政要求和提升服务质量两种手段，积极、持续推进资金集中工作。在集团公司压降资产负债率，大量偿还借款，板块上市暂不能归集、货币资金减少的情况下，经过多方协调、密集调度，吸收存款达47.17亿元，取得集团资金集中率为49%、监管部门全口径资金集中度为39.01%的较好结果。

【业务创新】2018年1月，公司获批有价证券投资业务（固定收益类），经董事会批准年度投资计划方案后，积极推进完成部门组建、制度完善、人员配置、备案开户和投资方案研究上会工作，已于2018年11月正式开展投资业务3笔，金额1091万元，揭开了发展新篇章。即期结售汇业务申报工作正在有序进行，2018年12月完成了公司第一笔信贷资产转让业务，并成功完成交割，打通了补充流动性的新通道。

【风险管理和内部控制】公司2018年1月完成了《制度汇编》和关键业务流程图册的更新和印发。定期开展合规风险和操作风险检查，凭证稽核、事中稽核和专项稽核，不断完善贷审会信用风险管控、加强流动性风险前瞻管理，持续将风险合规管理嵌入业务管理，将监管规则内植于日常经营管理，筑牢依法依规经营的制度基础和机制保障，确保业务合规、资金安全。

【人力资源管理】2018年，公司组织一次人员招聘，招聘4名金融人才，为集团金融板块建设奠定人才基础。完善考核体系，修订下发了2018年度《绩效考核办法》和《员工年度考核办法》。完善员工培训体系，坚持“走出去，请进来”，加强与先进同业的交流，打造浓厚的学习氛围，实现员工队伍素质的快速提升。公司现有人员34人，其中已考取银行从业资格人员19人、证券从业资格人员13人、国际财资管理师6人、银行间市场本币交易员4人、债券托管结算资格业务员2人。

【信息化建设】公司2018年6月法人透支贷款业务上线运营；2018年9月上海票据交易所直联接入上线运营，2018年10月纸电票据交易融合二阶段上线，实现了DVP的票据结算模式；2018年11月国资委大额资金监控系统顺利上线，成为国资委第二批37家央企中大额资金动态监测项目提前上线的企业之一。为切实满足监管意见，购买和开发统一监管报表及分析预警系统，2018年11月投产上线月报功能，初步达到阶段性建设成果。

【党建工作】2018年，公司深入学习贯彻习近平新时代中国特色社会主义思想和党的十九大精神，推进“两学一做”学习教育常态化，以“党建质量提升年”为载体，以党建工作责任制为抓手，充分发挥了党支部“把方向、管大局、保落实”的作用。2018年1月制定《2018年党建工作计划》，签订党建责任书。2018年2月修订完善相关党的制度，编制印发了《党建制度汇编》；2018年6月按照集团党委及两个“1%”要求，配备了一名专职党务人员；通过创新学习方式，组织开展了多项体验性、交互性的学习交流活动；从严管党治党、规范开展党的建设，督促党建责任落实到位，被评为集团优秀基层党组织。

中国建材集团财务有限公司

【集团概况】2018 年中国建材集团（以下简称“集团”）实现利润总额同比增长 21%，营业收入同比增长 15%，社会贡献总额达 768 亿元，全面超额完成年度经营目标，创造了历史最好业绩。集团深入推进组织精健化、管理精细化、经营精益化“三精”管理，提前一年完成国务院国资委下达的三年压减总目标。成为新一批国有资本投资公司试点，“小两材合并”圆满完成，发展活力显著增强。一批重大科技创新成果取得突破性进展，荣获国家科技进步特等奖和国防科技进步一等奖，累计有效专利超过 11000 项。新材料业务迅猛发展，国际化和工程服务业务成果显著，“六个一”海外布局初见成效，集团“三足鼎立”格局更加完善。

【经营概况】中国建材集团财务有限公司（以下简称“公司”）2018 年营业收入增长 23%，利润增长 15%，增利节费合计 1.08 亿元。日均存款增长 21.77%，为成员单位授信增长 73.81%，票据业务增长 81.63%，日均贷款、结算量、结算笔数均增长 14%；完成公司迁址、股权变更、公司更名等系列重大监管行政审批事项；各项业务有序开展，新业务逐步推进，各经营指标均符合要求。

【信贷业务】2018 年度日均自营贷款增长 3.5%。公司积极为成员单位提供过桥贷款服务，最大限度为成员单位节约了财务费用。公司同时严格按照有关规定，对每笔贷款进行贷款首次检查和按季度的贷后审查，确保成员单位按照合同约定用途使用贷款。

【资金业务】公司建立每日上午 9 点、下午 4 点所有银行资金头寸统计结果共享报告机制，建立成员单位的大额用款提前预约报备机制；建立贷款发放及收回、定期资金及到期、同业拆借等资金信息共享机制，及时了解和掌握公司资金头寸情况，对资金头寸进行合理安排，确保公司流动性充足。公司通过同业拆借解决临时性头寸不足，实现资金流动性与收益的平衡。

【票据业务】2018 年，公司电票业务已覆盖了集团主要成员单位，进入全面开展阶段，通过再贴现、转贴现等方式，进一步扩大了票据贴现业务范围。2018 年通过人行电票系统为成员单位累计开出电票金额 1.13 亿元，为集团内上下游企业提供更完善的金融服务，加强财企合作，进一步助力集团产融结合。

【外汇业务】公司采取美元定期存款利率直接与 Libor 挂钩的浮动利率措施，2018 年吸收美元存款日均比上年增长 43.09%，定期美元利率比上年同期增加 0.67 个百分点，使得公司从外部银行取得美元存款收益可以更多惠及成员单位。为提高公司收益，通过期限错配，把吸收活期美元存款存为 7 天滚动定期存款，既保证流动性又提高了美元收益。

【资金集中】公司继续为各成员单位办理开户、联网授权，提供资金上收下拨、对外付款、内部转账等资金结算服务，免收各类代理结算费用；办理存款存入、支取、结息等资金服务，提供电子回单自助打印功能。2018 年度日均存款增长 21.8%，结算量增长 14.61%，资金池规模进一步扩大。

【业务创新】2018 年起草和修订了财务公司保函业务、财务公司电票贴现等业务流程，为成员单位开具多份保函，并通过票交所系统为成员单位办理电票贴现，以及兑付电票。这些新业务的开展，标志着财务公司服务成员单位的功能进一步扩大。

【风险管理和内部控制】公司已建立了较为完善的法人治理结构和制度体系。组织开展了全业务部门规章制度年度修订工作，截至2018年末，公司共有规章制度129项，业务流程116项，覆盖现有业务活动和日常管理活动。公司开展了“深化整治银行业市场乱象年度工作”等专项工作；制定了《关于执行〈法人金融机构洗钱和恐怖融资风险管理指引（试行）〉的工作方案》，切实巩固案防工作防线；开展5期风险、合规、法律培训；开展2个专项审计及委托贷款专项审计，为公司业务开展保驾护航。

【人力资源管理】公司继续坚持以人为本的理念，从人力资源的开发、培育、配置、利用等方面不断优化管理，努力实现人力资源管理工作的高效率。组织法律法规、信息技术、风险合规、专业技能等各类培训考试共58次，471人次参加。修订6项制度；加强同业交流学习，提高从业人员素质。先后到10余家财务公司进行了交流学习；建立员工收入管理的长效机制。结合关键、重要岗位，对专业技术人才薪酬实行动态管理；根据岗位类别调整机制，完善了员工上升通道，调动了一般岗位员工的积极性和创造性。

【信息化建设】保障网上金融服务系统安全生产运营，2018年业务零中断；根据金融行业科技发展趋势，对标银行业务系统技术标准，借鉴同业机构的系统建设发展经验，开展300多次业务交流和技术沟通，完成《资金共享平台系统建设报告》；开展了2次信息系统专项自查工作，机房基础设施应急演练2次、核心业务系统应急演练2次，核心业务系统容灾恢复演练2次，有效地保证了核心系统的业务连续性；组织开展技术和管理层面评估，从多维度进行系统安全加固，高分通过国家信息安全等级保护三级测评，取得等保三级测评报告；完成《公司安全管理制度体系框架图》及120项信息安全管理体系文档的修订工作。

【企业文化建设】公司不断培育和践行先进企业文化，加强正面宣传引导。大力开展先进人物和部门宣传，塑造良好的公司形象，用和谐包容的文化振奋精神、凝聚力量。抓好新闻宣传和舆论引导工作，围绕改革开放40周年等重大主题，结合公司实际，讲好中国建材故事。组织读书会、马拉松比赛、员工拓展、文体活动、春秋游、摄影比赛等各类活动14次，296人次参加。

【党建工作】2018年召开党委会16次，党的领导与生产经营有机融合；按时保质完成党委、支部换届工作。公司第二党支部被集团评为“五好党支部”，2个岗位被集团评为“党员先锋岗”；制定完善各类制度18项，民主生活会、组织生活会突出政治学习教育、党性锻炼。党委委员、支部书记讲党课6人次；忠实履行国有企业的社会责任。全年共组织3次扶贫活动，捐款捐书合计金额25万余元。

中国南航集团财务有限公司

【集团概况】中国南方航空集团公司（以下简称“集团”）成立于2002年10月，是中央管理的三大骨干航空集团之一。集团主营航空运输业务，兼营飞机发动机维修、进出口贸易、金融理财、传媒广告、地产等相关产业。集团主业公司中国南方航空股份有限公司在上海、香港和纽约三地上市，现有16家分公司、22个国内营业部和68个国外办事处。集团是中国运输飞机最多、航线网络最发达、年客运量最大的航空公司。2018年获评SKYTRAX“全球最杰出进步航空公司奖”。

【经营概况】2018 年，中国南航集团财务有限公司（以下简称“公司”）充分发挥金融机构服务实体经济职能，加大境内外币资金归集力度，推进集团司库系统建设，圆满完成集团各项考核目标。2018 年公司利润总额 2.08 亿元，同比增长 19%；日均资金集中度为 83.39%，较 2017 年增长 5.65 个百分点；资产收益率为 1.76%，在三大航财务公司中居首位。

【服务实体】公司在市场信贷规模收紧、融资利率高企的情况下，坚持以基准利率下浮 10% 为集团主业提供资金支持，截至 2018 年 12 月共为集团节约财务成本 2048 万元，同比增加 680 万元；配合集团做好资金集中管理相关工作，按时按质完成每日数据统计工作。

【信贷业务】2018 年，公司合理安排信贷投放，以优于市场主流银行贷款利率的价格，向集团、股份、建设、飞机维修、翔翼、地勤等多家公司提供贷款。截至 2018 年末，公司存量贷款合计 28 笔，金额合计人民币 37.95 亿元。2018 年公司信贷业务各主要指标均出现显著增长，各项风险指标均控制在安全范围内，不良贷款率保持为零。

【资金业务】2018 年，公司加强本外币活期竞价管理，拓展资金运用渠道和融资渠道，资金收益得到较大提升。全年人民币活期加权平均收益率同比增加 38 个基点；美元、港元、澳大利亚元活期利率分别提升约 175 个基点、34 个基点、11 个基点。向 3 家同业机构拆出资金，新增 4 家同业机构授信。

【投资业务】2018 年，公司继续延续谨慎、稳健的投资风格。投资组合以固定收益产品为主，以货币基金为流动性管理工具。在市场环境发生变化时，适当调整投资组合。全年投资收益 5801 万元，同比增长 29%。

【外汇业务】2018 年，公司积极拓展境内外汇资金集中管理范围，建立欧元、澳元、日元、新加坡元四大外币资金池，归集外币资金达 3.80 亿元。推进即期结售汇业务落地。制定 16 项业务管理制度及操作流程，开发结售汇业务处理系统，向外汇局申请即期结售汇业务资格，各项软硬件设施通过了外汇局广东分局的现场考察验收。

【资金集中】2018 年，公司协助雄安公司等 44 家成员单位完成了 60 个本外币账户的资金集归集，归集本外币资金近 15 亿元。2018 年集团全口径日均资金集中度达 83.39%，同比增加 5.65 个百分点。

【业务创新】公司着手研究和推进快速贷款、产业链金融、电子商业汇票业务等创新型业务；推进五小创新项目，成功完成集团资金集中度自动统计系统的建设。

【风险管理和内部控制】2018 年，公司开展有关公司治理、内控建设、资金管理、信息科技、“三重一大”、对账检查、反洗钱等检查工作，协助开展领导干部经济责任审计，通过查找问题、推动整改、规范管理，促进公司提高内控建设水平，提升合规经营能力。

【人力资源管理】2018 年，公司加强人力资源管理改革创新重要领域和关键环节改革不断突破。规范移动通讯费管理，优化干部选拔工作完成用工薪酬制度改革。压实风险防控责任，制定《绩效薪酬延期支付和追过扣回管理办法》和《问责管理办法》，对重要岗位人员实行绩效薪酬延期支付制度。

【信息化建设】2018 年，为满足公司业务发展需要，业务处理系统利率市场化项目和结售汇项目功能上线。积极配合集团推进司库系统建设，谋划公司新一代核心系统同步实施，统一上线。构建以结算管理、信贷管理、同业业务、票据管理、投资管理、风险控制等为一体的信息系统，进一步发挥公司“四个平台”作用。

【企业文化建设】强化文化引领，营造和谐企业文化氛围。积极宣传社会主义核心价值观，深入践行“严、实、细、准、廉”的工作作风，营造“安全、诚信、和谐”的良好企业氛围。创新方式方法，开展形式多样的文体活动。发挥群团服务带动员工的积极作用，围绕“安全、经营、服务”等中心工作，积极开展丰富多彩的游园、健步走、趣味运动会、骑行登山、插花茶艺活动，丰富员工业务生活，持续开展员工关爱活动，增强员工归属感。

【党建工作】2018 年，公司扎实开展党的十九大精神和习近平新时代中国特色社会主义思想学习宣贯，公司领导干部主动走上讲台宣讲和讲党课共计 15 次，党委班子成员开展“四个一”活动；坚持两个“一以贯之”，修订完善《党委会议事规则》，明确了党委六大类 23 项重要事项进行前置研究；扎实开展“双争”活动，1 个党支部和 1 名党员被集团评选为品牌党支部和“四好党员”；深入开展“政治生日”活动，广大党员的向心力、凝聚力、战斗力进一步增强；扎实开展“五小创新”活动，1 项获得集团优秀成果三等奖，以小切口推动大变革。

中国能源建设集团财务有限公司

【集团概况】中国能源建设集团有限公司（以下简称“集团”）成立于 2011 年 9 月，是国务院国资委直接管理的特大型能源建设集团。集团肩负着“世界能源、中国能建”的使命，是全球范围内从事工程项目规划咨询、勘测设计、工程建设、装备制造、投资运营为一体的综合服务商，是中国乃至全球电力行业最大的综合解决方案提供商之一。集团已在 80 个国家和地区设立了 147 个境外分支机构，业务足迹遍布中国所有省区和 140 多个国家和地区，签约项目覆盖“一带一路”沿线超过 60% 的国家。

【经营概况】2018 年，中国能源建设集团财务有限公司（以下简称“公司”）以“立足集团，服务实体”为宗旨，发挥“四个平台”功能定位，聚焦服务集团及成员企业，依法合规经营，超额完成了集团下达的年度经营业绩考核目标和保增长目标。截至 2018 年末，公司资产总额 395.6 亿元，同比增长 76.67%；2018 年实现营业收入 6.89 亿元，同比增长 118.73%；实现利润总额 2.36 亿元，同比增长 107.02%；资本充足率 13.01%，流动性比例 80.25%，不良贷款率为零，不良资产率为 0.05%，资金集中度为 57.58%。

【信贷业务】截至 2018 年末，公司自营贷款余额达到 135.9 亿元，同比增长 112.38%，创下公司历史新高。一是编制年度贷款计划，合理分配信贷资源，大力支持集团主业发展。二是将客户评级、授信范围扩大至 69 家成员企业，并优化评级体系，为信贷业务开展提供依据。三是大力推进银团贷款业务，为集团撬动外部资金 25.3 亿元。

【资金业务】2018 年，公司按照“价高者得”的原则，科学合理开展资金运作，在兼顾资金安全的基础上，不断提高归集资金收益。积极开展同业资金运作，对头寸资金进行期限错配，使头寸资金运作兼顾了定期存款的高收益和活期存款的流动性。广泛开拓高收益的同业存放渠道，提高同业活期存放收益。

【投资业务】2018 年，公司坚持依法合规的原则，审慎开展投资业务，努力提高资金投资收益。根据市场行情，积极配置资金开展国债逆回购、货币市场基金、同业存单等固定收益类业务，不断盘活闲置资金。加强金融市场研究，每月定期形成金融市场资讯，为集团和公司开展金融投资提供资讯服务。

【外汇业务】2018 年，公司上线了外汇业务信息系统，打通了外汇局数据通道，建立了外汇业务相关配套制度，首次开展了集团境内外汇资金集中。截至 2018 年末，公司吸收外汇资金 1487 万美元，外汇业务实现了“零的突破”。

【资金集中】2018 年，公司资金集中管理工作取得了重大突破，资金集中规模再次创下历史新高。截至 2018 年末，公司吸收存款余额达 369.6 亿元，同比增长 86.72%；全口径资金集中度达 57.58%，较上年末提高 23.21 个百分点。一是按日监测各成员企业资金集中度，加强对成员企业资金集中度的考核。二是建立贷款利率定价与资金集中管理的联动机制，引导客户提高资金集中度。三是整合集团下属两家资金中心，推动集团资金平台的统一。四是积极主动对接集团内重组公司，按照一企一策的金融服务方式，促进成员企业资金集中。五是配合集团对成员企业银行账户进行全面清理，尽可能减少可归集资金的体外循环。

【业务创新】2018 年，公司紧密围绕集团需求，开展业务创新，提高服务集团能力。一是在集团内首次推出法人账户透支业务，为优质客户提供更便捷、灵活的融资服务，年末法人透支余额达到 10 亿元。二是通过全国银行间同业拆借中心交易系统平台成功办理两笔同业存单业务，资金运作渠道进一步畅通。三是首次开展集团内外汇资金集中，不仅拓宽了资金集中范围，而且为外汇贷款业务的开展打下了基础。

【风险管理和内部控制】2018 年，公司贯彻落实监管要求，深入开展合规建设，发挥审计稽核作用，推动依法治企水平不断提高，合规风险保持可控。一是在董事会下成立审计委员会，董事会对公司内部控制建设的监督力度得到增强。二是修订公司制度 180 项，修订各部门及岗位职责说明书，制定了各岗位权责清单，内控体系进一步完善。三是全面推进依法治企，对规章制度、法律合同、重大决策事项的法律合规审查覆盖率达到 100%。四是加大稽核审计监督力度，全年针对 8 个审计项目提出的 21 条建议均进行了认真整改。五是积极落实监管要求，深入开展了“内控合规深化年”、支持打好“三大攻坚战”等各项风险防控活动及检查。

【人力资源管理】2018 年，公司不断盘活人力资源，激发企业发展的内生动力。一是修订公司绩效考核管理办法，进一步细化职工绩效与业绩挂钩的内容，不断激发职工积极性。二是本着激发活力、岗位交流、内控合规的原则，对 5 名中层干部进行了岗位轮换。三是积极开展干部挂职、交流、培训等工作，推荐 2 名优秀干部到股份公司挂职锻炼，2018 年组织内外培训 296 人次，职工队伍素质不断增强。四是实施公司新补充医疗保险政策和企业年金政策，进一步增强职工凝聚力和归属感。

【信息化建设】2018 年，公司信息化建设立足业务和管理需求，持续进行优化升级。一是改造浪潮资金系统并与公司核心业务系统直联，建设与集团总部报销系统的直联接口，开通银行自动收款功能，资金结算服务功能进一步增强。二是搭建集团大额支付监测系统，为发挥资金监控功能提供了平台。三是建设法人账户透支系统和外汇业务系统，为开展法人账户透支业务和外汇业务提供了系统支撑。四是搭建公司新公文处理系统，升级综合办公平台，与集团公文处理系统实现直联。五是建设上线人力资源信息系统，充分满足和保障了公司人力资源管理工作的高效有序。

【党建工作】公司坚持党要管党、全面从严治党，以改进工作作风为突破点，抓好党建融入生产经营，使党建与生产经营形成齐抓共管的工作合力。一是开展“抓党建促作风，以作风促发展”主题活动，将党建年度重点工作与经营重点任务结合，促进各项工作责任落到实处。二是健全完善了“三重一大”事项的决策制度、台账和党委前置研究事项，进一步规范了“三重一大”决策机制。三是加强日常监督和廉洁教育，持续开展作风建设，不断提高全体干部职工廉洁自律意识。四是研究制定“四位一体”监督体系机构人员权责清单，明确各方权力和责任，让“四位一体”监督体系运行顺畅、有章可循。

Z

中国平煤神马集团财务有限责任公司

【集团概况】中国平煤神马集团（以下简称“集团”）是一家以能源化工为主导的国有特大型企业集团，产业遍布河南、湖北、江苏、上海、陕西等9个省区，产品远销30多个国家和地区，与40多家世界500强企业及跨国集团建立战略合作关系。旗下拥有平煤股份、神马股份、易成新能3家上市公司和5家新三板挂牌公司，营业收入、资产总额均达1500亿元。

集团是我国品种最全的炼焦煤、动力煤生产基地和亚洲最大的尼龙化工产品生产基地。集团坚持“以煤为本，相关多元”的发展战略，构建了以煤焦、化工、新能源新材料为核心产业，装备制造、建工等产业协同发展的产业体系。煤炭产能4500万吨，焦炭、糖精钠、超高功率石墨电极、碳化硅精细微粉产能全国第一，尼龙66盐、工程塑料产能亚洲第一，工业丝、帘子布产能世界第一。

【经营概况】2018年，中国平煤神马集团财务有限责任公司（以下简称“公司”）认真实施合规管理，积极稳健开展业务，努力开创新局面。截至2018年末，公司资产总额86.16亿元，负债总额75.54亿元，所有者权益11.62亿元，全年营业收入2.09亿元，利润1.62亿元，较好地完成了集团下达的指标，各项监管指标持续优于监管要求。

【信贷业务】2018年末，公司各项贷款余额59.22亿元，同比增加12.51亿元。受公司自身实力和金融监管形势影响，2018年公司信贷业务以防范风险为重点，以稳健开展为目标，服务成员单位的信贷业务主要是贷款、贴现、承兑、委贷等传统业务，服务成员单位36家。全年完成信贷投放77.81亿元，其中，贷款57.85亿元，贴现19.96亿元。另外为成员单位签发银行承兑汇票11.2亿元，办理委托贷款1.35亿元。2018年累计收取利息25371.71万元，为成员单位节约财务费用约为5481.91万元，在集团降本增效、结构转型方面发挥了较强的助力作用。

【资金结算】2018年，公司资金归集不断做大，以结算促集中，以流量带存量，下发了《中国平煤神马集团货币资金集中管理办法（暂行）》和《中国平煤神马集团货币资金集中管理实施细则（暂行）》，进一步提高集团成员单位归集资金的主动性和积极性，创造条件做好资金集中管理日常工作，2018年末公司开户单位达到273家，开立账户374个，全年办理结算20.28万笔，金额5834.73亿元，结算量、结算金额创历史新高。2018年末公司吸收存款达到73.10亿元，较年初增加12.45亿元，增幅为20.53%。制定了《中国平煤神马集团财务有限责任公司银行间债券市场业务管理办法》，在中央国债登记结算有限责任公司开立了债券账户和资金账户，办理了券款对付及联网手续，加入了银行间市场交易商协会，2018年8月正式加入全国银行间债券市场，2018年11月成功办理首笔债券质押逆回购业务。

【票据业务】2018年，公司票据业务稳步发展，签发票据11.2亿元，同比增加0.48亿元，受公司担保比例的限制，票据承兑业务已达到较高水平。票据贴现2018年办理19.96亿元，同比增加4.77亿元，增幅为31.40%。2018年积极落实支持小微企业的金融政策，利用人民银行的支小支农定向再贴现额度为小微企业办理低息贴现9085万元。

【稽核审计】2018年，公司充分发挥稽核审计职能作用，把审计项目重心向基础经营管理方面倾斜，重点进行了常规、专项、离岗离任等方面的稽核审计。在常规稽核审计方面，

2018 年共审计结算业务 145081 笔；在专项稽核审计方面，开展了授信业务、对账业务、存放同业、反洗钱以及信息安全等工作的专项审计。通过以上审计，共查出各类问题 10 多条，涉及业务金额 46812 万元，有力地促进了各项工作的规范开展。

【风险管理和内部控制】2018 年，公司推动风险管理机制建设，制定了《风险管理指引》和《风险管理办法》，构建了本公司风险管理组织结构，重新审定公司授权流程和内容，审定了公司年度合规检查计划和资产管理风险偏好等工作；对《中国平煤神马集团财务有限责任公司规章制度汇编》中各项规章制度进行了重新评价和修订完善，2018 年完成制度修订 12 项，新增制度 7 项。

【信息科技】公司一是持续完善信息科技治理，修订了《财务公司网络管理运行制度》，新增《金融城域网接入客户端管理制度》和《中国平煤神马集团财务有限责任公司电子商业汇票系统危机处置预案》。二是持续发展信息科技创新，谋划实施核心业务系统转型升级，推进票据业务系统升级改造，配合上海票据交易所完成电子商业汇票系统纸电票据交易融合项目，顺利完成了纸电融合项目上线工作。

【人力资源管理】2018 年，公司积极参加由银行业协会、财务公司协会、人行、银保监局、票交所等部门组织的上海票交所票据交易系统实务操作培训班、中国财务公司协会结算基础业务培训班、中央结算公司债券托管结算培训等各类业务培训和会议。

【党建工作】2018 年，公司认真履行“一岗双责”制度，开好“三会一课”，组织多种形式的主题党日活动，带领党员干部重温入党誓词，不忘初心。

中国石化财务有限责任公司

【集团概况】中国石油化工集团有限公司（以下简称“集团”）是 1998 年 7 月在原中国石油化工总公司基础上重组成立的特大型石油石化企业集团，注册资本 2749 亿元人民币，是中国最大的成品油和石化产品供应商、第二大油气生产商，是世界第一大炼油公司、第二大化工公司，加油站总数位居世界第二，在 2018 年《财富》世界 500 强企业中排名第 3 位。

【经营概况】2018 年，中国石化财务有限责任公司（以下简称“公司”）深入学习贯彻党的十九大精神，坚持稳中求进总基调，紧紧围绕助力集团转型升级、打好三大攻坚战等中心任务，做强做优传统业务，积极稳妥开展市场化业务，持续强化风险防控和内部管理，持之以恒加强党的建设，圆满完成全年各项目标任务。全年实现营业收入 45.36 亿元，实现利润总额 24.41 亿元，年末资产总额 2261.96 亿元，所有者权益 254.62 亿元。

【服务实体】2018 年，公司通过免费结算、票据服务、结售汇和存贷款利率优惠、高效办理资金归集等方式，为集团主业协同创效超过 36 亿元。推广产业链金融业务，间接为集团成员单位减少资金占用上百亿元，为上下游客户节约融资成本超亿元。

【资金集中管理】2018 年，保持集团“资金池”“票据池”、电商支付三大平台及各主要信息系统安全稳定运行，全年累计完成资金结算 2916.31 万笔，金额 50.73 万亿元，保持“录入零差错、收付零损失、服务零投诉”，为成员单位提供票据业务服务合计 9.18 万笔，金额 907.35 亿元，支付平台在线结算量 23.38 万笔，金额 2933.38 亿元。

【资金业务】2018 年，公司充分发挥金融机构优势，综合利用本外币拆借、债券回购、票据转（再）贴现等手段，从外部金融市场融资，保障成员单位资金需求，融资成本保持同业市场较低水平。科学编制资产负债计划，优化资产负债结构，不断提高资产负债管理水平，实现公司经营“安全性、流动性、效益型”的有效平衡。

【信贷业务】 2018 年，公司持续以优惠信贷资金，支持配合集团主业提质增效和推进防范风险、处僵治困、分离移交三大改革攻坚战，累计提供各类贷款支持 1040 亿元，日均规模 540 亿元。积极开展委存委贷业务，累计办理 539 亿元。成功在湛江关区试点开展担保业务，成为石油化工行业可开立关税保函的首家财务公司，累计开立保函 26.71 亿元。

【外汇业务】 2018 年，公司积极为成员单位提供政策和汇率走势咨询服务，坚持汇价优惠，满足集团进口原油购付汇等需求，累计办理结售汇 672.99 亿美元，同比增长 34%，帮助集团企业节约购汇成本达 7 亿元。精确把握外汇市场动态，准确研判汇率趋势，加大灵活交易比例，外汇中间业务收入显著提升。

【投资业务】 2018 年，公司面对单边下跌的股市以及相对向好的债市，控制投资规模，优化投资结构，审慎灵活开展市场交易。按照监管机构工作要求，加强投资业务底层资产管理，严控资金投向，有效防范外部风险传导。在资本市场表现乏力的情况下，综合投资收益率基本达到年度目标。

【产业链金融业务】 2018 年，公司两级班子成员带头，加大产业链金融业务推介力度，主动走访企业 900 余次，参加企业组织的内部会议及客户座谈会等 60 余场次，先后向 7800 余人次进行产品推介，累计开展产业链票据贴现、应收账款保理、买方信贷等产业链金融业务 1.17 万笔，金额 120 亿元，积累产业链客户 1234 家，产业链金融业务开展成效明显。

【市场化经营管理】 2018 年，公司坚持从市场降成本、增效益，市场化业务收入占比达 56.46%，同比增长 9.68%。强化市场分析研究，紧盯市场动态，抢抓市场机遇，在确保流动性和风险可控的基础上，灵活运用各种同业市场工具，加强阶段性沉淀资金运作，短期资金运作加权收益率高于一年期国债利率。持续推进市场化管理，完善 FTP 内部利率市场化定价体系，及时准确传导市场压力；优化 PMS 定价体系，实现存贷款利率定价 100% 系统测算。

【风险管控】 2018 年，公司全面做好“打好防范风险攻坚战”各项工作，确保集团公司境内资金平台安稳运行。严格贷款“三查”工作，制定产业链金融业务风险防控指导意见，促进业务稳健发展。开展成员单位股权比例、委托贷款、投资等专项排查，及时报送非现场监管、反洗钱工作等各类报告、报表。

【信息化建设】 2018 年，公司深入推进信息化建设，不断增强运维保障能力，始终确保各业务系统稳定高效运行。稳步推进信息化系统建设，完善票据交易系统的直联接口和功能提升，全面实现五大直联银行回单电子化，完成公司内外网网站改造及协同办公系统升级。构筑信息系统安全网，修订更新网络安全管理制度，开展重要信息系统综合应急演练，重要系统运行无事故。

【人力资源管理】 2018 年，公司制定人才强企工程行动方案，持续加强干部人才队伍建设，1900 余人次参加各类培训，人均参训时间 46 小时。按照集团三项制度改革指导意见，研究制定公司三项制度改革实施方案。按计划做好建章立制工作，推进岗位管理体系建设，全面开展岗位说明书修订工作。

【党建工作】 2018 年，公司坚决把履行好政治责任放在首要位置，坚持将党建工作与经营管理工作同谋划、同部署、同要求，公司上下对“抓好党建就是最大政绩”的认识不断提高。开展两期中层干部培训班，从延安精神中汲取营养，推动学懂弄通做实习近平新时代中国特色社会主义思想和党的十九大精神。积极配合集团党组巡视，及时做好巡视反馈立行立改问题的整改落实。修订贯彻落实中央八项规定精神具体措施，制定六类岗位人员履行党风廉洁建设和反腐败工作责任清单，强化监督执纪问责力度。

【企业文化建设】2018年，以公司成立30周年为契机，围绕“牢记使命、砥砺奋进”的主题，制作公司宣传片、纪念册，征集编发企业文化故事集，不断加强企业文化教育，员工的企业归属感、荣誉感和责任感进一步增强。广泛开展群众性文体活动，持续做好“橙房子”青年志愿服务，积极为青年搭建彰显个性、展示才华、提升能力的舞台，公司内部保持和谐向上的良好氛围。

中国铁建财务有限公司

【集团概况】前身是铁道兵的中国铁建股份有限公司，由中国铁道建筑集团有限公司（以下简称“集团”）独家发起设立，于2007年11月5日在北京成立，为国务院国有资产监督管理委员会管理的特大型建筑企业。2008年3月10日、13日分别在上海和香港上市，股份公司注册资本135.8亿元。集团业务涵盖工程承包、勘察设计咨询、房地产、投资服务、装备制造、物资物流、金融服务以及新兴产业。集团经营范围遍及全国31个省、自治区、直辖市及香港、澳门和台湾地区，以及世界116个国家。

【经营概况】2018年，中国铁建财务有限公司（以下简称“公司”）资金集中、发放贷款、营业收入、净利润等主要经济指标再创历史新高，各项存款余额1018.97亿元，首次突破千亿元大关，同比增加116.5亿元，增幅为12.91%；发放贷款日均余额532.81亿元，同比增加70.89亿元，增幅为15.35%；实现营业收入27.92亿元，同比增加4.94亿元，增幅为21.50%；实现净利润8.59亿元，同比增加1.33亿元，增幅为18.32%。通过提供各类质优价廉的金融产品，落实各项优惠政策，2018年全年为集团创造经济价值20.48亿元，其中，公司自身实现利润8.59亿元，计提减值准备5.7亿元，存款利息上浮1.78亿元，贷款利息优惠3亿元，免除资金结算费用0.31亿元，减免保函、外汇、中间业务、咨询鉴证等业务手续费1.1亿元。

【服务实体】公司为成员单位提供各项优惠条件。相对于外部银行各项存款利率普遍上浮30%～50%；最大限度地降低协定存款起存点，账户超过10万元的资金将自动转存为协定存款，享受优惠利率；结算业务无手续费、保函不单交保证金且免费、免费办理资信证明、免费办理询证函、免费办理网银证书等。公司巩固和加强集团内部资金池，加强资金调剂，为成员单位提高资金利用率提供便利。截至2018年末累计为成员单位建立35个内部资金池，归集各集团子账户8997个，资金池调剂资金315.5亿元，极大地提高了各集团的资金使用效率，为成员单位节约资金成本8.3亿元。公司继续拓展和完善区域资金池。在兰州、贵阳、珠海、济南、西安、青岛、桂林等地域建立“区域资金池”的基础上，新增广州、上海、福州等地域资金池。四是对重点项目，建立专项资金池。配合投资集团湖南安慈项目与湖南省交通厅同属地银行进行协商，实现了对该项目及所属参建单位的全部资金进行归集。

截至2018年末，公司已累计为231家外部供应商客户办理了“一头在外”的票据贴现，累计金额约12亿元，其中，小型企业客户112家，累计办理金额4.52亿元；微型企业客户43家，累计办理金额约1亿元。小微企业数量约占总客户数量的三分之二，办理金额约占总金额的一半。该业务的开展切实缓解了中小微企业融资难问题，实现了产业链上下游企业整体共同发展。

Z

【信贷业务】公司秉承“金融服务实体经济、助力集团提质增效”的宗旨稳步推进信贷业务，坚持“有扶有控、有保有压”的投放原则，有效配置集团内部资源，金融平台作用得到充分发挥。一是信贷投放稳步推进。截至2018年末各项贷款余额525.02亿元，同比上年增长20%；贷款日均余额532.80亿元，同比上年增长15.35%。二是铁建保函长足发展。公司在原有的投标、履约、预付款、质保、廉政等保函类别的基础上，增加了海关关税保函、农民工工资保函、安全文明施工保函和对外劳务合作风险处置备用金保函，业务品种更为丰富。2018年公司累计开立保函逾400笔，金额超90亿元，其中受益人为中国铁建外部单位的超过40%，包括多地政府机构、铁路局、城投平台和知名企业等，为成员企业大幅节省财务费用支出。三是信贷产品类型不断丰富。公司首次参与PPP项目融资，向新机场北线高速公路（北京段）项目授予了总额10亿元的固定资产贷款授信，助力京津冀协同发展；公司首次对共有产权房项目进行授信，向中国铁建房地产集团开发的北京市门头沟共有产权房项目授予总额5亿元的房地产开发贷款专项授信，支持北京住房保障建设。

【资金业务】2018年，国家先后四次降准，金融市场资金较为宽松，同业利率逐步走低，公司调整资金管理策略，双向提高授信额度，加大资金拆借频率和成员单位信贷支持力度，充分挖掘资金管理潜力。一是完善资金管理规则和资金计划体系，规范成员单位头寸报备机制，引导成员单位及时准确预测收支，为公司资金头寸管理提供依据；细排资金计划，每日末安排次日资金收支计划，科学安排各区域资金头寸，降低结算备付金比例，提高资金周转效率，最大限度地提高了资金收益。二是抓住金融市场低息融资机会，加大同业拆借力度，2018年日均拆借资金37亿元，为历年最高，在补充公司流动性的基础上，获取了部分收益。三是加强同业议价，积极同各商业银行保持密切沟通，在市场利率波动的情况下，通过积极磋商、业务合作等方式，延迟下调、及时上调同业利率，使公司利率跑赢“大盘”。四是全力为信贷业务和投资业务做好资金支持保障工作，在监管和头寸允许的情况下，全力满足成员单位信贷需求，2018年全年日均信贷同比增长15.38%，对成员单位流动资金贷款利率平均下浮14%；立足流动性均衡管理的总原则，公司本年相继开展了货币基金申赎、国债买卖、信用债买卖业务，改变了以往存放同业的单一运作模式，以有限资金创造更多价值，获取金融市场超额收益，利用头寸资金获得税前超额收益1600余万元，利用免税效应节税2140万元。

【投资业务】公司严格按照监管要求和股份公司审批的投资范围稳步开展有价证券投资业务，相继开展了货币基金申赎、国债买卖、信用债买卖、融资及财务顾问、国债正回购、国债逆回购等新的金融业务，进一步丰富了流动性管理工具，提高了资金使用效率，实现了集团资金池的保值增值。面对金融市场利率下行，资管新规、理财新规等政策相继落地等新的市场形势，公司主动筹划，积极应对，相继召开3次投资审查委员会会议，调整有价证券投资范围、原则和策略，投资风控体系不断完善，投资业务得到合规、稳健开展。公司年度货币基金组合投资日均规模21.7亿元，收益率一直稳定在市场前列，超过市场均值约50个基点。

【票据业务】公司积极推动“铁建电票”走出去，打通“铁建电票”全流通环节，提供铁建票据全流程、一体化服务。一是电子银票稳中求进。截至2018年末，承兑余额118.84亿元，较年初增长15.35%。二是电子商票发展迅速。截至2018年末，电子商票开票3310笔，金额113.02亿元。其中，在公司办理贴现977笔，金额73.51亿元，有力协助成员企业发展自身商业信用，降低财务成本，提升产业链黏度。三是票据业务持续优化。公司集思广益、多措并举，继续优化票据承兑、贴现业务手续，精简业务办理资料、完善业务细节、优化业务流程，进一步提升业务办理效率，提供优质金融服务。四是商票代理应答正式上线。公司多次开发测试，于6月底正式上线电子商票代理应答服务，进一步提高电子商票业务流转效率，降低操作风险，保障成员单位商业信用，推进企业信用和票据业务良性互动发展。五是纸电融合投产上线。公司相关部门通力协作，顺利完成了纸电票据交易融合第二阶段投产演练工作。“十一”期间，公司顺利完成纸电票据交易融合第二阶段投产上线工作。2018年10月8日运行首日，公司通过中国票据交易系统成功办理贴现票据到期托收24笔，结算资金2282万元，系统运行顺畅准确。

【外汇业务】公司充分利用集团外汇资金集中运营管理主办企业资质，代理成员单位开展经常项目下集中收付汇业务、境内外外汇资金集中管理、外债和对外放款额度集中调配。同时，利用即期结售汇和银行间外汇市场交易会员的资格，代理成员单位在银行间市场内进行即期结售汇，为成员单位获取更高的收益。公司连接的全球银行金融电信协会（SWIFT系统）已正式启用生产用银行代码（代码：CRFPCN-BJ），并与主办行完成了MT940和MT101的报文测试。试点成员单位已成功接收到境外账户的MT940报文，全球账户可视化集中管理正在稳步推进。与此同时，公司已获得外币拆借业务资格，在银行间外币拆借市场办理拆借业务，不断丰富头寸管理手段。

【资金集中】截至2018年末，公司吸收存款余额1008.8亿元，较上年同期增加113.71亿元，增幅为13%；2018年人民币日均存款675.25亿元，较上年同期增加105.77亿元，增幅为19%。公司进一步提高营销能力及水平，积极探索营销方案，多元并行，延伸触角，扎根一线。一是实现了全系统45家二级单位的营销拜访全覆盖，累计拜访服务二级集团113次；并提前介入大型项目，将营销拜访工作延伸至基层，将业务办理推向一线。全年拜访工作覆盖系统中的71个三级子公司，区域分布全国35个省市，现场处理线上业务758笔，向2384人当面讲解财务公司的业务内容及优势。二是按区域召开推介会，分别在广州、太原、大连、石家庄及南京举办5次区域业务推介会，参会人数达800余人。三是以流带存促进资金集中。通过多形式推介开户优势，拓宽账户种类，进行现场开户服务等措施力促开户数量提升，全年为成员单位新开户2764个，推动集团资金池平移，加大结算促进资金集中。四是提高业务办理效率，提升服务质量。从签收账户资料到客户账户开立正常使用，整个流程的完成只需要3个工作日，并实现业务资料零积压，极大提升了资料流转速度，有效缩短了业务办理时间，进一步提升了服务质量。

【业务创新】公司与招商银行合作推出联合保理业务，采用“无追索权＋有追索权”模式，盘活企业应收账款。2018年8月，公司为中铁十四局成功办理首笔联合保理业务，金额2.92亿元，年化综合成本为5.38%，融资成本和单笔规模在同类产品中具有较强竞争力。截至2018年末，公司已累计办理联合保理6笔，累计办理金额5.46亿元。公司以创新形式召开区域供应链产融结合推介会。2018年10月31日，公司以“财企携手　票通八方”为主题，在昆明召开区域供应链产融结合推介会，首次以区域为中心，“走出去”面对面与产业链上游企业深度对接，进一步推动财企共赢发展，促进产融深度融合。公司首次创新运用“投行＋投资＋营销”业务模式为中铁二十一局2018年度第一期定向债务融资工具发行提供融资及财务顾问服务，密切配合主承销商进行路演，及时抓住资本市场有利形势，积极协调投资者开展认购，极大地提高了发债效率，帮助实体企业节约近700万元成本支出。

【风险管理和内部控制】公司牢固树立风险意识，通过完善利率定价机制、加强对成员单位的授信管理、构筑三道防线建设、不断提升信息系统防控能力等多种手段，不断构筑稳健审慎的风险管控体系。各项监管指标及监控指标均符合监管部门规定，公司内控分析和报告机制完备，运行正常，为公司规范运作发挥了积极作用。每日收集市场信息，对业务进行实时监控；每季度就制度建设、公司治理、法律合规、监管指标情况向经理层和监管部门作出报告；每年就审计稽核结果、内部控制管理情况、全面风险管理情况向董事会报告。公司内控考核结果达到A级，内控管理健全完善。

【人力资源管理】公司建立健全干部选拔、培养、管理、评价等制度体系，树立良好的用人导向，努力打造一支作风优良、品质优秀、专业突出的人才队伍；公司主动落实人才兴企战略，完善领导干部管理、员工晋级、薪酬管理、领导和员工履职待遇支出、职称评聘等管理办法，形成人才脱颖而出的体制机制；公司新任职高管顺利通过银保监会资格审查，考察配备一批部门副职领导，民主产生多名后备干部，接收应届大学毕业生充实新鲜血液；公司鼓励员工参加继续教育、专业培训，员工专业素养不断提高，多人取得国际财资管理师资格、银行间市场外汇交易员资格及上海清算所债券登记托管及结算业务证书、中央结算公司债券托管结算业务证书。

【信息化建设】公司高度重视信息科技工作，持续加大“人、财、物”投入，优化困扰核心系统的重难点问题，正式上线对私批量支付及退回、代理收款、落地业务、电子票据代理应答等多项自动化功能，系统运行效率大幅提高，客户体验大为改善；稳妥实施新核心系统建设，数据迁移上线等准备工作有条不紊进行；自主开发应用程序达40余项，不仅节约直接成本上千万元，而且针对性强、方便实用，极大地提升工作质量和效率；硬件系统规划、两地三中心建设、网络安全防护、外接系统切换取得新进展，业务连续性的科技保障能力迈上了新台阶。在业务日益增加、信息安全形势日趋严峻的情况下，公司实现了信息安全零事件、系统运行零事故、敏感信息零泄密的“三零”目标。

【企业文化建设】公司不断深化“铁建金钥匙”文化品牌建设。重点推出“铁建金钥匙”文化讲堂，为员工搭建金融、服务、管理等业务学习与思想交流的开放式平台，促进员工综合素质全面提升，全年累计举办30期。依托业务推介会、行业交流会等平台，大力推介“铁建金钥匙”价值内涵和文化主题歌曲，传播了企业价值主张。丰富文化品牌宣传媒介，修订企业宣传册、宣传片、企业文化手册，首次尝试制作品牌产品动漫宣传片，进一步推动了“铁建金钥匙”文化理念的宣贯落地，提升了文化品牌的知名度和影响力。

【党建工作】公司切实增强“四个意识”，坚定“四个自信”，践行“两个维护”，学习宣传贯彻习近平新时代中国特色社会主义思想和党的十九大精神；健全完善体制机制，修订党委会议事规则，落实企业党组织研究讨论“三重一大”事项的前置程序，保证党组织有效参与企业决策；调整成立3个党支部、7个党小组，优化支部机构设置；出台《党建工作责任制实施办法》，严格执行“三会一课”制度，严肃党内政治生活，促进“两学一做”学习教育常态化制度化；建立领导班子成员工作联系点制度，班子成员深入联系点调研指导工作；打造智慧党建系统，致力于构建集党员管理、学习、交流于一体的多功能平台；探索党建结对共建，走出去赴中央企业、中国铁建首批示范党支部豫机项目开展对标学习等；推进“两个责任”落实和“三不”机制建设；出台《领导人员廉政档案管理办法》，开展“五个一”廉洁教育，充分发挥大监督体系作用；发挥群团组带桥梁作用，加强民主管理，关爱职工生活，举办经典诵读等文体活动，引导群团组织服务职工、服务企业，推动企业实现共享发展。

中国铁路财务有限责任公司

【集团概况】 中国铁路财务有限责任公司（以下简称“公司”）所属中国铁路总公司（以下简称“集团”）是经国务院批准，由中央管理的国有独资企业，所属主要企事业单位包括铁路局集团公司、其他企业和所属事业单位等。2018 年，全国铁路固定资产投资完成 8028 亿元；全国铁路营业里程达到 13.1 万公里以上，其中高铁 2.9 万公里以上；全国铁路完成旅客发送量 33.7 亿人，同比增长 9.4%；全国铁路完成货物发送量 40.22 亿吨，同比增长 9.1%。

【经营概况】 公司于 2014 年 12 月 8 日经中国银监会批准筹备（银监复〔2014〕885 号）；2015 年 7 月 10 日获批开业（银监复〔2015〕446 号）；2015 年 7 月 24 日，经国家工商总局登记注册，公司注册资本 100 亿元，由集团及其子公司中国铁道科学研究院共同出资设立，出资比例分别为 95% 和 5%。2018 年末，公司总资产 393.16 亿元，净资产 116.76 亿元，资本充足率为 93%。2018 年实现营业收入 28.85 亿元，利润总额 10.73 亿元。

【服务实体】 公司积极发挥市场竞争和政策引导作用，在计付吸收存款利息方面让利于成员单位，2018 年所有种类存款利率在央行基准利率的基础上均上浮 30% 或 40%，为开户单位增加利息收入 4.61 亿元，同时免收成员单位凭证工本费、资金支付汇费、手续费等全部结算类费用。

【信贷业务】 公司设置定制化信贷产品，优化业务审批流程，提高业务审批效率，加快信贷资金高效投放。2018 年为 17 家成员单位开展评级工作，对 14 家成员单位进行综合额度授信，2018 年授信额度 90 亿元；发放贷款 170 亿元，同比增长 62%；日均贷款余额 165 亿元，同比增长 48%；贷款余额 194 亿元，同比增长 30%，创公司开业以来的新高。2018 年末，委托贷款余额 2.40 亿元。

【资金业务】 公司全力配合集团实行资金统一调度和管理。在控制头寸的前提下，盘活存量资金，科学配置期限，拓展同业合作银行。2018 年共开展存放同业业务 7077.87 亿元，取得同业利息收入 21.67 亿元，再创公司开业以来新高。

【票据业务】 公司积极推进电票系统建设，2018 年 10 月实现了财务公司电子票据业务系统的正式上线运行。2018 年公司为集团成员单位承兑商业汇票 10 亿元，兑付到期商业汇票 83.50 亿元，开具商业电子承兑汇票 7.14 亿元，节约财务费用约 1800 万元。成员单位通过电子票据交易服务平台收取外单位的电子商业汇票 3 亿元，办理背书转让电子商业汇票 2.5 亿元。

【资金集中】 公司积极推进成员单位在公司开立账户和办理结算业务，结合账户清理等专项工作，持续对开立账户情况进行梳理。通过多种方式加大宣传，进一步巩固和增加资金归集规模。2018 年公司各项结算业务开展平稳有序，开立及归集账户 221 户，日均吸收客户结算存款 894.44 亿元，办理结算业务 8.6 万笔，结算资金流量 9.16 万亿元。

【风险管理和内部控制】 公司风险管理工作实行“先评级、后授信、再使用”的原则，严格执行所有信贷业务、同业拆借业务统一授信。公司制定了流动性管理应急处置预案，明确了各部门的职责以及实施步骤，组织开展了流动性压力测试。通过不相容岗位分离、流程优化、信息系统卡控等一系列措施，进一步加强内部控制建设，按照监管要求和年初计划，积极推进反洗钱和案防工作。2018 年末，公司流动性比例为 63.47%，无不良资产及不良贷款。

Z

【信息化建设】公司按照票交所的要求开展了电票接入、验收测试、机房整改、信息系统安全加固以及电票设备部署等工作，于2018年6月正式接入电子商业汇票系统，9月完成系统版本升级的测试和演练，10月正式上线投入运营。同时，公司开展了信息系统全面体检工作，通过对操作系统、数据库、中间件等全面检查，梳理出九大类安全隐患并完成了整改；逐步完善了信息系统的监管速报和1104报表功能。

【党建工作】2018年5月，公司党委成立；7月公司设立各党支部，明确各党支部负责人、明确各党委委员组织关系所在党支部；8月成立纪委。2018年7月7日，公司党委与其他单位联学联建，以“不忘初心，牢记使命，交通强国，铁路先行”为主题，在丰台西站组织开展党日活动，重温入党誓言和入党志愿书，并获得中国铁路总公司直属机关党委“主题党日活动案例一等奖”。10月，组织全体党员赴海淀廉政教育基地海淀看守所参观，开展党员警示教育。

中国一拖集团财务有限责任公司

【集团概况】中国一拖集团有限公司（以下简称“集团”）经过60多年的发展，已经形成以农业机械制造为核心，同时经营动力机械、零部件等多元产品的大型装备制造企业集团。农业机械业务具有国内最完整的拖拉机产品系列，拥有国际先进、国内领先的、具有自主知识产权的产品技术，具有每年为全球用户提供10万台以上25～400马力拖拉机的生产能力。新中国第一台拖拉机、第一辆军用越野载重汽车在这里诞生。企业已累计向社会提供347万台拖拉机和278万台动力机械，为我国的“三农”建设作出积极贡献。

【经营概况】2018年，中国一拖集团财务有限责任公司（以下简称“公司”）始终秉承“依托集团，服务成员，合规经营，稳健发展”的经营宗旨，积极为集团及成员单位提供优质金融服务，支持企业集团成员的生产经营、技术改造及产品销售，为促进集团的生产建设、降低成员单位财务费用发挥了银行不可替代的积极作用。2018年末，公司资产总额42.91亿元，负债总额34.81亿元，所有者权益8.10亿元，全年实现利润总额6389.80万元。各项监管指标均符合中国银保监会的监管规定。

【资金平台管理】公司根据集团部署，于2018年5月整体承接集团资金管理职能，利用市场化手段提高集团资金使用效率、降低融资成本、增强集团对外议价能力，实现资金的保值增值。

2018年，国内农机行业整体形势持续低迷，集团农机产品销售下滑高于行业水平。承接企业集团资金管理职能后，公司一是推进集团贷款期限结构调整，增加中长期贷款规模、锁定资金成本；二是积极协助集团6亿元三年期中票在中国银行间市场顺利发行，集团在资本市场中直接融资，既拓展了融资渠道又为企业战略转型提供长期资金保障；三是发挥公司金融平台作用，广泛在同业市场寻找合作机构，将集团暂时闲置资金向风险低、且收益较高的稳健型业务产品转移。

【资金和票据集中管理及票据承兑业务】资金结算和票据管理业务实现了集团成员单位内部的转账结算、票据统一管理和托收承付，对提高资金使用效率发挥着重要作用。一是资金、票据集中管理。2018年，公司为集团成员单位累计办理结算金额1685.64亿元，办理结算笔数9.21万笔；票据管理业务开户累计51家，累计保管票据金额11.95亿元，办理业务4207笔；成员单位委托收款累计3.70亿元，办理业务笔数1240笔；公司平均资金集中度为87.90%，平均票据集中度为97.57%，资金和票据集中度在全国财务公司系统中继续保持较高水平。二是电票线上清算及承兑业务。按照人民银行统一部署，公司原电票系统（ECDS）并入上海票据交易所，为纸票业务的全面电子化做好准备。2018年，公司为集团及成员单位累计办理电票23.04亿元，其中办理农机电票买方信贷3.60亿元，累计办理商票2.80亿元。年末票据余额10.81亿元，其中，电票余额9.48亿元，商票余额1.33亿元。

【信贷业务】信贷业务是公司的基础业务，促进了集团生产经营及产品销售。2018年，公司向集团及成员单位累计发放贷款33.63亿元，年末贷款余额22.01亿元，不良贷款率为零；2018年，集团及成员单位贴现业务集中度100%，公司累计办理票据贴现3.09亿元，年末贴现余额1.02亿元。公司通过贷款和贴现业务为集团成员单位生产经营提供了有效的资金支持。

【产品金融业务】2018年，公司通过锻造产品金融业务平台，创新业务模式和产品，全力促进企业产品销售。公司2018年通过市场调研并结合不同区域的市场特点，对“补贴贷、单机贷、大客户贷、组合贷、差额贷、抵押贷”等业务模式进行持续改进，以满足用户的不同需求。2018年末，公司产品金融业务已拓展到全国17个省、自治区以及涵盖出口乌兹别克斯坦业务；全年累计开展产品金融业务9505万元，拉动集团产品销售收入1.85亿元；累计开展农机电票业务3.6亿元，同比增长58.61%，公司产品金融业务和农机电票业务的稳步开展有效地促进了企业集团农机产品销售。

【投资业务】有价证券投资业务是公司充分利用资金资源和提高资金使用效率的主要途径。公司2018年在董事会批准的年度投资额度内，利用暂时闲置资金，以审慎的投资策略开展投资业务，累计实现投资收益1882.49万元（含公允价值变动损益）。

【金融同业业务】2018年，公司对19家同业金融机构完成授信42亿元，获得外部授信额度66.30亿元，累计办理同业定期存款15.10亿元，年末余额5亿元；同时为提高资金使用效率，累计拆出资金174.50亿元，保证了公司资金的流动性和收益性。

【风险管理和内部控制】公司始终坚持把内控机制寓于经营管理活动之中，根据公司治理要求，建立健全股东会、董事会、监事会合理分权制衡的公司经营管理机制，实行董事会领导下的总经理负责制。公司2018年将党建内嵌公司章程和监管部门股权管理事项修订公司章程同步推进，对监管部门下发的对银行机构股权管理要求提出修订建议并得到采纳，完成将党建内嵌公司章程以及按照《股权管理办法》修订公司章程所有流程并通过监管部门核准。形成了由董事会及董事会下设风险管理委员会、内部控制委员会、内部审计委员会、信息科技委员会、稽核部和公司经营层下设风险控制部、各部门以及各风险类专职岗位组成的完整的风险控制体系架构。同时，公司遵循“主动合规、制度先行”的原则，将内部控制措施嵌入各项规章制度和每个岗位操作环节之中，形成了有效识别风险、主动避免违规的内控机制，对公司内部控制的目标、原则、要素、组织体系、要求、监督及内部控制制度体系建设均作出了明确的规定，所有内部控制活动均在公司董事会、党支部、经营层及各专业委员会的领导下有序开展。

【人力资源管理】由于公司属非银行金融机构，业务开展和风险控制需要一支高素质人才队伍的支撑，人才竞争始终是持续发展的重要保证。2018年，公司在集团的支持下按照金融行业的特点设计并实施有效的人才培养计划，银行业从业资格持证率接近90%；按照公司年度培训计划并根据非银行金融机构业务及风险防范的特殊性，组织从业人员专业培训，全年组织业务、法律、内控、反洗钱、信息化等内、外部培训25次，参加员工近400余人次；公司根据各部门职能、岗位职责层层分解重点工作和经营指标，在内部形成“多劳多得、多得光荣”的工作氛围，激励全体员工努力工作、创先争优。

【信息化建设】公司按照“统一规划、分步实施、急用先行”的信息化“十三五”目标，统筹考虑各类业务需求，启动核心系统更新工作。公司2018年配合核心系统项目组完成了系统需求调研及系统设计、配套正版软件Windows Server 2016中文标准版采购，以及对程序架构、功能模块、操作界面、输入输出等方面进行测试和问题反馈，以适应行业监管和满足业务发展需求。

【企业文化建设】公司积极参加集团各项活动、社会活动及公益活动，并通过日常的宣传教育，增强员工作为一拖人的荣誉感和社会责任感，并以实际行动来回报一拖、回报社会。公司2018年号召全体员工及党员加入爱心帮扶活动中来，再次向“国机爱心基金”注入捐款8531元和一个月党费，通过爱心捐助活动的不断开展，将爱心传递下去，帮助更多需要帮助的人。

【获得荣誉】2018年，公司以优异的风险防范和经营成绩获得集团“促销售保增长优秀组织单位”称号；公司党支部再次获得集团“先进党支部”称号。

中国移动通信集团财务有限公司

【集团概况】中国移动通信集团有限公司（以下简称“集团”）是按照国家电信体制改革的总体部署，于2000年组建成立的中央企业。集团主要经营移动语音、数据、宽带、IP电话和多媒体业务，并具有计算机互联网国际联网单位经营权和国际出入口经营权，是全球网络规模最大、客户数量最多、盈利能力和品牌价值领先、市值排名位居前列的电信运营企业。集团连续18年入选《财富》世界500强企业，2018年列第53位；连续14年在国务院国资委经营业绩考核中获A级。

【经营概况】2018年，中国移动通信集团财务有限公司（以下简称“公司”）严守资金安全底线，立足集团主业发展需要和整体资金效益提升，持续优化金融产品和服务，进一步拓展资金运作能力，为集团转型发展贡献金融服务支撑。2018年末，公司资产总额914.08亿元，同比减少10.83%；所有者权益224.50亿元，同比增长7.52%；2018年实现营业净收入22.65亿元，同比增长26.28%；实现利润总额20.96亿元，同比增长15.66%。公司严格把控风险，资本充足率、流动性比率等各项监控指标均符合监管要求，不良资产率及案件发生率均为零。

【服务实体】2018年，公司大力支持新疆、青海、宁夏等西部地区成员单位基础网络建设，并支持以通信基站建设和运维为主业的中国铁塔股份有限公司业务发展，向上述成员单位提供贷款支持余额占比达97.03%。公司向成员单位提供贷款基准利率下浮10%~20%的优惠利率支持，主动让利成员单位，减轻企业负担。此外，针对成员单位实际业务需求，公司定制个性化委托收付款结算产品，有效满足成员单位多元化结算需求，2018年为成员单位节约结算费用约3000万元。

【信贷业务】2018年，公司信贷客户数量进一步增加，业务规模大幅增长，2018年发放自营贷款221.73亿元，发放委托贷款144.06亿元，有效缓解成员单位资金压力。2018年，公司积极协助成员单位优化贷款结构及期限，适当扩大委托贷款规模，降低贷款业务整体风险。此外，公司首次执行利率差异化政策，引导成员单位提升资金使用效率。

【资金业务】2018年，公司积极发挥专业化运营优势，持续运作同业存款、同业存单、同业拆借、质押式逆回购等业务，资金管理手段不断丰富，头寸管理能力持续加强，不同期限层次资金头寸利用效率不断提高。2018 年公司累计操作同业定期存款 553 亿元，同业存单 55 亿元，同业拆借 392.60 亿元，质押式逆回购 316.32 亿元。

【投资业务】2018 年，公司累计开展有价证券投资 145 亿元。委托投资方面，持续完善委托投资业务流程及模式，协调成员单位投资计划，充分发挥集团资金规模效应，2018 年面向 27 家成员单位操作委托投资 133 笔，包含 46 个期限品种，开展规模累计达 915 亿元，显著提升成员单位资金效益。

【资金集中】2018 年，公司年末资金集中体系成员单位数量达 81 家，结算业务量达 17315 亿元，继续保持较快增长。2018 年，公司深度参与集团 ERP 集中化项目建设，通过集团各单位账户授权公司“统一账户”模式，将集团各单位账户逐渐纳入监控范围，保障集团资金安全。

【业务创新】2018 年，公司进一步优化同业拆借、质押式逆回购业务。一方面，拓展同业拆借和质押式逆回购业务合作对象范围，合作机构类型进一步丰富，包括银行、财务公司、金融租赁公司、基金公司、证券公司五类机构，合作机构数量达到 83 家。另一方面，质押债券类型在利率债的基础上，增加合作银行发行的同业存单，进一步拓宽了短期资金运用渠道，业务规模大幅度提升，资金整体效益不断提高。公司 2018 年开展同业拆出 65 笔，共 393 亿元，质押式逆回购 71 笔，共 317 亿元，业务量较 2017 年大幅提升。

【风险管理和内部控制】2018 年，公司继续巩固夯实全面风险管理体系，优化调整并严格执行年度风险偏好策略及容忍度指标体系，进一步完善资产风险分类制度及工作流程。公司持续推动风险管理关口前移，加强主动风险管理，全面梳理更新商业银行、基金公司、金融租赁公司、企业集团财务公司、证券公司等同业机构评级授信标准体系，进一步强化同业交易对手风险审查，切实防范资金风险。

【人力资源管理】2018 年，公司坚持党管干部原则，强化选人用人制度建设，修订内设机构经理人员管理办法，完善经理人员综合考核机制，严格干部管理监督。公司不断推进人才梯队建设，加强优秀专业人才储备和选育，制定公司专家管理办法，开展专家选拔工作。公司持续加强专业素质培养，2018 年累计开展多层次、多角度的全员培训 10 期，组织参加外部各类培训 181 人次，同时继续通过校园招聘渠道补充新鲜血液，持续激发组织和人才活力。

【信息化建设】2018 年，公司以“小核心、大外围、一体化”的思路推进信息系统建设，完成首个自管软件项目——“报表管理系统”试点上线，实现监管报表和内部管理报表自动生成，有效提高报表编制效率和准确性；通过架构优化，大幅提升公司资金管理系统并发处理能力，为资金主通道实施做好准备；推动资金管理系统与集团 ERP 集中化项目的协同建设，实现公司资金管理系统首批接入集团资金管理平台，持续强化信息系统对业务和管理的支撑能力。

【企业文化建设】2018 年，公司继续加强对员工品质、诚信和正确价值观的塑造，组织开展员工满意度调查，开展 EAP 项目 4 期，举办内部论坛 4 期，组织开展“走进彩虹村庄 关爱自闭症儿童”学雷锋志愿服务活动，组织开展“幸福 1 + 1”户外拓展活动，加强民主管理，将专家管理办法等涉及员工切身利益的重大问题提交全体员工大会讨论通过，不断建设团结、信任、尽职、高效的企业文化，提升团队凝聚力。

【党建工作】2018 年，公司以习近平新时代中国特色社会主义思想和党的十九大精神为指导，以党建促经营促发展为根本任务，把政治建设摆在首位，强化党的全面领导，抓紧抓实基层党组织建设，进一步健全党建责任，落实闭环管理体系，继续深化反腐倡廉建设，加快构建协同监督体系，做深做实嵌入式廉洁风险防控工作，不断发挥党委把方向、管大局、保落实、控风险的重要作用，保障和促进了公司持续健康发展。

中国重汽财务有限公司

【集团概况】 2018 年，中国重型汽车集团有限公司（以下简称“集团”）在全体员工的共同努力下，取得了历史最好成绩。从重卡板块看，工程车、搅拌车和自卸车继续保持行业领先，天然气重卡得到市场广泛认可。轻卡板块盈利能力显著提升，成为支撑集团发展的重要力量。国际市场开拓能力再上新台阶，重卡出口连续十四年稳居国内行业出口首位。2018 年，集团主要经营指标实现历史性突破，是国内重卡行业运行质量最好的企业之一。

【经营概况】 2018 年末，中国重汽财务有限公司（以下简称“公司”）资产总额 303.80 亿元，较年初减少 12.77 亿元。2018 年，公司实现营业收入 11.27 亿元，同比增长 9.5%；实现利润总额 5.31 亿元，同比增长 32.8%，经济效益大幅提升。截至 2018 年末，各项监管指标均符合要求，主要经营指标位居山东省辖内财务公司前列。

【信贷业务】 2018 年，公司坚持信贷政策投向，积极满足集团整车制造、发动机、新能源汽车和装备先进、技术领先的制造企业信贷资金需求，有力支持集团新旧动能转换，产融结合效果显著。截至 2018 年末，人民币贷款余额 142.93 亿元。公司对集团各成员单位贷款实行差异化利率运作，降低融资成本，同时，在利率政策限度内对存款业务实行利率上浮，提高集团资金存放收益，有力地支持了集团公司实体经济发展。公司积极开展“一头在外”的票据贴现和“一头在外”的应收账款保理业务，加大对上下游企业的资金支持。在整体信贷资金紧张、各供应商银行融资很难的情况下，为产业链客户提供信贷支持 80 亿元，解决了中小微企业融资难、融资贵的问题。

【资金业务】 2018 年，公司严格按照人民银行《支付结算管理办法》以及公司资金管理办法规定办理业务，确保资金安全。积极组织开展反洗钱工作，在人民银行组织的反洗钱活动中取得了良好成绩。公司不断优化网上对账、网上查询、银企直联等互联网结算功能，确保集团资金结算安全、及时、准确。2018 年，公司累计结算量 2201 万笔，金额 9819 亿元。

【投资业务】 2018 年，在确保资金安全的前提下，公司充分利用多种资金业务平台、发挥资金经营优势，加强同业间资金业务合作，提高资金收益。在严监管、降杠杆、违约事件频发的金融大环境下，严控资金风险，调整业务结构，规范业务制度和操作流程，严格谨慎运作，所有到期业务均及时足额收回本息。

【票据业务】 2018 年，公司不断加强电子商业汇票业务宣传，在集团公司成员单位及 3000 余家上下游产业链客户推广使用电子商业汇票，不断提高集团公司成员单位电票付款比例，促进电子商业汇票业务发展。2018 年累计签发电子银行承兑汇票 3.1 万张，同比增长 2.4%，金额 252 亿元；累计解付电子票据 5.4 万张，金额 394.34 亿元。公司电票业务已渗透至集团公司生产经营各环节，为促进集团公司销售回款，支持上下游产业链小微企业发展发挥了重要作用。

【外汇业务】 2018 年，公司美元结算量 1.26 万笔，金额 12.3 亿美元；累计归集外汇资金 1.34 亿美元，累计下拨外汇资金 1.43 亿美元；累计借入外债 800 万美元，境外放款 7300

万美元，累计办理同业外币资金定期存款 1800 万美元，累计为境内外成员企业办理外币定期存款 1.56 亿美元。2018 年公司办理结售汇 11 笔，共计 6226 万美元，折合人民币约 4.13 亿元。2018 年 6 月，经中国外汇交易中心批准，公司获得中国外汇交易中心外币拆借会员资格。公司国际业务在连续荣获“第三十届山东省企业管理现代化创新成果一等奖”和“第二十四届全国企业管理现代化创新成果一等奖”后，2018 年 6 月再次荣获“2018 中国最佳管理创新实践奖”。

【内控与风险管理】2018 年，公司对章程进行了修订，进一步明确了股东会、董事会、监事会、总经理办公会以及高级管理层的职责。董事会下增设提名与薪酬委员会和审计委员会，完善了董事会下设的各项专业委员会的议事规则。公司经营管理层下增设财务管理委员会，进一步完善了法人治理结构。2018 年公司聘请安永（中国）企业咨询有限公司梳理原有制度，最终形成了 164 项制度操作手册。结合银监局“进走访”“增提创”活动要求，对重点授信客户开展授信后评价，并采取有进有退、有保有压的信贷差异政策，严控增量风险。加大案件防控力度，持续做好员工异常行为排查和问题线索排查工作，与所有员工签订廉政建设和风险管控责任书。不断完善稽核审计体系，组织完成了《内部审计章程》《董事会审计委员会议事规则》的制定，建立了审计整改台账；组织各项审计 18 项，包括整治银行业市场乱象、强制休假、轮岗、离岗审计和防范案件风险排查审计等，发现并督促整改问题 48 个。

【人力资源管理】2018 年，公司积极探索建立市场化的考核激励机制，根据绩效水平进行收入分配，员工收入持续增长，形成了在省内财务公司行业有一定竞争力的薪酬分配标准。组织多次社会和校园招聘，共引进新员工 13 人，为公司注入了新鲜血液。提拔中层管理人员 2 人，干部队伍结构不断优化。加强了员工培训，进一步提升了员工队伍整体素质。公司获评“济南市文明单位”、“济南市金融业统计工作先进单位”，一人获得“山东高端金融人才”称号，一人入选“济南市会计领军人才”培养工程。

【信息化建设】2018 年，公司积极与交通银行总行和交通银行山东省分行进行沟通，及时发现问题，不断优化信息系统，提高工作效率，共解决优化了 69 个问题。根据公司业务发展模式要求，成功开发测试保理业务系统，组织完成了企业征信接口切换上线工作，顺利完成上海票交所纸电票据交易系统融合工作。

【企业文化建设】2018 年，公司加强企业文化的宣传工作，在全体员工中树立“客户满意是我们的宗旨”这一核心价值观。围绕服务集团主业积极开展各项工作，用“不争第一就是在混”的激情文化理念、“一天当两天半用”的效率文化理念，不断提高金融服务汽车主业的质量和效率。在全体干部中加强“八不用”“约法三章”教育，让企业文化真正内化于心、外化于行。

【党建工作】2018 年，公司积极开展党建工作。每季度在广大员工中开展思想动态调研，掌握员工的思想动态和对公司发展的期望；强化对权力运行的制约和监督：签订《党风廉政建设责任书》，强化干部监督管理，建立中层干部廉政档案；建立健全党建工作长效机制：开展“灯塔党建在线”党的十九大答题竞赛活动，真正使党建工作融入企业的全方面发展中。

中海石油财务有限责任公司

【集团概况】中国海洋石油集团有限公司（以下简称“集团”）是国务院国有资产监督管理委员会直属的特大型国有企业，是中国最大的海上油气生产商，集团成立于1982年，总部设在北京。经过30多年的改革与发展，集团已经发展成主业突出、产业链完整、业务遍及40多个国家和地区的国际能源公司，形成了油气勘探开发、专业技术服务、炼化与销售、天然气及发电、金融服务等五大业务板块，可持续发展能力显著提升。2018年，集团在《财富》世界500强企业中排名第87位；在《石油情报周刊》世界最大50家石油公司中列第32位。截至2018年末，集团穆迪评级为A1级，标普评级为A+级，展望均为稳定。

【经营概况】截至2018年末，中海石油财务有限责任公司（以下简称“公司”）吸收存款总额924.62亿元（不含委托存款），资产总额1035.03亿元（不包含委托贷款512.39亿元、委托投资21.13亿元），全年累计实现拨备后利润总额16.86亿元。年末资金集中度为76.71%，较2017年末上升9.04个百分点。

【服务实体】截至2018年末，公司服务客户达443家，账户达719个，2018年新增客户25家、账户62个，对集团内具备条件单位的服务覆盖率已达94%，客户遍布29个省（直辖市）110个城市。公司全年累计完成人民币结算业务超百万笔，同比增长78.06%，人民币结算金额7.28万亿元，同比增长46.40%。

【信贷及票据业务】公司充分发挥集团内部金融服务平台的主渠道作用，密切关注、迅速响应成员单位用款需求，通过量身定做融资服务方案，在协助成员单位解决融资难、融资贵问题的同时，实现了自身信贷业务做强做优。截至2018年末，公司自营信贷日均余额439.38亿元，较上年增长12.26%。2018年4月，公司顺利完成首单产业链金融业务，为上下游合作伙伴融资问题提供了有效的解决途径，增强了集团产业协同竞争力。2018年度，公司电票系统新接入用户数31家，较上年大幅提升。

【资金业务】公司积极研究市场运行规律与银行资金需求变化，持续优化同业存款业务期限结构，提高同业资金配置水平，全年新增人民币同业存款和美元同业存款加权收益率分别达3.58%和2.13%。

【外汇业务】公司紧扣集团海外业务发展步伐，加速发展结售汇业务，全年共办理结售汇累计50.03亿美元，同比增长8%。

【风险管理和内部控制】公司按照建设全面风险管理的严格标准，不断完善自身公司治理结构、制度流程体系、法人授权与分级授权体系、合规风控体系、审计稽核体系与纪检监察体系。基于卓有成效的风险管控，公司始终保持无不良资产、不良贷款。

【人力资源管理】公司坚持党管干部和党管人才原则，一方面健全干部人事制度体系，规范选人用人工作；另一方面加大干部培养使用和交流任职力度，进一步拓展干部专业宽度，丰富工作经历，加强青年人才梯队培养力度，升级新员工内控课程，实现对两年内入职员工的培训全覆盖，人力资源对公司实现高质量发展的保障和支持能力明显提升。

【信息化建设】2018年，公司信息系统建设水平及信息安全风控水平得到进一步提升，完成多项核心系统功能优化、核心系统基础平台升级迁移前期准备、增值税电子发票管理系统上线、协同办公平台优化、集团合同管理系统建设以及国资委大额资金监控系统建设等。

【企业文化建设】公司一方面积极建设和传

导风险文化，拓展风险管理的内涵；另一方面以构建全面风险管理体系为核心，以强化资产质量管控和流动性风险管控为重点，不断完善全面风险管理体系，转变风险管控模式，持续加强全资产、全口径、全流程、全机构、全方位的全面风险管理，为实现系统化、科学化的风险管控机制、构建稳健型企业筑牢了根基。

【党建工作】公司一方面筑牢组织基础，加强队伍建设，结合自身特点不断完善机制，以提升党内政治生活质量为切入点，推进“三基”建设，实现支部100%达标，并顺利通过集团督导组党建责任制考评，充分发挥了基层组织战斗堡垒和党员先锋模范作用；另一方面结合金融行业自身资金和风险密集特点，全面加强从严治党，狠抓党风廉政和反腐败工作，营造了风清气正的良好氛围。

中航工业集团财务有限责任公司

【集团概况】中国航空工业集团有限公司（以下简称“集团”）2018年军品工作稳中求进，军民融合战略深化，多维推进：民机研制生产进展顺利，AG600成功实现水上首飞，习近平总书记为此发来贺电；民机市场能力有序提升，推动新增和储备订单保持稳定；通用航空协同推进，引领全社会资源共同促进产业发展；“三同三高”聚焦提质，多种措施促进智能制造机器人、虚拟现实、操作系统、激光投影等项目市场拓展；“空中丝路”多向延伸，“一带一路”沿线国家已签约和在执行项目179个。2018年集团实现利润182.5亿元，经济增加值（EVA）31.7亿元，全面完成国务院国资委下达的考核指标。

【经营概况】2018年是集团建设新时代航空强国新征程的起始之年，也是提质增效、瘦身健体的决战之年，成员单位压两金、降负债的诉求强烈，集团对财务公司提出更高的要求。面对诸多形势变化与挑战，公司2018年实现利润总额10.49亿元，实现EVA 5.19亿元，完成全年各项任务。

【信贷业务】2018年，公司立足航空，最大限度满足成员单位融资需求。一是积极向人行争取政策支持，达到MPA理论最高值305亿元，较2017年提高25亿元。二是持续聚焦航空主业。截至2018年末，公司信贷资产业务中，航空主业占比为86%。三是实施优惠的贷款利率，为成员单位节约融资成本。2018年，相较于基准贷款利率，公司全年总计为成员单位节约利息支出4378.05万元。

【票据业务】2018年，公司大力推广电票清算，降低应收账款规模。一是完成票交所纸电票交易融合，与票交所交易系统完成对接，为公司票据业务发展奠定重要基础。二是细化优惠票据贴现定价，制定优惠贴现利率措施。2018年，公司各环节电票清算量为257亿元，较上年增长36%。

【保险代理业务】一是统保参保资产进一步增加，统保覆盖面不断扩大。2018年，集团参保资产2358.28亿元，较上年增长6%；出单保费1.87亿元，较上年降低6%。二是服务航空主业，发挥积极作用。航空类保险保费在总保费中占比64%，较上年提升16个百分点。三是协助集团计划财务部完成航空产品责任险保单的签发。保障产品价值达9.78亿美元，较上年增长18.77%；责任保障限额达7亿美元，较上年增长16.67%；费率降低10%，为各型民机整机取得了独立责任限额保障。四是协助集团落地首台套重点技术装备相关政策，2018年为相关成员单位申报并取得1484万元财政补贴。

【资金集中】2018年末，公司本外币存款余额1007.52亿元，按照集团公司快报口径，可归集资金集中率为81.9%。全年本外币合计日均存款678.67亿元，其中人民币日均存款较上年增长65.81%，外币折人民币日均存款较上年增长100.17%。一是继续推进存款差异化定价。2018年，对全口径资金集中率50%以上的客户提供优惠利率，本年度多支付优惠利息共计1.11亿元。二是推进政策性银行资金集中。

【投资业务】2018年，搭建高效规范的投资业务系统。将市场风险管理模型纳入业务系统和投资产品决策中，使投资过程信息化、标准化，提高资金使用效率。

【风险管理和内部控制】公司一是深入开展整治市场乱象专项治理，以“重点摸底、发现问题、查找原因、落实整改”为目标，确定工作重点；二是开展监管评级提升工作，将监管评级提升作为2018年工作重点；三是开展合规教育，通过党委理论中心组集体学习监管法规，组织全体员工开展“强合规、防风险、促服务、增价值”知识竞赛，公司主要领导讲授法律知识等多种方式，营造合规文化氛围。

【信息化建设】2018年，公司按照“四个平台”战略定位和“两个三年”规划，继续优化信息科技架构。一是推进完善信息系统，着力提升用户体验。以现有业务种类为基线，建设新网银系统；对电票系统进行深度优化，完成核心流程异步改造和批量处理，切实提升用户操作效率和便捷性；分批升级银企直联系统，提升业务处理和响应效率。二是落实公司战略定位。助力集团统一管控，促进资金集中管理，提升客户满意度，开发上线了成员单位树形全景查询功能；组织完成关联交易平台系统的建设。三是防范信息科技风险，狠抓系统安全运维，确保全年未发生重大信息系统安全风险事故。

【党建工作】公司一是坚持党的领导，加强政治思想建设，公司党委坚决贯彻落实中央和集团党组决策部署，制定决策事项结构清单，完善“三重一大”决策事项，明确决策规则。二是推进党的基层建设，提升党建工作质量，完成所属5个党支部换届选举，开展党组织设置专项整治，完成党务工作人员任职资格专项检查；落实和健全党建工作制度，出台《党建工作责任清单》；开展支部党建工作量化考核。三是落实党管干部、党管人才原则，重视干部队伍和人才队伍建设。四是抓好党的思想宣传，强化学习教育，公司党政主要领导分别为全体党员上党课，开展多项红色教育活动。五是全面从严管党治党，推进党风廉政建设，打造阳光廉洁企业。六是加强党对统战群团工作的领导，力促和谐企业建设，指导群团组织开展丰富多彩的活动。

中核财务有限责任公司

【集团概况】2018年，中国核工业集团有限公司（以下简称“集团”）全面实施“两核”重组，扎实开展巡视整改，推进重大项目和科技创新，取得新成绩。集团公司全年营业收入同比增长13.27%，利润同比增长8.8%，经济增加值（EVA）、“两金”占比、资产负债率等全面优于国务院国资委年度考核指标，连续13年获得国资委考核A级。

【经营概况】2018年是全面贯彻党的十九大精神的开局之年，中核财务有限责任公司（以下简称“公司”）以优质金融服务为集团发展提供有力支撑，充分发挥资金归集、结算、资金监控和金融服务四个平台功能，节约财务成本，保障资金安全，全年实现营业收入21.52亿元，利润总额12.42亿元，创历史新高。

【信贷业务】2018年，公司发挥融血输血功能，调整信贷投放思路，扩大资金投放领域，以多种信贷产品支持集团产业发展，保障集团产业发展资金需求。截至2018年12月31日，公司自营贷款规模达到347.8亿元，委托贷款规模达到331.24亿元。公司遵循市场最优的原则开展各项授信业务，利率和收费坚持市场最优，体现价格引导作用。积极开拓供应链金融服务，帮助成员企业“压两金、降成本”，减少成员企业银行保证金占用，提高流动性。

【投资业务】2018年，股票市场持续单边下跌，整体缺乏投资机会；债券市场受偏宽松的货币政策影响，持续震荡走强；金融监管继续趋严，财务公司非标投资受到限制。面对复杂的外部形势，公司积极调整投资策略，将年度投资资产配置重点转移至债券、债券基金、货币基金等中低风险产品上来，审慎开展股票投资，进一步压缩非标投资，同时继续强化市场跟踪和投后管理，切实防范市场风险。2018年，公司平均投资规模约为26.5亿元，实现投资收益1.36亿元，综合收益率为5.12%。

【外汇业务】2018年，公司办理国际结算业务284笔，同比增长35.89%；结算金额折合2.59亿美元，同比增长71.53%，累计为成员单位节省汇兑成本及财务费用近350万元。公司升级外汇业务网银，推进电子审单方式，打造国际结算线上办理新体验。同时积极发挥“智库”功能，为成员单位提供外汇政策、汇率风险管理咨询等服务，帮助成员单位解决实际问题。

【资金集中】2018年，公司以账户管控、结算管控、现金流管控、债务管控为抓手，整合优化资金管控平台功能，积极发挥集团资金管控平台的作用。资金集中度继续保持较高水平，全年平均可归集口径资金集中率为97.61%；结算主渠道功能进一步彰显，全年开展人民币结算业务38.80万笔，结算总规模8900亿元。公司精心打造的客户资金信息综合服务平台突出数据抓取和统计能力，为成员单位开展资金监控提供了有力手段。

【投行业务】2018年，公司积极参与成员单位改制上市、资本运作项目，提高投行业务核心竞争力，全面支持集团发债项目，充分发挥专业作用，协助集团完成50亿元债券发行，利率同期限同信用级别最低。公司持续推进国内核保险市场的建设，完成年度涉核保险安排，为“走出去”项目提供切实可行的保险服务，优化核保险定价机制，全年节约保费支出1866万元。

【风险管理和内部控制】2018年，公司加强重点领域风险防控，发挥风险预警和决策支持作用，落实“公司主要负责人履行推进法治建设第一责任人职责”机制，进一步筑牢合规管理体系。将合规先行、审慎稳健理念全方位落实到经营管理之中，向全体员工和业务客户宣贯监管政策，恪守监管“底线”“红线”，强化合规文化。加强风险管理与经营任务的深度融合，完善授信评级体系和同业授信机制，严防信贷业务和同业交易对手信用风险；把好投资业务风险审查关，增强信用风险、市场风险、流动性风险的识别、计量、监测、报告能力，全面提升全面风险管控水平。

【信息化建设】2018年，公司进一步夯实信息科技保障能力，对标行业最高标准完成信息科技安全加固，促进集团资金平台安全运行。公司根据《“十三五”IT基础设施架构规划》，启动信息科技安全建设项目。该项目参照监管机构颁布的各类针对银行及财务公司信息科技安全标准并结合安全等级保护三级要求对网络链路安全、主机安全、数据安全、应用安全、安全管理平台等六个方面进行建设。公司作为承建单位完成国资委大额资金动态监测项目集团端的建设工作，实现了“网络通、数据通、业务通”的整体目标。

【企业文化】2018年，公司发布并诠释了“铁的担当、铁的纪律、铁的队伍，金质服务、金色财富、金石为开”的“三铁三金”企业文化。公司秉承“四个一切”的核工业精神和“不忘使命初心、专注价值创造”的核心价值观，以“专业金融，成就托付”的企业使命为己任。公司以多种形式的活动为载体，向全体员工传递企业文化，组织开展“寻找法律达人”全员普法知识竞赛，激发广大干部、员工学法用法自觉；组织了“朗读者·第二季”活动，展现员工朝气蓬勃、积极向上的精神状态，鼓励大家在各自的岗位工作中有担当、有作为。

【党建工作】 2018 年，公司坚持和加强党的领导，切实将党建与生产经营相结合，把方向、管大局、保落实，认真落实党委研究讨论重大问题前置程序，领导、推动2018 年各项重点工作顺利完成。充分发挥基层党组织战斗堡垒作用，开展“创先争优”活动，加强宣传思想工作，推动工会群团工作。公司以政治建设为统领，加强纪律建设，拓展落实中央八项规定精神成果，开展反腐倡廉教育月活动，强化全面从严治党主体责任和监督责任，全面落实中央巡视整改，为公司持续健康发展保驾护航。

中化工程集团财务有限公司

【集团概况】 中国化学工程集团有限公司（以下简称“集团”）是国务院国资委直接监管的大型工程建设企业集团，是我国工业工程领域资质最为齐全、功能最为完备、业务链最为完整、知识技术相对密集的工程公司。集团公司源自原国家重工业部 1953 年成立的重工业设计院和建设公司，1984 年以中国化学工程总公司名义在国家工商行政管理局注册，2005 年更名为中国化学工程集团公司。2008 年 9 月，中国化学工程集团公司联合神华集团有限责任公司和中国中化集团公司共同发起设立中国化学工程股份有限公司，并于 2010 年 1 月成功上市。2017 年 12 月，完成公司制改制，更名为中国化学工程集团有限公司。

【经营概况】 2018 年，中化工程集团财务有限公司（以下简称“公司”）继续秉承“依托集团，服务集团”的宗旨，努力推广各项金融服务，全面提升运营管理水平，助力集团实现做强做优做大的战略目标。2018 年公司共实现营业收入 5.47 亿元，利润总额 2.35 亿元，净利润 1.76 亿元，资金集中度为 54.49%，不良资产率为零。

【服务实体】 2018 年，公司协助集团顺利完成 5 年期 35 亿元公募可交换债券发行及募集资金合规运用，并以财务顾问角色参与集团及所属企业 45 亿元可续期公司债、30 亿元可续期中期票据和应收账款 ABS 的发行工作，支持集团实体业务发展。

【信贷业务】 2018 年，根据集团大发展布局，扩大信贷投放，结合集团作为建筑行业对于保函及承兑汇票等基础金融产品的广泛需求，深入推广自开保函及承兑汇票业务，并引导成员单位优先使用集团内部财务资源，完成部分外部银行贷款置换，累计赴 13 家成员单位开展现场调研 20 余次，支持集团促发展、降杠杆、减成本三项任务并举，降本增效成果显著。

【资金业务】 2018 年，公司资金主要运用于资金结算、为成员单位发放贷款、票据贴现、存放同业、货币市场基金和债券投资等方面。为配合集团资金的整体安排，公司积极做好资金计划管理工作，在保证流动性的前提下合理安排每日资金头寸，充分满足企业结算和信贷需求，通过资产负债长短期合理错配等方式，提高资产运用效率。2018 年 11 月，公司成功办理了首笔电子银行承兑汇票再贴现业务。

【投资业务】 2018 年，公司继续秉持合规稳健的原则，根据投资计划、策略标准及相关制度规定，依法合规开展有价证券投资业务，投资品种主要包括货币市场基金、现券买卖、债券质押式回购等。截至 2018 年末，公司实现投资收益 2482.39 万元。

【票据业务】 2018 年，公司不断拓展票据业务范围，充分调研成员单位在手票据管理现状及诉求，研究并完成集团票据池搭建及三家试点企业票据池上线工作，截至2018年12月31日，试点企业通过票据池累计开出490张承兑汇票，金额1.15亿元，为盘活集团存量票据资产、提升资产使用效率提供了新途径。

【外汇业务】2018年，公司跨境外汇资金池投入运营，顺利开展一笔500万美元的对外放款业务，通过跨境人民币资金通道完成2087.92万元人民币对外放款。深入调研主要汇兑损益贡献企业的外汇风险管理现状，与5家跨国企业交流学习，拟定外汇风险管理制度，完成集团外汇风险管理方案并持续优化。

【资金集中】2018年，集团加大资金集中管理力度，将资金集中度与成员单位的预算考核指标相结合，公司在继续严格控制离线账户开立的基础上，加大对境内、境外外币资金的集中，通过多渠道、全方位的资金集中管理，2018年末全口径资金集中度达54.49%。

【业务创新】2018年，公司开展多项创新业务。一是协助集团筹划并实施统保业务，截至2018年12月31日统保项下出具保单1400张，支付保费超过1700万元，节约保费近200万元；二是实现境外资金可视化管理，完成SWIFT及CBS系统软硬件安装调试，实现9家银行近100个境外账户的上线工作，境外资金监控率超过50%。

【风险管理和内部控制】2018年，公司对内控制度体系进行了梳理、补充和修订；加大各项风险的监控和管理力度，加强各项业务的合规和风险审查；对信用评级模型指标体系稳定性进行测试验证；修订同业管理制度，规范同业交易对手的合作标准，加强交易对手信用风险管控力度；培育风险和合规管理文化，开展全员法治、合规、风险教育培训和考试；开展各项专项风险排查和检查活动，摸清风险分布，掌握风险底线。截至2018年末，公司各项风险指标均满足监管规定，符合公司发展的预期及风险偏好，公司年内未出现违规和其他风险事件。

【人力资源管理】2018年，公司开展三项制度改革，增补专职董事长一名和副总经理两名，积极策划全员竞聘工作，全面优化职工队伍；强化考核工作，修订《绩效考核管理办法》并开展模拟考核，考核工作初见成效；制定《职务职级管理办法》，规范职工管理，畅通员工职业发展通道，努力构建层级精简、高效运行的人才梯队。

【信息化建设】2018年，公司进一步加强应用系统建设，完成SWIFT外汇管理系统建设工作，为集团提供外汇管理服务；完成对公司网络环境的安全等级测评，制定《外包服务商管理制度》，将考核机制引入对外包服务商的管理中。

【企业文化建设】成立公司工会，积极组织合规管理知识考试、读书分享会、健步走、迎春活动等文体活动，努力打造健康向上、勤学共进、团结和谐的企业文化氛围，推动企业文化建设，提升团队凝聚力，带领全体职工群众聚精会神搞建设、凝心聚力谋发展，确保公司完成各项经营业绩的考核指标。

【党建工作】2018年，公司党支部率领全体职工深入学习领会习近平新时代中国特色社会主义思想和党的十九大精神，树牢“四个意识”，坚定“四个自信”，坚决做到“两个维护”，大力加强党建工作，以问题为导向，针对党建工作中的短板和薄弱环节，全面梳理党组织建设情况，不断建立和完善各项党组织基本制度，加强党员思想教育及作风建设，提高党员主动参与意识，把党建工作与公司经营重难点任务结合起来，不断开拓党建工作新局面，充分发挥党组织的先锋模范和战斗堡垒作用。

中化集团财务有限责任公司

【集团概况】中国中化集团有限公司（以下简称“集团”）为国务院国资委监管的国有重要骨干企业。集团设立能源、化工、农业、地产和金融五大事业部，对境内外300多家经营机构进行专业化运营，并控股中化国际、中化化肥、中国金茂等多家上市公司，拥有全球员工约五万人。2018年集团实现历史最优经营业绩。

【经营概况】2018年，中化集团财务有限责任公司（以下简称“公司”）在集团“科学至上”新核心价值理念引导下，扎实推进各项战略，圆满完成全年目标。公司强化服务创新与产品拓展能力，持续优化客户服务机制，积极拓展产业链金融服务，建立多样化的风险管控手段，加强信息系统安全灾备建设。

【服务实体】公司致力于全方位提升成员单位在产业链上的竞争力，积极发挥金融机构综合服务支持作用，充分运用金融资源，主动对接集团战略转型具有全局意义的国家级重点项目及重点工程，并提升服务实体经济质效。

【信贷业务】公司秉承“一切以客户为中心”的战略思想，加速市场化转型和发展的步伐，努力提升市场化金融服务能力，提供优质、便捷的自营贷款、委托贷款、票据、银团、保函、财务顾问等综合金融服务，在开发贷业务、保理业务、并购贷款业务方面实现了突破，多样化支持成员单位战略发展。进一步挖掘成员单位上下游融资需求，通过产业链金融产品，助力企业提升核心竞争力。

【资金业务】公司资金运作始终关注资金安全和流动性安全；开展资金计划管理，不断强化资产负债管理能力，具备较强的流动性预测能力；持续巩固同业融资能力，拓展融资渠道，有效弥补短期资金波动；科学备付、分级备付，在保障资金安全的同时有效提升资金使用效率；发挥银企桥梁作用，协助成员单位获取外部资源，降低集团融资成本。

【投资业务】公司一方面做好现有权益类和债券等产品的实时跟踪管理及仓位调整，提高收益的稳定性；另一方面尝试债券自营，加强债券组合收益稳定性。为顺应集团及公司战略转型，积极发展集团内部投资银行及委托投资业务，进一步由证券投资向金融服务领域拓展。

【票据业务】票据业务实现拓客速度及业务规模大幅提升，服务覆盖集团各事业部产业链客户，提升了集团信用市场认可度，缓解了集团整体资金压力，降低了集团整体资金成本，提升了集团核心竞争力。

【外汇业务】公司持续丰富国际业务品种，不断完善服务平台功能，提升国际业务核心竞争力。向集团成员单位提供结售汇、外币贷款、跨境资金集中运营、国际结算代理、汇率资讯与咨询等服务。及时掌握外汇市场与政策变化，不断进行产品创新，制定国际业务产品组合专属服务方案，提供汇率风险管理服务，在满足成员单位资金周转需求的同时做好风险防范。公司外汇交易入围中国外汇交易中心年度银行间人民币外汇市场100强。

【资金集中】2018年，公司重点推进合资公司、上市公司资金归集，加强存款数据分析与新开户、上市公司资金和调整；借助产品及信息化应用，加大宣传力度，有效推进集团范围资金集中工作；通过市场化的利率水平，加强流动性管理及政策研究等方式提升专业化管理能力促进资金集中。

【业务创新】2018年，公司一是“一头在外”票据贴现业务在集团主要板块积极拓展，覆盖五大产业。二是创新开展并购贷款业务，围绕成员单位投资并购需求提供融资方案。三是打造全链条国际结算业务模式，为成员单位提供发票融资、集中收付汇服务。四是提供投融资顾问服务，协助集团及成员单位引入外部资金。

【风险管理和内部控制】公司进一步完善了风险管理体系，开发和推广了量化管理工具，按时高效完成金融统计工作，严控合同审核，在满足监管机构合规性要求的基础上，确保业务流程顺畅、关键节点风险可控。

【人力资源管理】公司着力关注员工思维、员工能力和员工治理，继续围绕"系统化人才培养、双通道发展路径、多样化激励体系"等方面开展工作。员工招聘方面，拓宽招聘渠道，引进高素质人才；培训开发方面，下放预算权限，创新培训模式和内容，组织区块链和财务机器人、供应链金融等培训；专业序列建设方面，调整角色说明书，开展年度专业序列评审。

【信息化建设】2018 年，公司针对核心业务的应用级同城灾备系统建设投产，年度金融等保三级测评顺利通过；完成核心系统优化、纸电融合二阶段改造、流动性管理系统建设、智能存款开发；加强安全保障，提升运维能力，配合信息化审计，完善信息管理体系。

【企业文化建设】2018 年，公司建设学习型组织，开展节日荐书活动，发放专业书籍，营造学习氛围；利用"育财书院"微信群组及订阅号，打造沟通平台，传递行业动态，宣贯公司理念，实现信息共享。

【党建工作】公司党委围绕六个突出开展工作。突出政治引领方面，签订党建责任书，对口精准扶贫，全面履行央企责任；突出组织引领方面，编印规范三部曲，创建集团示范党支部，培育党建品牌，全面提升组织力；突出思想引领方面，开展党课两种讲、每月打卡等活动，加强政治教育；突出服务引领方面，支部共建交流，助力提质增效；突出示范引领方面，开展"两优两先"评选，营造良好风尚；突出青年引领方面，开展三青系列活动，团结凝聚青年员工。

中集集团财务有限公司

【集团概况】中集集团（以下简称"集团"）1980 年 1 月创立于中国深圳，1994 年在深圳证券交易所上市，2012 年 12 月在香港联交所上市，主要股东为招商局集团、中国远洋海运集团和弘毅投资等。集团是世界领先的物流装备和能源装备供应商，致力于在集装箱、道路运输车辆、能源化工及食品装备、海洋工程、物流服务、空港设备等主要业务领域提供高品质与可信赖的装备和服务。作为一家为全球市场服务的多元化跨国产业集团，集团在亚洲、北美、欧洲、大洋洲等地区拥有 300 余家成员企业以及 3 家上市公司，客户和销售网络分布在全球 100 多个国家和地区。2018 年，集团销售收入约为 935 亿元，净利润约为 33.8 亿元。

【经营概况】2018 年，中集集团财务有限公司（以下简称"公司"）实现营业收入 2.13 亿元，同比增加 0.6 亿元，增幅为 42%；实现净利润 10018.72 万元，同比增加 1700 万元，增幅为 20.44%；截至 2018 年末，公司总资产折合 94.48 亿元，同比增幅超过 15%。

【战略性增资】2018 年，为进一步深化产融结合、支持公司战略规划实施，集团旗下集装箱业务板块、能源化工食品装备业务板块、空港业务板块和物流业务板块合计向公司增资 6.5 亿元，公司战略性增资项目圆满完成。

此次战略性增资是公司发展历程中的一个

重要里程碑。不仅标志着公司资本实力的大幅提升，为其经营规模的进一步发展壮大打下基础，而且是中集集团“制造 + 服务 + 金融”发展战略的重要体现，标志着公司与集团各业务板块的深度融合进入新阶段。

【公司信贷】2018 年，公司累计投放信贷资金折合人民币超过 136 亿元，同比增幅超过 7%，为产业和实体经济发展提供了有力的金融支持。特别是买方信贷业务，2018 年全年投放资金超过人民币 4 亿元，增幅超过 100%；除了车辆业务板块买方信贷业务快速成长外、集团内其他业务板块买方信贷业务开展也取得重大突破。除此之外，公司还优化了其他中长期贷款业务，为公司信贷结构和收入结构的优化做了积极探索。

【金融服务】2018 年，公司进一步强化了对集团成员企业的金融服务：不仅为主要业务板块提供了定制化金融服务方案，而且为支持集团双创企业发展制定了专门的金融服务方案。除此之外，公司为集团内成员企业提供的各类金融服务也在原来业务量基础上有了进一步发展。其中，财务顾问业务在上年度完成相应准备工作的基础上业务量在 2018 年度有了快速增长，收入超过人民币 140 万元；代理业务，特别是代开保函业务也有了较大幅度的增长，2018 年，公司代开保函总金额超过人民币 4.8 亿元。这些业务的发展不仅提升了公司的服务能力，而且为公司的综合价值创造打开了新路。

【票据业务】公司在 2018 年全面通过票交所全国统一票据交易平台开展票据业务，着力提升集团票据运作能力。2018 年为集团成员企业提供票据贴现累计金额超过人民币 3 亿元，提供财务公司票据承兑累计金额超过人民币 11 亿元。与此同时，公司针对各业务板块和成员企业不同的特点和需求，进一步优化和拓展票据业务运作渠道，为成员企业提供全面的票据业务服务。

【资金和投资业务】2018 年，公司继续利用同业拆借市场和银行间债券市场开展资金拆借业务和投资业务，不仅提升了流动性管理水平，而且优化了公司的收入结构。除此之外，公司还根据集团资产负债管理的整体策略和目标，积极协助集团进行资金管理，适时利用多种金融工具提供流动性支持，协同集团加强货币资金管控和降低资产负债率，为集团资产负债管理提供有力支持。

【外汇业务】2018 年外汇市场变动剧烈。受外部市场整体情况以及集团外汇风险管理策略影响，公司 2018 年代客开展即期结售汇业务总额约为 16.7 亿美元，较上年度略有下降。公司通过直接参与银行间外汇市场交易并大幅缩小买卖点差，为集团节省了大量外汇交易成本。

【风险管理和内部控制】2018 年，公司持续完善全面风险管理体系，强化“三道防线”守住底线，“相互牵制、相互制约”的风险管理机制有效运行。公司新建和修订了多项业务管理制度，修订发布了《授权手册（2018 年版）》，进一步深化“红线 + 黄线”风险管理模式，采取多种措施提升员工风险意识和强化公司风险文化。风控部门还积极响应业务需求，提升审批效率，在加强风险管控的同时，有力地促进了业务运营效率提高。

【信息化建设】公司持续加强信息系统建设，提升金融信息化能力。2018 年，公司顺利完成了个人征信系统、营改增系统、票交所业务直联等项目的开发上线，以及纸票和电票系统融合项目及集团内首个 RPA 机器人建设项目顺利投入使用。

【人力资源管理和企业文化建设】2018 年度，公司加强了关键岗位的人才招聘工作，为业务发展提供了有效的人力支持。公司还建立了内部讲师管理制度，以整合内外部资源加强员工培训，进一步提升员工工作能力。在企业文化建设方面，公司加强了多层次沟通机制建设，组织开展了以“新时代、新作为、新成绩”为主题的骨干沟通会，以创新方式开展了“面对面”跨部门的双向沟通季活动和持续改善活动，开展了多种形式的团队建设活动。

中建财务有限公司

【集团概况】2018 年，中国建筑集团有限公司（以下简称“集团”）坚持稳中求进工作总基调、践行高质量发展要求，全年新签合同额2.62 万亿元，同比增长 7%，营业收入和利润总额分别排名中央企业第 4 位和第 8 位，第 13 次获得国务院国资委年度考核 A 级，列《财富》世界 500 强企业第 23 位，稳居全球最大投资建设集团，继续保持行业内全球最高信用评级，拥有 3 家达到世界 500 强企业约 430 名水平的子企业。

【经营概况】2018 年，中建财务有限公司（以下简称“公司”）营业收入 17.25 亿元，利润总额 5.5 亿元，净利润 3.98 亿元。公司 2018 年纳入资金归集的成员单位超 240 家。通过开展定向专项服务和创建监管资金释放模式，有效解决境内上市公司资金归集和房地产企业监管资金盘活的难题；成功获批跨境双向人民币资金池业务备案许可，净流入限额过千亿元。公司 2018 年累计提供各类信贷融资超 600 亿元，通过开展财务顾问服务支持成员单位创新融资数十亿元。

【服务实体】2018 年，公司资金归集余额 800 多亿元，服务成员单位超 240 家，办理各类结算业务 22000 余笔；通过积极开展信贷业务支持集团降本增效：开辟了雄安新区建设金融支持“绿色通道”；向集团绿色环保新兴产业的贷款支持力度进一步加强；以供应链金融服务为切入点，积极服务集团主业发展。

【信贷业务】公司 2018 年全年为集团和成员单位提供近 4000 笔、累计超 600 亿元的各类信贷服务支持，为成员单位节约财务费用 2.80 亿元。

【资金业务】2018 年，公司继续加强资金业务管理，灵活运用资金拆借、国债逆回购等金融工具，调剂资金头寸，年内开展同业拆入业务 4 笔，累计本金 27 亿元；国债逆回购业务 3 笔，累计本金约 40 亿元。

【投资业务】2018 年，公司紧盯金融市场走势，灵活开展多种投资业务，全年日均投资规模 10.72 亿元，年化平均投资收益率 5% 以上。公司参与集团首单资产支持票据，运用投资工具支持集团“降杠杆、减负债”。

【票据业务】2018 年，公司累计开展票据业务 53.71 亿元，同比增长 72%，其中为成员单位对外支付承兑电子汇票金额 41.07 亿元，同比增长 4 倍，直接贴现成员单位商票金额 6.69 亿元，与商业银行合作开展电子汇票保贴及转贴现金额 5.95 亿元。年底，获批上海票交所电子商业汇票直联资格，为集团搭建票据集中平台奠定了基础。

【资金集中】2018 年，公司年末时点资金归集余额 800 多亿元，日均归集资金 540 余亿元。资金归集范围由二级、三级单位向四级单位和大项目公司延伸。有效开展定向专项服务，成功归集上市公司资金日均规模达 4.6 亿元。

【业务创新】2018 年 5 月 31 日，公司成功获批跨境双向人民币资金池业务资格。首批纳入资金池成员单位覆盖了包括股份公司在内的境内外近 60 家成员单位，通过开展逾 40 亿元人民币跨境资金流通业务，为集团成员单位海外开拓提供了资金往来便利。

【风险管理和内部控制】2018 年，公司在完善内部环境、强化管控的同时，创新业务工作机制。积极配合人民银行和银保监部门开展各项监管检查工作，研究推行内部评价机制，顺利完成指标管理优化方案，着力业务管控，完成各类审查近 2000 笔，合同审查 30 余份，完善制度建设，组织拟修订制度和拟新增制度

Z

近百项，全面推动风险信息化建设，量身打造风险监测与评估模块。

【人力资源管理】2018 年，公司建立从董事会到高管层再到部门主要负责人的管理机制、从部门负责人到员工的传导机制及绩效考评综合应用机制，树立以合规为导向的考核文化。同时，公司进一步拓宽职业生涯通道，完善职级晋升制度，按岗位划分专业序列，建立职级晋升规则程序，拓宽员工职业发展空间。

【信息化建设】2018 年，公司以打造业界高水平的信息化建设为目标，投入 3000 余万元软硬件费用支出，通过利用移动互联、虚拟化、区块链、云技术等技术手段，最大支持日均 50 万笔付款指令，信息和网络安全水平按照公安部等级保护三级进行建设，有效保障集团资金集中管理的需要。

【企业文化建设】公司一方面切实加强工、青、妇等群众组织建设；另一方面努力营造提升职工幸福感的工作氛围，通过组织女工插花活动、踏春健走、摄影比赛等活动凝聚职工；通过学十九大精神、新员工入职教育培训和交流会等一系列活动，凝聚战斗力。

【党建工作】2018 年，公司党工委以落实党建工作责任为目标，以加强学习教育和加强组织建设为重要抓手，全面构建“四级贯通”责任体系，扎实取得十九大精神集中学习“全覆盖”、基层组织体系“全搭建”、党建责任状“全签订”、党建与发展“全融合”的“四全”成果，为支持集团践行国家战略、践行新发展理念、推进“三去一降一补”工作作出应有贡献。

中交财务有限公司

【集团概况】中国交通建设集团有限公司（以下简称“集团”）2018 年紧紧围绕高质量发展的核心，调结构、拓市场、促改革、强管理、抓党建。集团在世界 500 强企业排名上升至第 91 位，提前两年实现“十三五”发展目标；连续 12 年荣膺 ENR 全球最大国际承包商中国企业第 1 名，稳居世界前 3 名。在国务院国资委年度考核中实现“十三连 A”，是建筑央企中唯一获此殊荣的企业。

【经营概况】中交财务有限公司（以下简称“公司”）坚持“依托集团、服务集团”的战略定位，外接金融机构，内联成员单位，全面推进，深入挖潜，资金存量显著增加、资金管理水平有效提升、金融供给与服务能力持续增强。截至 2018 年末，公司资产总额 740.92 亿元，利润总额 5.82 亿元，荣获北京市西城区经济社会发展综合贡献奖。

【服务实体】公司紧密跟踪成员单位经营情况，为企业置换银行贷款 130 亿元，助力集团“降杠杆、减负债”任务。服务集团主营业务，积极支持大项目融资，先后完成新疆乌尉项目银团融资框架协议签署，发放泉厦漳联盟路项目贷款 11.03 亿元，为青岛地铁、港珠澳大桥发放建设资金合计 30 亿元，保障了国家大型项目建设顺利收尾完工。

【信贷业务】公司日均表内信贷资产达到 182.86 亿元，同比增加 27.71 亿元，贷款余额达到 222.62 亿元，同比增加 50.8 亿元。持续配合各单位开展财务公司保函替代保证金工作，开具各类保函累计 21.51 亿元。

【资金业务】完成中债登和上清所开户工作，为集团及其成员单位的债务融资需求提供保障。增加开户基金公司，丰富交易对手与投资品种。2018 年货币基金投资收益 6568 万元，年化投资收益率为 4%，比货币基金平均收益率 3.5% 高出 50 个基点。

【统保业务】参加统保的项目共计 1488 个，同比增长 55%。将大型项目全面纳入统保平台，共计完成 15 亿元以上大型项目招标 25 个。操作标准化统保模式，将中小项目工程险并入标准协议中，节约各成员单位保险费用。加强理赔培训与风险防控工作，联合保险经纪公司加强保险培训工作，组织现场培训近 109 次。

【票据业务】票据业务量再创新高，认可度显著提升，承兑累计金额已达 71.45 亿元，承兑票据量3083 笔，分别增长31%和60%，收票人从 832 户增长至 1483 户。ECDS 电票系统顺利接入投产，网银端电票业务系统同时上线。

【资金集中】对私业务增长迅猛，结算量显著提升。2018 年结算笔数翻番，结算金额 1.86 万亿元，实现了资金沉淀。资金运用效率从 41.12% 提升至 42.91%。新开户共计 183 户，银企直联账户新增 1789 户。注重客户服务工作，编制结算业务用户手册，上线财企对账新功能，对账率显著提升。

【业务创新】探索新融资工具，拓宽外部融资渠道，首次成功办理转贴现业务 2.53 亿元，拓宽了转贴现票据交易对手范围。

【风险管理和内部控制】着重关注流动性风险，开展压力测试并制定应急处置方案。强化全方位贷前审查，实行贷款全程跟踪检查。组织召开首届法治工作会，出台《主要负责人履行推进法治建设第一责任人职责实施办法》，推进格式合同建设，依法治企。开展首届合规知识竞赛，举办法律知识培训暨青年员工普法宣传活动。完善制度体系建设，新增制度 13 项，修订制度 54 项。开展监管制度收集工作，形成《法律法规制度汇编》。坚持全面审计，突出重点开展专项审计，加强结算中心管控。提高结算中心审计频次，实现全覆盖审计，创新审计方式，组建联合审计组提高审计效率。

【人力资源管理】修订《员工管理办法》，加快青年员工晋升速度，打通专业序列晋升通道，增强员工归属感。修订医疗管理办法，增加重大疾病保障。组织实施经营业绩分享，树立企业—员工共进退理念，提升员工获得感，激发全员工作热情。加强青年人才培养，持续推进导师带徒活动，发挥骨干员工传帮带作用。

【信息化建设】通过整合系统接口、加大宣传力度、实地培训等措施，推进资金管控系统、银企云平台、内部资金池三大平台的应用实施。上线电子商业汇票系统，通过上海票据交易所现场验收、切换。完成纸电融合二期的改造与上线工作，实现票据业务电子化处理。完成大额资金报送系统开发任务，零故障平稳运行。完成北京—厦门两地容灾项目的建设工作，实现不同系统两地运行、互为备份的规划方案。

【企业文化建设】首次荣获集团文明单位称号。在《交通建设报》和《中国财务公司》刊发专题文章，宣传公司的经营理念。制作了专题展板，展示公司成立五周年取得的丰硕成果。开展了“砥砺奋进 · 展芳华”主题摄影比赛。编制公司成立五周年寄语视频。发布了“中交蓝鲸”卡通员工。全面改版提升微信公众号并升级为服务号。广泛开展“钱从哪里来，钱到哪里去”大讨论活动，激发员工参与管理，建言献策的主动性和积极性。

【党建工作】以中心组学习、党委课题调研和思想政治研究三大平台为抓手，提高领导班子理解新思想、运用新思想系统谋划和推动工作的能力。落实重大决策事项党委前置研究程序。聚焦重大事项，强化民主决策管理，确保党建与中心工作同节奏。坚持把党建思想政治工作纳入企业管理，纳入干部业绩考核。通过参观革命基地，重温誓词，合唱红色歌曲，召开读书分享会、朗诵比赛、演讲比赛，制作专题展板，编制《党的十九大知识手册》，邀请专家作专题报告等多种形式，掀起学习宣传党的十九大精神的热潮。

Z

中节能财务有限公司

【集团概况】中国节能环保集团有限公司（以下简称“集团”）是以节能环保为主业的中央企业。集团以生态文明建设为己任，经过多年发展，已构建起以节能、环保、清洁能源、健康和节能环保综合服务为主业的“4+1”产业格局，是我国节能环保和健康领域规模大、实力强、专业覆盖面广、产业链完整的旗舰企业。截至2018年末，集团拥有500余家下属企业，其中二级公司28家，上市公司5家，业务分布在国内各省市及境外约110个国家和地区。

【经营概况】中节能财务有限公司（以下简称“公司”）秉承“依托集团、服务集团”的经营宗旨，深入贯彻落实集团年度内各项重要工作部署，坚持稳健合规经营，完成公司绿色金融管理体系创新建设，综合服务水平得到全面提升。截至2018年末，公司资产总额150.97亿元，负债总额113.59亿元，实现营业收入4.68亿元，利润总额3.51亿元，不良资产率为零。

【服务实体】公司创新构建绿色金融管理体系，有效将低成本资金投向符合集团主业发展方向、符合绿色发展理念的重点领域，有针对性支持长江大保护污染治理等集团重要战略。截至2018年末，公司为集团节约财务费用2.80亿元，让利成员单位1.22亿元。

【信贷业务】公司大力推进系统内企业评级授信，2018年共计完成对集团内24家成员单位的综合授信总额530.67亿元，授信业务满足了主要二级公司及重点三级公司的流贷、汇票、保函、担保、项目贷款等融资需求。公司所有贷款利率、价格均优于成员单位在外融资成本。

【资金业务】公司积极进行流动性管理，不断完善业务制度，稳健开展各类资金业务，择优配置同业存款、存单、回购、拆借等品种，对公司2018年利润增长形成有效支撑。坚持做好精细化管理，准确收集成员单位资金收付、融资计划等信息，及时识别风险源头；强化日常资金头寸调拨流程，优化资产配置结构；完善事后管理工作，科学平衡流动性供求关系及公司现金流，实现流动性风险管理持续可控。

【投资业务】公司根据市场行情变化、资金使用计划及头寸变化等因素，合理配置投资种类，提高资金收益率。在交易过程中审慎评估交易对手公司治理情况、偿付能力、风险管理能力，实施分类动态评估，实现专业化、规范化、程序化运作，在保证公司流动性安全的前提下，实现了资金的保值增值。公司以周为单位2018年完成市场调研分析报告45篇，为决策管理提供科学依据。

【外汇业务】公司落实集团要求，全力推进境内成员单位外币资金集中业务落地。科学全面制定工作规划，大量调研同业单位，反复与合作银行等金融机构沟通洽谈，多轮次开展外币直联系统可靠性测试，完成了公司《外汇单位账户管理办法》及《外汇结算业务管理办法》撰写。经过细致筹备，公司外币系统于2018年11月正式上线，随后为成员单位开立集团内第一个美元经常项下内部账户，在年内实现了首笔美元资金成功归集。

【资金集中】根据成员单位的具体情况一企一策设计金融服务方案，重点推动集团内上市公司、合资公司资金集中工作；协助资金需求量较大的成员单位设计资金循环方案，科学做好大额资金管理；推进银企直联业务，成为国家开发银行首批开通“代理支付”业务合作的财务公司。公司2018年高质量、零差错开展结算业务10.59万笔，金额2305.35亿元，月均结算业务量突破8600笔，业务处理能力及结算服务水平大幅提升，为集团资金集中管理提供了坚实的业务保障。

【业务创新】公司结合集团产业特点和外部金融市场发展情况，深入研究人民银行绿色金融工作小组提出的相关理论精神及银保监会制定印发的《绿色信贷指引》，以赤道原则为基础，构建公司绿色信贷管理体系。以集团主要板块类别、企业管理情况、产能达标率、项目能效、节能减排量等近二十个指标维度为基础，建立绿色信贷评价模型和信息化系统，引导优质资金配置于符合集团战略方向企业和项目，为集团重点业务领域和重大项目提供优先金融保障。

【风险管理和内部控制】公司持续推动全面风险管理建设，搭建全面风险管理框架，利用风险管理工具识别、量化重要风险点，完成了《中节能财务有限公司全面风险管理手册》。针对信用风险，严格执行信贷审查制度，坚持贷审会集体决策机制，完善资产五级分类工作；针对流动性风险，建立了存贷比、超额备付率、核心负债比例、流动性缺口率、流动性比例等指标监测体系，并建立了多级流动性储备机制；针对操作风险，公司制定了较为完善的操作风险管理框架，推行操作风险监测报告制度。

【人力资源管理】公司严格按照集团要求制度化、标准化开展选人用人工作；合理制定人力资源中长期配置计划和年度计划；建立以岗位为基础、能力有体现、绩效占主导的薪酬分配结构；持续深化员工职业生涯规划与管理，细化和明确任职资格和评价标准；创新员工绩效考核方法，科学设计绩效考核目标，完善绩效考核流程。建立了干部能上能下、员工能进能出、薪酬能高能低的人力资源激励机制。

【信息化建设】公司密切配合集团财务共享中心项目建设，利用公司的银企直联平台，最大限度地实现整个集团所有成员单位的资金集中收付，提高集团资金集中度及管控水平。公司配合集团落实国资委的相应要求，完成国资委大额资金使用动态监测数据报送系统建设。持续健全信息化应急管理机制和应急预案体系，修订《系统应急故障处理管理办法》《信息科技安全应急预案》，有效提高公司信息化安全水平。

【企业文化建设】公司积极宣传贯彻集团“忠诚、绿色、创新、卓越、严谨”核心价值观，实现组织文化与组织发展战略的和谐统一。公司持续健全宣传工作机制、强化宣传力度、拓展宣传渠道，为公司发展营造良好的舆论环境。通过组织开展“请拿出你的业绩”读书会、十分钟主题分享会、24 小时接力马拉松等一系列活动，着力打造风清气正、健康向上的良好氛围，推进和谐企业建设，凝聚发展新动力。

【党建工作】持续深入学习贯彻党的十九大精神，以习近平新时代中国特色社会主义思想为指导，全面贯彻落实党中央和上级党组织各项决策部署。严格党员教育管理，深入开展“两学一做”，强化政治引领。实行党建工作“四同步、四对接”，抓好全面从严治党责任落实。严格贯彻八项规定精神，开展廉洁从业主题教育，规范“三重一大”决策程序，结合财务公司内控体系建设，完善廉洁风险防控体系。

中开财务有限公司

【集团概况】中开财务有限公司（以下简称“公司”）成立于 2013 年 7 月，隶属于中国南山开发（集团）股份有限公司（以下简称“集团”）。集团成立于 1982 年，是我国第一家

Z

中外合资的股份制企业。经过30多年的努力，集团已成为以深圳赤湾为总部，综合物流、产城综合开发、资产管理与金融服务等核心产业辐射全国的综合性企业集团。

【经营概况】公司紧扣集团产业发展大局，提升发展质量和效益。以业务创新为源泉，稳步开展供应链金融服务，助力集团打造健康产业生态圈，实现业务全面、快速增长。截至2018年12月31日，公司资产总额56.28亿元，存款余额48.39亿元，贷款余额25.38亿元；实现营业收入19591.22万元，净利润7544.73万元。各项风险指标均符合监管要求。

【信贷业务】公司统筹信贷资源，制定差异化资金配置与让利价格，加大对集团主业的信贷支持，提高金融供给有效性。同时，创新推出法人账户透支业务，以其便捷、灵活和低成本等优势，较好地满足了成员单位临时性融资需求。截至2018年12月31日，共发放贷款75笔，余额25.38亿元，同比增长24.73%；开立保函17笔，金额1699万元，实现信贷业务收入1.18亿元，同比增长18%。

【资金与投资业务】公司通过加强流动性管理，强化资金业务的经营职能和盈利能力。根据监管要求，积极调整投资策略，选取公募货币基金和纯债集合信托计划作为投资标的，以确保获得较好的投资收益。截至2018年12月31日，公司共开展金融市场业务119笔，日均规模22.73亿元，实现金融市场业务收入8027.89万元。

【票据业务】公司完成电票系统升级改造和电票全直联软件开发、测试。成员单位采用银行承兑汇票、商业承兑汇票等方式代替现金付款，将应付账款票据化，从而稳定供应商的收款预期，达到延长账期、输出集团商业信用的效果。截至2018年12月31日，公司开出银行承兑汇票5.32亿元，商业承兑汇票10亿元，票据转让3.22亿元。

【资金集中】公司深挖资金归集潜力，在政策限度内上浮存款利率，以优于同业价格实行差异化存款定价，让利成员单位。同时，加强头寸管理，每日计算流动性，优化营运资金期限结构，保障公司业务发展，满足成员单位支付需求。截至2018年12月31日，公司可归集资金集中度为77.73%；新开立单位结算账户38户，银企直联账户44户；办理各类结算业务19.52万笔，同比增长60.72%，累计结算金额3006.32亿元，同比增长5.19%。

【业务创新】公司充分利用外部银行授信额度，推出代开分离式保函服务，解决成员单位在没有银行授信的情况下开立银行保函需提供担保及保证金的难题；为深化同业交流与合作，公司分别与TCL财务公司、中集财务公司签署双边授信协议，在票据保函互认等方面开展深度合作。

【风险管理与内部控制】公司采用风险防控和内审稽核相结合的方式，全面推进风险管理和内部控制工作。以风险审查为基础，严格落实“审贷分离、分级审批”制度；以监管要求为重点，动态监测各项指标，及时准确上报监管报表、报告；以评级工作为抓手，积极配合完成监管机构评级工作；以审计工作为着力点，实施专项审计和常规审计，并组织开展业务自查自纠工作。

【人力资源管理】公司通过多种招聘形式共引进4名人才，保障业务发展人才需求；为入职的毕业生实施导师辅导制度，使其尽快适应工作岗位；引进咨询公司对人力资源工作进行全方位的梳理和优化工作。同时，组织集体内训1次、参加各类培训共十余次，落实转培训，在保证参训人员培训质量的同时全面提升了员工素质。

【信息化建设】基础业务方面，顺利完成电票系统升级改造和票交所交易客户端安装调试，电票全直联软件开发、测试，法人账户透支接口开发；企业管理方面，实施报表自动化的开发工作，系统已进入试运行阶段；外部监管方面，完成企业征信前置查询系统上线，银保监局监管报送系统升级。同时，积极做好运营维护工作，保障各项信息系统平稳运行。

【企业文化建设】公司切实加强文化建设，新设“微创荣耀”创新活动，增设读书会子栏目；积极参与深工知识竞赛、集团羽毛球赛、逐梦杯职工辩论赛等活动。“微创荣耀”旨在鼓励员工自我培养由微知著的洞察力，提出创新改进方案并落地执行。读书会已举办6期，每期由员工推荐书籍并分享感悟，以图书促进员工间的交流。

【党建工作】公司扎实推进党建工作，确立党组织的领导核心地位，将党建工作写入章程；发挥党员先锋作用，开展“党员一带一”先锋活动，密切党群关系；发挥党组织的战斗堡垒作用，开展民主生活会、支部书记讲党课等一系列活动；创新党建活动形式，通过开展联学联建和赴重庆开展培训学习等党建活动提升全体党员的思想觉悟。

中联重科集团财务有限公司

【集团概况】中联重科股份有限公司（以下简称“集团”）创立于1992年，前身是原建设部长沙建设机械研究院，是中国工程机械的技术发源地，主要从事工程机械、农业机械等高新技术装备的研发制造，是国家智能制造试点示范项目单位、国家工业互联网应用试点示范单位。中联重科系统推进产品智能化、制造智能化、服务智能化，拥有覆盖全球的销售网络和服务体系，销售与服务网点超过120家，为100多个国家的客户创造价值。集团是业内首家A+H股上市公司（A股代码000157，H股代码01157），主导产品覆盖10大类别、55个产品系列，共460多个品种。公司注册资本78.08亿元，总资产934.57亿元。

【经营概况】截至2018年末，中联重科集团财务有限公司（以下简称“公司”）资产总额930600.12万元，负债总额751205.29万元，所有者权益179394.83万元，全年累计实现利润总额13356.03万元，净利润10017.78万元。

【信贷业务】2018年，公司累计发放贷款916000万元，实现贷款业务收入13276.92万元，贷款业务平均收益率为3.84%。2018年推出循环贷款业务，简化高信用评级成员单位借贷手续，提高效率，助力集团发展。给予成员单位循环贷25亿元授信额度，累计使用7.5亿元；为成员单位累计办理贴现放款90675.96万元，实现贴现业务利息收入792.35万元，贴现业务平均收益率为4.11%。

【资金业务】2018年，公司日均同业存款（含美元）240362.08万元，资金平均收益率为4.21%，实现利息收入9979.39万元，2018年累计拆入资金142亿元，累计拆出资金15.4亿元。

【票据业务】2018年，公司成为上海票据交易所会员单位，并成功切换财务公司电票系统。本年新增3家成员单位开票业务，累计开立财务公司票据226887.49万元，其中年末未解付票据余额144712.66万元；取得手续费收入106.91万元，为集团节省开票保证金占用约692.01万元。

【风险管理和内部控制】董事会是全面风险管理的最高决策机构，承担全面风险管理的最终责任。董事会下设风险管理委员会，承担董事会授权下对各种风险进行管理的职能，定期向董事会汇报风险管理营运情况，并与各委员会建立了沟通机制；监事会承担全面风险管理的监督责任，监督检查董事会和高级管理层在风险管理方面履职尽责情况并督促整改；高级管理层负责承担全面风险管理的实施责任，执行董事会的决议，总经理为风险管理的主要负责人，直接分管风险管理工作。风险管理部负责全面风险管理，牵头履行全面风险的日常管理，牵头协调公司各部门对所负责的业务风险进行识别、计量、监控、评估和报告，保障风险管理战略的实现。

公司按照“内控优先，制度先行”的经营原则，建立了较为科学、完善的内控制度更新机制。每年初即开始进行年度制度梳理工作，对确需完善的制度进行拾遗补阙和系统整理。截至2018年末，经股东会、董事会和总经理办公会审议新制定《全面风险管理办法》《操作风险管理实施办法》《合规风险管理实施办法》等16项制度，废止4项制度；修订了《信贷业务管理办法》等32项制度。通过制度的修订与完善，内控制度增加到95项，业务流程增加到30项，进一步增强了内控制度的系统性和可操作性。在各项业务开展中严格按照规章制度规范操作，确保了各业务流程循序完整，为实施全面风险管理工作提供了基础和保障。

【人力资源管理】 2018年，公司加强员工培训，帮助员工了解金融风险政策，认识金融风险属性，提高防范风险的理念与处置能力，为提升员工的业务水平及专业技能，鼓励核心骨干参加专业机构培训。拓展招聘渠道引进优秀人才，优化人才结构，提升优秀员工、骨干员工薪酬待遇，保持员工队伍的相对稳定性。

【信息化建设】 为更好地适应集团资金集中管理和公司资金归集管理需求，2018年公司对信息系统已经上线的功能模块根据工作实际情况进行优化与升级，力争实现所有业务线上操作。

【企业文化建设】 公司重视以“依法合规、稳健经营”为理念的企业文化建设，将企业核心价值观、内部控制原则、风险控制、风险防范理念及措施等作为对员工的重点教育内容。建立了微信公众号，并加强了其运营推广，内容覆盖公司动态、产品宣传、金融知识、团队活动等方面，分享知识信息，交流心得，提高公司内外知名度。丰富员工业余生活，定期组织丰富多彩、形式多样的团队活动，培养团结协作、积极向上的团队精神。

中粮财务有限责任公司

【集团概况】 中粮集团有限公司（以下简称“集团”）是立足中国的国际一流粮食企业，是集贸易、加工、销售、研发于一体的国有资本投资公司，以粮、油、糖、棉为核心主业，同时涉及食品、金融、地产等行业。2018年，集团坚持在做强主业、深化改革、三大攻坚、从严治党上聚焦用力，有效激发企业发展动力、内生活力和综合实力，实现营业收入4758亿元，利润总额129亿元。

【经营概况】 中粮财务有限责任公司（以下简称“公司”）致力于提高集团整体资金使用效率，降低融资成本，同时为成员单位打造个性化资金管控体系，提供专业金融服务。截至2018年末，公司资产总额179.85亿元，负债总额143.03亿元，所有者权益36.82亿元，同比增幅为8.04%；全年净利润2.56亿元，同比增幅为31.96%。公司整体运行良好，各项监管指标符合行业监管要求。

【信贷业务】 截至2018年末，公司信贷规模达到129.1亿元，较同期增长29%，日均贷款余额114.3亿元，较同期增长39%；委托贷款563.5亿元，较上年末增加125.25亿元，增幅为28.58%。公司通过丰富信贷服务品种，满足成员单位多元化的融资需求，置换各专业化公司的外部融资，帮助集团将负债率降低0.7个百分点。

【资金业务】 公司努力拓展人民币代理支付结算业务，提高成员单位结算效率，截至2018年末，累计完成结算业务77.71万笔，累计结算金额26277.05亿元，公司代理支付业务已占集团所属企业对公支付业务的90%。在支付准确性100%的前提下，累计节省银行付款手续费638.36万元。

【投资业务】 截至2018年末，公司有价证券投资合计3.76亿元，全年投资收益0.41亿元。2018年，公司继续秉持安全稳健的投资理念，同时注重资金流动性管理的需求，主要持仓信誉较好、规模较大、收益率较稳定的货币基金产品。

【票据业务】 公司深入剖析各专业化公司融资结构，明确服务方向，持续推进电票承兑、电票贴现等票据类业务，同时积极开展转贴现、买方付息贴现等业务模式创新。2018年，办理电票承兑业务5.52亿元，贴现业务5000万元，转贴现业务638万元，打通了收票人、银行与财务公司的联系，极大增加了公司票据的流动性；累计完成再贴现业务1000万元，实现了票据融出和利用央行资金的功能，拓宽了公司的再融资渠道。

【外汇业务】 公司继续推进结售汇业务，以银行间市场的成本价格为成员单位提供结售汇服务。截至2018年末，办理成员单位即期结售汇1132笔，同比增长123%，金额9.6亿美元，累计节省汇兑成本1152万元；办理成员单位经常项目集中付汇723笔，同比增长213%，金额3.6亿美元。

【资金集中】 公司持续完善资金管理子平台建设，截至2018年末，共为10个专业化公司建立了15个资金管理子平台，604家成员单位纳入子平台管理，归集资金余额536.9亿元，同比增长47.1%。各专业化公司通过子平台日均发放委贷162.0亿元，累计节省财务费用6.5亿元；发放委贷余额177.4亿元，降低集团整体负债率0.9个百分点。公司还协助专业化公司及其上市公司强化内部资金管理，突破关联交易限制，成功提高资金归集上限。

【业务创新】 公司一是积极拓展对私支付业务，2018年在试点成员单位初步实现集团员工报销、对个人付款等功能；二是首次开展了汇总征税海关税款保函业务，截至2018年末，以免手续费的形式开出保函金额600万元，显著降低了成员单位融资成本；三是及时跟踪并研判汇率走势，结合专业化公司汇率避险需求，与工商银行合作开展代理远期购汇业务，并为成员单位设计美元外债掉期业务方案。

【风险管理和内部控制】 公司加大整治银行业市场乱象工作的力度，加强对薄弱环节、案件多发领域的风险排查和彻底整改，严格防控金融风险，提高服务实体经济质效。风险管理部全面负责风险管理及合规管理，对公司所面临的各类风险进行细分和定位，对业务进行全方位、全过程的风险监控和风险把关，使风险管理制度化、规范化。

【人力资源管理】 公司通过专业管理咨询和借鉴对标公司经验等方式完善了人力资源管理体系建设。对各业务岗位重新进行岗位称重和薪酬体系的搭建，加强对员工的激励效果；打通多元化的人才招聘渠道，加强核心业务岗位的人才配置；充分利用内外部培训资源，为提升员工专业技能创造条件。

【信息化建设】 公司围绕业务系统开发升级和网络日常维护展开信息化工作。2018年优化了与各专业化公司ERP系统财企直联，业务处理效率大幅上升。新建了CA安全框架，对原CA系统进行了平滑切换。新建CA系统在加密算法、加密实现、后台管理等多方面达到金融业较高安全水平，为公司资金集中管理系统提供了更加安全的使用环境。按照国资委相关要求，以公司数据为基础，配合集团信息管理中心实现了集团大额资金变动上报国资委系统功能。

【党建工作】 按照全国国有企业党的建设工作会议精神，将党建工作要求写入公司章程，落实党组织在公司法人治理结构中的法定地位，使党组织在企业运营中发挥政治核心和领导核心作用有章可依，将工作中的重点、难点问题拿到党组织会议上共同讨论，有效地将党建工作与日常工作相结合，将党建工作落到实处。

Z

中铝财务有限责任公司

【集团概况】中国铝业集团有限公司（以下简称“集团”）成立于2001年2月23日，是中央直接管理的国有重要骨干企业。集团主要从事矿产资源开发、有色金属冶炼加工、相关贸易及工程技术服务等，是全球第一大氧化铝供应商、第二大电解铝供应商，铜业综合实力位居全国第一，是国家相关部门备案的大型稀土企业集团之一。2018年12月，集团被纳入第三批国有资本投资公司试点。集团2018年营业收入超过3000亿元，利润总额同比增加一倍以上，2008年以来连续跻身世界500强企业行列。

【经营概况】2018年，中铝财务有限责任公司（以下简称“公司”）切实发挥金融功能支撑、效益贡献和风险防控作用，发展质量和水平不断提升。2018年末管理资产总额1005亿元，同比增长28.00%，营业收入10.70亿元，同比增长29%，利润总额4.94亿元，同比增长30%。

【信贷业务】公司信贷供给高质高效，2018年投放流动资金贷款253亿元，办理委贷376亿元，保障了企业流动性安全。创新信贷产品，开展银团项目贷款，开立了首笔关税保函，投放美元委贷，多元化满足企业融资需求。

【产品销售信贷业务】2018年，公司获批买方信贷业务资格并积极开展业务，与大唐国际宁夏大坝发电有限责任公司展开多次业务交流，成功为其办理1500万元买方信贷业务，促进煤炭销售约7万吨。

【资金业务】公司全力做好资金业务，在债权融资方面，协助集团内企业发行债券13期，金额达251.90亿元；创新发行了全国首单央企供给侧结构性改革资产支持证券。政策性融资方面，公司积极争取政策支持，获央行再贴现资金12.40亿元，位列在京财务公司前3名，有效增强了公司流动性。银行间市场融资方面，获外部授信400亿元，运用拆借、正回购等手段融入短期低成本资金3656亿元，有效熨平了存款的大幅波动，保障了2018年信贷的稳定供给。

【投资业务】公司投资业务创造更高市场效益。金融市场2018年收入同比增长85.50%。积极开展投行咨询服务，承销财务顾问收入同比增长164%。此外，创新开展匿名债券买卖、债券型指数基金业务，扩大了投资范围。

【票据业务】2018年，公司累计为成员企业办理票据承兑25.49亿元，票据贴现29.68亿元，为成员企业提供低成本融资渠道。积极开展内部商票业务，协同集团推出了中铝商票，累计开票15.80亿元，提供保贴7.80亿元。按票交所统一要求，完成了电票系统的纸电融合改造，成功上线票据交易系统，实现了票据交易与资金清算的联动，为票据业务的发展提供了保障。

【外汇业务】2018年，公司重点发力国际业务平台建设，新增了3家跨境资金池参与企业，累计已达到91家。建立了外币存款利率市场化定价机制，积极与合作银行协商提高美元存款收益。成功通过跨境通道引入首笔4000万美元外债资金，丰富企业资金融通渠道。创新开发了“外存内贷”及境内外币委贷业务，丰富了企业外汇融资渠道。与商业银行合作开发了代理进口信用证业务，为企业国际贸易融资提供了更优选择。此外，按照外汇局要求顺利上线了外汇账户数据报送系统，保证外汇业务合规开展。

【资金集中】公司资金集约化管理能力持续提高，2018年人民币、本外币日均存款分别达到191亿元、274亿元，同比分别增长23%、

29%。2018 年末资金集中度达 57%，同比增长 20 个百分点，创历史新高。

【业务创新】 2018 年，公司以加快推进业务创新建设为抓手，持续开拓新业务。在信贷业务方面，创新开展了关税保函、银团贷款、买方信贷等新业务。在国际业务方面，创新开展了美元外债、外币委托贷款、运用利率市场化吸收外币存款等新业务。在投资融资方面，发行了中央企业首单供给侧结构性改革资产支持证券，创新开展了匿名债券买卖、债券型指数基金业务。通过业务创新，不断培育新的增长点，为集团和公司发展蓄积新动能。

【风险管理和内部控制】 2018 年，公司全面风险管理持续深化。落实风险防范主体责任，积极应对强监管形势，密切传导外部风险政策，按月编印《新规速递》。加强业务风险管理，重大业务风险审查、法律审核覆盖率均达 100%。开展全面风险自查，规范各项业务流程。开展金融统计自查，提升监管数据质量水平。公司获评中国财务公司协会 2018 年度行业数据统计优秀单位和集团法治工作先进单位。

【人力资源管理】 公司干部人才队伍建设进一步加强。优化了队伍结构，提拔干部 6 名，吸纳人才 7 名。强化人才培训管理，完成了“合金计划”“锋刃计划”和“飞跃计划”7 名后备干部首次集训，关键岗位人才力量得到加强。

【信息化建设】 2018 年，公司信息科技保障逐步完善。完成了核心业务系统智能升级改造，实现了结算指令自动接收。开发委托贷款转永续贷、债务转移模块，完成上海票交所纸电票融合二期上线运行，提升了业务效率。更换了防火墙设备，改造无线网络，建设安全审计系统，构建了信息安全多维防护网。

【企业文化建设】 公司培育特色企业文化，塑造与集团文化同向，兼具金融行业特色的创新文化，品牌影响逐步做强，《打造特色金融服务品牌》获集团品牌故事选评二等奖。创新工作形式，组建了合唱团、羽毛球队，参加上级团委组织的“大手拉小手”青年志愿服务活动，组织了全员拓展、创新创意大赛等活动。新闻宣传工作围绕中心精准发力，多篇外宣新闻稿件刊登至《有色金属报》《中国铝业报》、今日头条、中国财务公司协会网站等媒体，公司社会影响力和品牌美誉度得到提升。

【党建工作】 公司切实发挥党建统领作用，贯彻落实党的十九大精神，把基层组织建设与业务发展深度融合，实现了党建工作与经营工作的双促双赢。从严执行党内监督和“三重一大”制度，强化党组织对重大决策的前置把关程序。抓实基层党建工作，充分发挥联合党支部作用，扎实推进“两带两创”活动，积极参与“不忘初心，牢记使命”主题教育活动，以“五新”大讨论为抓手，统一思想，凝聚共识，推动公司创新发展。积极开展党建知识竞赛、“三种课堂”等创新活动，强化了基层组织学习教育效果。

中煤财务有限责任公司

【集团概况】 中国中煤能源集团有限公司（以下简称“集团”）是国务院国资委管理的国有重点骨干企业，是以煤炭生产为主的大型能源企业，是国内唯一具有煤矿设计、煤矿建设、煤矿装备制造、煤炭开采及煤炭洗选加工、煤化工、煤矿坑口发电、煤炭及化工产品贸易等全产业链的企业。集团承担着央企煤炭资源整合的历史使命，2018 年资产规模近 3900 亿元，实现营业收入 1502 亿元，创历史最高水平，经营利润总额突破百亿元，创近 7 年新高。

【经营概况】中煤财务有限责任公司（以下简称“公司”）坚定大局意识，助推集团供给侧结构性改革，贯彻大财务理念，推进精益化管理，各项风险监管指标良好。实现营业收入9.35亿元，同比增长37.8%；利润总额6.59亿元，同比增加37.79%，贷款规模突破108亿元，全口径资金归集度达67.71%，资产收益率达到2.04%，位列央企财务公司第8名。公司深化创新创效，助推集团改革发展，实现增值创效4.15亿元。

【服务实体】公司支持集团打造煤电化一体化发展的新业态，为煤炭生产企业的技术改造提供资金支持。抓住“一带一路”倡议的机遇，支持丝绸之路经济带输电走廊全面发展，累计办理各类贷款56亿元。深入集团供给侧结构性改革实践，积极参与央企煤炭资源整合与集团内部煤炭资源优化配置，进一步加大对新并入企业和内部兼并重组企业的支持力度，精心设计各种金融工具和服务在内的整体解决方案。

【信贷业务】公司提升管理精细化程度，优化信用评级和综合授信体系，统一完成存量信贷客户年度评级授信工作，提升业务办理效率；加强贷后现场检查，深入新疆、山西等重点客户，有效防范业务风险。持续优化信贷规模与监管要求、集团需求和自身经营绩效的“三挂钩”机制，探索建立以客户为中心的客户经理制。2018年自营贷款余额为108亿元。

【资金业务】公司以集团供给侧改革和转型升级需求为导向，以资金和筹融资预算为引领，对全集团资金统一计划、统一监控和统一调度，精细安排资金，强化资金流向监控，有效降低备付水平，充分发挥资金集约效应。金融合作不断延伸，取得银行近200亿元同业授信，成功开展同业拆借业务，拓展流动性管理工具，缓解资金头寸压力，同时有效降低备付资金占用，进一步提升资金运营效益。

【票据业务】公司积极开展票据基础设施建设，在电票系统代理接入完成后，积极推进直接接入方式，已完成向上海票据交易所的业务申请，并取得了初审通过。持续开展票据贴现业务，帮助成员单位及时回款，增加经营活动现金流量。积极探索票据管理模式，与商业银行合作实现了转贴现业务的突破，通过创新贴现—转贴现的方式，盘活集团存量票据资源，增加现金流20亿元。

【资金集中】公司通过构建新的资金管理系统，将集团各层级所有银行账户全部纳入新资金系统，归集账户扩大三倍多，由各单位依产权级次逐级向上归集，最终集中至财务公司。对新并入企业及时纳入集中范围；对上市公司资金归集存在体制障碍的，积极协调证券监管部门，妥善解决关联交易问题，成功实现对上市公司的资金集中，结合加强督促各级次企业及时归集，资金集中水平创历史新高。

【业务创新】公司积极融入集团煤炭资源整合工作，推进历史遗留的哈密发电公司债权债务处置问题的解决，受让国投财务公司信贷资产1.76亿元。结合煤炭营销体系重构和外购煤业务特点，引入循环额度贷款品种，为销售企业累计发放循环贷款额度4亿元。

【风险管理和内部控制】公司进一步完善全面风险管理和内部控制体系，全年无风险事件发生，各项监管指标良好，实现了风险可控、运营合规。一是开展全面风险评估工作，对重大风险进行重点管控。二是组织梳理修订内部管理制度，关注研究最新监管法律法规，防控操作风险。三是重点完善流动性风险管理体系，制定流动性风险应急预案。四是加强业务风险审查和合规管理工作，严格控制业务风险点。五是高质量完成各项监管报送工作，强化数据支撑作用。

【人力资源管理】2018年，公司按照“精干高效、责权一致”的原则，开展员工竞聘上岗，不断增强员工活力，补充部分专业岗位和人员，进一步提升金融服务能力。

【信息化建设】公司牵头实施推进集团国资委大额资金监测项目建设，在国资委规定限期内，提前一周完成监测平台上线，实现对集团及所属企业资金流出、超限额资金使用、资金流向、支付总额等信息进行实时监测，同时有利于规范下属企业资金收付行为，提高资金的配置效率，防范资金风险。

【企业文化建设】公司制定《进一步严肃工作纪律若干规定》，严守业务纪律，保护资金安全，建立以工作日志、周例会为基础的全面报告体系。成立中煤文艺沙龙协会，组织开展摄影大赛、影片赏析和好书品读等文体活动十余次。

【党建工作】公司深入贯彻党的十九大精神，认真学习贯彻习近平新时代中国特色社会主义思想，不断强化"四个意识"，夯实工作作风，主动拓展效能发挥，进一步增强工作执行力。举办"不忘初心、牢记使命"主题教育活动，将"两学一做"学习教育常态化制度化，认真执行"三会一课"制度，将党建工作融入日常管理中。

中铁财务有限责任公司

【集团概况】中国中铁股份有限公司（以下简称"集团"）成立于1950年3月，总部位于北京，是集勘察设计、施工安装、工业制造、房地产开发、资源矿产、金融投资和其他业务于一体的特大型企业集团，2007年12月3日和7日分别在上海、香港两地上市。2018年，集团现营业总收入7404.4亿元，实现利润总额227.1亿元，净利润174.4亿元，连续13年跻身世界500强企业，2018年排名第56位，在中国企业500强中排名第13位。

【经营概况】2018年，中铁财务有限责任公司（以下简称"公司"）积极发挥资金集中基本职能，在资金结算、信贷、保函、票据等方面给予集团最大的金融支持。截至2018年12月31日，公司资产总额680.05亿元，较上年同期增长5.25%，实现营业收入13.01亿元，较上年增长13.82%；实现利润总额9.1亿元，较上年增长19.27%；实现净利润收入6.98亿元，较上年增长19.11%。

【服务实体】公司立足中国中铁资金集中结算平台定位，为成员企业提供境内外一体化的结算和清算服务，提供丰富的金融产品和服务。公司的产品和服务在降低成员企业财务成本，拓展低成本融资途径等方面发挥了重要作用。建成了电票业务系统，票据承兑、贴现等业务相继开展，首创联合保理、融资租赁两项新业务为集团降杠杆、减负债发挥了重要作用，有效服务实体经济。

【信贷业务】2018年，公司为38家成员单位办理综合授信911亿元，为26家成员单位发放流动资金贷款97笔，2018年末余额为208.06亿元，较年初增加2.99亿元，保持不良贷款率为零，未发生信用风险事件。共开展74笔委托贷款，年末余额为126.81亿元。截至2018年末，办理各类保函68笔，合计金额32.67亿元，较2017年上涨16.30%，其中外部保函39笔，金额28.99亿元，占保函金额的88.73%。

【产品销售信贷业务】建立了良好的客户沟通机制，进行两轮贷后现场调查，定期沟通客户，了解客户资金需求，推介新业务、新产品；对于公司新业务从客观的角度向成员单位详细介绍，对于成员单位的问题及时解答并进行分析，提升服务成员单位的能力。

【资金业务】公司资产负债和流动性管理执行年度资金预算，运用多种工具管理公司各项监管指标。2018年4月，公司开展流动性风险预警应急演练，完善公司日常流动性的科学管理体系。严格执行预算管理，合理配置资金，对市场利率进行科学分析判断，高效运用资金开展同业业务，在"保合规，控风险"的前提下创效。

Z

【投资业务】公司以符合流动性管理要求和确保资金安全为前提，进一步提高投资收益，丰富投资产品。出台《2019年有价证券投资配置方案》，分析固定收益类投资市场情况，细化投资业务品种，制定投资策略方案。截至2018年末，公司实现货币市场基金投资收益6470.32万元，年化收益率为3.73%，税前收益率为4.97%。国债逆回购配置方面，取得逆回购利息收入1602.54万元，年化收益率算术平均值为5.4%，单笔最高收益率为14.49%。

【票据业务】2018年8月23日，公司通过上海票交所电子商业汇票接入验收，正式开通票据直联业务，9月份开具第一张电子银行承兑汇票，公司具备了完全自主的承兑、贴现、转贴现及再贴现的票据交易能力。截至2018年末，累计办理电子银行票据承兑2012笔，较2017年增长254.22%；累计办理电子银行承兑汇票贴现347笔，金额2.05亿元；办理电子商业汇票贴现76笔，金额2.21亿元。

【外汇业务】2018年，公司外汇年末吸存规模达到2.6亿美元，全年交易总量达到44亿美元，受理业务单据2886笔，分别较上年增长157%、221%、85%；本年新增外汇定期、通知业务产品、转口贸易国际结算、境外总分包模式国际结算和跨境人民币集中收付；参与股份公司国际财务共享中心建设，提供境外资金管理解决方案，完成SWIFT变更主体后的报文测试工作，助推国际财务共享中心工作不断前行。

【资金集中】公司坚持“以结算促集中”，不断优化资金结算系统，上半年完成所有单位财务共享资金系统上线。率先上线国资委大额监测系统，为资金集中监测工作提供了平台。2018年新拓展客户2292户，较上年增幅为74.56%。累计拓展客户4433户，累计开立各类结算账户10962个。年度累计结算指令113万笔，较上年增幅为230.85%；年度累计结算交易金额50073亿元，较上年增幅为60.92%。年末吸收存款规模达572亿元，日均吸存282亿元，较上年增幅为0.75%。

【业务创新】公司开展了联合保理和融资租赁两项新业务，助力集团和成员企业融资和降低资产负债率，为成员企业提供全方位金融服务。同多家银行合作推进联合保理业务。2018年6月12日成功办理首笔联合保理业务，2018年6月21日办理了首笔融资租赁业务。新业务的开展，再次拓宽了公司金融服务范围。

【风险管理和内部控制】公司严格落实全面风险管理和内部控制要求，完善风险评估机制，加强新业务风险点识别，明确风险控制措施。健全风险审核机制，风险审核成为各类业务、经济合同、重大决策的必经环节。建立合规管理体系，制定《合规管理办法》，实施了合规管理员和合规联席会制度。推进内部控制体系建设，制定制度170项，实现了制度体系对业务和管理活动的全覆盖，加强内部控制日常监督和专项监督。

【人力资源管理】公司坚持“人才强企”战略，制定《人才队伍建设规划》，持续完善人力资源管理体系。制定了《领导人员管理办法》，突出干部选拔任用的政治标准；开展学习党的十九大精神轮训，进行谈心谈话，提高干部的政治素质和业务能力。出台《职级管理办法》，把职级分为“管理序列”和“专业技术序列”，为员工职业发展打开“双通道”；聘任了3名正高级、5名高级、1名中级职称人员；开通网络学院，为公司高质量发展提供了高质量的人才支撑。

【信息化建设】公司完成财务共享中心资金系统全面推广应用、电子商业汇票系统上线、外汇系统大版本升级等重大信息化项目。资金系统覆盖38家成员单位、核心业务系统上线41个模块，外汇系统完成小币种支付测试。修订完善11项信息化管理办法、21项操作流程，实现生产、测试、办公的网络隔离，完成机房基础设施改造和安全加固。优化业务系统整体架构，积极推动虚拟化技术应用，实现银行前置机、核心业务的虚拟化部署，为业务连续性提供了有力保障。

【企业文化建设】公司重视企业文化工作，

大力宣贯企业“十三五”战略规划，明确“打造中国中铁金融服务核心企业，创建有影响力的一流财务公司”的企业目标。组织了观影、参观改革开放40周年展览等活动。制作了公司宣传片、改革开放四十周年纪录片、资金结算微课等视频，企业影响力和文化软实力不断增强。

【党建工作】公司党委认真落实党建工作责任制，打造“小机构，大党建，强实效”工作格局。突出政治建设，强化创新理论武装头脑；坚持“两个一以贯之”，认真执行“三重一大”决策制度、党委会议事规则和前置程序要求；强化“三基建设”，开展党内主题实践教育；从严履行管党治党主体责任，开展中央纪委《工作建议》自查自纠工作，全员签订《员工廉洁从业承诺书》，营造风清气正环境。

中信财务有限公司

【集团概况】中国中信集团有限公司（原中国国际信托投资公司，以下简称“集团”）是在邓小平同志支持下，由荣毅仁同志于1979年创办的。集团现已发展成为一家国有大型综合性跨国企业集团，业务涉及金融、资源能源、制造、工程承包、房地产和其他领域。2018年集团位居《财富》世界500强企业排行榜第149位。

【经营概况】2018年，中信财务有限公司（以下简称“公司”）与集团库务部紧密联动，以有效降低集团负债水平和整体杠杆率为根本任务，以深化集团资金集中管理改革为突破口，一方面扎实做好子公司账户授权及集中、提升资金集中度及扩大对成员单位的融资支持等落实改革方案的眼前工作，另一方面全力推进增资扩股、核心业务系统升级等夯实发展基础的专项工作。

截至2018年末，公司资产总额为589.64亿元，较年初增长27%；贷款余额291.02亿元，较年初增长56%；存款余额480.74亿元，较年初增长18%；净资产余额74.46亿元，较年初增长80%（扣除增资扩股因素实际增长5%）。管理表外资产168.65亿元。公司资产质量良好，不良率持续为零。公司实现营业总收入9.83亿元，同比增长43%；实现利润总额6.12亿元和净利润4.70亿元，分别同比增长23%和25%。

【服务实体】公司不断丰富和完善本外币自营贷款、结算、票据、中间业务等业务品种和服务手段。重点支持集团发展实体经济和战略性新兴业务，同时兼顾自身金融需求没有得到充分满足的集团内中小型成员单位，服务范围已覆盖集团主要实业板块。

【信贷业务】2018年末，公司贷款余额291.02亿元，较上年末净增104.76亿元。新增贷款重点投向泰富特钢集团、中信农业和中信环境，还为中信金属集团境外并购项目提供美元贷款支持。截至2018年末，公司所提供贷款金额占集团非金融子公司有息负债余额近25%，公司已成为集团各实业板块最为重要的融资来源。中信股份杠杆率也由上年末6.9倍降至5.3倍。

【资金业务】2018年，公司流动性资产综合收益率达3.68%。扩大同业拆借渠道及合作机构，累计同业拆借人民币146亿元，外币折合美元16.76亿美元。

【投资业务】2018年，公司大幅调整和优化投资结构，较好地把握住了债券市场投资机会，无信用风险事件发生。累计完成自营投资29亿元，日均规模32亿元，年化收益率达6.73%，获得投资收益1.99亿元。

【票据业务】2018年，公司承兑票据的市

Z

场接受度不断提高，贴现、转贴现、质押式回购、再贴现等票据业务迅速发展，规模不断扩大。公司票据贴现年末余额 18.25 亿元，同比增长 34.94%；再贴现年末余额 6.42 亿元，同比增长 32.13%；办理转贴现业务 20.32 亿元，同比增长 10060%；办理承兑业务 5.92 亿元，同比增长 393.33%。

【外汇业务】 2018 年，公司外币存款日均余额折美元 4.56 亿元，同比增长 183%。公司为成员单位提供代理国际结算、即期结售汇、贸易融资、外币自营贷款等服务，实现收入 6832 万元，同比增长 124%。

【资金集中】 2018 年，公司重点加强与主观意愿程度不高或存在客观困难的成员单位的沟通，协助集团库务部适时调整实施方案，更多从完善激励机制角度引导成员单位的积极性。本年度吸收成员单位存款日均余额达 317.70 亿元，较上年度增长 67%；2018 年末全口径资金集中度达 22.24%，较上年末提升 4.88%；剔除不可归集因素外，资金集中度达 70.34%。

【业务创新】 公司以贷款业务为切入点，为中信环境等成员单位提供保险代理服务。优化、完善现有存贷款、票据、外汇等业务品种。以系统升级为契机，推进超级网银、资金池等应用。

【风险管理和内部控制】 2018 年，公司加强与中国人民银行营业管理部和北京银保监局的沟通。2018 年度行业评级确定为 B1 类。公司编印《中信财务有限公司规章制度汇编（2018 年版）》。接受北京银保监局专项审计，获得良好评价。公司开展债券型基金、内部控制、整改情况等内部审计以及同业拆借、“反四风”专项费用、再贴现业务和内部报告质量等日常检查。

【人力资源管理】 2018 年，公司成立专门的人力资源制度化建设工作小组，优化和制定人力资源制度 10 项，建立起较为完善的人事制度体系。本年度提聘公司副总经理 1 名、总经理助理 1 名，第二次以公开竞聘方式选拔 3 名中层助理人员。探索建立与集团职能部门、成员单位和监管部门之间的人员挂职培养机制。公司在编员工 48 人，平均年龄 33 岁，40 岁及以下青年员工 38 人，占比为 79%；中共党员 30 人，占比为 63%；研究生及以上学历 35 人，占比为 73%；具有海外留学背景员工 17 人，占比为 35%。有 9 人具有高级职称资格，并有 33 人次获得中级职称或职业资格证书。

【信息化建设】 2018 年，公司启动了核心业务系统的升级换代工作。成立专门工作小组，并选择深圳长亮科技公司作为合作厂商。同时，继续做好过渡期系统优化工作，完成部分银行外币系统直联、非直联银行信息补录、外币系统优化等工作。上线电票直联系统，成为上海票交所成立后首批上线的 9 家金融机构之一。

【企业文化建设】 2018 年，公司与集团库务部联合组队参加集团五人制足球比赛和游泳比赛。组织登山比赛、瑜伽、健步走等健身活动。组织员工参加中信职工书法美术大赛，并获优秀奖。团支部开展“不忘初心，牢记使命”主题团日活动和“走进中国尊，温暖建设者”志愿服务活动。公司“资金集中管理服务方案项目”在集团青年“金点子”创新创效大赛中荣获二等奖。

【党建工作】 2018 年，公司党支部坚持围绕中心、服务大局、建好队伍，突出政治功能，聚焦组织力和推动力，着力提高公司党建工作质量，把学懂弄通做实习近平新时代中国特色社会主义思想作为强根铸魂、凝心聚力的根本之举，推动新思想延伸到基层、落实到基层、见效到基层，不断丰富中管金融机构基层党建工作的具体内容和途径，为企业改革发展提供思想引领和政治保证。经集团直属机关党委推荐，公司党支部作为基层党建先进典型，先后接受中组部干部四局、中央和国家机关工委的实地调研。在建党 97 周年之际，与集团库务部一起前往井冈山和瑞金，开展“回望井冈，不忘初心”主题党日活动。

中兴通讯集团财务有限公司

【集团概况】中兴通讯集团财务有限公司（以下简称“公司”）所属集团中兴通讯股份有限公司（以下简称“中兴通讯”）成立于1985年，是香港和深圳两地上市的通讯设备公司，连续8年稳居PCT（《专利合作条约》英文缩写，是有关专利的国际条约）国际专利申请全球前三，位居全球创新企业70强与全球ICT（信息、通信和技术）企业50强。中兴通讯在5G研发领域处于世界领先地位，在5G终端、无线、承载、核心网、垂直应用5大关键领域有完善的产品布局、多样化的方案、丰富的业务生态，是业界具备5G端到端解决方案能力的核心供应商。中兴通讯为联合国全球契约组织成员，在全球范围内开展社区公益和救助行动，并成立了中国规模最大的关爱儿童专项基金。

【经营概况】2018年，公司主要为成员单位提供吸收存款、发放贷款、资金结算、票据贴现、资金同业等业务。截至2018年末，公司资产总额102.12亿元，所有者权益总额20.20亿元；全年实现主营业务收入3.42亿元，净利润2.51亿元；在公司开户并办理业务的成员单位120家，各项存款余额69.35亿元。各项监管指标良好，无不良资产和不良贷款，公司运营安全稳健。

【服务实体】2018年，公司坚持“依托集团，服务产业”的经营宗旨，发挥“四个平台”功能定位，大力支持集团产业的发展。公司根据集团整体战略，调整信贷投放策略，较好地促进了集团主业发展；公司通过协同集团对子公司实现融资管控，有效地强化了集团的资金管控；同时，公司通过发挥延伸产业链金融业务试点优势，解决了集团中小供应商融资难、融资贵的问题，维护集团产业链的稳定。

【信贷业务】2018年，公司将信贷资源向集团核心业务板块进行倾斜，对重资产业务谨慎投放，帮助集团聚焦主营业务，协助集团和成员单位稳健发展。全年发放贷款质量良好，年末信贷资产分类全部为正常类资产。

【资金业务】2018年，资金市场利率不断下行，公司通过加强对成员单位资金预测及分析、探索灵活的存放合作模式等举措，提高资金收益。同时，持续加强制度建设、优化业务流程，有效防范和控制流动性风险，保障集团流动性。

【票据业务】公司自成立以来，一直积极推动票据业务电子化工作。2018年，公司基本实现了所有票据业务的电子化开立和线上流转，并按照上海票据交易所的安排，顺利接入票交所票据系统。

【资金集中】2018年，公司对成员单位的资金情况启动月度统计分析，积极清理集团受限资金，并对成员单位开展资金归集和结算业务培训。2018年底资金归集金额为69.35亿元。2018年四个季度资金集中度分别为57.39%、37.20%、29.12%、29.54%。

【风险管理和内部控制】公司通过风险管理组织架构调整、制度建设、流程优化等措施，有效提高对各类风险的统筹管理水平。2018年，公司设立审计部，加强内审独立性；完善风险管理委员会和信贷审查委员会的工作规则，提高内部控制的有效性；全面提升制度规范、有序开展合规文化宣传活动，营造良好合规文化氛围；定期开展内控合规检查，全面落实整改工作。公司探索及完善“一头在外”票据贴现业务，有效实施“双授信”审批模式；通过优化内部业务流程，提高授信审查审批效率，实现授信管理质效的有机统一。公司完善出口管制合规体系建设并履行合规承诺，通过业务和管理的双循环实现合规控制在具体业务中的执行；遵循全球适用的数据保护法律法规；参与反商业贿赂合规建设；按需开展相关业务的风险评估。

【人力资源管理】2018 年，公司人力资源管理重点聚焦于组织能力打造。通过集团和公司战略传递、业务流程标准化、岗位任职体系建设、绩效承诺管理、员工能力提升等举措，不断提升公司组织能力。同时，公司以监管法规为工作标尺，积极排查各类人员管理风险，提高员工内部治理规范意识，推动公司内部从业行为规范体系建设，共建公司内控合规文化，积极开展员工专业培训和职业教育，不断提升员工职业素质和业务能力。

【信息化建设】2018 年，通过对信息科技三个领域的项目实施，有效地保障了公司核心业务系统的安全运营，实现电票系统纸电融合和公司网络安全升级加固。一是根据《上海票据交易所关于印发〈纸电票据交易融合第二阶段业务方案〉和〈电子商业汇票系统与直联系统参与者系统互联规范 V2.0〉的通知》要求，完成 ECDS 系统纸电融合二阶段全国统一验收上线工作；二是针对公司资金管理系统进行持续性性能优化、实时监控和渗透测试；三是实施公司网络安全升级加固项目，升级网络安全架构，新配置多种网络安全设备，提升公司网络安全防范、应对和管理能力水平。

【企业文化建设】公司秉承集团“团结协同、拼搏创新、求真务实”的文化精神，恪守“依法经营、合规操作、诚实守信、勤勉尽责”的工作原则，将合规文化渗入企业文化建设之中，作为公司稳健发展的基石。在“让沟通与信任无处不在”的企业发展愿景指引之下，管理层与员工之间、公司与股东之间、客户与合作伙伴之间，充分沟通，相互信任，致力于打造公开、平等、多元、人性的公司企业文化氛围。

中冶集团财务有限公司

【集团概况】中国冶金科工集团有限公司（以下简称“集团”）是国务院国资委监管的特大型企业集团，其前身是 1982 年国务院批准成立的中国冶金建设公司，隶属于冶金工业部。2008 年 12 月，集团发起设立中国冶金科工股份有限公司（以下简称“中国中冶”）。2009 年 9 月，中国中冶在上海、香港两地成功上市。集团是全球最大最强的冶金建设承包商和冶金企业运营服务商，以科研、勘察、设计、建设能力为依托，打造“四梁八柱”综合业务体系，锻造成为国家基本建设的主导力量。

【经营概况】2018 年中冶集团财务有限公司（以下简称为“公司”）坚持党建引领，聚焦集团，不断创新管理及服务方式，大力推进集团成员单位账户可视化管理工作，精益资金运营，持续扩大金融服务总量，支持集团战略转型发展，经营管理取得显著成效。2018 年公司各项经营目标全部超计划完成，年末资产规模达到 206.29 亿元，全年实现营业收入 5.28 亿元，完成年度预算的 120.6%，同比增加 0.47 亿元；实现账面利润总额 3 亿元，完成年度预算的 112%，同比增加 0.07 亿元，为集团让利合计 1.36 亿元，加回让利后实际利润总额 4.36 亿元。

【服务实体】发挥优势服务实体，全方位满足成员单位多元化业务需求。公司推出的超短贷产品，速度快、期限灵活，支持子公司项目投标资金需求 228 亿元，促成了昆明市春雨路项目、成渝高速项目等多个大型 PPP 项目成功中标；公司充分运用金融优势，为环保和清洁能源产业解决资金困难，全力支持集团节能环保板块业务发展。截至2018年末，公司通过发放自营贷款、组织银团贷款以及票据贴现等支持光伏发电、垃圾焚烧、污水处理项目81个，累计发放绿色贷款总计46亿元；2018年首次开出农民工工资保函，为子公司节约农民工工资保证金提供新选择。

【信贷业务】扩大信贷和担保业务总量，全力支持集团“国家队”战略转型发展。2018年公司深入研究分析子公司业务、资金特点及融资需求，支持集团“冶金建设国家队、基础建设主力军、新兴产业领跑者”的发展战略实施，金融服务总量从上年同期的265.16亿元稳步增加至518亿元。2018年累计发放贷款324亿元，开立各类保函6.15亿元，盘活保证金0.62亿元；承兑汇票开票额6.79亿元，节约保证金约2亿元；发放美元委贷18.72亿美元；轧差累计金额57.8亿元，为子公司节约利息支出3202万元，有力地支持了集团重点产业转型发展。

【资金业务】2018年，公司开展了同业定期存款业务作为投资业务的补充，并与银行协商开展隔夜定存业务，创新同业产品，以资金计划为龙头，开展资金头寸的周计划、日调度管理，及时安排头寸调度，最大限度盘活资金，在富余资金存放方面做到精细化管理。截至2018年12月21日，累计开展隔夜、7天、14天、1个月同业定期存款业务20笔，金额106亿元，加权平均利率为3.57%，同业定期存款利息收入956.43万元。实现存放同业利息收入9114万元。

【投资业务】2018年，在保证公司流动性充足的前提下，结合金融市场新形势的变化及时设定合理投资组合，严控投资风险。在公司以前投资货币基金和银行理财的基础上开展了短期现金管理类信托等产品的投资，实现投资品种多样化，增加整体收益以提高公司投资收益水平为主要目标，合理规划投资产品结构。截至2018年12月30日，公司日均投资额为15.13亿元，实现投资收益6750万元，折算年化收益率为4.46%。

【票据业务】深入推进票据池业务，盘活集团票据资产效果明显。与兴业银行、浙商银行开展票据池业务合作，不断扩大票据集中范围，通过质押开票的方式盘活集团票据资产。截至2018年12月，票据池累计托管票据655.1亿元，票据池余额193.18亿元，票据入池率达88.6%，票据托管融资21.43亿元，减少保证金6.43亿元。

【外汇业务】2018年公司完成SWIFT系统投入运行并基本完成与智惠金服系统账户余额模块的对接。通过多层级沟通、多手段支持持续提高外汇资金集中范围，扩大外汇委托贷款规模。境内外汇全口径集中度（含委贷）超过66%，委贷余额达到2.67亿美元，委贷参与子公司达到七家，均为历史新高。首次通过子公司委托贷款跨境偿还股份公司宏观审慎外债融资，打通了集团境内外资金最为便捷的流通渠道；在场内外汇交易业务方面，多方面完成即期结售汇系统升级，超预算完成业务预算指标，取得中国外汇交易中心外汇同业拆借资格，为外汇归集资金开拓高收益存放方式。

【资金集中】多措并举解决受限资金，提升服务促进资金集中。为实现全集团账户、资金可视、可查、可管理，公司于7月开展集中账户授权，截至2018年末授权工作已基本完毕，集团账户管理系统初见雏形。采用多种措施解决受限资金：开展异地开户工作，公司在兴业银行开立账户，归集子公司票据保证金，既解决了银行开票缴纳保证金条件，又满足了公司集中管理资金的要求，2018年累计归集资金5亿元；加大力度推广电票和保函业务，业务量同比大幅提升，通过免除保证金和手续费的方式减少子公司资金占用，2018年累计为子公司节约保证金约2.6亿元。

【业务创新】围绕发展集团票据集中管理，积极探讨票据业务新模式。一是探讨票据业务新模式，策应资金集中管理。为提高公司电票的流通性，增加成员单位黏性，公司积极推进电票系统建设，创新票据业务新模式。二是建立以电子票据为核心的集团票据管理体系。

2018 年 10 月 8 日正式完成票交所 ECDS 系统升级改造并成功上线票交所交易系统。

协助集团探索建立中冶供应链融资模式，助力集团降本增效。针对建筑施工类企业由于采购收付时间差形成延期付款且延付成本高的情况，公司探索组织推广供应链融资（应付款）业务，建立由集团统筹组织、子公司具体主办管理的中冶模式，公司提供咨询服务，综合利用市场平台和银行资金组织开展融资。2018 年供应链融资工作取得显著成效，合作银行增至 13 家，业务品种达五大类，协调银行专项授信额度和融资规模超百亿元。2018 年引入银行资源为子公司提供供应链融资总量达 165 亿元、存量 132 亿元；采购延期支付费率从 10% 压降到 5%，降低采购延期支付成本超 5 亿元；助力集团降低票据保证金 10 亿元；减少百亿元带息负债的增加；促进了集团集中采购和供应链管理；促进了二级项目管控主平台的建设。

【风险管理和内部控制】公司按年开展了全面风险识别及评估，形成风险事前防范、事中控制以及事后监督评价的风险管理良性循环机制，从业务前端对业务合规性进行把控，在确保风险可控的前提下开展创新业务，助力业务模式拓展升级。强化风险管理流程控制，多部门联动，成功化解或降低了金融风险，为集团资金集中管理保驾护航。风险管理信息化落地实施，建立了风险监测预警指标体系，促进公司风险管理由定性方式向定性与定量结合管理的方式转变。

【人力资源管理】2018 年，公司进一步推进完善员工绩效考核体系，调整工作业绩指标在考核指标中的权重，突出工作业绩在考核工作中的占比，将考核结果的运用与薪酬管理结合起来，切实达到考核约束激励的效果，形成了高效的考核体系。继续通过加强学习型组织建设，以培训工作为抓手推进企业组织能力建设，增强员工对公司的归属感和责任感。根据岗位任职需求，制定了适合公司业务发展的年度培训计划，通过多种手段丰富员工日常培训内容，定期组织行业内多种主题的内外部培训课程。

【信息化建设】智惠金服平台系统开发上线，基本实现公司业务和管理网络化运营，具有快速访问速度、高效的系统服务能力，可承载近万人的容量，依托云资源实现业务的实时负载均衡，信息安全方面，系统通过了信息系统等级保护测评（三级）。

【企业文化建设】公司党总支积极贯彻落实集团“大干一百天，确保两翻番”的各项工作部署，在公司组织开展了“大干一百天，奋斗正当时”创先争优活动，各项年度预算目标顺利实现，进一步提高公司的发展质量。公司将爱党爱企的忠诚意识作为企业文化的核心要素，发扬“一个核心五个引领”的中冶党建经验，形成清清爽爽的同志关系，培养严肃紧张活泼的工作氛围。在集团春节团拜会等活动中，展现了公司员工积极向上、青春阳光的良好风貌。

【党建工作】公司党总支带领全体员工“不忘初心、心怀定力”，以政治建设为核心，落实从严治党要求，将学习贯彻习近平新时代中国特色社会主义思想和党的十九大精神作为首要政治任务。2018 年 3 月，公司成立了党建监察部；同年 8 月，公司党总支成立了两个党支部，党的组织建设更加完善。公司党员利用党建云 APP 等新媒介开展党建学习活动，坚持正确的政治方向，落实国有企业党建会议精神，发挥好党组织“把方向、管大局、保落实”的能力和定力，促进企业党建与业务的融合。

中油财务有限责任公司

【集团概况】2018年，中国石油天然气集团公司（以下简称“集团”）坚持稳健发展方针，优化油气两条产业链运行，持续深化改革创新，扎实开展开源节流降本增效，各项生产指标全面增长，经营业绩好于预期。2018年，集团国内外生产油气当量28635万吨，同比增长4.5%；加工原油20731万吨，增长4.7%；销售成品油19996万吨、天然气1807亿立方米，分别增长9.6%和13.2%，超额完成国务院国资委下达的业绩考核指标。

【经营概况】2018年，中油财务有限责任公司（以下简称“公司”）实现总资产平均余额6196亿元，其中，自营资产平均余额4801亿元，同比增加449亿元，增长10.3%；委托资产平均余额1395亿元，同比减少242亿元，下降14.8%。实现收入179.4亿元，同比增加27亿元，增长17.7%；拨备前利润93.8亿元，同比增长4%；账面利润91.8亿元，同比增长4.7%。公司表内外资产额、营业净收入、利润总额均为行业第一。

【服务实体】2018年，公司坚持服务优先，继续执行存款加息、贷款降息、结算免费、汇兑价格优惠和中间业务手续费减免等让利政策，全力支持成员企业降本增效，累计让利36.6亿元，占公司账面利润的39.9%。此外，公司充分利用境外税收优惠政策减少各类税费支出7亿元；进一步完善封闭结算、加速资金周转，为集团节约流动资金158亿元。全力支持“京津冀协同发展”和“一带一路”建设，全年分别发放区域内贷款1595亿元、17.7亿美元。

【信贷业务】2018年，公司全年累计发放自营贷款2281亿元，其中发放人民币贷款累计2142亿元，同比增加179亿元；年末贷款余额2312亿元，存贷比为85.3%，其中，人民币存贷比为83.3%，外汇存贷比为90.6%。取得广州海关关税保函资质；完成集团跨境外汇资金池首单境外放款，业务范围进一步拓展。建立绿色信贷委员会，全年发放本外币绿色贷款162亿元。2018年5月公司首笔延伸产业链金融业务安全收回，公司产业链金融业务全周期管理顺利完成。

【资金业务】2018年，公司不断强化流动性管理和资金运作，充分利用头寸资金短暂充裕时机，积极将沉淀资金用于逆回购，提高资金效益，同时加强正回购操作及时筹措短期资金，确保流动性安全。2018年，证券回购累计总额和平均总额分别达到26492亿元和160亿元。其中逆回购累计达到25936亿元，主要品种为1～7天，平均金额158亿元，平均收益率为3.48%；正回购累计融资556亿元，平均总额2亿元，平均成本为2.02%，低于超短融融资成本1.99个百分点。在确保结算行头寸安全的前提下，积极与农业银行、交通银行等商业银行加强合作，提高存款及头寸收益水平，全年增利7720万元。

【投资业务】人民币投资方面，公司严控风险，着力优化投资结构：赎回低收益率货基，改配同业存单增利5700万元；抓住债市阶段性行情，参与债券型基金投资，实现年化收益率7.53%，较同时期全市场债券型基金平均收益率高139个基点；增投高评级可续期信用债，收益率较同评级、同期限普通债券均值高66个基点；适度配置可转债/可交换债，优化资产组合；抓住市场回暖时机及时赎回分级基金资管产品；外汇投资方面，公司不断加大证券投研力度，全年新增投资8.4亿美元，增利875万美元；强化银行理财运作，全年平均规模同比增长25.3%，增利3749万美元。

【票据业务】2018年，公司票据资产余额26.62亿元。全年累计办理票据贴现业务351笔，金额71.01亿元；申请人民银行再贴现业务2笔，金额6.03亿元。积极参与票据池建设，开立票据池专用账户，实现了入池、出池顺转、贴现等全功能对接，完成票交所纸电融合升级改造，首次批量申请电票再贴现业务，成功打通人民银行融资渠道。

【外汇业务】2018年，公司积极开展境内外联动盯市交易，新增远期结售汇差额交易和择期交易，启动境内外夜盘交易，努力提升服务能力，累计办理外汇交易794.3亿美元，同比增长42.7%，创历史最高水平，其中为“一带一路”各类业务办理外汇交易625.8亿美元，占比接近80%。

【资金集中】2018年，公司协助集团强化资金归集和账户管理，推进司库营运资金平台升级，顺利实现司库二期上线。利用跨境外汇资金池成功归集和调剂境内外资金，进一步提升资金池管控能力。截至2018年末，公司共管理本外币结算账户3439个。通过提升结算信息化水平，加速内部资金周转，结算效率和资金运行效益明显提高。

【风险管理和内部控制】2018年，公司贯彻落实监管新规和集团公司规章制度，修订完善各类经营管理制度，确保公司各项经营管理活动合规有序。顺利完成党建、法制入章程工作以及公司章程修订，“三会”建设持续推进，公司治理水平有效提升。董事会工作更加规范，新任董事、高管任职核准申报以及离任董事、高管离任审计报备工作有序开展，董事会专业委员会设置和议事规则进一步优化，贷审会、投审会功能进一步完善，决策与风控作用有效发挥，职责界面日趋明晰，专业委员会、贷审会、投审会高效运行；出台公司《全面风险管理办法》，进一步修订完善五大专项风险管理规范，风险管理制度框架进一步明确；交易对手名单制管理成功落地，客户授信管理和风险管理制度体系全面优化；各类制式合同文本加快标准化，法律合规、风险管控、内控测试和内部审计紧密结合，风险管控合力大幅增强。

【人力资源管理】2018年，公司着力推进干部队伍建设，领导班子调整实现平稳过渡，分公司领导人员实现新旧交替，干部队伍得以充实；首次实现主管、高级主管当年评聘，干部管理步入良性循环。积极探索改善员工培养培训机制，职称申报获评创近年新高，员工培训取得跨越式发展，全年培训达638人次，风清气正、干事创业、追求一流的文化氛围日趋浓厚。

【信息化建设】2018年，公司启动上市企业司库平台2.0推广，完成5批上线工作，实现了集团所有企业司库上线工作。通过三次电子商务系统升级，对资金结算、外汇、信贷、网上银行等模块进行了完善和优化，并对系统架构及财银财企入账效率进一步调优，在系统功能、处理效率和安全保障措施等方面实现了较大的提升。

【党建工作】公司深入学习宣传贯彻习近平新时代中国特色社会主义思想和党的十九大精神，强化理论武装和思想政治建设，以学促用，指导实践，推动发展；深入贯彻落实全国国有企业党的建设工作会议精神，将党建写入章程，有效发挥党组织在公司治理中的重要作用；贯彻全面从严治党新要求，积极发挥党委作用，抓好基层党支部建设，严格落实中央八项规定精神和“反四风”各项要求，持之以恒正风肃纪，党建质效进一步提升；加强企业文化和群团组织建设，突出思想引导和文化引领作用，推进“一流财务公司”理念入脑入心，提升队伍凝聚力和向心力。

中远海运集团财务有限责任公司

【集团概况】中国远洋海运集团有限公司（以下简称“集团”）由中国远洋运输（集团）总公司与中国海运（集团）总公司重组设立，2016年2月18日在上海宣告成立，是中央直接管理的特大型国有企业。集团围绕着力布局航运、物流、金融、装备制造、航运服务、社会化产业和基于商业模式创新的“互联网+”相关业务“6+1”产业集群，全力打造全球领先的综合物流供应链服务商。截至2018年12月31日，集团经营船队综合运力10219万载重吨/1285艘，排名世界第一；在全球投资码头55个，集装箱码头超51个，集装箱码头年吞吐能力11469万TEU，居世界第一；全球船舶燃料销量超过2600万吨，居世界第一；集装箱租赁规模超过270万TEU，居世界第三；海洋工程装备制造接单规模以及船舶代理业务也稳居世界前列。

【经营概况】2018年，中远海运集团财务有限责任公司（以下简称“公司”）围绕提质增效和改革重组两项中心工作全面推进各项工作。截至2018年末，公司总资产724.30亿元，总负债674.39亿元，所有者权益49.91亿元。利润总额累计4.51亿元（同比增长68.91%），净利润3.92亿元（同比增长94.54%），净资产收益率为11.71%。

【服务实体】公司配合落实集团产融结合、供给侧结构性改革、“三去一降一补”的工作要求，充分发挥财务公司内部资金融通作用，全年累计为集团成员单位节约资金成本1亿余元。为成员单位提供资金结算服务260万笔，结算量达1.9万亿元，并在存款定价方面最大限度让利成员单位。

【信贷业务】2018年，公司大幅提高信贷规模，进一步提高成员贷款利率优惠幅度，较基准利率普遍下浮10%～20%。截至2018年末，公司自营贷款264.14亿元，全年日均贷款规模185.46亿元，平均贷款利率为3.83%。

【资金业务】公司以预算管理为抓手，在保障资金安全性和流动性的前提下，开拓闲散资金利用途径，采用阶梯式议价等方式，不断优化活期资金价格。2018年公司同业业务日均余额297亿元，平均收益率达3.02%。同时，公司还积极开展同业拆放业务，向中铝财务公司拆出资金9亿元。

【投资业务】公司严格按照资管新规要求，优化资产配置结构，降低投资风险，审慎开展投资业务。加大流动性管理工具以及债券类资产的配置，准确跟进大类资产热点，把握债牛行情红利。2018年末投资余额28.15亿元，日均投资规模20.88亿元，实现投资收益1.35亿元，收益率为6.46%，超过同期各类型公募基金平均收益率。

【票据业务】公司主要开展成员企业票据承兑业务，截至2018年末承兑汇票余额898万元，全年累计提供票据承兑服务239笔，承兑金额1.30亿元。

【资金集中】公司在保证原中远、中海资金集中的基础上，进一步贯彻“能归尽归”原则，加强各成员单位账户及资金管理，建设人民币、外币资金池，不断推动资金集中管理工作。截至2018年末吸收存款达到670.87亿元，资金集中度达51.13%。

【风险管理和内部控制】公司进一步深化市场乱象整治工作方案，从法人治理、宏观调控政策执行等八个方面，结合自身业务实际，开展全面自查，切实做到“要点全覆盖、部门全覆盖、业务条线全覆盖”。对在自查及自评中发现的问题，公司积极进行整改落实。同时，公司在2018年各部门绩效考核体系中，加大对风控合规指标的考核力度，风控合规指标占比由原先的20%左右提升至40%以上。

【人力资源管理】合并重组期间，公司以市场化为导向，通过岗位价值体系优化，薪酬体系优化，设计一体化薪酬方案，统一薪酬标准和职业发展通道，实现公司合并薪酬体系的平稳过渡。

【信息化建设】2018年，公司搭建了合并后新公司TMS生产环境，完成了新、旧TMS系统切换和数据迁移，顺利完成系统上线，实现两家公司后台数据融合；完成财务系统切换、数据接口；配合集团完成TMS大额资金支付数据接口的开发和测试，实现对集团大额资金动态监控。

【企业文化建设】公司广泛动员全体员工参与编制《企业文化核心价值理念纲要》，凝聚文化共识；组织员工共同参与制作企业形象宣传片、开展帮困扶贫捐款奉献爱心活动；联合中国商飞集团财务公司，以“进博先锋·党员行动”为主题共同开展党建活动，助力进博会，为城市添光彩。

【党建工作】公司以深入学习贯彻习近平新时代中国特色社会主义思想和党的十九大精神为主线，坚持把党建工作做实、做细、做强。2018年，完成党建工作纳入公司章程，制定并实施“三重一大”决策制度，将党委研究讨论作为董事会、总经理办公会决策程序。

忠旺集团财务有限公司

【集团概况】辽宁忠旺集团有限公司（以下简称“集团”）始建于1993年，注册资本223300万美元，是全球领先的专注于铝型材产品研发、生产的制造商，具备强大的产品研发能力。集团现有93条铝型材生产线，整体年产能超过100万吨，已经形成了工业铝挤压、深加工以及铝延压三大核心业务并举的发展格局。截至2018年9月末，集团总资产587.10亿元，净资产307.69亿元，其中未分配利润83.80亿元，资产负债率为47.5%，实现销售收入151.37亿元，净利润28.73亿元。

【经营概况】截至2018年12月末，忠旺集团财务有限公司（以下简称“公司”）资产总额361.62亿元，同比增幅为35.04%。2018年，公司实现营业收入5.86亿元，同比减少1.17亿元，降幅为16.64%；实现净利润3.13亿元，同比减少0.40亿元，降幅为11.33%。但因存贷款定价因素影响，2018年节税总额达1.04亿元，实现从创业期到成长期的稳步跨越。

【信贷业务】2018年，公司共发放自营贷款341.56亿元；办理电子商业汇票贴现业务18笔，票面金额共计84亿元；开展电子商业汇票承兑业务72笔，金额共计293.99亿元；办理银行代开承兑汇票业务14笔，金额合计12.50亿元。2018年新增授信客户17户，新增授信金额237亿元。截至2018年末，不良贷款率为零。2018年根据实际业务情况，公司先后对多项业务操作规程进行修改完善，保证信贷业务合规运营。

【资金业务】截至2018年末，公司共取得金融机构同业授信额度243.70亿元，同比增长13.35%。2018年共开展存放同业业务41笔，累计发生额为107.60亿元，2018年末存放同业余额为107.50亿元。同业拆借方面，2018年公司同业拆入日均余额累计为41.53亿元；2018年末同业拆入余额为50亿元。公司持续稳健拓展同业业务、完善业务流程、优化资产负债结构，不断提高整体经营管理、风险控制以及盈利水平。

【投资业务】2018 年，公司投资业务对象均为国有股份制银行发行的活期理财产品，在充分保障资金安全性和流动性的前提下取得适当收益。截至 2018 年末，公司开展投资业务共 30 笔，累计发生额 35.60 亿元。

【票据业务】截至 2018 年末，公司直贴卖断票据余额为 32 亿元，票据买断式回购余额为 2 亿元。公司积极响应人民银行与上海票交所关于票据市场改革的各项工作要求，于 2018 年 10 月顺利完成上海票交所纸电票据交易融合第二阶段上线工作，为公司票据业务的长期稳健发展打下良好基础。

【资金集中】2018 年，公司高度关注资金集中度工作，加强与集团沟通与交流，加大资金集中管理力度，通过增加银企直联主办行，丰富资金结算服务手段，打造符合集团资金管理需要的资金结算服务体系。截至 2018 年末，成员单位在公司开立内部账户 55 户，吸收存款 248.37 亿元，日均存款 227.32 亿元，全口径资金归集率为 88.20%，公司归集账户数 102 户，账户集中比达 84.42%。公司 2018 年结算笔数 7479 笔，金额 13517.49 亿元。

【业务创新】2018 年，公司根据成员单位业务需要，首次办理了第三方房产抵押贷款业务，金额 2 亿元。

【风险管理和内部控制】公司根据监管机构全面风险管理工作指引要求和公司风险管理工作安排，由风险管理部牵头，各职能部门分条线负责具体管理制度完善，细化公司各项风险管理工作的职责、内容、分工及要求。修订了《授信业务调查管理办法》《电子商业汇票承兑业务操作规程》等制度规程，提高了公司风险管理工作的识别、评估、监测和控制能力。

公司从业务、管理及监督三个层面入手，健全内部控制制度体系，强化防控效果。通过内控常规审计、业务专项审计、配合监管检查和开展法制培训等措施，发现问题，夯实基础，不断提高公司内部管理水平和风险防控能力，达到合规管理和监管工作要求。

【人力资源管理】公司坚持“以专业人才队伍支撑专业化发展”的人力资源管理理念，充分发挥集团的品牌号召力，通过建立完善的薪酬体系、绩效考评等机制，激发员工的能动性。截至 2018 年末，公司正式员工 44 人，其中有金融行业从业背景的人员超过三分之二，半数以上人员行业工作经验超过五年；年龄在 30 岁以下、30～40 岁、40 岁以上的人员占比分别为 18.2%、47.7%和 34.1%；本科以上学历占比超过 89%，研究生以上学历占比为 32%，人员专业化程度的不断提升为公司业务发展提供了人才保障。

【信息化建设】在信息技术建设方面公司始终秉承前瞻性原则，以“满足业务需要、满足发展需求、满足监管要求”为前提，应需而变，确保信息保障机制与公司业务规模、发展速度、复杂性相适应。2018 年公司大幅提高信息化建设经费投入，为各项业务开展、控制和防范各类风险提供先进技术支持和保障。

【企业文化建设】公司高度重视企业文化建设，在集团“人忠业旺、忠诚兴旺”核心理念的引领下，通过多种多样的文化活动，营造积极向上的企业文化。2018 年公司先后举办了新年晚会、气排球比赛、野外露营等文体活动，锻炼了队伍，提高了团队的凝聚力和战斗力。同时，还外请老师为员工开设瑜伽和普拉提课程，赢得了员工的广泛好评。

珠海格力集团财务有限责任公司

【集团概况】珠海格力电器股份有限公司（以下简称“集团”）是一家多元化、科技型的全球性工业集团，产业覆盖空调、生活电器、高端装备、通信设备等领域。2018 年，集团继续保持高速增长，应收、净利润等指标均创历史新高。集团坚持自主创新，2018 年自主研发的“工业机器人用高性能伺服电机及驱动器”经专家认定，达到“国际先进”水平；同时，集团也涉足空调芯片设计领域。

【经营概况】2018 年，珠海格力集团财务有限责任公司（以下简称“公司”）围绕集团发展战略，创新与拓宽金融服务渠道，充分发挥财务公司金融服务功能，为成员单位、产业链企业，特别是产业链中小企业提供金融服务。2018 年公司资产总额 593.50 亿元，实现营业收入 14.40 亿元，利润总额 13.81 亿元，全口径资金集中度为 44.03%。公司不断进行金融产品创新探索，支持实体经济，风险管控、业务拓展、IT 保障能力持续提升，全面完成年度经营、管理考核指标，各项监管监测指标全部达标。

【服务实体】2018 年，公司以“金融服务实体经济”为理念，以服务集团为宗旨，围绕集团高端智能化战略布局，创新拓展金融服务渠道，培育锻造具有竞争优势的特色产品，丰富业务模式，着力发展普惠金融，降低企业融资成本，强化风险管控、实现稳健经营目标，累计发放成员单位特色贷款 16.30 亿元，小微企业贷款 14.82 亿元，全部贷款用于支持集团制造业发展及其产品销售，年末信贷规模达 117.79 亿元。

【信贷业务】2018 年，公司以支持集团战略转型为重点，聚焦格力新产品、新技术、新产能项目建设，为集团成员单位量身定制精细化、个性化具有针对性的项目及流动资金贷款服务，全年共为 66 家成员单位提供金融服务，提供贷款累计达 31.39 亿元，无不良贷款。创新推出符合集团项目建设融资需求的信贷产品，如一次授信、分次提款、循环额度的贷款，依据集团项目基地建设进度匹配提款，有力支持集团项目基地建设，助推集团制造业转型升级。

【产品销售信贷业务】2018 年，公司不断深耕细化产品，向经销商输出股权质押、票据质押、新型权利质押、第三方担保、“财保贷”合作担保等多种形式的买方信贷业务，提供多元化融资渠道，提升金融服务水平。截至 2018 年末，公司买方信贷业务覆盖全国 193 家经销商，融资余额达 61.26 亿元，同比增长 31.35%，发放贷款 77.22 亿元，同比增长 42.81%。通过推广“财保贷”业务，买方信贷业务顺利延伸至三、四级县乡、农村市场，促进了集团产品销售。

【资金业务】2018 年，公司持续完善流动性长效管理机制及动静态结合的五维预算管理，前瞻性调配，不断深层次挖掘资金运营潜力。一方面，拓展融资渠道，通过银行间正回购和拆借业务、票据卖断业务，低成本解决流动性短缺累计 312.67 亿元，确保各项业务顺利运行。另一方面，回归本源，发挥好财务公司资金集约功能，服务实体经济、提高资金效益。通过产业链信贷业务、同业存款、银行间逆回购、理财等，累计投放 1504.27 亿元。

【投资业务】2018 年，公司继续坚持审慎稳健的原则依法合规开展投资业务。截至 2018 年末，公司持有债券规模 10.40 亿元，持有理财产品、货币市场基金、信托计划合计 12.36 亿元，投资总规模 22.76 亿元。

【票据业务】2018 年，公司实现票据业务 100% 电子化，向集团成员单位及产业链上下游企业宣传推广“一票通”金融服务方案，票据业务全流程线上办理。截至2018年末，受理票据贴现、承兑、质押及转贴现4151张，总金额149.34亿元，完成747.47亿元零风险票据即时结算，全流程集中管理和运营产业链票据资源，推进公司票据业务发展。

【业务创新】2018年，公司根据集团资产结构、业务发展、投融资需求情况，通过财务顾问的服务形式向集团提出《开展资产证券化业务的建议报告》《关于拟受让广东某城市商业银行控股股东股权的报告》《关于某投资集团有限公司公司债券的投资建议》《2018年某银行二级资本债券简要报告》等专业建议和意见。针对集团商用空调项目，开发设计了商用空调设备融资租赁方案及商用空调经销商贷款融资方案等创新产品。

【风险管理和内部控制】2018年，公司认真贯彻落实中国银监会关于银行业风险防控工作的指导意见，切实履行风险防控主体责任，坚持底线思维、标本兼治，防范化解突出风险，严守不发生系统性风险底线；紧紧围绕总部发展战略，加强内控制度建设，加强流动性管理，2018年全年业务零风险。

【企业文化建设】2018年，公司开展广东省“巾帼文明岗”创建活动，成立创岗工作领导小组，制定创建计划、措施，开展活动宣传。组织女员工形象礼仪培训课、读书会、瑜伽班等文体活动。倡导员工参与志愿者行动，深化创业创新巾帼行动，激励女员工立足本职、建功立业。

【党建工作】2018年，公司党支部深入学习贯彻习近平新时代中国特色社会主义思想和党的十九大精神，认真开展“三会”工作，落实党课教育，深入开展纪律教育学习月、主题党日活动，持续开展“党支部建设年”工作，将民主生活会及民主评议党员大会落到实处，通过批评与自我批评，清洗党员思想上、政治上、行为上的灰尘，锤炼党性。

珠海华发集团财务有限公司

【集团概况】珠海华发集团有限公司（以下简称“集团”）组建于1980年，与珠海经济特区同龄，是珠海两家龙头国企之一，也是珠海最大的综合型企业集团和全国知名的领先企业，连续多年跻身中国企业500强和中国服务业企业500强。2018年，集团已经构建起高端服务业领域完整的生态产业链，成为稳定珠海经济增长、推动珠海社会经济发展的主力军。截至2018年12月31日，集团总资产为2592.52亿元，营业收入为217.19亿元，利润总额为30.33亿元。

【经营概况】2018年，珠海华发集团财务有限公司（以下简称“公司”）贯彻执行行业监管要求，立足本业、强化风险防控，稳健开展各项业务，认真、稳健地完成了各项工作计划，为集团公司的转型升级发挥了重要的作用。截至2018年12月31日，公司资产总额314.29亿元，实现营业收入12.84亿元，净利润3.87亿元。

【信贷业务】2018年，公司持续加大信贷业务投放力度，着力于房地产开发贷款的投入以及对电子银行承兑汇票业务的营销，有效满足了成员单位的资金需求。截至2018年12月31日，公司自营贷款余额185.3亿元，实现税后利息收入5.47亿元，委托贷款余额75.92亿元。

【资金业务】2018年，公司进一步拓展同业业务，增加拆借额度，拆借业务大幅增长。一方面通过同业拆借和同业回购满足集团成员单位的日常业务需求；另一方面通过正、逆回购及线下活期存放套息实现了盈利性需求，活期存款利率不断提高。截至2018年12月31日，共发生拆借业务529笔，总成交金额1717.69亿元；共发生回购交易1186笔，总成交金额2893.43亿元。

【投资业务】2018年，公司在投资业务方面整体采取了顺应市场、静等收益的策略。同时，继债券、存单之后，公司增加了第三类固定收益投资品种即券商收益凭证。截至2018年12月31日，公司有价证券投资收入共计8105.96万元，其中现券买卖7198.23万元，券商收益凭证907.73万元；办理委托投资业务5笔，委托人为2家成员单位，累计发生额5.99亿元，加权委托投资收益率为3.30%。

【资金集中】截至2018年12月31日，公司日均吸收存款258亿元；结算金额达4.9万亿元；全口径归集率约为49.6%，剔除上市公司资金不可归集因素资金归集率约为63.8%，全口径归集率较2017年同期提高1.6%，归集度呈现稳步上升态势。公司共与11家银行实现了银企直联，加入银企直联的成员单位账户共1205户，较2017年增加了300户。

【风险管理和内部控制】2018年，公司在业务发展的同时，坚持业务发展与合规管理并重，自觉践行依法合规经营理念，始终按照监管机构的要求把控制风险、合规发展放在第一位。2018年，公司制定了全面风险管理办法，开始实施全面风险控制体系，进一步强化风险防范和管控机制。截至2018年12月31日，完成了信贷业务、结算业务、资金（投资）业务、信息科技管理、反洗钱及案件风险排查、征信业务、印章管理及安全保卫等共九项专项审计。

【人力资源管理】公司采用了KPI关键考评指标和360度考评相结合的考核方案，制定了《珠海华发集团财务有限公司绩效薪酬延期支付管理办法》，完善了薪酬延期支付和扣回制度。

【信息化建设】2018年，公司通过不断提高科技运用水平，在信息科技自身建设、支撑业务发展方面成效显著，确保为成员单位提供更加便捷、优质、全面的金融服务。公司通过增加服务器，提升基础设施的支撑能力，保障业务连续性。通过建设堡垒机项目，提升信息科技自身工作的合规性、可审计性，使用技术手段对信息科技人员及外包服务人员形成有效约束。

【企业文化建设】公司团队建设主要通过以下几个方面：一是以团队能力提升为重点的培训课程；二是以提升核心业务能力为重点的培训课程；三是以提升全员基本职业素质为重点的培训课程，以提高员工的工作效率；四是积极参加外部培训课程，如人民银行组织的反洗钱业务培训、外部培训机构组织的互联网金融背景下征信体系建设与风险防控高级研修班、基于监管要求的信息科技风险管理与审计、财务公司行业典型经验交流会等。

【党建工作】2018年，为落实党组织主体责任和监督保障作用，公司在制定纪检监察工作计划和廉政提醒谈话计划两项工作制度的基础上，狠抓廉政建设与党建工作。把落实中央八项规定精神、纠正“四风”问题作为切入点和着力点，以反腐倡廉教育为抓手，坚持不懈、驰而不息地履行好监督职责。

紫金矿业集团财务有限公司

【集团概况】紫金矿业集团股份有限公司（以下简称“集团”）是一家以金、铜、锌等金属矿产资源勘查和开发为主的大型矿业集团（上杭县国资委为第一大股东，持股25.9%）、

“A+H”上市公司，位居2018年《财富》中国企业500强第82位，投资项目沿“一带一路”分布在国内24个省（自治区）和俄罗斯、澳大利亚、塞尔维亚、南非等10个国家。截至2018年9月末，集团金、铜、锌三大矿产品产量均居中国矿业行业前三甲，实现营业收入762亿元，利润总额49.60亿元。

【经营概况】2018年，紫金矿业集团财务有限公司（以下简称“公司”）围绕“发展是第一要务，人才是第一资源，创新是第一动力”，充分发挥金融服务实体经济职能。截至2018年末，公司资产总额74.10亿元，实现营业总收入2.87亿元，利润总额1.73亿元；公司资本充足率为15.95%，流动性比例为54.86%，无不良资产和不良贷款。

【公司信贷业务】2018年，公司坚持执行绿色信贷政策，将安全环保作为公司信贷业务受理首要前提，结合集团对成员单位建设项目“轻重缓急停”的划分以及人行核定的信贷规模细化信贷计划，2018年以优惠的利率累计向36家成员单位发放贷款60.40亿元，年末贷款余额47.90亿元，同比增加1.91亿元，2018年为成员单位节省费用支出约8620万元。

2018年末本外币委托贷款余额71.18亿元，在有效满足成员单位资金需求的同时，进一步规范了成员单位间的资金往来。

【资金和投资业务】2018年，公司作为集团资金结算中心的功能地位得以进一步巩固，结算网络覆盖全国各区域并拓展了多家境外成员单位，2018年办理结算18.20万笔，金额3508亿元，分别同比大幅增长29.50%和22.70%。面对金融市场利率波动，公司积极灵活地调整同业存款结构，2018年共开展结构性存款45笔，金额43亿元，开展同业拆借12笔，金额20.50亿元、5500万美元。公司坚持安全性、流动性、效益性原则，审慎稳健开展投资业务，2018年累计投资规模4.60亿元，年末投资余额3.10亿元。

【票据业务】公司大力推广电子票据业务，开立的电子票据业务已逐步得到商业银行和外部企业的认可，票据业务流转通道和出口逐步拓宽。2018年共办理票据业务3578笔，金额36.02亿元，年末票据池持有票据余额8.21亿元，票据业务量和融资服务能力不断提升。

【外汇业务】公司为成员单位提供优于商业银行挂牌的外汇交易价格，2018年累计办理美元结售汇93笔，金额4.43亿元美元，外汇交易量快速增长。公司主动介入集团境外项目，配合企业完成跨境分红资金汇付及减资相关政策解疑；长远布局国际金融服务，通过跨境双向人民币资金池业务主办企业资格，累计发放境外贷款4870万美元，归集境外资金5.70亿美元，向境外下拨8.50亿美元，办理跨境人民币双向结算3.10亿元。

【资金集中】公司加强动态分析、日终归集、共享支付等措施，坚持执行时点存款和期间存款并重，分部门分层级、每月兑现的考核办法提升资金归集量。截至2018年末，公司可归集资金归集率为94.10%，吸收存款余额61.80亿元。

【业务创新】2018年，公司坚持在风险可控的前提下鼓励创新，不断拓展产业链金融服务、融资租赁、境外放款等多元信贷业务体系，实现矿权、土地和碳排放权质押融资创新，买方信贷落地，信贷品种扩大至15类；集团统一保险工作成功拓展至境外，整体保险费率同比大幅下降；主动介入集团境外项目，配合集团完成香港财资中心建设。

【风险管理和内部控制】2018年，公司从企业持续、健康、稳定发展的高度出发，坚持审慎经营，有效防范和管控经营风险。2018年系统性梳理各项业务风险点，修改完善公司制度，强化“每日月必做”岗位责任，风险管控水平进一步提升。完成对20家省外贷款企业实地贷后检查，贷后检查覆盖率达100%；共召开4次风险管理委员会现场会议进行资产五级分类，经分类，公司所有资产风险可控。

【人力资源管理】2018年，公司切实加强人力资源管理和员工队伍建设：一是重视员工综合技能培养，采取形式多样的培训形式，包括公司内部高管授课、员工讲座或培训、内部研讨会、组织员工外出学习等，2018 年派员参加各类业务培训 402 人次。二是不断加强人才队伍建设，为员工搭建事业成长发展的平台，公司完善和修订了《职务管理制度》等制度，每月开展员工授课，组织“85 后”员工参加集团国际化英语培训班，规范和优化了公司员工的职务管理，拓宽员工晋升空间。

【信息化建设】2018 年，公司重视信息科技建设，结合公司信息建设中长期规划，完成中国票据交易系统直联更新、测试和首批机构上线，邀请集团信息中心、外部供应商召开多次现场会对整体软硬件进行更新优化，整体运行更加平稳高效。

【企业文化建设】公司积极发扬“艰苦创业、开拓创新”的紫金精神，多形式多途径地将企业文化建设与员工业务素质技能培养有效融合。通过外派培训、到矿山走访和调研、选派优秀员工到商业银行跟班学习等形式提升员工团结协作和开拓创新能力；以创造企业价值为出发点，引导员工加强对自身价值潜力的挖掘；以“金品”立世、共赢通惠的经营哲学为指导，积极培养员工廉洁自律、诚信尽职的道德品质。

2018 年 12 月 4 日，中国财务公司协会会员大会。

2018 年 12 月 4 日，财务公司行业延伸产业链金融业务交流会。

2018 年 12 月 4 日，中国财务公司协会会长盖永光出席第二十一次会员大会。

2018 年 12 月 3 日，时任中国财务公司协会党委书记张电中出席九届八次理事会。

2018 年 9 月 13—14 日，中国财务公司协会第九届监事会在济南召开座谈会。

2018 年 1 月 24 日，时任北京市西城区委常委、常务副区长孙硕到国家电投集团财务有限公司调研指导工作。

2018 年 11 月 9 日，河南省委组织部副巡视员张小文及其他领导莅临河南能源化工集团财务有限公司指导党建工作。

2018年7月30日，中国人民银行济南分行党委委员王珏琰带领呼和浩特等6家中心支行考察组莅临青岛港财务有限责任公司进行党建调研，并考察自动化码头及许振超工作室。

2018年8月16日，中国人民银行合肥中心支行党委副书记、副行长陶诚调研淮南矿业集团及淮南矿业集团财务有限公司风险防控。

2018年9月10日，中国人民银行苏州市中心支行副行长蔡继东一行到江苏国泰财务有限公司开展专题调研活动。

2018年4月24日，北京银监局副巡视员吴静春带队到中信财务有限公司现场调研。

2018年5月24日，福建银监局副巡视员陈怡一行到紫金矿业集团财务有限公司调研指导。

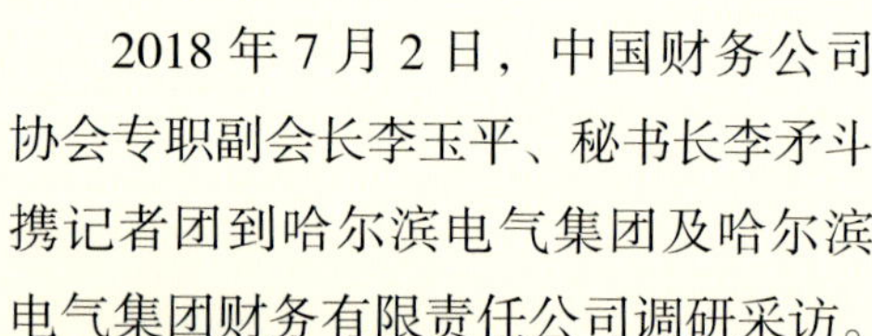

2018年7月2日，中国财务公司协会专职副会长李玉平、秘书长李矛斗携记者团到哈尔滨电气集团及哈尔滨电气集团财务有限责任公司调研采访。

2018年5月18日，中国财务公司协会纪委书记曹春彦一行调研红豆集团财务有限公司。

2018 年 9 月 26 日，山东银保监局非银处处长康晓冬莅临山东能源集团财务有限公司检查指导工作。

2018 年 12 月 19 日，中国人民银行杭州中心支行金融稳定处副处长潘晓斌一行莅临物产中大集团财务有限公司开展金融机构评级工作。

2018 年 5 月 31 日，宜昌银保监分局乱象整治督查组莅临湖北宜化集团财务有限责任公司检查指导工作。

2018 年 11 月 30 日，山东银保监局非银处副处长莅临山东晨鸣集团财务有限公司指导工作。

2018 年 4 月 25 日，北京汽车集团财务有限公司品牌“北汽金融”首度亮相北京国际车展。集团董事长徐和谊为“北汽金融”品牌点赞。

2018 年 5 月 4 日，光明食品集团财务有限公司组织“光明职工看光明”走进“种养结合，生态循环”的现代化农场。

2018 年 5 月 10 日，珠海格力集团财务有限责任公司总经理及信贷部负责人到杭州格力做集团战略项目贷款调研。

2018 年 5 月 24 日，一汽财务有限公司举办“开放创新的一汽集团，合作共赢的产融生态”供应链金融论坛。

2018 年 6 月 30 日，陕西煤业化工集团财务有限公司产融研究论坛一期活动。

2018 年 7 月 30 日，重庆力帆财务有限公司副总经理陈林宁接待中原银行参观集团摩托车板块摩托车生产线。

2018 年 10 月 15 日，国机财务有限责任公司为集团成员企业提供抵押贷款支持实体经济发展的项目现场。

2018年10月27日，中船重工财务有限责任公司组织员工前往武昌船舶重工集团开展“走访一线船厂，服务集团发展”活动。

2018年10月31日，中国铁建财务有限公司创新金融服务模式，以“财企携手票通八方”为主题，在昆明召开区域供应链产融结合推介会，首次以区域为中心，“走出去”面对面与产业链上游企业深度对接，进一步推动财企共赢发展，促进产融深度融合。

2018年11月1日，航天科技财务有限责任公司组织召开航天科技集团产业链金融高端论坛。

2018年12月26日，青岛啤酒财务有限责任公司与生产厂、供应商开展现场调研交流。

2018年1月26日，中国华能财务有限责任公司召开2018年度工作会议，贯彻学习集团公司年度工作会议精神，安排和部署2018年重点工作。

2018年1月28日，中国化工财务有限公司召开年度工作会议。

2018年1月31日，上海外高桥集团财务有限公司接待人民银行评级工作小组。

2018年2月1日，招商局集团财务有限公司开展合规培训活动。

2018 年 2 月 8 日，神华财务有限公司召开 2018 年度工作会。

2018 年 2 月 12 日，西电集团财务有限责任公司召开 2018 年工作会暨四届一次职工大会。

2018 年 2 月 26 日，连云港港口集团财务有限公司召开 2018 年度工作会暨职工大会。

2018 年 3 月 8 日，上海文化广播影视集团总裁高韵斐调研上海文化广播影视财务有限公司。

2018 年 3 月 15 日，南山集团财务有限公司召开第三届董事会第十次会议。

2018 年 3 月 21 日，山东钢铁集团财务有限公司深入开展“进走访”工作深入成员单位调研。

2018 年 3 月 29 日，郑州宇通集团财务有限公司召开第二届董事会第十五次会议。

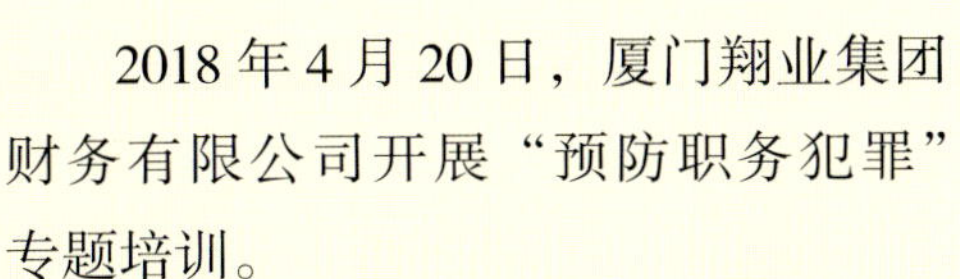

2018 年 4 月 20 日，厦门翔业集团财务有限公司开展“预防职务犯罪”专题培训。

2018 年 4 月 24 日，美的集团财务有限公司召开第五届董事会第八次会议、第五届监事会第三次会议及 2017 年度股东大会。

2018 年 4 月 27 日，开滦集团财务有限责任公司召开股东会第七次会议、董事会三届二次会议。

2018 年 4 月 28 日，重庆市能源投资集团财务有限公司组织开展 2017 年度考核暨“一报告两评议”工作会。

2018 年 5 月 24 日，江西铜业集团财务有限公司开展集团成员单位财务人员财务公司基础业务培训班。

2018 年 5 月 28 日，新奥财务有限责任公司财资管理系统顺利上线投产。

2018 年 5 月 30 日，大冶有色金属集团财务有限责任公司召开 2018 年度股东会、董事会、监事会。

2018 年 7 月 13 日，上海纺织集团财务有限公司开展 2018 年安全生产培训。

2018 年 8 月 31 日，五矿集团财务有限责任公司开展资金系统推广工作，将系统的覆盖范围推广至境内 3054 个银行账户。

2018 年 9 月 14 日，中航工业集团财务有限责任公司隆重举行“强合规、防风险、促服务、增价值”知识竞赛活动。

2018 年 9 月 14 日，中国石化财务有限责任公司在成都举办 2018 年中国石化金融风险管理专业技术比武。

2018 年 9 月 26 日，兵工财务有限责任公司承办集团公司资金化管理与平衡保障体系建设管理办法培训会。

2018 年 10 月 29 日，忠旺集团财务有限公司开展供应链、司库专题培训。

2018 年 11 月 7 日，武汉钢铁集团财务有限责任公司召开第四十次股东会议。

2018 年 11 月 22 日，中国建材集团财务有限公司开展金融核心业务系统暨系统升级培训。

2018 年 12 月 24 日，江苏悦达集团财务有限公司召开 2018 年第四次临时股东会暨第二届董事会、监事会第一次会议，换届选举产生新一届董事会、监事会。

2018 年 12 月 28 日，中化工程集团财务有限公司召开第一届一次工会会员大会，正式成立中化工程财务公司工会。

创新合作

2018年3月22日，中国电建集团财务有限责任公司总经理陈波应邀出席中国工商银行总行与老挝国家电力公司在成都举行的老挝南普45兆瓦水电站项目贷款协议签约仪式并见证签字。

2018年6月6日，中国电子财务有限责任公司和中国电子进出口有限公司党委联合开展“‘一带一路’：再造中国，再造世界”专题讲座活动。

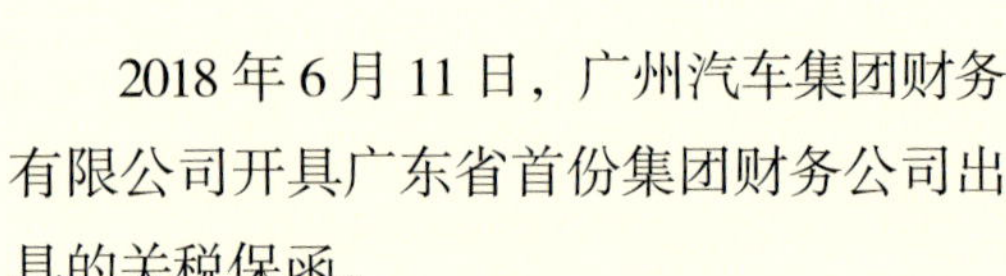

2018年6月11日，广州汽车集团财务有限公司开具广东省首份集团财务公司出具的关税保函。

2018年6月19日，重庆化医控股集团财务有限公司获批开展买方信贷业务并获得产业链业务资格。

2018 年 7 月 11 日，中国华电集团财务有限公司发行金融债券。

2018 年 7 月 13 日，山西焦煤集团财务有限责任公司电子票据业务正式上线。

2018 年 7 月 31 日，徐工集团财务有限公司与亨通财务有限公司签订战略合作协议。

2018 年 8 月 31 日，由中铝融资租赁有限公司发起、中铝财务有限责任公司担任财务顾问的全国首单央企供给侧结构性改革资产支持证券在上交所成功挂牌上市，融资金额 13.9 亿元，利率 4.98%。

2018年9月5日，中广核财务有限责任公司成功为中广核集团发行美元债、欧元绿色债。

2018年9月14日，亿利集团财务有限公司开展“亿路有你·共赢发展”全国金融同业发展研讨会。

2018年10月16日，正泰集团财务有限公司代表正泰集团与中国工商银行签订“总对总”合作协议，共同探索创新“融资 融智”的全方位金融服务，继续巩固银企战略伙伴关系。

2018 年 10 月 31 日，TCL 集团财务有限公司为 TCL 王牌电器（惠州）有限公司开立总额 3000 万元人民币的关税保函，并在深圳海关完成备案审核正式启用。这是深圳海关接收的首单由集团财务公司出具的关税保函。

2018 年 11 月 15 日，江苏省国信集团财务有限公司组织省内外多家优秀财务公司，召开业务交流和合作座谈会，集团总经理、公司董事长浦宝英出席并讲话。

2018 年 11 月 26 日，三房巷财务有限公司与徐工集团财务有限公司达成战略合作协议。

2018 年 11 月 27 日，在世界工程机械行业顶级盛会——上海宝马展上，徐工集团财务有限公司组织 30 余家银行成功召开工程机械金融产品创新研讨会。

2018 年 11 月 29 日，浙江省交通投资集团财务有限责任公司与渣打银行（中国）有限公司签署合作框架。

2018 年 12 月 20 日，淮北矿业集团财务有限公司承办皖北片区三家财务公司服务民营企业座谈会。

2018 年 12 月 20 日，湖南华菱钢铁集团财务有限公司举办湖南辖内财务公司 2018 年第三次联席会议，各家财务公司围绕“集团及本公司延伸产业链金融业务运行情况及风险防控”开展主题交流。

2018 年 12 月 28 日，包钢集团财务有限责任公司积极配合集团推进“包钢债转股”工作，召开了“包钢（集团）公司总行级债委会”工作会议，实质性推进集团债转股工作。

2018 年 1 月 31 日，新凤祥财务有限公司迁入新址汉峪金融商务中心办公楼。

2018 年 3 月 28 日，保利财务有限公司举办开业十周年相关庆祝活动。

2018 年 5 月 15 日，商飞集团财务有限责任公司成立。

2018 年 5 月 18 日，国新集团财务有限责任公司召开业务启动交流会议。

2018 年 5 月 28 日，北京首都旅游集团财务有限公司成立五周年员工合影。

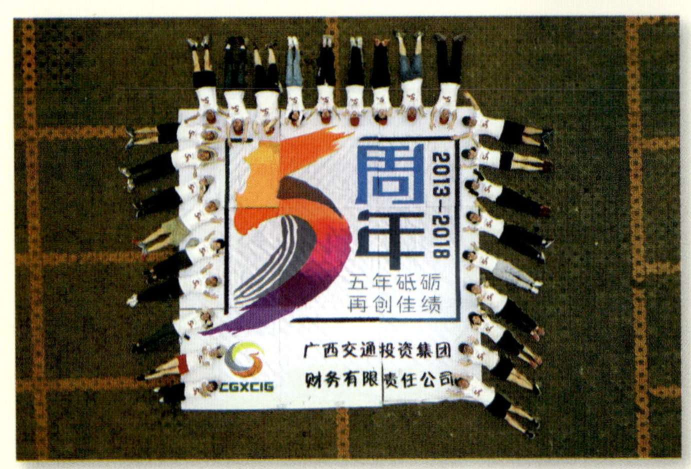

2018 年 6 月 3 日，广西交通投资集团财务有限责任公司举办成立五周年系列庆祝活动。

2018 年 6 月 25 日，中国黄金集团财务有限公司成立三周年全体员工合影。

2018 年 7 月 18 日，西王集团财务有限公司入驻济南揭牌签约仪式。

2018年8月10日，百联集团财务有限责任公司“不辱使命，筑梦前行——财务公司五周年巡礼”全体员工合影。

2018年8月10日，中开财务有限公司五周年庆全体员工合影。

2018年8月16日，中国大唐集团财务有限公司举办“大唐精神耀金融”分享会暨开业13周年纪念活动。

2018年8月17日，中远海运集团财务有限责任公司（原中海集团财务公司）召开吸收合并后第一次年中工作会议。

2018 年 8 月 24 日，红星美凯龙家居集团财务有限责任公司“壹周年”司庆活动合影。

2018 年 9 月 11 日，东方电气集团财务有限公司举办成立 30 周年庆祝大会。

2018 年 10 月，中交财务有限公司举行团队执行力建设活动。

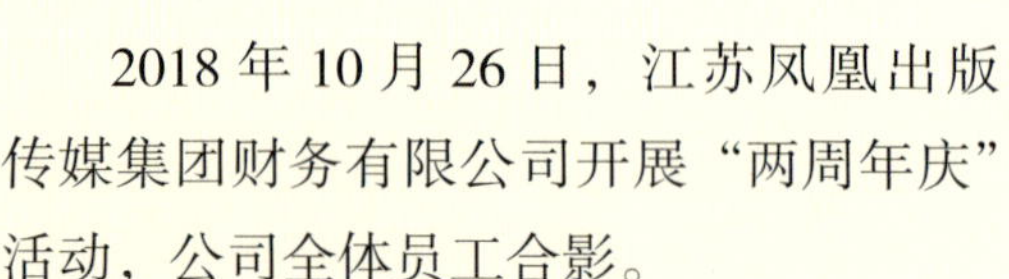

2018 年 10 月 26 日，江苏凤凰出版传媒集团财务有限公司开展“两周年庆”活动，公司全体员工合影。

2018 年 10 月 26 日，“共庆兵财十三年 最是书香能致远”——兵器装备集团财务有限责任公司组织召开“读书点亮生活”主题读书分享会。

2018 年 10 月 27 日，江铃汽车集团财务有限公司开展全员素质拓展活动，庆祝公司成立 25 周年。

2018 年 10 月 27 日，顺丰控股集团财务有限公司举办开业 2 周年庆祝活动。

2018年10月28日，云南昆钢集团财务有限公司成立3周年集体合影。

2018年10月12日，国联财务有限责任公司举办成立十周年庆祝活动。

2018年11月8日，新疆金风科技集团财务有限公司召开以“加强区域金融合作　服务产业实体经济”为主题的财务公司成立仪式暨座谈会。新疆维吾尔自治区人民政府党组成员黄三平应邀出席仪式并与金风科技董事长武钢、总裁王海波及相关单位主要负责人共同见证财务公司成立。

2018年11月17日，海信集团财务有限公司举办十周年庆典活动。

2018 年 12 月 5 日，中国航发集团财务有限公司全体员工合影。

2018 年 12 月 14 日，潞安集团领导莅临潞安集团财务有限公司与银行负责人座谈并参加新址揭牌仪式。

2018 年 12 月 18 日，阳泉煤业集团财务有限责任公司举办“改革开放 40 周年暨公司 9 周年”活动。

2018 年 12 月 26 日，金川集团财务有限公司成立八周年员工合影。

2018年4月21日，福建省能源集团财务有限公司开展宪法宣传活动。

2018年6月，河钢集团财务有限公司开展“6·14信用记录关爱日”暨《征信业管理条例》颁布五周年专题系列宣传活动。

2018年6月13日，晋煤集团财务有限公司参加晋城银保监分局组织的“主题党日＋送金融知识进农村”活动启动仪式。

2018年6月1日，南方电网财务有限公司在黔南布依族苗族自治州惠水县辉岩民族小学开展主题党日捐资助学活动。

2018 年 7 月 18 日，上海华谊集团财务有限责任公司组织开展“阳光益行　助学圆梦”爱心捐助活动，为集团所属新疆地区企业驻村帮扶困难家庭学生提供助学帮助。

2018 年 8 月 23 日，酒钢集团财务有限公司开展宪法宣传周活动。

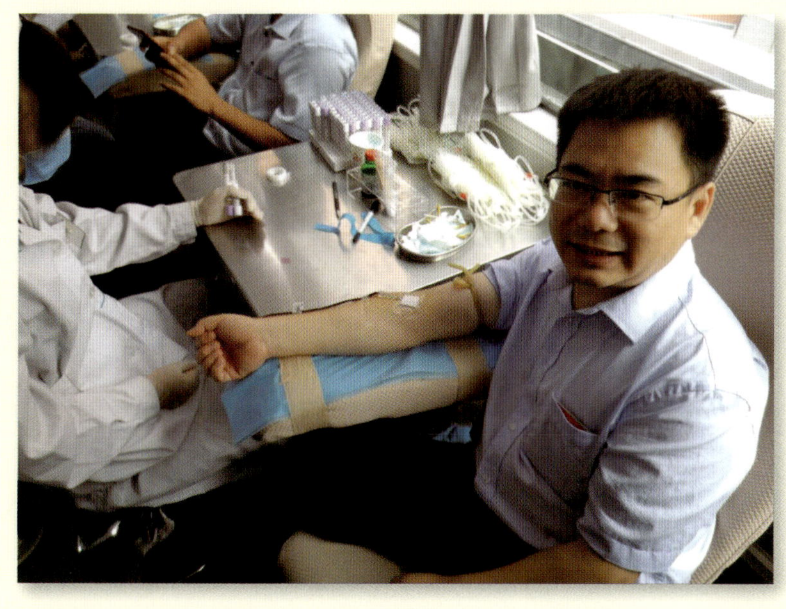

2018 年 8 月，中国重汽财务有限公司开展“浓情热血，大爱重汽”无偿献血活动。

2018 年 9 月 17 日，甘肃电投集团财务有限公司开展反洗钱宣传活动。

2018 年 9 月 20 日，太钢集团财务有限公司开展金融知识进万家活动。

2018 年 9 月 21 日，陕西投资集团财务有限责任公司开展“心系空巢老人，爱撒浓情中秋”慰问贫困孤寡空巢老人活动。

2018 年 10 月 17 日，新希望财务有限公司开展暖冬行动走进新龙县敬老院。

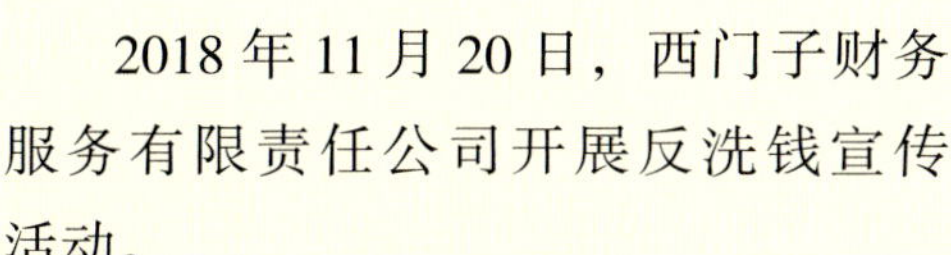
2018 年 11 月 20 日，西门子财务服务有限责任公司开展反洗钱宣传活动。

2018 年 12 月 2 日，厦门海翼集团财务有限公司开展“垃圾分类不落地”主题党日活动暨志愿者服务活动。

2018 年 12 月 4 日，粤海集团财务有限公司员工至粤海控股集团成员单位中山中粤马口铁工业有限公司开展业务交流及平安金融宣传活动。

2018年2月2日，航天科工财务有限责任公司本部全体员工参观“不忘初心 砥砺前行——中国企业集团财务公司行业改革发展30年图片展”。

2018年2月23日，国电财务有限公司开展企业文化展厅揭幕活动。

2018年3月2日，日照港集团财务有限公司召开“爱港如家 兴港有责”大讨论活动动员大会。

2018年3月7日，中化集团财务有限责任公司开展最美三月·点缀美丽人生园艺DIY活动。

2018 年 3 月 8 日，云南云天化集团财务有限公司组织女职工花艺培训。

2018 年 3 月 15 日，海马财务有限公司举行十周年、十万里马拉松活动开跑仪式。

2018 年 4 月 1 日，天津能源集团财务有限公司参加天津银监局金融健步走活动。

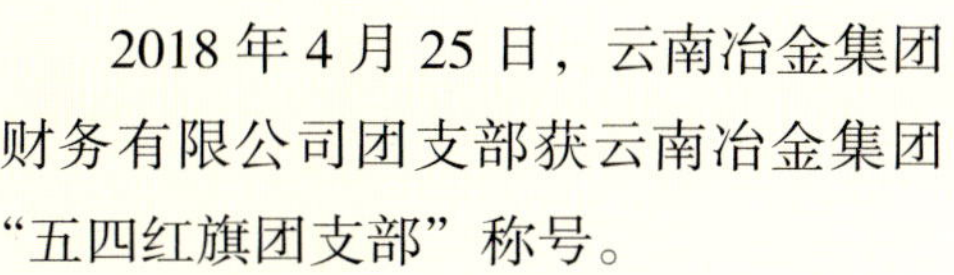
2018 年 4 月 25 日，云南冶金集团财务有限公司团支部获云南冶金集团“五四红旗团支部”称号。

2018 年 4 月 27 日，宝钢集团财务有限责任公司荣获 2018 年度上海市五一劳动奖状。

2018 年 5 月 5 日，营口港务集团财务有限公司开展“凝心聚力　勇攀高峰”登山活动。

2018 年 5 月 8 日，鞍钢集团财务有限责任公司组织全体职工参加春季登山活动。

东方集团财务有限责任公司

企业信用评价AAA级信用企业

ENTERPRISE CREDIT EVALUATION

证书编号(Certificate Number)：201804201110815
颁发日期(Date of Issue)：2018年04月02日
有效期至(Date of Expiry)：2021年04月01日
查询网址(Enquiring Website)：
中国企业诚信网：www.ceccredit.org.cn
中企联合网：www.cec-ceda.org.cn

中国企业联合会　中国企业家协会

2018 年 5 月 21 日，东方集团财务有限责任公司获得中国企业信用等级评价 AAA 级。

2018 年 5 月 25 日，供销集团财务有限公司组织参观全国供销合作社陈列馆。

2018 年 5 月 26 日，中煤财务有限责任公司开展公司团队建设活动。

2018 年 6 月 10 日，日立（中国）财务有限公司冲绳年度旅游集体照。

2018 年 7 月 9 日，湖北交投集团财务有限公司举办“中国梦·企业梦·我的梦”主题活动，全体员工合影留念。

2018 年 6 月，华联财务有限责任公司组织员工登泰山。

2018 年 7 月 13 日，天津医药集团财务有限公司开展拓展培训活动。

2018 年 8 月 1 日，京能集团财务有限公司的舞蹈《共圆中国梦》荣获集团系统文艺汇演二等奖。

2018 年 8 月 5 日，内蒙古伊泰财务有限公司与中国银行鄂尔多斯市分行举办草原联谊活动。

2018 年 8 月 17 日，新华联控股集团财务有限责任公司赴青海开展团队拓展活动。

2018 年 8 月 20 日，山东重工集团财务有限公司开展“企业文化与创新思维”专题培训。

2018 年 9 月 3 日，海南农垦集团财务有限公司举办羽毛球比赛。

2018 年 9 月 14 日，内蒙古电力集团财务有限责任公司获得内蒙古自治区反洗钱知识竞赛优胜单位奖。

2018 年 9 月 29 日，西部矿业集团财务有限公司全体员工庆祝改革开放 40 周年。

2018 年 10 月 6 日，山东招金集团财务有限公司全员参加 2018 年十一团建活动。

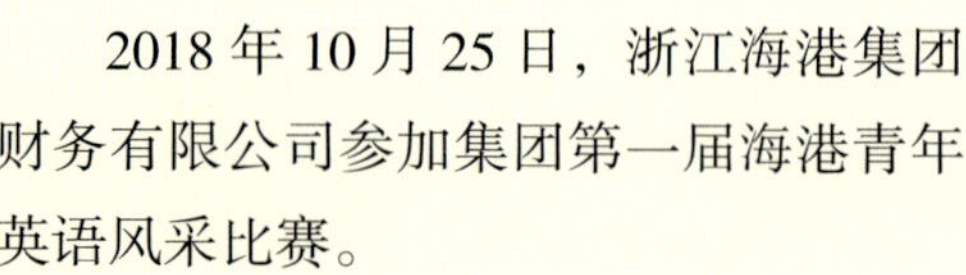

2018 年 10 月 25 日，浙江海港集团财务有限公司参加集团第一届海港青年英语风采比赛。

2018 年 10 月 27 日，海亮集团财务有限责任公司开展 2018 年团建活动。

2018 年 10 月，河北港口集团财务有限公司开展绿色环保徒步行活动。

2018 年 11 月 9 日，中核财务有限责任公司组织员工参加中核集团公司运动会。

2018 年 11 月 15 日，浙江省能源集团财务有限责任公司举行“快乐运动　健康生活”趣味运动会。

2018 年 11 月 16 日，珠海华发集团财务有限公司参加集团运动会。

2018 年 11 月 22 日，中联重科集团财务有限公司开展银企直联杯趣味运动会。

2018 年 11 月 24 日，青建集团财务有限责任公司获得集团羽毛球赛团队第一名。

2018 年 11 月 24 日，上海上实集团财务有限公司组织开展“合规经营　思想未来”团队拓展活动。

2018 年 11 月，上海汽车集团财务有限责任公司荣获中国汽车“金引擎”奖两大奖项：“最佳汽车金融公司”和“中国汽车金融杰出推动者”。

2018 年 12 月 7 日，上海浦东发展集团财务有限责任公司组织辩论赛。

2018 年 12 月 8 日，中兴通讯集团财务有限公司开展趣味运动会。

2018 年 12 月 12 日，广东粤电财务有限公司在“2018 中国金融机构金牌榜·金龙奖”评选中荣获“年度全国最佳财务公司”，实现这一金融行业重要年度评选的“三连冠”。

2018 年 12 月 14 日，上海电气集团财务有限责任公司员工参与上海电气金融集团举办的“健康你我行，共筑电气梦”员工运动会。

2018 年 12 月 24 日，长虹财务公司全体员工合影。

2018 年 12 月 28 日，渤海钢铁集团财务有限公司开展经营形势分析会。

2018年12月30日，兖矿集团财务有限公司开展迎新春拔河比赛。

2018年，上海复星高科技集团财务有限公司开展团队建设活动。

2018年，港中旅财务有限公司举办员工职业生涯辅导拓展培训活动。

2018 年 1 月 19 日，集团第四宣讲组成员来通用技术集团财务有限责任公司宣讲党的十九大精神。

2018 年 1 月 21 日，东风汽车财务有限公司召开第一次党员大会。

2018 年 2 月 8 日，陕西延长石油财务有限公司召开 2018 年经营暨党建纪检工作会。

2018年3月8日，北京金隅财务有限公司开展观看爱国影片《厉害了，我的国》活动。

2018年3月23日，中国能源建设集团财务有限公司党员大会在北京召开。

2018年4月17日，北京粮食集团财务有限公司员工参观西柏坡，开展党建活动。

2018 年 5 月 18 日，北大方正集团财务有限公司赴狼牙山开展“不忘初心　牢记使命”党建活动。

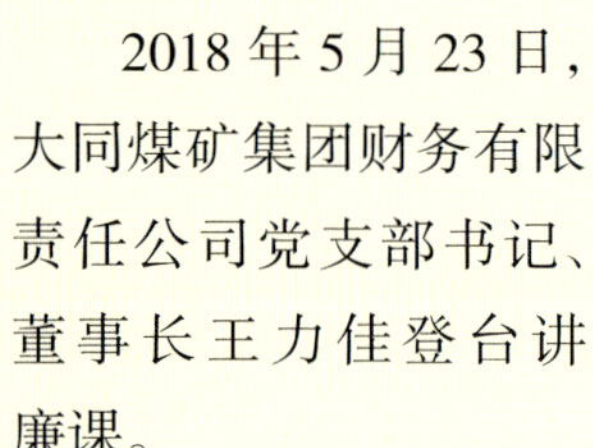

2018 年 5 月 23 日，大同煤矿集团财务有限责任公司党支部书记、董事长王力佳登台讲廉课。

2018 年 5 月 26 日，中铁财务有限责任公司党委组织全体党员赴石家庄中铁党校、西柏坡、塔元庄等地开展“不忘初心跟党走，奋斗建功新时代”活动。

2018 年 6 月 14 日，中冶集团财务有限公司开展参观“真理的力量——纪念马克思诞辰 200 周年”主题展览活动。

2018 年 6 月 15 日，河北建投集团财务有限公司赴狼牙山开展“永远跟党走　创造新业绩”主题活动。

2018 年 6 月 23 日，中共宝塔石化集团财务有限公司党委及工会举行以“不忘初心　砥砺前行”为主题的迎“七一”拓展活动。

2018 年 6 月 28 日，中国建材集团财务有限公司举办庆祝建党 97 周年“不忘初心 重温经典——红色诗词朗诵会”活动。

2018 年 7 月 1 日，本钢集团财务有限公司与辽宁恒亿租赁有限公司组织开展“不忘初心 传承红色精神 永葆先进本色”七一党员活动。

2018 年 7 月 7 日，湖南出版投资控股集团财务有限公司前往胡耀邦故居开展爱国主义教育活动。

2018 年 7 月 7 日，中国铁路财务有限责任公司全体党员赴丰台西站开展“不忘初心　牢记使命　交通强国　铁路先行”主题党日活动。

2018 年 7 月 7 日，中海石油财务有限责任公司部分党支部赴南京雨花台开展党建教育活动。

2018 年 7 月 13 日，四川宜宾五粮液集团财务有限公司党支部举行重温入党誓词活动。

2018 年 7 月 14 日，安徽省皖北煤电集团财务有限公司于泾县红色教育基地开展爱国主义教育。

2018 年 7 月 19 日至 22 日，清华控股集团财务有限公司组织开展主题为“重走红军路　践悟初心志”的延安红色主题学习实践活动。

2018 年 7 月 26 日，广东省广晟财务有限公司党支部为增强党员干部职工使命感、责任感，组织公司党员干部前往广州市党员教育基地——广州市城市规划展览中心参观学习。

2018年7月28日，国药集团财务有限公司党支部开展红旗渠体验式教学活动。

2018年8月18日，云南建投集团财务有限公司党支部开展实地党性教育活动。

2018年9月7日，广东省交通集团财务有限公司组织党员、员工参观广东东江纵队纪念馆。

2018 年 9 月 17 日，天津港财务有限公司召开市委巡视整改专题民主生活会征求意见座谈会。

2018 年 9 月 20 日，北京控股集团财务有限公司党支部赴冬奥场馆开展党建共建活动。

2018 年 9 月 28 日，江苏交通控股集团财务有限公司开展“党建引领　贴心服务　联建共建　聚力创优”党建共建活动。

2018 年 10 月 17 日，首都机场集团财务有限公司组织党员在遵义培训。

2018 年 10 月 22 日，中国电力财务有限公司开展党建及企业文化展示活动。

2018 年 10 月，中车财务有限公司举行“不忘初心”党日活动。

2018 年 11 月 2 日，首钢集团财务有限公司参观中国人民抗日战争纪念馆接受爱国主义教育。

2018 年 11 月 16 日，大连港集团财务有限公司与中国工商银行大连市分行开展“联学联建”党建活动。

2018 年 11 月 22 日，联通集团财务有限公司以党的十九大精神为引领，深刻学习和解读改革开放四十年来发展进程、理论经验和实践成就，举办了“庆祝改革开放 40 周年　团队奋进共跨越”活动。

2018年11月24日，马钢集团财务有限公司赴安徽省红色教育基地金寨县开展“缅怀先烈，不忘初心”革命传统教育。

2018年11月25日，天津物产集团财务有限公司开展主题党日活动。

2018年12月5日，中国核工业建设集团财务有限公司党支部开展“在全面从严治党中锤炼党性”主题党日活动。

2018 年 12 月 18 日，湖南高速集团财务有限公司党支部组织全体员工赴毛泽东故居和刘少奇故居开展以“追寻红色记忆，弘扬爱国奋斗精神”的主题党日爱国主义教育。

2018 年 12 月 23 日，沙钢财务有限公司与中国建设银行张家港锦丰支行开展党建活动。

2018 年 12 月 24 日，中国移动通信集团财务有限公司举办“不忘初心，牢记使命”学习贯彻党的十九大精神主题演讲比赛。

统计资料

经营状况综合统计

财务公司资产、负债、权益统计表

（2018 年） 单位：万元

机　　构	资产			负债		所有者权益	
	总额	其中:贷款	其中:投资	总额	其中:存款	总额	其中:资本金
TCL 集团财务有限公司	2650183	1134616	1001	2457047	2425819	193136	150000
安徽省能源集团财务有限公司	347556	195921	0	285419	283024	62137	50000
安徽省皖北煤电集团财务有限公司	439007	251500	0	375849	374336	63158	50000
鞍钢集团财务有限责任公司	2574462	1140108	148387	1888122	1562237	686340	400000
百联集团财务有限责任公司	1092421	272130	81370	973950	948646	118471	80000
包钢集团财务有限责任公司	1110791	423800	0	940421	928751	170370	130000
宝钢集团财务有限责任公司	1667213	579466	131744	1442031	1351730	225182	140000
宝塔石化集团财务有限公司	1266187	1544817	0	1398143	756	－131956	200000
保利财务有限公司	5046769	574350	175000	4731930	4719586	314839	200000
北大方正集团财务有限公司	1264500	973150	0	713091	678342	551409	500000
北京金融街集团财务有限公司	555502	130000	0	469633	467577	85869	80000
北京金隅财务有限公司	1738105	1125170	101171	1362468	1352309	375637	300000
北京控股集团财务有限公司	1979035	[illegible]	30234	1732395	1719264	246640	200898
北京首农食品集团财务有限公司	517282	258886	0	458941	458359	58340	50000
北京汽车集团财务有限公司	3177575	1330061	85564	2844985	2660300	332589	250000
北京首都旅游集团财务有限公司	798995	335800	85903	679785	676719	119211	100000
本钢集团财务有限公司	1718022	1398000	0	1397325	709543	320697	300000
兵工财务有限责任公司	6823326	1663437	275389	6200480	5965820	622846	317000
兵器装备集团财务有限责任公司	4168515	2107032	251580	3626888	2803151	541626	208800
渤海钢铁集团财务有限公司	213120	198000	0	2592	2097	210527	200000
诚通财务有限责任公司	3524852	781800	169000	2870820	2845091	654031	500000
重庆化医控股集团财务有限公司	396193	225350	0	281814	263105	114379	50000
重庆机电控股集团财务有限公司	357322	217945	500	280765	271151	76557	60000
重庆力帆财务有限公司	1016215	907199	0	690956	195722	325259	300000
重庆市能源投资集团财务有限公司	533116	365100	0	401152	278105	131964	100000
创维集团财务有限公司	903965	467260	0	750556	498395	153409	115267
大连港集团财务有限公司	831311	548762	0	582502	577846	248809	200000
大唐电信集团财务有限公司	456572	158100	5729	335379	334139	121193	100000
大同煤矿集团财务有限责任公司	2152093	1750868	99400	1518058	1222717	634035	300000
大冶有色金属集团财务有限责任公司	256532	78720	20228	192325	191283	64207	50000
东方电气集团财务有限公司	3742809	185457	175953	3442087	3368256	300722	209500
东方集团财务有限责任公司	825963	644847	0	519300	229496	306663	300000
东风汽车财务有限公司	7001610	5105440	1426	5821182	5103427	1180428	900000
东航集团财务有限责任公司	1105986	193421	131243	853619	817725	252368	200000
东旭集团财务有限公司	3113850	2810000	0	2599785	1981790	514065	500000

续表

机　　构	资产			负债		所有者权益	
	总额	其中:贷款	其中:投资	总额	其中:存款	总额	其中:资本金
鄂尔多斯财务有限公司	995856	591000	0	752242	502877	243614	200000
福建七匹狼集团财务有限公司	220476	128829	25144	168549	163634	51926	50000
福建省能源集团财务有限公司	1458977	392880	76500	1278231	1215114	180746	100000
甘肃电投集团财务有限公司	246090	49600	0	190233	189632	55858	50000
港中旅财务有限公司	1358232	721017	115050	1123458	1108927	234775	200000
供销集团财务有限公司	534216	106600	0	481402	465316	52814	50000
光明食品集团财务有限公司	2077299	825577	106447	1920724	1910697	156575	100000
广东省广晟财务有限公司	529068	276141	0	411357	409633	117711	100000
广东省交通集团财务有限公司	2303436	815156	5000	2060250	2051551	243186	200000
广东粤电财务有限公司	2255976	1327569	204760	1971370	1957928	284607	200000
广西交通投资集团财务有限责任公司	1224103	444000	76500	1056561	1053075	167542	100000
广州发展集团财务有限公司	667832	195462	0	546225	542492	121607	100000
广州汽车集团财务有限公司	2973284	225186	0	2830671	2738987	142613	100000
贵州茅台集团财务有限公司	10987332	3700	0	10524642	10406507	462690	80000
贵州盘江集团财务有限公司	166066	78280	0	109457	108390	56609	50000
国电财务有限公司	3608316	2400145	258927	2861812	2801370	746504	505000
国机财务有限责任公司	3019535	930933	153724	2769864	2737096	249671	150000
国家电投集团财务有限公司	4385787	2940867	141451	3367940	3356654	1017847	600000
国联财务有限责任公司	803592	291492	20029	736337	729078	67255	50000
国投财务有限公司	2953923	1900797	328883	2236574	1933893	717349	500000
国新集团财务有限责任公司	584563	141000	0	383584	381524	200978	200000
国药集团财务有限公司	1927138	190311	0	1845206	1837187	81932	50000
哈尔滨电气集团财务有限责任公司	1246938	237458	4996	1054240	1021058	192698	150000
海尔集团财务有限责任公司	6629700	3914748	608280	5342567	3088621	1287133	700000
海航集团财务有限公司	3789045	2937449	470854	2614878	1790912	1174167	800000
海亮集团财务有限责任公司	976969	626450	128000	767218	586110	209752	150000
海马财务有限公司	314906	202185	56400	186397	157053	128510	95000
海南农垦集团财务有限公司	547293	268410	3050	482180	480556	65113	50000
海信集团财务有限公司	1983942	884585	22354	1651022	1567886	332920	130000
杭州锦江集团财务有限责任公司	332284	130000	0	271416	270698	60869	60000
航天科工财务有限责任公司	8196812	1105929	200790	7770336	7744660	426475	238489
航天科技财务有限责任公司	10477982	3742731	824687	9447459	9096395	1030523	650000
河北港口集团财务有限公司	614445	156987	102858	453523	450382	160921	150000
河北建投集团财务有限公司	1262700	463800	79998	1133232	1130085	129468	100000
河钢集团财务有限公司	2461608	1338100	0	2167926	2119866	293683	256000
河南能源化工集团财务有限公司	1524409	1459200	3271	974431	858616	549978	300000
河南双汇集团财务有限公司	564475	292500	0	459139	376880	105336	80000

续表

机构	资产			负债		所有者权益	
	总额	其中:贷款	其中:投资	总额	其中:存款	总额	其中:资本金
亨通财务有限公司	380573	209100	0	299768	213177	80805	60000
红豆集团财务有限公司	362343	191978	30506	260264	240053	102079	70000
红星美凯龙家居集团财务有限责任公司	399295	105220	0	363567	360686	35728	30000
湖北交投集团财务有限公司	1697631	747644	91218	1519665	1518122	177966	150000
湖北宜化集团财务有限责任公司	232360	215000	0	170582	169833	61777	50000
湖南出版投资控股集团财务有限公司	1149782	32000	115075	974289	971322	175493	100000
湖南高速集团财务有限公司	754395	97000	77000	610504	608600	143891	100000
湖南华菱钢铁集团财务有限公司	1150163	128000	133780	944564	873430	205599	120000
华联财务有限责任公司	1082623	893357	139930	770876	528282	311747	250000
淮北矿业集团财务有限公司	564629	273750	39600	462702	459884	101926	80000
淮南矿业集团财务有限公司	1644048	653671	203935	1382809	1374765	261239	200000
吉林森林工业集团财务有限责任公司	390408	375007	0	326235	270550	64173	50000
冀中能源集团财务有限责任公司	843982	631500	3479	570131	515359	273851	200000
江铃汽车集团财务有限公司	1080919	677786	20224	980164	861455	100755	50001
江苏凤凰出版传媒集团财务有限公司	1281576	45800	70000	1161921	1161729	119655	100000
江苏国泰财务有限公司	302164	30000	0	145166	144066	156998	150000
江苏华西集团财务有限公司	219252	177700	0	138583	128133	80669	50000
江苏交通控股集团财务有限公司	1332605	546576	22555	1186196	1183852	146410	100000
江苏省国信集团财务有限公司	1719821	1002900	44770	1530473	1525270	189348	150000
江苏悦达集团财务有限公司	419466	160800	0	326327	291107	93139	80000
江西铜业集团财务有限公司	1779398	730247	167511	1470605	1459558	308793	100000
金川集团财务有限公司	468250	328100	0	328484	327055	139766	100000
锦江国际集团财务有限责任公司	905608	316170	3110	835966	830828	69641	50000
晋煤集团财务有限公司	1339270	507000	100473	1184705	1125355	154566	100000
京能集团财务有限公司	2351266	1248229	63017	1989562	1952932	361705	300000
酒钢集团财务有限公司	1208622	773507	125245	835738	697104	372884	300000
巨化集团财务有限责任公司	393555	278410	23921	287254	279031	106301	80000
开滦集团财务有限责任公司	858966	560466	44595	622354	571673	236612	200000
连云港港口集团财务有限公司	322186	159800	0	215437	212278	106750	100000
联通集团财务有限公司	3765208	899914	0	3371824	3357828	393383	300000
潞安集团财务有限公司	1930596	656510	173857	1626212	1618862	304385	235000
马钢集团财务有限公司	1621171	405200	218346	1324128	1113614	297043	200000
美的集团财务有限公司	2758154	117896	70793	2224807	1261764	533347	350000
南方电网财务有限公司	5854624	4260558	130404	4960870	4917655	893754	500000
南山集团财务有限公司	951503	484769	99801	799502	630132	152001	80000
内蒙古电力集团财务有限责任公司	1507900	53000	0	1307905	1301963	199995	100000
内蒙古伊泰财务有限公司	1320667	520000	0	1198352	1194445	122315	100000

续表

机构	资产			负债		所有者权益	
	总额	其中:贷款	其中:投资	总额	其中:存款	总额	其中:资本金
浙江海港集团财务有限公司	2173467	913187	111184	1977415	1972579	196051	150000
青岛港财务有限责任公司	1488709	446155	120137	1296814	1277514	191895	100000
青岛啤酒财务有限责任公司	1424996	78746	120254	1234240	1222908	190756	50000
青建集团财务有限责任公司	531287	326403	0	445049	300179	86238	80000
清华控股集团财务有限公司	918883	300487	0	583534	575522	335349	300000
日立（中国）财务有限公司	473993	316380	0	426463	418062	47530	30000
日照港集团财务有限公司	455799	279335	0	339724	329884	116076	100000
三房巷财务有限公司	143472	105000	0	89721	82935	53751	50000
三环集团财务有限公司	168557	106659	0	136864	120252	31693	30000
三峡财务有限责任公司	5518647	2811501	641068	4557967	4508619	960680	500000
沙钢财务有限公司	909527	228800	99220	738317	711289	171210	100000
山东晨鸣集团财务有限公司	1338442	828522	125158	807499	458314	530943	500000
山东钢铁集团财务有限公司	1564280	902500	57494	1191672	1069834	372608	300000
山东黄金集团财务有限公司	876332	362390	90740	529358	515219	346973	300000
山东能源集团财务有限公司	1787240	876800	0	1510213	1477455	277026	200000
山东省商业集团财务有限公司	754223	466491	74720	617849	567016	136374	100000
山东招金集团财务有限公司	394179	145390	24175	235456	180633	158723	150000
山东重工集团财务有限公司	2643240	1128461	180000	2393947	2162182	249292	160000
山西焦煤集团财务有限责任公司	3243949	919600	207015	2903709	2832251	340240	225000
陕西煤业化工集团财务有限公司	2080195	974811	138000	1677833	1510380	402362	300000
陕西投资集团财务有限责任公司	232590	131000	0	128896	128180	103695	100000
陕西延长石油财务有限公司	1785644	745000	108528	1343443	1263876	442201	261290
商飞集团财务有限责任公司	812306	0	0	648834	648170	163472	160000
上海电气集团财务有限责任公司	5956269	1950530	397769	5335924	5258329	620345	220000
上海纺织集团财务有限公司	569986	92313	0	467147	466190	102840	100000
上海复星高科技集团财务有限公司	1459569	541595	59342	1258031	1248839	201539	150000
上海华信国际集团财务有限责任公司	1138945	1092478	0	1257094	527436	－118149	200000
上海华谊集团财务有限责任公司	1715634	561155	98310	1573660	1524520	141975	100000
上海浦东发展集团财务有限责任公司	1973790	437139	212178	1672949	1657029	300841	100000
上海汽车集团财务有限责任公司	18117325	12593356	2040838	15284495	13475670	2832830	1538000
上海上实集团财务有限公司	790336	254654	82545	669573	666463	120763	100000
上海外高桥集团财务有限公司	453014	160002	35511	398628	396620	54386	50000
上海文化广播影视集团财务有限公司	626050	173500	0	523421	521041	102629	100000
申能集团财务有限公司	2160729	1118440	169093	1935645	1869378	225084	150000
深圳华强集团财务有限公司	749879	282959	0	614239	610750	135640	100000
深圳能源财务有限公司	1587448	937781	31522	1433887	1419860	153561	100000
深圳市有色金属财务有限公司	136247	96450	4713	81668	66664	54579	30000

续表

机构	资产			负债		所有者权益	
	总额	其中:贷款	其中:投资	总额	其中:存款	总额	其中:资本金
神华财务有限公司	9584030	3494456	10000	8680847	8615671	903183	500000
首都机场集团财务有限公司	1765802	550220	70000	1626017	1612728	139784	50000
首钢集团财务有限公司	4005808	3197486	0	2943850	2661092	1061957	1000000
顺丰控股集团财务有限公司	1943235	774282	0	1808070	1803894	135165	100000
四川长虹集团财务有限公司	1517547	562977	4127	1285326	597433	232221	188794
四川省宜宾五粮液集团财务有限公司	3037152	286202	94058	2785558	2657235	251593	200000
松下电器（中国）财务有限公司	1092196	9274	0	984313	978827	107883	70000
苏州创元集团财务有限公司	207475	104358	0	170074	167011	37401	30000
太钢集团财务有限公司	1215250	288444	185379	928688	774238	286561	200000
特变电工集团财务有限公司	151329	15000	0	51151	51088	100177	100000
天津渤海集团财务有限责任公司	572844	304686	3552	441279	373915	131565	100000
天津港财务有限公司	978032	550825	36000	739472	724651	238559	115000
天津能源集团财务有限公司	555917	97300	0	451586	450141	104330	100000
天津天保财务有限公司	1011010	576156	0	662231	634528	348779	300000
天津物产集团财务有限公司	2624729	2332418	0	2050641	813562	574088	500000
天津医药集团财务有限公司	201448	107500	0	147208	144915	54240	50000
天瑞集团财务有限责任公司	152281	139000	0	47166	45297	105115	100000
通用技术集团财务有限责任公司	1557693	765800	0	1401234	1394581	156458	100000
铜陵有色金属集团财务有限公司	823842	399018	12033	720673	683942	103169	80000
万向财务有限公司	1809135	1589182	28157	1575040	1446843	234095	120000
五矿集团财务有限责任公司	2305146	626100	43203	1860054	1843924	445092	350000
武汉钢铁集团财务有限责任公司	1098589	615625	2564	508684	463431	589905	389313
物产中大集团财务有限公司	996025	365230	0	877706	860713	118319	100000
物美商业财务有限责任公司	177131	0	0	122615	77714	54516	50000
西部矿业集团财务有限公司	1116614	479933	173493	828972	646390	287641	203339
西电集团财务有限责任公司	1126882	301623	41253	941476	917650	185406	150000
西王集团财务有限公司	605570	401787	30	381101	221695	224469	200000
厦门海翼集团财务有限公司	336115	126252	0	240013	168673	96102	80000
厦门翔业集团财务有限公司	710892	295223	0	591958	588961	118934	100000
新奥财务有限责任公司	1087730	807542	4990	857755	849111	229975	200000
新凤祥财务有限公司	847010	510313	83085	635819	318306	211191	200000
新华联控股集团财务有限责任公司	647843	402240	0	335220	264406	312623	300000
新疆金风科技集团财务有限公司	390106	295174	0	90337	90206	299769	300000
新希望财务有限公司	1340000	325965	0	1199192	1085662	140808	103200
徐工集团财务有限公司	1527064	366848	0	1278218	972782	248846	200000
兖矿集团财务有限公司	2314646	748583	0	2165868	2148216	148778	100000
阳泉煤业集团财务有限责任公司	1551831	866903	98000	1205496	1164218	346336	177948

续表

机构	资产			负债		所有者权益	
	总额	其中:贷款	其中:投资	总额	其中:存款	总额	其中:资本金
一汽财务有限公司	10102528	1578336	717467	8990184	8648358	1112344	220000
伊利财务有限公司	721129	28800	0	499188	497945	221941	100000
亿利集团财务有限公司	1752158	1500100	0	1215677	376878	536480	500000
营口港务集团财务有限公司	487316	347000	0	415311	412701	72005	50000
粤海集团财务有限公司	1057119	294571	0	945309	933395	111811	100000
云南建投集团财务有限公司	1028504	477850	0	892830	821197	135674	100000
云南昆钢集团财务有限公司	527505	198125	0	416869	231217	110636	100000
云南冶金集团财务有限公司	440319	352410	1000	312399	192780	127919	112500
云南云天化集团财务有限公司	566834	287654	32000	452356	164026	114478	100000
招商局集团财务有限公司	4925977	3075581	0	4363336	4337827	562640	500000
浙江省交通投资集团财务有限责任公司	3528745	2003343	108619	3238593	3198094	290152	200000
浙江省能源集团财务有限责任公司	2567114	1329390	71761	2281641	2267569	285473	97074
振华集团财务有限责任公司	161167	62242	0	139281	139142	21886	15000
正泰集团财务有限公司	445366	160000	0	343918	342363	101448	100000
郑州宇通集团财务有限公司	622942	356691	18985	487402	425172	135540	100000
中国建材集团财务有限公司	797791	273200	0	725265	717276	72526	50000
中车财务有限公司	3557475	1367794	190458	3173660	3145245	383815	220000
中船财务有限责任公司	4972369	1369293	431198	4319066	4268797	653303	300000
中船重工财务有限责任公司	11178932	3672992	797119	10027465	9848614	1151467	571900
中广核财务有限责任公司	3453148	2102787	214521	3067069	2961102	386080	260000
中国大唐集团财务有限公司	5256323	2351934	564121	4529834	4498882	726489	486987
中国电建集团财务有限责任公司	6831124	2535375	0	6294875	6263493	536249	500000
中国电力财务有限公司	28910243	16137432	1485342	25526577	24664059	3383667	1300000
中国电子财务有限责任公司	3626598	874711	78568	3342483	3229898	284115	175094
中国电子科技财务有限公司	6023191	2661780	128703	5360485	5323858	662706	400000
中国航发集团财务有限公司	414555	0	0	314450	314295	100106	100000
中国航空集团财务有限责任公司	1329735	566713	92845	1160029	1156811	169706	112796
中国航油集团财务有限公司	995155	228501	28079	853380	851964	141775	120000
中国核工业建设集团财务有限公司	1129569	430008	0	1002045	999230	127523	100000
中国华电集团财务有限公司	4905994	2952620	519819	4148973	3793152	757021	500000
中国华能财务有限责任公司	5159079	3281850	268912	4463364	4046907	695715	500000
中国化工财务有限公司	1336830	700885	2500	1199227	1192162	137603	84123
中国黄金集团财务有限公司	585888	367885	1091	473392	471504	112496	100000
中国南航集团财务有限公司	867082	379462	70016	690989	687079	176093	107293
中国能源建设集团财务有限公司	3956034	1358997	115082	3701503	3695978	254531	190000
中国平煤神马集团财务有限责任公司	861602	443450	0	745403	715937	116199	100000
中国石化财务有限责任公司	13350764	4432885	1631038	10798138	8879647	2552627	1800000

续表

机　构	资产			负债		所有者权益	
	总额	其中:贷款	其中:投资	总额	其中:存款	总额	其中:资本金
中国铁建财务有限公司	11307639	4852539	321557	10182553	10148389	1125085	900000
中国铁路财务有限责任公司	3931632	1937840	0	2764037	2742193	1167595	1000000
中国一拖集团财务有限责任公司	429096	229388	40924	347624	296152	81472	50000
中国移动通信集团财务有限公司	9140818	1712300	1452718	6898515	6858442	2242303	1162778
中国重汽财务有限公司	3037996	1161825	2046	2571782	398144	466214	305000
中远海运集团财务有限责任公司	7242990	2641405	286095	6743849	6708670	499141	280000
中海石油财务有限责任公司	10350294	3830889	628298	9317918	9246172	1032377	400000
中航工业集团财务有限责任公司	10694530	2042307	0	10117377	10075019	577153	250000
中核财务有限责任公司	6207172	3477993	526409	5458161	5425607	749011	401920
中化工程集团财务有限公司	2190003	226165	87449	2034778	2030642	155225	100000
中化集团财务有限责任公司	2700295	1766342	369738	2210870	2186017	489425	300000
中集集团财务有限公司	944782	477621	3058	792340	767366	152442	92000
中建财务有限公司	9036661	2710221	34000	8259167	8188112	777494	600000
中交财务有限公司	7409162	2226224	2034	6916208	6904601	492954	350000
中节能财务有限公司	1509731	850507	171400	1135930	1130133	373801	300000
中开财务有限公司	562765	253832	32957	486488	483889	76276	50000
中联重科集团财务有限公司	930600	276000	0	751205	675311	179395	150000
中粮财务有限责任公司	1798513	1290301	46838	1430334	1411659	368179	100000
中铝财务有限责任公司	4677944	1422750	255289	4310280	3877369	367664	262500
中煤财务有限责任公司	2827372	1080270	0	2438348	2432665	389024	300000
中铁财务有限责任公司	6800495	2087938	200483	5723775	5713947	1076721	900000
中信财务有限公司	5896395	2557957	333712	5132940	4802227	763456	475135
中兴通讯集团财务有限公司	1021169	152613	0	819172	691744	201997	100000
中冶集团财务有限公司	2062916	982552	202321	1750331	1740117	312585	180000
中油财务有限责任公司	45984354	21016236	4797824	39359802	27061747	6624553	833125
忠旺集团财务有限公司	3616163	2348722	0	3034404	1683737	581759	500000
珠海格力集团财务有限责任公司	5935029	880268	227164	5369281	5308466	565749	150000
珠海华发集团财务有限公司	3142902	1853000	148361	2757949	2738246	384953	200000
紫金矿业集团财务有限公司	740473	431237	6279	644998	617999	95475	53156
总　计	632856424	267852468	32067554	542721869	496226284	90134555	56561219

注：①此表资产不含委托项。

②贷款包括短期贷款、中期贷款、长期贷款和融资租赁。

③投资包括债券、股票、长期股权及其他投资。

④此表为249家财务公司，不含西门子财务服务有限责任公司、广东温氏集团财务有限公司、中国电信集团财务有限公司、江西高速集团财务有限公司。

财务公司收入、利润状况统计表

（2018 年）　　单位：万元

机　　构	利润总额	营业收入		
		总额	其中：利息收入	其中：中间业务收入
TCL 集团财务有限公司	5294	43408	48029	85
安徽省能源集团财务有限公司	6236	11462	11462	0
安徽省皖北煤电集团财务有限公司	7289	13397	13397	0
鞍钢集团财务有限责任公司	93878	115389	112630	1779
百联集团财务有限责任公司	8205	40142	40031	112
包钢集团财务有限责任公司	21970	27745	26583	1162
宝钢集团财务有限责任公司	33311	74999	59911	1459
宝塔石化集团财务有限公司	－335592	33884	33884	0
保利财务有限公司	50722	119742	112335	166
北大方正集团财务有限公司	19686	44188	40840	0
北京金融街集团财务有限公司	3443	13847	13847	0
北京金隅财务有限公司	50808	75476	71738	4
北京控股集团财务有限公司	26137	48325	46936	646
北京首农食品集团财务有限公司	4553	11845	11844	1
北京汽车集团财务有限公司	45630	94418	94086	266
北京首都旅游集团财务有限公司	15367	26698	23593	4
本钢集团财务有限公司	5576	34645	34316	0
兵工财务有限责任公司	91037	154838	121868	8146
兵器装备集团财务有限责任公司	133694	232051	208882	2255
渤海钢铁集团财务有限公司	3106	3700	3700	0
诚通财务有限责任公司	36032	82951	76800	62
重庆化医控股集团财务有限公司	14338	19316	19046	47
重庆机电控股集团财务有限公司	6240	11680	11552	128
重庆力帆财务有限公司	15105	40318	40141	173
重庆市能源投资集团财务有限公司	12424	20917	20779	0
创维集团财务有限公司	25373	40455	39737	605
大连港集团财务有限公司	21553	30577	30103	262
大唐电信集团财务有限公司	4860	9415	9160	27
大同煤矿集团财务有限责任公司	57815	108610	100717	3079
大冶有色金属集团财务有限责任公司	4394	6313	5847	7
东方电气集团财务有限公司	34639	113992	98995	147
东方集团财务有限责任公司	5136	22291	22240	0
东风汽车财务有限公司	146645	387930	375432	2467
东航集团财务有限责任公司	22208	37473	35366	1916
东旭集团财务有限公司	17399	123187	123187	0

续表

机构	利润总额	营业收入		
		总额	其中：利息收入	其中：中间业务收入
鄂尔多斯财务有限公司	18292	33179	33066	113
福建七匹狼集团财务有限公司	1713	7531	6565	88
福建省能源集团财务有限公司	34403	56035	51669	293
甘肃电投集团财务有限公司	5818	9186	9114	72
港中旅财务有限公司	16002	48969	38855	92
供销集团财务有限公司	9283	23110	23030	80
光明食品集团财务有限公司	34908	72015	68132	11
广东省广晟财务有限公司	9763	16330	16302	28
广东省交通集团财务有限公司	29656	58442	58372	71
广东粤电财务有限公司	41906	83973	71137	891
广西交通投资集团财务有限责任公司	25714	33110	29934	79
广州发展集团财务有限公司	15567	27202	27201	1
广州汽车集团财务有限公司	37150	95014	95011	0
贵州茅台集团财务有限公司	213447	356053	355963	89
贵州盘江集团财务有限公司	4467	7862	7859	4
国电财务有限公司	89715	144395	125085	1670
国机财务有限责任公司	36636	81959	79287	2276
国家电投集团财务有限公司	117161	171614	154416	9309
国联财务有限责任公司	9455	21104	20924	129
国投财务有限公司	66975	108555	91681	1544
国新集团财务有限责任公司	1540	8616	8588	28
国药集团财务有限公司	13112	29722	29491	60
哈尔滨电气集团财务有限责任公司	22124	52461	48552	340
海尔集团财务有限责任公司	217510	337927	285058	3949
海航集团财务有限公司	36094	167374	167232	1320
海亮集团财务有限责任公司	18626	28298	27518	74
海马财务有限公司	15211	28376	25262	28
海南农垦集团财务有限公司	9793	22249	19034	94
海信集团财务有限公司	47362	76559	70101	1541
杭州锦江集团财务有限责任公司	2946	6213	6213	0
航天科工财务有限责任公司	126029	209908	203862	1263
航天科技财务有限责任公司	192246	364409	294392	4621
河北港口集团财务有限公司	5893	14979	11916	105
河北建投集团财务有限公司	15399	27213	26059	353
河钢集团财务有限公司	32362	76645	72097	135
河南能源化工集团财务有限公司	48306	69500	68687	702
河南双汇集团财务有限公司	17983	26664	26585	79

续表

机　构	利润总额	营业收入		
		总额	其中：利息收入	其中：中间业务收入
亨通财务有限公司	5044	9651	9324	228
红豆集团财务有限公司	10969	14652	13682	625
红星美凯龙家居集团财务有限责任公司	5368	9871	9828	42
湖北交投集团财务有限公司	15093	52970	50366	886
湖北宜化集团财务有限责任公司	3901	9097	9067	30
湖南出版投资控股集团财务有限公司	31378	46413	42619	10
湖南高速集团财务有限公司	11938	18200	12770	0
湖南华菱钢铁集团财务有限公司	14675	27650	24630	1233
华联财务有限责任公司	19081	36059	34619	72
淮北矿业集团财务有限公司	13763	19618	17487	44
淮南矿业集团财务有限公司	45340	62006	54823	415
吉林森林工业集团财务有限责任公司	6709	14985	14985	0
冀中能源集团财务有限责任公司	20143	35417	34633	451
江铃汽车集团财务有限公司	15074	54224	50568	32
江苏凤凰出版传媒集团财务有限公司	12005	16093	16074	19
江苏国泰财务有限公司	5669	7479	7362	83
江苏华西集团财务有限公司	11177	15658	15633	23
江苏交通控股集团财务有限公司	20548	39423	38235	44
江苏省国信集团财务有限公司	17786	53075	49950	362
江苏悦达集团财务有限公司	8632	16842	16823	19
江西铜业集团财务有限公司	44770	66311	48467	39
金川集团财务有限公司	14931	21689	21196	0
锦江国际集团财务有限责任公司	7850	20698	20171	200
晋煤集团财务有限公司	26065	40950	33593	2789
京能集团财务有限公司	47817	74893	67536	2954
酒钢集团财务有限公司	15835	36759	31547	0
巨化集团财务有限责任公司	8091	13819	12212	30
开滦集团财务有限责任公司	17555	26965	28558	314
连云港港口集团财务有限公司	6505	9980	8533	1447
联通集团财务有限公司	87498	164735	163699	1036
潞安集团财务有限公司	36856	60577	45518	2309
马钢集团财务有限公司	31683	50980	34970	580
美的集团财务有限公司	120384	206702	194864	3284
南方电网财务有限公司	168320	292692	269516	4030
南山集团财务有限公司	27201	40168	36944	863
内蒙古电力集团财务有限责任公司	45397	72948	72948	0
内蒙古伊泰财务有限公司	17199	31618	31489	129

续表

机　　构	利润总额	营业收入		
		总额	其中：利息收入	其中：中间业务收入
浙江海港集团财务有限公司	22163	51408	50315	444
青岛港财务有限责任公司	40262	57092	48525	136
青岛啤酒财务有限责任公司	43629	62975	56990	123
青建集团财务有限责任公司	7088	15579	15471	108
清华控股集团财务有限公司	24608	44844	43964	875
日立（中国）财务有限公司	4665	16438	16021	247
日照港集团财务有限公司	10481	16232	16173	59
三房巷财务有限公司	2958	5124	5122	3
三环集团财务有限公司	2021	7421	7421	0
三峡财务有限责任公司	174034	239362	187386	22767
沙钢财务有限公司	17857	22074	15919	321
山东晨鸣集团财务有限公司	32556	53810	48922	765
山东钢铁集团财务有限公司	35012	52934	48208	585
山东黄金集团财务有限公司	18506	30657	21208	107
山东能源集团财务有限公司	35070	55230	55159	71
山东省商业集团财务有限公司	14103	23893	23624	269
山东招金集团财务有限公司	5334	12465	12132	28
山东重工集团财务有限公司	32568	97677	96498	395
山西焦煤集团财务有限责任公司	62807	100830	87113	6051
陕西煤业化工集团财务有限公司	46131	69117	58700	1421
陕西投资集团财务有限责任公司	4081	7720	7701	18
陕西延长石油财务有限公司	43526	60651	60327	322
商飞集团财务有限责任公司	4529	10804	10804	0
上海电气集团财务有限责任公司	105818	178789	179468	1564
上海纺织集团财务有限公司	3577	7151	7160	30
上海复星高科技集团财务有限公司	28194	41348	39325	4
上海华信国际集团财务有限责任公司	-415252	26961	26810	151
上海华谊集团财务有限责任公司	14834	41283	40583	6
上海浦东发展集团财务有限责任公司	42809	74592	67670	180
上海汽车集团财务有限责任公司	418059	912058	669307	43830
上海上实集团财务有限公司	10711	19643	16677	145
上海外高桥集团财务有限公司	4685	11947	10697	22
上海文化广播影视集团财务有限公司	1531	10985	10984	0
申能集团财务有限公司	48539	89264	67983	740
深圳华强集团财务有限公司	15433	28867	28019	505
深圳能源财务有限公司	14443	47391	46163	5
深圳市有色金属财务有限公司	3495	4139	5239	74

续表

机　　构	利润总额	营业收入		
		总额	其中：利息收入	其中：中间业务收入
神华财务有限公司	126448	270448	266838	2637
首都机场集团财务有限公司	26807	58235	57408	15
首钢集团财务有限公司	54877	130877	129044	180
顺丰控股集团财务有限公司	20857	50066	50039	20
四川长虹集团财务有限公司	8917	60623	57942	258
四川省宜宾五粮液集团财务有限公司	41997	101467	96813	189
松下电器（中国）财务有限公司	14973	25776	24558	588
苏州创元集团财务有限公司	2881	5300	5144	17
太钢集团财务有限公司	31133	49217	37965	288
特变电工集团财务有限公司	219	223	223	0
天津渤海集团财务有限责任公司	10134	16000	13108	2685
天津港财务有限公司	23411	36194	32831	966
天津能源集团财务有限公司	1256	9027	9027	0
天津天保财务有限公司	24016	35431	32873	32
天津物产集团财务有限公司	46937	108316	110203	629
天津医药集团财务有限公司	2094	5292	5232	54
天瑞集团财务有限责任公司	2967	5716	5698	18
通用技术集团财务有限责任公司	21021	42249	42054	112
铜陵有色金属集团财务有限公司	15662	33833	29764	1502
万向财务有限公司	30509	66743	62489	329
五矿集团财务有限责任公司	23529	47394	46731	163
武汉钢铁集团财务有限责任公司	68186	61714	56226	786
物产中大集团财务有限公司	8955	32108	28686	3127
物美商业财务有限责任公司	3982	5387	5375	13
西部矿业集团财务有限公司	27041	50054	36954	203
西电集团财务有限责任公司	20772	39317	33049	460
西王集团财务有限公司	18165	27183	26811	195
厦门海翼集团财务有限公司	4391	11607	9444	228
厦门翔业集团财务有限公司	14571	21685	21614	71
新奥财务有限责任公司	20714	35268	34529	470
新凤祥财务有限公司	6732	24073	23588	3
新华联控股集团财务有限责任公司	9058	21164	21010	149
新疆金风科技集团财务有限公司	-202	2874	2870	4
新希望财务有限公司	18251	43054	42493	26
徐工集团财务有限公司	18132	35630	33248	1983
兖矿集团财务有限公司	26224	46879	46481	204
阳泉煤业集团财务有限责任公司	40349	53856	45575	3340

续表

机构	利润总额	营业收入		
		总额	其中：利息收入	其中：中间业务收入
一汽财务有限公司	298701	470365	408368	99
伊利财务有限公司	44949	49229	48686	541
亿利集团财务有限公司	7694	56600	56130	470
营口港务集团财务有限公司	12747	18888	18884	3
粤海集团财务有限公司	8382	16927	16904	23
云南建投集团财务有限公司	26054	39328	37779	1549
云南昆钢集团财务有限公司	8808	17726	17489	232
云南冶金集团财务有限公司	12081	22110	21913	196
云南云天化集团财务有限公司	8023	23252	23210	42
招商局集团财务有限公司	35910	116189	115755	186
浙江省交通投资集团财务有限责任公司	58159	135729	133071	860
浙江省能源集团财务有限责任公司	62095	94886	91333	1446
振华集团财务有限责任公司	1854	4105	4038	0
正泰集团财务有限公司	2649	9450	9450	0
郑州宇通集团财务有限公司	19989	34568	24989	4990
中国建材集团财务有限公司	10027	22977	22791	9
中车财务有限公司	59860	104254	102436	841
中船财务有限责任公司	128439	186207	142739	19583
中船重工财务有限责任公司	203626	394595	392737	1918
中广核财务有限责任公司	33148	126112	113178	525
中国大唐集团财务有限公司	97538	142297	128618	5257
中国电建集团财务有限责任公司	47097	121471	119635	1610
中国电力财务有限公司	480368	1156213	1102745	5565
中国电子财务有限责任公司	33439	86294	81507	1481
中国电子科技财务有限公司	105203	170589	158094	325
中国航发集团财务有限公司	141	292	292	0
中国航空集团财务有限责任公司	12235	34831	33814	141
中国航油集团财务有限公司	7417	19295	18398	109
中国核工业建设集团财务有限公司	16524	27597	27446	146
中国华电集团财务有限公司	110242	171504	141805	3098
中国华能财务有限责任公司	107335	177592	160379	1943
中国化工财务有限公司	13231	42775	40116	1087
中国黄金集团财务有限公司	13212	24224	24070	154
中国南航集团财务有限公司	20760	41532	34681	4050
中国能源建设集团财务有限公司	23568	68879	65939	49
中国平煤神马集团财务有限责任公司	16185	27952	27863	79
中国石化财务有限责任公司	244139	497054	431632	49693

续表

机　　构	利润总额	营业收入		
		总额	其中：利息收入	其中：中间业务收入
中国铁建财务有限公司	111625	287812	278079	1207
中国铁路财务有限责任公司	107306	288457	288407	50
中国一拖集团财务有限责任公司	6390	20426	19986	235
中国移动通信集团财务有限公司	209594	345384	339791	2634
中国重汽财务有限公司	53145	112917	106068	278
中远海运集团财务有限责任公司	45125	124798	114916	133
中海石油财务有限责任公司	168578	334614	303811	3471
中航工业集团财务有限责任公司	104927	255123	228568	5448
中核财务有限责任公司	124196	228047	225807	2418
中化工程集团财务有限公司	23466	56999	56924	0
中化集团财务有限责任公司	63489	114415	70060	5614
中集集团财务有限公司	13401	36369	34780	857
中建财务有限公司	54590	178080	172552	366
中交财务有限公司	58187	121026	105853	6697
中节能财务有限公司	35123	55732	46422	443
中开财务有限公司	9958	19591	18127	27
中联重科集团财务有限公司	13356	24839	24583	254
中粮财务有限责任公司	32196	71808	65623	1815
中铝财务有限责任公司	49364	108342	93510	1746
中煤财务有限责任公司	65902	93554	92907	647
中铁财务有限责任公司	68921	136529	129194	922
中信财务有限公司	61216	161022	154483	3347
中兴通讯集团财务有限公司	31738	47496	43923	160
中冶集团财务有限公司	30089	59441	52758	99
中油财务有限责任公司	917652	1793777	1682319	69026
忠旺集团财务有限公司	42823	150863	150466	398
珠海格力集团财务有限责任公司	138079	238740	238199	198
珠海华发集团财务有限公司	50530	128444	120437	145
紫金矿业集团财务有限公司	17344	28735	25277	774
总　计	10364634	21834492	20121186	403800

注：①此表营业收入包括利息收入、手续费及佣金收入、投资收益、公允价值变动收益、汇兑收益及其他收入。

②利息收入包括存放中央银行利息收入、同业往来利息收入、贷款利息收入、投资利息收入和其他利息收入。

③此表为249家财务公司，不含西门子财务服务有限责任公司、广东温氏集团财务有限公司、中国电信集团财务有限公司、江西高速集团财务有限公司。

财务公司地域分布状况统计表

（2018 年）　　　　单位：亿元

所在地	机构		资产总额		净资产		利润总额	
	数量（家）	比例（%）	金额	比例（%）	金额	比例（%）	金额	比例（%）
北京市	73	28.85	35203.64	55.63	4769.85	52.92	575.54	55.53
上海市	22	8.70	5680.33	8.98	691.44	7.67	57.31	5.53
江苏省	14	5.53	993.11	1.57	165.43	1.84	14.96	1.44
山东省	13	5.14	1757.05	2.78	339.07	3.76	31.51	3.04
广东省	13	5.14	3099.47	4.90	376.86	4.18	64.58	6.23
深圳市	10	3.95	1266.09	2.00	168.39	1.87	18.38	1.77
浙江省	8	3.16	1104.92	1.75	140.64	1.56	19.20	1.85
天津市	7	2.77	615.71	0.97	166.21	1.84	11.10	1.07
河北省	7	2.77	1024.33	1.62	183.86	2.04	12.95	1.25
湖北省	7	2.77	1441.13	2.28	236.05	2.62	26.38	2.55
山西省	6	2.37	1143.30	1.81	206.61	2.29	25.51	2.46
安徽省	6	2.37	544.03	0.86	88.87	0.99	12.00	1.16
河南省	6	2.37	415.48	0.66	109.36	1.21	11.18	1.08
内蒙古自治区	5	1.98	565.63	0.89	95.82	1.06	14.78	1.43
青岛市	5	1.98	1205.86	1.91	208.89	2.32	35.59	3.43
湖南省	4	1.58	398.49	0.63	70.44	0.78	7.13	0.69
重庆市	4	1.58	230.28	0.36	64.82	0.72	4.81	0.46
四川省	4	1.58	963.75	1.52	92.53	1.03	10.38	1.00
云南省	4	1.58	256.32	0.41	48.87	0.54	5.50	0.53
陕西省	4	1.58	522.53	0.83	113.37	1.26	11.45	1.10
辽宁省	3	1.19	477.98	0.76	107.90	1.20	11.22	1.08
福建省	3	1.19	241.99	0.38	32.81	0.36	5.35	0.52
江西省	3	1.19	286.03	0.45	40.95	0.45	5.98	0.58
贵州省	3	1.19	1131.46	1.79	54.12	0.60	21.98	2.12
甘肃省	3	1.19	192.30	0.30	56.85	0.63	3.66	0.35
吉林省	2	0.79	1049.29	1.66	117.65	1.31	30.54	2.95
黑龙江省	2	0.79	207.29	0.33	49.94	0.55	2.73	0.26
海南省	2	0.79	86.22	0.14	19.36	0.21	2.50	0.24
厦门市	2	0.79	104.70	0.17	21.50	0.24	1.90	0.18
大连市	2	0.79	444.75	0.70	83.06	0.92	6.44	0.62
新疆维吾尔自治区	2	0.79	54.14	0.09	39.99	0.44	0.00	0.00
广西壮族自治区	1	0.40	122.41	0.19	16.75	0.19	2.57	0.25
青海省	1	0.40	111.66	0.18	28.76	0.32	2.70	0.26
宁夏回族自治区	1	0.40	126.62	0.20	-13.20	-0.15	-33.56	-3.24
宁波市	1	0.40	217.35	0.34	19.61	0.22	2.22	0.21
总　计	253		63285.64		9013.46		1036.46	

财务公司行业分布状况统计表

（2018 年）

单位：亿元

行　业	机构		资产		净资产		利润总额	
	数量（家）	比例（%）	金额	比例（%）	金额	比例（%）	金额	比例（%）
电力	19	7.51	8086.47	12.78	1140.42	12.65	165.55	15.97
石油化工	17	6.72	8313.08	13.14	1194.89	13.26	77.16	7.44
电子电器	17	6.72	3538.47	5.59	513.90	5.70	75.38	7.27
煤炭	21	8.30	3902.67	6.17	599.45	6.65	76.08	7.34
建筑建材	14	5.53	5497.16	8.69	563.36	6.25	53.10	5.12
钢铁	15	5.93	2304.61	3.64	537.52	5.96	46.83	4.52
机械制造	19	7.51	3201.17	5.06	452.46	5.02	43.97	4.24
交通运输	25	9.88	4442.41	7.02	683.69	7.59	63.51	6.13
军工	10	3.95	6915.74	10.93	651.52	7.23	120.95	11.67
有色金属	18	7.11	1823.80	2.88	336.40	3.73	31.49	3.04
汽车	11	4.35	4840.68	7.65	669.76	7.43	108.21	10.44
酒店旅游	3	1.19	306.28	0.48	42.36	0.47	3.92	0.38
商贸	9	3.56	1051.41	1.66	170.89	1.90	14.11	1.36
投资控股	21	8.30	3748.56	5.92	599.38	6.65	52.65	5.08
民生消费	11	4.35	2020.30	3.19	236.55	2.62	39.18	3.78
农林牧渔	13	5.14	1167.43	1.84	230.09	2.55	20.96	2.02
其他	10	3.95	2125.40	3.36	390.80	4.34	43.41	4.19
总　计	253		63285.64		9013.46		1036.46	

附：2018 年财务公司行业分类表。

财务公司行业分类表

（2018 年）

电力	中国华能财务有限责任公司	三峡财务有限责任公司
	中广核财务有限责任公司	中国电力财务有限公司
	中国华电集团财务有限公司	中国大唐集团财务有限公司
	南方电网财务有限公司	中电投财务有限公司
	国电财务有限公司	京能集团财务有限公司
	浙江省能源集团财务有限责任公司	广东粤电财务有限公司
	申能集团财务有限公司	深圳能源财务有限公司
	安徽省能源集团财务有限公司	内蒙古电力集团财务有限责任公司
	甘肃电投集团财务有限公司	陕西投资集团财务有限责任公司
	天津能源集团财务有限公司	

续表

石油化工	中国石化财务有限责任公司	天津渤海集团财务有限责任公司
	中油财务有限责任公司	中海石油财务有限责任公司
	中化集团财务有限责任公司	中国化工财务有限公司
	重庆化医控股集团财务有限公司	湖北宜化集团财务有限责任公司
	中国航油集团财务有限公司	上海华谊集团财务有限责任公司
	云南云天化集团财务有限公司	陕西延长石油财务有限公司
	巨化集团财务有限责任公司	三房巷财务有限公司
	宝塔石化集团财务有限公司	天津医药集团财务公司
	上海华信国际集团财务有限责任公司	
电子电器	振华集团财务有限责任公司	西门子财务服务有限责任公司
	中国电子财务有限责任公司	海尔集团财务有限责任公司
	珠海格力集团财务有限责任公司	TCL 集团财务有限公司
	松下电器（中国）财务有限公司	日立（中国）财务有限公司
	海信集团财务有限公司	美的集团财务有限公司
	中兴通讯集团财务有限公司	大唐电信集团财务有限公司
	四川长虹集团财务有限公司	创维集团财务有限公司
	亨通财务有限公司	东旭集团财务有限公司
	正泰集团财务有限公司	
煤炭	神华财务有限公司	潞安集团财务有限公司
	淮南矿业集团财务有限公司	河南能源化工集团财务有限公司
	冀中能源集团财务有限责任公司	山西焦煤集团财务有限责任公司
	阳泉煤业集团财务有限责任公司	晋煤集团财务有限公司
	兖矿集团财务有限公司	福建省能源集团财务有限公司
	开滦集团财务有限责任公司	陕西煤业化工集团财务有限公司
	大同煤矿集团财务有限责任公司	贵州盘江集团财务有限公司
	中国平煤神马集团财务有限责任公司	山东能源集团财务有限公司
	中煤财务有限责任公司	安徽省皖北煤电集团财务有限公司
	淮北矿业集团财务有限公司	重庆市能源投资集团财务有限公司
	内蒙古伊泰财务有限公司	
建筑建材	中国能源建设集团财务有限公司	中冶集团财务有限公司
	中建财务有限公司	中国铁建财务有限公司
	中化工程集团财务有限公司	中国建材集团财务有限公司
	中交财务有限公司	北京金隅财务有限公司
	中铁财务有限责任公司	中国核工业建设集团财务有限公司
	天瑞集团财务有限责任公司	中国电建集团财务有限责任公司
	云南建工集团财务有限公司	青建集团财务有限责任公司
钢铁	宝钢集团财务有限责任公司	武汉钢铁集团财务有限责任公司
	鞍钢集团财务有限责任公司	湖南华菱钢铁集团财务有限公司
	沙钢财务有限公司	酒钢集团财务有限公司

续表

钢铁	包钢集团财务有限责任公司	马钢集团财务有限公司
	山东钢铁集团财务有限公司	河钢集团财务有限公司
	太钢集团财务有限公司	本钢集团财务有限公司
	首钢集团财务有限公司	云南昆钢集团财务有限公司
	渤海钢铁集团财务有限公司	
机械制造	西电集团财务有限责任公司	东方电气集团财务有限公司
	中国一拖集团财务有限责任公司	上海电气集团财务有限责任公司
	苏州创元集团财务有限公司	国机财务有限责任公司
	中集集团财务有限公司	哈尔滨电气集团财务有限责任公司
	山东重工集团财务有限公司	厦门海翼集团财务有限公司
	中车财务有限公司	重庆机电控股集团财务有限公司
	徐工集团财务有限公司	重庆力帆财务有限公司
	中联重科集团财务有限公司	商飞集团财务有限责任公司
	新疆金风科技集团财务有限公司	特变电工集团财务有限公司
交通运输	中国航空集团财务有限责任公司	中国南航集团财务有限公司
	东航集团财务有限责任公司	海航集团财务有限公司
	天津港财务有限公司	首都机场集团财务有限公司
	中远海运集团财务有限责任公司	浙江海港集团财务有限公司
	中外运长航财务有限公司	湖南高速集团财务有限公司
	大连港集团财务有限公司	江苏交通控股集团财务有限公司
	浙江省交通投资集团财务有限责任公司	广西交通投资集团财务有限责任公司
	中开财务有限公司	河北港口集团财务有限公司
	青岛港财务有限责任公司	广东省交通集团财务有限公司
	湖北交投集团财务有限公司	中国铁路财务有限责任公司
	营口港务集团财务有限公司	日照港集团财务有限公司
	厦门翔业集团财务有限公司	连云港港口集团财务有限公司
	江西高速集团财务有限公司	
军工	兵工财务有限责任公司	中船财务有限责任公司
	中核财务有限责任公司	航天科技财务有限责任公司
	航天科工财务有限责任公司	中船重工财务有限责任公司
	兵器装备集团财务有限责任公司	中航工业集团财务有限责任公司
	中国电子科技财务有限公司	中国航发集团财务有限公司
有色金属	五矿集团财务有限责任公司	深圳市有色金属财务有限公司
	江西铜业集团财务有限公司	南山集团财务有限公司
	紫金矿业集团财务有限公司	云南冶金集团财务有限公司
	铜陵有色金属集团财务有限公司	金川集团财务有限公司
	中铝财务有限责任公司	西部矿业集团财务有限公司
	海亮集团财务有限责任公司	山东黄金集团财务有限公司
	大冶有色金属集团财务有限责任公司	忠旺集团财务有限公司
	中国黄金集团财务有限公司	广东省广晟财务有限公司
	新凤祥财务有限公司	山东招金集团财务有限公司
	杭州锦江集团财务有限责任公司	

续表

汽车	东风汽车财务有限公司	中国重汽财务有限公司
	一汽财务有限公司	江铃汽车集团财务有限公司
	上海汽车集团财务有限责任公司	万向财务有限公司
	海马财务有限公司	北京汽车集团财务有限公司
	郑州宇通集团财务有限公司	广州汽车集团财务有限公司
	三环集团财务有限公司	
酒店旅游	锦江国际集团财务有限责任公司	港中旅财务有限公司
	北京首都旅游集团财务有限公司	
商贸	华联财务有限责任公司	通用技术集团财务有限责任公司
	国药集团财务有限公司	山东省商业集团财务有限公司
	百联集团财务有限责任公司	江苏国泰财务有限公司
	天津物产集团财务有限公司	物美商业财务有限责任公司
	物产中大集团财务有限公司	
投资控股	上海浦东发展集团财务有限责任公司	保利财务有限公司
	国联财务有限责任公司	国投财务有限公司
	北大方正集团财务有限公司	江苏省国信集团财务有限公司
	上海复星高科技集团财务有限公司	诚通财务有限责任公司
	天津天保财务有限公司	中信财务有限公司
	河北建投集团财务有限公司	珠海华发集团财务有限公司
	北京控股集团财务有限公司	上海上实集团财务有限公司
	清华控股集团财务有限公司	北京金融街集团财务有限公司
	上海外高桥集团财务有限公司	粤海集团财务有限公司
	江苏悦达集团财务有限公司	广州发展集团财务有限公司
	国新集团财务有限责任公司	
民生消费	红豆集团财务有限公司	江苏华西集团财务有限公司
	青岛啤酒财务有限责任公司	贵州茅台集团财务有限公司
	鄂尔多斯财务有限公司	四川省宜宾五粮液集团财务有限公司
	山东晨鸣集团财务有限公司	福建七匹狼集团财务有限公司
	新华联控股集团财务有限责任公司	红星美凯龙家居集团财务有限责任公司
	上海纺织集团财务有限公司	
农林牧渔	东方集团财务有限责任公司	吉林森林工业集团财务有限责任公司
	中粮财务有限责任公司	新希望财务有限公司
	海南农垦集团财务有限公司	亿利集团财务有限公司
	伊利财务有限公司	供销集团财务有限公司
	光明食品集团财务有限公司	西王集团财务有限公司
	北京首农食品集团财务有限公司	河南双汇集团财务有限公司
	广东温氏集团财务有限公司	
其他	新奥财务有限责任公司	中国移动通信集团财务有限公司
	深圳华强集团财务有限公司	湖南出版投资控股集团财务有限公司
	中节能财务有限公司	联通集团财务有限公司
	江苏凤凰出版传媒集团财务有限公司	顺丰控股集团财务有限公司
	上海文化广播影视集团财务有限公司	中国电信集团财务有限公司

注：每个行业分类中，各财务公司依照其成立时间从左至右从上至下进行排序。

财务公司所有制分布状况统计表

（2018 年）　　单位：亿元

所有制	机构		资产		净资产		利润总额	
	数量（家）	比例（%）	金额	比例（%）	金额	比例（%）	金额	比例（%）
中央国有企业	76	30.04	38541.32	60.90	5029.34	55.80	653.70	63.07
地方国有企业	129	50.99	19254.16	30.42	2905.46	32.23	351.79	33.94
集体民营企业	45	17.79	5110.08	8.07	1027.09	11.40	21.59	2.08
外资企业	3	1.19	380.09	0.60	51.56	0.57	9.39	0.91
总　计	253		63285.64		9013.46		1036.46	

财务公司行业资产质量状况统计表

（2018 年）　　单位：万元

项目	金额	占资产总额的比重（%）
不良资产总计	3159956	0.50
次级资产	2935079	0.46
可疑资产	83178	0.01
损失资产	141699	0.02
不良贷款	2787593	0.44
次级贷款	2621173	0.41
可疑贷款	72657	0.01
损失贷款	93763	0.01

财务公司行业存款、贷款结构统计表

（2018 年）　　单位：万元

项目	金额	占比（%）	项目	金额	占比（%）
各项贷款	284299337		各项存款	511027503	
1. 短期贷款	153827443	54.11	1. 活期存款	244685853	47.88
2. 中长期贷款	105881973	37.24	2. 定期存款	266341650	52.12
3. 贴现及买断式转贴现	20508720	7.21	各项存款	511027503	
4. 贸易融资	2352966	0.83	1. 集团母公司存款	100663012	19.70
5. 融资租赁	1472096	0.52	2. 上市公司存款	133537942	26.13
6. 各项垫款	275988	0.10	3. 其他成员企业存款	272553501	53.33
7. 其他贷款	-19849	-0.01	4. 其他	4273047	0.84
各项贷款	290076639				
1. 信用贷款	228034324	78.61			
2. 担保贷款	62042315	21.39			
各项贷款	290076639				
1. 集团母公司贷款	37544999	12.94			
2. 上市公司贷款	64122064	22.11			
3. 其他成员企业贷款	162160772	55.90			
4. 其他	26248804	9.05			

注：第一个各项贷款小于第二、第三个各项贷款值的原因是：第一个各项贷款为境内口径数据，第二、第三个各项贷款为合并口径数据。

从业人员统计

财务公司从业人员年龄、文化、职称结构统计表

（2018 年）　　单位：人

机　构	人员合计	年龄结构				性别结构		文化结构				职称结构			
		30岁以下	30岁至40岁	40岁至50岁	50岁以上	男	女	博士	硕士	本科	专科及以下	高级	中级	初级	其他
TCL 集团财务有限公司	60	25	27	5	3	33	27	0	14	44	2	0	6	16	38
安徽省能源集团财务有限公司	23	11	6	5	1	11	12	0	11	10	2	0	9	4	10
安徽省皖北煤电集团财务有限公司	28	0	10	13	5	16	12	0	1	24	3	5	19	4	0
鞍钢集团财务有限责任公司	85	9	26	31	19	34	51	0	20	54	11	25	39	15	6
百联集团财务有限责任公司	27	5	13	6	3	11	16	0	7	16	4	2	3	6	16
包钢集团财务有限责任公司	46	22	8	15	1	15	31	0	11	32	3	8	17	1	20
宝钢集团财务有限责任公司	61	14	19	19	9	37	24	0	24	33	4	3	27	0	31
宝塔石化集团财务有限公司	31	9	21	1	0	18	13	0	1	28	2	1	3	4	23
保利财务有限公司	31	12	12	5	2	17	14	0	17	13	1	0	18	12	1
北大方正集团财务有限公司	54	25	24	4	1	22	32	0	29	23	2	1	2	0	51
北京金融街集团财务有限公司	18	3	11	4	0	5	13	0	11	7	0	1	8	0	9
北京金隅财务有限公司	32	6	19	6	1	16	16	1	13	18	0	3	15	0	14
北京控股集团财务有限公司	38	9	14	13	2	19	19	1	19	17	1	9	10	1	18
北京首农食品集团财务有限公司	29	11	15	2	1	12	17	0	9	19	1	1	12	3	13
北京汽车集团财务有限公司	212	90	104	16	2	96	116	0	66	131	15	7	19	15	171
北京首都旅游集团财务有限公司	25	5	10	9	1	10	15	0	9	15	1	5	7	4	9
本钢集团财务有限公司	29	5	16	4	4	19	10	0	4	23	2	5	9	8	7
兵工财务有限责任公司	102	14	46	31	11	51	51	0	40	48	14	11	38	16	37
兵器装备集团财务有限责任公司	52	17	17	12	6	24	28	1	45	6	0	15	12	5	20
渤海钢铁集团财务有限公司	6	2	2	2	0	4	2	0	0	5	1	0	1	3	2
诚通财务有限责任公司	52	21	17	8	6	28	24	2	26	21	3	6	16	2	28
重庆化医控股集团财务有限公司	27	8	12	5	2	13	14	0	2	20	5	3	6	3	15
重庆机电控股集团财务有限公司	27	13	10	3	1	8	19	0	7	20	0	5	6	1	15
重庆力帆财务有限公司	45	13	12	18	2	29	16	0	5	34	6	2	13	2	28
重庆市能源投资集团财务有限公司	32	8	16	6	3	13	19	0	5	25	2	10	11	2	9

续表

机构	人员合计	年龄结构				性别结构		文化结构				职称结构			
		30岁以下	30岁至40岁	40岁至50岁	50岁以上	男	女	博士	硕士	本科	专科及以下	高级	中级	初级	其他
创维集团财务有限公司	39	27	9	3	0	14	25	0	2	32	5	3	6	8	22
大连港集团财务有限公司	36	8	17	7	4	15	21	0	9	25	2	2	11	14	9
大唐电信集团财务有限公司	25	9	12	4	0	11	14	1	10	12	2	4	4	0	17
大同煤矿集团财务有限责任公司	69	35	22	7	5	30	39	0	5	61	3	14	23	18	14
大冶有色金属集团财务有限责任公司	17	5	4	4	4	8	9	0	3	14	0	1	12	0	4
东方电气集团财务有限公司	46	8	21	9	8	22	24	0	24	17	5	6	19	11	10
东方集团财务有限责任公司	28	5	14	6	3	12	16	0	4	22	2	1	8	11	8
东风汽车财务有限公司	393	253	101	33	6	298	95	0	78	305	10	13	44	27	309
东航集团财务有限责任公司	51	18	15	15	3	21	30	0	18	30	3	2	7	0	42
东旭集团财务有限公司	33	11	20	2	0	17	16	0	11	20	2	1	6	2	24
鄂尔多斯财务有限公司	23	7	7	7	2	11	12	0	2	14	7	0	9	2	12
福建七匹狼集团财务有限公司	18	7	8	2	1	7	11	1	2	13	2	2	2	11	3
福建省能源集团财务有限公司	37	13	14	9	1	16	21	0	10	22	5	1	19	2	15
甘肃电投集团财务有限公司	28	8	10	9	1	14	14	0	3	25	0	4	14	0	10
港中旅财务有限公司	27	10	16	1	0	11	16	0	10	17	0	3	5	2	17
供销集团财务有限公司	56	15	32	8	1	24	32	1	20	33	2	1	11	2	42
光明食品集团财务有限公司	33	6	18	7	2	13	20	0	7	25	1	2	15	1	15
广东省广晟财务有限公司	25	7	11	6	1	10	15	0	9	16	0	1	10	0	14
广东省交通集团财务有限公司	31	7	13	7	4	17	14	2	13	15	1	11	11	5	4
广东粤电财务有限公司	39	10	16	10	3	22	17	1	20	17	1	10	13	3	13
广西交通投资集团财务有限责任公司	30	10	11	7	2	16	14	1	7	21	1	5	11	3	11
广州发展集团财务有限公司	33	8	16	6	3	12	21	0	4	28	1	0	13	5	15
广州汽车集团财务有限公司	54	13	30	10	1	34	20	0	17	35	2	3	12	2	37
贵州茅台集团财务有限公司	40	20	17	2	1	22	18	0	6	31	3	2	8	0	30
贵州盘江集团财务有限公司	17	2	8	3	4	10	7	0	2	10	5	3	3	6	5
国电财务有限公司	104	38	41	18	7	37	67	3	55	41	5	18	25	2	59
国机财务有限责任公司	49	18	19	7	5	22	27	0	15	30	4	10	15	3	21
国家电投集团财务有限公司	69	19	30	17	3	33	36	2	34	32	1	13	17	7	32
国联财务有限责任公司	27	12	9	5	1	11	16	0	7	19	1	2	6	1	18
国投财务有限公司	60	17	37	5	1	35	25	2	39	19	0	8	29	1	22

续表

机构	人员合计	年龄结构				性别结构		文化结构				职称结构			
		30岁以下	30岁至40岁	40岁至50岁	50岁以上	男	女	博士	硕士	本科	专科及以下	高级	中级	初级	其他
国新集团财务有限责任公司	24	5	14	4	1	15	9	2	12	10	0	3	7	0	14
国药集团财务有限公司	36	11	14	10	1	14	22	0	14	21	1	5	9	0	0
哈尔滨电气集团财务有限责任公司	35	10	15	8	2	21	14	0	9	22	4	9	13	9	4
海尔集团财务有限责任公司	156	76	68	11	1	58	98	0	44	95	17	1	24	18	113
海航集团财务有限公司	77	44	25	5	3	55	22	0	36	38	3	3	22	1	51
海亮集团财务有限责任公司	31	9	17	4	1	12	19	0	6	16	9	0	6	5	20
海马财务有限公司	136	90	32	10	4	68	68	0	10	116	10	0	7	9	120
海南农垦集团财务有限公司	20	6	9	3	2	10	10	1	2	17	0	1	5	2	12
海信集团财务有限公司	56	24	29	2	1	21	35	1	23	31	1	0	10	6	40
杭州锦江集团财务有限责任公司	19	6	6	6	1	8	11	0	4	12	3	0	8	5	6
航天科工财务有限责任公司	77	10	38	19	10	40	37	1	38	32	6	10	26	8	33
航天科技财务有限责任公司	97	18	51	18	10	38	59	3	43	47	4	19	29	4	45
河北港口集团财务有限公司	29	5	11	10	3	9	20	0	6	21	2	12	9	6	2
河北建投集团财务有限公司	32	10	15	3	4	19	13	0	23	7	2	7	14	3	8
河钢集团财务有限公司	28	9	14	5	0	15	13	0	5	22	1	6	8	14	0
河南能源化工集团财务有限公司	43	10	8	15	10	25	18	0	9	20	14	3	21	6	13
河南双汇集团财务有限公司	28	12	11	4	1	16	12	0	2	21	5	1	8	6	13
亨通财务有限公司	25	5	15	4	1	13	12	0	3	19	3	0	5	13	7
红豆集团财务有限公司	38	18	13	6	1	10	28	0	7	26	5	1	4	0	33
红星美凯龙家居集团财务有限责任公司	24	10	8	6	0	12	12	0	4	19	1	1	5	1	17
湖北交投集团财务有限公司	34	12	12	7	3	12	22	0	11	23	0	2	7	1	24
湖北宜化集团财务有限责任公司	18	2	7	9	0	8	10	0	1	10	7	3	7	1	7
湖南出版投资控股集团财务有限公司	27	6	13	6	2	11	16	0	6	19	2	4	12	3	8
湖南高速集团财务有限公司	32	9	15	3	5	15	17	0	4	26	2	3	10	10	9
湖南华菱钢铁集团财务有限公司	28	4	11	5	8	16	12	0	5	19	4	3	10	3	12
华联财务有限责任公司	28	10	9	4	5	11	17	0	2	22	4	2	7	2	17
淮北矿业集团财务有限公司	34	1	7	23	3	15	19	0	3	23	8	15	14	4	1
淮南矿业集团财务有限公司	46	8	15	13	10	27	19	0	13	19	14	2	33	9	2

续表

机构	人员合计	年龄结构				性别结构		文化结构				职称结构			
		30岁以下	30岁至40岁	40岁至50岁	50岁以上	男	女	博士	硕士	本科	专科及以下	高级	中级	初级	其他
吉林森林工业集团财务有限责任公司	51	6	30	12	3	20	31	0	9	38	4	10	13	13	15
冀中能源集团财务有限责任公司	39	7	15	13	4	13	26	0	5	24	10	6	10	6	17
江铃汽车集团财务有限公司	153	85	32	25	11	74	79	0	27	97	29	4	24	40	85
江苏凤凰出版传媒集团财务有限公司	25	9	8	6	2	11	14	1	12	12	0	7	8	9	1
江苏国泰财务有限公司	23	6	7	8	2	9	14	0	3	18	2	2	12	8	1
江苏华西集团财务有限公司	25	9	8	3	5	11	14	0	1	18	6	2	8	3	12
江苏交通控股集团财务有限公司	42	21	13	7	1	19	23	0	19	23	0	5	18	0	19
江苏省国信集团财务有限公司	41	10	17	12	2	18	23	1	7	28	5	7	15	8	11
江苏悦达集团财务有限公司	27	16	7	2	2	16	11	0	7	20	0	1	16	0	10
江西铜业集团财务有限公司	32	12	12	7	1	16	16	0	14	18	0	7	16	1	8
金川集团财务有限公司	25	3	12	7	3	11	14	0	3	22	0	4	8	2	11
锦江国际集团财务有限责任公司	19	3	6	8	2	5	14	0	3	12	4	1	2	16	0
晋煤集团财务有限公司	46	19	17	7	3	24	22	0	20	23	3	2	12	5	27
京能集团财务有限公司	45	12	24	8	1	24	21	0	20	24	1	14	13	0	18
酒钢集团财务有限公司	30	7	17	5	1	18	12	0	2	28	0	1	16	9	4
巨化集团财务有限责任公司	23	2	8	9	4	8	15	0	0	16	7	4	9	9	1
开滦集团财务有限责任公司	30	2	16	7	5	13	17	1	5	23	1	13	8	5	4
连云港港口集团财务有限公司	21	6	11	4	0	13	8	0	3	18	0	2	7	3	9
联通集团财务有限公司	63	15	32	14	2	30	33	1	25	37	0	22	30	9	2
潞安集团财务有限公司	61	8	40	8	5	31	30	0	20	38	3	8	18	28	7
马钢集团财务有限公司	36	11	10	10	5	14	22	0	9	22	5	7	17	5	7
美的集团财务有限公司	87	49	32	5	1	38	49	0	35	50	2	5	13	27	42
南方电网财务有限公司	162	64	57	32	9	89	73	2	38	114	8	30	41	18	73
南山集团财务有限公司	37	16	15	4	2	18	19	0	4	30	3	1	16	4	16
内蒙古电力集团财务有限责任公司	39	19	14	3	3	16	23	1	25	13	0	6	9	2	22
内蒙古伊泰财务有限公司	25	4	17	3	1	15	10	0	2	23	0	2	7	1	15
浙江海港集团财务有限公司	35	15	11	6	3	15	20	0	12	23	0	3	15	11	6
青岛港财务有限责任公司	29	15	11	3	0	12	17	0	12	17	0	2	11	2	14

续表

机构	人员合计	年龄结构				性别结构		文化结构				职称结构			
		30岁以下	30岁至40岁	40岁至50岁	50岁以上	男	女	博士	硕士	本科	专科及以下	高级	中级	初级	其他
青岛啤酒财务有限责任公司	36	11	12	12	1	17	19	0	5	30	1	4	13	16	3
青建集团财务有限责任公司	21	5	9	6	1	10	11	0	6	14	1	4	7	2	0
清华控股集团财务有限公司	27	10	13	3	1	9	18	1	14	11	1	0	6	0	21
日立（中国）财务有限公司	14	1	8	5	0	6	8	0	3	9	2	0	4	0	10
日照港集团财务有限公司	33	15	8	8	2	18	15	0	4	28	1	6	16	8	3
三房巷财务有限公司	24	8	11	3	2	11	13	0	0	14	10	2	2	4	16
三环集团财务有限公司	16	3	7	5	1	10	6	0	1	13	2	1	4	1	10
三峡财务有限责任公司	113	21	45	40	7	57	56	3	41	62	7	34	34	5	40
沙钢财务有限公司	34	11	17	4	2	13	21	0	2	29	3	1	4	22	7
山东晨鸣集团财务有限公司	33	7	15	10	1	16	17	0	5	24	4	5	6	2	20
山东钢铁集团财务有限公司	37	10	17	7	3	23	14	0	11	25	1	14	7	5	11
山东黄金集团财务有限公司	35	6	13	15	1	16	19	1	14	20	0	12	12	1	10
山东能源集团财务有限公司	43	17	18	6	2	19	24	0	18	23	2	10	14	1	18
山东省商业集团财务有限公司	41	3	29	7	2	23	18	0	14	27	0	3	14	24	0
山东招金集团财务有限公司	32	9	13	8	2	17	15	0	2	29	1	3	10	3	16
山东重工集团财务有限公司	58	15	33	9	1	34	24	0	15	42	1	5	18	9	26
山西焦煤集团财务有限责任公司	57	16	20	13	8	26	31	1	14	37	5	10	21	14	12
陕西煤业化工集团财务有限公司	71	20	39	10	2	24	47	2	20	46	3	6	19	11	35
陕西投资集团财务有限责任公司	44	25	9	7	3	18	26	0	15	22	7	5	6	14	19
陕西延长石油财务有限公司	41	10	18	11	2	21	20	1	22	18	0	7	14	0	20
商飞集团财务有限责任公司	26	4	11	7	4	12	14	2	12	12	0	9	9	4	4
上海电气集团财务有限责任公司	83	17	50	15	1	47	36	0	34	47	2	2	14	4	63
上海纺织集团财务有限公司	20	4	10	4	2	13	7	0	3	15	2	3	5	3	9
上海复星高科技集团财务有限公司	44	15	24	5	0	16	28	0	18	26	0	0	10	2	32
上海华信国际集团财务有限责任公司	16	5	10	1	0	7	9	0	4	9	3	0	2	2	12
上海华谊集团财务有限责任公司	29	4	20	5	0	13	16	0	12	15	2	1	16	1	11
上海浦东发展集团财务有限责任公司	51	18	19	9	5	28	23	1	15	28	7	0	19	5	27

续表

机构	人员合计	年龄结构				性别结构		文化结构				职称结构			
		30岁以下	30岁至40岁	40岁至50岁	50岁以上	男	女	博士	硕士	本科	专科及以下	高级	中级	初级	其他
上海汽车集团财务有限责任公司	628	347	240	34	7	432	196	0	160	447	21	4	58	10	556
上海上实集团财务有限公司	28	14	7	6	1	12	16	0	9	16	3	1	5	1	21
上海外高桥集团财务有限公司	25	10	7	7	1	11	14	0	5	18	2	1	8	2	14
上海文化广播影视集团财务有限公司	19	3	9	5	2	9	10	0	3	14	2	2	4	13	0
申能集团财务有限公司	49	9	28	10	2	21	28	0	28	20	1	2	22	3	22
深圳华强集团财务有限公司	34	16	8	8	2	17	17	0	4	28	2	0	7	5	22
深圳能源财务有限公司	38	9	8	15	6	22	16	0	7	26	5	5	11	6	16
深圳市有色金属财务有限公司	31	5	4	12	10	21	10	1	7	14	9	3	9	7	12
神华财务有限公司	48	5	21	15	7	23	25	2	31	12	3	10	24	2	12
首都机场集团财务有限公司	49	16	14	14	5	22	27	0	16	29	4	8	15	2	24
首钢集团财务有限公司	57	22	21	10	4	27	30	0	31	24	2	7	18	4	28
顺丰控股集团财务有限公司	56	18	32	6	0	19	37	0	12	41	3	31	22	3	0
四川长虹集团财务有限公司	38	15	15	7	1	14	24	0	3	29	6	2	3	11	22
四川省宜宾五粮液集团财务有限公司	39	14	13	12	0	18	21	0	3	31	5	1	10	5	23
松下电器（中国）财务有限公司	16	8	6	1	1	1	15	0	5	11	0	0	3	0	13
苏州创元集团财务有限公司	23	6	7	5	5	10	13	0	3	13	7	3	3	12	5
太钢集团财务有限公司	34	10	8	15	1	17	17	0	13	17	4	5	10	0	19
特变电工集团财务有限公司	21	8	9	3	1	12	9	0	5	16	0	3	8	3	7
天津渤海集团财务有限责任公司	25	11	6	6	2	12	13	0	6	16	3	2	4	4	15
天津港财务有限公司	47	7	21	19	0	19	28	0	21	20	6	1	28	13	5
天津能源集团财务有限公司	21	5	12	3	1	10	11	0	7	14	0	2	5	8	6
天津天保财务有限公司	18	1	10	6	1	9	9	0	4	14	0	0	7	4	7
天津物产集团财务有限公司	58	10	41	4	3	22	36	0	15	42	1	2	18	32	6
天津医药集团财务有限公司	22	4	15	3	0	12	10	0	8	13	1	4	7	1	10
天瑞集团财务有限责任公司	16	7	5	3	1	8	8	0	1	12	3	2	3	3	8
通用技术集团财务有限责任公司	41	9	20	11	1	19	22	0	19	20	2	6	14	0	21
铜陵有色金属集团财务有限公司	26	2	13	10	1	11	15	0	7	18	1	10	13	3	0

续表

机构	人员合计	年龄结构				性别结构		文化结构				职称结构			
		30岁以下	30岁至40岁	40岁至50岁	50岁以上	男	女	博士	硕士	本科	专科及以下	高级	中级	初级	其他
万向财务有限公司	64	22	23	18	1	34	30	0	13	45	6	1	19	12	32
五矿集团财务有限责任公司	57	14	21	16	6	24	33	0	25	23	9	3	14	10	30
武汉钢铁集团财务有限责任公司	45	6	16	22	1	25	20	0	15	26	4	11	18	3	13
物产中大集团财务有限公司	37	13	17	5	2	17	20	0	15	19	3	4	9	2	22
物美商业财务有限责任公司	19	3	10	5	1	7	12	0	3	11	5	0	0	3	16
西部矿业集团财务有限公司	32	10	13	8	1	18	14	0	5	25	2	2	13	2	15
西电集团财务有限责任公司	33	6	19	5	3	15	18	0	11	22	0	5	16	3	9
西王集团财务有限公司	34	15	16	1	2	18	16	0	7	27	0	2	4	5	23
厦门海翼集团财务有限公司	21	4	11	5	1	8	13	0	2	17	2	1	8	1	11
厦门翔业集团财务有限公司	24	12	7	5	0	16	8	0	13	11	0	1	4	2	17
新奥财务有限责任公司	55	19	30	2	4	32	23	0	13	33	9	2	21	9	23
新凤祥财务有限公司	78	32	36	9	1	44	34	0	9	50	19	0	10	5	63
新华联控股集团财务有限责任公司	25	4	16	5	0	11	14	1	6	18	0	3	8	2	12
新疆金风科技集团财务有限公司	30	16	8	5	1	11	19	0	14	16	0	0	0	0	30
新希望财务有限公司	42	15	18	7	2	21	21	0	11	28	3	1	10	7	24
徐工集团财务有限公司	36	13	17	5	1	22	14	0	18	18	0	3	9	24	0
兖矿集团财务有限公司	35	5	21	9	0	17	18	0	1	33	1	14	12	9	0
阳泉煤业集团财务有限责任公司	51	8	31	5	7	29	22	1	7	36	7	4	27	1	19
一汽财务有限公司	152	41	96	9	6	60	92	1	63	82	6	9	21	63	59
伊利财务有限公司	42	22	18	2	0	20	22	0	2	35	5	0	5	19	18
亿利集团财务有限公司	38	19	14	5	0	19	19	0	14	22	2	2	6	21	9
营口港务集团财务有限公司	20	5	8	7	0	9	11	0	3	14	3	1	8	10	1
粤海集团财务有限公司	32	8	17	6	1	15	17	1	12	18	1	3	8	5	16
云南建投集团财务有限公司	32	18	10	3	1	14	18	0	6	25	1	3	10	6	13
云南昆钢集团财务有限公司	26	6	10	8	2	6	20	0	1	18	7	1	9	5	11
云南冶金集团财务有限公司	29	9	9	11	0	10	19	0	6	21	2	2	8	3	16
云南云天化集团财务有限公司	27	6	9	10	2	13	14	0	6	20	1	3	6	3	15
招商局集团财务有限公司	47	16	20	8	3	20	27	0	30	17	0	4	11	1	31
浙江省交通投资集团财务有限责任公司	48	14	23	10	1	21	27	0	18	29	1	11	15	3	19

续表

机构	人员合计	年龄结构				性别结构		文化结构				职称结构			
		30岁以下	30岁至40岁	40岁至50岁	50岁以上	男	女	博士	硕士	本科	专科及以下	高级	中级	初级	其他
浙江省能源集团财务有限责任公司	103	70	19	12	2	61	42	1	23	80	0	9	18	18	58
振华集团财务有限责任公司	18	4	7	6	1	7	11	0	5	13	0	1	8	0	9
正泰集团财务有限公司	37	10	15	9	3	17	20	0	3	29	5	3	7	8	19
郑州宇通集团财务有限公司	51	15	25	10	1	39	12	0	6	39	6	4	7	30	10
中国建材集团财务有限公司	32	14	8	9	1	15	17	1	12	18	1	11	4	1	16
中车财务有限公司	48	13	28	4	3	20	28	1	18	29	0	13	13	13	9
中船财务有限责任公司	54	25	14	12	3	25	29	1	30	22	1	11	16	17	10
中船重工财务有限责任公司	76	37	19	13	7	32	44	3	29	41	3	18	17	8	33
中广核财务有限责任公司	64	16	31	16	1	40	24	1	29	30	4	7	23	9	25
中国大唐集团财务有限公司	51	10	24	16	1	22	29	3	38	9	1	16	17	17	1
中国电建集团财务有限责任公司	47	9	21	11	6	25	22	1	20	26	0	18	15	5	9
中国电力财务有限公司	753	77	203	323	150	351	402	8	240	467	38	279	240	48	186
中国电子财务有限责任公司	55	11	17	19	8	22	33	1	25	26	3	9	18	7	21
中国电子科技财务有限公司	47	21	22	2	2	23	24	0	33	14	0	2	8	9	28
中国航发集团财务有限公司	22	2	16	4	0	11	11	0	9	13	0	5	9	2	6
中国航空集团财务有限责任公司	67	10	22	21	14	28	39	0	14	38	15	4	24	8	31
中国航油集团财务有限公司	31	18	8	4	1	13	18	0	21	10	0	2	6	3	20
中国核工业建设集团财务有限公司	31	13	8	10	0	12	19	1	22	8	0	9	7	15	0
中国华电集团财务有限公司	68	16	35	13	4	33	35	0	36	31	1	7	18	0	43
中国华能财务有限责任公司	77	23	14	21	19	32	45	1	41	29	6	27	35	4	11
中国化工财务有限公司	40	10	11	15	4	17	23	2	20	16	2	7	6	2	25
中国黄金集团财务有限公司	34	9	16	7	2	14	20	0	11	23	0	7	9	2	16
中国南航集团财务有限公司	59	5	22	29	3	30	29	0	16	28	15	5	11	4	39
中国能源建设集团财务有限公司	73	9	19	28	17	42	31	0	16	38	19	25	25	4	19
中国平煤神马集团财务有限责任公司	30	3	15	10	2	17	13	0	2	25	3	8	13	6	3
中国石化财务有限责任公司	378	86	154	99	39	156	222	2	105	245	26	81	161	71	65
中国铁建财务有限公司	87	30	40	12	5	48	39	1	36	50	0	20	33	20	14
中国铁路财务有限责任公司	74	17	24	22	11	31	43	2	22	49	1	34	25	13	2
中国一拖集团财务有限责任公司	39	14	10	14	1	11	28	0	4	27	8	1	21	4	13

续表

机　　构	人员合计	年龄结构				性别结构		文化结构				职称结构			
		30岁以下	30岁至40岁	40岁至50岁	50岁以上	男	女	博士	硕士	本科	专科及以下	高级	中级	初级	其他
中国移动通信集团财务有限公司	71	38	18	12	3	49	22	0	60	10	1	8	23	1	39
中国重汽财务有限公司	66	42	13	7	4	26	40	0	14	47	5	3	17	10	36
中远海运集团财务有限责任公司	147	12	53	59	23	69	78	0	22	109	16	16	64	27	40
中海石油财务有限责任公司	128	34	50	33	11	57	71	2	48	75	3	12	45	7	64
中航工业集团财务有限责任公司	119	41	40	25	13	50	69	2	82	30	5	23	15	81	0
中核财务有限责任公司	50	16	19	11	4	22	28	1	26	22	1	14	18	18	0
中化工程集团财务有限公司	32	19	5	5	3	11	21	0	19	12	1	6	7	2	17
中化集团财务有限责任公司	83	33	29	14	7	34	49	1	33	43	6	3	23	3	54
中集集团财务有限公司	55	22	19	12	2	22	33	0	15	36	4	0	5	3	47
中建财务有限公司	41	9	20	7	5	23	18	0	19	19	3	11	10	14	6
中交财务有限公司	52	14	24	12	2	30	22	2	32	17	1	15	16	15	6
中节能财务有限公司	43	19	20	4	0	23	20	0	19	24	0	3	12	2	26
中开财务有限公司	31	15	10	3	3	15	16	0	14	16	1	2	8	1	20
中联重科集团财务有限公司	30	12	13	2	3	15	15	0	11	19	0	9	3	1	17
中粮财务有限责任公司	30	8	15	6	1	13	17	1	12	17	0	1	1	0	28
中铝财务有限责任公司	47	19	20	6	2	25	22	3	29	15	0	8	9	1	29
中煤财务有限责任公司	18	4	8	5	1	8	10	0	7	11	0	5	10	0	3
中铁财务有限责任公司	52	20	25	4	3	29	23	0	20	32	0	20	6	22	4
中信财务有限公司	48	25	13	9	1	22	26	3	32	10	3	9	9	1	29
中兴通讯集团财务有限公司	71	28	25	18	0	25	46	0	11	37	23	15	29	19	8
中冶集团财务有限公司	36	11	16	8	1	15	21	0	22	14	0	7	4	0	25
中油财务有限责任公司	183	28	72	50	33	80	103	9	76	83	15	50	79	35	19
忠旺集团财务有限公司	44	8	21	13	2	25	19	1	13	25	5	4	9	3	28
珠海格力集团财务有限责任公司	53	19	14	10	10	25	28	0	7	40	6	2	16	8	27
珠海华发集团财务有限公司	44	15	15	11	3	15	29	0	12	30	2	0	18	6	20
紫金矿业集团财务有限公司	23	8	10	4	1	13	10	0	3	19	1	2	15	3	3

注：此表为249家财务公司，不含西门子财务服务有限责任公司、广东温氏集团财务有限公司、中国电信集团财务有限公司、江西高速集团财务有限公司。

大事记

中国企业集团财务公司2018年行业大事记

1月

2018年1月，中国财务公司协会官方网站完成优化升级。

2018年1月，中国财务公司协会印发《中国财务公司协会会员经理管理办法》和《中国财务公司协会咨询项目管理办法》。

2018年1月，中国财务公司协会与中国建设银行股份有限公司签署战略合作协议。

2018年1月30日—31日，中国财务公司协会组织召开2018年统计员大会。

2月

2018年2月1日，湖南华菱钢铁集团财务有限公司在2月获得中国海关总署批准，成为全国第三家可为成员单位开立海关关税保函的财务公司，从3月开出第一笔保函以来，2018年全年为集团成员单位开具关税保函130张，总金额6.14亿元，为成员单位节约保证金6000多万元，节约开函手续费150万元以上。经统计，目前集团成员单位65%的关税保函均在财务公司开立。

2018年2月11日，中国财务公司协会完成《中国企业集团财务公司年鉴》改版工作，并下发通知启动年鉴编写工作。

2018年2月22日，海南农垦集团财务有限公司完成股东变更，原股东海南省农垦集团有限公司将持有的80%的股权无偿划转至海南省农垦投资控股集团有限公司。

3月

2018年3月，陕西延长石油财务有限公司增加25亿元资本，其中计入注册资本16.129亿元，增加资本公积8.871亿元，增资后公司注册资本为26.129亿元。

2018年3月21日，创维集团财务有限公司股权变更为创维集团有限公司持股86.76%，深圳创维—RGB电子有限公司持股13.24%。

2018年3月23日，北京汽车集团财务有限公司完成增加10亿元人民币注册资本金的工作，注册资本金增至25亿元。

2018年3月23日—30日，中国财务公司协会在北京举办2018年第一期国际财资管理师（CTP）认证课程培训班。

2018年3月26日，中国财务公司协会九届六次监事会会议在北京召开。

2018年3月27日—30日，中国财务公司协会分机械制造汽车电子电器、石油化工电力煤炭、交通运输和钢铁有色金属四个专场召开了“2018年财务公司分行业经营形势分析会”。

4月

2018年4月，中国财务公司协会开始定期发布《宏观经济及监管快讯》月刊和《海外司库智力成果选译》季刊。

2018年4月，中国财务公司协会印发《中国财务公司协会财务公司行业研究人才库管理办法》，并启动2018年财务公司行业研究人才申报工作。

2018年4月，神华财务有限公司变更营业住所。

2018年4月，TCL集团财务公司财务机器人上线运行，银行账户对账、报表报送功能实现较高程度自动化，处理效率提升90%。

2018年4月8日，酒钢集团财务有限公司注册资本金增加至30亿元。

2018年4月16日，浙江海港集团财务有限公司获批，其股东宁波舟山港集团有限公司将其持有的25%股权无偿转让给浙江海港投资运营集团有限公司。

2018年4月17日，重庆力帆财务有限公司增加注册资本金15亿元人民币至30亿元。

2018年4月18日—19日，中国财务公司协会在北京举办财务公司风险管理专题培训班。

2018年4月25日，中国财务公司协会在南昌举办“财务公司办公室主任暨党建工作交流会”。

2018年4月26日，中节能财务有限公司担任资金监管机构并兼任财务顾问，协助成员单位中国环境保护集团有限公司在上海证券交易所发行“中节能嘉实2号绿色资产支持专项计划”，成为行业首家绿色募集资金监管机构。

2018年4月26日—27日，中国财务公司协会在广东深圳举办2018年第一期财务公司国际财资管理师持证人继续教育培训。

2018年4月27日，中国建材集团财务有限公司大股东变更为中国建材集团有限公司。

5月

2018年5月，中国财务公司协会编制完成《中国企业集团财务公司行业社会责任报告（2016—2017）》，并在全行业组织开展社会责任优秀案例评选活动，评选出八大类76个案例。

2018年5月，中国财务公司协会编辑、撰写中国人民银行《中国金融年鉴》中财务公司部分内容，并报送中国人民银行金融研究所。

2018年5月，中国财务公司协会总监黄剑文带队赴英国参加2018年英国企业司库协会年会。

2018年5月8日，国新集团财务有限责任公司开业。

2018年5月10日，中国财务公司协会在宁波举办了“资管新规及当前经济形势下的投资策略研讨会”。

2018年5月11日，山东银监局同意新凤祥财务有限公司股东长城国融投资管理有限公司将所持公司5000万元的股本、占总股权比例2.50%的股权转至新凤祥控股集团有限责任公司名下。

2018年5月15日，商飞集团财务有限责任公司成立。

2018年5月18日—25日，中国财务公司协会在江苏无锡举办2018年第二期国际财资管理师（CTP）认证课程培训班。

2018年5月26日，申能集团财务有限公司受陆家嘴金融城理事会绿色金融专业委员会（GFDC）邀请，出席了由清华大学金融与发展研究中心和国际金融公司（IFC）等单位共同主办的全球绿色金融领导力国际研讨会（Global Green Finance Leadership Program），并作主题发言。

6月

2018年6月，上海汽车集团财务有限责任公司收到上海银监局批复，同意公司注册资本增加50亿元人民币，增资后公司注册资本为153.8亿元，原有股东及股权比例保持不变。

2018年6月，中国财务公司协会顺利通过西城网安网络安全检查。

2018年6月1日，中国财务公司协会完成《企业集团财务公司行业发展报告（2018）》编写工作，并出版发行。

2018年6月1日，海尔集团财务有限责任公司行业内首个全线上化业务上线。

2018年6月，西电集团财务有限责任公司成功获得海关总署批复的开立关税保函资质，成为全国第二家、西北首家可以直接给海关出具担保的企业集团财务公司。

2018年6月4日，中国财务公司协会在中国银保监会的指导下，完成“2017年度行业评级”工作，并发布评级结果。

2018年6月6日—8日，中国财务公司协会在北京举办2018年财务公司审计业务专题培训班。

2018年6月7日，东风汽车财务有限公司获批由东风汽车集团股份有限公司向公司增加注册资本金55亿元，注册资本由35亿元人民币增加至90亿元人民币。

2018年6月7日，中远海运集团财务有限责任公司（原中海集团财务有限责任公司）取得《关于中海集团财务有限责任公司股权变更及吸收合并中远财务有限责任公司等有关事项的批复》（银保监复〔2018〕75号），中海财务公司在6个月内连续完成中远财务公司解散注销、吸收合并、股权划转等准入工作，公司注册资本变更为人民币28亿元，中远海运集团成为中海财务公司控股股东。

2018年6月13日，中国财务公司协会以通讯方式召开了中国财务公司协会九届七次监事会。

2018年6月14日，中国财务公司协会组织召开“媒体选题策划会”，沟通媒体2018年选题方向，介绍财务公司行业宣传需求，加强媒体对财务公司行业的了解。

7月

2018年7月，中国财务公司协会公布会员经理名单。

2018年7月，中国财务公司协会财务公司行业研究人才库成立，共159人成为首批入库人才。

2018年7月，中国财务公司协会启动“监管新常态下财务公司发展机遇与挑战”“财务公司国际业务发展”“区块链技术在财务公司的应用”三个课题研究工作。

2018年7月2日—5日，中国财务公司协会组织7家主流财经媒体赴哈电财务公司、一汽财务公司、大连港财务公司、忠旺财务公司共4家东北地区财务公司调研采访。中国财务公司协会专职副会长李玉平、秘书长李矛斗参加了此次调研。

2018年7月3日—4日，中国财务公司协会在陕西西安举办2018年第二期国际财资管理师持证人继续教育培训。

2018年7月9日，中国财务公司协会对按季度发布的《企业集团财务公司行业统计数据》内容进行调整。

2018年7月11日，中国华电集团财务有限公司通过簿记建档方式，在全国银行间债券市场公开发行总规模10亿元人民币、期限不超过10年的金融债券。

2018年7月20日，中国石化财务有限责任公司作为财务公司行业代表参加上海票据交易所举行的纸电票据交易融合工作部署会并发言。

2018年7月26日，由中国证监会债券发行部主办、上海证券交易所承办的“公司债券优化融资监管座谈会”在北京举行。会上，物产中大集团被上海证券交易所认定为“优质成熟债券发行人”，并正式纳入上海证券交易所公司债券注册发行首批试点名单。

8月

2018年8月2日，上海外高桥集团财务有限公司完成股权结构调整，上海外高桥资产管理有限公司将所持公司50%股权协议转让给上海外高桥集团股份有限公司。

2018年8月6日，天津物产集团财务有限公司成功为集团成员单位出具天津市首份由企业集团财务公司出具的关税保函。

2018年8月14日，一汽财务有限公司与兵器装备集团财务有限责任公司、东风汽车财务有限公司签署“T3成员票据联盟”协议。

2018年8月15日，江西铜业集团财务有限公司获得江西银保监局关于公司股权变更的批复。

2018年8月21日，为提高行业数据发布频度，更好地满足会员单位数据需求，中国财务公司协会于2018年下半年起按月发布《企业集团财务公司月度统计快报》。

2018年8月27日—31日，中国财务公司协会党委委员、纪委书记曹春彦同志带队赴比利时参加企业司库研讨会。

2018 年 8 月 31 日，中国财务公司协会启动《企业集团财务公司行业发展报告（2019）》编写工作。

9 月

2018 年 9 月，巨化集团财务有限责任公司股东浙江菲达环保科技股份有限公司将持有的16%的股权转让给公司股东浙江巨化股份有限公司。

2018 年 9 月，山东黄金集团财务有限公司原股东同比例出资共 20 亿元（其中美元 500 万美元）对财务公司增资，增资后山东黄金财务公司注册资本为 30 亿元（其中美元 500 万美元）。

2018 年 9 月 5 日，中广核财务有限责任公司协助中广核集团成功发行 5 亿美元 5 年期美元债，票面利率 3.875%；1 亿美元 30 年期美元债，票面利率 4.8%；5 亿欧元 7 年期欧元绿色债，票面利率 2%。中广核集团突破性地成为我国首个发行 30 年期美元债的发电企业，且 5 年期美元债发行实现全年国企境外债中罕见的零新发行溢价，创同期同类最低。同时，连续两年发行欧元绿债在央企中属首例，是目前境外绿色债累计发行最大、发行次数最多的中资企业。

2018 年 9 月 5 日，中国重汽财务有限公司获批变更股权及调整股权结构。中国租赁有限公司和天津信托有限责任公司同意以 2017 年 12 月 31 日为基准日，将其分别持有的中国重汽财务公司部分股权转让给中国重汽集团济南动力有限公司。

2018 年 9 月 7 日—14 日，中国财务公司协会在北京举办 2018 年财务公司高级管理人员研修班。

2018 年 9 月 13 日—14 日，中国财务公司协会第九届监事会调研组在济南市召开“济南地区财务公司调研座谈会”，并赴山东重工财务公司、山东钢铁财务公司实地走访调研。

2018 年 9 月 19 日，新疆金风科技集团财务有限公司成立。

10 月

2018 年 10 月，河南双汇集团财务有限公司获得漯银监复〔2018〕34 号文批复，增资 3 亿元。

2018 年 10 月，粤海集团财务有限公司董事长童伟演当选为第四届广东省粤港澳合作促进会金融专业委员会常务委员。

2018 年 10 月，中国大唐集团财务有限公司完成股东单位股权变更的工商登记。原股东大唐黑龙江发电有限公司、大唐河北发电有限公司将所持有财务公司股权全部划转至中国大唐集团有限公司，龙滩水电开发有限公司股权全部划转至广西桂冠电力股份有限公司。上述转让完成后，中国大唐集团有限公司持股比例上升为 73.51%，广西桂冠电力股份有限公司持股比例上升为 3.05%。

2018 年 10 月，百联集团财务有限责任公司完成注册资本变更并调整股权结构事项，注册资本由人民币 5 亿元增加至人民币 8 亿元。

2018 年 10 月 23 日，中铁财务有限责任公司完成公司注册资本由 40 亿元增加至 90 亿元。

2018 年 10 月 30 日，中国财务公司协会组织 4 家主流财经媒体赴国投财务公司调研采访。中国财务公司协会秘书长李矛斗参加了此次调研。

2018 年 10 月 31 日，红星美凯龙家居集团财务有限责任公司获上海银保监局筹备组正式批复通过变更注册资本及股权结构的调整。

11 月

2018 年 11 月，中国财务公司协会评选并表彰 2018 年度财务公司行业优秀通讯员。

2018 年 11 月 6 日，徐工集团财务有限公司作为唯一一家非银行金融机构参与地方政府科技型企业知识产权质押贷款合作协议的签署，并在行业内首次获得地方财政知识产权贷款贴息资质认可。

2018 年 11 月 6 日—7 日，中国财务公司协会在北京举办 2018 年财务公司风险管理基础业务培训班。

2018 年 11 月 13 日—14 日，中国财务公司协会在北京举办 2018 年财务公司结算基础业务培训班。

2018 年 11 月 14 日，连云港港口集团财务有限公司收到江苏银保监局筹备组的批复，注册资本由 5 亿元增加至 10 亿元人民币。

2018 年 11 月 15 日—16 日，中国财务公司协会在北京举办 2018 年财务公司信贷基础业务培训班。

2018 年 11 月 19 日，中开财务有限公司收到深圳银保监局批复，同意深圳市新南山控股（集团）股份有限公司受让深圳赤湾石油基地股份有限公司持有的中开财务有限公司股权。

2018 年 11 月 27 日—28 日，中国财务公司协会在福建厦门举办 2018 年财务公司外汇业务专题培训班。

2018 年 11 月 28 日，大同煤矿集团财务有限责任公司股权变更。

2018 年 11 月 29 日，特变电工集团财务有限公司正式成立。

12 月

2018 年 12 月，中国财务公司协会与国际财资管理专业人士协会（AFP）续签战略合作协议。

2018 年 12 月 3 日，中国财务公司协会在郑州召开九届八次监事会会议、九届八次理事会会议。

2018 年 12 月 4 日，中国财务公司协会在郑州召开第二十一次会员大会、九届九次理事会会议。

2018 年 12 月 6 日，新华联控股集团财务有限责任公司增资 20 亿元，注册资本增加至 30 亿元。

2018 年 12 月 10 日，中国航发集团财务有限公司注册成立。

2018 年 12 月 11 日，中集集团财务有限公司增加注册资本 4.2 亿元，增资后注册资本变更为 9.2 亿元，现股东为中国国际海运集装箱（集团）股份有限公司（持股 54.35%）、深圳南方中集集装箱制造有限公司（持股 21.09%）、深圳中集天达空港设备有限公司（持股 10.54%）、中集现代物流发展有限公司（持股 7.01%）、中集安瑞科（荆门）能源装备有限公司（持股 7.01%）。

2018 年 12 月 12 日，中信财务有限公司经 2018 年公司第三次临时股东大会批准，公司拟增加注册资本金至 47.51 亿元。

2018 年 12 月 19 日，国家电投集团财务有限公司完成股东变更登记，公司股东正式由 15 家变更为 13 家。

2018 年 12 月 26 日，包钢集团财务有限责任公司增加注册资本至 13 亿元。

附　　录

文件与规章名录

一、中共中央、国务院

中共中央　国务院关于完善国有金融资本管理的指导意见（2018 年 6 月 30 日）

中共中央办公厅　国务院办公厅关于加强国有企业资产负债约束的指导意见

二、中国人民银行

中国人民银行　中国银行保险监督管理委员会　中国证券监督管理委员会　国家外汇管理局关于规范金融机构资产管理业务的指导意见（银发〔2018〕106 号）

中国人民银行办公厅关于进一步加强反洗钱和反恐怖融资工作的通知（银办发〔2018〕130 号）

中国人民银行关于修订《电子商业汇票系统管理办法》等四项制度的通知（银发〔2018〕152 号）

三、中国银行保险监督管理委员会

中国银监会关于印发商业银行委托贷款管理办法的通知（银监发〔2018〕2 号）

中国银监会关于进一步深化整治银行业市场乱象的通知（银监发〔2018〕4 号）

中国银监会关于印发银行业金融机构从业人员行为管理指引的通知（银监发〔2018〕9 号）

中国银保监会非银行金融机构行政许可事项实施办法［中国银监会令 2015 年第 6 号公布，根据 2018 年 8 月 17 日《中国银保监会关于废止和修改部分规章的决定》（中国银行保险监督管理委员会令 2018 年第 5 号）修正］

中国银行保险监督管理委员会关于印发银行业金融机构数据治理指引的通知（银保监发〔2018〕22 号）

中国银行保险监督管理委员会令 2018 年第 3 号《商业银行流动性风险管理办法》

中国银行保险监督管理委员会关于印发银行业金融机构联合授信管理办法（试行）的通知（银保监发〔2018〕24 号）

中国银保监会办公厅关于进一步做好信贷工作提升服务实体经济质效的通知（银保监办发〔2018〕76 号）

2018年度财务公司行业受表彰情况

TCL集团财务有限公司

2019年1月，TCL集团财务有限公司获得TCL集团颁发的“2018年度优秀企业”奖项。

百联集团财务有限责任公司

2018年12月12日，百联集团财务有限责任公司在金融时报社主办的“2018中国金融机构金牌榜·金龙奖”评选活动中被评为“年度最佳资金管理财务公司”。

宝钢集团财务有限责任公司

2018年2月，宝钢集团财务有限责任公司荣获上海市总工会颁发的“上海市五一劳动奖状”。

2019年1月，宝钢集团财务有限责任公司被上海证券交易所评为“上交所债券回购优秀参与机构”。

北京汽车集团财务有限公司

2018年12月，北京汽车集团财务有限公司获得中国银保监会颁发的银行业信息科技风险管理课题研究二类成果奖。

本钢集团财务有限公司

2018年6月，本钢集团财务有限公司荣获辽宁省本溪市总工会颁发的“本溪五一劳动奖状”。

兵器装备集团财务有限责任公司

2019年1月，兵器装备集团财务有限责任公司获得中国兵器装备集团有限公司颁发的“2018年度特别贡献奖”。

大同煤矿集团财务有限责任公司

2018年2月，大同煤矿集团财务有限责任公司被大同煤矿集团有限责任公司评为模范单位。

东方集团财务有限责任公司

2018年7月18日，东方集团财务有限责任公司获得中国人民银行哈尔滨中心支行颁发的“黑龙江省金融机构征信系统数据质量工作优秀奖”。

2018年10月8日，东方集团财务有限责任公司被中国人民银行哈尔滨中心支行评为“《黑龙江金融年鉴》2017年度优秀撰稿人”。

2018年12月28日，东方集团财务有限责任公司被中国人民银行哈尔滨中心支行评为“黑龙江省金融机构统计工作先进集体”，员工被评为先进个人。

东风汽车财务有限公司

2018年4月，东风汽车财务有限公司被武汉经济技术开发区管委会、汉南区人民政府评为“2017年度最佳现代服务业企业”。

2018年4月，东风汽车财务有限公司被武汉经济技术开发区管委会、汉南区人民政府评为“2017年度十大纳税企业”。

福建省能源集团财务有限公司

2018年6月1日，福建省能源集团财务有限公司获得福建省国资委颁发的“福建省省管企业先进基层党组织”称号。

2019年2月26日，福建省能源集团财务有限公司获得福建省能源集团有限责任公司党委颁发的2018年度“四好领导班子”称号。

甘肃电投集团财务有限公司

2018年，甘肃电投集团财务有限公司职工书屋被命名为“2018年全国工会职工书屋示范点”。

广东粤电财务有限公司

2018年12月12日，广东粤电财务有限公司在金融时报社主办的“2018中国金融机构金牌榜·金龙奖”评选活动中被评为“年度全国最佳财务公司”。

广西交通投资集团财务有限责任公司

2018年12月2日，广西交通投资集团财务有限责任公司获得广西财政厅颁发的“全区地方金融企业财务报表编报工作先进单位称号”。

广州汽车集团财务有限公司

2018年12月，广州汽车集团财务有限公司获得中国银保监会颁发的银行业信息科技风险管理课题研究三类成果奖。

国电财务有限公司

2018年4月，国电财务有限公司“容融1+1公益社”被首都文明办评为“首都学雷锋志愿服务示范站”。

国投财务有限公司

2018年4月11日，国投财务有限公司获得北京市西城区税务局颁发的“纳税信用A级企业”称号。

2018年12月6日，国投财务有限公司获得北京市西城区颁发的“西城区诚信统计单位”称号。

2018年7月13日，国投财务有限公司获得国投集团“第一批基层示范党支部”称号。

哈尔滨电气集团财务有限责任公司

2018年2月9日，哈尔滨电气集团财务有限公司党支部获得哈电集团2017年度“先进基层党组织”称号。

2018年4月4日，哈尔滨电气集团财务有限公司被哈尔滨市香坊区区委、区政府评为“2017年度香坊区纳税先进单位”。

海尔集团财务有限责任公司

2018年1月31日，海尔集团财务有限责任公司被中国外汇交易中心青岛分中心评为A类会员单位。

海南农垦集团财务有限公司

2018年4月26日，海南农垦集团财务有限公司获得海南省国资委颁发的“2018年海南省国资系统五一劳动奖状”。

航天科工财务有限责任公司

2018年1月，航天科工财务有限责任公司荣获国家版权局授予的“全国版权示范单位（软件正版化）”称号。

河北港口集团财务有限公司

2018年8月，河北港口集团财务有限公司被河北省财政厅评为“2017年度省属金融企业财务决算报表先进单位”。

2018年7月，河北港口集团财务有限公司党支部被河北港口集团评为“2018年度河北港口集团先进基层党支部”。

河北建投集团财务有限公司

2018年6月，河北建投集团财务有限公司获得河北省国资委颁发的“省国资委系统先进基层党组织”称号。

河钢集团财务有限公司

2018年5月，河钢集团财务有限公司获得共青团河钢集团有限公司委员会颁发的“五四青年团支部”称号。

河南能源化工集团财务有限公司

2018年4月13日，河南能源化工集团财务有限公司被郑州市郑东新区管委会评为“诚信纳税百佳企业”。

2018 年 4 月 13 日，河南能源化工集团财务有限公司被郑州市郑东新区管委会评为“经济发展突出贡献百佳企业”。

河南双汇集团财务有限公司

2018 年 12 月，河南双汇集团财务有限公司获得漯河市人民政府颁发的经济发展特殊贡献奖。

红豆集团财务有限公司

2019 年 2 月 1 日，红豆集团财务有限公司获得无锡银保监分局颁发的“2018 年度监管统计工作先进集体优秀奖”称号。

湖北交投集团财务有限公司

2018 年 11 月 29 日，湖北交投集团财务有限公司获得湖北银保监局颁发的湖北银行业“合规伴我行”微电影大赛优胜奖。

2018 年 11 月 29 日，湖北交投集团财务有限公司获得湖北银保监局颁发的“湖北银行业合规征文”活动二等奖。

2019 年 1 月 15 日，湖北交投集团财务有限公司被中国人民银行武汉分行评为 2017—2018 年度反洗钱重点课题研究优秀组织单位。

湖南出版投资控股集团财务有限公司

2018 年 5 月，湖南出版投资控股集团财务有限公司被中国人民银行长沙中心支行评为“2017 年度湖南省金融统计工作先进集体”。

2018 年 8 月，湖南出版投资控集团财务有限公司创建的“团队学习法”获评湖南省委宣传部“湖南省思想政治工作创新案例”。

2018 年 12 月，湖南出版投资控股集团财务有限公司在金融时报社主办的“2018 中国金融机构金牌榜 · 金龙奖”评选活动中被评为“最具成长性财务公司”。

淮南矿业集团财务有限公司

2018 年 5 月 4 日，淮南矿业集团财务有限公司被中国人民银行淮南市中心支行评为“电子商业汇票业务拓展优秀组织单位”。

2018 年 12 月 6 日，淮南矿业集团财务有限公司被安徽省财政厅评为“省属金融企业先进单位”。

江铃汽车集团财务有限公司

2018 年 4 月 19 日，江铃汽车集团财务有限公司获得江西省国家税务局颁发的“2017 年度 A 级纳税信用企业”称号。

2018 年，江铃汽车集团财务有限公司两篇论文分别获得江西省金融学会二等奖、三等奖。

2018 年，江铃汽车集团财务有限公司团总支获得共青团江西省委颁发的“2017 年度全省五四红旗团总支”称号。

江苏凤凰出版传媒集团财务有限公司

2018 年 12 月 27 日，江苏凤凰出版传媒集团财务有限公司被江苏省地方金融监管局、省委宣传部等八个部门联合认定为“江苏省文化金融特色机构”。

江苏华西集团财务有限公司

2018 年 12 月 31 日，江苏华西集团财务有限公司获得江阴市委、市政府颁发的“江阴市重点骨干企业”称号。

江苏交通控股集团财务有限公司

2018 年 5 月 30 日，江苏交通控股集团财务有限公司荣获试点执行人民银行政策评价第一名。

江苏省国信集团财务有限公司

江苏省国信集团财务有限公司被中国人民银行南京分行评为“2018 年度金融统计工作优秀单位”。

京能集团财务有限公司

2018 年 3 月，京能集团财务有限公司领导班子荣获京能集团颁发的 2017 年度突出贡献奖。

2018年12月，京能集团财务有限公司获得中国企业家联合会颁发的北京市现代化管理创新成果一等奖、二等奖。

酒钢集团财务有限公司

2018年12月12日，酒钢集团财务有限公司获得中国人民银行兰州中心支行颁发的"2018年度金融机构统计考核评比三等奖"。

巨化集团财务有限责任公司

2018年，巨化集团财务有限责任公司结算业务部荣获"浙江省三八红旗集体"称号。

连云港港口集团财务有限公司

2018年5月28日，连云港港口集团财务有限公司获得中国人民银行连云港市中心支行颁发的"2017年度连云港市金融统计工作先进集体"称号。

潞安集团财务有限公司

2018年6月26日，潞安集团财务有限公司获得2017年度山西省优秀企业称号。

马钢集团财务有限公司

2018年1月22日，马钢集团财务有限公司获得安徽省国资委颁发的第五届安徽省省属企业文明单位称号。

2018年12月18日，马钢集团财务有限公司获得安徽省外商投资企业协会颁发的2017年度全省外商投资优秀企业称号。

南方电网财务有限公司

2018年11月19日，南方电网财务有限公司"落实南网总纲推进金融企业特色文化建设研究"课题项目获中国电力思想政治工作研究会2017年度优秀研究成果奖。

2018年12月28日，南方电网财务有限公司"财务公司数据综合治理框架研究"获中国银保监会信息科技风险管理课题非银行机构三类成果奖。

2018年9月29日，南方电网财务有限公司在2017年度广东省金融系统综合治理暨平安金融建设工作考评中取得信托等五类机构第四名，受到通报表扬。

内蒙古电力集团财务有限责任公司

2018年9月14日，内蒙古电力集团财务有限责任公司获得内蒙古自治区反洗钱知识竞赛优胜单位奖。

2018年12月，内蒙古电力集团财务有限责任公司在金融时报主办的"2018中国金融机构金牌榜·金龙奖"评选活动中被评为"年度最具成长性财务公司"。

内蒙古伊泰财务有限公司

2018年4月，内蒙古伊泰财务有限公司获得鄂尔多斯市政府颁发的金融改革工作先进单位称号。

青岛港财务有限责任公司

2018年11月12日，青岛港财务有限责任公司被青岛市财政局评为2017年度地方金融企业绩效评价AA级——优秀地方金融企业。

青岛啤酒财务有限责任公司

2018年10月，青岛啤酒财务有限责任公司被青岛市财政局评为2017年度地方金融企业绩效评价AAA级——优秀地方金融企业。

厦门海翼集团财务有限公司

2018年3月29日，厦门海翼集团财务有限公司获得厦门市思明区政府颁发的"纳税大户"称号。

2018年12月11日，厦门海翼集团财务有限公司获得厦门市国资委颁发的"第六届（2016—2017年度）精神文明建设达标单位"称号。

山东晨鸣集团财务有限公司

2018年12月25日，山东晨鸣集团财务有限公司获得中国人民银行济南分行营业管理部颁发的2018年度银行业金融机构统计工作先进集体三等奖。

山东钢铁集团财务有限公司

2018年3月8日，山东钢铁集团财务有限公司获得山东银监局颁发的“进走访”工作先进单位称号。

2018年12月6日，山东钢铁集团财务有限公司获得山东省属企业文明委颁发的“省属企业文明单位”称号。

山东重工集团财务有限公司

2018年9月7日，山东重工集团财务有限公司获得山东省财政厅颁发的省金融企业绩效AA级评价。

2018年12月12日，山东重工集团财务有限公司在金融时报主办的“2018中国金融机构金牌榜·金龙奖”评选活动中被评为“年度最佳风险管理财务公司”。

山西焦煤集团财务有限责任公司

2018年7月1日，山西焦煤集团财务有限责任公司党支部被山西焦煤集团公司授予“示范党支部”称号。

陕西煤业化工集团财务有限公司

2018年3月20日，陕西煤业化工集团财务有限公司被中国人民银行西安分行营业管理部评为“2017年度西安市辖区金融业机构信息管理工作先进单位”。

陕西延长石油财务有限公司

2018年3月20日，陕西延长石油财务有限公司荣获2018年度“陶朱奖”最佳营运资金管理奖重点推荐财务公司。

上海电气集团财务有限责任公司

2018年1月3日，上海电气集团财务有限责任公司获得中国人民银行上海分行颁发的2017年度上海市中资金融机构金融统计工作考核中资法人机构类二等奖。

上海复星高科技集团财务有限公司

2018年1月3日，上海复星高科技集团财务有限公司获得中国人民银行上海分行颁发的2017年度上海市中资金融机构金融统计工作考核中资法人机构类三等奖。

上海华谊集团财务有限责任公司

2018年1月3日，上海华谊集团财务有限责任公司获得中国人民银行上海分行颁发的2017年度上海市中资金融机构金融统计工作考核中资法人机构类二等奖。

2018年6月7日，上海华谊集团财务有限责任公司被中国人民银行上海分行评为2017年度利率监测报备考核优秀机构。

2018年9月，上海华谊集团财务有限责任公司获得上海市总工会颁发的2018年上海质量品牌故事征文三等奖。

上海汽车集团财务有限责任公司

2018年5月28日，上海汽车集团财务有限责任公司在全球客户满意度调查权威机构J. D. Power进行的中国汽车金融满意度调研中，获得“零售信贷”和“库存融资”两个领域均第二的优异成绩。

2018年11月17日，上海汽车集团财务有限责任公司荣获中国汽车“金引擎”奖两大奖项：“最佳汽车金融公司”和“中国汽车金融杰出推动者”。

上海上实集团财务有限公司

2019年1月16日，上海上实集团财务有限公司获得中国人民银行上海分行2018年度上海市中资金融机构金融统计工作考核中资法人机构类二等奖。

上海外高桥集团财务有限公司

2018年3月，上海外高桥集团财务有限公司获得上海市人力资源和社会保障局、上海市总工会、上海市企业联合会、上海市工商业联合会颁发的“上海市和谐劳动关系达标企业”称号。

2018 年 4 月，上海外高桥集团财务有限公司获得上海市浦东新区总工会颁发的“工人先锋号”称号。

2018 年 11 月，上海外高桥集团财务有限公司获得浦东新区建立社会责任体系联席会议办公室颁发的“浦东新区企业社会责任达标企业”称号。

申能集团财务有限公司

2018 年 6 月 14 日，申能集团财务有限公司荣获“温暖金融城 2018 陆家嘴年度公益榜”社会责任实践奖。

2018 年 12 月，申能集团财务有限公司“基于集团碳资产管理的碳金融服务平台建设”项目获得 2017 年上海市企业管理现代化创新成果二等奖。

2018 年 3 月，申能集团财务有限公司课题“基于绿色能源产业的财务公司消费金融系统建设与研究”获得中国银监会颁发的银行业信息科技风险管理课题研究三类成果奖。

深圳能源财务有限公司

2018 年 11 月，深圳能源财务有限公司获得深圳市银行业协会颁发的 2017 年度深圳市银行业社会责任评比“最佳绿色金融奖”。

神华财务有限公司

2018 年 6 月 11 日，神华财务有限公司在中国人民银行征信系统考评中获得满分。

四川长虹集团财务有限公司

2018 年 3 月，四川长虹集团财务有限公司获得“陶朱奖”。

2018 年 3 月，四川长虹集团财务有限公司被四川银监局评为“服务实体经济先进单位”。

2018 年 12 月，四川长虹集团财务有限公司获得绵阳市 2017 年度工业和信息化服务保障先进单位称号。

四川省宜宾五粮液集团财务有限公司

2018 年 9 月 11 日，四川省宜宾五粮液集团财务有限公司获得宜宾市总工会颁发的“宜宾市模范职工之家”称号。

苏州创元集团财务有限公司

2018 年 8 月 1 日，苏州创元集团财务有限公司获得中国人民银行征信中心颁发的 2017 年度征信系统数据质量工作优秀机构称号。

太钢集团财务有限公司

2018 年 5 月 15 日，太钢集团财务有限公司获得中国人民银行太原中心支行 2017 年度“两管理、两综合”综合评价 A 级，太原辖区财务公司第一名。

2018 年 4 月 8 日，在山西银监局 2017 年度案防工作评估中，太钢集团财务有限公司获非银行类第一名。

2018 年 4 月，太钢集团财务有限公司获得山西省企业联合会、山西省企业家协会颁发的 2017 年度“山西省优秀企业”称号。

天津渤海集团财务有限责任公司

2018 年 12 月，天津渤海集团财务有限责任公司获得天津市和平区政府颁发的 2017 年度功勋企业称号。

天津港财务有限公司

2018 年 7 月，天津港财务有限公司获得天津经济技术开发区管理委员会颁发的天津开发区 2017 年度百强企业称号。

天津物产集团财务有限公司

2018 年 1 月 10 日，天津物产集团财务有限公司获得中国人民银行天津分行颁发的天津市金融统计考核三等奖。

2018 年 2 月 26 日，天津物产集团财务有限公司资金结算部获得天津物产集团颁发的“工人先锋号”称号。

2018 年 6 月 25 日，天津物产集团财务有限公司党支部荣获天津物产集团颁发的先进党组织称号。

通用技术集团财务有限责任公司

2018 年 7 月 6 日，通用技术集团财务有限责任公司被中国人民银行征信中心评为“2017 年年度企业征信系统数据质量工作优秀机构”。

2018 年 12 月，通用技术集团财务有限责任公司获得中国银保监会颁发的“企业集团财务公司信息科技突发事件应急处置体系及实践研究”课题三类成果奖。

万向财务有限公司

2018 年 2 月 12 日，万向财务有限公司获得中国银监会浙江银监局办公室颁发的 2017 年度辖内银行业监管统计工作竞赛二等奖。

2018 年 2 月 13 日，万向财务有限公司获得中国银监会浙江监管局办公室颁发的 2017 年度辖内银行业非现场监管报表考核一等奖。

2018 年 3 月 16 日，万向财务有限公司获得中国人民银行杭州中心支行 2017 年度金融机构综合评价 A 级。

物产中大集团财务有限公司

2018 年 2 月，物产中大集团财务有限公司荣获中国银监会浙江监管局颁发的 2017 年度辖内银行业非现场监管报表考核二等奖。

西部矿业集团财务有限公司

2018 年 12 月，西部矿业集团财务有限公司被青海省地方金融监督管理局评为“2017 年度金融繁荣活力”一等奖。

2018 年 12 月，西部矿业集团财务有限公司被西部矿业集团评为“2018 年度先进集体”。

2019 年 1 月，西部矿业集团财务有限公司获得中国银保监会 2018 年信息科技风险管理课题研究三类成果奖。

新奥财务有限责任公司

新奥财务有限责任公司获得廊坊市银行业 2017 年度支持供给侧结构性改革“先进单位”称号。

新凤祥财务有限公司

2018 年 12 月 25 日，新凤祥财务有限公司获得中国人民银行济南分行营业管理部办公室颁发的“2018 年度济南市金融统计工作先进集体”，公司员工被评为“2018 年度济南市金融统计工作先进个人”。

2018 年 12 月 24 日，新凤祥财务有限公司员工获得济南市统计局颁发的“2018 年度济南市金融业统计工作先进个人”。

徐工集团财务有限公司

2018 年 12 月 12 日，徐工集团财务有限公司在金融时报社主办的“2018 中国金融机构金牌榜·金龙奖”评选活动中被评为“年度最佳财务公司”。

阳泉煤业集团财务有限责任公司

2018 年 6 月，阳泉煤业集团财务有限责任公司荣获山西省企业联合会、山西省企业家协会授予的“二〇一七年度山西省优秀企业”称号。

2018 年 7 月，阳泉煤业集团财务有限责任公司荣获阳泉市矿区劳动竞赛委员会、阳泉市矿区总工会授予的“阳泉市矿区二〇一七年先进单位”称号。

一汽财务有限公司

2018 年 11 月 21 日，一汽财务有限公司在中国金融出版社主办的“中国金融年度品牌案例大赛”中获得“中国金融年度品牌大奖”及“品牌体验年度案例奖”。

2019 年 1 月，一汽财务有限公司获得上海票据交易所颁发的 2018 年度优秀科技工作机构称号。

云南建投集团财务有限公司

2018 年 4 月 26 日，云南建投集团财务有限公司获得云南省总工会颁发的云南省“五一”劳动奖状。

云南昆钢集团财务有限公司

2018 年 4 月 24 日，云南昆钢集团财务有限公司获得云南省总工会颁发的“五一巾帼标兵岗”称号。

云南冶金集团财务有限公司

2018 年 6 月 7 日，云南冶金集团财务有限公司结算部获云南省“青年文明号”称号。

2018 年 7 月 5 日，云南冶金集团财务有限公司职工代表云南冶金集团参加云南省“中国梦·劳动美”职工演讲比赛，获优秀奖。

2018 年 7 月 6 日，云南冶金集团财务有限公司获得云南省财务报表工作评比“省级地方金融企业优秀单位”称号。

浙江省交通投资集团财务有限责任公司

2019 年 1 月，浙江省交通投资集团财务有限责任公司获得浙江银保监局 2018 年度杭州辖内银行业金融机构非现场监管报表考核三等奖。

2019 年 1 月，浙江省交通投资集团财务有限责任公司获得浙江银保监局 2018 年度杭州辖内银行业监管统计工作竞赛三等奖。

中车财务有限公司

2018 年 8 月，中车财务有限公司荣获中国中车集团有限公司颁发的“中国中车第三届企业管理创新成果”三等奖。

2018 年 12 月，中车财务有限公司在金融时报社主办的“2018 中国金融机构金牌榜·金龙奖”评选活动中被评为“年度最佳财务公司”。

2019 年 1 月，中车财务有限公司荣获中国中车集团有限公司颁发的“二〇一八年度突出贡献奖”。

中船财务有限责任公司

2018 年 4 月 2 日，中船财务有限责任公司获得 2017 年浦东新区金融业突出贡献奖。

中船重工财务有限责任公司

2018 年 1 月 25 日，中船重工财务有限责任公司获得集团公司“2017 年度经营贡献单项奖”。

2018 年 12 月 21 日，中船重工财务有限责任公司组织撰写的《企业集团“票据池”体系构建与实施》一文获评国防科技工业企业管理创新成果三等奖、获评集团公司 2018 年管理创新成果二等奖、获评集团团委青年创新创效铜奖。

中广核财务有限责任公司

2018 年 5 月，中广核财务有限责任公司“开发性金融创新机制，支持核电等高端产业‘走出去’”项目荣获 2017 年度深圳市金融创新奖优秀奖。

2018 年 2 月 28 日，中广核财务有限责任公司被评为“福田区纳税百强企业”。

中国大唐集团财务有限公司

2018 年 4 月，中国大唐集团财务有限公司获得首都精神文明建设委员会颁发的“2015—2017 年度首都文明单位”称号。

2018 年 11 月，中国大唐集团财务有限公司在中国金融出版社主办的中国金融年度品牌案例大赛中获得“企业文化建设年度案例”奖项。

2018 年 12 月，中国大唐集团财务有限公司在金融时报社主办的“2018 中国金融机构金牌榜·金龙奖”评选活动中被评为“年度最佳风险管理财务公司”。

中国电建集团财务有限责任公司

2018 年 6 月 1 日，中国电建集团财务有限责任公司获得中国财务公司协会颁发的最佳履行环保责任奖。

中国电力财务有限公司

2018年3月13日，中国电力财务有限公司被首都精神文明委员会授予“首都文明单位标兵”称号；中国电力财务有限公司华北分公司被首都精神文明建设委员会授予“首都文明单位”称号。

2018年5月，中国电力财务有限公司华东分公司获得上海市企业诚信创建活动组委会“五星级”诚信创建企业称号。

中国电子财务有限责任公司

2018年1月，中国电子财务有限责任公司被北京市海淀区交通安全委员会评为2017年度海淀区交通安全先进单位。

中国石化财务有限责任公司

2018年11月21日，中国石化财务有限责任公司在中国金融出版社主办的“中国金融年度品牌案例大赛”中获得“中国金融品牌营销年度案例奖”。

2018年9月10日，中国石化财务有限责任公司获得中国石化集团公司颁发的第27届管理现代化创新成果二等奖。

2018年7月9日，中国石化财务有限责任公司被中国人民银行征信中心评为2017年度企业征信系统数据质量工作优秀机构。

中国铁建财务有限公司

2018年3月，中国铁建财务有限公司荣获“2015—2017年度首都文明单位”称号。

2018年12月，中国铁建财务有限公司在金融时报社主办的“2018中国金融机构金牌榜·金龙奖”评选活动中被评为“年度最佳服务财务公司”。

中国铁路财务有限责任公司

2018年12月，中国铁路财务有限责任公司在金融时报社主办的“2018中国金融机构金牌榜·金龙奖”评选活动中被评为“年度最具成长性财务公司”。

2018年12月，中国铁路财务有限责任公司被北京市海淀区统计局评为“2018年度海淀区统计工作先进单位”。

中国移动通信集团财务有限公司

2018年12月6日，中国移动通信集团财务有限公司被北京市西城区统计局评为“2018年西城诚信统计单位”。

2018年12月18日，中国移动通信集团财务有限公司获得中国移动通信集团有限公司颁发的“优秀财务基础工作”二等奖。

2018年12月21日，中国移动通信集团财务有限公司获得中国移动通信集团有限公司颁发的2018年度思想政治工作研究成果论文优秀奖。

中国重汽财务有限公司

2018年2月，中国重汽财务有限公司申报的《大型企业集团以“四个资金池”为依托的境内外资金管理》荣获第二十四届全国企业管理现代化创新成果一等奖，该奖项为中国最高级别的企业管理创新奖。

2018年12月29日，中国重汽财务有限公司被评为2018年度济南市文明单位。

中海石油财务有限责任公司

2018年，中海石油财务有限责任公司员工被中国人民银行征信中心评为“2017年度企业征信系统数据质量工作优秀个人”。

中航工业集团财务有限责任公司

2018年4月，中航工业集团财务有限责任公司获得航空工业集团颁发的首届青年创新奖“优秀奖”。

中核财务有限责任公司

2018年12月，中核财务有限责任公司获得中核集团公司颁发的“2017年度财务决算先进单位”称号。

2018年7月，中核财务有限责任公司获得国家税务总局北京市税务局颁发的“2017年度纳税信用A级企业”称号。

2018年6月，中核财务有限责任公司获得中核集团公司规划发展部颁发的“2017年度统计与经济运行分析工作先进单位”、员工获得“2017年度统计与经济运行分析工作先进个人”称号。

中化集团财务有限责任公司

2018年3月20日，中化集团财务有限责任公司获得第六届陶朱奖“最佳财务公司奖”。

2018年10月，中化集团财务有限责任公司获2017年度纳税信用评级A级。

中建财务有限公司

2018年5月，中建财务有限公司被北京银监局评为“非现场监管统计工作C类”（三等奖）。

2018年7月，中建财务有限公司被中国人民银行评为“北京市金融机构调查统计考评A类企业”。

中交财务有限公司

2018年7月6日，中交财务有限公司荣获中国人民银行征信中心“2017年度征信系统数据质量工作优秀机构”称号。

中联重科集团财务有限公司

2018年3月30日，中联重科集团财务有限公司获得中国银监会湖南监管局颁发的2017年度湖南省金融机构监管统计工作先进集体三等奖。

中铝财务有限责任公司

2018年7月，中铝财务有限责任公司荣获中铝集团“2017年度财务决算暨会计管理优秀企业”称号。

2018年10月，中铝财务有限责任公司被中铝集团评为法治建设先进单位。

2018年10月，中铝财务有限责任公司荣获“2018年度行业数据统计优秀单位”称号。

中铁财务有限责任公司

2018年3月20日，中铁财务有限责任公司荣获EuroFinance颁发的“陶朱奖”——“最佳全球和/或本地银行解决方案”重点推荐企业奖。

2018年4月8日，中铁财务有限责任公司员工获得全国总工会颁发的火车头奖章。

2018年10月18日，中铁财务有限责任公司获得中国中铁党委颁发的“四好班子”荣誉称号。

中兴通讯集团财务有限公司

2018年4月2日，中兴通讯集团财务有限公司获得中国人民银行深圳市中心支行颁发的2017年度深圳市银行业机构金融统计工作考评一等奖。

中油财务有限责任公司

2018年12月12日，中油财务有限责任公司在金融时报社主办的“2018中国金融机构金牌榜·金龙奖”评选活动中被评为“2018年度最佳财务公司”。

忠旺集团财务有限公司

2018年11月29日，忠旺集团财务有限公司获得大连市金融发展局颁发的金融奖励。

2018年度财务公司履行社会公益情况

宝钢集团财务有限责任公司

2018年9月，宝钢集团财务有限责任公司员工参加义务献血活动。

宝塔石化集团财务有限公司

2018年6月2日，宝塔石化集团财务有限公司同宁夏音乐广播台组织开展大型扶贫公益项目“点亮梦想音乐公益教室”。

保利财务有限公司

2018年10月17日，保利财务有限公司开展国家扶贫日捐书活动。

北京金隅财务有限公司

2018年，按照北京市委组织部、宣传部、市慈善协会的部署，北京金隅财务有限公司“七一”期间组织党员参加“共产党员献爱心”捐献活动。

北京首农食品集团财务有限公司

2018年7月27日，北京首农食品集团财务有限公司全体党员、入党积极分子落实“共产党员献爱心”捐献活动，共计捐款1980元。

兵工财务有限责任公司

2018年，兵工财务有限责任公司向黑龙江省甘南县定点扶贫捐赠20万元。

兵器装备集团财务有限责任公司

2018年，兵器装备集团财务有限责任公司投入240万元社会公益事业经费，定点扶贫云南省泸西县和砚山县，其中，泸西县120万元用于开展真情兵装项目，砚山县120万元用于建设5间“兵财多媒体教室”。

2018年，兵器装备集团财务有限责任公司组织34名干部员工捐款共计43500元，继续开展与泸西县贫困孩子一对一、一对多或多对一结对子，帮助他们完成学业。

诚通财务有限责任公司

2018年，诚通财务有限责任公司四次前往扶贫村检查扶贫工作开展情况，将精准扶贫落到实处。

大连港集团财务有限公司

2018年7月19日，大连港集团财务有限公司和星海湾街道龙江路社区共同承办以“打击洗钱犯罪、防范非法集资、维护金融秩序”为主题的金融知识普及宣传活动。

2018年9月29日，大连港集团财务有限公司联合大连海洋大学中新合作学院，以“了解防范洗钱风险”为主题开展了“送金融知识进校园”活动。

2018年10月30日，大连港集团财务有限公司开展了反洗钱义务宣传活动。

大同煤矿集团财务有限责任公司

2018年2月9日，大同煤矿集团财务有限责任公司党员代表慰问部分困难员工家属。

2018年3月15日，大同煤矿集团财务有限责任公司组织公司青年志愿者开展3·15“金融消费者权益日”宣传活动。

2018年10月19日，大同煤矿集团财务有限责任公司党员代表为孤寡老人送去了冬储蔬菜。

东方电气集团财务有限公司

2018年12月7日，东方电气集团财务有限公司为四川省甘孜州稻城县吉乙三村援建16套太阳能路灯。

东风汽车财务有限公司

2018年5月，东风汽车财务有限公司积极响应十堰银监分局倡议，出资40万元定向捐赠援助竹溪县新州镇孟家渠村产业扶贫项目。

2018年7月6日，东风汽车财务有限公司在十堰银监局举行捐赠仪式。

2018年6月，东风汽车财务有限公司响应“东风润苗行动”号召，出资100万元援建咸宁市通山县青山城希望学校项目。

福建省能源集团财务有限公司

2018年7月23日，福建省能源集团财务有限公司向福建省能源集团特困职工子女助学基金捐赠5万元。

2018年12月20日，福建省能源集团财务有限公司向福建省能源集团重大医疗互助基金捐赠5万元。

广东省广晟财务有限公司

2018年2月11日，广东省广晟财务有限公司赴荣华村开展2018年精准扶贫春节慰问活动。

广东省交通集团财务有限公司

2018年6月30日，广东省交通集团财务有限公司在广东扶贫济困日活动中向广东省慈善总会捐款600万元。

广东粤电财务有限公司

2018年6月26日，广东粤电财务有限公司参加广东省扶贫济困日活动，进行“关爱贫困人口，助力脱贫攻坚”募捐。

广州汽车集团财务有限公司

2018年8月6日，广州汽车集团财务有限公司通过决议，2018年共捐赠10万元用于清远白石村油茶基地的基础设施建设。

国电财务有限公司

2018年3月24日，国电财务有限公司容融1+1公益社组织开展“点亮蓝灯放飞希望”关爱自闭症儿童主题公益活动。

国机财务有限责任公司

2018年9月7日，国机财务有限责任公司将23万元扶贫资金捐至河南省固始县。

国联财务有限责任公司

2018年12月25日，国联财务有限责任公司全体干部职工积极响应国联集团工会关于“送温暖、献爱心”慈善捐助活动的号召，向无锡市慈善总会捐款共计2200元。

国投财务有限公司

2018年2月，国投财务有限公司员工集体捐款9.34万元，对口帮扶甘肃省合水县。

2018年3月16日，国投财务有限公司开启“寻雷锋足迹、扬志愿精神”系列支教活动。

哈尔滨电气集团财务有限责任公司

2018年12月14日，哈尔滨电气集团财务有限责任公司开展帮扶云南文山贫困学生的助学活动，共收集帮扶资金5400元，衣物、书籍、文具等帮扶物资共计356件。

海马财务有限公司

2018年11月16日，海马财务有限公司开展万宁市北大镇北大村扶贫活动。

海南农垦集团财务有限公司

2018年1月12日，海南农垦集团财务有限公司开展向省残联和省残联基金会捐款活动。

2018年2月3日，海南农垦集团财务有限公司董事长、总经理陪同集团领导，深入荣光、毛公山农场公司慰问困难职工及老党员家庭。

2018年9月28日，海南农垦集团财务有限公司在白沙门开展“做环保不能少我一个”环境清理志愿活动。

航天科工财务有限责任公司

2018年，航天科工财务有限责任公司积极参与中国航天科工集团有限公司扶贫项目，通过消费扶贫和自发捐款形式向公司定点扶贫县云南省昆明市东川区、曲靖市富源县提供支持，涉及金额3.5万余元。

2018年3月9日，航天科工财务有限责任公司武汉分公司全体员工在工会的组织带领下，前往武汉市江夏区座山开展植树活动。

航天科技财务有限责任公司

2018年1月18日，航天科技财务有限责任公司捐赠40万元用于支持洋县书院初中创客教室、洋县南街小学机器人教室和洋县槐树关镇中心小学录播教室三个建设项目，促进贫困县教育事业发展。

河北港口集团财务有限公司

2018年3月，河北港口集团财务有限公司开展诚信文化教育和诚信专题宣传周活动。

河北建投集团财务有限公司

2018年6月20日，河北建投集团财务有限公司领导班子赴公司扶贫点开展扶贫慰问活动。

湖北交投集团财务有限公司

2018年5月4日，湖北交投集团财务有限公司在马鞍山森林公园附近组织了“礼让斑马线，文明我先行”活动。

2018年10月14日，湖北交投集团财务有限公司开展以“关爱未成年人·情系祖国未来”为主题的未成年人宣传教育活动。

2018年10月25日，湖北交投集团财务有限公司走进武汉市汉阳区社会福利院，开展以“孝老爱亲”为主题的关爱三无老人的活动。

2018年11月2日，湖北交投集团财务有限公司开展以“金秋助学”为主题的捐赠贫困优秀学生活动。

湖南出版投资控股集团财务有限公司

2018年，湖南出版投资控股集团财务有限公司积极对接湖南省永州市新田县梧村贫困户，班子成员先后两次赴当地开展实地扶贫工作，切实做好教育、产业、经济扶贫帮扶。

湖南高速集团财务有限公司

2018年9月21日，湖南高速集团财务有限公司党支部组织党员、员工前往国家级贫困村张家界市慈利县阳和乡三溪村开展“基准扶贫，你我同行”主题党日活动。

2018年，湖南高速集团财务有限公司向湖南大学捐赠教育基金3万元。

湖南华菱钢铁集团财务有限公司

2018年11月13日，湖南华菱钢铁集团财务有限公司党支部及工会一起对龙山县茅坪乡茶园坪村贫困户开展定点扶贫工作，走访慰问贫困户并对贫困人员进行资金资助。

淮南矿业集团财务有限公司

2018年9月18日，淮南矿业集团财务有限公司开展2018年第五届国家网络安全宣传周宣传活动。

2018年9月21日，淮南矿业集团财务有限公司开展反洗钱集中宣传活动。

江铃汽车集团财务有限公司

2018年3月15日，江铃汽车集团财务有限公司开展消费者权益保护宣传进企业、进社区、进经销商活动。

2018年5月6日，江铃汽车集团财务有限公司开展绿色健步行活动。

2018年中秋前夕，江铃汽车集团财务有限公司前往仙亭村慰问帮扶对象。

江苏凤凰出版传媒集团财务有限公司

2018年6月13日，江苏凤凰出版传媒集团财务有限公司开展“防范非法集资风险”宣传活动。

2018年12月18日，江苏凤凰出版传媒集团财务有限公司开展“反洗钱”宣传活动。

江苏交通控股集团财务有限公司

2018年7月4日，江苏交通控股集团财务有限公司赴沭阳县茆圩乡厚邱村、万匹乡大房村开展扶贫慰问活动。

江苏省国信集团财务有限公司

2018年，江苏省国信集团财务有限公司分两次自发捐款资助革命老区江苏省泗洪县天岗湖乡20名贫困学生。

晋煤集团财务有限公司

2018年7月14日晋煤集团财务有限公司到晋城市南村开展“主题党日+送金融知识进农村”服务月活动。

联通集团财务有限公司

2018年9月13日，联通集团财务有限公司与北京公益服务发展促进会合作，参加了促进会发起的“西部温暖计划”行动。

马钢集团财务有限公司

2018年9月26日，马钢集团财务有限公司开展“扶贫日”募捐活动。

南方电网财务有限公司

2018年10月19日，南方电网财务有限公司组织开展“扶贫济困，你我同行”扶贫日捐赠活动。

2018年6月1日，南方电网财务有限公司开展主题党日捐资助学活动，为黔南布依族苗族自治州惠水县辉岩民族小学送去14套爱心书柜。

青岛港财务有限责任公司

2018年7月21日，青岛港财务有限责任公司营业部践行“青年文明号”结对帮扶行动，前往青岛市黄岛区大场镇丁家大庄村，为贫困户送去慰问金及生活物资。

青岛啤酒财务有限责任公司

2018年3月13日，青岛啤酒财务有限责任公司积极响应国家环境保护的号召和青岛市“青岛是我家，绿色靠大家”的倡议，组织员工开展义务植树活动，向青岛市李沧区白泥地公园捐赠种植了抗盐碱的多类型树苗。

2018年10月15日，青岛啤酒财务有限责任公司向对口帮扶的贵州贫困地区孩子捐赠了学习用品。

日照港集团财务有限公司

2018年3月15日，日照港集团财务有限公司开展进社区金融消费者权益日反洗钱宣传活动。

2018年4月20日，日照港集团财务有限公司开展进社区环境整治活动。

2018年5月24日，日照港集团财务有限公司开展防范非法集资宣传月活动。

2018年8月19日，日照港集团财务有限公司开展碧海志愿行动。

2018年10月26日，日照港集团财务有限公司开展志愿帮扶活动。

三峡财务有限责任公司

2018年10月24日，三峡财务有限责任公司向云南省巧家县一中贫困学子献爱心。

厦门海翼集团财务有限公司

2018年5月17日，厦门海翼集团财务有限公司党支部前往深田社区居委会手把手教老人用手机。

2018年9月14日，厦门海翼集团财务有限公司党支部举办了“中秋暖人心，爱在福利院”志愿活动，走进厦门市第二福利院，看望慰问福利院老人。

2018年12月2日，厦门海翼集团财务有限公司全体员工前往环岛路沿线开展“垃圾分类不落地”主题党日活动暨志愿者服务活动。

山东能源集团财务有限公司

2018年5月17日，山东能源集团财务有限公司开展以扶贫济困为主题的“慈心一日捐”活动。

山东省商业集团财务有限公司

2018年3月，山东省商业集团财务有限公司向山东省鲁信公益基金会捐款200万元。

山东招金集团财务有限公司

2018年5月3日，山东招金集团财务有限公司与山东工商学院联合成立实习基地。

山东重工集团财务有限公司

2018年9月22日，山东重工集团财务有限公司与爱心驿站志愿者来到双泉镇龙湾小学，举行了“情系中秋快乐成长”——龙湾小学·山重财司·爱心驿站联谊仪式。

山西焦煤集团财务有限责任公司

2018年7月，山西焦煤集团财务有限责任公司开展反洗钱宣传活动。

2018年7月，山西焦煤集团财务有限责任公司开展“普及金融知识万里行”活动。

陕西煤业化工集团财务有限公司

2018年，陕西煤业化工集团财务有限公司对安康市汉阴县城关镇新星村两户对口帮扶户进行不定期现场慰问、寄送学习用品等多种形式的教育扶贫。

陕西投资集团财务有限责任公司

2018年5月4日，陕西投资集团财务有限责任公司开展“五四”青年节生态保护志愿服务活动。

2018年9月21日，陕西投资集团财务有限责任公司开展“心系空巢老人，爱撒浓情中秋”慰问贫困孤寡空巢老人活动。

商飞集团财务有限责任公司

2018年5月11日，商飞集团财务有限责任公司筹备组开展大飞机爱心捐款活动。

上海电气集团财务有限责任公司

2018年12月21日，上海电气集团财务有限责任公司参加上海电气集团开展的“献爱心，一日捐”活动，并捐款人民币10万元。

上海华谊集团财务有限责任公司

2018年7月18日，上海华谊集团财务有限责任公司组织开展“阳光益行，助学圆梦”爱心捐助活动。

上海汽车集团财务有限责任公司

2018年5月，上海汽车集团财务有限责任公司组织“捐一缕书香，献一片真情”图书捐赠活动，为希望小学学生捐赠图书，共收到公司员工热心捐助的近200本图书。

上海上实集团财务有限公司

2018年5月13日，上海上实集团财务有限公司连续三年参加中华义工联合会上海分会、上海汇添富公益基金等单位主办的“关爱自闭症，走近小雨人”全国助残日爱心义卖活动。

2018年8月10日和8月16日，上海上实集团财务有限公司开展了为期两天的“小小金融家”夏令营活动。

上海外高桥集团财务有限公司

2018年5月28日，上海外高桥集团财务有限公司开展“防范非法集资·维护金融稳定”公益宣传活动。

2018年11月13日，上海外高桥集团财务有限公司参与“CPR + AED急救知识培训”活动。

2018年11月15日，上海外高桥集团财务有限公司参与自贸区消防演练活动。

上海文化广播影视集团财务有限公司

2018 年 1 月 5 日，上海文化广播影视集团财务有限公司开展爱心一日捐活动，凝聚员工爱心的善款将用于对困难职工的帮扶。

2018 年 3 月 8 日，上海文化广播影视集团财务有限公司携手申能集团财务有限公司共庆国际妇女节。

2018 年 10 月 28 日，上海文化广播影视集团财务有限公司开展反洗钱宣传，发挥 SMG 媒体的平台优势，通过微信公众号、宣传展板等形式对集团成员单位和社会公众宣传反洗钱知识。

申能集团财务有限公司

2018 年 9 月 20 日，申能集团财务有限公司党工团志愿队远赴青海，开展“爱心电脑捐赠”活动，将助学公益落到实处。

2018 年 7 月 16 日上午，申能集团财务有限公司党总支组织开展主题党日活动，围绕学习先进典型、发挥先锋模范作用，号召全体党员一同走进上海乐缘养老院进行志愿服务。

2018 年 6 月 14 日，申能集团财务有限公司荣获“温暖金融城 2018 陆家嘴年度公益榜”社会责任实践奖。

神华财务有限公司

2018 年 11 月 2 日，神华财务有限公司第一党支部与农行大客户部党总支赴山西游邀小学开展“神华财务·农业银行携手爱心行动”。

四川长虹集团财务有限公司

2018 年 6 月 21 日，四川长虹集团财务有限公司组织古井社区扶贫。

2018 年 9 月 8 日，四川长虹集团财务有限公司组织凉山州昭觉县扶贫。

四川省宜宾五粮液集团财务有限公司

2018 年 9 月 3 日，四川省宜宾五粮液集团财务有限公司在兴文县青山岩村开展“以购代捐”帮扶活动。

太钢集团财务有限公司

2018 年 9 月 20 日，太钢集团财务有限公司开展“金融知识进万家”宣传服务月活动。

天津物产集团财务有限公司

2018 年 4 月 3 日，天津物产集团财务有限公司党支部、团支部联合大同道社区共同开展“学雷锋，进社区”活动，针对外来务工人员及其子女进行帮扶捐赠。

2018 年 6 月 21 日，天津物产集团财务有限公司党支部、团支部联合大同道社区共同开展“清凉夏日”爱心活动，慰问社区内环卫工人。

铜陵有色金属集团财务有限公司

2018 年底，铜陵有色金属集团财务有限公司向困难职工“送温暖、献爱心”，捐款 20 万元，员工个人捐款合计 3320 元。

万向财务有限公司

2018 年 11 月 20 日，万向财务有限公司开展“送温暖献爱心”捐款活动。

五矿集团财务有限责任公司

2018 年 8 月 27 日，五矿集团财务有限责任公司参加五矿集团公司与中国扶贫基金会联合举办的助学活动“五矿筑梦计划”和“五矿凌云计划”，共计为九名贫困学生提供爱心资助。

物产中大集团财务有限公司

2018 年 4 月 15 日，物产中大集团财务有限公司举办了“物产中大蓝天使”志愿服务队生态环保毅行活动。

2018 年 2 月 27 日，物产中大集团财务有限公司组织“进社区，挂灯笼”社区服务活动。

2018 年 6 月 14 日，物产中大集团财务有限公司参加 2018 年物产中大集团员工爱心献血活动。

西部矿业集团财务有限公司

2018年9月13日，西部矿业集团财务有限公司携手青海银行开展“送金融知识进厂矿”宣传活动。

新希望财务有限公司

2018年5月，新希望财务有限公司对甘孜州新龙县小学学生进行学习物资捐赠。

2018年10月，新希望财务有限公司开展暖冬行动，对新龙县敬老院老人进行慰问捐赠。

徐工集团财务有限公司

2018年3月17日，徐工集团财务有限公司组织全体员工在徐州市国家AAAA级云龙山景区附近开展了植树节公益活动。

2019年9月18日，徐工集团财务有限公司参加以“点亮梦想·逐梦飞翔”为主题的第三季徐工希望小学微心愿活动。

2018年11月10日，徐工集团财务有限公司积极发动全体员工参与中共徐州市总工会机关委员会组织开展的一年一度的“一日捐”活动。

阳泉煤业集团财务有限责任公司

2018年12月，阳泉煤业集团财务有限责任公司组织员工开展“送温暖、献爱心”活动，共捐款2230元。

一汽财务有限公司

2018年6月13日—14日，一汽财务有限公司开展“6·14信用记录关爱日”宣传活动。

2018年6月，一汽财务有限公司开展守住“钱袋子”金融知识普及活动。

2018年6月—11月，一汽财务有限公司开展征信知识年度宣传活动。

粤海集团财务有限公司

2018年10月24—25日，粤海集团财务有限公司领导班子带队前往粤海控股集团对口驻村扶贫点清远连州市东陂镇东陂村，进行上门慰问帮扶，给贫困户家庭、贫困学生送去生活用品及学习用品。

云南建投集团财务有限公司

2018年6月，云南建投集团财务有限公司参与送温暖活动，捐助集团公司帮扶项目20000元。

云南昆钢集团财务有限公司

2018年6月30日，云南昆钢集团财务有限公司参加“昆钢公司直属机关党委纪念七一暨2018年义务植树活动”。

2018年4月26日，云南昆钢集团财务有限公司开展2018年“挂包帮”“转走访”回访工作，履行扶贫责任。

浙江省交通投资集团财务有限责任公司

2018年，浙江省交通投资集团财务有限责任公司职工自发前往杭州市滨江区丹枫社区义务教授社区小孩老人软笔书法12次。

中车财务有限公司

2018年6月，中车财务有限公司向对口帮扶县捐赠扶贫款45.9万元。

中广核财务有限责任公司

2018年9月19日，中广核财务有限责任公司响应深圳市减灾救灾联合会号召，减轻超强台风“山竹”给深圳街道带来的严重伤害，组织开展志愿者活动，清除被台风刮倒的大量树枝树干。

2018年10月13日，中广核财务有限责任公司为响应2018年世界环境日“人人参与创建绿色家园”主题，在梅林绿道举办环保服务活动。

2018年全年，中广核财务有限责任公司累计向贫困地区捐款65.24万元，在农业项目扶持和教育投入方面双管齐下，既解决提高中短期贫困家庭收入问题，又花大力气从提高家庭教育水平方面提升区域的发展能力。

中国电建集团财务有限责任公司

2018年9月8日，中国电建集团财务有限责任公司参加电建人闪耀2018年“善行者”善款募捐50公里徒步挑战赛北京站比赛。

中国电力财务有限公司

2018年3月28日，中国电力财务有限公司团支部组织开展“青春光明行——为太阳村孤儿院开展募捐”活动，组织团员青年赴北京顺义太阳村募捐衣物、书籍等，并与孩子们进行了交流。

2018年10月8日至11月12日，中国电力财务有限公司华东分公司参与“2018年上海市进博会志愿者值守工作”累计112人次。

2018年，中国电力财务有限公司华中分公司党、政、工、团联合全体员工与武汉大学学生资助管理中心一起成立“中国电财（华中）助学金”。

中国电子财务有限责任公司

2018年12月28日，中国电子财务有限责任公司捐赠扶贫款60万元。

中国电子科技财务有限公司

2018年，中国电子科技财务有限公司积极参与中国电科陕西省绥德县定点帮扶公益项目，累计捐献5万元。

中国华电集团财务有限公司

2018年2月9日，中国华电集团财务有限公司开展春节敬老慰问活动。

2018年10月17日，中国华电集团财务有限公司开展重阳节送温暖活动。

中国化工财务有限公司

2018年11月23日，中国化工财务有限公司出资人民币20万元用于古浪县扶贫项目。

中国建材集团财务有限公司

2018年10月24日，中国建材集团财务有限公司向“善建公益”基金捐款25万元。

2018年12月6日，中国建材集团财务有限公司向石台县矶滩中心学校捐赠图书168册，价值5000元。

中国石化财务有限责任公司

2018年6月1日，中国石化财务有限责任公司山东分公司开展“关爱自闭症儿童六一暖心”活动。

2018年6月6日，中国石化财务有限责任公司南京分公司开展“关爱孤儿，温暖童心”福利院爱心公益活动。

中国一拖集团财务有限责任公司

2018年2月23日，中国一拖集团财务有限责任公司40名员工向国机爱心基金注入捐款8531元。

2018年3月17日、2018年12月4日，中国一拖集团财务有限责任公司走入一拖集团厂区进行“宪法”“非法集资”“金融知识进万家”和“征信”宣传活动。

中国移动通信集团财务有限公司

2018年4月10日，中国移动通信集团财务有限公司开展“走近自闭症儿童用爱守护折翼天使”学雷锋志愿服务活动，捐赠儿童书籍、文具等，并与自闭症儿童共同进行美术创作、融合教育等益智康复活动。

中国重汽财务有限公司

2018年春节前夕，中国重汽财务有限公司开展“青春扶贫益暖齐鲁”活动。

2018年8月，中国重汽财务有限公司开展“浓情热血，大爱重汽”无偿献血活动。

2018年12月，中国重汽财务有限公司团支部组织五名青年团员参加了《全国文明城市测评调查问卷》入户调查活动和龙奥社区东荷苑卫生清理志愿服务。

中海集团财务有限责任公司

2018年6月5日，中海集团财务有限责任公司举行“奉献爱心助力脱贫”捐款活动。

中航工业集团财务有限责任公司

2018年5月29日，中航工业集团财务有限责任公司赴贵州省紫云县猴场打哈小学开展“牵手六一、爱心校服”关爱儿童活动。

2018年5月19日，中航工业集团财务有限责任公司赴怀柔植树基地开展户外拓展与植树活动。

2018年5月24日下午，中航工业集团财务有限责任公司西安分公司参加浐灞生态区金融园办组织开展的扶贫帮困活动，获得“扶贫攻坚爱心企业”称号。

中核财务有限责任公司

2018年12月，中核财务有限责任公司向核工业特困救助基金捐款300万元。

2018年12月，中核财务有限责任公司向彭士禄核动力创新基金捐款15万元。

中化工程集团财务有限公司

2018年9月，中化工程集团财务有限公司向甘肃省华池县购买特产给员工发放中秋福利，开展消费扶贫活动。

2018年9月14日，中化工程集团财务有限公司结对帮扶小组为帮扶对象购买月饼，开展中秋慰问活动。

2018年，中化工程集团财务有限公司结对帮扶小组共为帮扶对象提供5600元助学金。

中化集团财务有限责任公司

2018年，中化集团财务有限责任公司积极动员和鼓励广大员工参与中化集团“圆梦行动”，帮助对口支援地区贫困学生，向集团对口支援的内蒙古林西和阿旗、青海德令哈、西藏等地区贫困学子伸出援手。

中建财务有限公司

2018年6月19日，中建财务有限公司组织员工捐衣扶贫，共募集过冬衣物11箱，捐赠给国家贫困县林西县官地村民手中。

中交财务有限公司

2018年，中交财务有限公司投入专项资金30万元，用于云南省怒江州泸水县扶贫。

中节能财务有限公司

2018年7月16日，中节能财务有限公司开展“春苗扶助”工作，为对口帮扶的河南省嵩县石场村贫困家庭开展捐款、捐物及结对子等帮扶活动。

中铝财务有限责任公司

2018年4月、12月，中铝财务有限责任公司积极响应上级党委教育扶贫号召，组织开展“大手拉小手一起向前走”青年志愿活动，结合打工子弟学校的特点，为学生们讲授“创意贴图手工课”等。

2018年7月，中铝财务有限责任公司积极参与上级党委组织的“两地四城”联动的“爱心驿站”教育扶贫志愿服务活动，将教育扶贫、志愿助学的范围拓展到了云南，携手云南迪庆有色金属有限责任公司共筑“格咱完小·爱心驿站”。

2018年，中铝财务有限责任公司积极响应上级工会部署，探索扶贫新方向，组织干部员工参与青海省海晏县“心连心、手拉手”结对帮扶困难学生活动。

中煤财务有限责任公司

2018年10月17日，中煤财务有限责任公司参加中煤集团2018年“扶贫日”现场捐款活动。

中铁财务有限责任公司

2018年6月30日，中铁财务有限责任公司派员参加“社区英雄为爱行走”大型徒步公益活动。

中信财务有限公司

2018年3月25日，中信财务有限公司团支部与中信集团部分其他京内子公司团组织联合开展“走进中国尊，温暖建设者”学雷锋志愿活动。

中冶集团财务有限公司

2018年3月13日，中冶集团财务有限公司开展“学雷锋志愿服务”活动。

珠海格力集团财务有限责任公司

2018年8月22日，珠海格力集团财务有限责任公司志愿者代表到珠海市遵义医学院第五附属医院探望慰问肌力“渐冻人”彭灿生。

2018年8月31日，珠海格力集团财务有限责任公司志愿者代表参加中国红十字总会关爱贫困失能老年行动活动。

2018年9月14日，珠海格力集团财务有限责任公司参加香洲区中秋慰问单亲特困活动。

紫金矿业集团财务有限公司

2018年3月9日，紫金矿业集团财务有限公司积极开展植树绿化活动。

2018 年度财务公司机构名录

序号	公司名称	通信地址	高管人员	控股股东	控股比例	成立时间	批准文号
1	东风汽车财务有限公司	湖北省武汉经济技术开发区东风大道 10 号	董事长　乔阳 党委书记　马华 总经理　徐光超 副总经理　马以忠 总经理助理　甘兵	东风汽车集团股份有限公司	100.00%	1987 年 5 月 7 日	银复〔1987〕162 号
2	中国重汽财务有限公司	山东省济南市高新技术产业开发区华奥路 777 号中国重汽科技大厦	董事长　孔祥泉 副董事长、总经理兼党总支副书记　韩文杰 常务副总经理　郭世金 党总支专职副书记　刘敬斌 副总经理　李其威 总会计师　刘德英	中国重汽（香港）有限公司	51.33%	1987 年 9 月 5 日	银复〔1987〕295 号
3	中国华能财务有限责任公司	北京市复兴门南大街丙 2 号天银大厦 C 座西侧	董事长、党委书记　张咸阳 总经理、党委副书记　蒋奕斌 副总经理、党委成员　肖健 副总经理、党委成员　孙丽英 副总经理、党委成员　徐学玲 副总经理、党委成员　马洪潮 副总经理、党委成员　刘吉坡 副总经理、党委成员　范震明	中国华能集团有限公司	52.00%	1987 年 10 月 27 日	银复〔1987〕333 号
4	锦江国际集团财务有限责任公司	上海市黄浦区延安东路 100 号 301 室	董事长　马名驹 党支部书记、总经理　李剑明 财务总监　查培莹	上海锦江国际酒店（集团）股份有限公司	90.00%	1987 年 11 月 14 日	银复〔1987〕354 号
5	一汽财务有限公司	吉林省长春市净月高新技术产业开发区生态大街 3688 号	董事长　曾祥新 总经理　袁楚云 总经理助理　陈春利 总经理助理　李小欣	中国第一汽车股份有限公司	51.51%	1988 年 3 月 2 日	银复〔1987〕397 号

续表

序号	公司名称	通信地址	高管人员	控股股东	控股比例	成立时间	批准文号
6	西电集团财务有限责任公司	陕西省西安市大庆路511号	党委书记、董事长　程刚 总经理　毋浩民 党总支副书记　罗文科 副总经理　郎慧绘	中国西电电气股份有限公司	86.80%	1988年2月12日	银复〔1988〕47号
7	中国石化财务有限责任公司	北京市朝阳区朝阳门北大街22号中国石化大厦七层	董事长、集团公司党组成员　赵东 总经理、党委书记　张保龙	中国石油化工集团公司	51.00%	1988年7月8日	银复〔1988〕265号
8	东方电气集团财务有限公司	四川省成都市高新西区西芯大道18号	董事长　白勇 党委书记、总经理　冯勇 副总经理　刘静竹	东方电气股份有限公司	95.00%	1988年8月24日	银复〔1988〕291号
9	宝钢集团财务有限责任公司	中国（上海）自由贸易试验区世博大道1859号1号楼9楼	董事长　朱可炳 总经理、党支部书记　曾杰 副总经理　张波	宝山钢铁股份有限公司	62.10%	1992年6月30日	银复〔1992〕240号
10	中国一拖集团财务有限责任公司	河南省洛阳市建设路154号	董事长　姚卫东 总经理兼党支部书记　闵莉 总经理助理　尹振鸽 总经理助理　曹鸿晔 总经理助理　韩峰	第一拖拉机股份有限公司	94.60%	1992年12月28日	银复〔1992〕299号
11	五矿集团财务有限责任公司	北京市海淀区三里河路5号	董事长　张树强 总经理　王秋劲 副总经理　史磊 副总经理　闫风	中国五矿股份有限公司	92.50%	1992年12月29日	银复〔1992〕591号
12	武汉钢铁集团财务有限责任公司	湖北省武汉市友谊大道999号武钢集团办公大楼B座11—13层	董事长　朱永红 监事长　雷荣华 总经理、党支部书记　姚文中 业务总监　万毅 总经理助理　陈庆丰	武钢集团有限公司	56.25%	1993年10月27日	银复〔1993〕249号
13	江铃汽车集团财务有限公司	江西省南昌市东湖区苏圃路111号	董事长　衷俊华 党总支书记、总经理　陈东红 党总支副书记、副总经理　丁莉红 党总支纪检委员、副总经理　方忠英 总经理助理　杜健	江铃汽车集团有限公司	87.45%	1993年10月27日	银复〔1993〕251号

续表

序号	公司名称	通信地址	高管人员	控股股东	控股比例	成立时间	批准文号
14	中国航空集团财务有限责任公司	北京市朝阳区霄云路36号国航大厦	董事长　肖烽 总经理　沈洁 副总经理　陈洁 副总经理　朱峻峰	中国国际航空股份有限公司	51.00%	1993年10月27日	银复〔1993〕263号
15	天津渤海集团财务有限责任公司	天津市和平区大理道30号	董事长　肖京喜 总经理、党支部书记　赵立	天津渤海化工集团有限责任公司	39.34%	1994年1月27日	银复〔1994〕41号
16	深圳市有色金属财务有限公司	广东省深圳市福田区深南大道6013号中国有色大厦20楼	董事长、党总支书记　龚子奇 总经理、党总支副书记　吴隆旺 副总经理、党总支委员　洪毅俊 副总经理　张宁	深圳市中金岭南有色金属股份有限公司	100.00%	1985年6月1日	〔1985〕深人银融管字40号①
17	中国南航集团财务有限公司	广东省广州市白云区齐心路68号	董事长　敬公斌 总经理　陈永洪 党委书记　黄奕洪 副总经理　胡艳苹 纪委书记　徐国平 副总经理　魏东悦	中国南方航空集团有限公司	66.02%	1994年1月27日	银复〔1994〕52号
18	振华集团财务有限责任公司	贵州省贵阳市乌当区新添大道北段222号	董事长　倪敏 总经理、党支部书记　令狐建强 副总经理　唐要斌 副总经理　阮英轶	中国振华电子集团有限公司	65.00%	1994年2月22日	银复〔1994〕69号
19	上海汽车集团财务有限责任公司	上海市静安区康定路1199号	董事长　陈志鑫 监事会主席　周郎辉 总经理　沈根伟 党委书记　孙玉玲	上海汽车集团股份有限公司	99.00%	1994年5月1日	沪银金管〔94〕5052号
20	东方集团财务有限责任公司	黑龙江省哈尔滨市南岗区花园街235号	董事长　陈刚 总经理　姜建平 副总经理　闫铁红 副总经理　张志刚 副总经理　张锐	东方集团有限公司	53.33%	1994年3月23日	银复〔1994〕91号

① 1994年获中国人民银行批准增资至1亿元。

续表

序号	公司名称	通信地址	高管人员	控股股东	控股比例	成立时间	批准文号
21	东航集团财务有限责任公司	上海市闵行区吴中路686弄3号15楼	董事长　林福杰 总经理　徐春 副总经理兼党支部书记涂殷康 副总经理　金路 总经理助理　沈尧 总经理助理　汤永会	中国东方航空集团有限公司	53.75%	1995年12月6日	银复〔1995〕177号
22	中油财务有限责任公司	北京市东城区东直门北大街9号	董事长、党委书记　刘德 副董事长　兰云升 总经理、党委副书记王增业 副总经理、党委委员廖筱燕 副总经理、党委委员、总会计师　敬林	中国石油天然气集团有限公司	40.00%	1995年11月14日	银监复〔1995〕389号
23	上海电气集团财务有限责任公司	上海市静安区江宁路212号8楼	董事长　胡康 总经理　秦怿 副总经理　冯淳林 运营总监　吴永毅 风险总监　高俊	上海电气集团股份有限公司	73.38%	1995年12月12日	银复〔1995〕391号
24	中国能源建设集团财务有限公司	湖北省武汉市解放大道558号葛洲坝大厦	董事长、党委书记　陈关中 副董事长、党委副书记邹定波 拟任副总经理（主持工作）余志罡 副总经理　赵小东 副总经理　刘敬华 纪委书记　田党会	中国能源建设股份有限公司	40.40%	1996年1月3日	银复〔1996〕5号
25	兵工财务有限责任公司	北京市东城区青年湖南街19号	董事长、党委书记　史艳晓 总经理　孙玉权 副总经理　张绛义 党委副书记、纪委书记温健 副总经理　石兵 副总经理　柳伟	中国兵器工业集团有限公司	16.03%	1997年5月13日	银复〔1997〕198号

续表

序号	公司名称	通信地址	高管人员	控股股东	控股比例	成立时间	批准文号
26	西门子财务服务有限责任公司	北京市朝阳区望京中环南路7号17幢2层133室、145室	董事长　Johannes Schmidt（约翰娜斯·施密特） 总经理　Matthias Plenio（普奥） 副总经理　李晶晶 副总经理　杨力 副总经理　赵丽	西门子（中国）有限公司	99.88%	1997年12月23日	银复〔1997〕313号
27	三峡财务有限责任公司	北京市海淀区玉渊潭南路1号	董事长、党委书记　申跃 总经理、党委副书记 张星燎 副总经理、党委委员 朱建军 副总经理、党委委员、 工会主席　毕家俊 纪委书记　解明学	中国长江三峡集团有限公司	53.01%	1997年11月18日	银复〔1997〕437号
28	中广核财务有限责任公司	广东省深圳市福田区莲花街道深南大道2002号中广核大厦北楼22层	董事长、党委成员、 总会计师　吴俊峰 总经理　梁开卷 副总经理　张华 财务总监　单菁	中国广核集团有限公司	66.66%	1997年7月22日	银复〔1997〕244号
29	中船财务有限责任公司	上海浦东新区浦东大道1号船舶大厦607室	董事长、党委书记　李朝坤 副总经理　陈启农 副总经理　陈小东	中国船舶工业集团有限公司	85.00%	1997年7月8日	银复〔1997〕247号
30	中核财务有限责任公司	北京市西城区三里河南四巷1号	党委书记、总经理　李宗英 副总经理　刘文菁 副总经理　赵欣 党委副书记兼纪委书记 杜长荣	中国核工业集团有限公司	53.49%	1997年6月23日	银复〔1997〕249号
31	上海浦东发展集团财务有限责任公司	上海市浦东南路256号34—35楼	董事长、党总支书记　王鸿 总经理、党总支委员　王蔚 副总经理、工会主席 朱文琦 财务总监　应婷 总经理助理、党总支委员 朱建华	上海浦东发展（集团）有限公司	56.80%	1998年2月23日	银复〔1998〕57号

续表

序号	公司名称	通信地址	高管人员	控股股东	控股比例	成立时间	批准文号
32	鞍钢集团财务有限责任公司	辽宁省鞍山市铁东区和平路8号	董事长　于万源 总经理、党委书记　吕哲龙 副总经理　董炜 副总经理、分公司总经理　陈错 纪委书记　张明伟	鞍钢集团有限公司	70.00%	1998年3月17日	银复〔1998〕88号
33	中国电力财务有限公司	北京市东城区建国门内大街乙18号院1号楼英大国际大厦	董事长、党委书记　盖永光 总经理、党委副书记　侯培建 党委委员、纪委书记、工会主席　阎竞红 副总经理、党委委员　李洪东 副总经理、党委委员　侯燕梅 总会计师、党委委员　吕胜 副总经理、党委委员　侯文捷 副总经理、党委委员　丁琪	国家电网有限公司	51.00%	2000年1月12日	银复〔2000〕8号
34	神华财务有限公司	北京市西城区西直门外大街18号金贸大厦D座2层	董事长　张克慧 总经理　韩维平 副董事长、党委书记　梅雪艳 副总经理、纪委书记　张映 副总经理　陈新环 总经理助理　王芙蓉	中国神华能源股份有限公司	81.43%	2000年10月4日	银复〔2000〕210号
35	中国电子财务有限责任公司	北京市海淀区中关村东路66号世纪科贸大厦A座25层	董事长　李兆明 党委书记　赵贵武 董事、总经理、党委副书记　郑波 党委副书记、纪委书记、监事会主席　陈磊 副总经理　金涯 副总经理　黄刚 总经理助理　于蕾	中国电子信息产业集团有限公司	61.38%	1988年4月21日	银复〔1988〕106号①

① 1988年，经批准成立中国信息信托投资公司，2002年11月改组为中国电子财务公司。

续表

序号	公司名称	通信地址	高管人员	控股股东	控股比例	成立时间	批准文号
36	航天科技财务有限责任公司	北京市西城区平安里西大街31号	董事长　王海波 党委书记　卓超 总经理　刘永 财务总监　陈瑛 副总经理　王深坤 纪委书记　王笑妍	中国航天科技集团有限公司	30.20%	2001年3月12日	银复〔2001〕37号
37	航天科工财务有限责任公司	北京市海淀区紫竹院路116号嘉豪国际中心B座12层	董事长、党委书记　王厚勇 总经理、党委副书记 宋根生 总会计师、党委委员 孙源君 副总经理、党委委员 黄国锴 纪委书记、党委委员 戴晓峰	中国航天科工集团有限公司	40.40%	2001年10月10日	银复〔2001〕38号
38	中船重工财务有限责任公司	北京市海淀区昆明湖南路72号中船重工科技研发大厦3层	董事长　徐舍 总经理　余明雄 副总经理　胡建忠 副总经理　马一川 总经理助理　李彬	中国船舶重工集团有限公司	96.35%	2001年12月24日	银复〔2001〕240号
39	中海石油财务有限责任公司	北京市东城区朝阳门北大街25号	董事长、党委书记　陈浩鸣 总经理　庞建 副总经理　刘成荔 副总经理　李学敏 副总经理　李鹏	中国海洋石油集团有限公司	62.90%	2002年5月13日	银复〔2002〕132号
40	海尔集团财务有限责任公司	山东省青岛市崂山区海尔路178—2号1号楼裕龙国际中心	董事长　张瑞敏 副董事长　李占国 总经理　秦琰 副总经理　温淑惠 副总经理　赵晓燕	青岛海尔电子有限公司	53.00%	2002年6月10日	银复〔2002〕157号
41	吉林森林工业集团财务有限责任公司	吉林省长春市延安大街1399号	董事长　张纪军 总经理　李雪平 监事会主席　周晶莹 副总经理　乔永杰 财务总监　佟磊	吉林森林工业集团	48.00%	2002年6月17日	银复〔2002〕166号
42	万向财务有限公司	浙江省杭州市上城区庆春路225号西湖时代广场7楼	董事长、党委书记、总裁 傅志芳 副总裁　陈国潮	万向集团公司	66.08%	2002年8月8日	杭银发〔2002〕207号

续表

序号	公司名称	通信地址	高管人员	控股股东	控股比例	成立时间	批准文号
43	中粮财务有限责任公司	北京市朝阳区朝阳门南大街8号中粮福临门大厦1905室	董事长　马王军 总经理　李德罡 副总经理　崔程 总经理助理　戚克	中粮集团有限公司	83.74%	2002年8月15日	银复〔2002〕224号
44	苏州创元集团财务有限公司	江苏省苏州市工业园区苏桐路37号	董事长　周成明 党支部书记　王安朴 总经理　陆惠章 副总经理　邱卫东 副总经理　朱胜祥 总经理助理　沈怡岚	苏州创元投资发展（集团）有限公司	90.00%	1993年10月27日	银金管字第93—0742号①
45	珠海格力集团财务有限责任公司	广东省珠海市前山金鸡路901号	董事长　董明珠 总经理、党支部书记 李艳芳 副总经理、组织委员兼纪检委员　肖旭武 副总经理　陈坚	珠海格力电器股份有限公司	88.31%	2003年2月19日	广州银复〔2003〕83号
46	国机财务有限责任公司	北京市海淀区丹棱街3号	董事长兼党委书记　李家俊	中国机械工业集团有限公司	20.40%	2003年7月25日	银监复〔2003〕23号
47	海航集团财务有限公司	北京市朝阳区霄云路甲26号海航大厦写字楼22层	董事长　杜亮 董事兼总经理　安瑞年 副总经理　于立强 副总经理　赵玉芹 副总经理　杨敏	海航集团有限公司	33.25%	1994年1月10日	银复〔1993〕246号②
48	中国华电集团财务有限公司	北京市西城区宣武门内大街2号楼西楼10层	董事长、党委书记　郝彬 总经理　李文峰 副总经理　刘仁鹏 副总经理　赵远波 纪委书记　张耀	中国华电集团有限公司	36.15%	2004年1月8日	银监复〔2004〕7号
49	南方电网财务有限公司	广东省广州市天河区华穗路6号18、19楼及12楼08、09、10房间	党委书记、董事长　罗体承 董事、总经理、党委副书记 胡伏秋 党委副书记、纪委书记 王发兴 党委委员、副总经理、 工会主席　邹志敏 党委委员、副总经理 黄有为	中国南方电网有限责任公司	24.00%	2004年12月29日	粤银监复〔2004〕580号

① 2002年股权重组，批复文号为苏银〔2002〕71号。
② 2003年12月，重组原中新集团财务有限公司后成立。

续表

序号	公司名称	通信地址	高管人员	控股股东	控股比例	成立时间	批准文号
50	中国大唐集团财务有限公司	北京市西城区菜市口大街1号13—14层	董事长、党委书记　李增昉 总经理、党委副书记　曹军 副总经理、党委委员、总法律顾问　杨娅 副总经理、党委委员　黄晓辉 党委委员、纪委书记、工会主席　王新鲁	中国大唐集团有限公司	73.51%	2005年5月10日	银监复〔2005〕95号①
51	国家电投集团财务有限公司	北京市西城区西直门外大街18号金贸大厦3单元19—21层	党委书记、董事长　徐立红 党委副书记、总经理　李云峰 副总经理　孙艳军 党委委员、纪委书记、工会主席　孟庆海 党委委员、副总经理　王清伟 党委委员、副总经理　栾帅	国家电力投资集团有限公司	42.50%	2005年2月1日	银监复〔2005〕42号
52	国电财务有限公司	北京市西城区西直门外大街18号金贸大厦D座	董事长　陈斌 总经理、党委副书记　陈景东 党委书记、副总经理　刘焱 党委委员、副总经理　黄文强 党委委员、副总经理　张敏 党委委员、总法律顾问、工会主席　万利平 党委委员、副总经理　李阳	国电资本控股有限公司	28.98%	2004年9月27日	湘银监复〔2004〕206号
53	华联财务有限责任公司	北京市西城区金融大街33号通泰大厦B428	董事长　郭丽荣 总经理　赵育民 副总经理　施保成 副总经理　徐艳 总经理助理　方美彦	北京华联集团投资控股有限公司	34.00%	1994年3月10日	银复〔1993〕440号②
54	兵器装备集团财务有限责任公司	北京市海淀区车道沟10号院3号科研办公楼5层	董事长、党委书记　崔云江 总经理、党委副书记　江红 副总经理　马洪 党委副书记、纪委书记　王兴林 副总经理　唐自强 总经理助理　李志榕	中国兵器装备集团有限公司	22.90%	2005年10月29日	银监复〔2005〕254号

① 2004年12月31日，深圳银监局深银监复〔2004〕250号文批准中国大唐集团公司重组深圳特区发展财务公司。

② 2005年9月，经中国银监会银监复〔2005〕235号文批准收购重组中纺机财务公司。

续表

序号	公司名称	通信地址	高管人员	控股股东	控股比例	成立时间	批准文号
55	京能集团财务有限公司	北京市朝阳区永安东里16号CBD国际大厦23层	党支部书记、董事长 刘嘉凯 总经理 徐小萍 副总经理 刘颖 副总经理、投资总监 倪婷 总经理助理、工会主席 杨建 风险总监 张艳	北京能源集团有限责任公司	98.00%	2006年5月19日	辽银监复〔2006〕30号①
56	浙江省能源集团财务有限责任公司	浙江省杭州市环城北路华浙广场1号楼9层	党总支书记、拟任董事长 施云峰	浙江省能源集团有限公司	91.00%	2006年8月25日	银监复〔2006〕250号
57	广东粤电财务有限公司	广州市天河区天河东路2号粤电广场南塔12—13层	董事长 温淑斐 总经理 周志坚 党支部书记、副总经理 袁素杰 副总经理 潘思汉 副总经理 蔡锡鸿	广东省粤电集团有限公司	60.00%	2006年6月22日	粤银监复〔2006〕317号
58	TCL集团财务有限公司	广东省惠州市仲恺高新区惠风三路17号TCL科技大厦21楼	董事长 黄旭斌 总经理 黎健 副总经理 张红梅 副总经理 江小照	TCL集团股份有限公司	82.00%	2006年10月17日	银监复〔2006〕284号
59	湖南华菱钢铁集团财务有限公司	湖南省长沙市天心区湘府西路222号华菱园写字楼5—6楼	董事长、法人代表 肖骥 总经理、党支部书记 杨新良 监事长 余江文 副总经理、财务总监 彭剑兵 副总经理 陈家豪	湖南华菱钢铁集团有限责任公司	30.00%	2006年11月10日	银监复〔2006〕316号
60	江西铜业集团财务有限公司	江西省南昌市东湖区二七北路527号	董事长 余彤 总经理 许芳 副总经理 吴文涛	江西铜业股份有限公司	98.33%	2006年12月18日	银监复〔2006〕388号
61	天津港财务有限公司	天津市滨海新区津港路99号	董事长 徐华 总经理、党总支书记 张增新 副总经理 包世鹏	天津港（集团）有限公司	52.00%	2006年11月27日	银监复〔2006〕390号

① 2006年2月，辽宁银监局批准京能集团重组成立于1992年的东北制药集团财务公司。经银监复〔2006〕111号文批准从沈阳迁至北京。

续表

序号	公司名称	通信地址	高管人员	控股股东	控股比例	成立时间	批准文号
62	松下电器（中国）财务有限公司	上海市虹口区吴淞路575号9楼906—907室	董事长　吉村太作 总经理　田中卓志 运营总监　贾雪莹	松下电器（中国）有限公司	100.00%	2007年3月9日	银监函〔2007〕55号
63	中航工业集团财务有限责任公司	北京市朝阳区东三环中路乙10号艾维克大厦18层	董事长　都本正 总经理、党委副书记　刘宏 党委书记、副总经理 郝力平 高级专务、工会主席 王宏伟 副总经理　汤跃辉 纪委书记、副总经理 许海翔 副总经理　徐靖 董事会秘书　刘海儒	中国航空工业集团有限公司	47.12%	2007年5月14日	银监复〔2007〕143号
64	中冶集团财务有限公司	北京市曙光西里28号中冶大厦3118室	董事长、党总支书记 邹宏英 总经理、党总支副书记 周小杰 副总经理、宣传委员 李先强 副总经理、纪检委员　廖芳 总经理助理、组织委员 丛蓉	中国冶金科工股份有限公司	86.12%	2007年5月16日	银监复〔2007〕181号
65	申能集团财务有限公司	上海市闵行区虹井路159号	董事长　苗启新 总经理、党总支书记 杜心红 副总经理　刘弦 副总经理　谢维青 党总支副书记　周伟华	申能（集团）有限公司	65.00%	2007年6月20日	银监复〔2007〕249号
66	潞安集团财务有限公司	山西省长治市城西路2号	董事长　杨广玉 党支部书记、常务副总经理 刘天义 总经理　李霞 副总经理　胡晓军 副总经理　贾乃银	山西潞安矿业（集团）有限责任公司	66.67%	2007年8月8日	银监复〔2007〕312号

续表

序号	公司名称	通信地址	高管人员	控股股东	控股比例	成立时间	批准文号
67	淮南矿业集团财务有限公司	安徽省淮南市田家庵区洞山东路上东锦城商业街21栋18号	董事长、党支部书记 方泰峰 总经理　王小波 党支部副书记、风险总监、工会主席　陈学忠 副总经理　王如非 副总经理　李广琴	淮南矿业（集团）有限责任公司	91.50%	2007年9月5日	银监复〔2007〕353号
68	日立（中国）财务有限公司	上海市茂名南路205号瑞金大厦1908室	董事长　吉冈准人 总经理　陈庆锴	日立（中国）有限公司	100.00%	2007年11月5日	银监函〔2007〕452号
69	保利财务有限公司	北京市东城区朝阳门北大街1号新保利大厦8层	总经理　赵晋 副总经理　耿跃华 总经理助理　郭华	中国保利集团有限公司	40.00%	2008年3月28日	银监复〔2007〕573号
70	深圳能源财务有限公司	广东省深圳市福田区深南中路2068号华能大厦32楼	董事长、党支部书记　周群 总经理、党支部副书记 朱太华 副总经理、党支部委员 邹奕 副总经理、党支部委员 卢通	深圳能源集团股份有限公司	70.00%	2007年8月9日	深银监复〔2007〕231号
71	中化集团财务有限责任公司	北京市西城区复兴门内大街28号凯晨世贸中心中座F3	董事长　杨林 总经理、党委书记　刘剑 副总经理、党委副书记、纪委书记、党支部书记 张小康 财务总监、党委委员、党支部书记　陈丰 副总经理、党委委员 陈启卫 副总经理　付建军 副总经理、党委委员、党支部书记　夏宇 副总经理、党委委员、党支部书记　王慧霞 副总经理、党委委员　李娟 总经理助理、党委委员、党支部书记　施暄	中国中化股份有限公司	100.00%	2008年5月28日	银监复〔2008〕204号

续表

序号	公司名称	通信地址	高管人员	控股股东	控股比例	成立时间	批准文号
72	海信集团财务有限公司	山东省青岛市东海西路17号海信大厦	董事长 周厚健 总经理 王纪铭 副总经理 舒鹏 副总经理 吴大鹏 副总经理 杜翔	青岛海信通信有限公司	39.45%	2008年6月1日	银监复〔2008〕207号
73	国联财务有限责任公司	江苏省无锡市滨湖区金融一街8号楼18楼	董事长 杨静月 总经理、党支部书记 刘清欣 副总经理 史亦言 总经理助理 袁玎	无锡市国联发展（集团）有限公司	50.00%	2008年9月19日	银监复〔2008〕364号
74	首都机场集团财务有限公司	北京市顺义区首都机场四纬路9号B区三层66室	董事长 郑建青 总经理、党委副书记 任文恺 副总经理、党委书记 李剑 副总经理、党委委员 唐光明 党委副书记、纪委书记、 工会主席 王宝良 调研员、首席风险控制官 刘亚红	首都机场集团公司	90.00%	2008年9月27日	银监复〔2008〕388号
75	红豆集团财务有限公司	江苏省无锡市锡山区东港镇锡港东路2号	董事长、党总支书记 周海燕 总经理、党总支副书记 王晓明 副总经理、党总支委员 孙东明 副总经理、党总支委员 郭敏洁	红豆集团有限公司	51.00%	2008年11月10日	银监复〔2008〕460号
76	海马财务有限公司	海南省海口市金盘工业区金牛路2号	董事长 赵树华 总经理、海马投资集团有限公司党委海南基地党总支书记 刘卫 副总经理、海马投资集团有限公司党委海南基地党总支宣传委员 刘予建 副总经理 马昕 总经理助理 田渊	海马汽车集团股份有限公司	47.37%	2008年11月11日	银监复〔2008〕461号
77	南山集团财务有限公司	山东省龙口市南山工业园南山南路4号	董事长 隋政 总经理 侯云辉 常务副总经理 郭芸 总经理助理 战永磊	南山集团有限公司	55.00%	2008年11月11日	银监复〔2008〕462号

续表

序号	公司名称	通信地址	高管人员	控股股东	控股比例	成立时间	批准文号
78	国投财务有限公司	北京市西城区阜成门北大街2号18层	董事长、党支部书记 段文务 总经理、纪检委员 李旭荣 副总经理、组织委员 代中平 总经理助理、宣传委员、群工委员 郭芳丽	国家开发投资集团有限公司	35.60%	2008年12月26日	银监复〔2008〕557号
79	河南能源化工集团财务有限公司	河南省郑州市郑东新区CBD商务外环路6号国龙大厦	董事长、党总支书记 李乔成 总经理、党总支委员 棘军 副总经理、党总支委员 崔炳雷 总会计师 张世杰	河南能源化工集团有限公司	63.70%	2009年6月12日	豫银监复〔2009〕500号
80	中国化工财务有限公司	北京市海淀区北四环西路62号	董事长 冯益民 总经理 郭学军 党委副书记 连文涛 纪委书记 李江帆 副总经理 曹巍 总会计师 胡立福	中国化工集团有限公司	49.41%	2009年7月2日	银监复〔2009〕207号
81	紫金矿业集团财务有限公司	福建省上杭县紫金大道1号14层	董事长 林红英 总经理 王金新 常务副总经理 余德琳 副总经理 刘志洲 副总经理 梁祥斌	紫金矿业集团股份有限公司	95.00%	2009年9月14日	银监复〔2009〕343号
82	江苏华西集团财务有限公司	江苏省江阴市滨江开发区香山路29号华西金融楼2楼	董事长 包丽君 总经理 沈军 副总经理 曹红玉 副总经理 虞金华 副总经理 周伟忠	江苏华西集团有限公司	90.00%	2009年9月10日	银监复〔2009〕316号
83	冀中能源集团财务有限责任公司	河北省石家庄市新华区石清路9号航空大厦12层	董事长 杨忠东 总经理 石恒涛 副总经理 张禹 副总经理 张建平 总会计师 杨双艳	冀中能源集团有限责任公司	45.00%	1994年7月1日	银复〔1993〕245号①

① 由于2009年冀中能源集团重组华药集团，2009年11月12日，河北银监局银监冀局复〔2009〕283号批准华北制药集团财务有限责任公司变更为冀中能源集团财务有限责任公司。

续表

序号	公司名称	通信地址	高管人员	控股股东	控股比例	成立时间	批准文号
84	山西焦煤集团财务有限责任公司	山西省太原市万柏林区滨河西路南段129号山西焦煤集团综合服务基地A座23层	董事长、党支部书记 刘广智 副董事长 贺海柱 副总经理（主持工作） 茹哲峰 副总经理 李如新 副总经理 詹志刚	山西焦煤集团有限责任公司	80.00%	2009年12月8日	银监复〔2009〕490号
85	晋煤集团财务有限公司	山西省晋城市城区北石店晋煤集团大门旁	董事长 郑绍祖 总经理、党支部书记 段建勋 副总经理 李卫江 副总经理 王俊波 副总经理 窦海波	山西无烟煤矿业集团有限责任公司	92.00%	2009年11月6日	银监复〔2009〕428号
86	阳泉煤业集团财务有限责任公司	山西省阳泉市北大西街29号	董事长 王玉明 总经理 赵守刚 副总经理 魏晓光 首席风险官 樊宗莉 董事会秘书 杜吉仙	阳泉煤业（集团）有限责任公司	65.51%	2009年12月17日	银监复〔2009〕491号
87	云南冶金集团财务有限公司	云南省昆明市五华区小康大道399号	董事长 张自义 总经理 李旻昊 党支部书记、常务副总经理 程岚 总会计师 吕赞军 副总经理 刘洁	云南冶金集团股份有限公司	80.00%	2010年1月4日	银监复〔2009〕511号
88	中远海运集团财务有限责任公司	上海市浦东新区滨江大道5299号8楼	董事长 孙月英 总经理 孙晓斌 党委书记 蒋飒爽 纪委书记 张重初 副总经理 李晟 营运总监 王菲 总经理助理 李嗣麟	中国远洋海运集团有限公司	31.21%	2009年12月30日	银监复〔2009〕530号
89	中集集团财务有限公司	广东省深圳市南山区望海路1166号招商局广场11楼	董事长 高翔 总经理 张力 副总经理 杨晓玲 副总经理 方继勋 副总经理 朱慧雯 财务总监 汤洁	中国国际海运集装箱（集团）股份有限公司	54.35%	2010年2月9日	银监复〔2010〕72号
90	沙钢财务有限公司	江苏省张家港市锦丰镇永新路西6号楼	董事长 沈彬 总经理 倪云山 副总经理 沈涛 副总经理 方梅 总经理助理 顾庆辉	江苏沙钢集团有限公司	60.00%	2010年3月11日	银监复〔2010〕109号

续表

序号	公司名称	通信地址	高管人员	控股股东	控股比例	成立时间	批准文号
91	美的集团财务有限公司	广东省佛山市顺德区北滘镇美的大道6号美的总部大楼B区6楼	董事长　肖明光 总经理　姚向明 副总经理　梁彩仪	美的集团股份有限分公司	95.00%	2010年6月18日	银监复〔2010〕273号
92	浙江海港集团财务有限公司	浙江省宁波市北仑区明州路301号	董事长　金国平 党总支书记、总经理 王甬明 副总经理　夏光辉 副总经理　郑敏红	宁波舟山港股份有限公司	75.00%	2010年6月24日	银监复〔2010〕283号
93	兖矿集团财务有限公司	山东省邹城市凫山南路329号	董事长　张宝才 副董事长兼总经理 单光辉 副总经理　翟玉峰 副总经理　万里涛	兖州煤业股份有限公司	90.00%	2010年8月25日	鲁银监准〔2010〕400号
94	哈尔滨电气集团财务有限责任公司	黑龙江省哈尔滨市香坊区三大动力路7号建行3楼	董事长　刘智全 党支部书记、总经理 陈茂义 党支部委员、副总经理 曲为民 副总经理、总会计师　赵鑫	哈尔滨电气股份有限公司	55.00%	2010年9月2日	银监复〔2010〕419号
95	北大方正集团财务有限公司	北京市海淀区成府路298号方正大厦9层	法人　孙敏 总经理　李胜利 副总经理　李莉 副总经理　余洋 总经理助理　周晨希	北大方正集团有限公司	50.00%	2010年9月6日	银监复〔2010〕427号
96	通用技术集团财务有限责任公司	北京市丰台区西三环中路90号通用技术大厦6层	党委书记、董事长　卿虹 党委副书记、总经理 李虎俊 纪委书记、副总经理　刘嵘	中国通用技术（集团）控股有限责任公司	95.00%	2010年9月30日	银监复〔2010〕439号
97	铜陵有色金属集团财务有限公司	安徽省铜陵市长江西路171号	董事长　汪农生 总经理　黄天珊 副总经理　束昊生	铜陵有色金属集团控股有限公司	70.00%	2010年11月8日	银监复〔2010〕478号
98	中建财务有限公司	北京市海淀区三里河路15号中建大厦A座7层	董事长　曾肇河 总经理　孔卫湘 副总经理　徐明	中国建筑股份有限公司	80.00%	2010年11月27日	银监复〔2010〕567号

续表

序号	公司名称	通信地址	高管人员	控股股东	控股比例	成立时间	批准文号
99	江苏省国信集团财务有限公司	江苏省南京市玄武区长江路88号国信大厦24楼	董事长　浦宝英 总裁、党委副书记　周俊淑 党委书记　张书璟 副总裁、党委委员　李红霞 纪委书记、党委委员 谢兆旭	江苏省国信集团	73.33%	2010年12月8日	银监复〔2010〕582号
100	重庆化医控股集团财务有限公司	重庆市两江新区星光大道70号天王星A1座	董事长　王平 总经理、党支部书记 王凤艳 副总经理、党支部委员 王剑 副总经理、党支部委员 张军 副总经理、党支部委员 姚博涵	重庆化医控股（集团）公司	63.00%	2010年12月29日	银监复〔2010〕589号
101	金川集团财务有限公司	甘肃省兰州市城关区天水南路525号	董事长　刘世超 总经理　杜志环 副总经理　龚莉	金川集团股份有限公司	92.30%	2010年12月22日	银监复〔2010〕617号
102	新希望财务有限公司	四川省成都市高新南区天府大道中段新希望国际大厦A座26层	董事长　黄代云 总裁　牟清华 副总裁　邱昊	新希望集团有限公司	42.54%	2010年12月24日	银监复〔2010〕626号
103	酒钢集团财务有限公司	甘肃省兰州市城关区团结路10号	董事长、党委书记　胡桂萍 总经理　高欣 副总经理　温春来 总审计师　郭明 总经理助理　董巍 总经理助理　蒽有峰	酒泉钢铁（集团）有限责任公司	63.00%	2011年1月28日	银监复〔2011〕31号
104	包钢集团财务有限责任公司	内蒙古包头市昆都仑区白云路39号2楼	董事长　孙国龙	包头钢铁（集团）有限责任公司	60.00%	2011年1月28日	银监复〔2011〕32号
105	新奥财务有限责任公司	河北廊坊经济技术开发区华祥路鸿润道25号	董事长　杨应群 总经理　姚卫东 副总经理　陈绍利 副总经理　李玉军 副总经理　肖泽昌	新奥（中国）燃气投资有限公司	79.50%	2011年4月6日	银监复〔2011〕101号

续表

序号	公司名称	通信地址	高管人员	控股股东	控股比例	成立时间	批准文号
106	招商局集团财务有限公司	北京市朝阳区安定路5号院10号楼B栋15层1501室	董事长　周松 总经理、党委书记　黄必烈 副总经理　孙剑锋 副总经理　罗丹丹 财务总监　郭景军	招商局集团	51.00%	2011年4月19日	银监复〔2011〕118号
107	青岛啤酒财务有限责任公司	山东省青岛市市南区东海西路35号4栋青岛啤酒大厦9层	董事长　黄克兴 总经理　徐振声 副总经理　张德志 财务总监　冯雪峰	青岛啤酒股份有限公司	100.00%	2011年5月24日	银监复〔2011〕155号
108	上海复星高科技集团财务有限公司	上海市普陀区江宁路1158号1903A室	董事长　张厚林 总经理　陈越 副总经理　闻敏 总经理助理　陈丽娜	上海复星高科技（集团）有限公司	66.00%	2011年6月20日	银监复〔2011〕191号
109	中铝财务有限责任公司	北京市海淀区西直门北大街62号中铝大厦7层	董事长　蔡安辉 总经理　葛小雷 副总经理　于红卫 副总经理　黄薇 总经理助理　廉志伟	中国铝业集团有限公司	85.00%	2011年6月22日	银监复〔2011〕199号
110	中兴通讯集团财务有限公司	广东省深圳市南山区粤海街道高新技术产业园科技南路中兴通讯大厦A座2楼	董事长　李莹 总经理　洪志斌 副总经理　林旭顷	中兴通讯股份有限公司	100.00%	2011年7月8日	银监复〔2011〕236号
111	福建省能源集团财务有限公司	福建省福州市琴亭路29号方圆大厦16楼	董事长　卢范经 总经理、党支部书记　罗振文 副总经理　韩祖雄 副总经理　朱辉	福建省能源集团有限责任公司	90.00%	2011年8月1日	银监复〔2011〕295号
112	湖南高速集团财务有限公司	湖南省长沙市开福区三一大道500号金色比华利大厦	董事长、党支部书记　肖华 副总经理、党支部青年委员　张祺 副总经理、党支部保卫委员　彭正辉 财务总监，党支部生活、群团委员　张晓青 总稽核　谢新兴	湖南省高速公路集团有限公司	60.00%	2011年8月2日	银监复〔2011〕298号

续表

序号	公司名称	通信地址	高管人员	控股股东	控股比例	成立时间	批准文号
113	马钢集团财务有限公司	安徽省马鞍山市九华西路8号马钢指挥中心主楼8层	董事长 丁毅 总经理、党支部书记 伍生林 风险总监 汪冬姝 副总经理 盛重乐 总经理助理 万小仲	马鞍山钢铁股份有限公司	91.00%	2011年9月30日	银监复〔2011〕406号
114	湖北宜化集团财务有限责任公司	湖北省宜昌市沿江大道52号	董事长 柴国志 总经理 邬铁材 副总经理 陈兴顺	湖北宜化集团有限责任公司	80.00%	2011年9月30日	银监复〔2011〕407号
115	北京汽车集团财务有限公司	北京市丰台区汽车博物馆东路6号院4号楼G座17—19层	董事长 张建勇 党委书记、总经理 朱正华 党委副书记、纪委书记、工会主席 解阳 副总经理 黄中文 副总经理 陈哲 总经理助理 黄思伟 总经理助理 刘莹 总经理助理 吴霜	北京汽车集团有限公司	56.00%	2011年11月9日	银监复〔2011〕461号
116	大连港集团财务有限公司	大连市中山区人民路68号5层501—507室	董事长 徐颂 总经理兼党总支书记 赵蓉 副总经理 叶静红 财务总监 苏陶	大连港集团有限公司	60.00%	2011年10月26日	银监复〔2011〕462号
117	大唐电信集团财务有限公司	北京市海淀区学院路40号一区	董事长 郭光莉 总经理、党委书记 李茜 副总经理 周少锋 副总经理 韩卫刚	电信科学技术研究院有限公司	100.00%	2011年11月22日	银监复〔2011〕497号
118	开滦集团财务有限责任公司	河北省唐山市路南区新华东道70号	董事长 张志芳 总经理 董养利 副总经理 张晓玲	开滦（集团）有限责任公司	51.00%	2011年12月2日	银监复〔2011〕541号
119	中国航油集团财务有限公司	北京市顺义区后沙峪镇安富街6号3层	董事长 赵青春 总经理、党委书记 张鹏 副总经理、党委副书记 张永慧 副总经理 王世强	中国航空油料集团有限公司	90.00%	2011年12月2日	银监复〔2011〕542号

续表

序号	公司名称	通信地址	高管人员	控股股东	控股比例	成立时间	批准文号
120	海南农垦集团财务有限公司	海南省海口市滨海大道115号海垦国际金融中心26层	董事长、总经理　邓文杰 副总经理　郑璧	海南省农垦投资控股集团有限公司	80.00%	2011年12月8日	银监复〔2011〕551号
121	西部矿业集团财务有限公司	青海省西宁市城西区微波巷1号	董事长　李兴财 总经理　王永宁 副总经理　尹亮 副总经理（挂职）　闫成海 总经理助理　周建华	西部矿业股份有限公司	60.00%	2011年12月8日	银监复〔2011〕552号
122	江苏交通控股集团财务有限公司	江苏省南京市建邺区庐山路242号金融城2号楼29—31层	董事长、党支部书记　王展 总经理、党支部副书记　陈凤艳 副总经理、党支部委员、工会主席　盈晓红 副总经理、党支部委员　陆艳	江苏交通控股有限公司	80.00%	2011年12月23日	银监复〔2011〕594号
123	中国移动通信集团财务有限公司	北京市西城区月坛南街1号院3号楼19—20层	党委书记、董事长　朱毅 党委副书记、总经理　刘巍 副总经理　潘文彬 副总经理　向华翔 纪委书记　白涛	中国移动通信有限公司	52.44%	2012年1月16日	银监复〔2012〕27号
124	山东钢铁集团财务有限公司	山东省济南市高新区舜华路2000号舜泰广场4号楼	董事长　刘德华 总经理　李凤强 副总经理　张云庭 副总经理　于基勇 副总经理　杨士东	山东钢铁集团有限公司	62.31%	2012年2月1日	银监复〔2012〕53号
125	国药集团财务有限公司	北京市海淀区知春路20号中国医药大厦7层	董事长　荣岩 总经理、党支部书记　梁红军 副总经理　曹桂春 财务总监　许京辉 副总经理　徐泽飞	中国医药集团有限公司	80.00%	2012年2月10日	银监复〔2012〕66号
126	郑州宇通集团财务有限公司	河南省郑州市郑东新区CBD商务外环8号世博大厦11层	董事长　李国强 总经理　张国徽 副总经理　杨祥盈 副总经理　郑留强 财务总监　张丁元	郑州宇通集团有限公司	85.00%	2012年2月10日	银监复〔2012〕69号

续表

序号	公司名称	通信地址	高管人员	控股股东	控股比例	成立时间	批准文号
127	中国铁建财务有限公司	北京市海淀区复兴路40号院中国铁建大厦10层	董事长　王秀明 总经理、党委副书记　冀涛 党委书记　周仲华 党委委员、纪委书记 吴婧萍 党委委员、副总经理 王道平 党委委员、副总经理　王丽 党委委员、副总经理、总会计师兼总法律顾问　张国智	中国铁建股份有限公司	94.00%	2012年3月21日	银监复〔2012〕137号
128	山东省商业集团财务有限公司	山东省济南市经十路9777号鲁商国奥城2号楼	董事长　张志强 总经理　王军 副总经理　马玉义 副总经理　刘先成 总经理助理　周卫民	山东省商业集团有限公司	100.00%	2012年3月21日	银监复〔2012〕138号
129	深圳华强集团财务有限公司	广东省深圳市福田区华强北路华强广场A座21楼	董事长　李曙成 总经理　邓少军 副总经理　郑德镇	深圳华强集团有限公司	50.00%	2012年5月21日	银监复〔2012〕232号
130	诚通财务有限责任公司	北京市西城区复兴门内大街158号12层1201—1228室	董事长　徐震 党委书记、监事长　秦炬 副总经理（主持工作） 苗润生 党委副书记、纪委书记 范云生 副总经理　张志海 副总经理　闫学福 工会主席　闫耀武 总经理助理　刘永亮	中国诚通控股集团有限公司	85.00%	2012年5月25日	银监复〔2012〕126号
131	山东重工集团财务有限公司	山东省济南市燕子山西路40—1号	董事长　申传东 总经理　吴汝江 副总经理　黄震 副总经理　单忠 财务总监　王翠萍 总经理助理　魏然 总经理助理　董辉	山东重工集团有限公司	40.00%	2012年6月5日	银监复〔2012〕269号

续表

序号	公司名称	通信地址	高管人员	控股股东	控股比例	成立时间	批准文号
132	港中旅财务有限公司	广东省深圳市福田区深南路4011号香港中旅大厦19楼	董事长 闫永夫 董事、总经理、支部书记 胡银龙 副总经理 陈丽 财务总监 庞勇 总经理助理 欧阳莹	中国旅游集团有限公司	82.50%	2012年6月20日	银监复〔2012〕312号
133	陕西煤业化工集团财务有限公司	陕西省西安市高新区锦业一路2号	董事长 邓晓博 总经理 李盈斌 副总经理 王晓刚 副总经理 刘旭春 副总经理 徐明	陕西煤业化工集团有限责任公司	55.60%	2012年6月28日	银监复〔2012〕332号
134	上海华谊集团财务有限责任公司	中国（上海）自由贸易试验区浦东南路1271号15楼	董事长 常达光	上海华谊集团股份有限公司	64.00%	2012年6月28日	银监复〔2012〕333号
135	河钢集团财务有限公司	河北省石家庄市体育南大街385号10层	董事长 胡志刚 总经理 马元贵 副总经理 许鹏贵	河钢集团有限公司	51.00%	2012年8月20日	冀银监复〔2012〕428号
136	安徽省能源集团财务有限公司	安徽省合肥市马鞍山路76号能源大厦7层	董事长 邵德慧 党支部书记 盛胜利 总经理、党支部副书记 彭松 副总经理、纪检委员 杜建军 风控总监 程敏	安徽省能源集团有限公司	51.00%	2012年8月28日	银监复〔2012〕450号
137	中化工程集团财务有限公司	北京市东城区东直门内大街2号13层	董事长、党支部书记 卢涛 总经理 周竞 副总经理 付欣 副总经理 夏晶晶	中国化学工程股份有限公司	90.00%	2012年9月12日	银监复〔2012〕451号
138	天津天保财务有限公司	天津空港经济区西五道35号汇津广场4号楼8层	董事长 沈钢 副董事长 韩华 代理总经理 李忠孝	天津保税区投资控股集团有限公司	100.00%	2012年9月21日	银监复〔2012〕540号
139	亿利集团财务有限公司	北京市朝阳区光华路15号亿利生态广场1号楼19层	董事长 王文治 副总裁 郭平 副总裁 何佳乐	亿利资源集团有限公司	74.00%	2012年9月27日	银监复〔2012〕575号

续表

序号	公司名称	通信地址	高管人员	控股股东	控股比例	成立时间	批准文号
140	厦门海翼集团财务有限公司	福建省厦门市思明区厦禾路668号海翼大厦B座26楼	董事长　刘艺虹 总经理兼党支部书记　孙利 副总经理　郑剑松 首席风险控制官　孙喜	厦门海翼集团有限公司	55.00%	2012年10月18日	银监复〔2012〕576号
141	中信财务有限公司	北京市朝阳区新源南路6号京城大厦B座2层	董事长、党支部书记 张云亭 总经理　周骏 副总经理　王海波 总经理助理　杨全营	中国中信有限公司	42.94%	2012年10月11日	银监复〔2012〕602号
142	浙江省交通投资集团财务有限责任公司	浙江省杭州市江干区五星路199号明珠国际商务中心2号楼8层	党委书记兼董事长　钱文海 总经理　傅瑛 副总经理　张雪芬 副总经理　芦文伟	浙江省交通投资集团有限公司	40.00%	2012年10月18日	银监复〔2012〕612号
143	中车财务有限公司	北京市丰台区芳城园一区15号楼附楼1—5层	董事长、党委书记　董绪章 总经理、党委副书记 黄建东 副总经理、财务总监　张玲 副总经理　张世东	中国中车股份有限公司	91.36%	2012年11月29日	银监复〔2012〕708号
144	中国电子科技财务有限公司	北京市海淀区复兴路17号国海广场A座16层	董事长　董学思 总经理、党支部书记 刘维用 副总经理、党支部委员 范方云 副总经理、党支部委员 刘盼盼 副总经理、党支部委员 靳慧泉	中国电子科技集团有限公司	45.03%	2012年12月12日	银监复〔2012〕742号
145	重庆机电控股集团财务有限公司	重庆市两江新区黄山大道中段60号	董事长　王玉祥 总经理　徐亚莉 副总经理　方光强 首席财务官　简勇辉	重庆机电股份有限公司	70.00%	2013年1月9日	银监复〔2013〕19号
146	河北建投集团财务有限公司	河北省石家庄市裕华西路9号裕园广场A座2楼	董事长　袁雁鸣 总经理、党支部书记 周雪松 党支部常务副书记　江浩 副总经理　魏增然 副总经理　窦志强 风险总监　单宝驹 总会计师　师晨圆	河北建设投资集团有限责任公司	60.00%	2013年1月9日	银监复〔2013〕20号

续表

序号	公司名称	通信地址	高管人员	控股股东	控股比例	成立时间	批准文号
147	太钢集团财务有限公司	山西省太原市解放北路83号花园2号楼	董事长 李华 总经理、党支部书记 郭涌 副总经理 李志强 副总经理 张超	太原钢铁（集团）有限公司	51.00%	2013年1月18日	银监复〔2013〕44号
148	大同煤矿集团财务有限责任公司	山西省大同市矿区恒安新区平德路鹏程广场6—8号	总经理 杨尚溱 监事会主席 李永久 副总经理 狄炎 财务总监 姚学军 风险总监 赵东清	大同煤矿集团有限责任公司	80.00%	2013年1月30日	银监复〔2013〕68号
149	贵州茅台集团财务有限公司	贵州省贵阳市云岩区盐务街2号茅台大厦13层	董事长、党支部书记、总经理 吴志军 副总经理 付维 副总经理 吴桦 副总经理 王剑波	贵州茅台酒股份有限公司	51.00%	2013年3月6日	银监复〔2013〕69号
150	海亮集团财务有限责任公司	浙江省杭州市滨江区滨盛路1508号海亮大厦25楼2517—2526室	董事长 穆绿燕 总经理 吴俊毅 副总经理 马兰英	海亮集团有限公司	60.00%	2013年2月1日	银监复〔2013〕70号
151	中国建材集团财务有限公司	北京市海淀区复兴路17号2号楼9层	董事长 徐卫兵 总经理、党委书记 刘成 副总经理 杨青 党委副书记、纪委书记 银虹 财务总监 汪允杰	中国建材集团有限公司	70.00%	2013年4月18日	银监复〔2013〕189号
152	贵州盘江集团财务有限公司	贵州省贵阳市观山湖区林城西路95号盘江集团总部大楼2楼	董事长 肖祥云 总经理 王安义 常务副总经理 李运寿 党支部书记、副总经理 欧阳章程 副总经理 彭木	贵州盘江投资控股（集团）有限公司	55.00%	2013年5月3日	银监复〔2013〕194号
153	北京首都旅游集团财务有限公司	北京市朝阳区广渠路38号北京一轻大厦9层	董事长 郭永昊 总经理、党支部书记 张艳钊 常务副总经理、党支部副书记 吴子维 副总经理 徐旸	北京首都旅游集团有限责任公司	100.00%	2013年4月28日	银监复〔2013〕195号

续表

序号	公司名称	通信地址	高管人员	控股股东	控股比例	成立时间	批准文号
154	广西交通投资集团财务有限责任公司	广西南宁市青秀区民族大道146号三祺广场44楼	党支部书记、董事长兼总经理　覃虹 党支部委员、副总经理　林森 副总经理　何成杰	广西交通投资集团有限公司	100.00%	2013年5月13日	银监复〔2013〕226号
155	徐工集团财务有限公司	江苏省徐州市驮蓝山路26号	董事长　吴江龙 总经理　刘丽军 副总经理　金怡 总经理助理　罗德永	徐工集团工程机械股份有限公司	100.00%	2013年6月4日	银监复〔2013〕258号
156	百联集团财务有限责任公司	上海市黄浦区中山南路315号8楼	董事长　杨阿国 总经理　梁庆云 党支部书记、副总经理　张礼琦 风险总监　贡滨尔	百联集团有限公司	75.00%	2013年5月28日	银监复〔2013〕259号
157	中交财务有限公司	北京市西城区德胜门外大街83号B座1603—1609室	董事长　彭碧宏 （待银保监局审批） 党委书记、总经理　游华 副总经理　陶涛 副总经理　朱吉祥 副总经理　孙杨 副总经理　薛立容 监事会主席、党委副书记、纪委书记、工会主席　刘彦华	中国交通建设股份有限公司	95.00%	2013年7月1日	银监复〔2013〕301号
158	山东黄金集团财务有限公司	山东省济南市高新区舜华路2000号舜泰广场3号楼	董事长　汪晓玲 总经理　吴晨 副总经理　于志强	山东黄金集团有限公司	70.00%	2013年7月17日	银监复〔2013〕336号
159	中开财务有限公司	广东省深圳市南山区蛇口赤湾六路赤湾总部大厦29层	董事长　田俊彦 副董事长　张建国 总经理、党支部书记　章远凌 副总经理　黄艳 副总经理　顾曰滇 副总经理　王华 助理总经理　刘超	中国南山开发（集团）股份有限公司	60.00%	2013年7月18日	银监复〔2013〕360号

续表

序号	公司名称	通信地址	高管人员	控股股东	控股比例	成立时间	批准文号
160	中国平煤神马集团财务有限责任公司	河南省平顶山市矿工中路21号	董事长、党支部书记 余清海 总经理、党支部副书记 杨军	中国平煤神马能源化工集团有限责任公司	51.00%	2013年7月11日	银监复〔2013〕344号
161	四川长虹集团财务有限公司	四川省绵阳高新区绵兴东路35号	董事长 胡嘉 总经理 唐斌 副总经理 胥勋畅 总经理助理 古晓彤	四川长虹电子控股集团有限公司	50.00%	2013年8月23日	银监复〔2013〕423号
162	创维集团财务有限公司	广东省深圳市南山区高新南四道18号创维半导体设计大厦东座21楼	董事长 赖伟德 总经理 鄢红波 副总经理 李海鸥 副总经理 敬红	创维集团有限公司	86.76%	2013年8月30日	银监复〔2013〕446号
163	江苏国泰财务有限公司	江苏省张家港市人民中路国泰大厦29楼	董事长、党委书记 谭秋斌 总经理 张爱兵 副总经理 唐莹 总经理助理 黄卫东	江苏国泰国际集团国贸股份有限公司	80.00%	2013年9月3日	银监复〔2013〕457号
164	亨通财务有限公司	江苏省苏州市吴江区中山北路2288号	代理董事长、总经理 江桦 副总经理 姚宏升	亨通集团有限公司	52.00%	2013年9月3日	银监复〔2013〕458号
165	珠海华发集团财务有限公司	广东省珠海市横琴金融产业服务基地18号楼A区	董事长 许继莉 总经理 封光 副总经理 徐志强 总经理助理 唐慧敏	珠海华发集团有限公司	40.00%	2013年9月4日	银监复〔2013〕459号
166	北京金隅财务有限公司	北京市东城区北三环东路36号1号楼B2101—2107房间	董事长 陈国高 总经理、党支部书记 黄文阁 副总经理 朱灼见 副总经理 彭春华 财务总监 秦成莉 总经理助理 程俊 总经理助理 赵萌	北京金隅集团股份有限公司	100.00%	2013年9月26日	银监复〔2013〕492号
167	云南云天化集团财务有限公司	云南省昆明市滇池路1417号2号楼3楼	董事长 卢应双 总经理 彭科 副总经理 陈晓 风险总监 荣晓寅	云天化集团有限责任公司	44.00%	2013年9月30日	银监复〔2013〕516号

续表

序号	公司名称	通信地址	高管人员	控股股东	控股比例	成立时间	批准文号
168	北京控股集团财务有限公司	北京市朝阳区化工路 59 号院 2 号楼 5 层	董事长、党支部书记　王立华 总经理　王玉荣 副总经理　王朝晖 副总经理、财务总监　张素芳 总稽核　常学琳 副总经理　陈咏梅 总经理助理　潘宝侠	北京控股集团有限公司	35.14%	2013 年 10 月 23 日	银监复〔2013〕546 号
169	陕西延长石油财务有限公司	陕西省西安市高新区光泰路 1 号延长石油安全培训中心 2—3 层	党委书记　陈杭 董事长、党委副书记　沙春枝 监事长　王建平 总经理　谢文杰 纪委书记　韩宏伟 副总经理　樊战军 总会计师　赵红	陕西延长石油（集团）有限责任公司	82.09%	2013 年 12 月 9 日	陕银监复〔2013〕633 号
170	山东能源集团财务有限公司	山东省济南市经十路 10777 号山东能源大厦 10 层	董事长、党支部书记　徐立波 总经理　王立春 副总经理　张述明 总经理助理　胡健	山东能源集团有限公司	70.00%	2013 年 12 月 24 日	银监复〔2013〕664 号
171	鄂尔多斯财务有限公司	内蒙古呼和浩特市金桥开发区世纪六路宇泰商务广场 A 座 9 层	董事长　王臻 总经理　张晓慧 常务副总经理　屈燕南 总经理助理　王香平	内蒙古鄂尔多斯羊绒集团有限责任公司	55.00%	2014 年 1 月 3 日	银监复〔2014〕4 号
172	伊利财务有限公司	内蒙古呼和浩特市金川开发区汇金道 1 号新工业园	董事长　胡利平 总经理　谢沃德勒夫 副总经理　隋铭 金融风险总监　张雯	内蒙古伊利实业集团股份有限公司	100.00%	2014 年 1 月 3 日	银监复〔2014〕5 号
173	大冶有色金属集团财务有限责任公司	湖北省黄石市下陆区下陆大道 2 号金花小区五期 5—9 号	董事长　谭耀宇 副董事长、副总经理　高宙 代理总经理　彭逢春 副总经理　孟波	大冶有色金属集团控股有限公司	90.00%	2014 年 3 月 21 日	鄂银监复〔2014〕18 号

续表

序号	公司名称	通信地址	高管人员	控股股东	控股比例	成立时间	批准文号
174	巨化集团财务有限责任公司	浙江省衢州市柯城区巨化中央大道230号巨化集团公司机关综合楼1—2楼	董事长　汪利民 总经理　唐捷 风控总监　王建峰	巨化集团有限公司	50.00%	2014年2月12日	浙银监复〔2014〕79号
175	供销集团财务有限公司	北京市西城区宣武门外大街甲1号C座7层	董事长、党支部书记　邢宏伟 总经理　庄学能 副总经理　张芷芷 副总经理　薛晔 拟任财务总监　张海航	中国供销集团有限公司	100.00%	2014年2月20日	京银监复〔2014〕84号
176	中铁财务有限责任公司	北京市海淀区复兴路69号中国中铁大厦C座五层	董事长、党委书记　林鑫 总经理、党委副书记　王建军 党委副书记、副总经理、总会计师、纪委书记　杨凯利 副总经理、工会主席　肖尧	中国中铁股份有限公司	95.00%	2014年2月27日	京银监复〔2014〕98号
177	重庆力帆财务有限公司	重庆市江北区聚贤岩广场6号力帆中心2号办公楼第27层1—8号	董事长　尹明善 总经理　裴丹 副总经理　冯强 副总经理　陈林宁 副总经理　曾勇 副总经理　盛谦	重庆力帆控股有限公司	51.00%	2014年1月22日	渝银监复〔2014〕8号
178	中煤财务有限责任公司	北京市朝阳区黄寺大街1号中煤大厦6层	董事长　赵荣哲 总经理　柴乔林 副总经理　陈敏宏 副总经理　李风涛 副总经理　刘俊光	中国中煤能源股份有限公司	91.00%	2014年3月5日	京银监复〔2014〕103号
179	安徽省皖北煤电集团财务有限公司	安徽省宿州市西昌路东侧18号	董事长、党委书记　牛家安 总经理　陈凤 副总经理　王吉领 风险总监　吴涛	安徽省皖北煤电集团有限责任公司	40.00%	2014年4月16日	皖银监复〔2014〕67号
180	淮北矿业集团财务有限公司	安徽省淮北市人民中路276号	董事长　蒋宁 总经理　毛师达 副总经理　孙斌 副总经理　张华	淮北矿业（集团）有限责任公司	100.00%	2014年4月21日	皖银监复〔2014〕68号

续表

序号	公司名称	通信地址	高管人员	控股股东	控股比例	成立时间	批准文号
181	湖南出版投资控股集团财务有限公司	湖南省长沙市开福区营盘东路38号电子大厦	董事长　王丽波 总经理　王芳郴 党支部书记、副总经理 佘璐 监事长　廖丽萍 副总经理　杨星	中南出版传媒集团股份有限公司	70.00%	2014年4月21日	湘银监复〔2014〕102号
182	四川省宜宾五粮液集团财务有限公司	四川省宜宾市岷江西路150号	董事长　罗伟 总经理、党支部书记 邓香全 副总经理　敬梅 工会主席、总经理助理 唐进 总经理助理　王兴友 总经理助理　陈晓虎	四川省宜宾五粮液集团	37.50%	2014年4月29日	川银监复〔2014〕125号
183	山东晨鸣集团财务有限公司	山东省济南市高新区舜华路2000号舜泰广场2号楼35层	董事长　常德生 总经理　陈朝晖 副总经理　阎向阳 总经理助理　孙凯	山东晨鸣纸业集团股份有限公司	80.00%	2014年6月30日	鲁银监准〔2014〕233号
184	河北港口集团财务有限公司	河北省秦皇岛市海港区文化路60号10—11层	董事长、党支部书记 温建国 总经理　崔鸥 副总经理　张爱武	河北港口集团有限公司	60.00%	2014年7月1日	冀银监复〔2014〕175号
185	中节能财务有限公司	北京市西城区平安里西大街26号新时代大厦16层	董事长、党支部书记　杜乐 副总裁　韩巍 副总裁　单纯 总裁助理　杨兴	中国节能环保集团有限公司	100.00%	2014年7月10日	银监复〔2014〕466号
186	青岛港财务有限责任公司	山东省青岛市市北区港华路7号	董事长　郑明辉 总经理、党支部书记 王伟强 副总经理、党支部副书记 贾卓鹏 总经理助理、党支部委员 李婕	青岛港国际股份有限公司	70.00%	2014年7月17日	青银监复〔2014〕161号
187	上海上实集团财务有限公司	上海市黄浦区淮海中路98号30楼	董事长　徐波 总经理　周亚栋 监事长　师淑琴 副总经理兼风控总监 朱浩良	上海上实（集团）有限公司	40.00%	2014年8月26日	沪银监复〔2014〕561号

续表

序号	公司名称	通信地址	高管人员	控股股东	控股比例	成立时间	批准文号
188	重庆市能源投资集团财务有限公司	重庆市渝北区洪湖西路12号1楼	董事长　刘德忠 总经理　杨东旗 党支部委员、副总经理　王燕宁 党支部副书记（主持工作）、财务总监　李云齐	重庆市能源投资集团有限公司	85.00%	2014年11月19日	渝银监复〔2014〕169号
189	广东省交通集团财务有限公司	广东省广州市天河区珠江东路32号利通广场43楼	董事长、党支部书记　周玉明 总经理　罗伟 副董事长　莫穗玉 副总经理　陈虎城 副总经理　刘超	广东省交通集团有限公司	100.00%	2014年12月9日	粤银监复〔2014〕695号
190	光明食品集团财务有限公司	上海市静安区南京西路1539号办公楼二座33层	董事长、党支部书记　费心佳 总经理　王伟 风险总监　陈健	光明食品（集团）有限公司	80.00%	2014年12月29日	沪银监复〔2014〕876号
191	忠旺集团财务有限公司	辽宁省大连市中山区长江东路90号	董事长　刘东毅 总经理　刘文辉 副总经理　王海川 副总经理　赵敬慈	辽宁忠旺集团有限公司	35.00%	2014年12月25日	大银监复〔2014〕490号
192	本钢集团财务有限公司	辽宁省本溪市平山区东明路10号	董事长　曹爱民 总经理、党支部书记　季国峰 副总经理　罗震 副总经理　王长伟 副总经理　杨子民	本钢集团有限公司	90.00%	2014年12月25日	辽银监复〔2014〕511号
193	天津物产集团财务有限公司	天津市和平区营口道4号	党支部书记、董事长　张洪涛 党支部副书记、总经理　初向青 副总经理　向青 总经理助理　丁时光 总经理助理　赵宏程	天津物产集团有限公司	75.00%	2015年2月28日	津银监复〔2015〕83号
194	福建七匹狼集团财务有限公司	福建省泉州市晋江市青阳曾井小区崇德路中国银行大厦19层	董事长　朱金松 总经理　戴文进 副总经理　陈书芳	福建七匹狼集团有限公司	65.00%	2015年3月26日	闽银监复〔2015〕83号

续表

序号	公司名称	通信地址	高管人员	控股股东	控股比例	成立时间	批准文号
195	清华控股集团财务有限公司	北京市海淀区中关村东路1号院8号楼清华科技园科技大厦A座10层	董事长、党支部书记 张文娟 总经理 盛朝晖 副总经理 甘朝晖 总经理助理 蔡书琴	清华控股有限公司	100.00%	2015年4月9日	京银监复〔2015〕185号
196	中国核工业建设集团财务有限公司	北京市西城区车公庄大街12号核建大厦	董事长 陈书堂 总经理、党支部书记 梁荣 副总经理 方保友 总会计师 田雨晴	中国核工业建设股份有限公司	90.00%	2015年5月13日	京银监复〔2015〕269号
197	中国黄金集团财务有限公司	北京市东城区安定门外大街9号1层	董事长 刘冰 总经理、党支部书记 李东 副总经理、宣传委员 邵兵杰 副总经理、组织委员兼纪检委员 陈文俊	中国黄金集团有限公司	51.00%	2015年5月12日	京银监复〔2015〕270号
198	物美商业财务有限责任公司	北京市海淀区西四环北路158号慧科大厦9层901室、12层1201室	董事长 许少川 总经理 郭涂伟 副总经理 于滨 副总经理 王怡	北京物美商业集团股份有限公司	70.00%	2015年5月26日	京银监复〔2015〕277号
199	三房巷财务有限公司	江苏省江阴市周庄镇三房巷村澄杨路1388号三房巷科技大楼7楼	董事长 卞平芳 总经理 卞方荣 副总经理 樊明海	江苏三房巷集团有限公司	60.00%	2015年5月21日	苏银监复〔2015〕141号
200	中联重科集团财务有限公司	湖南省长沙市岳麓区银盆南路361号	董事长 詹纯新 副董事长 胡克嫚 总经理 杜毅刚 副总经理 宁少云	中联重科股份有限公司	75.00%	2015年5月26日	湘银监复〔2015〕146号
201	广东省广晟财务有限公司	广东省广州市天河区珠江西路17号广晟国际大厦52楼	董事长 刘伯仁 董事总经理 沈卫 副总经理 李建华 副总经理 周涛	广东省广晟资产经营有限公司	100.00%	2015年6月10日	粤银监复〔2015〕270号

续表

序号	公司名称	通信地址	高管人员	控股股东	控股比例	成立时间	批准文号
202	湖北交投集团财务有限公司	湖北省武汉市洪山区珞瑜路1077号交投大楼	董事长、党委书记　谢继明 副董事长、党委副书记 叶强筠 总经理、党委副书记 周茂华 工会主席、纪检组长　熊菲 副总经理　徐兵 副总经理　杜华林	湖北省交通投资集团有限公司	92.00%	2015年6月24日	鄂银监复〔2015〕243号
203	新凤祥财务有限公司	山东省济南市高新区汉峪金融商务中心三区5号楼3701室	董事长　刘志光 副董事长、总经理、 党支部书记　李国庆 副总经理　李少峰 副总经理、党支部委员 徐朝霞 副总经理　张保秋 副总经理　田厚福	新凤祥控股集团有限责任公司	52.50%	2015年6月24日	鲁银监准〔2015〕235号
204	山东招金集团财务有限公司	山东省烟台市芝罘区胜利路139号万达金融中心A座22层	董事长、党支部书记 李宜三 总经理　曲丽华 副总经理　王康立 副总经理　张瑛拮	招金矿业股份有限公司	51.00%	2015年6月29日	鲁银监准〔2015〕247号
205	北京金融街集团财务有限公司	北京市西城区真武庙路四条8号院10号楼202室	董事长、党支部负责人 任庆和 总经理　续颖 副总经理　赵璐	北京金融街投资（集团）有限公司	100.00%	2015年6月30日	京银监复〔2015〕406号
206	首钢集团财务有限公司	北京市石景山区古城大街36号院1号楼	董事长（首钢金融党委书记） 王洪军 总经理（首钢金融党委委员） 姜在国 副总经理　朱挺 副总经理（首钢集团财务有限公司党支部宣传委员） 张帆 财务总监（首钢集团财务有限公司党支部书记） 王群英	首钢集团有限公司	80.00%	2015年6月29日	京银监复〔2015〕407号

续表

序号	公司名称	通信地址	高管人员	控股股东	控股比例	成立时间	批准文号
207	内蒙古伊泰财务有限公司	内蒙古鄂尔多斯市东胜区天骄北路万博广场A座	董事长　张立峰 总经理　秦雅娟 风险总监　魏桂贤 副总经理　李喜 副总经理　杨建军 副总经理　范培军	内蒙古伊泰集团有限公司	60.00%	2015年7月1日	内银监复〔2015〕88号
208	内蒙古电力集团财务有限责任公司	内蒙古呼和浩特市锡林南路218号	董事长　贾振国 总经理、党总支副书记　李志刚 党总支书记、副总经理　郝耀虎 副总经理　张立新 副总经理　付秀梅	内蒙古电力（集团）有限责任公司	100.00%	2015年7月1日	内银监复〔2015〕89号
209	上海外高桥集团财务有限公司	中国（上海）自由贸易试验区杨高北路2001号管理楼1层B部位及2层B、C部位	董事长　张舒娜 总经理　黄丹 副总经理　王绪 风险总监　奚晓颖	上海外高桥集团股份有限公司	70.00%	2015年7月15日	沪银监复〔2015〕402号
210	中国铁路财务有限责任公司	北京市海淀区北蜂窝路5号院1—1号楼	董事长　刘洪润 总经理　张汉祥 副总经理兼总会计师　潘振锋	中国铁路总公司	95.00%	2015年7月10日	银监复〔2015〕446号
211	天瑞集团财务有限责任公司	河南省郑州市商务外环20号海联大厦	董事长　李凤娈 总经理　郭世勇 副总经理　李胜雷 副总经理　李恩会	天瑞集团股份有限公司	46.25%	2015年7月14日	豫银监复〔2015〕190号
212	云南昆钢集团财务有限公司	云南省昆明市西山区环城南路777号9楼	董事长　杜陆军 总经理　王娟 副总经理　尚志勇 副总经理　杨林超	昆明钢铁控股有限公司	80.00%	2015年10月28日	云银监复〔2015〕321号
213	渤海钢铁集团财务有限公司	天津自贸区（空港经济区）西四道168号融和广场2—2301	董事长　肖树强 总经理　王淑慧 副总经理　韩军	渤海钢铁集团有限公司	64.00%	2015年12月30日	津银监复〔2015〕500号

续表

序号	公司名称	通信地址	高管人员	控股股东	控股比例	成立时间	批准文号
214	粤海集团财务有限公司	广东省广州市天河区天河路208号粤海天河城大厦35楼	董事长、党支部书记 童伟演 总经理 瞿曲 财务总监 张淑萍	广东粤海控股集团有限公司	71.00%	2015年11月18日	粤银监复〔2015〕510号
215	江苏悦达集团财务有限公司	江苏省盐城市城南新区世纪大道东路2号悦达集团总部大楼	董事长、党支部书记 郭如东 总经理 周雪清 副总经理 姚晓宁 副总经理 王廷刚 副总经理 薛志成	江苏悦达集团有限公司	51.00%	2015年12月15日	苏银监复〔2015〕358号
216	中国电建集团财务有限责任公司	北京市海淀区西直门外大街168号腾达大厦8层	党委书记、董事长 陈波 党委副书记、总经理 沈国华 党委副书记、纪委书记、工会主席 杨志强 党委委员、副总经理 龚健 党委委员、副总经理 张海涛	中国电力建设股份有限公司	94.00%	2015年12月10日	京银监复〔2015〕806号
217	西王集团财务有限公司	山东省济南市历下区银丰财富广场B座3楼及19楼	董事长 王棣 总经理 裴建光 常务副总经理 刘钧 总经理助理 王健	西王集团有限公司	82.50%	2015年12月15日	鲁银监准〔2015〕555号
218	物产中大集团财务有限公司	浙江省杭州市下城区中大广场1号7楼	董事长 蔡才河 总经理、副董事长、党总支书记 汤贝 副董事长 季加仁 监事长 唐伟 副总经理 章哲明 副总经理 王君波	物产中大集团股份有限公司	60.00%	2015年12月18日	浙银监复〔2015〕648号
219	营口港务集团财务有限公司	辽宁省营口市鲅鱼圈区营港路1号新港大厦2号楼附楼2层	董事长 张振宇 总经理 杨会君 副总经理、党支部书记 常守军 副总经理 杨佩涛	营口港务集团有限公司	51.00%	2015年12月18日	辽银监复〔2015〕365号
220	云南建投集团财务有限公司	云南省昆明经济技术开发区林溪路188号云南建投发展大厦4楼	党支部书记、总经理 李兆坤 副总经理 赵宏武 党支部委员、风险总监 朱乔林 党支部委员、副总经理 李然	云南省建设投资控股集团有限公司	100.00%	2015年12月28日	云银监复〔2015〕428号

续表

序号	公司名称	通信地址	高管人员	控股股东	控股比例	成立时间	批准文号
221	甘肃电投集团财务有限公司	甘肃省兰州市城关区北滨河东路69号投资大厦25层	董事长　李辉 总经理　火照里 副总经理　刘志翔 副总经理　李燕 副总经理　李春	甘肃省电力投资集团有限责任公司	60.00%	2016年3月24日	甘银监复〔2016〕29号
222	宝塔石化集团财务有限公司	宁夏银川市金凤区宁安大街88号宝塔石化大厦	董事长　孙培华 党委书记、副总经理 刘雪梅	宝塔石化集团有限公司	100.00%	2016年4月9日	宁银监复〔2016〕16号
223	北京首农食品集团财务有限公司	北京市西城区广安门内大街316号1号楼5层	董事长、党支部书记 张存亮 总经理　田文英 总经理助理　崔玉峰 风险总监　薛飞	北京粮食集团有限责任公司	100.00%	2016年5月10日	京银监复〔2016〕210号
224	日照港集团财务有限公司	山东省日照市上海路东首日照港国贸中心E座	董事长　高振强 党支部书记、总经理 马先骅 副总经理　费萌 总经理助理　辛玉霞	日照港集团有限公司	60.00%	2016年5月18日	鲁银监准〔2016〕169号
225	联通集团财务有限公司	北京市西城区金融大街21号	董事长　朱可炳 副董事长　王芳 总经理　秦伟 副总经理　吴子华 首席信息官　李莞菁 副总经理　刘海	中国联合网络通信有限公司	91.00%	2016年6月13日	京银监复〔2016〕290号
226	河南双汇集团财务有限公司	河南省漯河市召陵区双汇路1号双汇大厦6楼	董事长　张太喜 副总经理　陈春霞 总经理助理　陈中民	河南双汇投资发展股份有限公司	60.00%	2016年6月13日	豫银监复〔2016〕128号
227	厦门翔业集团财务有限公司	福建省厦门市思明区仙岳路396号翔业大厦1302、1303、1307单元	董事长　陈斌 总经理　郑进 风险总监　吴颖 公司党支部书记、 总经理助理　龚峥嵘	厦门翔业集团有限公司	100.00%	2016年7月12日	厦银监复〔2016〕43号
228	新华联控股集团财务有限责任公司	北京市通州区台湖镇政府大街新华联总部大厦4层	董事长　张必书 总经理　张民 副总经理　林建军 总经理助理　王洪涛 总经理助理　周华	新华联控股有限公司	100.00%	2016年8月15日	京银监复〔2016〕457号

续表

序号	公司名称	通信地址	高管人员	控股股东	控股比例	成立时间	批准文号
229	广州发展集团财务有限公司	广东省广州市天河区临江大道3号301、3209房间	董事长　张蕴坚 总经理　王细鹏 党支部书记、副董事长　杨捷煌 副总经理　张智勇 副总经理　张帆	广州发展集团股份有限公司	70.00%	2016年8月18日	粤银监复〔2016〕252号
230	江苏凤凰出版传媒集团财务有限公司	江苏省南京市鼓楼区湖南路1号A座26楼	董事长　周斌 总经理　单翔 副总经理　徐艳 副总经理　高军玲	江苏凤凰出版传媒集团有限公司	51.00%	2016年8月22日	苏银监复〔2016〕202号
231	顺丰控股集团财务有限公司	广东省深圳市福田区新洲十一街139号中央西谷大厦21楼	董事长　黄美智 总经理　刘亚红 副总经理　伦惠诗 副总经理　陈蔚 副总经理　胡旭亮	深圳顺丰泰森控股（集团）有限公司	100.00%	2016年9月1日	深银监复〔2016〕193号
232	天津医药集团财务有限公司	天津市空港经济区西四道168号融和广场3—2—501	董事长　赵炜 总经理　马健 副总经理　祁保华 副总经理　吕永建	天津市医药集团有限公司	50.00%	2016年9月14日	津银监复〔2016〕236号
233	青建集团财务有限责任公司	山东省青岛市崂山区海尔路180号大荣中心B座19层	法人、董事长　王贤茂 副董事长　万擎东 法务总监　张善飞 副总经理　王淑平 副总经理　黄令斌 总会计师　马晓燕	青建集团股份公司	100.00%	2016年10月20日	青监银复〔2016〕147号
234	上海市文化广播影视集团财务有限公司	上海市浦东新区世纪大道1号东方明珠塔3号门1楼	董事长　刘晓峰 总经理　王文烈 副总经理　施白桦 副总经理　闫晓梅	上海文化广播影视集团有限公司	60.00%	2016年12月22日	沪银监复〔2016〕560号
235	广州汽车集团财务有限公司	广东省广州市天河区广州大道中988号3301、3302、3303、3304房间	董事长　王丹 党委书记、工会主席　吴泽云 总经理、党委副书记　李建英 副总经理　朱淑春 副总经理　杨春泉 副总经理　王刚	广州汽车集团股份有限公司	90.00%	2018年1月20日	粤银监复〔2017〕21号

续表

序号	公司名称	通信地址	高管人员	控股股东	控股比例	成立时间	批准文号
236	东旭集团财务有限公司	河北省石家庄市长安区中山东路 39 号勒泰中心（A 座）写字楼 28 层 2814—2816 单元	总经理　郭轩 财务总监　王彦明 信息总监　尤宽	东旭集团有限公司	60.00%	2017 年 1 月 20 日	冀银监复〔2017〕10 号
237	上海华信国际集团财务有限责任公司	中国（上海）自由贸易试验区东园路 18 号中国金融信息中心 21 楼	董事长　李勇 总经理　王洲 副总经理　杨逍	上海华信国际集团有限公司	90.00%	2017 年 2 月 7 日	沪银监复〔2017〕46 号
238	连云港港口集团财务有限公司	江苏省连云港市连云区中华西路 18 号港口大厦 20 楼	董事长　李春宏 总经理、党支部书记成彦龙 副总经理　赵箭 副总经理　李伟	江苏连云港港口股份有限公司	51.00%	2017 年 3 月 14 日	苏银监复〔2017〕48 号
239	陕西投资集团财务有限责任公司	陕西省西安市经济技术开发区凤城八路西北国金中心 E 栋 12 层	董事长　杨永柱 总经理　李铁军 副总经理　王满菲 财务总监　刘颖	陕西投资集团有限公司	76.80%	2017 年 6 月 22 日	陕银监复〔2017〕30 号
240	三环集团财务有限公司	中国（湖北）自由贸易试验区武汉片区佳园路 33 号	董事长　宋斌 副总经理（主持工作）宋华强 副总经理　梅建斌	三环集团有限公司	100.00%	2017 年 6 月 28 日	鄂银监复〔2017〕117 号
241	红星美凯龙家居集团财务有限责任公司	上海市浦东新区沪南路 2218 号东楼 1001—1015 室	董事长　车建兴 总经理　曾健飞 副总经理　李斌实 副总经理　肖叶	红星美凯龙家居集团股份有限公司	90.00%	2017 年 8 月 1 日	沪银监复〔2017〕338 号
242	天津能源集团财务有限公司	天津市和平区重庆道 70 号	董事长　赵鹏（经第一届董事会第五次会议审议通过推举于丽珍代为履行董事长职务） 总经理　张晓旭 副总经理　张海 副总经理　郑芃	天津能源投资集团有限公司	76.00%	2017 年 9 月 6 日	津银监复〔2017〕215 号

续表

序号	公司名称	通信地址	高管人员	控股股东	控股比例	成立时间	批准文号
243	杭州锦江集团财务有限责任公司	浙江省杭州市拱墅区湖墅南路111号杭州锦江大厦12楼	董事长 张建阳 董事兼总经理 王艳艳 副总经理 周淳 副总经理 苏毅 副总经理 董强	杭州锦江集团有限公司	60.00%	2017年12月8日	浙银监复〔2017〕392号
244	正泰集团财务有限公司	浙江省温州市鹿城区市府路525号同人恒玖大厦3楼305室	董事长 徐志武 总经理 陶明辉 副总经理 陈景城 总经理助理 王旭梅	正泰集团股份有限公司	51.00%	2017年12月13日	浙银监复〔2017〕396号
245	上海纺织集团财务有限公司	上海市长宁区虹桥路1488号3号楼3楼	董事长 朱勇 总经理 周健 副总经理 王敏慧 副总经理 崔剑平	上海纺织（集团）有限公司	80.00%	2017年12月12日	沪银监复〔2017〕575号
246	国新集团财务有限责任公司	北京市海淀区复兴路12号恩菲科技大厦B座1层西侧	董事长 刘学诗 董事总经理 吕连浮 常务副总经理 应海峰 副总经理 严雪	中国国新控股有限责任公司	100.00%	2018年5月8日	京银监复〔2018〕192号
247	商飞集团财务有限责任公司	上海市浦东新区世博大道1919号B座2层	董事长 周启民 总经理 张明华 总会计师 陈林 首席风险官 宁啸东	中国商用飞机有限责任公司	100.00%	2018年4月28日	沪银监复〔2018〕222号
248	新疆金风科技集团财务有限公司	新疆乌鲁木齐市上海路107号	董事长 王海波 董事、总经理 高金山 副总经理 余力超 副总经理 张静 副总经理 马祥柱 副总经理 路斌	新疆金风科技股份有限公司	80.00%	2018年9月19日	新银监复〔2018〕122号
249	特变电工集团财务有限公司	新疆昌吉州昌吉市北京南路189号特变电工总部研发大楼4层	董事长 黄汉杰 总经理 孙勇勤 总经理助理 杨虹 风险总监 郑思青	特变电工股份有限公司	80.00%	2018年11月28日	新银监复〔2018〕169号
250	中国航发集团财务有限公司	北京市海淀区西三环北路甲2号院7号楼7层	董事长 宁福顺 总经理 管见礼 副总经理 吴琦 副总经理 谢华	中国航空发动机集团有限公司	100.00%	2018年12月7日	京银保监筹〔2018〕232号

续表

序号	公司名称	通信地址	高管人员	控股股东	控股比例	成立时间	批准文号
251	广东温氏集团财务有限公司	广东省云浮市新兴县新城镇东堤北路9号广东温氏集团总部大楼6层	董事长　温志芬 副总经理　张徐李	温氏食品集团股份有限公司	91.00%	2018年12月12日	银保监复〔2018〕165号
252	中国电信集团财务有限公司	北京市西城区西直门内大街118号8层	总经理　孙大为 副总经理　侯锐 副总经理　刘勇	中国电信股份有限公司	70.00%	2019年1月8日	京银保监复〔2018〕17号
253	江西高速集团财务有限公司	江西省南昌市红谷滩新区红谷中大道1669号	董事长、党委书记　段卫党 副总经理　金辉 总经理助理　彭晓军 纪委书记　邰晓萍	江西省高速公路投资集团有限责任公司	98.43%	2018年12月25日	赣银保监复〔2018〕32号